# Der Psychotherapeut im Spannungsfeld der Institutionen

## Erfahrungen, Forderungen, Fallbeispiele

Herausgegeben von Hans Strotzka

Mit Beiträgen von

Alois M. Becker
Kurt Buchinger
Heimo Gastager
Sepp-Rainer Graupe
Ingo Grumiller
Elisabeth Jandl-Jager
Hildegard Katschnig
Marta Kos-Robes

Elfriede Montag
Ludwig Reiter
Marianne Ringler
Stephan Rudas
Catherine Schmidt-Löw-Beer
Marianne Springer-Kremser
Hans Strotzka

Mit 16 Abbildungen und mehreren Tabellen

D1727652

Urban & Schwarzenberg München · Wien · Baltimore 1980

Anschrift des Herausgebers:

Professor Dr. med. Hans Strotzka, Institut für Tiefenpsychologie und Psychotherapie der Universität Wien, Lazarettgasse 14, A-1090 Wien;

Anschriften der Mitarbeiter:

Doz. Dr. med. Alois M. Becker, Dr. phil. Kurt Buchinger, Dr. phil. Sepp-Rainer Graupe, Dr. med. Ingo Grumiller, Elisabeth Jandl-Jager, M. rer. soz. oec.; Dr. med. Hildegard Katschnig, Elfriede Montag, Dipl.-Sozialarbeiterin; Dr. med. Ludwig Reiter, Dr. phil. Marianne Ringler, Dr. med. Catherine Schmidt-Löw-Beer, Dr. med. Marianne Springer-Kremser, Institut für Tiefenpsychologie und Psychotherapie der Universität Wien, Lazarettgasse 14, A-1090 Wien;

Professor Dr. med. Heimo Gastager, Landesnervenklinik Salzburg, Ignatz Harrerstraße 79, A-5020 Salzburg;

Dr. phil. Marta Kos-Robes, Universitätsklinik für Neuropsychiatrie des Kindes- und Jugendalters, Lazarettgasse 14, A-1090 Wien;

Dr. med. Stephan Rudas, Psychiatrische Universitätsklinik Wien, Lazarettgasse 14, A-1090 Wien;

**CIP-Kurztitelaufnahme der Deutschen Bibliothek**

**Der Psychotherapeut im Spannungsfeld der Institutionen** : Erfahrungen, Forderungen, Fallbeispiele / hrsg. von Hans Strotzka. Mit Beitr. von Alois M. Becker . . . – München, Wien, Baltimore : Urban und Schwarzenberg, 1980.
ISBN 3-541-09301-3
NE: Strotzka, Hans [Hrsg.]; Becker, Alois M. [Mitarb.]

Satz und Druck: Tutte Druckerei GmbH, Salzweg–Passau.

© Urban & Schwarzenberg 1980

ISBN 3-541-09301-3

# Vorwort

*Hans Strotzka*

Der Titel dieses dritten (eigentlich vierten) Buches, das über die Tätigkeit des Institutes für Tiefenpsychologie und Psychotherapie der Universität Wien referieren soll, ist ungenau. Er müßte lauten: Psychotherapie für, von und in Institutionen; Beratung und Neugründungen von solchen; Innovationen und Reformen. Sein Zustandekommen war ursprünglich nicht geplant und vorhergesehen. Wir mußten aber beobachten, daß neben den traditionellen Aufgaben eines solchen Institutes: Unterricht und Forschung sowie Mitbeteiligung an der Versorgung der Bevölkerung in der Psychotherapie, praktisch alle Mitglieder des Institutes immer wieder aufgefordert wurden, als Supervisoren in oder Berater von anderen Institutionen tätig zu werden. Einerseits schmeichelte das unserer Eitelkeit, andererseits zeigte sich aber, daß etwa unsere traditionellen Vorstellungen von Supervision oft nicht anwendbar waren, daß unsere Arbeit zwar vielleicht die Qualität der Tätigkeit von Einzelpersonen und Grupen verbessern half, aber innerhalb der Struktur zu neuen Konflikten führen konnte, die wir nicht so selten nicht zu handhaben wußten. In den Institutskonferenzen mußten wir immer häufiger auf diese Problematik zu sprechen kommen. Befriedigende Lösungen ließen sich nicht immer finden, und so ergab sich der Gedanke, unsere Erfahrungen auf diesem – nicht nur für uns – neuen Gebiete in einem Buch zusammenzustellen und die Fragen, die sich dabei ergaben, zur Diskussion zu stellen, da zu erwarten ist, daß ähnliche Aufgaben an vielen Stellen auftreten.

Die Älteren von uns erinnerten sich auch daran, daß schon seit Jahrzehnten ähnliche Erfahrungen immer wieder von uns gemacht worden waren, die bei dieser Gelegenheit gesammelt werden sollten.

Der Herausgeber und L. Reiter hatten (1975) in der Festschrift für W. Loch unter dem Titel „Das gesellschaftliche Engagement des Psychoanalytikers" zu Grundsatzfragen, die sich bei solchen für Psychoanalytiker ungewöhnlichen Aufgaben ergaben, Stellung genommen. Orientierung konnte uns eigentlich nur, neben den organisations-soziologischen Arbeiten, die Tätigkeit von P. Fürstenau und vor allem die Arbeiten von H. E. Richter geben, mit denen wir auch die Gelegenheit zu einem Erfahrungsaustausch hatten. Das aufregende Buch von Selvini-Palazzoli, „Der entzauberte Magier" kam erst bei Abschluß des Manuskripts in unsere Hände.

Für mich persönlich ist dieses Thema von einer besonderen Bedeutung, da es mit einer der frühesten Frustrationen in meiner wissenschaftlichen Tätigkeit verbunden ist. Vor mehr als zwanzig Jahren wendete sich eine große Institution des psychosozialen Bereiches, die für Millionen Menschen Milliarden verteilt und hunderte von Angestellten hat, an eine Gruppe von damals sehr jungen Soziologen, Psychologen und Psychiatern mit der Bitte, das Betriebsklima zu untersuchen, da hohe Krankenstände und große Fluktuation des Personals, unter anderem, Hinweise gaben, daß einiges zu verbessern wäre. Wir untersuchten die Frage in der üblichen Weise: Teilnehmende Beobachter arbeiteten eine Zeitlang im Betrieb. Mit Schlüsselpersonen wurden Tiefeninterviews durchgeführt, und schließlich wurde von einer repräsentativen Stichprobe des Personals ein Fragebogen ausgefüllt, der auf Grund dieser Vorarbeiten erstellt worden war. Das Ergebnis war eindeutig. Als Hauptproblem erwies sich: Personalauswahl und Karriere waren in diesem Betrieb nicht nur auf sachliche Bewährung, sondern auf persönliche und vor allem politische Beziehungen aufgebaut.

Diese Untersuchung wurde angenommen, bezahlt, und man hat nie wieder etwas darüber gehört. Es handelt sich dabei um ein typisches Beispiel für das Anwendungsdefizit der Sozialwissenschaften (Rosenmayr, 1977). Auftragsforschungen, deren Ergebnisse nicht genehm sind, verschwinden in Schubladen und werden so zu unbefriedigenden Fingerübungen für die beteiligten Wissenschaftler. Man wird daher in Zukunft darauf achten müssen, daß schon im Vertrag die Diskussion der Ergebnisse mit den Betroffenen bindend vorgesehen ist. Auch das Recht auf Veröffentlichung muß vorgesehen sein. Damit greifen wir aber bereits auf einige Ergebnisse vor.

Ich hoffe, daß wir auch in unseren früheren Büchern die soziale, gesellschaftliche und politische Relevanz unserer Arbeit nicht verkannt haben. Eine Zusammenfassung findet sich in der Festschrift für Herta Firnberg (1975).

In diesem Buch stehen nun gesundheits-, sozial-, personal- und wissenschaftspolitische Fragen ganz besonders im Vordergrund. Systemkritik und systemdehnende Reformen spielen ebenfalls eine große Rolle, sie können von der Basis oder von der Hierarchie herkommen. Erfolg werden sie wohl nur haben, wenn die Tendenzen zu Veränderungen sich von beiden Seiten treffen. Viele der Beiträge werden sich konkret mit diesen Fragen befassen.

Im Hintergrund steht das tiefe Unbehagen gegenüber zunehmender Bürokratisierung und Ballungen von Macht in unübersehbaren Organisationen. Wir glauben, daß auch die Psychotherapeuten sich nicht der Aufforderung entziehen können, sich mit dieser Lage zu befassen. Für den Herausgeber ist es eine besondere Freude, daß trotz des unkonventionellen Themas wieder alle Mitarbeiter des Institutes als Autoren vertreten sind. Gastautoren waren diesmal H. Gastager von der Nervenklinik Salzburg, St. Rudas von der psychiatrischen Universitätsklinik Wien und M. Kos von der Universitätsklinik für Kinder- und Jugendlichen-Neuropsychiatrie Wien. Der Prozeß der Entstehung des Buches ist derselbe wie bei den vorhergehenden, die Autoren sind für ihre Beiträge allein verantwortlich, alle Artikel wurden jedoch eingehend vom Gesamtteam diskutiert.

So gerne wir natürlich sehen würden, daß die Leser alle drei Bände aus dem Institut kennen, so ist das Buch von den ersten beiden völlig unabhängig.

# Literatur

*Fürstenau, P.:* Institutionsberatung. Gruppendynamik 1 (1970) 219.

*Reiter, L., H. Strotzka:* Einige Überlegungen zur Forderung nach gesellschaftlichem Engagement des Psychoanalytikers. In: *S. Goeppert* (Hrsg.): Die Beziehung zwischen Arzt und Patient. List, München 1975.

*Richter, H. E.:* Lernziel Solidarität. Rowohlt, Reinbek-Hamburg 1974.

*Richter, H. E.:* Engagierte Analysen. Rowohlt, Reinbek-Hamburg 1978.

*Rosenmayr, L.:* Das Anwendungsdefizit der Soziologen. In: *A. M. Becker, L. Reiter* (Hrsg.): Psychotherapie als Denken und Handeln. Kindler, München 1977.

*Selvini-Palazzoli, M.:* Der entzauberte Magier. Klett-Cotta, Stuttgart 1978.

*Strotzka, H.:* Neurose, Charakter, soziale Umwelt. Kindler, München 1973.

*Strotzka, H.:* Die gesellschaftliche Relevanz der Psychotherapie. In: *W. Frühauf* (Hrsg.): Wissenschaft und Weltbild. Europa Verlag, Wien 1975.

*Strotzka, H.* (Hrsg.): Psychotherapie: Grundlagen, Verfahren, Indikationen, 2. Aufl. Urban & Schwarzenberg, München-Wien 1978.

*Strotzka, H.* (Hrg.): Fallstudien zur Psychotherapie. Urban & Schwarzenberg, München-Wien 1979.

# Inhalt

Inhalt

## IV. Mitarbeit in Institutionen

# Einleitung

*Hans Strotzka*

Die Erfahrungen, über die wir in diesem Buch berichten, sind in einem hohen Maße subjektiv, gebunden an die jeweilige Situation und die beteiligten Personen mit ihren Eigenschaften. Wir glauben jedoch, daß sich trotzdem allgemeingültige Schlüsse ziehen lassen für den Umgang mit Institutionen. Manchmal wurden solche Ergebnisse formuliert, oft jedoch wurde es dem Leser überlassen, seine Schlußfolgerungen zu ziehen. Der Prozeß der Entstehung des Buches war identisch wie bei den früheren Institutsbüchern. Die Themen wurden in einer Art brain-storming gefunden, die Autoren stellten die Manuskriptentwürfe der Kritik des Gesamt-Teams, bleiben aber für ihren Beitrag allein verantwortlich. Auch dieses Buch ist einem klientenzentrierten interdisziplinären Methodenpluralismus verpflichtet. Soziologie, Sozialpsychologie, Gruppendynamik, Psychoanalyse, Lerntheorien und systemtheoretische Konzepte bilden meist implizit den wissenschaftlichen Hintergrund der oft recht pragmatisch orientierten Beiträge. Der Begriff „Institution" ist sehr weit gefaßt und deckt sich häufig mit „Organisation". Uns lag auch nicht daran, ein Theoriebuch zu schreiben, sondern wir wollten ein buntes Bild der Realität bieten, das entsteht, wenn die Mitglieder einer therapeutischen Institution nicht in eine enge Kompetenzdefinition ausweichen, sondern versuchen, sich den vielfältigen gesellschaftsrelevanten Aufgaben zu stellen, die an ein solches Institut meist von außen herangetragen werden.

Wenn es auch an Sachkompetenz oft mangelte, so wurde doch eine gewisse Kommunikationskompetenz (H. Enke, 1978) von uns selbst und unseren Partnern angenommen. Wir legten auch Wert darauf, unser recht häufiges Scheitern zu beschreiben, da man – und das ist keine Redensart – wirklich vor allem aus seinen Fehlern lernt, und daran hat es nicht gemangelt.

Die Gliederung der Beiträge in *allgemeine Problematik, Reform von Institutionen, Innovationen* und *Mitarbeit in Institutionen* schien uns relativ sinnvoll und logisch, die Zuordnung der Einzelarbeiten ist jedoch weit unklarer, da sie zum großen Teil im Zwischenbereich liegen. Dieser Frage sollte man aber nicht allzuviel Bedeutung beimessen.

Institutionen müssen nach ihren Zielen beurteilt werden und danach, ob diese Ziele effizient, human und ökonomisch optimal realisiert werden. Die Beurteilung solcher Ziele sind ein ideologisches, sozioökonomisches und politisches Problem. Wir haben uns bemüht, nur solche Einrichtungen zu wählen, wo diese heikle Frage nicht allzu brisant ist. Sicher wollen wir zum Beispiel kommerziellen Unternehmungen oder Ordnungseinrichtungen nicht prinzipiell ausweichen. Unser engerer Aufgabenbereich (medizinische, psychiatrische, präventiv- und sozialmedizinische Institutionen, Heime,

Bewährungshilfe, Beratungs-, Betreuungs- und Planungsstellen sowie Einrichtungen der Fort- und Weiterbildung) wirft noch genug Fragen der Diagnose und Therapie auf, aber man kann über die allgemeinen Ziele einer Humanisierung und Demokratisierung vorläufig einen Konsens annehmen. Der Umgang mit Medien ist ein Sonderfall, der streng genommen nicht in den Rahmen paßt, aber so aktuell ist, daß wir ihn nicht weglassen wollten.

Wir versuchen nun den Inhalt kurz zu referieren und jeweils die Einzelartikel in den Gesamtrahmen zu stellen.

Im Hauptabschnitt I. *Allgemeine Problematik,* bringe ich zuerst einen begrifflichen Rahmen einer Gesamtversorgung im psychosozialen Bereich mit den Definitionen der verschiedenen Konzepte und ihrer wechselseitigen Bezüge, und zeige, wie wichtig die Selbsthilfe einerseits und die institutionelle Arbeit anderseits neben den traditionellen Aufgaben des Therapeuten sind.

Elisabeth Jandl-Jager folgt mit einem Überblick über einige der wichtigsten organisationssoziologischen und sozialpsychologischen Arbeiten über Veränderungen in Institutionen und die Widerstände dagegen.

Kurt Buchinger diskutiert von seinem philosophischen Standpunkt aus die Notwendigkeit und Legitimität der Ausweitung der Aufmerksamkeit des Psychotherapeuten vom Individuum über Gruppen auf ganze Institutionen hin.

Die ausführliche Bearbeitung der Beziehungen zwischen Familientherapie, als neuem Paradigma, zur Sozialpolitik durch Ludwig Reiter, behandelt eine ganze Reihe wichtiger institutioneller Probleme von der Bürokratie bis zur Selbsthilfe. Die Lage unserer Dienstleistungsgesellschaft, und der therapeutischen und Beratungsdienste in derselben, wird anregend diskutiert.

Die Psychiatrie-Enquete des Deutschen Bundestages, einer der imponierendsten Versuche, die Lage der Versorgung eines Landes zu erfassen und Vorschläge zu einer neuen Organisation zu machen, wird von mir kommentiert. Mutige Entwürfe zur Neuinstitutionalisierung der Psychotherapie haben zu heißen Diskussionen geführt. Diese Unternehmung ist ein Vorbild für alle anderen Länder als Basis für Reformen bestehender Institutionen.

Gruppenarbeit und Supervision sind die hauptsächlichen Instrumente unserer Arbeit in Institutionen. Elfriede Montag gibt einen klaren Überblick über das Wesen dieses wichtigen Instrumentes. Das delikate Verhältnis von Supervisor und Supervisand zur Institution wird herausgearbeitet. Konkrete Erfahrungen darüber folgen dann in den weiteren Beiträgen.

Damit ist der I. allgemeine Teil abgeschlossen, und wir können uns dem großen II. Hauptabschnitt, *Reform von Institutionen,* zuwenden.

Es wird eingeleitet von einer Analyse eines Pioniers der Sozialpsychiatrie in Österreich, Heimo Gastager, über die Anwendung psychotherapeutischer Methoden in einer psychiatrischen Anstalt. Es dreht sich dabei vor allem um die Einführung der therapeutischen Gemeinschaft in ein traditionelles Krankenhaus. Gastager schildert anschaulich einen beachtlichen Erfolg trotz großer Widerstände.

Leider kann ich nur einen Mißerfolg bei dem Versuch, Psychotherapie in die Wiener und Österreichischen Gebietskrankenkassen zu etablieren, berichten. Daß es in fast zwanzig Jahren Arbeit als Leiter eines Psychotherapeutischen Ambulatoriums nicht gelingen sollte, für das eigene Institut eine annähernd befriedigende quantitative und qualitative Ausstattung zu bekommen, geschweige für die Psychotherapie in den Bundesländern etwas zu tun, scheint fast unglaubhaft. Der Hauptwiderstand muß offenbar darin liegen, daß das Festhalten an einem organischen Konzept der Medizin und Patientenversorgung aus der tiefen Angst vor den Konsequenzen einer Umstellung stammt. Ein viel größeres Engagement aller Beteiligten wäre wohl unvermeidlich mit einer solchen Veränderung verbunden.

In A. M. Beckers Bericht über das parallel geschaltete Jugendpsychiatrie-Ambulatorium ist ein gewisser Groll über das Versagen der Bürokratie noch deutlicher. Es soll aber hier gesagt werden, daß es nach schweren Existenzkrisen der Ambulanz doch gelungen ist, wieder ein größeres Institut zu schaffen, das effizient arbeitet. Daß dabei die analytische Basis weitgehend verlorenging, mag auch daran liegen, daß Psychoanalytiker überhaupt gegenüber starken Bürokratien schon durch die Art ihrer Sekundärsozialisation nicht sehr durchsetzungsfähig zu sein scheinen.

Leider folgt eine zweite Niederlage, indem es uns vorläufig nicht gelungen ist, die Mütterberatung auf eine psychohygienische Arbeitsweise umzustellen. Auch hier schienen uns die Voraussetzungen (gestärkt durch eine überzeugende Dokumentation in Buchform) mehr als ausreichend. Der Widerstand stammte hier mehr von der Basis der teilzeitbeschäftigten Mediziner; die Verleugnung der psychosozialen Dimension ist identisch mit dem vorhergehenden Beispiel.

Ingo Grumiller beschreibt den konkreten Vorgang und schließt mit einem vorläufigen, noch singulären ersten Schritt in unsere Richtung. Gerade beim Schreiben dieser Zeilen erhalte ich die Zusage des höchsten zuständigen Beamten, dem Leiter des Jugendamtes W. Prohaska, daß ein neuerlicher großzügiger Versuch gestartet werden soll.

Die Geschichte der Übernahme einer großen Ehe- und Familienberatungsstelle und der Einführung der Paarberatungstechnik gibt mir die Gelegenheit, die Kompetenz des Psychoanalytikers für eine solche Mediatorenrolle zu besprechen. Die Antwort kann offenbar nur eine ambivalente sein.

Kurt Buchinger und Sepp-Rainer Graupe entwerfen den Plan einer psychohygienischen Reorganisation einer Intensivstation. Daß es ein Plan blieb, liegt wohl unter anderem daran, daß das Konzept zu ehrgeizig für die zur Verfügung stehende Personalbasis war.

Der III. Hauptabschnitt, *Innovationen,* befaßt sich mit der Neugründung von Institutionen und beginnt mit der Darstellung des Institutes, aus dem dieses Buch stammt. Auch wenn man versucht, eine demokratische, kollektive Führung zu etablieren, spiegelt eine Institution offensichtlich unvermeidlich Persönlichkeit und Interessen des Leiters wider. Die starke sozialpsychiatrische Verankerung desselben drückt sich in den (zu) vielfältigen Aktivitäten, unter anderem auch in diesem Buch aus. Prozeß- und Ergebnisforschung und eigentliche psychotherapeutische Arbeit werden in Zukunft wieder stärker in den Vordergrund treten müssen.

Elfriede Montag und ich berichten dann über den „Psychiatrischen Kurs" für Sozialarbeiter, der trotz oder wegen seiner flexiblen Organisationsstruktur erfolgreich seine Kontinuität bewahren kann und allgemein anerkannt wird.

Eine ähnlich erfolgreiche und unkonventielle Aktivität der Österreichischen Gesellschaft für psychische Hygiene war die psychohygienische Betreuung der Ungarnflüchtlinge 1956 – 1958.

Die erfolgreichste Aktivität meines Berufslebens war zweifellos die Planung und Betreuung des Lagerräumungsprogramms für „displaced persons" während des Weltflüchtlingsjahres 1959 – 1960. Die großen Geldmittel und die uneingeschränkte Unterstützung einer starken Führerpersönlichkeit, des damaligen Hochkommissars der Vereinten Nationen für die Flüchtlinge, August Lindt, gestattete eine optimale und letzten Endes auch ökonomische Aktion. Es ist nur tragisch, daß das Flüchtlingselend immer wieder auftritt wie im Augenblick im fernen Osten. Wenn auch dabei zuerst Fragen des Überlebens absolute Priorität haben, sollten bei der mittel- und vor allem langfristigen Planung die psychosozialen Belange entsprechend unserer Erfahrung nicht vergessen werden.

Beckers Artikel über seine erste Balintgruppe gibt Anlaß über ein Grundproblem unserer Arbeit, der Durchdringung der organischen Medizin, hier der biologischen Psychiatrie, mit psychosozialem Gedankengut zu reflektieren. Am Beispiel der larvierten Depression wird diese Frage von ihm auf hohem theoretischem Niveau diskutiert.

Graupe stellt an Hand eines Tonbandprotokolls einer Balintgruppe mit Spitalsärzten im Zusammenhang mit zwei dramatischen Fällen die Frage, ob unter den gegebenen Machtverhältnissen in einer Institution, wie sie ein organisch orientiertes Krankenhaus noch immer darstellt, „Balint-Arbeit" überhaupt möglich ist. Die beiden Fälle geben dem Leser Anlaß, sich ernste Gedanken über Konzept und Organisation der Institution „organische Medizin" zu machen.

Becker war seit Gründung der Bewährungshilfe in Österreich ihr erster psychiatrischer Konsulent. Diese wohl erfolgreichste neue Institution hat sich segensreich bewährt. Becker beschreibt mehr als bescheiden die Rolle des Psychiaters im Team und die Kunst, sich selbst überflüssig zu machen, eine leider fast verlorengegangene Fähigkeit.

Jandl-Jager und Marianne Ringler berichten sehr differenziert über einen ersten Versuch, Selbsterfahrung in die Verhaltenstherapieausbildung einzuführen. Dieses Konzept kann wesentlich dazu beitragen, die Kluft zwischen den Schulen zu überbrücken und im Dienste unserer Patienten zu einer qualitativen Besserung der Versorgung beizutragen. Es handelt sich dabei um ein zentrales Anliegen unseres Institutes.

Buchingers Artikel über den Übergang eines Studentenseminares über Randgruppenarbeit zu einer Selbsthilfegruppe der Eltern seelisch behinderter Kinder in einem psychiatrischen Großkrankenhaus scheint mir eine exemplarische, aufregende Entwicklung anzudeuten, wie Selbsthilfe entstehen kann. Die Dialektik zwischen Lehre – Forschung – Fremdhilfe und Selbsthilfe wird umfassend behandelt.

Die nächste Arbeit von Marianne Springer-Kremser behandelt den Aufbau einer psychosomatischen Ambulanz in einer Frauenklinik. Hier ergibt sich die Möglichkeit, die Kluft zwischen organischer und psychosozialer Medizin durch das Psychosomatikkonzept zu überbrücken, was theoretisch und im konkreten Detail mit den unvermeidlichen Schwierigkeiten dargestellt wird. Im ganzen ist der Versuch aber als Erfolg zu betrachten.

Springer-Kremser und Jandl-Jager haben sich (mit anderen) große Verdienste um die Verbesserung der Beratungstechnik bei den vielen neuen Familienplanungsstellen, die als flankierende Maßnahme zur Fristenlösung gegründet wurden, erworben. Die besondere Schwierigkeit war dabei die Heterogenität der Teilnehmer an den Kursen in bezug auf professionelle Herkunft, Status und Vorbildung. Bei der gegebenen Voraussetzung war nur ein Teilerfolg möglich.

Ringler konnte in einer Frauenklinik ein verhaltenstherapeutisches Geburtsvorbereitungsprogramm erfolgreich etablieren. Aktivitäten, wie die von Ringler und Springer-Kremser in Kliniken tragen sicher mehr zu einer konstruktiven Zusammenarbeit bei als viele von außen aufoktroyierte Ausbildungspläne. Organmediziner einerseits und psychosozial und psychosomatisch Orientierte lernen sich einfach in ihrer praktischen Arbeit kennen und schätzen. Wir begrüßen dabei als sehr hilfreich die gemeinsamen Publikationen.

Ein besonders liebenswertes Projekt war die Organisation eines therapeutischen Familienurlaubes für Familien mit psychosomatisch kranken Kindern durch Hildegard Katschnig. Für den Außenstehenden war dabei eindrucksvoll, wie die intensive Arbeit von nur zwei Wochen doch erhebliche Auswirkungen auf Interaktionen und Verhalten haben kann. Begleitforschung und Nachbetreuung verstärken den Wert solcher, allerdings enorm arbeitsintensiver Veranstaltungen.

Der IV. Hauptabschnitt, *Mitarbeit in Institutionen,* ist recht uneinheitlich in der Zusammensetzung.

Ringler und Jandl-Jager beginnen mit der Darstellung der organisatorisch komplizierten Erziehersupervision in einem großen Heim. Die fehlende Fachkompetenz und der Mangel eines „Vertrages", wie ihn Selvini-Palazzoli als Lösung solcher Probleme empfiehlt, führten dazu, daß sich die Supervisoren zurückzogen. Ein vermutlich besseres Konzept wird vorgeschlagen. Die überzogene Größe der Institution (200 Kinder) bleibt allerdings ein dauerndes Handikap.

Graupe schildert ein ähnliches Supervisionsproblem in einem anderen Heim, wo ein ziemlich radikal neues Konzept zu Konflikten mit der Administration führte. Das Projekt hatte das gleiche Schicksal wie das vorhergehende letztlich auch aus den gleichen Gründen.

Pflegerinnen- und Pflegerausbildung liegt uns besonders am Herzen, da hier in Institutionen der engste Kontakt mit den Patienten besteht. Catherine Schmidt-Löw-Beer beschreibt aus unserer intensiven Arbeit mit dieser Gruppe einen erfreulich lebendigen Versuch, angehenden Kinderschwestern psychosoziale Aspekte ihrer Tätigkeit nahezubringen.

In dem Artikel Stadtplanung versuche ich, die Kommunikationsschwierigkeiten zwischen Therapeuten und Technikern zu beschreiben und andererseits die Notwendigkeit einer Zusammenarbeit zwischen diesen beiden Sparten und den Politikern zu etablieren. Einige wichtige Ergebnisse sind zweifellos schon erarbeitet.

Medien, wie Rundfunk und Fernsehen eines Landes, Zeitungsredaktionen etc. sind ebenfalls Institutionen, mit denen wir, ob wir wollen oder nicht, zusammenarbeiten müssen, da ein legitimes Informationsbedürfnis der Bevölkerung besteht. Daß man dabei oft schlechte Erfahrungen macht, schildere ich in einigen hoffentlich lehrreichen

Geschichten. Offenbar müssen wir auch hier erst lernen, eine gemeinsame Sprache zu finden.

Stephan Rudas beschreibt seine Erfahrungen aus einer Sonderanstalt für psychisch kranke Rechtsbrecher. Gut juristisch unterbaut werden die theoretischen und praktischen Fallstricke geschildert, die psychiatrisch-psychotherapeutische Tätigkeit im Strafvollzug erschweren. Auch die Problematik, die dem Maßnahmenrecht implizit ist, wird differenziert besprochen. Der Psychotherapeut bewegt sich in einer „totalen Institution" auf einem schwierigen Boden.

Das gleiche gilt für den zweiten Artikel des gleichen Autors über die Heime der Bewährungshilfe. Meine Bemerkung in der Supervision dieser Tätigkeit, daß der Psychiater in dem Heim „common sense legitimiert", worauf sich der Titel dieses Beitrages bezieht, klingt ein wenig leichtfertig, ist es aber nicht ganz. Der Psychiater ist seinerseits, schon vom Status her, der, dem man am ehesten glaubt, daß „common sense" etwas Legitimes ist, weil man oft gerade von ihm so wenig in dieser Richtung gewohnt ist.

Der letzte Beitrag von Martha Kos-Robes beschreibt die Situation der Psychologie in der Schule als eine neuerdings wieder recht positive Entwicklung, obwohl nicht verschwiegen werden soll, wie viel hier noch zu tun wäre.

Damit ist die Überschau über unser Buch abgeschlossen. Wir hätten aus eigenen und befreundeten Quellen noch viele Beispiele anführen können. Besonders gälte dies für die Mitarbeit an der Gesetzgebung beim Psychologen- aber auch beim Anhalte-, Einweisungs-, Vormundschafts- und Pornographiegesetz. Vielleicht läßt sich dies in einer besonderen Publikation nachholen. Mir scheint aber, daß schon die bisherigen Arbeiten genügen, zu zeigen, wie vielfältig, faszinierend und wichtig diese Tätigkeit ist.

Frau Selvini-Palazzoli bietet in ihrem Buch über die Arbeit der Schulpsychologen im Gegensatz zu unserem, eine Patentlösung, den schriftlichen Vertrag mit großer Machtzuschreibung und die Abwendung von individueller Fallarbeit zur Systembetreuung und Veränderung. Ein solcher Weg wird aber oft nicht gangbar sein, da die Vertragspartner nicht zustimmen werden. Wir versuchen, für die Arbeit mit Institutionen sehr situationsgebundene Vorschläge zu machen. Rückblickend glaube ich, daß auch Irrwege nicht vergebens waren, da viele Anregungen erst viel später Früchte tragen, wie wir immer wieder sehen.

Fürstenau (1979) hat mit Recht gemeint, daß es der Institutionsberatung ähnlich ergehen wird, wie der Psychotherapie, nämlich daß „wissenschaftliche Orientierungslosigkeit, Pragmatismus, Improvisation und persönliche Zufälligkeiten wohl für längere Zeit das Feld beherrschen" werden.

In seinem Buch, dessen aufmerksame Lektüre man jedem Interessierten empfehlen kann, werden aber bereits Ansätze zu einer Theorie geboten, denen wir uns nur anschließen können.

Das Ziel einer Humanisierung und Demokratisierung der Medizin, Schulen und der sozialen Dienste ist jedenfalls vielfältiger ernster Bemühungen wert.

Wenn wir mit diesem Buch dazu beitragen, daß an möglichst vielen Stellen daran theoretisch und praktisch gearbeitet wird, haben wir unser Ziel erreicht.

# Literatur

*Enke, H.:* Vortrag auf der Lindauer-Psycho-therapiewoche 1978.

*Fürstenau, P.:* Zur Theorie psychoanalytischer Praxis, S. 212, Klett-Cotta, Stuttgart 1979.

*Selvini-Palazzoli, M.* et al.: Der entzauberte Magier. Klett-Cotta, Stuttgart 1979.

# I. Allgemeine Problematik

# Die Arbeit mit Institutionen im Rahmen einer Gesamtversorgung psychosozialer Störungen

*Hans Strotzka*

Die kurative Medizin, die eine enorme Blüte hinter sich hat, ist aber letztlich in einem kritischen Rückblick eher eine Enttäuschung gewesen. Die beiden großen Erfolge in der Medizin in hochindustrialisierten Ländern, die Verlängerung der Lebenserwartung und die Reduzierung der Säuglingssterblichkeit, sind im wesentlichen ein Erfolg hygienischer Aktivität und der Verbesserung des Lebensstandards. Die Qualität des Lebens hat trotz enormer Investitionen in das Gesundheitswesen in gewissen Bereichen eher gelitten. Man denke nur an Alkohol-, Drogen-, Medikamenten- und Nikotinmißbrauch, an Irrationalität, Sinnentleerung, Randgruppen und Abnahme helfender Kontakte und Kommunikationen, an die Technisierung und vor allem an die Zunahme der Macht von Großinstitutionen und die damit verbundene Anonymität und Auswechselbarkeit des Einzelnen, der seine Hilf- und Bedeutungslosigkeit immer stärker empfindet. Er kann darauf mit Apathie oder Protest reagieren. Als ein Auswuchs dieses Protestes ist im psychiatrischen Sinne die „überwertige Idee" oder der Fanatismus (L. Bolterauer) des Terrorismus aufzufassen. Das Ergebnis einer Regression hinwieder sind Hippiegruppen, wie die seinerzeitigen Blumenkinder, vielleicht auch die Rückkehr zu natürlichen Lebensweisen, die manchmal parasitär der technischen Welt aufgepfropft sind. Eine oft sehr rationale Reaktion sind zumindest einige der vielen Bürgerinitiativen.

Alle diese Entwicklungen stehen in einem engen Zusammenhang mit dem Problem der psychischen Gesundheit und der Aufgabe ihrer Erhaltung und Wiederherstellung. Siehe die Zunahme psychosozialer und psychosomatischer Störungen, unter anderem als Folge eines die Anpassung nicht mehr gestattenden raschen Kulturwandels.

Die Universitäts- und Anstaltspsychiatrie haben sich lange, allzulange, diesen Aufgaben verschlossen und erst die Antipsychiatrie, als oft zu weit überschießende Kritik, und die Sozialpsychiatrie als konstruktives Konzept haben hier eine Änderung geschaffen.

Heute sind Sozialpsychiatrie und Psychotherapie, zumindest in den vorbildlichen Zentren der Fächer, mit der biologischen Psychiatrie integriert, und es bestehen keine grundsätzlichen Differenzen mehr. In der Psychotherapie wieder zeigen sich ein zunehmend patientenzentriertes Denken und eine pragmatische Integration als zwei der wichtigsten Konzepte (Becker 1978; Strotzka, 1979).

Die Arbeit mit Institutionen wird jedoch fast überall noch vernachlässigt. Im deutschen Sprachgebiet haben unseres Wissens nur H. E. Richter (1976, 1978), P. Fürstenau (1970) und S. Mentzos (1976) die Wichtigkeit der Institutsarbeit des Psychoanalytikers erkannt und entsprechende Konsequenzen gezogen.

Wir versuchen nun, einen Überblick einer integrierten Gesamtversorgung zu geben: Die Komplexität der Verhältnisse mögen die folgenden Abbildungen aufzeigen.

Die verschiedenen Therapiemöglichkeiten sind hier mit Ausnahme der Sozialtherapie nebeneinander getrennt dargestellt und sind je nach Indikationen übereinander projiziert auf die Population vorzustellen, indem zum Beispiel bei einer Krise eine kurze Hospitalisierung, antidepressive Medikation, kombiniert mit Psychotherapie und Sozialtherapie zugleich angewendet werden, wobei auch Selbsthilfe des Patienten und durch seine Angehörigen eine entscheidende Rolle spielt (Abb. 1).

Nicht bei allen Risikofällen werden alle Therapiemöglichkeiten eingesetzt werden müssen, so ist zum Beispiel häufig sowohl die Hospitalisierung als auch die Medikation unnötig.

Zu diesem Schema ist übrigens noch zu bemerken, daß es von der noch kaum diskutierten Annahme ausgeht, daß Charakterstörungen und der Abwehrmechanismus der Somatisation (Schur, 1973) nicht nur auf die Kategorie der Neurosen beschränkt ist, sondern als marginale Phänomene (allerdings in verschiedener Intensität) überall, vom allgemeinen menschlichen Elend bis zu den Psychosen und der Schizophrenie vorkommen. Dieses Konzept ist wichtig, da es viele Phänomene verstehen läßt, bei denen die herkömmliche Nosologie versagt, etwa Sonderlinge, und verschiedene Randgruppen auf der Charakterseite und therapieresistente Psychosomatosen ohne nachweisbare Psychodynamik auf der anderen Seite. Für die Psychose hat dies Meng schon in den dreißiger Jahren als „Organpsychose", vorwiegend am Beispiel der Anorexie, beschrieben.

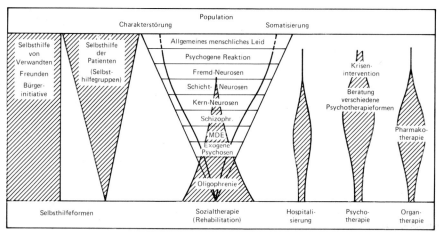

Abb. 1. Psychiatrisches Versorgungsmodell.

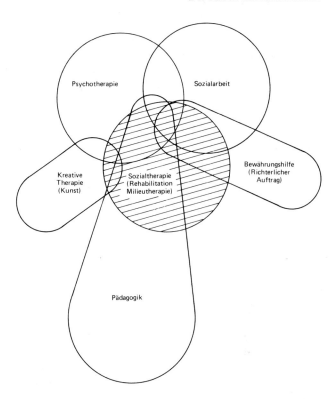

Abb. 2. Die zentrale
Rolle der Sozialthera-
pie.

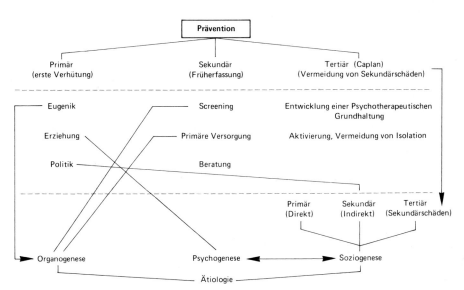

Abb. 3. Die Prävention von seelischen Schäden.

13

Die Sozialtherapie, der im Schema eine zentrale Rolle zuerkannt wird, soll verbildlicht werden (Abb. 2).

Die Anteile von Psychotherapie, Sozialarbeit, Pädagogik sind natürlich auf dem Hintergrund von optimaler Selbsthilfe zu verstehen. Einrichtungen wie die therapeutische Gemeinschaft, Wohnheime, Teilzeitinstitution und psychiatrische Sozialarbeit gehören hierher.

In allen Bereichen der Medizin ist Vorbeugung der Behandlung überlegen, daher geben wir das Konzept der Prävention in Abbildung 3 wieder.

Wir finden die Institutionenarbeit bei der Beratung der Politiker, Erzieher und beim Kampf gegen Isolierung und Stigmatisierung beteiligt. Selbstverständlich ist auch die psychotherapeutische Grundhaltung (wertfreies Akzeptieren, sympathisierendes Einfühlen, Echtheit und indirektives Beraten) für sie die Basis.

Einen groben Überblick über die Arbeit mit Institutionen, als wichtigsten Aspekt im Kampf gegen Entfremdung, gibt die Abbildung 4, wobei die angeführten Begriffe nur den Umfang skizzenhaft andeuten. In den folgenden Arbeiten dieses Buches wird dann auf wichtige Einzelaspekte genauer eingegangen.

Insbesondere das (vor allem politisch relevante) Prinzip der Mitbestimmung spielt hier eine Rolle.

Die Institutionenarbeit (jetzt bezogen auf den Einzelpatienten) ist einerseits als Prävention, anderseits als Tätigkeit im Vorfeld der Therapie zu verstehen, letztlich handelt es sich aber um ein neues Paradigma.

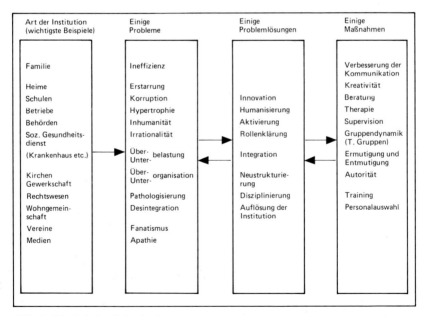

Abb. 4. Die Arbeit mit Institutionen.

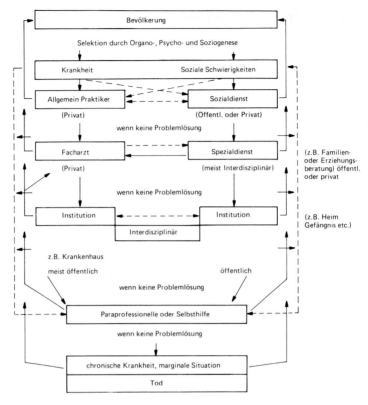

Abb. 5. Kooperation zwischen Gesundheits- und Sozialdiensten.

Über die notwendige Zusammenarbeit mit den Sozialdiensten orientiert ein weiteres Schaubild. Hier ist die Medizin zumindest in Zentraleuropa noch lange nicht auf einem optimalen Niveau. Vielen Ärzten sind Teamkonzepte noch relativ fremd und die Möglichkeiten moderner Sozialarbeit werden nicht genützt.

(Gestrichelte Verbindungen deuten gestörte oder unvollständige Kommunikationen oder Verbindungen an.) Die hier verzeichneten Patienten-(Klienten-)karrieren vereinfachen natürlich sehr. Es soll nur deutlich gemacht werden, daß in den meisten Gesellschaften eine optimale Zusammenarbeit vor allem zwischen medizinischen und Sozialdiensten noch nicht gegeben ist (Abb. 5).

Und zuletzt dürfen wir noch unsere Definition der Psychotherapie wiederholen:

Wir verstehen unter Psychotherapie die bewußte und geplante Behandlung von als psychosozial aufgefaßten Verhaltensstörungen und Leidenszuständen mit psychologischen Mitteln (verbal und averbal) in einer Interaktion zwischen einem oder mehreren Patienten und Psychotherapeuten. Sie muß ein definiertes Ziel haben, sich lehrbarer Techniken bedienen und auf einer Theorie des Verhaltens beruhen.

| „Ewige" Konzepte der Psychotherapie | historische ca. 1900 | Weiterentwicklung ca. 1940–1970 | Verwissenschaftlichung neue Paradigmen |
|---|---|---|---|
| 1. Üben, Lernen, Konditionieren (Information) | *Pawlow* | Verhaltenstherapie | |
| 2. Suggestion | *Liebault Bernheim Coué* | Autogenes Training | |
| 3. Persuasion | *Dubois* | | |
| 4. Beratung | | Case-work *Rogers*-Gesprächs- therapie (unspezifisches Konditionieren) | |
| 5. Einsicht (Bewußtmachung) | *Freud Adler* *Jung* | Psychoanalyse Psychoanalytische Psychotherapie Neopsychoanalytische Richtungen | |
| 6. Gruppenwirkung | | Gruppentherapie aller Art | |
| 7. Katharsis Ekstase Aussagieren Meditation | | | Familientherapie Gestalttherapie Transaktionsanalyse Encountergruppen Primärtherapie |
| 8. Konfrontation mit Paradoxa | | Logotherapie | Kommunikationstherapie |

Abb. 6. Grundprinzipien der Psychotherapie und deren Weiterentwicklung.

Als Theorien kommen derzeit die Tiefenpsychologie in allen ihren Variationen, die Lerntheorie, philosophische Anthropologien und neuerdings die Kommunikationswissenschaften (Systemtheorie) in Frage. Letztere sind vor allem in der Gruppenbehandlung und ganz besonders in der Familientherapie von Bedeutung, der wir selbst besonderes Interesse widmen. Abgesehen von den Verhaltens- und Gesprächstherapien, die aber in ihrer theoretischen Entwicklung bei weitem noch nicht abgeschlossen sind, ist meist die Voraussetzung ihrer Wirksamkeit eine temporäre Regression im Dienste des Ichs und eine emotionelle Erschütterung des starren Orientierungssystems einer Persönlichkeit.

Die unübersichtliche Vielfalt psychotherapeutischer Techniken und Schulen läßt sich sehr vereinfacht auf wenige Grundkonzepte reduzieren (Abb. 6).

Die Familientherapie und Kommunikationstherapie stellen neue Paradigmen im Sinne Kuhns dar.

Mit diesem einfachen Strukturkonzept, wie wir es auch im Unterricht verwenden, hoffen wir eine Klärung recht verworrener Zusammenhänge erreicht zu haben.

Wir gehen von einer multidimensionalen Auffassung der Entstehung psychosozialer Störungen (Hoff und Arnold) aus, indem wir annehmen, daß immer organische, psychologische und soziale Ursachen in verschiedener Durchschlagskraft miteinander verflochten sind. Prävention und Therapie müssen integriert auf dieser Basis aufbauen, aber immer vorrangig klienten- und systemzentriert sein und erst sekundär theorie- und technikzentriert. Dies bedeutet, daß wir von den jeweiligen Bedingungen, organischer, psychologischer, sozialer und ökonomischer Art beim Klienten und seinen Bezugsgruppen ausgehen, wenn wir eine Indikation stellen.

Die Voraussetzung ist allerdings ein Team, dem eine breite Palette therapeutischer Möglichkeiten zur Verfügung steht und sich durch Evaluation selbst kontrolliert. Die Zeit der einsamen Einzeltherapien ist offenbar weitgehend überwunden. Der Gefahr, daß neue Institutionen mit neuen Problemen dabei entstehen, muß man sich allerdings selbstkritisch bewußt sein.

# Literatur

*Becker, A. M.:* Integrativ-pragmatische Behandlung eines Falles von Angstneurose. In: *H. Strotzka* (Hrg.): Fallstudien zur Psychotherapie, S. 272 – 281. Urban & Schwarzenberg, München-Wien 1979.

*Bolterauer, L.:* Der Fanatismus. Psyche 19, 4 (1975) 287 – 315.

*Fürstenau, P.:* Institutionsberatung. Gruppendynamik 1 (1970) 219.

*Kuhn, T. S.:* Die Struktur wissenschaftlicher Revolutionen. Suhrkamp, Frankfurt/M. 1967.

*Mentzos, St.:* Interpersonale und institutionale Abwehr. Suhrkamp, Frankfurt/M. 1976.

*Richter, H. E.:* Flüchten oder Standhalten. Rowohlt, Reinbek-Hamburg 1976.

*Schur, M.:* Das Es und die Regulationsprinzipien des psychischen Geschehens. Fischer, Frankfurt/M. 1973.

*Strotzka, H. (Hrg.):* Psychotherapie: Grundlagen, Verfahren, Indikationen, 2. Aufl., Urban & Schwarzenberg, München-Wien 1978.

*Strotzka, H. (Hrg.):* Fallstudien zur Psychotherapie. Urban & Schwarzenberg, München-Wien 1979.

# Veränderungen in Institutionen

*Elisabeth Jandl-Jager*

Kann man eine Revolution von oben machen?
Können einige Revolution machen?
Kann man Revolution von außen importieren?

aus „Des Kaisers treue Jakobiner".
Historische Montage von CONNY HANNES MAYER

Geplante, absichtsvolle Veränderung in Institutionen, die von eigens dafür bestimmten Personen in Gang gesetzt und begleitet wird, hat in Europa eine kurze Geschichte. Erst nach dem Zweiten Weltkrieg und nachdem die ersten Schwierigkeiten des Wiederaufbaus gemeistert waren, entwickelte sich das Interesse an der wissenschaftlichen Beobachtung von Organisationen und in der Folge auch das Interesse an deren Veränderung. Zunächst beschränkt sich die Organisationsveränderung auf den Bereich der Wirtschaft. Erst in dem letzten Jahrzehnt entdeckte man in Mitteleuropa, daß auch nicht komerziell orientierte Organisationen und Institutionen den Zweck und die Ziele ihrer Arbeit oft nicht erfüllten. Eine ähnliche Entwicklung hatte in den USA bereits einige Jahre früher eingesetzt, und daher war es möglich, Erfahrungen, die in den USA gemacht worden waren, in Europa anzuwenden. Eine bereits entwickelte Technologie der Organisationsveränderung konnte übernommen werden. Den größten Einfluß auf die Entwicklung in Europa hatten vermutlich die National Training Laboratories, die von Bradford, Benne und Lippit begründet worden waren. In dieser Institution wurden viele Europäer als Trainer in Gruppendynamik und „change agents" zur Organisationsveränderung ausgebildet. Heute wird im gesamten europäischen Raum an der Veränderung verschiedenster Organisationen gearbeitet.

Welche Dinge können und sollen nun an einer Organisation verändert werden? Im Bereich kommerzieller Unternehmen sind Veränderungen direkt oder indirekt auf die Steigerung des Gewinns gerichtet. Bei nichtkommerziellen Organisationen ist der Zweck von Veränderungen nicht so leicht festzulegen. Ähnlich den Zielen der Veränderung in nichtkommerziellen Organisationen ist die Verbesserung der Arbeit der Organisation und die ständige Anpassung der Organisation an ihre Organisationsziele. Diese Organisationsziele können sich im Laufe der Zeit ändern. Dies geschieht entweder durch Entscheidung der verantwortlichen Manager oder Politiker oder durch eine Veränderung der äußeren Gegebenheiten. Die Entscheidung zur Veränderung wird den Verantwortlichen meist aufgezwungen, entweder durch schlechten Geschäftsgang, die Unzufriedenheit der Mitarbeiter oder der Wähler.

In diesem Buch beschreiben wir ausschließlich Veränderungen in sozialen Institutionen oder Organisationen. In den meisten Fällen wurden diese Veränderungen von uns initiiert, und die zuständigen politischen Verantwortlichen unterstützten die Projekte mehr oder weniger.

Die psychotherapeutische Arbeit an unserem Institut brachte es mit sich, daß wir im Laufe der Zeit mit vielen anderen sozial orientierten Institutionen und Organisationen Kontakt aufgenommen haben. Zudem besteht für unser Institut der Auftrag, Psychotherapie und psychotherapienahe Techniken zu lehren. Diese Verpflichtung zur Weitergabe unserer Kenntnisse wurde von uns nicht nur auf den Bereich der Universität beschränkt, sondern es war uns immer ein Anliegen, diese Techniken auch Personen zu vermitteln, die von der universitären Ausbildung nach den allgemeinen Richtlinien der Universität ausgeschlossen sind. Wir glauben, daß Sozialarbeiter, Erzieher, Krankenschwestern, Lehrer usw. in unserem System der psychotherapeutischen Versorgung von größter Bedeutung sind. Diese Berufsgruppen können bei entsprechender Vorbildung Klienten mit Bedürfnis für Psychotherapie vorselektieren, einfachere Probleme selbst mit dem Klienten zu lösen versuchen und können außerdem noch prophylaktische Maßnahmen ergreifen. (Wie wir das am Beispiel der Mütterberatung zu zeigen versuchten).

Wir vertreten in unserer eigenen psychotherapeutischen Arbeit ein klienten-(patienten)zentriertes Konzept. Dies bedeutet, daß die psychotherapeutische Arbeit nicht strikt nach einer bestimmten psychotherapeutischen Schule ausgerichtet sein soll, sondern nach pragmatischen Erwägungen *jedem* Klienten Psychotherapie angeboten werden sollte. Wir haben dieses Konzept bereits in den beiden Büchern „Psychotherapie: Grundlagen, Verfahren, Indikationen" und „Falldarstellungen" beschrieben.

Die Beiträge dieses Buches zeigen, wie häufig soziale Organisationen, wie zum Beispiel Heime vorwiegend administrationsorientiert geführt werden. Durch unsere organisationsverändernde Tätigkeit versuchten wir, die Arbeit dieser Institutionen im Sinne unserer Ideologie zu einer klientenzentrierten umzuwandeln.

Die in diesem Buch beschriebenen Eingriffe in die verschiedenen Institutionen und Organisationen wurden von uns nicht von vornherein gezielt als Organisationsveränderungen geplant. Sie entstanden aus unserer Ideologie, daß soziale Institutionen in erster Linie an den Bedürfnissen der Klienten orientiert sein müssen und sich die Verwaltung an diese Bedürfnisse der Klienten anpassen müßte. Wir haben versucht, das Personal der verschiedenen Institutionen von der Notwendigkeit psychotherapeutischer Vorsorge zu überzeugen. Wir haben uns bemüht, psychotherapienahe Techniken der Gesprächsführung zu vermitteln, mit Hilfe derer das Personal der Institutionen die psychischen Probleme ihrer Klienten aufgreifen sollte.

Im Laufe der Zeit hat es verschiedene Versuche gegeben, theoretische Konzepte geplanter Veränderung zu entwickeln. Diese Konzepte sind nicht als Theorien im wissenschaftstheoretischen Sinn zu verstehen, ermöglichen aber einen ersten theoretischen Überblick über den Prozeß geplanter Veränderung. Eine der umfassendsten soll im folgenden dargestellt werden.

Chin und Benne (1970) führen geplanten Wandel im wesentlichen auf drei verschiedene Strategien zurück:

Empirisch-rationale Strategien,

Normativ-re-edukative Strategien,

Macht- und Zwangsstrategien.

# 1. Empirisch-rationale Strategien

Diese Strategien der Veränderung gehören zu den gebräuchlichsten in den USA und Westeuropa. Change-Agents, die diese Strategien anwenden, gehen von zwei grundlegenden Annahmen aus:

a) menschliches Verhalten ist rational begründet,

b) der Mensch folgt seinem rationalen Eigennutz, sobald er ihn erkennt.

Der klassische Liberalismus kann als Grundlage dieser Gedankengänge gesehen werden. Die hauptsächlichen Hindernisse der Veränderung werden vom klassischen Liberalismus in Unwissenheit und Aberglauben gesehen. Daher war und ist es eine beliebte Methode, Wissen durch allgemeine Erziehung zu verbreiten. Diese Art, Veränderungen herbeizuführen, kann am günstigsten dann angewendet werden, wenn allgemein akzeptable Technologien in einer Gesellschaft vermittelt werden sollen. Als Beispiel sei hier die öffentliche Unterstützung zur Entwicklung eines Impfstoffes gegen Poliomyelitis erwähnt. Allerdings, und dabei zeigt sich auch die Schwäche dieser Strategie, besteht nun das Problem, wie die Bevölkerung dazu gebracht werden kann, sich impfen zu lassen. Und diesem Problem ist mit Aufklärung allein nicht beizukommen.

Man könnte nun meinen, daß der Grund, weshalb die Bevölkerung die Impfprogramme nicht akzeptiert, darin besteht, daß das Personal, das diese Programme anbietet, für diese Aufgabe nicht geeignet ist. Personalauswahl hat durch wissenschaftlich entwickelte Testverfahren einen bedeutenden Aufschwung erfahren.

Die Personalauswahl selbst wird allerdings eher nicht im Sinne einer geplanten Veränderung einer Organisation oder Institution getroffen, sondern im Interesse der Aufrechterhaltung der bestehenden Situation.

Außerdem kann bei diesen Strategien zur Veränderung leicht übersehen werden, daß nicht nur einzelne Personen Veränderungen behindern, sondern, daß allgemeine Probleme durch den Austausch von Einzelpersonen nur verdeckt werden.

Eine andere Möglichkeit, geplante Veränderungen herbeizuführen, besteht in der paxisbezogenen Forschung, welche durch ein institutionalisiertes System mit den Betroffenen vermittelt und so eine allgemeine Verbreiterung der Forschungsergebnisse garantiert. Praxisbezogene Forschung kann nur dann wirksam werden, wenn zwischen Forschern und Anwendern eine gute Kommunikation besteht. Nur so können Probleme an die Forscher herangetragen werden, und von diesen die Problemlösungsstrategien den Anwendern vermittelt werden. Als Beispiel sei hier die Schwierigkeit der Vermittlung neuer wissenschaftlicher Erkenntnisse in der Landwirtschaft genannt. Clark und Guba (1965) nannten die folgenden Punkte als notwendige Teile des Veränderungsprozesses praxisbezogener Forschung:

a) Entwicklung einschließlich der Erfindung und der Form der Weitergabe,

b) Diffusion einschließlich Verbreitung und Vorführung,

c) Annahme einschließlich Installierung und Institutionalisierung des Versuchs.

Auf die eben beschriebene Art und Weise glauben die beiden Autoren, könnte geplante Veränderung durchgeführt werden. Zumindest, soweit sie Technologien betrifft.

Auch utopische Gedanken können Grundlage von Veränderungsstrategien sein. Wenn das Bild einer möglichen Zukunft überzeugend und rational akzeptabel für den gegenwärtigen Menschen erscheint, könnte die utopische Vorstellung Teil der Dynamik sein, um die bestehende Situation zu verändern. Das Anstreben der Utopie könnte damit zur Veränderung der Gegenwart führen.

Wie anfänglich erwähnt, wurde Aberglaube vom Liberalismus als Hindernis des Fortschritts aufgefaßt. Aberglaube wird durch Sprache vermittelt. Hayakawa (1941) und Korzybski (1948) versuchten die Bezeichnung von Dingen und Prozessen zu erhellen und richtigzustellen. Vor allem Hayakawa war daran interessiert, Veränderungen in sozialen Systemen zu erreichen. Man hoffte, daß Menschen, die in allgemeiner Semantik geschult wären, richtig sähen, adäquater kommunizieren und wirksamer argumentieren könnten und dadurch eine Grundlage für Veränderungen schaffen würden.

Diese letzten Überlegungen zu Veränderungen überschneiden sich teilweise mit der folgenden Theorie, welche sich vor allem auf die Bedeutung zwischenmenschlicher Beziehungen und den sozialen Kontext der Kommunikation stützt.

# 2. Normativ-re-edukative Strategien

Auch diese Richtung vertritt die Meinung, daß die Rationalität menschlichen Verhaltens grundsätzlich akzeptiert werden soll. Allerdings wird auch berücksichtigt, daß die Verhaltensweisen von Menschen durch soziokulturelle Normen unterstützt werden. Veränderung erfolgt daher nur, wenn die betroffenen Personen (jene, die sich ändern sollen) bereit sind, ihre normative Orientierung zu ändern. Eine Veränderung der normativen Orientierung setzt allerdings die Veränderung von Einstellungen, Werten, Fähigkeiten und signifikanten Beziehungen voraus. Es genügt nicht, Wissen und Information zu vermehren.

Außerdem muß man annehmen, daß das Problem des Klienten nicht durch eine adäquatere technische Information gelöst werden kann.

Die normativ-re-edukativen Ansätze zur Veränderung basieren darauf, daß der Klient, sei er nun Einzelperson, Gruppe oder Organisation, in die Erarbeitung seiner eigenen Veränderung miteinbezogen wird. Ein Dialog soll darüber geführt werden, wie der Klient sich selbst und sein Problem sieht und wie er mit seinen Problemen von den verändernden Personen gesehen wird.

Der Agent der Veränderung muß in Zusammenarbeit mit dem Klienten lernen, das Problem zu definieren und die Lösung des Problems zu steuern. Nicht bewußte Elemente, die die Problemlösung behindern, müssen einer offenen Analyse zugänglich gemacht werden. Außerdem stehen noch die Methoden der Verhaltenswissenschaften zur Verfügung, die von Klient und Innovator dem Problem angemessen benützt werden sollen.

Hinter diesen Gedanken steckt die Überlegung, daß Humantechnologie genauso entwickelt werden muß und kann wie Sachtechnologie. Die Erhellung, Rekonstruktion und Veränderung von Werten durch den Innovator ist von zentraler Bedeutung bei der

Veränderung. Indem die Werte des Klienten zugleich mit jenen des Innovators in das Feld der Veränderungen einbezogen sind, Wertkonflikte durchgearbeitet werden, soll eine Manipulation des Klienten vermieden werden. Auf diesen oben angeführten grundsätzlichen Überlegungen basieren zwei Richtungen der normativ-re-edukativen Strategien mit unterschiedlichen Schwerpunkten. Beiden Richtungen ist gemeinsam, daß sie „temporäre Systeme", wie zum Beispiel gruppendynamische Kurse, zur Veränderung des Systems benützen:

a) Eine der beiden Richtungen ist *die Verbesserung der Problemlösungsfähigkeiten eines Systems.* Die Probleme innerhalb einer Organisation oder Institution sind nicht entweder soziale oder technische, sondern in der Regel soziotechnischer Natur, wie Lorenz und Lorsch (1969) dargestellt haben.

Die Menschen eines Systems müssen lernen, kooperativ Probleme zu identifizieren und zu lösen; als System müssen sie institutionalisierte Stützen und Mechanismen zur Erhaltung und Verbesserung dieser Verfahren entwickeln. Bei diesem Ansatz gibt es ein breites Spektrum von Innovationen, welche durch Programme zur Organisationsentwicklung ausgearbeitet wurden. Die verschiedenen Methoden werden weiter unten als Strategie der Veränderung dargestellt.

b) *Die Förderung der Persönlichkeitsentwicklung der Repräsentanten* des zu verändernden Systems ist die zweite Richtung der normativ-re-edukativen Strategie. Bei diesen Überlegungen wird der Mensch als Grundeinheit der sozialen Organisation angesehen.

Nach dieser Theorie, die in ihren Grundsätzen auf Carl Rogers Gedanken über „personal growth" zurückgeht, sind Menschen unter der Voraussetzung, daß die Bedingungen dafür bestehen, imstande, von sich aus schöpferisch lebensfreundlich, von Selbst- und Fremdwahrnehmung und Rücksichtnahme gekennzeichnete Reaktionen, Wahlen und Handlungen zu vollziehen. Auch diese Theorie bedient sich bei der Umsetzung in die Praxis gruppendynamischer Methoden, die in einer möglichst vertrauensvollen Atmosphäre stattfinden und die Selbstentwicklung der Gruppenmitglieder fördern sollen.

Beiden Ansätzen der normativ-re-edukativen Veränderung ist gemeinsam, daß erfahrungsbezogenes Lernen ein Bestandteil aller dauerhaften Veränderungen in menschlichen Beziehungssystemen ist. Da viele Menschen im Laufe ihres Lebens gelernt haben, sich gegen erfahrungsbezogenes Lernen zu sperren, wenn dadurch das Gleichgewicht der Person oder des Gesellschaftssystems bedroht ist, ist es nötig, Abwehrmechanismen abzubauen.

„Das Lernen des Lernens aus dauernder Erfahrung ist ein Hauptziel in beiden Veränderungskonzepten" (Chin und Benne, 1975). Die Bedeutung kognitiv-perzeptiver Vorgänge wird von beiden Ansätzen anerkannt. Die Umerziehung des Menschen als wesentlicher Bestandteil der Veränderung der Organisation bringt mit sich, daß Offenheit in der Kommunikation, Vertrauen zwischen Personen und die Freisetzung von Kreativität als Norm betont werden.

# 3. Macht- und Zwangsstrategien

Eine dritte theoretische Grundlage sind Strategien, welche Veränderung durch Macht oder Zwang herbeiführen. Da diese Strategien für unser Buch wenig praktische Bedeutung haben, weil wir uns als Innovatoren nicht in einer Lage befunden haben, in welcher wir Macht oder Zwang hätten ausüben können, sollen diese Strategien nur kurz erwähnt werden.

Macht ist ein Bestandteil allen menschlichen Handelns. Die Unterschiede zwischen verschiedenen Strategien liegen vorwiegend in den Machtelementen, von welchen Veränderungsstrategien abhängen, und den Methoden, wo Macht im Veränderungsprozeß erzeugt und angewandt wird. Die als rational empirisch und normativ-re-edukativ bezeichneten Ansätze stützen sich ebenfalls auf eine Art von Macht, nämlich auf Wissen als Macht. Wenn die Veränderungen vorwiegend durch Macht und Zwang zustandekommen, liegt das Schwergewicht auf politischen und ökonomischen Sanktionen bei der Ausübung der Macht. Auch die Anwendung moralischer Macht ist möglich. Politische Macht bürgt eher für Legitimität und bringt Sanktionen gegen jene, die die Gesetze verletzen.

Macht- und Zwangsstrategien versuchen im allgemeinen politische und ökonomische Macht massiv hinter die Zielsetzungen zu stellen, welche die Innovatoren für wünschenswert halten. Chin und Benne (1975) stellen Strategien der Gewaltlosigkeit, der Einsetzung politischer Institutionen und die Veränderung mittels Neuzusammensetzung und Manipulation von Machteliten ausführlicher dar. Sie betonen dabei, daß Veränderung durch Macht und Zwang nur dann auf die Dauer wirksam sein können, wenn dies mit der Anwendung der normativ-re-edukativen Strategien einhergeht. Macht- und Zwangsstrategien allein sind nur so lange erfolgreich, als sie imstande sind, Widerstand zu unterdrücken.

# 4. Strategien der Veränderung in Institutionen

Die verschiedenen Möglichkeiten, Institutionen zu verändern, wurden in der Literatur bereits mehrfach dargestellt (Bennis und andere, 1973, Beer, 1975, French und Bell, 1973, Morin, 1971 usw.). Deshalb soll hier nur eine sehr komprimierte Zusammenstellung der verschiedenen Strategien gegeben werden. Diese lassen sich nach Leavitt (1964) in strukturorientierte, technologische und personalorientierte Ansätze der Veränderung einteilen. Die strukturorientierten Ansätze zur Veränderung von Organisationen und Institutionen lassen sich von den weiter oben beschriebenen theoretischen Konzepten empirisch-rationaler Strategien, Macht- und Zwangsstrategien, technologischen Ansätzen empirisch-rationalen Strategien, personalorientierten und von normativ-re-edukativen Strategien ableiten.

Lawrence und Lorsch (1969) stellten folgendes Schema auf (s. Abb. 1), um das Ausmaß der Veränderung einer Organisation in Relation zu Veränderungsmethoden, An-

| | Veränderungsziele | Veränderungsmethoden | Anteil der kognitiven und der emotionalen Aspekte |
|---|---|---|---|
| grundlegende Verhaltensänderung — geringe Verhaltensänderung | Veränderte interaktionsmittel | Neue Koordinationsregeln, Budgets, Planungen usw. Neue offizielle Kommunikationswege | 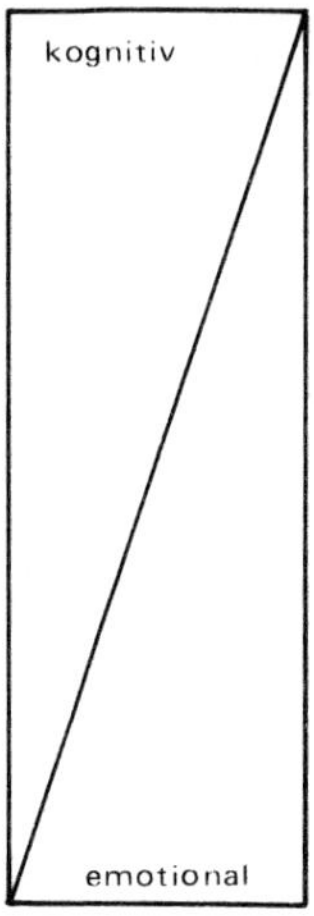 kognitiv |
| | Veränderte Rollen | Intensive Weiterbildungsprogramme. Neue Arbeits- und Autoritätsverteilung | |
| | Veränderte Haltungen und Werte | Neue Entlohnungssysteme. Veränderter Führungsstil | |
| | Veränderte Grundmotivationen (Macht, persönliche Bindungen) | Neue Kriterien für Personalauswahl und Stellenumbesetzungen, radikaler Wandel von Klima und Beziehungen | emotional |

Abb. 1. Typen von Veränderungen (nach Lawrence und Lorsch).

teil kognitiver und emotionaler Aspekte und Verhaltensänderung der Organisationsmitglieder zu setzen.

Die Veränderung einer Organisation umfaßt nach Lawrence und Lorsch auch Verhaltens- und Einstellungsänderungen bei Organisationsmitgliedern. Tiefgreifende Änderungen sind nur bei bedeutender Änderung der Einstellung und des Verhaltens möglich. Der strukturelle und technologische Ansatz zur Veränderung erlaubt nur geringe Änderungen, die dann auch noch vorrangig kognitive Veränderungen sein müssen. Der emotionelle Aspekt kommt bei diesen beiden Formen der Veränderung zu kurz.

Wie bereits erwähnt, können die meisten von uns dargestellten Versuche der Veränderung von Institutionen und Organisationen mit normativ-re-edukativen Strategien durchgeführt werden. Deshalb wird in diesem Abschnitt auf die darauf zurückzuführenden personalorientierten Ansätze das größte Gewicht gelegt. Die verschiedenen Ansätze von Leavitt sollen nun im folgenden genauer dargestellt werden.

**a) Strukturorientierte Ansätze**

Bei diesem Ansatz wird angenommen, daß die Leistungsfähigkeit der Organisation optimiert wird, wenn auch die Struktur der Organisation optimiert werden kann. Dabei wird vor allem versucht, eine logische Funktionsverteilung und überschneidungsfreie

Kompetenzbereiche zu schaffen. Dieser Ansatz geht von der Annahme aus, daß Weisungen gegeben werden, die in der vorgesehenen Zeit und auf die vorgesehene Art ausgeführt werden. Diese Annahmen kommen ursprünglich aus der militärischen Organisation und sind heute immer noch in weiten Bereichen der Verwaltung zu erkennen. Auch wir gehen in diesem Buch in einigen Beiträgen sehr detailliert auf die Struktur bzw. die Umstrukturierung von Organisationen ein. Wenn allerdings ausschließlich an der Veränderung der Struktur einer Organisation gearbeitet wird, werden Konflikte zwischen Einzelnen, Machtkämpfe und Widerstände gegen Veränderungen übersehen.

### b) Technologische Ansätze

Leavitt nennt den Taylorismus die älteste technologische Veränderungsstrategie. Unter Taylorismus versteht man, daß Arbeitsabläufe in kleinste Einheiten zerlegt, diese jeweils entsprechend der verwendeten Technologie angepaßt und auf den einzelnen Arbeiter verteilt werden.

Unberücksichtigt bleibt dabei, daß die Veränderung nur dann durchgeführt werden kann, wenn die *Ideen* von den Ausführenden übernommen werden und die Aufgaben im Sinn der Idee durchgeführt werden.

Beim technologischen Ansatz zur Veränderung wird häufig übersehen, daß emotionaler Widerstand die Veränderung blockiert. Im Rahmen dieses Ansatzes zur Veränderung wird bei Schwierigkeiten häufig mit der Unzulänglichkeit der ausführenden Menschen argumentiert und nicht mit den Versäumnissen der verändernden Technokraten.

### c) Personalorientierte Ansätze

Die personalorientierten Veränderungsstrategien wurden als Instrument des Managements verstanden und auch vornehmlich in diesem Bereich der Wirtschaft entwickelt. Die Organisationsveränderung entsteht bei diesem Ansatz als Ergebnis der Änderung emotioneller Verhältnisse in den Interaktionssystemen einer möglichst großen Zahl von Organisationsmitgliedern.

Häufig wird unter Veränderung in Organisationen nur der Erwerb neuer Fertigkeiten gesehen und die Aspekte von Individual- und Gruppenverhalten außer acht gelassen. Eine Änderung der Beziehungen zwischen Individuen und der Organisation kann Widerstände auslösen, die zunächst einmal bearbeitet werden müssen. Der personalorientierte Ansatz der Veränderung geht nicht davon aus, daß Veränderung einfach von außen geplant wird, sondern, sich von innen entwickeln kann, nachdem ein Prozeß zur Veränderung bei Individuen und Gruppen initiiert wurde. Diese Art der Strategie orientiert sich an den Arbeiten von Kurt Lewin und Coch und French.

Theoretische Grundlage dieser Überlegung ist, daß im Veränderungsprozeß ein ständiger Machtausgleich nötig ist. Zur besseren Arbeitsfähigkeit, größeren Flexibilität und Anpassungsfähigkeit der Organisation müssen alle Fähigkeiten aller Mitglieder eingesetzt werden können Dies ist aber nicht möglich, wenn keine geeignete Kommunikation besteht und an der zu treffenden Entscheidung keine ausreichende Beteiligung aller Mitglieder möglich sein kann.

Machtausgleich innerhalb einer Organisation bedeutet nicht notwendigerweise hierarchische Gleichstellung aller Organisationsmitglieder, sondern wie Tannenbaum (1968) es nannte, ein Wachstum des gesamten Machtpotentials innerhalb einer Organisation.

In der Praxis würde dies bedeuten, daß Entscheidungen immer auf jener hierarchischen Ebene gefällt werden sollten, die dem zur Entscheidung anstehenden Thema entspricht. So wäre es zum Beispiel möglich, daß die Putzfrauen innerhalb eines gegebenen Preisrahmens selbst über den Ankauf der von ihnen benützten Putzmittel entscheiden können.

Auch personalorientierte Ansätze der Veränderung können sich nicht allein auf die Verhaltens- und Einstellungsvariablen der Organisationsmitglieder konzentrieren. Diese Art der Strategie muß auf die gesamte Organisation einwirken und Einzelne, Gruppen, Struktur, Technologie und die Umwelt der Organisation berücksichtigen. Die verschiedenen Fallbeispiele in diesem Buch versuchen zu zeigen, wie derartige in erster Linie personalorientierte Ansätze der Veränderung praktisch in Organisationen verwirklicht werden können und welche Schwierigkeiten dabei auftreten.

Hier soll noch näher auf die verschiedenen Veränderungsmethoden, die im Rahmen des personalorientierten Ansatzes möglich sind, eingegangen werden. Die folgenden Veränderungsmethoden kommen nicht immer in gleicher Stärke und im gleichen Ausmaß und auch nicht alle gleichzeitig bei Veränderungen zum Tragen:

*a) Verbesserung der Kommunikation*
*b) Anwendung von Gruppendruck und Gruppenkohäsion*
*c) Organisationsmitglieder werden an der Festsetzung der Organisationsziele beteiligt*
*d) Partizipative Entscheidungsprozesse*


*a) Verbesserung der Kommunikation*

Nach den bisherigen Forschungsergebnissen ist die Zweiwegkommunikation, das Miteinanderreden, der Einwegkommunikation – einer spricht, der andere führt das oft mangelhaft Verstandene ohne Rückfrage aus – vorzuziehen. In einer Situation, in der direkt kommuniziert werden kann, sind Veränderungen leichter durchführbar. Um unmittelbare Interaktion zu ermöglichen, sind viele Kommunikationslinien innerhalb einer Organisation nötig. Daher ist eine Organisationsstruktur, die viele solche Kommunikationslinien ermöglicht, vorzuziehen. Dadurch wird echte und spontane Kommunikation ermöglicht, die auch in einer großen Organisation erstrebenswert erscheint. Die Veränderung und ständige Anpassung der Organisation an neue Anforderungen wird durch eine Interaktionssituation, in der entspannt und ohne Störungen und Verzerrung miteinander gesprochen werden kann, begünstigt. Dazu ist es nötig, daß Konkurrenz und Konflikte der Organisationsmitglieder offen miteinander besprochen werden können.

## b) Anwendung von Gruppendruck und Gruppenkohäsion

Die Experimente von Lewin haben gezeigt, daß Menschen unter dem Druck einer Gruppe ihre Einstellung und ihr Verhalten leichter ändern als durch individuellen, hierarchischen Druck. Die schützende und gleichzeitig herausfordernde Atmosphäre der Gruppe ermöglicht es, neues und schöpferisches Verhalten zu zeigen. Wenn in einer Gruppe hohe Kohäsion (ein starkes Zugehörigkeitsgefühl) besteht, können vielfältige Ansichten nebeneinander bestehen.

## c) Die Organisationsmitglieder werden an der Festsetzung der Organisationsziele beteiligt

Die Entscheidung, ob Organisationsmitglieder bei der Verfolgung der Organisationsziele mithelfen sollen, wird in der Regel unproblematisch mit ja beantwortet. Ob sie die Organisationsziele allerdings auch mitbestimmen dürfen, ist häufig eine schwierige politische Entscheidung. Eine Reihe von sozialpsychologischen Untersuchungen zeigt, daß bei Mitbestimmung der Organisationsziele durch die Organisationsmitglieder die Arbeitsergebnisse besser werden und mehr im Sinn der Organisationsziele liegen. Die Nichtbeteiligung an der Festsetzung der Organisationsziele führt eher dazu, daß die Ziele von den Mitarbeitern unterlaufen werden.

## d) Partizipative Entscheidungsprozesse

Entscheidungsprozesse müssen nicht notwendigerweise nur einigen wenigen Organisationsmitgliedern vorbehalten sein. Gruppen sind durchaus in der Lage, Entscheidungen zu treffen. Dies bedeutet allerdings nicht, daß durch Mitbestimmung bei der Festsetzung von Zielen und partizipativen Entscheidungsprozessen die Hierarchie abgebaut werden müßte, oder daß sie den Untergebenen dadurch schmackhafter gemacht würde. Die Überlegung, daß auch Gruppen Entscheidungen treffen können, geht vor allem darauf zurück, daß wir aus sozialpsychologischen Experimenten wissen, daß die Mitwirkung an einer Entscheidung zu einem Engagement für diese Entscheidung führt. Dadurch ist von vornherein eine höhere Arbeitsmotivation gegeben, und es ist auch wahrscheinlicher, daß Entscheidungen im Sinne der Überlegungen der Gruppe durchgeführt werden. Außerdem erscheint es nützlich, Entscheidung in einer Organisation auch auf unteren hierarchischen Ebenen treffen zu lassen.

Es sei hier nochmals an das bereits erwähnte Beispiel der Putzfrauen erinnert, die selbst über das von ihnen verwendete Putzmaterial entscheiden können. Es kann auch als Beispiel dafür herangezogen werden, daß es sinnvoll ist, alle Mitglieder einer Organisation an Entscheidungen zu beteiligen, vor allem dann, wenn diese Entscheidungen innerhalb ihres Arbeitsbereichs, Erfahrungshorizonts oder Interesses liegen.

Eine Strategie der Veränderung, die in die bisher dargestellten Ansätze nicht ganz hineinpaßt, ist das „Mediatorenkonzept" (Perrez, 1978). Dieses Konzept geht von der Annahme aus, daß interessierte Personen eine besondere Ausbildung erhalten, die ihre Kompetenz in einem bestimmten Bereich erweitert und die es ihnen möglich machen soll, auf eine ganze Institution oder Organisation verändernd zu wirken.

Als Beispiel für derartige Überlegungen sei das Beispiel „Paedopolis" genannt, wo den Erziehern eine besondere klientenzentrierte Einstellung vermittelt werden sollte, die sich dann auf die Gesamtstruktur des Heimes auswirken sollte.

Mediatorenkonzepte scheinen immer dann wirksam, wenn eine verhältnismäßig eng begrenzte Fertigkeit vermittelt werden soll, die dann von den Personen, die diese Fertigkeit gerade erworben haben, ihrerseits angewendet und weitergegeben werden soll.

# 5. Widerstand gegen Veränderung in Institutionen und Organisationen

Alle obengenannten Strategien der Veränderung werden in der Regel, wie auch die verschiedenen Beispiele in diesem Buch zeigen, von denjenigen, die sich ändern sollen, nicht widerspruchslos hingenommen.

Kräfte, die zur Stabilität der individuellen Persönlichkeit oder sozialer Systeme beitragen, kann man auch als Kräfte des Widerstandes gegen Veränderung betrachten. Lewins Konzept von einem „quasi stationärem Gleichgewicht" (1963) machte aufmerksam, wie wichtig es ist, Widerstände abzubauen, wenn man Veränderungen erreichen will, ohne dabei allzu großen Druck auszuüben.

Wenn nämlich mehr Druck ausgeübt wird, wird die Spannung innerhalb des Systems verstärkt; wenn hingegen der Widerstand neutralisiert wird, können die im System vorhandenen innovativen Kräfte unter Umständen ohne Hilfe von außen die Veränderungen in Gang setzen.

Da schon viele Innovatoren vom Widerstand gegen ihre Aktivität frustriert wurden, gibt es in der Literatur Ansätze einer Systematik und Kategorisierung der verschiedenen Arten des Widerstands. Wir folgen hier zunächst der Kategorisierung von Watson (1966). Watson nennt einerseits 8 Formen des Widerstands bei *Individuen:*

*1. Homöostase,*

*2. Gewohnheit,*

*3. Vorrang der Ersterfahrung,*

*4. Selektives Wahrnehmen und Merken,*

*5. Abhängigkeit,*

*6. Über-Ich,*

*7. Selbstzweifel,*

*8. Unsicherheit und Regression.*

Andererseits 5 Formen des Widerstands gegen Wandel in *sozialen Systemen:*

*1. Konformität mit Normen,*

*2. Kohärenz von System und Kultur,*

*3. Privilegien,*

*4. Tabus,*

*5. Ablehnung von Außenseitern.*

Shepherd (1975) macht den Versuch, Widerstand gegen Veränderungen auf der Ebene der Organisation zu analysieren. Er versucht theoretische Konzepte zu entwikkeln und zu zeigen, wie sich innovationshemmende und -fördernde Organisationen unterscheiden. Weiters versucht er darzustellen, wie innovationshemmende Organisationen zu organisationsfördernden verändert werden könnten.

Zunächst soll aber die erwähnte Symptomatik der Widerstände gegen Veränderung beim Individuum nach Watson kurz dargestellt werden:

## 1. Homöostase

Der Widerstand gegen Veränderung entsteht aus dem Bestreben, den Ruhezustand des Bestehenden, dessen, was bekannt ist, nicht verändern zu müssen.

## 2. Gewohnheit

Wenn eine Verhaltensgewohnheit erst einmal besteht, bekommt ihre Ausführung häufig Befriedigungswert. Als Beispiel sei hier die Einführung von Gleitzeit in einer Organisation genannt. Dieser Veränderung wird zunächst Widerstand entgegengesetzt. Später, wenn, möglicherweise durch Überredung oder Zwang der Widerstand beseitigt wurde, wird diese neue Form der Arbeitszeit Gewohnheit, und schließlich wird sie gegen neuerliche Veränderungsversuche verteidigt werden.

## 3. Der Vorrang von Ersterfahrung

Die Methode, mit der eine Person zuerst eine Situation erfolgreich bewältigt hat, kann leicht zu einem dauerhaften Muster werden. Alle späteren Konzepte bauen notwendigerweise auf früher gewonnenen Verallgemeinerungen auf. Wenn nun in eine Organisation neue Formen der Kommunikation eingeführt werden sollen, werden diese, da sie nicht der Ersterfahrung entsprechen, zunächst abgelehnt werden.

## 4. Selektives Wahrnehmen und Merken

Wenn eine Person eine Einstellung entwickelt hat, reagiert sie auf andere Ideen, indem sie diese Ideen in einem ihr genehmen Sinn wahrnimmt, auch, wenn sie tatsächlich anders gemeint waren. Bei psychologischen Experimenten zeigt es sich, daß Versuchspersonen diejenigen Mitteilungen, die ihnen nicht paßten, weder richtig gehört haben, noch gut erinnern konnten (Watson, Hartmann, 1939). Es gibt außerdem wenige Beispiele, daß alte Vorurteile durch bessere Information oder überzeugende Argumente abgebaut worden sind.

## 5. Abhängigkeit

Jeder Mensch beginnt sein Leben in Abhängigkeit von Erwachsenen. In der Folge neigen Kinder dazu, die Wertvorstellungen, Haltungen und Überzeugungen der Personen zu verinnerlichen, von denen sie versorgt werden. Obwohl während der Adoleszenz

29

häufig die Ansichten der Eltern abgelehnt werden, ist beim Erwachsenen sehr oft die Übereinstimmung mit seinen Eltern in wichtigen Fragen größer als die Abweichung davon.

## 6. Über-Ich

Nach Freud hat das Über-Ich die Aufgabe, moralische Standards, die in der Kindheit von Autoritätspersonen vermittelt wurden, durchzusetzen. Das Über-Ich wäre demnach als Agent im Dienste der Tradition zu verstehen. Beträchtliche Ich-Stärke ist erforderlich, damit die Tradition bei veränderter Lebenssituation – ohne Rücksicht auf unrealistische oder perfektionistische Ansprüche des eigenen Über-Ichs – bewältigt werden kann.

## 7. Selbstzweifel

Abhängigkeit und die unnachgiebige Autorität des traditionsgebundenen Über-Ichs haben zur Folge, daß Kinder schon bald ihren eigenen Impulsen mißtrauen. Dadurch kann es leicht geschehen, daß Schuldgefühle gegen veränderndes Handeln mobilisiert werden. Watson nennt als Beispiel eine Untersuchung an Arbeitslosen, die auf dem Höhepunkt der Wirtschaftskrise der Meinung waren, aus eigener Schuld arbeitslos zu sein, und die das Wirtschaftssystem nicht zu ändern wünschten.

## 8. Unsicherheit und Regression

Immer, wenn das Leben schwierig und frustrierend wird, denken wir gerne an das verlorene Paradies der Kindheit zurück.

Es wirkt wie eine Ironie des Schicksals, daß diese Regression gerade dann eintritt, wenn ein Wechsel der Gewohnheiten am konstruktivsten wäre. Wenn die gewohnte Art, Dinge durchzuführen, nicht mehr das gewünschte Ergebnis zeigt, wäre es am sinnvollsten, mit neuen Dingen zu experimentieren. Gerade in solchen Situationen neigt das Individuum am stärksten dazu, sich an alte und unproduktive Verhaltensmuster anzuklammern. Mit dem jetzigen Stand der Dinge ist man unzufrieden, die Aussicht auf Veränderung löst aber noch mehr Angst aus, daher versucht man irgendwie den Weg zum alten und, wie es im Rückblick erscheint, friedlicheren Leben zu finden.

## Widerstand gegen Veränderung in sozialen Systemen

Wie bereits erwähnt, besteht nicht nur beim Individuum Widerstand gegen Veränderungen, sondern auch bei sozialen Systemen. Entsprechend der Ablehnung von Veränderungen aus Gewohnheit beim Individuum, verhält es sich bei sozialen Systemen mit

## 1. Konformität zu Normen

Normen sind Verhaltensmuster mit deren Erfüllung innerhalb der Organisation gerechnet wird. Sie sind die Voraussetzung dafür, daß Mitglieder eines Systems zusammenarbeiten können. Da die Normen von vielen Personen einer Organisation geteilt werden, ist es besonders schwierig, sie zu verändern. Normen können nach einem Experiment von Lewin (1947), wie bereits weiter oben erwähnt, durch Gruppenentscheidung leichter geändert werden, da der Gruppendruck zur Veränderung wesentlich beiträgt.

## 2. Kohärenz von System und Kultur

Die Gestalt- und Systemtheorie impliziert, daß ein Teil innerhalb einer Organisation nicht geändert werden kann, ohne auch andere Teile mitzuändern. Allerdings können Innovationen, die in einem Bereich sinnvoll sind, gleichzeitig in einem anderen destruktive Auswirkungen haben. Jede Einschätzung des Widerstands, die nur die primär Betroffenen berücksichtigt, bleibt unzureichend; die weitergehenden Auswirkungen haben möglicherweise einen größeren Einfluß auf das Schicksal der Innovation.

## 3. Privilegien

Widerstand äußert sich dann besonders heftig, wenn ökonomische Vorteile oder Prestige durch Veränderung gefährdet werden könnten. Bei Veränderungen ist zu bedenken, daß Privilegien, auch in der Freiheit nach eigenem Belieben vorzugehen oder zu entscheiden, bestehen können. Wenn ökonomische Vorteile, sozialer Status oder eigenständige Entscheidungsmöglichkeit beschnitten werden sollen, ist mit besonders heftigem Widerstand zu rechnen.

## 4. Tabu

Anthropologen haben festgestellt, daß manche Aktivitäten innerhalb einer Kultur geändert werden können, während andere gegen Innovation äußerst resistent sind. Je mehr eine Veränderung ein Tabu oder Ritual einer Gesellschaft gefährdet, umso eher wird gegen die Veränderung Widerstand geleistet. Auch Veränderungen im Bereich von Sitte und Moral, die häufig den Tabus sehr nahe stehen, werden heftig bekämpft.

## 5. Ablehnung von Außenseitern

Wie wir auch in diesem Buch darstellen, werden die meisten Innovationen von außen an die Institutionen und Organisationen herangetragen. Die Feindseligkeit und der Argwohn gegenüber Fremden ist in fast allen Kulturen vorherrschend. Daher ist ein charakteristischer Einwand gegenüber Veränderungen, daß sie von außen eingeführt werden, den lokalen Bedingungen angeblich nicht entsprechen usw. Ein Hauptproblem bei der Einführung sozialer Veränderungen besteht darin, auf örtlicher Ebene genug Beteiligung zu sichern, damit die Veränderung nicht als „außen gesteuert" angesehen wird.

# 6. Innovationshemmende und innovationsfördernde Organisationen

Die meisten Organisationen wurden so angelegt, daß sie gegen Neuerungen Widerstand leisten. Das ist nötig, um eine zuverlässige Wiederholung vorgeschriebener Arbeitsvorgänge zu gewährleisten. Innovation muß in einer derartigen Organisation als Fehler, Unverantwortlichkeit oder Unbotmäßigkeit betrachtet werden. Theoretisch wäre es möglich, Innovation, die von der Spitze der Autoritätshierarchie gebilligt wird, einzuführen. In der Praxis ergeben sich aber auch dann noch viele Schwierigkeiten. Wie kann nun ein Innovationsprozeß in einer innovationsresistenten Organisation entstehen?

Innovationsprozesse können von Personen ausgehen, die mit der gegebenen Situation vertraut sind und vermutlich in einiger Entfernung von den Machtzentren existieren. Neue Ideen werden in innovationshemmenden Organisationen, wie erwähnt, als Störung empfunden, und die Ideen werden daher vermutlich gar nicht bis zur Spitze der Macht gelangen. Die Unterstützung der Autoritätsspitze ist aber für die Durchsetzung neuer Ideen nötig. Der Innovator kann nun seine Ideen geheimhalten. In allen Organisationen gibt es Techniken, die den Vorgesetzten nicht bekannt sind. Als Beispiel sei der Akkordarbeiter genannt, der eine Vereinfachung für die Arbeit an seiner Maschine entwickelt hat. Wenn er aber vom Zeitnehmer kontrolliert wird, verwendet er diese neu entwickelte Technik nicht.

Innovationen müssen, um von Bedeutung zu sein, die Form kleiner Verschwörungen annehmen. Shephard führt eine Reihe von Beispielen an, wo Einzelpersonen und Gruppen, oft entgegen Anweisungen von oben, im geheimen Innovationen durchgeführt haben, die schließlich zu einem großen Erfolg führten.

Eine andere Möglichkeit besteht darin, respektable Freunde zu suchen, da Innovation selbst in innovationsfeindlichen Organisationen nicht respektabel ist. Diese können das innovatorische Unternehmen unterstützen. Die Unterstützung der Organisationsleitung für Innovationen ist hilfreich, garantiert aber nicht die Durchführung der Innovation.

In Krisenzeiten der Organisation ist die Wahrscheinlichkeit größer, daß Innovation akzeptiert wird. Aber meist ist es dann zu spät, neue Konzepte zu entwickeln. Innovatorische Konzepte müssen bereits vorhanden sein, um in einem Krisenzeitpunkt in die Wirklichkeit umgesetzt werden zu können.

## Innovationsfördernde Organisationen

Eine Organisation ist dann als innovationsfördernd zu bezeichnen, wenn sie lernt, sich ständig an die Veränderung in sich und der Umwelt anzupassen und in der Umgebung mit Erfolg Neuerung einzuführen. Innovationsfördernde Organisationen sind nötig und möglich, seitdem Maschinen immer mehr die wiederkehrend automatisierten Arbeiten übernehmen können. Der Mensch kann dadurch freigestellt werden, innovative, unprogrammierbare Tätigkeiten durchzuführen.

Die hervorstechendsten Eigenschaften innovationsfördernder Organisationen sind Offenheit und Periodizität. In der Entstehungsphase einer Innovation braucht die Organisation Offenheit, damit verschiedene Personen aus verschiedenen Positionen der Organisation einen Beitrag leisten und möglichst viele Alternativen zur Vorgangsweise untersucht werden können. Zur Durchführung der Innovation werden allerdings andere Qualitäten benötigt, wie zum Beispiel Singularität des Zweckes, funktionale Teilung der Arbeit, Verantwortung und Autorität, Disziplin. Anschließend an diese Phase ist wieder Offenheit nötig, um möglichst frei über die durchgeführte Innovation zu diskutieren. Eine andere Art von Periodizität könnte darin bestehen, zwei Gruppen parallel zum gleichen Problem arbeiten zu lassen mit periodischen Gelegenheiten zur Kommunikation zwischen den Gruppen.

Auffallend ist, daß die meisten Beispiele für innovationsfördernde Organisationen in temporären Systemen (Systeme, die nachdem ein bestimmtes Ziel erreicht wurde, wieder aufgelöst werden) in nationalen Notzeiten geschaffen wurden. Unter der Bedingung, daß übergeordnete Ziele bestehen, über welche alle übereinstimmen, kann sich ein provisorisches System bilden, in welchem Statusstreitigkeiten für den Moment übergangen werden können.

Mitglieder solcher Systeme zeigten Fähigkeiten, die sonst dem Innovator zugeschrieben werden (s. auch Abschnitt über den Innovator).

Die Umgestaltung innovationsresistenter Organisationen in innovationsfördernde ist außerordentlich schwierig und erfordert mehr als Umstrukturierung der Organisation. Eine derartige Veränderung ist nur möglich, wenn die als „personalorientierten Ansätze" bezeichneten Konzepte zur Änderung der Organisation zum Tragen kommen. Dies erfordert Prozesse personaler und interpersonaler Nacherziehung, welche mehr Menschen die Möglichkeit zu Unabhängigkeit und Fähigkeit zur autonomen gegenseitigen Abhängigkeit entwickeln läßt, als dies vorher der Fall war.

# Die Innovatoren

Alle Arten der Veränderung, die bisher dargestellt wurden, hängen von der Tätigkeit des Innovators ab. Der Innovator muß nicht notwendigerweise eine Person von außerhalb der Organisation sein. In der Regel wird der Innovator allerdings über Ausbildung in Gruppendynamik, Organisationssoziologie und spezielle Erfahrung mit Organisationen verfügen. Darüber hinaus ist Shephard der Meinung, daß Innovatoren über folgende Kombination von Fähigkeiten verfügen müssen: „eine kreative, aber pragmatische Vorstellungskraft, psychologische Sicherheit, einen autonomen Charakter, die Fähigkeit, anderen zu vertrauen und das Vertrauen anderer gewinnen zu können, große Energie und Entschiedenheit, ein Gefühl für den richtigen Augenblick, Organisationstalent, die Bereitschaft und Fähigkeit sich machiavellistisch zu verhalten, wenn die Situation es verlangt". Erfolgreiche Innovatoren nehmen oft eine marginale Position in einer Organisation ein; die Basis für ihr Selbstvertrauen ist im gewissen Sinn unabhängig von den Werten der Organisation, wie sie im organisationseigenem Belohnungs- und Bestrafungssystem zum Ausdruck kommen. Sie sind häufig auch mehr als andere fähig, traditionelle Grenzen der Organisation zu überschreiten.

Trotzdem muß betont werden, daß nicht einige wenige Personen imstande sind, Institutionen zu verändern. Der Innovator kann zwar einen bestimmten Einfluß nehmen, die Systeme, mit denen er es zu tun hat, sind in der Regel aber so komplex, daß nicht voraussagbar ist, welche Veränderungen oder auch Nichtveränderungen, und welche Art von Prozessen in Gang gesetzt werden.

# Die Klienten

Es ist sicher kein Zufall, daß sich in der Literatur selten Überlegungen über die Klienten von Organisationsveränderungen finden. Einerseits sind die Klienten zu verschieden, um die Entwicklung theoretischer Konzepte ohne große Schwierigkeiten zu ermöglichen, andererseits sind die Innovatoren, die sich mit ihrer Tätigkeit wissenschaftlich auseinandersetzen, zu sehr mit dem Prozeß der Veränderung befaßt, um noch Gedanken für die Klienten übrig zu haben.

Eine der wichtigsten Fragen, die sich der Innovator stellen muß, ist aber „Wer ist mein Klient?". Obwohl die Antwort auf den ersten Blick selbstverständlich erscheint, ist sie doch in jedem Fall einer genauen Untersuchung wert. Der Klient des Innovators könnte nämlich der Geldgeber für den Veränderungsprozeß, ein Auftraggeber, wie zum Beispiel ein Jugendamt, das selbst nicht verändert werden soll (sondern nur den Auftrag gibt, eine nachgeordnete Institution zu verändern), die zu ändernden selbst, zum Beispiel die Erzieher eines Heimes oder auch die Klienten derjenigen sein, die sich ändern sollen, zum Beispiel die Kinder in einem Heim. Für den Innovationsprozeß ist es von großer Bedeutung, daß der Innovator für sich selbst im vorhinein festlegt, welche der beteiligten Gruppen seine Klienten sind, wem er sich verantwortlich fühlt, wem er mit dem Veränderungsprozeß in erster Linie helfen möchte. Eine Reihe der Schwierigkeiten der Veränderung von Organisationen, die in diesem Buch beschrieben sind, sind auf eine unklare Definition des „Klienten" durch den Innovator zurückzuführen.

Soziale Veränderungen, wie wir sie bis jetzt besprochen haben, sind Prozesse, die sich über längere Zeit hin erstrecken. Im allgemeinen durchläuft der Prozeß eine einigermaßen vorsehbare Sequenz von Interaktionen. Er beinhaltet die Reaktionen von Individuen, die Reorganisation von Gruppen und auch eine Änderung der sozialen Werte, gleichgültig, ob sie implizit oder explizit ausgesprochen werden. Gerade Veränderungen und Reorganisationen, wie wir sie hauptsächlich dargestellt haben, sind nur mit dem vollen Einverständnis aller Betroffenen durchführbar. Veränderungen in bereits bestehenden Institutionen, in denen sich bestimmte Verhaltens- und Abwehrmuster unter dem Personal und auch den Klienten herausgebildet haben, sind besonders schwierig durchzuführen. Denn eigentlich muß die Einstellung zur eigenen Arbeit und auch die Einstellung zum Klienten geändert werden. Gleichzeitig muß der Klient die Möglichkeit erhalten, seine eigenen Erwartungen, die er an die Organisation oder Institution stellt, zu modifizieren.

# Literatur

*Beer, S.:* A Message from Stafford Beer, 1975.

*Bennis, W. G.: K. Benne, R. Chin,:* Änderung des Sozialverhaltens. Klett, Stuttgart 1975.

*Clark, D.:* Educational Research and Development: The next Decade. In: Implication for Education of prospective Changes in Society, a publication of „Designing education for the future – an Eight State Project" Denver, Colorado, 1967

*Clark, D., E. Guba:* An Examination of Potential Change Roles in Education. Columbus, Ohio State Univ., Ohio 1965.

*French, W., C. Bell:* Organisationsentwicklung. Haupt, Bern 1973.

*Hersey, P., P. Blanchard:* Management of Organizational Behavior. Prentice Hall, Englewood Cliffs 1969.

*Lapassade, G.:* Gruppen, Organisationen, Institutionen. Klett, Stuttgart 1972.

*Leavitt, A. S.:* Managerial Psychology, 3$^{rd}$ edition. University of Chicago Press, 1972.

*Lewin, K.:* Group Division and Social Change. In: *T. Newcomb, E. Hartly,* (eds.) Riadings in Social Psychology, New York 1947.

*Lewin, K.:* Feldtheorie in den Sozialwissenschaften. Huber, Bern 1963.

*Lorsch, J. W., P. Lawrence:* Die Diagnose von Organisationsproblemen. In: *W. G. Bennis,*

*K. Benne, R. Chin,* (Hrsg.): Änderung des Sozialverhaltens. Klett, Stuttgart 1975.

*Mentzos, S.:* Interpersonale und institutionalisierte Abwehr. Suhrkamp, Frankfurt/Main 1976.

*Morin, P.:* Einführung in die angewandte Organisationspsychologie. Klett, Stuttgart 1974.

*Perrez, M., B. Perger:* Einführung in die Verhaltenstherapie für visuelle Typen. Otto Müller, Salzburg 1978.

*Shephard, H. A.:* Innovationshemmende und innovationsfördernde Organisationen. In: *W. G. Bennis, K. Benne, R. Chin* (Hrsg): Änderung des Sozialverhaltens. Klett, Stuttgart 1975.

*Tannenbaum, A. S.:* Control in Organizations. Mac Graw-hill, New York 1968.

*Watson, G.:* Resistance to Change. In: *G. Watson* (ed.): Concepts for Social Change, Cooperative Project for Educational Development Series, Vol. 1. Washington, D.C., 1966.

*Watson, W. S., G. W. Hartmann:* The Rigidity of a Basic Attitudinal Frame. J. abnorm. soc. Psychol. 34 (1939) 314 – 335.

# Individuum, Gruppe, Institution – Zur Erweiterung der technischen und theoretischen Aufmerksamkeit des Therapeuten[1]

*Kurt Buchinger*

---

[1] Der vorliegende Artikel beinhaltet die geraffte Darstellung der Grundgedanken einer längeren Arbeit, die noch nicht publiziert ist.

# I. Einleitung

## 1. Therapeuten arbeiten für Institutionen – zur Frage der Legitimation

Im vorliegenden Sammelband beschäftigen sich Therapeuten mit institutionellen Problemen, sei es, daß sie innerhalb einer Institution mit einer Gruppe ihrer Mitglieder arbeiten, sei es, daß sie neue organisatorische Einheiten in einer Institution etablieren helfen, eine Institution als Ganzes beraten oder leiten. Die individuelle Legitimation dieser Publikation liegt zu einem großen Teil im gesellschaftlichen Engagement, welches das Institut, aus dem die Therapeuten kommen, unter dem bestimmenden Einfluß des Institutsvorstandes und Herausgebers dieses Buches auszeichnet (Reiter, Strotzka, 1975), und dessen Wirkung eine Darstellung verdient. Die Frage nach der allgemeinen Legitimation einer solchen Publikation muß also an das gesellschaftliche Engagement des Therapeuten gestellt werden: ist es eine im Belieben des Therapeuten liegende Sache, die für die Erfüllung seiner therapeutischen und tiefenpsychologischen Aufgabe nicht notwendig ist, es ihm aber gestattet über diese Aufgaben hinaus, sich gesellschaftlich Einfluß und Macht zu sichern – vielleicht sogar auf Kosten der seriösen Ausübung seines erlernten Berufes? Nun kann man es generell als verantwortliche Haltung eines berufstätigen Erwachsenen ansehen, daß er sich nicht mit der Erfüllung seines „Handwerks" begnügt, sondern seinen Tätigkeitsbereich und seine berufliche Identität dadurch verstehen will, daß er über dessen unmittelbare Grenzen hinaus die Bedingungszusammenhänge, durch die diese Grenzen geformt werden, ins Auge faßt und zu beeinflussen sucht. Psychotherapeuten sind dann deshalb die Verfasser des vorliegenden Buches, weil es sich in den Beiträgen um Institutionen handelt, in denen therapeutische oder eine der Therapie verwandte psychosoziale Arbeit geleistet wird, und es naheliegend und sinnvoll ist, sich über die unmittelbare professionelle Tätigkeit hinaus für die Erfassung und Gestaltung ihrer weiteren Bedingungen zu interessieren.

Hier läßt sich die Frage der Legitimation noch einmal in etwas veränderter Weise stellen: Ist das Buch damit ein Beispiel für institutionelle Arbeit aus dem Bereich der Psychotherapie, dem die institutionelle Arbeit verantwortlicher Ärzte, Lehrer und anderer Berufsgruppen, deren erlernter Beruf nicht die Beeinflussung und Veränderung von Institutionen ist, zur Seite gestellt werden kann? Verlassen damit die Psychotherapeuten das Gebiet der Ausübung ihrer Profession und betätigen sich politisch – wenn man dieses Wort nicht im verkürzten Sinn parteipolitischer Aktivität oder theoretischer Reflexion versteht (Heintel, 1977), sondern im Sinne des vorhin erwähnten gesellschaftlichen Engagements?

Diese Frage läßt sich nicht mit ja oder nein beantworten. Es ist nicht einfach so, daß auf der einen Seite die Ausübung des psychotherapeutischen Berufs mit der Behandlung von Verhaltensstörungen, auf der anderen Seite das gesellschaftliche Engagement des Psychotherapeuten steht, mit dem er sich gesellschaftspolitischen Fragen und dem partiellen und konkreten Versuch ihrer Lösung in Institutionen zuwendet. *Die Hypothese, von der die vorliegende Arbeit geleitet ist, behauptet, daß der Psychotherapie selbst*

*eine Tendenz in der Entwicklung ihrer Theorien und Techniken eignet, über ihren primä-
ren Gegenstand, das individuelle Verhalten bzw. seine Beeinflussung in einer therapeutischen Zweierbeziehung, hinauszugehen und sich der Erfassung und Beeinflussung immer größerer sozialer Einheiten zuzuwenden.* So findet sie aufgrund der Erweiterung ihrer Kenntnisse über menschliches Verhalten neue „Behandlungsobjekte". Paare, Familien, Gruppen und letztlich auch Institutionen werden im Lauf der Entwicklung der
Psychotherapie Gegenstand der gezielten Beeinflussung ihres Verhaltens bzw. des
Verhaltens in ihnen. Mein Beitrag ist einigen Problemen dieser Entwicklung gewidmet.

## 2. Terminologisches – zur Abgrenzung der Fachgebiete

Einleitend sei eine generelle Problematik der Terminologie und der Abgrenzung der
Fachgebiete hervorgehoben. Die Entwicklung der Aufmerksamkeit therapeutischer
Forschung und Praxis über das Individuum hinaus zu kleinen sozialen Einheiten und
schließlich zu Institutionen und ihren verhaltensbestimmenden Aspekten, liegt, wie ich
meine, in der Konsequenz der therapeutischen Frage nach pathologischem und norma-
lem Verhalten und den Bedingungen seiner Entstehung und Beeinflussung. Dennoch
wird in dieser Konsequenz der Bereich therapeutischen Handelns sensu strictu verlassen. Der klassische Begriffsinhalt von Psychotherapie legt die Vorstellung nahe, daß ein
verhaltensgestörtes Individuum sich einem bewußten und geplanten Interaktionspro-
zeß unterzieht (Strotzka, 1978, S. 4). Nun spricht man zwar von Paar-, Familien-,
Gruppentherapie und von einem neurotischen und gestörten Interaktionssystem, das
als Ganzes der Therapie bedarf, und verwendet dafür den Begriff Patient in analoger
Weise. Es ist jedoch unüblich Institutionen als neurotisch oder wahnsinnig zu bezeichnen und von Institutionen-Therapie bzw. von der Institution als einem Patienten zu
sprechen. Man verwendet dafür die Begriffe der Anomie und der Beratung bzw. Insti-
tutionsentwicklung.

Somit kann man sagen, daß die hier behauptete Entwicklungstendenz der Psychotherapie zwar in der klassischen therapeutischen Situation ihren Ausgang nimmt, mit
der wissenschaftlichen Erfassung und bewußten und geplanten Beeinflussung institutioneller Strukturen und ihrer verhaltensbestimmenden Aspekte den Bereich der Psychotherapie, der dazu den Anstoß gab, verläßt. Es ändert sich durch diese terminologi-
sche Klärung nichts am Sachverhalt des Zusammenhangs in dieser Entwicklung, der
dazu führt, daß sich Therapeuten aus konsequenter Weiterführung ihrer professionellen Aufmerksamkeit auf ihren Forschungs- und Behandlungsgegenstand mit institutionellen Problemen zu befassen beginnen. Die Dynamik eines Forschungs- und Praxisbe-
reichs und die daraus folgende Entwicklung halten sich nicht an die Abgrenzungen eines Fachgebiets. Dennoch soll ihnen, soweit es geht, Rechnung getragen werden.

## 3. Die Dialektik von Individuum und Sozietät

Zur Verminderung von Mißverständnissen noch eine vorläufige Klärung. Wenn ich mich im folgenden im besonderen auf die Psychoanalyse und ihre Theorie und Technik beziehe, so deshalb, weil ich glaube, daß die behauptete Entwicklung von ihr den wichtigsten Anstoß und die differenzierteste psychologische Grundlage bekommen hat. Wenn ich sie vor allem als Methode einzeltherapeutischer Behandlung zitiere und sie als solche der therapeutischen Befassung mit kleinen und größeren sozialen Einheiten gegenüberstelle; ebenso wenn ich sie hauptsächlich als Psychologie und Therapie individuellen Verhaltens den Versuchen gegenüberstelle, das Verhalten von Gruppen, Familien und größeren sozialen Einheiten wissenschaftlich zu erfassen und gezielt zu beeinflussen, – so geschieht das nicht, um die Kontroverse Individuum versus Gesellschaft, Individualpsychologie versus Sozialpsychologie aufzuwärmen.

Die behauptete Entwicklung führt zwar zu neuen Therapie- und Beratungsmethoden, mit denen kleinere und größere soziale Einheiten erfaßt werden können. Damit geht die Aufmerksamkeit der Theorien und Techniken von Therapie und Beratung immer weiter über das Individuum als „isolierten" Gegenstand der Behandlung hinaus zu einer differenzierten Erfassung sozialer Determinanten des Verhaltens. Das bedeutet aber nicht, daß zum therapeutischen Verständnis des Individuums erst später die Erkenntnis der Bedeutung sozialer und gesellschaftlicher Aspekte des Verhaltens hinzukam. Die Gegenüberstellung von Einzel- und Mehrpersonentherapien beinhaltet gerade nicht die Behauptung, die Psychoanalyse befasse sich nur mit dem Individuum und seinen sogenannten innerpsychischen Verhältnissen unter Vernachlässigung der von den Mehrpersonentherapien und insbesondere von der Institutionenberatung hervorgehobenen sozialen und gesellschaftlichen Aspekte menschlichen Verhaltens. Die Psychoanalyse hat sehr wohl und auf grundlegende Art die Dialektik von individuellen und sozialen Momenten in allen Bereichen des Verhaltens anerkannt; und zwar so grundlegend, daß sie die sozialen Aspekte nicht bloß als äußere Faktoren darstellt, die ein schon „fertiges" Individuum in bestimmte Verhältnisse zwingen, sondern sie erkennt sie als konstitutiv für den Aufbau der psychischen Struktur des Individuums an, in der sie ihren bleibenden Niederschlag finden.

Mit der Entwicklung der Aufmerksamkeit über das Individuum hinaus zu Paaren, Familien, Gruppen und Institutionen ist umgekehrt auch nicht behauptet, daß die theoretische Kenntnis und technische Beeinflussung dieser Interaktionssysteme und der ihnen eigenen Dynamik zu einer Vernachlässigung des Individuums und seines Leidenszustandes führt. Die Anerkennung dieser sozialen Einheiten als „Gestalten" mit eigener Verhaltensgesetzmäßigkeit bedeutet gerade nicht die Ausschaltung des individuellen Faktors. Auch hier wird die Dialektik von Individuum und Sozietät berücksichtigt, bloß mit verlagertem Schwerpunkt. Wenn ich also von der Entwicklung der Aufmerksamkeit hin zu immer größeren sozialen Einheiten spreche, so meine ich nicht eine in der abstrakten Disjunktion von Individuum *oder* Gesellschaft verlaufende Entwicklung. Vielmehr handelt es sich um eine Entwicklung in der therapeutischen und beratenden Anerkennung der Dialektik von individuellen *und* sozialen Bedingungen des Verhaltens, soweit sie in unterschiedlich großen und unterschiedlich strukturierten

Kommunikationssystemen und deren therapeutischer oder beratender Beeinflussung unterschiedlich zum Tragen kommt. Diese Dialektik wurde zunächst vorwiegend *im* Individuum und seiner therapeutischen Behandlung im Rahmen der klassischen psychoanalytischen Situation in einer Zweierbeziehung gesehen. Neue Therapie – bzw. Beratungsformen, die sich mit Mehrpersonenkonstellationen befassen, und in denen unter anderem auch psychoanalytische Erkenntnisse ihre Anwendung finden, sind erst später im großen Rahmen wirksam geworden.

# II. Thesen zur Erweiterung der Aufmerksamkeit

Die behauptete Entwicklung der Aufmerksamkeit in Therapie und Beratung hin zur Erfassung immer größerer sozialer Einheiten, soll nun unter vier Gesichtspunkten weiter dargestellt werden. Ich habe diese Gesichtspunkte der Übersicht wegen in Form von Thesen als gesonderte Punkte formuliert. Es wird jedoch deutlich werden, daß sie auf das engste zusammenhängen und einer ohne die anderen weder wirksam noch verständlich ist.

*1. These*
Mit der Entwicklung der therapeutischen Aufmerksamkeit zur immer größeren sozialen Einheiten hin, werden immer weitere Bedingungen psychischer Störungen erfaßt und der geplanten Beeinflussung zugänglich gemacht.

*2. These*
Diese Entwicklung entspricht der konkreten Relativierung des Individualismus, die nicht bloß theoretisches Postulat bleibt, sondern therapeutisch-praktischen Niederschlag findet.

*3. These*
Sie reflektiert eine sehr ambivalente gesellschaftliche Entwicklung bezüglich der Problematik der Autorität.

*4. These*
Die Entwicklung beschreibt den Prozeß der Überwindung der Herkunft der Psychotherapie aus der neueren Schulmedizin.

## 1. Die Erfassung immer weiterer Bedingungen psychischer Störungen

Die behauptete Entwicklung der professionellen Aufmerksamkeit von Therapeuten und Beratern findet ihren historischen Niederschlag in der Aufeinanderfolge der Entstehung von Psychotherapiemethoden, die, über die Einzeltherapie hinausgehend, immer größere soziale Einheiten zum Gegenstand haben. Solange sich Therapeuten dabei mit konkret erfaßbaren Interaktionssystemen – also Paaren, Familien, Gruppen, Institutionen und Teilen von Institutionen befassen, kann man von einer Entwicklung therapeutischer Bemühungen sprechen, auch wenn sie letztlich den engeren Bereich der

Psychotherapie überschreitet. Sie stellt, wie ich im folgenden kurz skizzieren möchte, insofern eine systematische Entwicklung dar, als in ihr immer weitere Bedingungen psychischer Störungen sichtbar und zum Zweck immer umfassenderer therapeutischer und beratender Hilfeleistungen verändernden Interventionen zugänglich gemacht werden. Es sind Verhaltensbedingungen, die in immer weiteren Kreisen über das Individuum hinausgehen, es aber in wesentlichen Bereichen seiner Individualität mitkonstituieren.

## A. Die Psychoanalyse

Wie gesagt, ist diese Entwicklung in der Persönlichkeitstheorie der Psychoanalyse schon angelegt und kann als eine konsequente Weiterführung der Dialektik von individuellen und sozialen Faktoren im Aufbau der Persönlichkeit angesehen werden, wie sie die Psychoanalyse für alle Instanzen der Persönlichkeit grundlegend behauptet – sowohl in der Beziehung der verhaltensbestimmenden „Instanzen" zueinander wird das deutlich, als auch innerhalb jeder einzelnen.

Die „Triebe", die im „Es" beheimatet sind, sind jener Aspekt der Persönlichkeit, den das Individuum nicht durch Interaktion mit anderen oder durch gesellschaftliche Regelungen erwirbt. Mit ihren Hauptcharakteristiken der Herkunft von Reizquellen im Inneren des Organismus, dem Auftreten als konstante Kraft und der Unbezwingbarkeit durch Fluchtreaktionen (Freud, 1915) stellen sie die biologische Voraussetzung des Verhaltens dar, die jeder sozialen Interaktion zugrundeliegt. Die „Triebe" sind zwar im Laufe der individuellen Entwicklung durch soziale Einflüsse in ihrem Schicksal geprägt worden, außerdem wissen wir, daß bereits die früheste Erfüllung ihrer Bedürfnisse ohne entsprechenden sozialen Kontakt vom Säugling verweigert wird (Spitz, 1967) – aber die „Triebe" sind als das, was geprägt und befriedigt wird, nicht durch die sozialen Prägungen, die sie erfahren, entstanden.

Demgegenüber entsteht, laut Freud, das „Ich" durch den direkten Einfluß der Außenwelt (Freud, 1923). Es ist vom ersten Lächeln des Säuglings an, das als Antwort verstanden wird auf das Erscheinen des bedürfnisbefriedigenden „Objektes", über alle weiteren „psychischen Organisatoren" ohne soziale Interaktion in seiner Entstehung undenkbar (Spitz, 1967). Auch die Erkenntnis der gegenständlichen Welt, eine zentrale Ich-Leistung, hat ihren Vorläufer im Erkennen des menschlichen Gesichts. Das Ich ist seinerseits nicht unabhängig von den „Trieben". Als der durch die Außenwelt modifizierte Teil des „Es" tritt es ursprünglich nur im Zusammenhang mit der Bedürfnisbefriedigung in Funktion (Spitz, 1967).

Ebenso ist das „Über-Ich" sozial vermittelt. Es ist das verinnerlichte Resultat der Lösung eines sozialen Konflikts mit einem übermächtigen Konfliktpartner. Da es dem Ich ermöglicht, die Mutter als Liebesobjekt aufzugeben und den Vater zu verinnerlichen, stellt es den Beginn der Loslösung aus dem kleinen Kreis der Familie dar. Da es überdies dem „Ich" Handlungsmaximen nicht nur für den Umgang mit den Trieben, sondern auch mit der sozialen Realität vorschreibt, befähigt es das Individuum, sich nach und nach in größeren sozialen Zusammenhängen zu bewegen.

Die psychischen Instanzen stellen in ihrer Interdependenz dar, wie im Aufbau der menschlichen Persönlichkeit das Individuelle untrennbar verbunden ist mit dem Resultat der Verarbeitung der Paarkommunikation und der Kommunikation in einer Kleingruppe und mit den gesellschaftlichen Bedingungen dieser Kommunikation. In verschiedenen Stufen spiegelt die Psychogenese, auch in der zeitlichen Entwicklung der „psychischen Instanzen", die Integration des Individuums in immer größere gesellschaftliche Zusammenhänge wider.

Die Konstruktion eines „psychischen Apparates", in dem diese Bedingungen individuellen Verhaltens als „Instanzen" niedergelegt sind, soll unter anderem zeigen, daß der Einfluß sozialer Interaktion nichts Beliebiges ist, dem das hilflose Individuum wohl oder übel ausgeliefert ist, und von dem es zum Zwecke größerer Autonomie befreit werden sollte, sondern, daß es sich umgekehrt dabei um integrale, innere Elemente psychischen Lebens handelt. Nicht um die Ausschaltung dieser Außeneinflüsse, die Inneres ermöglichen, geht es in Therapie und Prävention, sondern um ihre sinnvolle Gestaltung. (Darüber hinaus hat die Konstruktion der Instanzen" einen pragmatischen Zweck. Sie soll den Therapeuten leicht überblickbare, technisch handhabbare Hilfsmittel zur leichteren Identifikation und technischen Bewältigung verschiedener Schwerpunkte gestörten Verhaltens zur Verfügung stellen.)

Die Psychoanalyse ist also insofern von allem Anfang an Sozialpsychologie, als sie die nicht aus dem Individuum kommenden sozialen Bedingungen seines Verhaltens berücksichtigt und im Aufbau seiner Psyche verankert hat (Parin, 1978). Als Individualpsychologie kann sie insofern verstanden werden, als sie diese Bedingungen vorwiegend unter dem Gesichtspunkt ihrer bleibenden Auswirkung auf das Verhalten des Individuums untersucht und therapeutisch behandelt, ebenso wie sie die sozialen Folgen individuellen Verhaltens nur bezüglich der Ursachen in der individuellen, vorwiegend unbewußten Motivation erfassen und bearbeiten kann (Pohlen, 1972). Die sozialen Auswirkungen des individuellen Verhaltens finden dabei als Anschauungsmaterial und Mittel der Bearbeitung der Ursachen dieses Verhaltens Berücksichtigung. In der einzeltherapeutischen Form ihrer Anwendung behandelt die Psychoanalyse daher nur eine, wenn auch sehr wichtige Seite des Verhaltens und seiner Störungen hinreichend.

Dennoch regt die psychoanalytische Auffassung der Entwicklung der Persönlichkeit dazu an, sich nicht nur mit den bleibenden psychischen Auswirkungen früher, prägender Interaktionen zu befassen, sondern auch mit den Interaktionen selbst und mit der ihnen eigenen Dynamik. Die Entwicklung der psychoanalytischen Therapie beschreibt diesen Weg, soweit er für die Einzelbehandlung gegangen werden kann. Die aktuelle Beziehung zwischen Therapeut und Klient, der Freud anfänglich nur insofern Beachtung schenkte, als durch sie Hindernisse für das Wiedererinnern der Vergangenheit beseitigt werden können (Freud, 1912), gewinnt später als Mittel der affektiven Wiederbelebung des ursprünglichen Konflikts zentrale Bedeutung (Freud, 1920). Das Erinnern wird ohne die Dynamik der aktuellen therapeutischen Beziehung zur intellektuellen Spielerei, während die Beziehung auch ohne Erinnern therapeutische Wirkung haben kann (Buchinger, 1978). Da, wie in der Bewältigung des Ödipuskomplexes, auch Mehrpersonenkonflikte ihren bleibenden psychischen Niederschlag gefunden haben, ist es naheliegend, aktuelle Mehrpersonenkonstellationen zum Medium therapeutischer Arbeit zu machen, bzw. die ursprüngliche familiäre Konfliktsituation therapeutisch zu beeinflussen. So scheint mir eine wesentliche Wurzel der Gruppen- und Familientherapie in der Psychoanalyse zu liegen.

## B. Die Mehrpersonentherapien

In der Psychoanalyse liegt der Schwerpunkt, unter dem die Dialektik von individuellen und sozialen Aspekten des Verhaltens theoretisch und therapeutisch Beachtung findet, im Individuum und seiner Persönlichkeitsstruktur. In den Mehrpersonentherapien liegt der Schwerpunkt der Aufmerksamkeit auf den Gesetzmäßigkeiten und der Eigendynamik des aktuellen Interaktionsgeschehens zwischen mehreren Personen. Diese Gesetzmäßigkeiten stellen andere Bedingungen des Verhaltens von Individuen dar, als sie uns aus seiner individuellen Psychopathologie bekannt werden können.

a) Die Kommunikation zwischen mehreren Personen entwickelt ihre eigene Dynamik, die einmal entstanden, nicht mehr durch die Bearbeitung individueller Probleme auflösbar ist. Die Kommunikationsgewohnheiten zwischen zwei oder mehreren Personen können bei einer dritten oder vierten Person bestimmte, unter Umständen neurotische Reaktionen hervorrufen, die sich mit der Verfestigung dieser Kommunikationsgewohnheiten ebenso verfestigen und unter Umständen situationsunabhängig werden, die aber mit deren Veränderung auch wieder verschwinden können (Watzlawick und andere, 1971; Goffmann, 1971; Berne, 1964).

b) Das Verhalten des Einzelnen in einem Interaktionssystem ist bedingt durch die Rollenverteilung in diesem System. Ob man sie im Sinne Schindlers aus einer Rangordnungsdynamik (1969) ableitet, oder wie Heigl-Evers (1972) generell durch die Aufteilung der in einer Gruppe zu erfüllenden Funktionen – immer stellen sie verhaltensbestimmende Aspekte dar, die aus der individuellen Psychopathologie einer Person nicht erklärbar sind, diese aber beeinflussen. Ganz deutlich wird das in den Interaktionssystemen der Familie, aus deren Beziehungsrealität das Verhalten durch verschiedene Interaktionsmodi geprägt wird. Aufträge und damit verbundene Auftragskonflikte mit neurotisierenden Konsequenzen werden, wie Stierlin (1978) es formuliert, delegiert. Der einzelne wird zum Symptomträger der gestörten Interaktion in einer Gruppe (Richter, 1970). Auch wenn man die innerpsychische Dynamik der Übernahme von Rollen und der Identifikation mit ihnen mit psychoanalytischen Kategorien erklären kann (Parin und Parin-Matthey, 1978), so ist damit das System der Rollen- und Funktionsverteilung in einer Gruppe oder Familie noch nicht erklärt. Es läßt sich mit diesen Kategorien nicht fassen.

c) Diese Eigendynamik, aus der das Verhalten innerhalb eines Interaktionssystems bestimmt wird, führt zu Auffassungen, die vorwiegend das Gruppengeschehen als eine Einheit mit eigener Entwicklungsgesetzmäßigkeit sehen (Bion, 1961), in der die Verhaltensweisen einer Person immer aus der Matrix (Foulkes, 1974), bzw. aus der „dynamischen Kollektivkonstellation" der Gesamtgruppe heraus verständlich sind (Grinberg und andere).

Gruppen und Familien können also aufgrund ihrer verhaltensdeterminierenden Eigendynamik nicht nur eine neurotisierende Wirkung haben, sie können auch therapeutische Funktionen übernehmen. Durch die Veränderung des Kommunikationssystems und der bewußten und unbewußten emotionalen Gesamtsituation einer Gruppe kann sich das Verhalten des einzelnen in ihr verändern. Wenn die Gruppe lang genug besteht und ihr Stellenwert im Leben des einzelnen entsprechend wichtig ist, führt seine Verhaltensänderung in der Gruppe auch zur Veränderung seiner Verhaltensdispositionen außerhalb dieser. Die Therapieformen, die mit Mehrpersonenkonstellationen arbeiten, werden daher dem Verstehen, der Handhabung und der Veränderung des Kommunikationssystems als ganzem, der Gruppenprozesse und ihrer Entwicklung sowie der Möglichkeit der Übernahme und Veränderung bestimmter Rollen in der Gruppe mehr Aufmerksamkeit zuwenden als dem einzelnen. Das heißt nicht, daß der einzelne und die psychogenetischen Bedingungen seines Verhaltens ignoriert und, wie es bei manchen Vertretern der Gruppentherapie (z. B. Bion) scheint, bloß als Funktion in einem sozialen Zusammenahng begriffen werden, aber die individuelle Problematik einzelner Gruppenmitglieder findet ihre therapeutische Beachtung unter dem Primat des Gesamtgruppengeschehens (Buchinger, 1978).

## C. Die Beeinflussung institutioneller Bedingungen des Verhaltens

Die Beeinflussung der verhaltensbestimmenden Faktoren in Gruppen hat allerdings ihre Grenzen in zwei Richtungen. Die sozialen Bedingungen des Verhaltens können im Individuum durch Über-Ich-Forderungen bzw. internalisierte Rollenvorstellungen so starr verankert werden, daß sie sich einer Beeinflussung durch Gruppenarbeit entziehen. Dann wird es angebracht sein in einer psychoanalytischen Einzelbehandlung eine tiefergreifende Revision der Charakterstruktur herbeiführen zu helfen. Andererseits wird das Verhalten in Gruppen durch Bedingungen determiniert, die zwar in der Entfaltung der Eigendynamik der Gruppe zum Tragen kommen, aber durch ihre auch noch so autonome Gestaltung nicht beeinflußt werden können, weil sie durch organisatorische Rahmenbedingungen (institutionelle Zwänge und gesamtgesellschaftlich vorgegebene Rollenvorschreibungen) festgelegt sind. Da sie das Verhalten neurotisieren können, ziehen sie das Interesse von Therapeuten auf sich. Versuche, sie gezielt zu beeinflussen, können in den verschiedenen Formen der Einzel- und Mehrpersonentherapie bestenfalls vorbereitet werden. Auch unmittelbar politisches Engagement, wenn ihm Erfolg beschieden ist, kann bloß Voraussetzungen für die konkrete Veränderung institutioneller Rahmenbedingungen des Verhaltens schaffen. Ihre direkte Beeinflussung verlangt eine Methode, in einer bestimmten Institution Interventionen zu setzen, die als Institutionsberatung oder Organisationsentwicklung bekannt ist. Diese stellt ein differenziertes System von Interventionsschritten auf verschiedenen Ebenen dar. Auf der individuellen Ebene werden zum Beispiel Tiefeninterviews durchgeführt zum Zwecke der Erstellung einer Diagnose des institutionellen Problems, das im individuellen Verhalten und individuellen Leidensdruck seinen Niederschlag findet. Auf der Gruppenebene werden Interventionen durchgeführt mit dem Ziel, die Gruppenstrukturen bewußt zu machen, zu beeinflussen, zu stärken oder zu verändern. Die

Intergruppenebene der Beziehung der Gruppen zueinander und der Auswirkung, die die Veränderung einer Gruppe für die anderen bzw. die gesamte Institution hat, muß erfaßt und methodisch beeinflußt werden. Und all das geschieht unter Berücksichtigung der verschiedenen organisatorischen Subsysteme und der Art, wie sie im Bewußtsein des einzelnen und der Gruppen verankert sind, bzw. miteinander in Konflikte geraten, die durch entsprechende Anforderungen, die sie an den einzelnen und an einzelne Gruppierungen stellen, neurotisierende Wirkung entfalten können. Es geht dabei um das Subsystem der Ziele einer Institution und der Organisation ihrer Aufgaben; um das strukturelle Subsystem, das zum Beispiel die Modi der Kooperation und Entscheidungsfindung umfaßt; um das soziale Subsystem, in dem der Einfluß des sozialen Prestiges und der Umgang mit Emotionen sichtbar wird – um nur die wichtigsten der bei French und Bell genauer angeführten Subsysteme zu erwähnen (French, Bell; 1973).

Alle diese Aspekte müssen in einem integrierten System von Interventionsschritten und -strategien Berücksichtigung finden – sei es, daß man eine Institution als ganzes berät, oder in einem ihrer Teile eine beratende Tätigkeit durchführen soll. Nur so kann man sowohl institutionelle Normen, die Verhaltensstörungen bewirken, verändern, als auch in einer Institution mit einer Abteilung sinnvoll beratend oder therapeutisch arbeiten. Die Beiträge des vorliegenden Buches sind Beispiele dafür bzw. auch für die Schwierigkeiten, mit denen Therapeuten, die es eher gewohnt sind, auf der Basis der Einzel- oder Gruppenarbeit zu arbeiten, konfrontiert sind, wenn sie in ihren Interventionen und den Strategien ihrer Arbeit institutionelle Elemente technisch berücksichtigen müssen.

Ich möchte als Beispiel, wo therapeutische Arbeit ohne Berücksichtigung institutioneller Strukturen zum Scheitern verurteilt ist, die Durchführung stationärer Gruppentherapie erwähnen: Psychiatrische Patienten, die während ihres Aufenthalts auf einer Station in einer Gruppe therapeutisch betreut werden, sind (ebenso wie ihre Therapeuten) mit dem Problem konfrontiert, gleichzeitig in zwei, in ihrer Struktur, ihren Normen und Rollenanforderungen einander entgegengesetzten sozialen Systemen zu leben. Die hierarchische Struktur und die Rollenverteilung bzw. die Verhaltensvorschriften einer psychiatrischen Station sind relativ genau geregelt. Abweichungen davon oder Versuche, Veränderungen herbeizuführen, insbesondere Versuche von Seiten der Patienten, werden sanktioniert mit den zur Verfügung stehenden Mitteln, die relativ machtvoll sind (Medikamente, zusätzliche Diagnosen usw.).

Im Gegensatz dazu beruht das therapeutische Potential einer Therapiegruppe darauf, daß auch die hierarchischen Probleme immer wieder bearbeitet werden, die Rollenverteilung immer revidiert und die Verhaltensnormen, die den Gesamtzustand der Gruppe betreffen, immer wieder verändert werden.

Man wird daher entweder versuchen, die Gruppentherapie unter dem Vorwand des Gegenteils zu einer zusätzlichen Disziplinierungsmaßnahme umzufunktionieren („Einer flog über das Kuckucksnest"). Oder man wird die Struktur der Station den strukturellen Bedingungen der Gruppentherapie annähern und möglichst große Flexibilität zulassen. Wenn man das nicht tut, wird man die Patienten durch stationäre Gruppentherapie eher verwirren, indem ihnen zugemutet wird, in einer dauernden doppelten Moral zu leben.

Wir verfügen heute über die oben angeführten Methoden, Verhalten therapeutisch und beratend zu beeinflussen:

a) unter innerpsychischen Aspekten,

b) unter dem Gesichtspunkt der Beziehungsrealität, wie sie im Interaktionssystem einer kleinen sozialen Einheit (Familie, Gruppe) zum Ausdruck kommt,

c) unter den Aspekten seiner Bedingtheit durch institutionelle Faktoren.

Obwohl es sich um die Berücksichtigung einander ergänzender konstitutiver Elemente des Verhaltens und daher auch um Bedingungen seiner Störungen handelt, und entsprechend um einander ergänzende Methoden seiner geplanten Veränderung, so sind sie keineswegs in einen integrierten Zusammenhang gebracht. Diesen anzustreben, setzt eine therapeutische Haltung und Identität voraus, wie sie sich heute erst zu entwickeln beginnt und in der therapeutischen Arbeit in interdisziplinären Teams zu suchen ist.

## 2. Die Relativierung des Individuums

An der soeben skizzierten Entwicklung, in der immer weiter über das Individuum hinausgehende Bedingungen seines Verhaltens erfaßt werden, verdient ein Aspekt besonders hervorgehoben zu werden: die Veränderung der Stellung des Individuums in den entsprechenden Formen der Therapie und Beratung. In der Dialektik von individuellen und sozialen Determinanten des Verhaltens tritt die relative Eigenständigkeit der sozialen Strukturen in den Vordergrund. Es wird immer deutlicher, in welchem Ausmaß das Verhalten des Individuums durch sie bestimmt und durch ihre gezielte Veränderung beeinflußbar ist. In eben dem Maß, in dem das Individuum durch diese Bedingungen relativiert wird, wird es durch sie auch konstituiert.

### A. Das Individuum in der Einzelbehandlung

Diese Tendenz der Relativierung des Individuums zeigt sich in der Psychoanalyse, die wie keine andere Behandlungsmethode, zugleich um die „Perfektionierung des Individuums" bemüht ist. Der Psychoanalyse geht es um die Wiederherstellung des Individuums, das durch psychische Störungen in seinen Verhaltensmöglichkeiten eingeschränkt ist. Das Verhältnis der „innerpsychischen Kräfte", sofern sie einander, insbesondere aber das „Ich" in seiner Realitätsbewältigung behindern, soll soweit modifiziert werden, daß das „Ich" einen größeren Handlungsspielraum bekommt. „Trieb" und „Über-Ich"-Ängste, die das „Ich" blockieren, sollen bearbeitet und aufgelöst werden. Verdrängte, vom Bewußtsein nicht anerkannte Triebansprüche sollen, soweit es geht, ins „Ich" integriert werden, so daß diesem die Kräfte, die es brauchte, um sie in Schach zu halten, wieder frei verfügbar werden. Ein zu enges Korsett von „Über-Ich"-Ansprüchen soll abgelegt werden usw. Je gelungener die „Ich"-Synthese nach innen bezüglich „Trieb" und „Über-Ich" ist, desto umfassender wird sie nach außen in einer möglichst weiten, uneingeschränkten Aneignung der Realität in Erscheinung treten.

Diese Wiederherstellung des Individuums kommt insofern seiner Relativierung gleich, als die unvergleichlich differenzierte Beschäftigung mit der individuellen Lebensgeschichte und das Selbstbewußtsein, das dem Klienten über diese vermittelt wird, dazu dienen sollen, der Lebensgeschichte etwas von ihrer verhaltensdeterminierenden Wirkung zu nehmen. Das Erinnern soll helfen, von der Erinnerung und der Wirkung, die das Erinnerte ausübt, loszukommen, das heißt, es wirklich integrieren bzw. vergessen zu können. Das Nichterinnerte konnte bloß als etwas, das nicht erinnert werden *soll*, verdrängt, aber nicht eigentlich vergessen werden. Bestimmte individuelle Erlebnisse und prägende individuelle Verarbeitungsweisen dieser Erlebnisse, die dem Individuum seinen besonderen Charakter verleihen und es unverkennbar als dieses Individuum erscheinen lassen, sollen in ihrer verhaltensbestimmenden Macht aufgelöst werden und sozial integrierten Formen der Arbeits- und Lebens- oder Liebesfähigkeit Platz machen. (Aus diesen Bemühungen um die Auflösung individueller Fixiertheiten und der Herstellung allgemein akzeptierter Verhaltensweisen, die durch größere individuelle Unauffälligkeit ausgezeichnet sind, versucht man oft, einen reaktionär anpassenden Charakter der Psychoanalyse abzuleiten. Aber gerade dort, wo die Psychoanalyse nicht um Anpassung bemüht ist, sondern darum, von abweichendem Verhalten den strafenden „Über-Ich"-Druck zu nehmen, leistet sie auf die Dauer einen Beitrag zur Veränderung gesellschaftlicher Werte und bereitet damit ein Stück weit die soziale Anerkennung dessen, was ehemals als abweichend angesehen wurde, vor.)

Die Psychoanalyse unternimmt diese Bemühung um die Wiederherstellung des Individuums, die seiner Relativierung gleichkommt, vom Standpunkt des Individuums aus, das im Zentrum ihrer Methode steht. Auf seiner psychischen Struktur und ihrer Reorganisation liegt der Fokus der therapeutischen Aufmerksamkeit. Und auch wenn klar ist, daß die aktuelle therapeutische Beziehung und ihre Bearbeitung (Übertragung und Gegenübertragung) in der Psychoanalyse von zentraler Bedeutung ist, so wird auch sie gemeinsam mit dem Klienten nur in der Funktion betrachtet, die sie für ihn hat. Die Art, wie der Klient seine Beziehungspersonen und Kommunikationsstrukturen, in denen er lebt, wahrnimmt, wird auf seine individuelle Psychogenese und seine Psychodynamik bezogen. Soziale Zusammenhänge werden in ihrer Funktion für das Verhalten des einzelnen einer Analyse unterzogen.

## B. Das Individuum in der Mehrpersonentherapie

Der dazu ergänzende Standpunkt, der einen weiteren Schritt in der therapeutischen Relativierung des Individuums tut, wird von den Mehrpersonentherapien vorgenommen. Ähnlich wie die Psychoanalyse anerkennen sie die soziale Determiniertheit des Individuums, sehen aber die sozialen Bedingungen nun nicht primär in ihrer Funktion für das Individuum an, sondern umgekehrt. Die aktuellen Beziehungen und ihre Eigendynamik stehen therapeutisch im Vordergrund, und das Individuum ist vorwiegend in seiner Funktion bzw. in den wechselnden Funktionen, die es in einem kleineren sozialen Zusammenhang wahrnehmen kann, von Bedeutung. Es wird hervorgehoben, daß der Einzelne in seinem Verhalten nicht allein durch seine individuelle Psychogenese und Psychostruktur bestimmt wird, sondern ebenso durch die Erwartungen, die an ihn in einer bestimmten Situation gestellt werden, durch die Art, wie er in einer Gruppe aufgenommen wird, durch die Interessen und Emotionen der anderen Personen, durch die vorherrschende Gesamtproblematik der Gruppe – kurzum durch die aktuellen Bedingungen, Normen und Standards der Kommunikationssituation, in der er sich befindet (Foulkes, 1974). Dieser Aspekt, durch den das Bild der Individualität bereichert und zugleich weiter relativiert wird, ist in der Soziologie unter dem Begriff der Rolle festgehalten. Wichtig ist hier die besondere Betonung der Erkenntnis, daß das, was als individuelle psychische Störung erscheint, nicht nur das Resultat der Verarbeitung vergangener Interaktion sein kann, die ihre bleibenden Spuren im Individuum hinterlassen hat, sondern, daß psychische Störungen auch der Ausdruck einer aktuell gestörten Kommunikationssituation sein können, die sich an einem Individuum manifestiert.

Die das Individuum relativierende Aufmerksamkeit entwickelt sich im therapeutischen Umgang mit Mehrpersonenkonstellationen schrittweise. Bleibt in der Gruppentherapie das Ziel die Verringerung des Leidensdrucks oder die Verhaltensänderung des einzelnen, so wird es vorwiegend durch die therapeutische Beschäftigung mit dem Gruppengeschehen und nicht mit dem Individuum in ihm zu erreichen versucht. Die Gruppentherapie ist insofern eine Therapiemethode, die dem einzelnen hilft, indem sie sich primär nicht mit ihm, sondern mit dem aktuellen Interaktionsgeschehen zwischen einzelnen Personen beschäftigt (Buchinger, 1977). Einen weiteren Schritt über das Individuum als *Inhalt* der Bemühungen hinaus stellt die Paar- und Familientherapie dar. Ihre therapeutische Aufmerksamkeit gilt, wie die der Gruppentherapie, nicht primär dem einzelnen Familienmitglied oder Partner. Der Schwerpunkt therapeutischen Handelns liegt auch hier auf dem Interaktionssystem, das die Familie oder das Paar darstellt.

Aber nicht der einzelne, sondern das Interaktionssystem, das Paar, die Familie ist der Klient, auch wenn in projektiver Abspaltung eine Person zum Symptomträger gemacht wurde, der die anderen von der gemeinsamen Problematik entlasten soll (Richter, 1970). Während also die Gruppentherapie zwar nicht mehr in der *Methode,* wohl aber in der *Zielsetzung* das Individuum zum primären Inhalt hat, so ist in der Paar- und Familientherapie der Gegenstand sowohl der Methode als auch der therapeutischen Zielsetzung die Interaktionsgemeinschaft und nicht primär ein einzelner in ihr.

Trotz aller Relativierung, die das Individuum in der Paar-, Familien- und Gruppentherapie erfährt, spielt es darin doch eine wichtige „Rolle". Wie sehr sein Verhalten und seine Symptome auch durch den aktuellen sozialen Zusammenhang bestimmt sind, so hat es doch mit dazu beigetragen, ihn in seiner Eigendynamik herzustellen; und wie er aussieht, hängt auch von der individuellen Psychopathologie ab, die die einzelnen Personen in ihn einbringen.

## C. *Das Individuum in der Institutionsberatung*

In dem Maß, in dem Gruppen und Familien ihre Kommunikationsbedingungen und Rollenverteilungen nicht selbst bestimmen, sondern durch institutionelle Rahmenbedingungen vorgegeben bekommen, wird die Bedeutung des Individuums in ihnen in einer weiteren Dimension relativiert. Die beratende Interaktion mit einem Individuum bzw. einer Gruppe wird daher in den Methoden der Institutionsveränderung und -entwicklung nicht entbehrt werden, aber sie wird ihren Zweck nur innerhalb einer übergeordneten Gesamtstrategie von Interventionen erfüllen. Diese weitere Relativierung des Individuums liegt in der Eigendynamik von Institutionen begründet – einer Eigendynamik, die in bezug auf unser Thema dadurch ausgezeichnet ist, daß sie in ganz anderer Weise einer Veränderung zugänglich, als auch gegenüber einer Veränderung ihrer Struktur resistent ist, als Individuen und Gruppen. Neurotische Verhaltensweisen von Individuen und Kommunikationsstörungen in Gruppen können in direkter Interaktion des Therapeuten mit den betroffenen Personen analysiert und bearbeitet werden. Für die Veränderung institutioneller Strukturen ist die direkte Kommunikation mit den Betroffenen nicht ausreichend.

Denn Institutionen umfassen meist mehr Personen, als in direkter Kommunikation miteinander umgehen können, und filtern die Kommunikation zwischen ihnen. Außerdem ist es eine ihrer Aufgaben und Verdienste, die Organisation der Kommunikation zwischen Personen und Gruppen, die dabei geforderte Rollenverteilung, die nötig ist, um bestimmte Probleme mehr oder weniger reibungslos lösen zu können, der direkten Interaktion der betroffenen Personen miteinander weitgehend zu entziehen. Das, was in mühsamen langwierigen Übereinkünften vielleicht einmal in direkter Kommunikation erarbeitet wurde, ist an die Institution delegiert worden, um als kulturelle Leistung nicht verlorenzugehen. Die Institution nimmt einzelnen Gruppen und einer Gemeinschaft von Gruppen die Aufgabe ab, immer wieder neue Formen des Zusammenlebens und seiner Ordnung zu finden, und ermöglicht die Kontinuität von Gemeinschaften, die nicht durch die Dauer des Lebens von Individuen in ihnen beschränkt sein sollen. Es ist ihre Funktion, bestimmte Kommunikationsabläufe und Problemlösungsmechanismen, bzw. was von noch grundlegenderer Bedeutung ist, Strukturen der Zusammengehörigkeit und des Zusammenlebens in einem größeren sozialen Gefüge (Familienverband, Sippe, Kirche, Staat) in ihrem gewachsenen Reichtum und ihrer Differenziertheit über die Generationen hinweg zu sichern.

In der Regel ist daher der einzelne in einem sehr geringen Ausmaß an der Herstellung der institutionellen Rahmenbedingungen seines Verhaltens in der Arbeit, seiner Rolle in der Familie und neuerdings auch in anderen Bereichen der Freizeit beteiligt. Der einzelne wird in seinen Verhaltensmöglichkeiten weit mehr von institutionellen Strukturen beeinflußt, als er sie beeinflussen kann. Sie haben meist mehr Macht über ihn als er über sie. (Insofern wird die Ehe- und Familientherapie an der Rollenverteilung in Ehen und Familien umso eher ihre Grenzen haben, je eindeutiger diese institutionell festgelegt ist.)

Gehlen nennt den hier dargestellten Sachverhalt, durch den das Individuum relativiert und zugleich konstituiert wird, die Entlastungsfunktion der Institutionen (Gehlen, 1961), durch die geistige Energien freiwerden (Gehlen, 1970). Max Pages (1974) bezeichnet ihn aus kommunikationstheoretischen Überlegungen als gesellschaftliche Form der Abwehr direkter Kommunikation und affektiver Beziehungen. Nun können diese Abwehren jene positive Entlastungsfunktion wahrnehmen, ebenso wie sie in einer erstarrten Form die einzelnen Personen und Gruppen in ihnen kommunikativ einengen, und dann zu neurotischem Verhalten beitragen, das auch außerhalb der entsprechenden Institutionen beibehalten wird. Denn die institutionellen Verhaltensregelungen sind nicht bloß situationsbezogene Zwänge, die mit dem Verlassen der jeweiligen Institution abgelegt werden können. Sie haben prägenden Charakter, sie erhalten gesund oder sie neurotisieren. Sie stellen Möglichkeiten der psychischen Entwicklung oder einer pathologischen Einschränkung dar. Im letzten Falle stellen die neurotisierten Individuen und ihre institutionalisierten Abwehren (Mentzos, 1976) Symptome für Kommunikationsstörungen dar, die in institutionellen Normen und Regelungen ihren Grund haben.

Abschließend zu dieser Problematik der Relativierung des Individuums durch institutionelle Strukturen seien zwei Bemerkungen angebracht zu dem Versuch, das Individuum einerseits gänzlich auszuschalten und andererseits seine Bedeutung scheinbar besonders hervorzuheben.

a) Die relative Machtlosigkeit des Individuums gegenüber institutionellen Strukturen, die sein Verhalten mitbestimmen, bedeutet nicht, daß methodische Versuche der Institutionsveränderung über die Köpfe der betroffenen Individuen veranstaltet werden können. Die Beeinflussung institutioneller Bedingungen des Verhaltens ist nicht mit Sozialtechnologie im Sinne der Anwendung wissenschaftlich objektiver Erkenntnisse auf den Gegenstand Institution gleichzusetzen (Heintel, 1979), sondern verlangt auf den vorhin beschriebenen Ebenen (French und Bell, 1977) eine integrierte Vielfalt von Interventionen, in denen es gerade darum geht, eine Identifizierung der Betroffenen zu erreichen.

b) Es gibt eine Tendenz, institutionelle Probleme dadurch aus dem Blick zu verlieren, daß man sie individualisiert. Man macht für ihre Auswirkungen auf individuelles Verhalten ausschließlich Gründe in der psychischen Struktur oder den sonstigen Lebensbedingungen des betroffenen Individuums verantwortlich (Marcuse, 1964). Ich möchte hier meiner Vermutung Ausdruck verleihen, daß zum Beispiel die Theorie der Midlife-crisis ihre Existenz unter anderem auch dieser Tendenz der Verharmlosung institutioneller Strukturen, die eine extrem neurotisierende Wirkung auf das Verhalten haben, verdankt: In vielen unserer hierarchischen Organisationen herrscht ein Karriereredruck, dem man sich schwer entziehen kann. Wer das dennoch tut, wird suspekt und auf die Dauer in seinem Selbstwertgefühl durch den Entzug sozialen Prestiges eingeschränkt. Wer sich ihm unterwirft, erreicht, abgesehen von allen anderen neurotisierenden Faktoren, die er dafür in Kauf nimmt (Streß, Isolation durch Konkurrenz, paranoide Vorsicht, irrationaler Leistungsdruck), einmal die Grenze seiner Leistungsmöglichkeit, ohne daß der Karrieredruck deshalb von ihm weicht. Die daraus entstehenden psychischen Spannungen und Belastungen kann man nun individualisierend zu interpretieren versuchen. Man stellt eine psychologische Theorie auf, in der diese Problematik als eine mehr oder weniger unvermeidliche Phase der Entwicklung des Individuums, die zirka um die Mitte des Lebens erreicht wird (also in einer Zeit, in der die institutionelle Karriereproblematik häufig am deutlichsten sichtbar wird), ihren Platz hat. Die Midlife-crisis erhält dann den Rang einer kritischen Phase der Persönlichkeitsentwicklung, ähnlich den Eriksonschen Phasen. Sie bekommt eine das individuell-persönliche daran betonende Etikette und eventuell in der psychotherapeutischen Behandlung besondere Aufmerksamkeit. Daß sie das Resultat institutionell fixierter und vorgegebener Werthaltungen ist, deren Realisierung der einzelne sich nur beschränkt entziehen kann, gerät dabei nicht in den Blick. Unter dem Schein der Aufwertung des Individuums und seiner Bedeutung wird seine Machtlosigkeit den Institutionen gegenüber, die in der Beschreibung des durch ihre Zwänge verursachten Krankheitsbildes gar nicht vorkommen, sichtbar.

## 3. Die Problematik der Autorität

Die dritte hier aufgestellte These enthält die Behauptung, daß die beschriebene Linie der Aufmerksamkeitserweiterung von Therapeuten eine ambivalente gesellschaftliche Entwicklung bezüglich der Problematik der Autorität reflektiert.

### A. Die Ambivalenz in der Entwicklung der Autoritätsproblematik

Eine gesellschaftliche Situation, in der sich herkömmliche Werthaltungen weitgehend auflösen, und Wertantagonismen besonders deutlich werden (Bell, 1970), bedingt eine kritische Haltung gegenüber den verschiedenen Formen von Autorität. Der emanzipative Anspruch wird nicht nur individuellen Autoritäten gegenüber erhoben, er trifft funktionelle ebenso, wie institutionelle Autoritäten; sei es, daß damit eine Auseinandersetzung mit einzelnen Personen und ihrer Position oder mit institutionellen Normen und Strukturen, die Gehorsam fordern, verbunden ist. Die Ambivalenz in dieser Entwicklung sehe ich darin, daß mit den emanzipativen Ansprüchen, die häufig in aufklärerischen Postulaten ihre Beruhigung finden, eine gegenläufige Tendenz verbunden ist. Mit der Forderung nach größerer Autonomie und Selbstbestimmung von einzelnen, Gruppen und Institutionen nimmt die Angst vor dem Verlust von Sicherheit, die Angst, daß durch rasche Entwicklung alles, worauf man bauen kann, immer wieder zerstört wird, zu (tatsächlich scheint mir die Ideologisierung der Notwendigkeit von Innovation ein gehöriges Ausmaß an destruktiver Aggressivität zu enthalten). Die Sehnsucht nach verbindlichen Werthaltungen, denen man sich unterwerfen kann, wächst (Mitscherlich, 1963, Fromm, 1971). Der Mangel an solchen Werthaltungen fördert die Anfälligkeit für autoritäres Verhalten (Milgram, 1974), obwohl es den offen deklarierten Forderungen nach Autonomie, kritischer Haltung, Kreativität und Initiative widerspricht. Der ungelöste Widerspruch fördert unter dem Vorwand der Durchsetzung und Erfüllung dieser Forderungen ihr Gegenteil. Wie spiegelt sich diese Ambivalenz in der Psychotherapie und Beratung wider?

### B. Die individuelle Autorität

Die individuelle Auseinandersetzung einer Person mit den frühen Autoritäten ist eine Angelegenheit der normalen psychischen Entwicklung jedes einzelnen. Lange Zeit durch Gebote der Sitte und Religion in unauffällige Bahnen gelenkt, wenn nicht, so gut es geht, überhaupt unterbunden, ist sie durch die Psychoanalyse wissenschaftlich und therapeutisch dramatisiert worden. Der Gedanke dieser Auseinandersetzung ist derart selbstverständlich und motivierend ins alltägliche Bewußtsein eingegangen, wie kaum davor eine wissenschaftliche Idee über den Menschen und seine Entwicklung. Die Psychoanalyse kann in diesem Zusammenhang unter dem Aspekt einer nachträglichen Abrechnung mit den elterlichen Autoritäten bzw. ihren innerpsychischen Residuen gesehen werden. Sie ist insofern eine sehr tiefgreifende Emanzipation von der individuellen Herkunft des Klienten.

Der Grund, warum dieser Gedanke der Emanzipation durch Sitte und Religion lange Zeit gebannt werden sollte, liegt vermutlich nicht im Versuch, individuelle Auseinandersetzungen zwischen den Generationen, sondern deren Übergreifen auf funktionelle und institutionelle Autorität zu verhindern. Institutionen bedienen sich häufig des Bildes der Eltern-Kind-Beziehung, um die Abhängigkeit ihrer Mitglieder zu beschreiben und deren Bindung an sie zu erhöhen. Der Aspekt der Entwicklung, die das Eltern-Kind-Verhältnis im Laufe der Reifung der Kinder durchmacht, daß es sich nämlich gerade in der beanspruchten Form der Abhängigkeit auflöst und die Kinder die Eltern verlassen, wird dabei meist ausgeklammert. Das, was institutioneller und funktioneller Autorität gerade durch die Übernahme der allen geläufigen familiären Bilder droht, soll durch entsprechende, schon im individuellen Bereich wirksame Gebote und Sitten verhindert werden. Man könnte daraus schließen, daß Institutionen ihre Mitglieder zur permanenten unmündigen Kindschaft ihnen gegenüber auffordern.

Nun kann man versuchen, die Gehorsamsbereitschaft gegenüber funktioneller und institutioneller Autorität dadurch zu sichern, daß man sie durch entpsrechende Normen und Gebote in der Primärsozialisation verankert. Umgekehrt führt die Emanzipation von der elterlichen Autorität nicht von selbst zur Relativierung der anderen Formen von Autorität. Die Bearbeitung verinnerlichter Autoritätskonflikte, wie sie die Psychoanalyse gezielt und tiefgreifend leistet, fördert nicht notwendig eine kritische Haltung gegenüber institutioneller und funktioneller Autorität, noch kann man von ihr ausreichende methodische Hilfsmittel zu deren Bewältigung borgen. Man kann die emanzipative einzeltherapeutische Arbeit durchaus im Sinne der vorhin angesprochenen Ambivalenz dazu benutzen, den Blick von anderen als individuellen Autoritätsproblemen abzulenken bzw. ihn, wenn er auf solche fällt, wieder auf die individuelle Ebene zurücklenken. Institutionelle Autoritätsansprüche bleiben dann in ihrem Einfluß auf das Verhalten unangetastet.

## C. Die funktionelle Autorität

Die Methoden der Mehrpersonentherapie bzw. der Institutionsberatung beinhalten nicht nur Möglichkeiten der Auseinandersetzung mit funktioneller bzw. institutioneller Autoritätsproblematik, ihre Bewältigung ist die Voraussetzung für deren langfristige Wirkung.

Die Gruppentherapie ist nicht vorwiegend mit psychogenetisch bedingten individuellen Autoritätsproblemen befaßt. Zwar werden diese in diversen Übertragungen in ihr auftreten, differenzierter als in der Einzeltherapie, weil die Mehrpersonenkonstellation eine multiple Übertragungssituation ermöglicht. Es wird auch notwendig sein, sie zu bearbeiten. Allerdings wird das im Sinne des in den vorigen Abschnitten betonten Primats der aktuellen Gesamtgruppenkonstellation und ihrer Eigendynamik geschehen. Das affektive Wiedererleben individueller Autoritätsprobleme wird vorwiegend auf die momentane Gruppensituation und die in ihr vorherrschende Kommunikationsstruktur bezogen. Es geht dabei um den Versuch, die Abhängigkeit *einer sozialen Einheit in ihrer Struktur* von einer Autorität aufzulösen, die an sie gerichtete heteronome Erwartungen nach und nach enttäuscht und hilft, die Probleme therapeutisch zu lösen, die auf dem Weg zur Selbstbestimmung der Kommunikation einer Gruppe auftreten. Erst die auf diesem Wege erfolgreiche Bewältigung der funktionellen Autorität des Therapeuten, seine partielle Integration in die Gruppe führt zur Entstehung der Gruppenkohäsion, dem therapeutischen Faktor, der eine kontinuierliche Gruppenarbeit, in der sich alle anderen therapeutischen Faktoren erst entfalten können, ermöglicht (Yalom, 1974).

Sofern die Gruppenarbeit aber versucht, mit ihren Methoden das Problem institutioneller Autorität zu fassen, stellt sie sich in den Dienst der genannten Ambivalenz von Emanzipation (Befreiung von neurotisierender Autorität) und Regression (Suche nach größerer Abhängigkeit), und zwar steht sie auf der Seite der Regression. Der Gruppenarbeit wird in dieser Situation mit Recht der Vorwurf gemacht, sie schaffe Nischen der Entlastung von neurotisierenden Kommunikationsstrukturen in Institutionen, statt Möglichkeiten zu ihrer Veränderung. Sie vermittelt das Gefühl, sich in Gruppen sozial selbstbestimmen zu können, und hilft damit zu vergessen, daß deren Handlungsspielraum in der Realität nicht von ihnen selbst und daher auch nicht mit den Methoden der Gruppenarbeit festgelegt wird, sondern von der Struktur der Institution, in der sie sich befinden (Horn, 1972).


## D. Die institutionelle Autorität

Die Methoden der Bearbeitung funktioneller Autorität in einer Gruppe reichen daher nicht zum Umgang mit institutioneller Autorität aus. Jene ist meist an die Auseinandersetzung mit der Position einer Person und deren Wirkung auf das Verhalten bzw. die Rollenverteilung in einer Gruppe gebunden; institutionelle Autorität wird häufig nur durch Normen, Verhaltensvorschriften und Standards, nach denen soziale Anerkennung verliehen wird, und ähnlichem sichtbar. Sie ist daher in direkter Kommunikation mit einer Person, an deren Position man versucht, die Problematik festzumachen, nicht zu fassen. Dazu bedarf es, wie schon gesagt, differenzierter Gesamtstrukturen von Interventionen auf der individuellen, der Gruppen- und Intergruppen- bzw. der Systemebene.

Im vorliegenden Zusammenhang scheint mir eine Wiederholung der schon einmal in dieser Arbeit aufgestellten Forderung nach einer Integration der uns zur Verfügung stehenden Methoden, Verhalten in therapeutischer Absicht zu beeinflussen, sinnvoll. Damit würde eher die Gefahr ausgeschaltet werden, daß institutionelle Autoritätsprobleme, durch die Verhalten beeinträchtigt wird, auf der Ebene der individuellen oder der funktionellen Autorität bearbeitet werden, wodurch bloß ihre Wirkung verschleiert und damit zementiert wird.

Die Schwierigkeit, derartige institutionelle Rahmenbedingungen des Verhaltens zu berücksichtigen, liegt nicht nur in der schon beschriebenen Dynamik der Institutionen einerseits und der Bereitschaft von einzelnen und Gruppen andererseits, sich über ein notwendiges Maß in ihren Entscheidungen entlasten zu lassen, das heißt gegenüber institutioneller Autorität zu regredieren. Sie liegt darüber hinaus in der speziellen professionellen Situation der Personen, die sich mit der Veränderung von Verhalten beschäftigen: wenn man dauernd persönlich von Klienten und Gruppen gefordert und, was die Entwicklung des therapeutischen Prozesses betrifft, einer gewissen Unsicherheit ausgesetzt ist, dann wird das Bedürfnis nach institutioneller Zugehörigkeit und Sicherheit eher groß, auch wenn es sich nicht ausdrücklich formuliert. Mit der kritischen Reflexion institutioneller Strukturen wird die Angst mobilisiert, daß man sich den Ast der eigenen Sicherheit absägt, und es ist daher naheliegend, sie zu unterlassen. Solange es nicht gelingt, institutionelle Veränderungen als Ermöglichung eines besseren institutionellen Zusammenhalts zu präsentieren, wird die Angst vor ihren vermeintlichen zerstörerischen Effekten überwiegen. Die hierher gehörige Problematik der Autorität des Therapeuten und seiner unterschiedlichen Stellung in der Psychoanalyse, der Familien- und Gruppentherapie bzw. der Institutionsberatung wird im folgenden Abschnitt, in dem sich ihre Diskussion unter einem besonderen Gesichtspunkt ergibt, dargestellt.

## 4. Die Überwindung der Herkunft der Psychotherapie aus der Medizin

Die vierte These behauptet, daß die der Psychotherapie innewohnende Tendenz, immer größere soziale Einheiten zu erfassen, mit ihrer Loslösung von der traditionellen Medizin, in der sie ihren Ursprung hat, einhergeht. Die These gehört in dem Zusammenhang der vorliegenden Arbeit, weil sie den Grund für das in den ersten drei Thesen Behauptete ebenso darstellt wie die Folge davon; den *Grund* insofern als die Psychoanalyse mit ihrer zwiespältigen Überwindung medizinischer Normen den Weg freilegt zur Differenzierung der Erkenntnis, daß psychische Störungen in größeren sozialen Einheiten verursacht und daher auch behoben werden können; die vierte These zeigt insofern die *Folge* dessen, was in den ersten Thesen ausgesagt ist, als die darin beschriebene Entwicklung die immer weitere Entfernung der Therapie und Beratung vom Modell der Medizin beinhaltet.

### A. Die mittelalterliche Krankheitsauffassung und die organische Psychiatrie

Die Rolle der Medizin ist je nach der Gesellschaft, in der sie sich entwickelt hat und ausgeübt wird, verschieden. Sie hängt aufs engste mit den sozialen Wertvorstellungen der jeweiligen Gesellschaft zusammen, mit denen sich die soziale Stellung des Kranken, die Normen des therapeutischen Umgangs mit ihm und die soziale Rolle des Arztes ebenso ändern wie die Theorien der Heilkunde, auf die sich sein therapeutisches Handeln stützt. Immer jedoch scheint die Medizin und ihre Ausübung der Aufrechterhaltung bzw. Wiederherstellung eines Zustandes zu dienen, der den Werthaltungen und Normen der Gesellschaft angemessen ist (Finzen, 1969).

In der christlichen Krankheitsauffassung des Mittelalters wurde jede Form von Krankheit in einem engen Zusammenhang mit Sünde und Schuld gesehen. Sie war nicht nur Folge und Ausdruck sündigen Lebenswandels, sie gab zugleich Gelegenheit, durch das Leiden die Schuld abzutragen, die es hervorgerufen hatte. Sie war damit Teil einer höchst sinnhaften, nach moralischen Zwecken aufgebauten Weltordnung, in der Natur und Geist eine teleologische Einheit bildeten. Für den gläubigen Christen war es daher wichtiger, von der Sünde, durch die die Krankheit hervorgerufen war, befreit zu werden, als von der Krankheit selbst, die nicht das hauptsächliche Übel, sondern nur dessen Folge war, leidvoll und segensreich zugleich. Entsprechend war die Krankenpflege als Ausdruck christlicher Nächstenliebe, der durch die Krankheit ermöglicht wurde, mehr auf das Seelenheil des Kranken bedacht als auf seine körperliche Genesung. Es ist daher nicht verwunderlich, daß Kuren angewendet wurden, die eher den segnenden Charakter des Leidens verstärkten als milderten und, wie die Praktiken des Aderlassens, auch zum Tode führen konnten. In sehr sekulärer Weise herrscht heute noch vielfach die Überzeugung, daß nur diejenige Medizin wirksam sei, die Schmerzen bereitet.

Besonders deutlich zeigt sich die Verbindung von Krankheit und Schuld bei psychischen Störungen, weil in ihrem Fall nicht bloß das Ausführungsorgan sündigen Handelns wie bei der somatischen Erkrankung von der Folge der Schuld befallen wurde, sondern der menschliche Geist als die Ursache der Handlung. Da sich die Macht des Bösen in den psychischen Krankheiten besonders eindringlich zeigt, scheint es gerechtfertigt, zum Heil des Kranken wie auch zur Vermeidung weiterer Einflüsse böser Kräfte (zum Schutz also vor Selbst- und Gemeingefährlichkeit) zu Maßnahmen von entsprechender Grausamkeit zu greifen (Szasz, 1974). Daß diese Krankheitsauffassung und die ihr zugeordneten Heilverfahren zu einer Steigerung der Angst vor möglicher Schuld und ihren Folgen führte, läßt sich leicht nachvollziehen.

Diese Theorie psychischer und anderer Krankheiten und die entsprechende Stigmatisierung der an ihnen leidenden Personen diente in ihrer gesellschaftlichen Wirkung der Aufrechterhaltung der sittlich-religiösen Ordnung. Mit dem Beginn der Neuzeit wurde diese Ordnung aufgegeben. Die passiv abhängige Haltung einer allmächtigen göttlichen Autorität gegenüber, die mit Krankheiten straft, wurde abgelöst durch eine Haltung, in der der Mensch anstelle Gottes die Idee der Machbarkeit von allem für sich beansprucht (Richter, 1979). Das Mittel dazu ist die Kenntnis der natürlichen Kausalität. In ihrer universellen Geltung wird sie auch zur Erklärung von Krankheiten herangezogen, in der sie keinen Platz für die Frage nach Sinn und Schuld läßt. Die Entwicklung der naturwissenschaftlichen Medizin und ihrer Krankheitsauffassung löst also nicht nur den Zusammenhang von Krankheit und Schuld auf und macht Krankheit zum Geschehen, das unabhängig vom menschlichen Handeln und dessen Motiven aus rein natürlicher Kausalität erklärbar ist. Krankheit wird damit auch beherrschbar durch Eingriffe, die auf der Kenntnis dieser Kausalität beruhen.

Insbesondere sollte der Zusammenhang von Krankheit und Schuld für die psychischen Störungen, wo er besonders deutlich zu sein schien, durch ihre Eingliederung in das naturwissenschaftliche System der Körpermedizin aufgelöst werden. Die Geschichte der neueren Psychiatrie kann in diesem Zusammenhang, wie Richter annimmt, als großangelegter Versuch verstanden werden, „diese unbewältigten Schuldängste durch eine naturwissenschaftliche Vergegenständlichung der psychischen Krankheiten zu beschwichtigen. Indem man die seelischen Krankheiten insgesamt organisch erklärte, wollte man sie der persönlichen Verantwortlichkeit bzw. der Schuldfähigkeit der Patienten entziehen. Ohne dieses Hintergrundmotiv des Kampfes mit tief eingewurzelten Schuldgefühlen läßt sich jedenfalls das geradezu fanatisch unbeirrbare und zu einem großen Teil vergeblich gebliebene Bemühen kaum verstehen, die gesamte Mannigfaltigkeit der psychischen Störungen pauschal auf Anlagefaktoren, bzw. auf Schäden an den Zellen oder am Stoffwechsel zurückzuführen." (Richter, 1978, S. 13).

Mit der vollständigen Integration der Psychiatrie in die organische Medizin wird sozusagen das Kind mit dem Bade ausgeschüttet. Psychische Störungen werden aus ihrer Verbindung mit der Schuldfrage gelöst, aber zugleich wird ihre Zugehörigkeit zum Bereich sinnhaften psychischen Geschehens geleugnet. Vorstellungen, Wünsche, Stimmungen, menschliche Handlungen – also psychische Phänomene, die man „normalerweise" auch auf ihren Sinn hin untersucht und aus anderen psychischen Phänomenen herleitet, bzw. in deren Zusammenhang stellt und zu verstehen versucht – werden in einen sachlichen Bezugsrahmen ganz anderer Art, sozusagen als Fremdkörper eingereiht, indem man sie ausschließlich als Wirkungen krankhafter Veränderungen im Organismus beschreibt und begreift.

Damit ist der Psychiatrie die Befreiung psychischer Krankheit von dem Stigma der Schuld nicht gelungen. Ihre Auffassung beruht auf derselben Voraussetzung wie die mittelalterliche: auf der Zusammengehörigkeit psychischer, sinnhafter Phänomene und voller Verantwortung bzw. Schuld. Bloß behauptet die mittelalterliche Medizin beides, die moderne Psychiatrie verleugnet es. Es darf daher nicht wundernehmen, wenn die Schuldfrage hinterrücks wieder in ihre durch die Leugnung nicht aufgehobenen Rechte eingesetzt wird. Und tatsächlich sind trotz versuchter Integrierung der Psychiatrie in die somatische Medizin die psychischen Krankheiten mit anderen sozialen Konsequenzen verbunden als die somatischen Krankheiten, mit Konsequenzen, die in etwas aufgeklärterer Form an den alten Umgang mit psychisch gestörten Personen erinnern und diese auch ähnlich stigmatisieren wie Verbrecher. Anstelle der moralischen Verurteilung, die im Extremfall mit der Auslöschung des Lebens einhergeht, tritt das Urteil der Unzurechnungsfähigkeit, das mit der Einweisung in eine Anstalt häufig das soziale Leben des Patienten auslöscht. Die Geisteskrankenkartei hat Ähnlichkeiten mit der Auflistung strafbarer Handlungen, mit dem Unterschied, daß die Aufnahme in sie nicht getilgt wird. Die Struktur der Irrenhäuser hat lange Zeit und zum Teil immer noch größere Ähnlichkeiten mit den Gefangenenanstalten als mit Krankenanstalten, so wie die Zwangseinweisung häufig eher den Charakter einer Gefangennahme hat. Schließlich werden psychiatrische Diagnosen häufig zum Zweck der sozialen Diskriminierung oder Etikettierung ungehörigen Verhaltens (was einer versteckten moralischen Verurteilung gleichkommt) verwendet.

*B. Die Psychoanalyse und ihr Verständnis psychischer Störungen*

Erst die Psychoanalyse bringt hier eine Revolution in der Auffassung psychischer Störungen. Sie kann erstmals den Zusammenhang von psychischem, motiviertem Geschehen und Schuld – der in der mittelalterlichen Auffassung psychischer Krankheit anerkannt, in der modernen Psychiatrie verdrängt, das heißt, beide Male behauptet wurde – auflösen. Mit ihrer Entdeckung des Unbewußten und dessen Arbeitsweise gelingt es ihr, die Gleichsetzung von psychisch mit bewußt, von motiviert mit selbstverantwortet bzw. verschuldet als rationalistisches Vorurteil erscheinen zu lassen. Sie kann psychische Störungen als sinnhaftes, motiviertes Geschehen verstehen, ohne sie als Folge und Ausdruck von Schuld auffassen zu müssen.

Indem die Psychoanalyse die mittelalterliche Auffassung psychischer Krankheit und die der modernen Psychiatrie, deren eine bloß die Verdrängung der anderen ist, überwindet, kann sie einzelnen von deren Elementen eine neue Bedeutung verleihen:

a) Mit ihrer Betonung der Sinnhaftigkeit psychischer Störungen bei gleichzeitiger Befreiung vom Glauben an ihren schuldhaften Charakter legt die Psychoanalyse den Weg frei zu einer medizinischen Vorstellung, die generell der älteren Auffassung der Sinnhaftigkeit der Krankheit ähnlich ist, ohne daß sie deren moralisierenden Anspruch übernehmen muß. Sie fördert die Erkenntnisse der Psychosomatik und damit generell eine Überwindung oder Relativierung der einseitig naturwissenschaftlich orientierten Medizin. Neue Bedingungszusammenhänge in der Entstehung von Krankheiten werden entdeckt, in denen es nicht um ein Wissen geht, das auf den ausgebildeten Arzt zu beschränken wäre (Mitscherlich, 1966).

Die Berücksichtigung sozialer Faktoren in der Entstehung von Krankheit hat seit Paracelsus in der Medizin eine lange Tradition, die vor allem mit den Namen J.P. Franck und R. Virchow verbunden ist (Deppe und Regus, 1975; Lesky, 1977). Dennoch ist diese Richtung der Medizin gegenüber der rein naturwissenschaftlich orientierten Medizin nur sehr beschränkt geschichtsmächtig geworden und gewinnt erst durch den Einfluß der Psychoanalyse auf die Entwicklung der Psychosomatik wieder an Raum.

b) Die Psychoanalyse kann der Auffassung der naturwissenschaftlichen Kausalität in der Genese der Symptome ihren Stellenwert zuweisen. Diese wirken nicht deshalb wie kausal verursacht, weil sie der Organmechanik in ihrer Entstehung unterworfen sind, sondern weil unbewußte Motive im Vergleich mit bewußter Motivation eine eigene, schwer beeinflußbare „Mechanik" entwickeln.

c) Auch die scheinbare Sinnlosigkeit der Symptome wird durch ihren Charakter als Kompromißbildung, in dem verdrängtes Material entstellt zum Ausdruck kommt, erklärt, wie auch durch die archaische Wirkungsweise des Unbewußten.

d) Schließlich kommt die Auffassung von der Vernünftigkeit und Freiwilligkeit menschlichen Handelns zu ihrem Recht. Aber nicht als allgemeiner theoretischer Grundsatz (wie in den beiden einander ablösenden, vorangangenen Auffassungen von psychischer Kranuheit), sondern als praktisches, wenn man will, ethisches Postulat: Wo Es war, soll Ich werden. Wo unbewußte Triebkräfte ihre Macht entfaltet haben, soll Raum geschaffen werden für das bewußte Ich und seine Arbeitsweise. Der Hinweis auf

die freie Verfügung des Ich über seine Motive ist hier nicht der Grund für eine moralische Verurteilung des als psychische Krankheit bezeichneten abweichenden Verhaltens, sondern er ist als Zielsetzung der Psychoanalyse die Grundlage für ein therapeutisches Programm.

## C. Die Loslösung der Psychotherapie von der Schulmedizin

Die Psychoanalyse ist also eine psychologische Theorie psychischer Störungen und eine
psychologische Methode ihrer Behandlung. Sie löst damit Theorie und Therapie psychischer Krankheiten grundsätzlich aus der Organmedizin, in die sie auch nicht immer
integriert waren, heraus. Dennoch bleibt sie ihr in einigen Punkten verhaftet, so zwie-
spältig verhaftet allerdings, daß sie zu einer weiteren Überwindung dieser am Paradigma der organischen Medizin orientierten Elemente ihrer Theorie und Technik ein-
lädt. Es handelt sich bei diesen Punkten, um die in den ersten drei Thesen der vorliegenden Arbeiten behandelten Probleme, also
a) um die Bedingungen psychischer Störungen,
b) um die Stellung des Individuums,
c) um die Problematik der Autorität.

ad a) Die Bedingungen psychischer Störungen
In der Organmedizin ist der individuelle Organismus sozusagen der „Ort der Krank-
heit", die in einer Veränderung innerhalb des Organismus besteht. Auch wenn die
Krankheitsursache, wie bei einer Infektion von außen kommt, so ist sie innerhalb des
Individuums zu finden. Die psychoanalytische Theorie der Bedingungen psychischer
Störungen weist bei einer grundsätzlich veränderten Auffassung dennoch Ähnlichkei-
ten mit dem medizinischen Modell auf. Die Ursachen psychischer Störungen liegen
zwar in gestörten, frühen Interaktionen, also auf ganz anderer Ebene als somatische
Krankheitsursachen, sie finden aber ihren innerpsychischen Niederschlag analog der
Infektion. Und an diesem innerpsychischen Desiderat prägender früher Interaktionen
setzt die Therapie an. In ihr kommen daher diejenigen Mehrpersonenkonstellationen,
die das psychische Leben des Klienten einst prägten und diejenigen, die es heute aktuell
bestimmen, nur als Vorstellungen, Fantasien, Wünsche, Ängste, die im Individuum
entstehen, vor. Der „Ort der Krankheit" ist auch hier das Individuum und sein inner-
psychisches Geschehen. Erst die Mehrpersonentherapien und die Organisationsberatung greifen die aktuelle Bedeutung sozialer Interaktion (über die Bedeutung von
Übertragung und Gegenübertragung hinaus) voll auf. Die Ursache von Verhaltensstörungen ist bei ihnen nicht mehr nur im Individuum zu lokalisieren, sondern in einem Interaktionssystem, in dessen Veränderung auch die Therapie ihr Ziel hat. Damit ist im
Verständnis und in der Behandlung von psychischen Störungen ein weiterer Schritt
über die Organmedizin hinaus getan.

ad b) Die Stellung des Individuums
Sie ergibt sich aus dem Gesagten. Ähnlich wie in der Organmedizin ist in der Psychoanalyse die Einzelperson der Patient. Die Mehrpersonenkonstellationen, die psychi-

sche Störungen verursachen und in denen sie aktuell auch ihre Wirkung entfalten, sind in innerpsychische Verhältnisse umgewandelt. Erst in der Familientherapie und der Organisationsberatung ist nicht mehr der einzelne, sondern ein Interaktionssystem, oder mehrere interdependente Interaktionssysteme der Klient. Ein Klient, wie er in der Organmedizin nicht vorkommen kann.

ad c) Die Problematik der Autorität des Therapeuten
In der somatischen Medizin braucht der Patient keine Einsicht in die Zusammenhänge seiner Krankheit zu haben oder zu erwerben. Die Therapie besteht darin, daß er die Vorschriften, die ihm der Arzt aufgrund einer Diagnose macht, befolgt, Medikamente einnimmt und dergleichen mehr, oder bestimmte therapeutische Manipulationen an sich vornehmen läßt. Der Arzt bleibt die Autorität, die über die notwendigen Kenntnisse und die technischen Maßnahmen zur Therapie verfügt. Die Beziehung und Kommunikation zwischen Arzt und Patient ist Mittel zum Zweck der Therapie.

In der Psychoanalyse besteht die Therapie selbst in der Kommunikation zwischen Arzt und Patient und in deren Entwicklung. Der Analytiker ist in den therapeutischen Prozeß miteinbezogen. Die Erweiterung der Einsicht in die Zusammenhänge, aus denen die Krankheit entstanden ist, und in die Mechanismen, aus denen sie besteht, ist ein wesentlicher Aspekt des therapeutischen Kommunikationsprozesses. Der Therapeut macht dem Patienten dabei innerhalb der Therapie weniger Vorschriften, die dieser befolgen muß, als daß er ihm beim Herstellen der Einsicht hilft.

Soweit der Unterschied zwischen somatischer Medizin und Psychoanalyse. Die Ähnlichkeiten sind nicht zu übersehen. So wie in der somatischen Medizin der Therapeut aufgrund seiner Kenntnisse bestimmt, welche Therapie angewendet werden soll, und der Patient sie befolgen muß, so wird in der Psychoanalyse die Art der Kommunikation mehr oder weniger vom Therapeuten bestimmt, und der Patient wird schon durch das Setting in eine ähnliche, die Regression fördernde Lage versetzt, wie die, in der sich der somatische Patient befindet. Und wenn auch der Kommunikationsprozeß eine zentrale Rolle spielt, so wird doch das, was in ihm abläuft, vorwiegend in bezug auf einen der Interaktionspartner, nämlich den Patienten, besprochen. Der Therapeut behält ähnlich wie der Arzt in der somatischen Medizin seine objektive Stellung. Die asymmetrische Distanzkonfiguration (Hofstätter, 1964) bleibt erhalten, ähnlich wie beim Arzt-Patientverhältnis in der somatischen Medizin. Der Therapeut nimmt zwar aus der Sicht des Patienten in der Übertragung verschiedene Rollen für diesen ein, seine objektive Rolle, gewahrt durch die Abstinenz, jedoch bleibt unberührt.

Erst in der Gruppentherapie werden diese Aspekte der Ähnlichkeit des Therapeuten mit dem Arzt aufgelöst. In ihr bestimmt nicht vorwiegend der Therapeut die Standards der Kommunikation. Die Gruppenmitglieder bestimmen sie miteinander, und ihnen gegenüber erscheint der Therapeut gelegentlich als der einzige Außenseiter, der sich nicht an die von ihnen erstellten Normen hält. Seine Interventionen und Einsichten sind mit denen der anderen Teilnehmer der Gruppe vergleichbar. Der Therapeut, der zwar mit mehr Autorität ausgestattet ist als die anderen, wird ein Mitglied neben ihnen, wenn auch ein sehr ausgezeichnetes.

Seine partielle Integration in die Gruppe ist für den therapeutischen Erfolg notwendig. Die Bearbeitung seiner Autorität ebenso. Seine Funktion und Rolle wird daher von den Gruppenmitgliedern mitbestimmt und verändert sich je nach Gruppensituation und ihrer Entwicklung (Buchinger, 1978).

Die Stellung und Autorität des Therapeuten verändert sich also im Laufe der Entwicklung, die zur Überwindung der Herkunft der Psychotherapie aus der Medizin führt. In der somatischen Medizin bleibt seine Autoritätsposition immer gleich, in der Psychoanalyse nimmt er, allerdings nur aus der Sicht des Patienten, in der Übertragung verschiedene Positionen und Rollen an; in der Gruppentherapie und in der Institutionsberatung ändert sich seine Rolle tatsächlich. Diese Entwicklung der Stellung des Therapeuten entspricht der Relativierung der Autorität, wie sie in der dritten These beschrieben wurde. Mit ihr verkörpert der Therapeut und Berater einen gesellschaftlichen Wert, der innerhalb der herkömmlichen, am Ideal der technischen Machbarkeit orientierten Medizin nicht realisiert werden kann, und den sie an die Psychotherapie und Beratung abgeben mußte. Der Therapeut ist nicht der Techniker der Wiederherstellung von wissenschaftlich, aufgrund objektiver Kriterien als gesund definierter Zustände, er ist nicht der Techniker, der einen Schaden repariert, von dem er selbst nicht betroffen ist. Sondern er hilft, den Wert der Emanzipation und einer kritischen Haltung wahrzunehmen, von der Freud in seiner Schrift „Über die zukünftigen Chancen der psychoanalytischen Therapie" (1910) mit einiger Skepsis spricht. Daß die Aufmerksamkeit des Therapeuten in dieser Haltung nicht auf die Beschäftigung mit einzelnen Personen beschränkt bleibt, sondern eine Entwicklung zur methodischen Erfassung und Beeinflussung immer größerer sozialer Einheiten durchmacht, in deren Konsequenz die Beschäftigung mit institutionellen Problemen liegt, sollte in dieser Arbeit dargestellt werden.

# III. Eine abschließende Bemerkung

Die Rede von der Erfassung immer größerer sozialer Einheiten durch die Psychotherapie, von dem Bewußtwerden immer weiterer Bedingungen gestörten Verhaltens, bzw. davon, daß dies die Entfaltung der bereits in der Psychoanalyse enthaltenen Aspekte darstellt, mag in kritischen Ohren nach idealistischer Spekulation klingen. Dieser Vermutung soll folgende Überlegung entgegengehalten werden. Neue Wissenschaftszweige und die daran anschließenden Techniken, die das erforschte Gebiet methodengeleitetem Handeln verfügbar machen, werden erst dann notwendig, wenn ein Objektbereich aus der Selbstverständlichkeit seines Funktionierens heraustritt, das heißt, in eine Krise gerät. Daß immer größere soziale Einheiten mit therapeutischen und beratenden Techniken erfaßt werden, spricht also eher dafür, daß sie es brauchen. Die therapeutischen Bemühungen, bzw. die wissenschaftlichen Erkenntnisse, die ihnen zugrundeliegen, dienen dabei zum Teil einer Verschärfung der Krise, die sie notwendig machte. Die verlorengegangene Selbstverständlichkeit der Integration des Individuums in einer Gruppe, einer Familie oder einer Institution, bzw. des Funktionierens von

Gruppen, Familien und Institutionen, wird durch die verschiedenen Therapieformen nicht einfach wiederhergestellt. Das Individuum, das durch eine tiefgreifende therapeutische Analyse gegangen ist, ist, wie ich anhand der zweiten These darstellen wollte, ein anderes geworden. Die Familie riskiert mit einer Familientherapie, das Paar mit einer Paartherapie immerhin auch ihre bzw. seine Auflösung. Und die Arbeit in Therapiegruppen und in Institutionen dient nicht dem Herstellen sicherer sozialer Refugien, sondern eher dem Aushalten ihres Verlustes. Unter Umständen bewirkt sie bloß eine Umwandlung von neurotischem Leiden in allgemeines Leid, das man dann anders als durch therapeutische oder beratende Unternehmungen zu beheben versuchen kann.

# Literatur

*Bell, D.:* Die Zukunft der westlichen Welt. Fischer, Frankfurt 1970.

*Berne, E.:* Games People Play. Grove Press, New York 1964.

*Bion, W. R.:* Experiences in Groups and other Papers. Tavistock, London 1961.

*Buchinger, K.:* Gruppendynamik, Gruppenpädagogik, Gruppentherapie. In: *E. Meyer,* (Hrsg.): Handbuch, Gruppenpädagogik und Gruppendynamik, S. 215 – 233. Quelle und Meyer, Heidelberg 1977.

*Buchinger, K.:* Gruppentherapeutische Methoden, In: Lehrbuch der klinischen Psychologie, hrsg. von *L. R. Schmidt,* S. 476 – 491. Enke, Stuttgart 1978.

*Deppe, H., M. Regus* (Hrsg.): Seminar, Medizin, Gesellschaft, Geschichte. Suhrkamp, Frankfurt 1975.

*Finzen, A.:* Arzt, Patient, Gesellschaft, Fischer, Stuttgart 1969.

*Foulkes, S. H.:* Gruppenanalytische Psychotherapie. Kindler, München 1974.

*French, W. L., Ch. Bell,* (jun.): Organisationsentwicklung. Haupt, Bern-Stuttgart 1977.

*Freud, S.:* Über die zukünftigen Chancen der psychoanalytischen Therapie, ges. Werke, Bd. VIII. Fischer, Frankfurt 1910.

*Freud, S.:* Zur Dynamik der Übertragung, ges. Werke, Bd. VIII. Fischer, Frankfurt 1912.

*Freud, S.:* Triebe und Triebschicksale, ges. Werke, Bd. X. Fischer, Frankfurt 1915.

*Freud, S.:* Jenseits des Lustprinzips, ges. Werke, Bd. XIII. Fischer, Frankfurt 1920.

*Freud, S.:* Das Ich und das Es, ges. Werke, Bd. XIII. Fischer, Frankfurt 1923.

*Fromm, E.:* Die Furcht vor der Freiheit. Europa Verlag, Frankfurt 1971.

*Gehlen, A.:* Anthropologische Forschung. Rowohlt, Hamburg 1961.

*Gehlen, A.:* Moral und Hypermoral. Athenäum, Frankfurt 1970.

*Goffmann, E.:* Interaktionsrituale. Suhrkamp, Frankfurt 1971.

*Grinberg, L., M. Langer, E. Rodrigue:* Psychoanalytische Gruppentherapie. Kinder, München o. J.

*Heigl-Evers, A.:* Konzepte der analytischen Gruppentherapie. Vandenhoeck & Rupprecht, Göttingen 1972.

*Heintel, P.:* Politische Bildung als Prinzip aller Bildung. Jugend und Volk, Wien 1977.

*Heintel, P.:* Institutionsberatung. In: s. Heigl-Evers (Hrsg.): Psychologie des 20. Jahrhunderts, Bd. VIII, Kurt Lewin und die Folgen, S. 956 – 965. Kindler, Zürich 1979.

*Hofstätter, P. R.:* Gruppendynamik. Rowohlt, Hamburg 1971.

*Lesky, E.:* Soziale Medizin. Wissenschaftliche Buchgesellschaft, Darmstadt 1977.

*Marcuse, H.:* One Dimentional Man. Beacon Press, Boston 1968.

*Mentzos, St.:* Interpersonale und institutionalisierte Abwehr. Suhrkamp, Frankfurt 1976.

*Mitscherlich, A.:* Auf dem Weg zur vaterlosen Gesellschaft. Piper, München 1963.

*Mitscherlich, A.:* Krankheit als Konflikt, Studien zur psychosomatischen Medizin. Suhrkamp, Frankfurt 1966.

*Pages, M.:* Das affektive Leben der Gruppen. Klett, Stuttgart 1974.

*Parin, P.:* Psychoanalytische Theorie und Praxis in ihrer sozialen Relevanz. Vortrag, ge-

halten auf der Fortbildungstagung des
ÖAGG 1978 in Gleichenberg.

*Parin, P., G. Parin-Matthey:* Der Widerspruch
im Subjekt. Die Anpassungsmechanismen
des Ichs und die Psychoanalyse gesellschaftlicher Prozesse. In: S. Drews, R. Klüwer
u. a. (Hrsg.): Provokation und Toleranz,
Festschrift für Mitscherlich, S. 410–435.
Suhrkamp, Frankfurt 1978.

*Reiter, L., H. Strotzka:* Einige Überlegungen
zur Forderung nach gesellschaftlichem Engagement des Psychoanalytikers. In: *S. Goeppert* (Hrsg.): Beziehung zwischen Arzt
und Patient, S. 243 – 257. Licht, München
1975.

*Richter, H. E.:* Patient Familie. Rowohlt,
Reinbek, 1970.

*Richter, H. E.:* Psychoanalyse und psychosoziale Therapie. psychosozial 1 (1978)
7 – 29.

*Richter, H. E.:* Der Gotteskomplex. Rowohlt,
Reinbek 1979.

*Schindler, R.:* Das Verhältnis von Soziometrie
und Rangordnungsdynamik. Gruppenpsychotherapie und Gruppendynamik 3 (1969)
31 – 38.

*Spitz, R.:* Vom Säugling zum Kleinkind. Klett,
Stuttgart 1967.

*Stierlin, H.:* Konflikte des Einzelnen, der Gesellschaft und der Familie. In: S. Drews, R.
Klüwer u. a. (Hrsg.): Provokation und Toleranz, S. 295–316. Suhrkamp, Frankfurt
1978.

*Strotzka, H.:* Was ist Psychotherapie? In: Psychotherapie: Grundlagen, Verfahren, Indikationen, S. 3 – 6 hrsg. von *H. Strotzka.*
Urban & Schwarzenberg, München 1978[2].

*Szasz, T. S.:* Die Fabrikation des Wahnsinns.
Walter, Olten 1974.

*Watzlawick, P., I. H. Beavin, D. D. Jackson:*
Menschliche Kommunikation. Huber, Bern
1971.

*Yalom, I. D.:* Gruppenpsychotherapie, Grundlagen und Methoden. Kindler, München
1974.

# Familientherapie und Sozialpolitik

*Ludwig Reiter*

## 1. Einleitung

Das Erscheinen eines Bandes über organisatorische Aspekte der Psychotherapie gibt mir die Möglichkeit, einige Vorträge und Publikationen der letzten Jahre, die sich mit den Beziehungen von Familientherapie und Familienberatung zu gesellschaftlichen Fragen befaßten, zusammenzufassen und zu erweitern. Als Anregung diente mir vor allem H. Strotzkas Buch „Psychotherapie und soziale Sicherheit" (1969), in dem es vor allem um den *Versorgungsaspekt* ging. In meinem Beitrag möchte ich mich einerseits auf den Bereich von *Familientherapie und -beratung* einschränken, andererseits über die Probleme der Krankenversicherung hinausgehen und Themen behandeln, die sich um die Schwerpunkte *Sozialpolitik, persönliche Dienstleistungen* und *Selbsthilfe* anordnen lassen. Es soll dabei weniger um Details aus den Bereichen Familientherapie bzw. -beratung noch um Einzelheiten aus dem Theorien- bzw. Maßnahmenkatalog staatlicher und anderer Institutionen gehen, sondern um den Versuch einer Zusammenschau. Die Tatsache der fachlichen Kompetenzüberschreitung ist mir bewußt, ich glaube aber, daß dies im Dienste eines besseren Verständnisses der eigenen Position unumgänglich ist. Die Wahl des Schwerpunktes *Sozialpolitik* scheint mir im Zeitalter umfassender Umwälzungen und Planungen auf dem Gebiet der Gesundheitsversorgung und der psychosozialen Beratungsdienste am besten geeignet, die Verbindungen zwischen therapeutischem und beraterischem Handeln zu politischen und ökonomischen Vorgängen

63

auf der gesellschaftlichen „Makroebene" herzustellen. Der einzelne Praktiker ist ja in seiner Tätigkeit kaum unmittelbar mit der „großen" Politik konfrontiert, sondern erfährt die ihn betreffenden Veränderungen auf dem Weg über sozialpolitische Einzelentscheidungen. In der Abfolge der Abschnitte bin ich von verschiedenen gängigen Begriffen und Konzepten ausgegangen, die auch in der Wissenschaft oftmals Forschungsschwerpunkte bilden.

# 2. Sozialgeschichte und Soziologie der Familie

Es besteht kein Zweifel, daß die heute vorfindbaren Familienformen weitgehend das Ergebnis historischer Prozesse sind. Es erscheint also notwendig, zum Thema Familie nicht nur den Soziologen, sondern auch den Historiker zu Wort kommen zu lassen. Vor allem in bezug auf die hier abzuhandelnde Frage des Funktionswandels der Familie – häufig beschrieben mit dem Slogan vom „Funktionsverlust der modernen Familie" – kann uns der Sozialhistoriker zeigen, daß die Familie nicht nur in der jüngeren Geschichte, also etwa im Verlauf der Industrialisierung, sondern während der ganzen uns bekannten Geschichte wichtige Funktionen an übergeordnete Sozialgebilde abgegeben hat. Die zunächst vorgenommene Darstellung von Veränderungen der Familie stützen sich auf die Arbeiten von Mitterauer und Sieder (1977a, 1977b), die sich mit dem Strukturwandel der Familie aus der Sicht des *emanzipatorisch-engagierten* Sozialhistorikers befaßt haben. Anschließend wird die Sichtweise des Soziologen Zaretsky (1978) behandelt.

Mitterauer (1977) schlägt vor, weniger von *„Funktionsverlust"*, sondern mehr von *„Funktionsentlastung"* zu sprechen, da der letztgenannte Begriff eher eine positive Bewertung der Veränderungen erlaubt. Folgende wichtige Funktionen sind es, von denen die Familie im Verlauf der Geschichte vollständig oder teilweise entlastet wurde (S. 97ff.):

a) Kultfunktionen
b) Gerichtsfunktionen (z.B. Blutrache)
c) Schutzfunktionen
d) Wirtschaftliche Funktionen
e) Sozialisationsfunktionen

Im einzelnen sieht die Funktionsentlastung recht unterschiedlich aus. Die Schutzfunktion existiert auch heute noch bis zu einem gewissen Ausmaß bei existentiellen Risiken, wie Krankheit, Invalidität und Alter. Die Entlastung von wirtschaftlichen Funktionen findet im bäuerlichen Milieu weniger als im Bereich der industrialisierten Zentren statt. Die Sozialisationsfunktion der Familie wird zwar oft als die zentrale Funktion der Gegenwartsfamilie angesprochen, sie stellt aber nur noch einen Rest früherer umfassender Erziehungs- und Bildungsaufgaben dar. Blanke und Sachße (1978, S. 20) haben darauf hingewiesen, daß die öffentliche außerschulische Erziehung mehr und mehr an die Stelle der Familienerziehung tritt und zunehmend die Durchschnittserziehung darstellt (Tendenz zur weitgehenden Vergesellschaftung der Sozialisation). Der historisch wichtigste Schritt dazu war die Einführung der allgemeinen Schulpflicht. Am wenigsten verändert blieb der „harte Kern" der Familienfunktionen, die Fortpflanzungsfunktion. Nach der Auffassung von Mitterauer (1977) konnten auch die Veränderungen im generativen Verhalten der Menschen nichts an der Grundeinstellung ändern, daß Kinder in eine Familie hineingeboren werden sollten. Von Entlastung könne nur insofern gesprochen werden, als die Zahl der Kinder klein gehalten werde und die eheliche Fruchtbarkeit somit nicht voll ausgeschöpft werde.

Wie der Autor hervorhebt, haben alle genannten Funktionsentlastungen aber nicht zu einer „Funktionsentleerung" der Familie geführt (op. zit. S. 109): Die Abgabe von Funktionen der unmittelbaren Existenzsicherung korrespondiert mit der Übernahme von Funktionen, die der Verbesserung der Lebensqualität des einzelnen Familienmitgliedes dienen sollen. Sie lassen sich als kulturelle Funktionen zusammenfassen, sind aber nicht mehr unbedingt an die Familie gebunden und betreffen vorwiegend die Freizeit. Wirtschaftlich wird damit die Familie von einer Produktionsgemeinschaft zu einer Konsumtionsgemeinschaft.

Bedeutende Einflußgrößen, die zu einer Veränderung der Familie geführt haben, sind die steigende Lebenserwartung, die Reduzierung der Familiengröße und die Trennung von Arbeitsstätte und Wohnung. Vor allem durch das verlängerte Zusammenleben der Familienmitglieder, durch die Entlastung der Partnerwahl von wirtschaftlichen Rücksichten und die zunehmende Isolierung der Familie gegenüber der Öffentlichkeit kommt es zu einer „emotionalen Vertiefung der Familienbeziehung" im Sinne einer „Intimisierung, Emotionalisierung und Sentimentalisierung des Familienlebens" (Mitterauer und Sieder, 1977b). Dies bedeutet einerseits einen Zuwachs an Gefühlswerten, bedingt aber andererseits die besondere Krisenanfälligkeit und Hilfsbedürftigkeit der gegenwärtigen Familie. Die „emotionale Aufladung" der familiären Atmosphäre und die damit verbundene Intensivierung der familiären Interaktionen ist ein historisch junges Phänomen. Insgesamt werden die aufgezählten Veränderungen unter dem Begriff „Familisierung" zusammengefaßt.

Mitterauer (1977) sieht jedenfalls die vielfältigen Entlastungen der Familie als Vorbedingung für deren Emanzipation zu einer partnerschaftlich-personalen Familienform. Weitere Funktionsänderungen sind seiner Meinung nach wahrscheinlich, müssen aber nicht notwendigerweise zu einer Verbesserung führen.

Zu teilweise ähnlichen Ergebnissen kommt Zaretsky (1978) in seiner Auseinandersetzung mit Sozialismus und Frauenbewegung aus der Sicht der „Neuen Linken". Der Autor geht davon aus, daß es das Verdienst der Feministinnen sei, „das bis dahin private Familienleben in die Arena der politischen Diskussion" gestellt zu haben. Am Marxismus kritisieren die Feministinnen, daß er von einer Veränderung der ökonomischen Verhältnisse auch automatisch die Verbesserung der Lebensbedingungen im persönlichen Bereich erwarte. Dies sei aber nicht der Fall. Zaretskys Forderung lautet daher: „Eine sozialistische Bewegung, die ihre eigene Rolle bei der Organisation der Gesellschaft antizipiert, muß allen Formen der gesellschaftlich notwendigen Arbeit Bedeutung beimessen, nicht nur der unter kapitalistischen Produktionsverhältnissen vorherrschenden Form (Lohnarbeit)" (op. zit. S. 25). Politische Bewegungen, die nur die äußere Form gesellschaftlicher Unterdrückung angreifen, ohne die Familie zu verändern, würden lediglich die Oberfläche der Gesellschaft berühren („Die Abschaffung des Kapitalismus führt noch nicht zur Abschaffung des Patriarchats"; Pilgrim, 1978).

Als Soziologe beschränkt sich der Autor auf die Darstellung der Veränderungen der Familie im Verlauf der kapitalistisch-industriellen Entwicklung: Dieser Prozeß sei gekennzeichnet durch den zunehmenden Verlust des Eigentums an Produktionsmitteln bei großen Teilen der Bevölkerung. Die Absonderung der Familie von der Sphäre der Güterproduktion und ihre damit verbundene Zerstörung als Produktivgemeinschaft bezeichnet Zaretsky als „Proletarisierung", in der er die Grundlage der *„modernen Subjektivität"* eines der Gesellschaft gegenüberstehenden isolierten Individuums sieht.

Ebenso wie Mitterauer und Sieder weist Zaretsky (1978) die These vom Funktionsverlust der Familie zurück und zeigt, welche Folgen die Proletarisierung der Familie nach sich zieht: Da die Familienmitglieder ihre Identität nicht länger durch Arbeit oder Besitz definieren können, wird die persönliche Sphäre als das einzig Verbliebene entwickelt und ausgebaut. Die Familie wird „zur wichtigsten Institution, in der die Suche nach persönlichem Glück, Liebe und Erfüllung stattfindet" (S. 66). Das Bedürfnis „um seiner selbst geschätzt zu werden" entwickelt sich, und der Sinn des Lebens wird zunehmend in persönlichen Beziehungen gesucht. Werte wie Vertrauen, Intimität und Selbsterkenntnis gewinnen an Bedeutung und stärken die Familie. „Eine Ethik der Selbstverwirklichung (wird) zum Besitz der Masse der Bevölkerung" (S. 30). Die Ideologie, daß das Privatleben eine individuelle Angelegenheit sei, und daß die Familie als Refugium für den einzelnen zu dienen habe, setzt sich durch.

Diese Darstellung der Entwicklung der Familie sollte besonders jene Aspekte hervorheben, mit denen Familientherapie und Familienberatung befaßt sind. Es läßt sich zeigen, daß Theorie und Praxis der Familienarbeit weitgehend auf die eben dargestellten neuen Funktionen der Familie bezogen sind, und daß damit die ideologische Schaffung einer isolierten Lebenssphäre der Familie auch in Theorie und Praxis des Betreuungssystems nachvollzogen wird.

# 3. Familientherapie und Familienberatung

Im Rahmen dieses Beitrages soll auf eine ausführliche Darstellung dessen, was heute als Familientherapie bzw. -beratung angesehen wird, verzichtet werden. Der interessierte Leser sei auf einige deutschsprachige Publikationen hingewiesen (Gastager, 1973; Haley, 1977; Kaufmann, 1972; Mandel et al., 1975; Minuchin, 1978; Reiter, 1978a und 1978b; Richter, 1969 und 1970; Richter et al., 1976; Satir, 1973; Stierlin, 1975a und 1975b; Willi, 1975 und 1978; Zuk, 1975). Es soll lediglich auf grundlegende Aspekte eingegangen werden, wie sie sich im Laufe der letzten Jahrzehnte herauskristallisiert haben: Familientherapeuten sehen in der Familientherapie nicht nur eine von vielen neuen therapeutischen Methoden, sondern eine grundsätzlich neue Orientierung in bezug auf menschliches Verhalten, also sozusagen ein neues *Paradigma* (Stierlin und Rücker-Embden, 1976). Der Grundgedanke dieser neuen Perspektive ist, daß menschliches Erleben und Verhalten in Abhängigkeit von der Struktur und Dynamik des „sozialen Netzwerkes" (vor allem der Familie) zu sehen ist. Die Familie wird als *System* (im Sinne der neueren Systemtheorie) angesehen, dessen „Bestandteile" die Familienmitglieder *und* deren Beziehungen zueinander sind. Diese Grundkonzeption gilt für Paar- und Familientherapeuten unterschiedlicher Schulzugehörigkeit. Dazu ein Beispiel: Wenn bei einem Kind Verhaltensprobleme auftreten, so wird jeder Therapeut oder Berater auch die Eltern in der einen oder anderen Form einbeziehen. Im Unterschied zur traditionellen Vorgangsweise geht der Familientherapeut davon aus, daß der *Symptomträger* als Hinweis auf einen Familienkonflikt aufgefaßt werden kann, und er wird sowohl diagnostisch als auch therapeutisch versuchen, mit den Familienmitgliedern gemeinsam zu arbeiten. Dies bedeutet nicht, daß immer die „ganze Familie" in den Sitzungen anwesend sein muß, sondern daß je nach dem Stand der Therapie oder Beratung ein oder mehrere Mitglieder der Familie teilnehmen. Wesentlich ist, daß der *Systembezug* nie verlorengeht. In der traditionellen Form bekommen entweder die einzelnen Familienmitglieder eine Einzeltherapie oder das Kind und die Eltern werden getrennt von verschiedenen Therapeuten bzw. Beratern betreut. Die *Systemperspektive* ist also das entscheidende Merkmal der familienzentrierten Arbeit. Auf diese grundlegende Unterscheidung möchte ich später noch einmal zurückkommen.

Familientherapie stellt den Anspruch, auf unterschiedliche soziale Phänomene – psychische und psychosomatische Krankheiten, Konflikte etc. – angewendet zu werden, wobei es nicht nur um die Frage der Effizienz, sondern auch um ein dem Menschen angemessenes Behandlungsprinzip geht. Im Zusammenhang mit diesem Beitrag scheinen mir für das Verständnis der Familientherapie deren Werte und Zielvorstellungen ebenso wichtig zu sein wie theoretische und technische Gesichtspunkte.

In Anlehnung an Feldman (1976) möchte ich zwei grundlegende Kategorien von Zielen in der Familientherapie unterscheiden:

a) *Spezifische Ziele für spezifische Familien*
Diese Kategorie soll hier nicht behandelt werden, da sie eher für die besondere Indikationsstellung im Einzelfall von Bedeutung ist.

b) *Allgemeine Ziele*
Diese Kategorie sagt auf Grund der Allgemeinheit der Zielformulierungen mehr über die Familientherapie als Paradigma aus als die spezifischen Ziele.

In einer Untersuchung der „Group for the Advancement of Psychiatry" (1970) an zweihundertneunzig Familientherapeuten wurden folgende „primäre" Ziele in der Reihenfolge ihrer Wichtigkeit ermittelt (nach Goldenberg, 1973):

1. „Verbesserung der Kommunikation",
2. „Verbesserung der Autonomie und Individuation der einzelnen Familienmitglieder",
3. „Steigerung der Empathie",
4. „Flexiblere Autorität",
5. „Verbesserung der Übereinstimmung in den Rollen",
6. „Verminderung von Konflikten",
7. „Besserung der individuellen Symptome",
8. „Verbesserung der individuellen Fertigkeiten".

Der Vergleich dieser allgemeinen Ziele der Familientherapie, die auch für den Bereich der Familienberatung zunehmend verbindlich werden, mit den im vorhergehenden Abschnitt dargestellten *neuen Familienfunktionen* zeigt deutlich, wie sehr hier eine Ähnlichkeit vorliegt. Betont werden in erster Linie Beziehungsaspekte („Kommunikation"), Empathie und Werte des „Selbst" („Autonomie", „Individuation"), erst in weiterer Folge kommen Ziele, die sich auf die Funktion der Familie als Institution richten („Autorität", „Rollen", „Fertigkeiten"). In diesem Sinne bezeichnet der Familientherapeut Feldman (1976, S. 109) die Familie als Vehikel für individuelles Wachstum und persönliche Entwicklung und nicht als Ziel an sich. Überraschend mag sein, daß die Ziele „Symptombesserung" und „Konfliktverminderung" erst am Ende der Tabelle auftauchen. Dies sollte jedoch nicht als Indolenz gegenüber menschlichem Leiden angesehen werden, sondern folgt aus der Grundkonzeption der Familiendynamik, in der Einzelsymptome oder Konflikte als Folge von Struktur- und Kommunikationsstörungen in der Familie angesehen werden.

Die primäre Bezogenheit der Familientherapie und Familienberatung auf kommunikative und emotionale Werte der Familie wird oft im Sinne einer Verstärkung des *„Familialismus"* gedeutet und auch kritisiert. Hier geht es mir zunächst um das Aufzeigen der Korrespondenz zwischen der von gesellschaftlichen Vorgängen weitgehend abgespaltenen und auf ihre inneren Prozesse konzentrierten Familie und der Ideologie der Helfer, welche die gesonderte Lebenssphäre der Familie konzeptuell und praktisch verstärkt. Ein Grundwert in der Familientherapie ist die grundsätzliche Wertschätzung der Familie bei Aufgeschlossenheit und Toleranz gegenüber „Alternativfamilien" (Wohngemeinschaften etc.). Implizit und zunehmend explizit wird gefordert, daß man als Familientherapeut und -berater nur dann arbeiten solle und könne, wenn man die Familie als soziale Einrichtung für wertvoll halte. Ich möchte mich dem grundsätzlich anschließen, doch scheint mir die Formulierung zu allgemein, denn es kommt auch darauf an, welche Form der Familie im besonderen als Leitbild fungieren soll. Hier besteht in der Psychotherapieforschung noch ein erheblicher Mangel an Klärungsprozessen und Untersuchungen, da in keiner Form der Psychotherapie politisch-weltanschauliche Standpunkte so hineinspielen wie in die Familientherapie. Konsequenterweise wird zunehmend verlangt, in der Ausbildung zum Familientherapeuten diese Fragen gründlicher zu behandeln (Duss, v. Werdt, 1976).

Ich möchte die sehr kurze Darstellung von Familientherapie und -beratung hier beenden, einzelne Aspekte aber in den folgenden Abschnitten nochmals aufgreifen (zur Frage der Werte in der Familientherapie sei auf eigene Veröffentlichungen hingewiesen: Reiter und Steiner, 1978a und 1978b; Reiter, Steiner und Strotzka, 1976).

# 4. Familienpolitik

Die Existenz von Familienpolitik beruht auf der eminenten Wichtigkeit der Familie für die Gesellschaft und auf den Schwierigkeiten der Familie in der gegenwärtigen Gesellschaft. Daß dies nicht nur für die „kapitalistischen" Staaten Gültigkeit hat, folgt aus den umfangreichen staatlichen Maßnahmen, die auch in den „sozialistischen" Staaten zur Beeinflussung der Familie durchgeführt werden. Die Funktionen der Familie, die für den modernen Staat vor allem wichtig sind, seien nur kurz angedeutet: Vor allem geht es um die Erzeugung und Aufzucht von Kindern, wobei die Sozialisation des Nachwuchses so zu erfolgen hat, daß im wesentlichen Konformität mit den Leitzielen der Gesellschaft erreicht wird. Weiters geht es um die Versorgung der Familienmitglieder, wobei nichtmaterielle Werte wie emotionale Sicherheit, Identität etc. immer wesentlicher werden. Damit im Zusammenhang steht die Notwendigkeit der Reproduktion der psychischen und physischen Kräfte der erwerbsfähigen Familienmitglieder als Lohnarbeiter.

Die Familie wird vom Staat bei der Erfüllung dieser Funktionen gefördert, da es gegenwärtig keine (vor allem finanziell mögliche und auf breiter Basis anwendbare) Alternative zu geben scheint. Die zögernde Anerkennung alternativer Familienformen durch die Gesellschaft hängt vor allem mit der Ungewißheit zusammen, ob solche „Familien" die für das Überleben der Gesellschaft in ihrer gegenwärtigen Form notwendigen Funktionen erfüllen können.

Als *Familienpolitik* soll hier mit Wahl (1976, S. 179) „der Komplex staatlicher Maßnahmen" verstanden werden, „der auf das soziale Gebilde Familie, dessen Funktionen und dessen Angehörige – eben als ‚Familienangehörige' – bezogen ist". In der praktizierten Familienpolitik sieht der Autor folgende miteinander verflochtenen Unterziele:

a) Maßnahmen, die der Erhaltung und Förderung der Familie als soziale Einheit dienen. Darunter sind solche zu verstehen, die die Aktivität der *Familie als Ganzes* fördern (Familienurlaub etc.).

b) Maßnahmen zur Förderung *bestimmter Funktionen der Familie* (z. B. Elternbildung).

c) Aktivitäten, welche die besonderen Bedürfnisse und Interessen *einzelner Familienmitglieder*, notfalls gegen die Interessen anderer, fördern (z. B. Gleichberechtigung der Frau, Kindeswohl).

Um einen Gesamtüberblick über die staatlichen Maßnahmen zur Stützung der Familie zu geben, erscheint mir ein von Heinsohn und Knieper (1974, S. 198) angegebenes Schema (s. Abb. 1) besonders geeignet.

Der umfangreiche Maßnahmenkatalog macht es unmöglich, Familienpolitik als klassischen Teilbereich der Politik zu erfassen („*Multivalenz*" der Familienpolitik; Wahl 1976, S. 180). Familienpolitik kann also nicht Aufgabe eines Ressorts sein, sondern geht weit in andere gesellschaftliche Bereiche hinein, sie liegt „quer" zu anderen Teilpolitiken und muß daher versuchen, ihre Zielsetzungen in anderen politischen Bereichen zu verwirklichen. Dies wird immer dort auf Schwierigkeiten stoßen, wo andere Interessen stärker sind („*Machtdefizit der Familienpolitik*").

Über die Notwendigkeit von Familienpolitik gibt es einen Konsensus unter den politischen Massenparteien, dies bedeutet aber keineswegs eine Übereinstimmung in bezug auf Leitlinien und Einzelfragen, da hier die politisch-ideologischen Standpunkte oft heftig und unversöhnlich aufeinanderprallen (z. B. Schwangerschaftsunterbrechung,

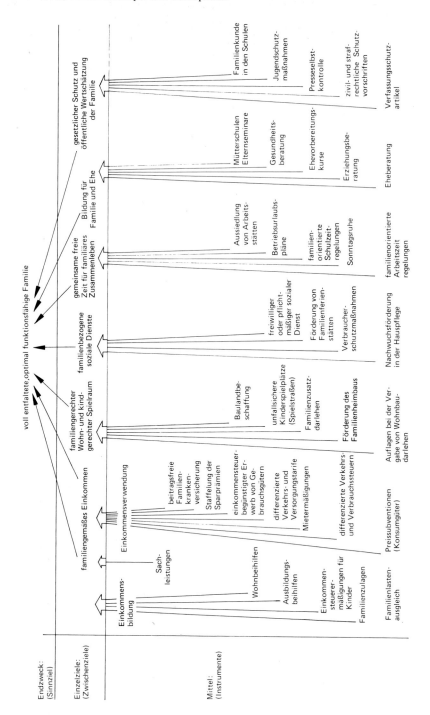

Abb. 1. Familienpolitik.

Tagesmütter, Verwendung des Familienlastenausgleichs). Familienpolitik ist nach wie vor ein stark emotional besetzter Bereich, und dies zwingt auch die in diesem Bereich tätigen Therapeuten und Berater zur ständigen Überprüfung der Beziehung zwischen ihrem weltanschaulich-politischen Standpunkt und den Prinzipien therapeutischen und beraterischen Handelns. Die wachsende sozialstaatliche Befassung mit der Familie zwingt zu umfassender Planung von Einrichtungen, die als Überbrückungs-Institutionen zwischen Gesellschaft und Familie wirksam sind. Stolte-Heiskanen (1975) befaßt sich in einer Untersuchung über die Zusammenhänge von *Familie, Wohlfahrtseinrichtung* und *Grad der Industrialisierung* in vierundzwanzig europäischen Ländern mit den Überbrückungskonzepten („bridging-type concepts"), wobei sie von folgendem Schema (s. Abb. 2) ausgeht.

Die Autorin charakterisiert die Familie als „offenes System", welches funktionaler Teil eines umfassenderen Sozialgebildes ist. Zwischen beiden besteht ein sich ständig veränderndes Gleichgewicht. Zwischen Familie und Gesellschaft besteht ein fundamentaler Input-Output-Zusammenhang, in dem die sozial- und familienpolitischen Einrichtungen zwischengeschaltet sind. Als wesentliche Leistung der Familie für die Gesellschaft sieht die Autorin die „Reproduktion der Arbeitskraft" und „ideologische Funktionen", die beide zusammen die materielle und geistige Kontinuität der Gesellschaft gewährleisten. In dem Ausmaß, in dem die strukturellen Veränderungen des Familiensystems zu einer Schwächung ihrer biologischen, ökonomischen, sozialen und geistigen Funktionen führen, steigen die Bedürfnisse der Familie nach Hilfe. Da die

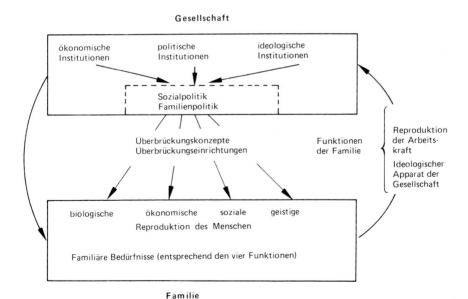

Abb. 2. Schematische Darstellung der Beziehungen zwischen Gesellschaft und Familie.

71

Veränderungen auf der Makroebene der Gesellschaft und die Veränderungen in der Familie in Wechselwirkung stehen, sehen sich die entwickelten industriellen Gesellschaften zu Hilfsmaßnahmen gezwungen, die den Ausfall kompensieren sollen. Dazu werden ökonomische, politische und ideologische Institutionen geschaffen, die materielle und immaterielle Reserven und Dienste zur Verfügung stellen. Als *Sozialpolitik* bezeichnet Stolte-Heiskanen in diesem Zusammenhang die Allokation (Zuteilung) und Administration dieser Güter. Die konkrete Ausformung zu einer Vielzahl von Einzeleinrichtungen als gesellschaftliche Antwort auf familiäre Bedürfnisse bzw. zum Zweck der Steuerung der Familie wird als „Überbrückungseinrichtungen" („linkagemechanisms") definiert.

*Familienpolitik* wird im allgemeinen als wesentlicher Bestandteil der Sozialpolitik verstanden, darüber hinaus wird von den Regierenden Familienpolitik stets als Teil „einer *umfassenden Gesellschaftspolitik* begriffen, die sich nicht einseitig auf die Förderung der materiellen Lebenssituation beschränken dürfe, sondern die soziale Umwelt der Familien und die persönlichen Lebensbedingungen ihrer Angehörigen mit einbeziehen müsse" (Wahl, 1976, S. 182). Familienpolitik endet allerdings dort, wo die „Tabuzonen der gesellschaftlichen Verfassung" berührt werden (op. zit. S. 187) und wo eine Verbesserung familiärer Verhältnisse nur durch umfassendere gesellschaftliche Maßnahmen zu erreichen ist.

# 5. Familienforschung und Sozialpolitik

Allgemein ist zu sagen, daß es über das Verhältnis von Politik und Wissenschaft eine umfassende Literatur gibt. Dies folgt aus der zunehmenden Bedeutung von Wissenschaft für *politische Zielbestimmung und Planung, für Entwürfe von Handlungsalternativen und Evaluierung von Maßnahmen* (z. B. zur Klärung der Frage, ob Sozialleistungen tatsächlich die intendierten Effekte hervorbringen). Immer häufiger greifen Politiker auf Forschungsergebnisse zurück bzw. vergeben selbst Forschungsaufträge. Der Slogan *„rationale Politik"* drückt die Bedeutung der Wissenschaft für die Politik formelhaft aus („Wissenschaft als Katalysator rationaler Politik"; Bank, zit. nach Wingen, 1977, S. 629). Eine umfangreiche Literatur beschäftigt sich aber auch mit dem prekären Verhältnis zwischen Wissenschaftlern und Politikern, das u. a. zu einem neuen Rollenverständnis des Wissenschaftlers als Politikberater geführt hat. Dieses Thema kann hier nicht weiter ausgeführt werden. Einige Literaturhinweise mögen ausreichen (Badura, 1976; Ferber und Kaufmann, 1977; Flohr, 1975; Küppers et al., 1978; Luhmann, 1971; Wissenschaftszentrum Berlin, 1977).

Hier soll uns die Frage beschäftigen, wie Theorien und therapeutische bzw. beraterische Techniken entstehen und wie sie schließlich in den gesellschaftlichen Anwendungsbereich gelangen. Um diesen Prozeß zu verstehen, bietet sich das Konzept der „Finalisierung" an, wie es von einer Autorengruppe im Max-Planck-Institut in Starnberg konzipiert wurde (Böhme et al., 1978; Böhme, v. d. Daele und Krohn, 1974; kritisch dazu Hübner et al., 1976). Die Autoren entwarfen ein Drei-Phasen-Modell disziplinärer Theorienbildung:

a) die *präparadigmatische* Phase der Entwicklung ist gekennzeichnet durch die systematische Ordnung empirischer Tatsachen, die Herausbildung von Analogien und Denkmodellen und die Transformation von Werkzeugen in Instrumente. In diesem Stadium der Ausgrenzung eines wissenschaftlichen Gegenstandsbereiches herrscht noch ein Mangel an Theorien, obwohl die Entwicklung nicht strukturlos abläuft (Schäfer, 1978, S. 381).

b) Die Phase der *Paradigmatisierung* ist bestimmt durch die Suche nach einer grundlegenden Theorie des Gegenstandsbereiches, wobei diese Theorie die wesentlichen Probleme des Forschungsgebietes lösen muß. Diese Phase wird auch als die *kognitiv-autonome* bezeichnet, in der sich der Wissenschaftsbereich entsprechend seiner inneren theoretischen Probleme weiterentwickeln sollte.

c) Schließlich folgt die *postparadigmatische* oder *finalisierbare* Phase, in der ein Forschungsfeld jene theoretische Reife erreicht hat, die eine Bindung an soziale Zwecke erlaubt. In diesem Abschnitt beeinflussen soziale Faktoren die kognitive Entwicklung der Wissenschaft, „externe Zwecke (können) zum *bewußten* Entwicklungsleitfaden der weiteren Theoriebildung gemacht werden" (op. zit. S. 382).

Die skizzierte Theorie der „Finalisierung der Wissenschaft" wurde von den genannten Autoren an Beispielen aus den Naturwissenschaften entwickelt. In den Sozialwissenschaften liegen die Dinge anders (vgl. Lammers, 1974; Reiter und Becker, 1977). Hier gibt es bislang kaum einen Forschungsbereich, in dem ein Paradigma dominiert, sondern eine *polyparadigmatische* Situation ist der Regelfall. Wenn wir das Gebiet der Erklärung und Beschreibung menschlichen Verhaltens betrachten, so läßt sich dieser Pluralismus leicht feststellen. Dies gilt auch für den Bereich der Anwendung etwa bei Psychotherapie und Beratung. Mit Recht wird hier von einer Inflation von Ansätzen gesprochen. Dennoch dürfte die oben skizzierte Finalisierungstheorie als Diskussionsgrundlage sinnvoll sein. Da Psychotherapie aber mehr „Technologie" als „angewandte Wissenschaft" ist, bedarf es zur Finalisierung nicht unbedingt einer ausformulierten Theorie.

Der dargestellte Pluralismus gilt auch für die Betreuung und Behandlung von Familienproblemen. Wir haben bereits zwischen dem „individuumzentrierten" und dem „systemzentrierten" Zugang als zweier grundlegend verschiedener Perspektiven unterschieden. Auch wenn man feststellen muß, daß viele der vorhandenen Modelle noch keineswegs das Stadium theoretischer Reife erlangt haben, dürfte ihrer „Finalisierung" nichts im Wege stehen, das heißt, daß ihre weitere Entwicklung und Ausarbeitung von außerwissenschaftlichen Faktoren und Zwecksetzungen weitgehend bestimmt wird.

Die folgende Tabelle stellt das vorwiegend am Kind orientierte „individualistische" Behandlungsmodell der Kinderpsychoanalyse und traditionellen Kindertherapie dem auf die Familie als Ganzes gerichteten familientherapeutischen Modell gegenüber (s. Tabelle 1).

Die weitere Entwicklung dürfte allerdings vieles an den dargestellten Unterschieden abschwächen. Einerseits läßt sich beobachten, daß Kinderanalytiker und -therapeuten sich mehr mit familiären Interaktionen befassen und die Erkenntnisse der Familientherapie zunehmend berücksichtigen (vgl. Ornstein, 1977; Zauner, 1976), andererseits

Tabelle 1.

| | Kinderpsychotherapie | Familientherapie |
|---|---|---|
| Paradigma | individuum-zentriert | system-zentriert |
| Auffassung über die Natur der Störung | Das Individuum ist der Träger der Störung | Die Störung des Familiensystems drückt sich in der Symptomatik eines Familienmitgliedes (vor allem eines Kindes) aus. |
| Bedeutung von Beziehungen | Betonung der Mutter-Kind-Beziehung | Betonung der Ehepartner-beziehung (besonders als Eltern) |
| Auffassung über die Familie | Die Familie ist eine Gruppe von Personen, die vorwiegend auf der Basis früherer Erfahrungen miteinander umgeht | Die gegenwärtige Situation der Familie wird als wesentlich angesehen (hier gibt es Unterschiede zwischen familientherapeutischen Schulen) |
| Diagnostik | Patientenstatus des Kindes; ausführliche Diagnostik vor Beginn der Therapie | Kind ist ,,Indexpatient``, ,,Symptomträger``, ,,Primärpatient`` und somit Hinweis auf die Familienstörung; Diagnostik und Therapie werden nicht scharf getrennt |
| Therapie | Einzeltherapie des Kindes, Beratung bzw. Therapie der Eltern getrennt vom Kind | Zunächst gemeinsame Stitzungen, dann je nach Schwerpunkt Sitzungen mit Familie oder Subgruppen, z. B. Eltern, Geschwister etc. Selten Einzelsitzungen |
| Rolle des Therapeuten | Der Therapeut stellt Beziehung zu einzelnen Personen her (vor allem zum Kind) | Therapeut tritt in Beziehung zur Familie, er wird ,,Teil`` der Familie und verändert das System |
| | Der Therapeut nimmt für seinen Patienten Partei (Gefahr der Überidentifikation mit dem Kind) | Der Therapeut nimmt an verschiedenen Koalitionen in der Familie teil, ohne sich aber festlegen zu lassen; er ist allen Familienmitgliedern gegenüber empathisch (,,Allparteilichkeit``) |
| Praktische Probleme | Häufig Verzicht auf die regelmäßige Einbeziehung des Vaters u. der Geschwister | Schwierigkeit des Zustandekommens von Familiensitzungen auch aus zeitlichen Gründen |

Die nächsten Punkte der Gegenüberstellung beziehen sich auf die Theorienentwicklung, die Ausbildungssituation und den Bekanntheitsgrad beider Therapieformen: Tabelle 1, Fortsetzung.

| | Kinderpsychotherapie | Familientherapie |
|---|---|---|
| Theoriendynamik | Theorien im Sinne der „normalen" Wissenschaft in regelmäßiger Weiterentwicklung begriffen (z. B. psycho-analytische Theorie, Verhaltenstheorien) | Übergang von stürmischer Theorienentwicklung zu „normaler" Wissenschaft (im Sinne Kuhns, 1967) |
| Ausbildung | Vergleichsweise hoher Grad an Standardisierung | Sehr unterschiedlicher Grad der Standardisierung |
| Vorhandensein von Ausbildungs-einrichtungen | Mangelsituation | Mangelsituation |
| Bekanntheitsgrad außerhalb der Wissenschaft | Gut, da das Modell dem organisch-individualistischen Behandlungsmodell eher entspricht und damit auch den Erwartungen der Eltern und der Träger öffentlicher Einrichtungen | Eher gering, da das Modell auf sozialpsychologischen und soziologischen Kenntnissen aufbaut und damit den Erwartungen weniger entspricht |
| Expertentum der Therapeuten | Ausgeprägt; geringere systematische Verwendung der Selbsthilfekapazität der Familie | Ausgeprägt; Selbsthilfekapazität der Familie wird zunehmend systematisch genützt |
| Eignung für die Therapie von Unterschichtpatienten | Gering | Gut |

weisen Kinderpsychotherapeuten auf Schwachstellen der Familientherapie in bezug auf das Kind hin (Montalvo und Haley, 1977, kritisieren die „Überfokussierung" der Familientherapie auf die elterliche Dyade). Vermutlich dürfte es nach der Phase der Kritik zu einer gegenseitigen Annäherung kommen. Gegenwärtig bestehen Rivalitäten, die sich nicht nur um theoretische Positionen, sondern um Zuweisung von Patienten, finanzielle Ressourcen etc. drehen.

Wenn wir uns die Frage stellen, welche Therapieform für die Sozialpolitiker im Sinne der Finalisierung mehr von Interesse ist als die andere, so wird man nicht umhin können, sie in Beziehung mit den Zielen der Sozialpolitik zu setzen. Einerseits gibt es so etwas wie „Sozialpolitik für das Kind" im Sinne einer *Sozialisationspolitik* (Lüscher, 1977), andererseits ist die Familie als Ganzes häufig Objekt der Sozialpolitik, wodurch ein großer Teil der sozialpolitischen Leistungen für das Kind in den Rahmen der Familienpolitik fällt. Allerdings zielt die Hilfe für die Familie in erster Linie auf die Verbesserung der kindlichen Entwicklungschancen, so daß Familientherapie und Familienberatung den Nachweis wird führen müssen, in Theorie und Praxis auch einen wesentlichen Beitrag zur Förderung des Kindes leisten zu können. Günstig für die Familientherapie könnten sich die zunehmenden Sorgen der Politiker um die Familie auswirken, da ja die Zielrichtung der Familientherapie auf die Verbesserung der Gesamtsituation der Familie weist. Man könnte also von einem *prinzipiell gleichgerichteten Interesse der Familien- und Sozialpolitik einerseits und der Familientherapie andererseits sprechen.* Diese prinzipielle Übereinstimmung schließt Konflikte in Teilbereichen nicht aus. Gerade im Bereich weltanschaulich fest verankerter Werte kann es zu Spannungen kommen (als Beispiel sei der Schwangerschaftsabbruch genannt), und Divergenzen zwischen den Interessen des Beraters und jenen des „Auftraggebers" entstehen. Eine völlige Verfügbarkeit des Staates über den Therapeuten und Berater ist – abgesehen von der Frage der Wünschbarkeit – nicht möglich, auch wenn der Staat die Therapeuten und Berater selbst ausbildet (dies gilt auch für konfessionelle Gruppen).

Die Ausbildung müßte nämlich teilweise wieder an Experten delegiert werden, die in ihren therapeutischen Schulen verankert sind. Die Theorien und therapeutischen Strategien, die zur Anwendung kommen, sind selbst nicht „wertfrei", sondern stützen ein bestimmtes Welt- und Menschenbild. Daraus leitet sich die folgende These ab: Eine völlige Übereinstimmung zwischen den Zielen großer Organisationen (Kirchen, Staat) und der familientherapeutischen Bewegung ist grundsätzlich nicht zu erwarten, so daß vor allem weltanschaulich begründete Konfliktfelder erwartet werden müssen, aber auch Auffassungsunterschiede im Hinblick auf Organisation usw. Haley (1975) hat im Hinblick auf den zuletzt genannten Aspekt auf eine Reihe von Widerständen gegen die Einführung der Familientherapie hingewiesen: Wenn Therapeuten dazu übergehen, das „systemisch-interaktionelle" Modell anzuwenden, so geschieht dies in weiterer Folge auch auf die Strukturen und Hierarchien der Behandlungs- und Betreuungseinrichtungen. Dies führt häufig zur Verunsicherung von Betreuungspersonal und Verwaltung. Die an sich positiven Erneuerungen (geringere Wartezeiten, weniger Test und Diagnostik, mehr Therapie, Änderungen in der professionellen Hierarchie etc.) gefährden oft etablierte Machtpositionen und führen dazu, alles doch wieder beim Alten zu lassen.

Zusammenfassend läßt sich also sagen, daß die Förderung eines Therapie- oder Beratungsmodells durch Familien- und Sozialpolitiker sowohl von wissenschaftsinternen Faktoren (Stand der Theorieentwicklung/Effektivitätsnachweis etc.) als auch von außerwissenschaftlichen Kriterien (Prestige der Vertreter der Therapiemodelle in der Wissenschaft und in der Öffentlichkeit, Zwang zur Einlösung von Wahlversprechen etc.) abhängen. Es wäre durchaus verfehlt, wollte man die Entscheidung ausschließlich entweder den Politikern oder den Wissenschaftlern überlassen. Der Politiker muß Übereinstimmung zu den jeweiligen Leitzielen und Werten seiner Partei herstellen, der Wissenschaftler kann insofern nicht „wertfrei" sein, da er ja Vertreter seines Paradigmas und dessen impliziter Werte ist.

# 6. Wohlfahrstsstaat und soziale Sicherheit

Die Begriffe „*Wohlfahrtsstaat*" „*Wohlfahrtsgesellschaft*", „*Wohlfahrtskapitalismus*" etc. werden häufig zur Kennzeichnung der sog. entwickelten Länder verwendet. Je nach Standort des Betrachters fällt die Beurteilung unterschiedlich aus. Einerseits wird der „Wohlfahrtsstaat" als eine wesentliche Errungenschaft und als Voraussetzung für eine weitere Verbesserung der Gesellschaft angesehen. Andererseits richtet sich die Kritik gegen eine vermeintliche Einschränkung der wirtschaftlichen Produktivität durch das Überhandnehmen sozialer Einrichtungen. Mit dem Hinweis auf die rasch steigenden Ausgaben für soziale Sicherheit wird zunehmend von der „Finanzkrise" des Sozialstaates gesprochen. Tatsächlich verwenden zahlreiche Staaten bereits einen beachtlichen Teil des Bruttosozialproduktes für Ausgaben im sozialen Sektor. Riese (1975, S. 144) hebt hervor, daß die Sozialpolitik jener Bereich der staatlichen Wirtschaftspolitik sei, der in den letzten hundert Jahren am stärksten ausgebaut worden sei. Auch für Widmaier (1976) ist die Auseinandersetzung mit dem Wohlfahrtsstaat eng verbunden mit der Untersuchung der Beziehungen zwischen politisch-administrativem System und der jeweils ökonomischen Grundstruktur. Für den Autor ist es geradezu ein Definitionskriterium des Wohlfahrtsstaates, „daß er eine Fusion zwischen Marktwirtschaft einerseits und politischen Entscheidungsprozessen andererseits herausgebildet hat" (S. 16). Er fordert eine *ökonomische Theorie der Sozialpolitik* im Sinne einer Theorie der Entstehung und Entwicklung sozialpolitischer Bedürfnisse sowie einer Theorie der Produktion politischer und sozialpolitischer Güter.

Im Kontext des Forschungsbereiches „Politische Ökonomie" unterstreicht Widmaier (1974) ebenfalls den Zusammenhang zwischen Politik und Wirtschaft: „Die interdependente Betrachtungsweise ökonomischer und politischer Entscheidungssysteme zeigt also: Zu lange haben die getrennte Analyse von Marktsystemen und politischem Entscheidungssystem, das Starren auf die unaufhaltsame Zunahme des öffentlichen Sektors die Tatsache verschleiert, daß der Wohlfahrtsstaat weitgehend durch ökonomische Macht und ökonomische Konditionierung der einzelnen beherrscht wird. Die sich im institutionellen Rahmen manifestierende politische Dauerkrise ist demach auf ökonomische Probleme rückführbar" (S. 29). Daß eine ökonomische Theorie der Politik tatsächlich eine realistische Beschreibung des Wohlfahrtsstaates darstellt, folgt nach Auffassung des Autors aus der zunehmenden Konditionierung des Bürgers zum homo oeconomicus („privatisiertes Verhalten" im Sinne von Lockwood und Goldthorpe; zit. nach Widmaier, 1974, S. 27).

Die Beziehungen zwischen Staat und Ökonomie werden in den Abschnitten Sozialpolitik und Dienstleistungsbereich weiter behandelt werden, hier soll es zunächst um den Gedanken der „*sozialen Sicherheit*" gehen, der ein zentrales Kriterium für den „Wohlfahrtsstaat" ist. Dazu gehört auch die Frage der *medizinischen* und *psychosozialen Versorgung*.

In seinem richtungsweisenden Buch „Sicherheit als soziologisches und sozialpolitisches Problem" geht Kaufmann (1970) auf die Bedeutung von *Sicherheit* als eines gesellschaftlichen Wertes ein. Er beschreibt vier wesentliche Formen von Unsicherheit, die den Menschen der Gegenwart beschäftigen: *Wirtschaftliche* und *politische Unsicherheit, Unsicherheit der Orientierung* und *Selbstunsicherheit.* Für den Therapeuten und Berater treten in der täglichen Praxis vor allem Probleme der Orientierungsunsicherheit durch die Komplexität von Leitbildern und verbindlichen Instanzen sowie der Selbstunsicherheit, verknüpft mit dem Problem der Identität, in Erscheinung. So führt Braun (1978) die Elternrolle als Beispiel für Orientierungsunsicherheit an: Die Vielzahl von polulärwissenschaftlichen und wissenschaftlichen Hilfestellungen führe nicht zu einer Erhöhung der Verhaltenssicherheit der Erziehungspersonen, „da ja auch wissenschaftliche Theorien miteinander konkurrieren, auf unterschiedlichen Ausgangsvoraussetzungen basieren, von unterschiedlichen Graden elterlicher Handlungskompetenz ausgehen und sich unterschiedlichen gesellschaftspolitischen Zielen verpflichtet fühlen".

Wie erwähnt, wird Sicherheit nicht nur als individuelles, sondern auch als soziales Problem verstanden, zu dessen Bewältigung neben individuellen Techniken vor allem gesellschaftliche Strategien erforderlich sind. In diesem Sinne ist die Produktion sozialer Sicherheit ein wesentliches Ziel der Sozialpolitik (Riese 1975, S. 150). Die besondere Anfälligkeit komplexer Gesellschaften für Fragen der Sicherheit ergibt sich für Braun (op. zit. S. 14) aus ihrem hohen Organisationsgrad einerseits und den verbleibenden Unvorhersehbarkeiten andererseits. Der Autor stellt die Frage, ob es nicht überhaupt die Funktion von Gesellschaft sei, Sicherheit zu schaffen. Jedenfalls sei festzustellen, daß immer neue „Notfälle" in den Katalog der Sicherheitsleistungen aufgenommen würden und daß sich sozialpolitische Programme, die an der Vorstellung der sozialen Sicherung orientiert seien, in einem Expansionsprozeß befänden. Über die Fragen der wirtschaftlichen Sicherheit und der Erhaltung des einmal erreichten sozialen Status hinaus würde es immer mehr darum gehen, nichtmonetäre Leistungen, wie personal- und persönlichkeitsintensive Versorgungs- und Pflegeleistungen sowie Angebote von Sozialaktivitäten und Kommunikationsmöglichkeiten zu erbringen, die auf dem freien Markt nicht oder nicht mehr zu erschwinglichen Preisen zu erhalten seien (S. 100; ob diese Leistungen allerdings unter allen Umständen von Professionals erbracht werden müssen, soll im Abschnitt über Selbsthilfe behandelt werden).


# 7. Versorgung

Ausgehend vom Problem der Orientierungsunsicherheit der Menschen, befaßt sich Braun (1974) auch mit den Kriterien einer adäquaten *Versorgung* unter besonderer Berücksichtigung eines *Systems von Beratungsstellen.* Diese Kriterien sind:

a) *Konzentration und Flexibilität*
Mehr als bisher sollten die Unsicherheitsfelder erfaßt und Beratungshilfen für alle wesentlichen Notlagen entwickelt werden. Beratungsdienste müßten so angelegt sein, daß sie rasch auf neu auftretende Problemlagen reagieren können.

b) *Koordination der Leistungen*
Beratungseinrichtungen haben nur dann eine echte Sicherungswirkung, wenn sie zu einem System zusammengefaßt sind. Dieses System soll „durchlässig" sein, wozu eine Koordinationsinstanz notwendig ist, welche die Arbeit der einzelnen Dienste aufeinander abstimmt.

c) *Anlauf- und Verteilungsstellen*
Es muß davon ausgegangen werden, daß der in Not Befindliche nicht immer in der Lage sein wird, zu entscheiden, an welche Institution er sich am besten wenden soll. Es sollte also „Anlaufstellen" geben, welche die Situation vorklären und die Hilfesuchenden richtig überweisen (z. B. Telefondienste).

d) *Gleichmäßige regionale Verteilung*
Aufgabe einer am Ziel der sozialen Gerechtigkeit orientierten Sozial- und Gesellschaftspolitik sollte es sein, alle Regionen gleichermaßen mit Beratungshilfen zu versorgen.

e) *Transparenz*
Information darüber, wie das Beratungs- und Hilfssystem funktioniert, reduziert die Orientierungsschwierigkeiten der Klienten.

f) *Sicherung gegen Manipulationsversuche*
Die Beratungsdienste sollten sich mehr als bisher mit der Kritik auseinandersetzen, die im Hinblick auf ihre Möglichkeiten zur umfassenden sozialen Kontrolle an ihnen geübt wird.

Braun (1974) schließt seine Arbeit mit dem Hinweis auf die Grenzen der Sozialpolitik: „Institutionelle Maßnahmen werden ... langfristig immer reaktiv sein. Weder die traditionelle soziale Sicherung noch ein System von Beratungshilfen kann letztlich einen echten Zuwachs an Sicherheit hervorbringen. Beide können nur Unsicherheit reduzieren, die sich durch die Entwicklung einer dynamischen Gesellschaft stets aufs neue einstellt. Diese Reduktion von Unsicherheit ist aber eine der elementaren sozial- und gesellschaftspolitischen Aufgaben" (S. 294).

Die Wirklichkeit der Beratungsdienste analysiert Keupp (1977, 1978). Er kritisiert die mangelnde alltagsweltliche Sensibilität des gegenwärtigen Versorgungssystems und erstellt folgendes Mängelprofil gegenwärtiger psychotherapeutischer und psychosozialer Versorgungsdienste (s. auch Gartner und Riessman, 1978, S. 186; zur Theorie und Praxis der Erforschung von Lücken im Wohlfahrtssystem s. Hoffmann et al., 1977):

a) *Die ökologische Verteilung* von Beratungs- und Therapieeinrichtungen sind weitgehend durch die Regulative des Marktes und die spezifischen Interessen ihrer Träger bestimmt. Beide Prinzipien garantieren *keine Einbindung der Dienste in den sozialen Lebenszusammenhang* der Bedürftigen.

b) Die Beratungsdienste sind *nicht bedürfnisorientiert, sondern arbeiten in Bedarfskategorien,* d.h., daß die Bedürfnisse der Betroffenen von Experten definiert werden.

c) Die Klienten werden gezwungen, *ihre Probleme institutionsgerecht zu stilisieren und zu präzisieren.*

d) Die Umwandlung der ursprünglichen Problemlage führt zu einer spezifischen Form von „*Krankheitsverhalten*", das keinen Einblick mehr in die alltagsweltlichen Strukturen des Problemumgangs zuläßt.

e) Die Arbeitsteilung innerhalb des Hilfssystems führt zu einer *Zergliederung der Problemsituation des Hilfesuchenden.*

f) *Die Verberuflichung des Helfens* schließlich hat folgende Konsequenzen: Anstieg der „iatrogenen Störungen", „sekundäre Abhängigkeiten" der Klienten von den Hilfseinrichtungen und damit Reduzierung der Selbsthilfemöglichkeiten, zunehmende Spezialisierung der Professionals und Vordringen ihrer Interessenwahrung.

Keupp (1977, S. 15) schließt seine Mängelanalyse folgendermaßen ab: „Zusammenfassend läßt sich sagen, daß das bestehende System psychosozialer und psychotherapeutischer Versorgung charakterisierbar ist durch eine mangelnde Integration in den sozialen Lebenszusammenhang derer, die Hilfeleistung brauchen, durch die Dominanz professioneller Interessen über die Bedürfnisse der Klienten und durch eine Zergliederung der alltagsweltlichen Problemlagen durch parzellierte Zuständigkeiten und Kompetenzen der unkoordiniert intervenierenden Institutionen. Ein problemsensibler Zugang in die Lebenswelt der Betroffenen ist dadurch weitgehend verstellt."

Als Reaktion auf die vielfältigen Mängel in der gegenwärtigen Versorgung hat H. E. Richter das Modell einer regionalen „Psychosozialen Arbeitsgemeinschaft" entwickkelt. Theorie und erste Erfahrungen wurden kürzlich veröffentlicht (Richter, 1978; Scheer-Widemann und Wirth, 1978). Dieses Modell wurde in die Empfehlungen der Psychiatrie-Enquete in der Bundesrepublik aufgenommen.

Untersucht man die Rolle der Familientherapie im Rahmen der *Gesundheitsversorgung* im engeren Sinn, so wird man feststellen können, daß die Familientherapie daran ist, sich in den Bereichen Sozialpsychiatrie, psychosomatische Medizin und Psychotherapie einen Platz zu erkämpfen. In diesem Zusammenhang sei erwähnt, daß die ersten wichtigen theoretischen und praktischen Erfahrungen mit Familientherapie bei der Psychosenbehandlung (Schizophrenie) gemacht wurden. Die Anerkennung im klinisch-psychiatrischen Bereich blieb allerdings auf Grund zahlreicher Widerstände (s. Haley, 1975) zunächst eher gering, wobei allerdings die jüngere Generation von Psychiatern, klinischen Psychologen und Sozialarbeitern großes Interesse zeigt. In der Bundesrepublik wurde deshalb eine Arbeitsgemeinschaft (Deutsche Arbeitsgemeinschaft für Familientherapie; DAF) gegründet, die sich mit dem rapid ansteigenden Bedarf an Ausbildung und Supervision beschäftigen soll. Auch in der übrigen Medizin nimmt das Interesse an der Einbeziehung der Familie zu, sicher auch wegen der Möglichkeit einer Senkung der Behandlungskosten durch Übernahme von Pflegeleistungen seitens der Familie. Obwohl die Vermittlung von Erkenntnissen der Familientherapie und -forschung an Mediziner dringend notwendig erscheint, dürfte auf kurze Sicht Familienarbeit im Rahmen der Gesundheitssicherung und Gesundheitspolitik im engeren Sinne noch keine wesentliche Rolle spielen.

Ebenfalls schwierig ist die Entwicklung von Ehe- und Partnerschaftstherapie als eigener Bereich der Gesundheitsversorgung. Vincent (1977) zeigt, daß „eheliche Gesundheit" („Marital Health") bzw. „glückliche", „angepaßte", „erfolgreiche" etc. Ehen seit jeher schon das Anliegen verschiedener sozialer Institutionen gewesen sind (z. B. Religion, Erziehung). Es sei jedoch irreführend, daraus abzuleiten, daß die Ehe für die Gesundheitsversorgung besondere Bedeutung erlangt habe. In den Vereinigten Staaten zum Beispiel gäbe es keine dem National Council vergleichbare Einrichtung für Fragen der Ehe, noch einen Forschungsfond oder finanzielle Leistungen für Behandlungen. Eine wesentliche Barriere besteht nach Auffassung des Autors im naturalistischen Mythos von der „Natürlichkeit der Ehe". Weithin werde angenommen, daß man weniger Vorbereitung für die Ehe als zum Erwerb eines Führerscheins benötige und daß das Mißlingen einer Partnerbeziehung Schuld der Partner sei. Einen weiteren Widerspruch sieht Vincent (op. zit. S. 5) in der Tatsache, daß Ehepartner für den Staat nur als Eltern von Interesse seien und daß es Programme zur Kindererziehung ungleich häufiger gäbe als zur Verbesserung von Partnerbeziehungen. Dabei werde vergessen, daß

a) die eheliche Dyade die Basis und Quelle der inneren Stabilität der Familie und einer gesunden Eltern-Kind-Beziehung sei,

b) daß sie zahlenmäßig von großer Bedeutung sei (kinderlose Ehen!) und

c) daß die Ehe sowohl vor Ankunft des ersten Kindes als auch in der nachelterlichen Phase der Familie existiere.

Das Gebiet der Mutter-Kind-Beziehung hingegen sei aus folgenden Gründen als eigenes Gesundheitsgebiet schon lange hervorgehoben worden:

a) Da die Gesellschaft die intakte Mutter-Kind-Beziehung braucht, trägt sie Verantwortung für die Gesundheit der Mutter und des Kindes.

b) Zahlreiche Faktoren in bezug auf die Gesundheit der Mutter und des Kindes liegen weit jenseits der Kontrolle der je einzelnen Mutter und ihres Kindes.

Beide Punkte sieht Vincent auch im Hinblick auf die eheliche Dyade von Bedeutung. Ebenso wenig wie man annehmen könne, daß die Menschen von Natur aus wissen, wie man Kinder aufziehe, könne man den einzelnen für Gelingen oder Mißlingen seiner Partnerbeziehung voll verantwortlich machen. Dafür fehle aber noch ein entsprechendes öffentliches Bewußtsein. Obwohl sich längst eine Berufsgruppe von Eheberatern und Ehepaartherapeuten etabliert habe, sei die Aufnahme in die Gesundheitsversorgung und die damit verbundene Kostenübernahme bislang nicht möglich gewesen. Die zunehmenden Erkenntnisse über die Verschlechterung der Arbeitsfähigkeit der Ehepartner in gestörten Ehen und die Auswirkungen auf die Kinder dürften hier schließlich zum Umdenken führen.

# 8. Theorien über Sozialpolitik

Obgleich die Konzepte „Wohlfahrt" und „soziale Sicherheit" eng mit dem der Sozialpolitik zusammenhängen (Riese, 1975, S. 144: „Sozialpolitik ist Wohlfahrtspolitik *par excellence*."), soll es in diesem Abschnitt um Sozialpolitik aus der Sicht von Theorien *über* Sozialpolitik gehen. Wesentlich erscheint mir der Hinweis, daß es sich zum Teil um äußerst kontroverse theoretische Standpunkte handelt, die von der jeweiligen politischen und/oder wissenschaftlichen Position („Paradigma" im Sinne Kuhns, 1967) bestimmt sind. Einige Autoren (Gross und Badura, 1977; Widmaier, 1976) sprechen überhaupt von einem Theoriedefizit im Bereich der Sozialpolitik.

Die Unterschiedlichkeit der Standpunkte kann durch einige Definitionen von Sozialpolitik deutlich gemacht werden:

„Sozialpolitik ist in den modernen Industriestaaten die Sammelbezeichnung für ein vielgestaltiges Netz von Institutionen und Maßnahmen, denen im wesentlichen zwei Großziele gemeinsam sind: der Abbau des ökonomisch bedingten Gegensatzes zwischen gesellschaftlichen Gruppen und die rechtliche und wirtschaftliche Sicherung der Bevölkerungsteile, die zur eigenen Daseinsvorsorge nicht fähig sind" (Braun, 1974, S. 13).

„Solange sozialpolitische Probleme als Probleme der Steuerung und Regulierung von Geldströmen begriffen wurden, war es nur allzu verständlich, daß sich auch die Theorie der Sozialpolitik weitgehend in einer Theorie der Einkommensverteilung erschöpfte" (Gross und Badura, 1977, S. 362).

„Aus der Perspektive dieses Ansatzes (des organisationssoziologisch-wirkungsanalytischen; L. R.) erscheint Sozialpolitik als Zusammenwirken einer Vielzahl politisch legitimierter und formal organisierter Kooperationssysteme zur Beeinflussung defizitärer Elemente der Lebenslage der Bevölkerung bzw. spezifizierter Bevölkerungsgruppen (‚Zielgruppen'). Unter Sozialpolitik wird hier weder der Entwurf sozialpolitischer Konzepte noch der politische Kampf um die Einführung bestimmter Maßnahmen verstanden, sondern die jeweils institutionalisierte Produktionsform sozialpolitischer Güter einschließlich ihrer Steuerungsbedingungen" (Kaufmann, 1977, S. 63 f.).

„Sozialpolitik ist die staatliche Bearbeitung des Problems der dauerhaften Transformation von Nichtlohnarbeitern in Lohnarbeiter" (Lenhart und Offe, 1977, S. 101).

„... die Schwierigkeit, eine adäquate Theorie der Sozialpolitik zu begründen, wird daran deutlich, daß sie keine Theorie des Wirtschaftens im Sinne einer Erklärung der Produktionsbedingungen liefern kann, sondern, allgemein formuliert, Teil einer Theorie der Befriedigung menschlicher Bedürfnisse sein muß" (Riese, 1975, S. 144).

„... verstehe ich Sozialpolitik – auch gegen Widerstände – als eine politische Ökonomie der sozialen Frage, die nach wie vor ihren Ausgangspunkt aus der institutionalisierten Konfliktaustragung zwischen Arbeitgebern und Arbeitnehmern herleitet" (Widmaier, 1976, S. 13).

Die Verschiedenheit der Standpunkte ist selbstverständlich durch das jeweilige erkenntnisleitende Interesse des Autors verständlich. Im folgenden seien zwei Ansätze wiedergegeben, welche die Vielzahl der Standpunkte auf Grundtypen zurückzuführen versuchen:

Rödel und Guldiman (1978) haben vorgeschlagen, bei der Funktionsbestimmung staatlicher Sozialpolitik die Vielfalt der Ansätze auf drei Typen von Theorien über Sozialpolitik zu reduzieren:

## a) Sozialpolitik als Konfliktentschärfung

Nach Auffassung der Autoren geht es hier vor allem um die *Kompensationsfunktion* von Sozialpolitik. „Staatliche Sozialpolitik mußte (also) die aus dem kapitalistischen Reproduktionsprozeß resultierenden sozialen Folgeprobleme durch Kompensationsleistungen auffangen, da anders politische Stabilität und die soziale Integration der Arbeiterklasse in die bürgerliche Gesellschaft nicht hätten erreicht werden können" (op. zit. S. 17). Diese älteste Form staatlicher Sozialpolitik hatte somit die Aufgabe, die Arbeiter gegen die existentiellen Risiken zu schützen. Durch die Errichtung ausgedehnter Versicherungssysteme und die damit verbundene Einbeziehung aller Bevölkerungsschichten in das System der sozialen Sicherung kommt es jedoch in der Folge zu einem Funktionswandel der Sozialpolitik: „Die Mittel der neuen Sozialpolitik sind auf die Einzelglieder der Gesellschaft bzw. die letzte soziale Einheit der Gesellschaft, die Familie, im wirtschaftlichen Sinne den Familienhaushalt, gerichtet. Die Abwendung von Unzuträglichkeiten in dieser individuellen Familiensphäre sind ihr Endzweck" (Albrecht, 1971; zit. nach Rödel und Guldiman, 1978, S. 19).

## b) Die Konstitutionsfunktion von Sozialpolitik

Staatliche Sozialpolitik muß verhindern, daß einerseits die Arbeitskraft durch Steigerung der Leistungsforderungen und Intensivierung der Arbeit so ausgenützt und verschlissen wird, daß die durchschnittliche physisch-psychische Leistungsfähigkeit absinkt und dadurch die Produktions- und Reproduktionsprozesse gefährdet werden. Arbeitsschutzgesetzgebung und Arbeitsmarktpolitik bilden das staatliche Instrumentarium zum Schutz des Arbeitskräftepotentials. Andererseits muß sichergestellt werden, daß genügend Arbeitskräfte vorhanden sind, die über ein entsprechendes Wissen und Grundkenntnisse verfügen, um in den Produktionsprozeß eingestellt werden zu können. Förderung der Mobilität, Umschulungen etc. sind die entsprechenden staatlichen Maßnahmen, die der *infrastruktur-theoretische* Ansatz der Sozialpolitik besonders untersucht.

## c) Der kontrolltheoretische Ansatz

Nach Rödel und Guldiman (op. zit. S. 22 ff.) steht dieser Ansatz in engem Zusammenhang mit der Entwicklung und Funktion von Sozialarbeit und Jugendfürsorge. Die traditionelle Sozialarbeit verstand sich ursprünglich als Hilfeleistung für sozial Abweichende. Unter dem Eindruck neuerer soziologischer Erkenntnisse über abweichendes Verhalten kam es jedoch zu einem neuen Verständnis für Sozialarbeit: „Die kritische Analyse der gesellschaftlichen Erzeugung von Abweichung und Kriminalität hatte weitreichende Folgen für die Einschätzung der Funktion von Sozialarbeit. Die Bemühungen um die Resozialisierung von Delinquenten, um die Sozialisation von Fürsorgezöglingen und um die Abwendung von Verwahrlosung und Lernstörungen infolge von zerrütteten Familien- und belastenden Wohnverhältnissen erschienen jetzt in einer anderen Perspektive als der der fürsorglichen Hilfe. Sozialarbeit stellt sich nunmehr als der gesellschaftlich organisierte Versuch dar, im Vorfeld und Umkreis manifesten abweichenden Verhaltens vielfältige Sozialisationsprozesse zu institutionalisieren" (op. zit. S. 23 f.). Ziel dieser Maßnahmen ist es, auch bei erwachsenen Lohnarbeitern Handlungsorientierungen zu erzeugen, die die Eingliederung in den Arbeitsmarkt sichern. Ursache für die Übernahme dieser Leistungen durch Sozialarbeit ist die zunehmende Funktions*un*tüchtigkeit der Familie als Sozialisationseinrichtung.

Nach Auffassung von Rödel und Guldiman (op. zit. S. 27) „tragen die Maßnahmen staatlicher Sozialpolitik einerseits zum Aufbau und zur Sicherung der sozialpsychologischen Infrastruktur kapitalistischer Produktionsverhältnisse bei, indem sie bei den Lohnarbeitern die Orientierung an den zentralen handlungsleitenden Prinzipien des ‚bürgerlichen Sozialcharakters' durchsetzen und stabilisieren. – Die wichtigsten dieser Prinzipien sind individuelle Leistungs- und Aufstiegsorientierung, privatistische Lebensführung, Akzeptierung von monetären Entschädigungen nach Maßgabe des Äquivalenzprinzips (auf dem Arbeitsmarkt); andererseits dienen sie dazu, die Organisation des kapitalistischen Produktionsprozesses und die Bedingungen am Arbeitsplatz politisch zu neutralisieren, indem politische Willensbildungsprozesse und die Thematisierung ihrer Gegenstände auf eine gesondert konstituierte (staatliche) Sphäre beschränkt werden, an der die Lohnarbeiter in ihrer Rolle als Staatsbürger teilhaben. Die autonome und kollektiv-solidarische Organisierung politischer Willensbildungsprozesse durch die Lohnarbeiter selbst erscheint demgegenüber als eine Form abweichenden Verhaltens".

Der Ansatz von Lenhardt und Offe (1977) geht davon aus, daß staatliche Sozialpolitik drei Strukturprobleme lösen müsse (die Unterteilung deckt sich teilweise mit der von Rödel und Guldiman):

a) *Eingliederung der Arbeitskräfte in die Angebotseite des Arbeitsmarktes*
Zur Mobilisierung von Arbeitskräften genügt nicht das bloße Vorhandensein von Arbeitskraft, da diese von ihrem Träger nur dann zur Verfügung gestellt wird, wenn die entsprechende Arbeitsmotivation erzeugt werden kann. Staatliche Strategien auf diesem Gebiet bestehen zum Beispiel in Bildungspolitik, Aufwertung der Frauenarbeit durch bessere Bezahlung und Veränderung des Geschlechtsrollenstereotyps, Hebung des Prestiges der Hausarbeit bei Arbeitslosigkeit und bei Geburtenrückgang.

b) *Institutionalisierung der im Lohnarbeiterverhältnis nicht unterzubringenden Lebensrisiken*
Das Abfangen von Existenzrisiken geschieht durch präventive Maßnahmen (Einrichtungen zum Schutz der Arbeitenden, Betriebsärzte), durch die Bereitstellung der notwendigen Grundausbildung und durch die Sicherung der Wiederherstellung der Arbeitskraft (Krankenversicherung) und schließlich durch Arbeitslosenversicherung zur Verfügunghaltung der Arbeitskraft.

c) *Quantitative Regulierung des Verhältnisses zwischen Angebot und Nachfrage auf dem Arbeitsmarkt*
Dies erfolgt unter anderem durch verlängerte Grundausbildung, durch Schulung von Arbeitskräften, flexible Altersgrenzen.

Lenhardt und Offe sind der Auffassung, daß diese Leistungen dauerhaft und konfliktarm nur mit Hilfe staatlicher bürokratischer Organisationen erbracht werden können, da nur so eine flexible Anpassung an die marktwirtschaftlichen Erfordernisse möglich ist. Mit dem Problem der staatlichen Verwaltung soll sich ein eigener Abschnitt dieses Kapitels beschäftigen.

Eine von den bisher dargestellten Einteilungen deutlich unterschiedliche Typologie haben Badura und Gross (1976) entwickelt. Aufgrund der von ihnen getroffenen Unterscheidung in wissenschaftsexterne und wissenschaftsinterne Orientierungen kommen sie zu vier *sozialwissenschaftlichen Basisoptionen* („Paradigmen"). Ihr Ziel ist es, „einen einigermaßen repräsentativen Überblick über die Hauptströmungen gegenwärtigen sozial- und gesellschaftspolitischen Denkens" zu geben (op. zit. S. 165).

a) Das gegenwärtig in den westlichen Ländern dominierende Paradigma befaßt sich vorwiegend mit Produktion, Geldeinkommen, Vollbeschäftigung und mit Maßnahmen zur Kaufkraftsteuerung und Einkommensverteilung. Die verwendeten Theorien und Instrumente gehen auf Keynes zurück. Sozialpolitik wird im Rahmen dieses Paradigmas vielfach als Voraussetzung der Produktion materieller Güter und Dienstleistungen und als Eingriff in die Verteilung des Produzierten im Sinne der klassischen Sozial- und Lohnpolitik aufgefaßt. Wirtschafts- und Sozialpolitik werden in einem sehr engen, häufig nur noch analytisch trennbaren Zusammenhang gesehen. Bei der Frage der Auswirkungen geht es daher primär um solche, die volkswirtschaftlich relevant sind. Auswirkungen auf die konkreten Lebenslagen der Betroffenen werden in der Regel nicht oder nur im Sinne der Regulierung von Kaufkraft individueller Haushalte in Betracht gezogen. Staatliche Sozialpolitik ist kein isolierter Sektor, sondern wird in engem Zusammenhang mit Beschäftigungs-, Konjunktur- und Bildungspolitik gesehen. Wesentliche Kategorien des nichtmarxistischen ökonomischen Paradigmas sind Produktion, Kon-

| wissenschafts-intern begründete Kategorien / wissenschafts-extern begründete Kategorien | ökonomische Orientierung („Gesellschaft") | soziokulturell-organisatorische Orientierung („Gemeinschaft") |
|---|---|---|
| Nichtmarxisten | a *Keynes* („General Theory") | c *Tönnies* („Gemeinschaft und Gesellschaft") |
| Marxisten | b der „späte" *Marx* („Kapital") | d der „frühe" *Marx* („philosophisch-ökonomische Manuskripte") |

Abbildung 3. Sozialwissenschaftliche Paradigmen sozialpolitischen Handelns.

sumtion, Investition, Bruttosozialprodukt. Von der Lösung produktionspolitischer Probleme hängt auch die Lösung sozialpolitischer Probleme ab. Maßnahmen und Empfehlungen konzentrieren sich auf Preispolitik, Finanzpolitik und Rechtspolitik und damit auf ordnungs- und eigentumspolitische Maßnahmen und Programme (op. zit. S. 168).

Die Autoren kritisieren an diesem Paradigma die Ausklammerung der Wirkungen der Maßnahmen „auf die nichtökonomischen Lebensverhältnisse, auf Erziehungs- und Interaktionsmuster, auf Kommunikationsstrukturen und kulturelle Traditionen" (S. 169). Man könne von einer Reduzierung auf den Einkommensaspekt sprechen, der einzelne Bürger werde entsprechend dem individualistischen Menschenbild als Sozialatom und individueller Nutzenmaximierer („homo oeconomicus") gesehen.

b) Der Schwerpunkt des ökonomischen Paradigmas marxistischer Prägung liegt auf der Analyse der kapitalistischen Produktionsweise und deren Grundwiderspruch zwischen gesellschaftlicher Produktion von Werten und deren privater Aneignung durch die Unternehmer. Sozialpolitik spielte damit eine unentbehrliche Rolle zur Aufrechterhaltung und Befriedung des kapitalistischen Systems.

Badura und Gross kritisieren, daß im marxistischen Paradigma die sozialpolitischen Maßnahmen zu einseitig in ihrer Unterdrückerfunktion und zu wenig als Errungenschaften und erkämpfte Konzessionen an der Arbeiterklasse betrachtet werden. Folgendes Problem habe die marxistische Analyse noch nicht ausreichend bearbeitet: Die Funktion von Sozialpolitik in den Ländern des sozialistischen Blocks.

c) Zum Unterschied zu den ökonomischen Paradigmen charakterisieren die Autoren die soziokulturellen Basisoptionen folgendermaßen: „Im soziokulturellen Paradigma werden vorranglich soziokulturelle Phänomene, also kulturelle Traditionen, Werte und Normen, nichtrationale Verhaltens- und Handlungsweisen, immaterielle Motive und Incentiven, soziokulturelle Krisen und psychische Belastbarkeiten, insgesamt eher die ‚Lebensform' und weniger die ‚Arbeitswelt' thematisiert. Ziele der Gesellschaft- bzw. Sozialpolitik sind soziale Zufriedenheit, psychische Stabilität, Mitmenschlichkeit, Dienstbereitschaft und Solidarität. Diese sollen nicht nur über materielle Gleichheit erreicht werden, sondern über soziale Dienste, über die Schaffung von immateriellen Voraussetzungen wie Bildung, durch kommunikative Planung, durch Partizipation und Bürgerinitiativen, durch Demokratisierung der Lebensbereiche. Sozialpolitisch im Vordergrund stehen Dienstleistungen aller Art, also Beratung, Behandlung, Pflege und Bildung. Die Dienstleistungsstrategie ermöglicht soziale Kontakte, Mithilfe des Klienten, stärkt die kleinen, überschaubaren Gemeinschaften, die Dienstbereitschaft und Solidarität" (op. zit. S. 175).

Schwerpunkte der Sozialpolitik sind also Familie, Nachbarschaft, Freundschaftsbeziehungen, nichtwissenschaftliche und nichtprofessionelle Gemeinschaften, es geht um Bedürfnisse, Meinungen, Motive, um Liebe, Vertrauen, Solidarität, kommunikative Beziehungen und Traditionen (S. 176). Das Problem ist weniger die materielle Not, sondern die bedrohliche Herauslösung des Menschen aus Primärgruppen und überschaubaren sozialen Netzwerken, um die räumliche, soziale und psychische Vereinzelung. Die sozialpolitischen Maßnahmen zielen zum Teil auf die Zurücknahme von

Dienstleistungen in den soziokulturellen Bereich und gegen das Überhandnehmen der Kommerzialisierung, Verrechtlichung und Bürokratisierung von Dienstleistungen sowie einer weiteren Institutionalisierung staatlicher Sozialpolitik.

Badura und Gross sind allerdings der Meinung, daß die Vertreter dieses Ansatzes die Stärke der kleinen, überschaubaren Gemeinschaften überschätzen. Die Frage bleibt nämlich, inwieweit die sozialpolitischen Leistungen rationell und wirtschaftlich von nichtstaatlichen, nichtprofessionellen und nichterwerbswirtschaftlichen Verbänden erbracht werden können (S. 178). Der soziokulturelle Ansatz in der Sozialpolitik ist also vor allem auf dem Bereich der *persönlichen Dienstleistungen* anwendbar.

d) Nach der Auffassung von Badura und Gross ist das soziokulturelle Paradigma marxistischer Prägung aus der Notwendigkeit einer neuerlichen Auslegung und Revision der Marxschen Theorie zu verstehen. „Der entscheidende Unterschied des soziokulturellen Paradigmas marxistischer Prägung zum politisch-ökonomischen Paradigma marxistischer Prägung besteht in der unterschiedlichen Behandlung des soziokulturellen Bereichs, des Lebens- im Gegensatz zum Arbeitsbereich. Im soziokulturellen Paradigma marxistischer Prägung stehen soziokulturelle Phänomene (kulturelle Traditionen, Werte, Normen, Familie, Freizeit, Freundschaft, Nachbarschaft, Wohnen usw.) mindestens gleichrangig neben ökonomischen. Kultur, Lebensform, Alltag und damit verbundene soziale und kommunikative Not, also nicht allein wirtschaftliche, sondern elementare Lebensprobleme (wie Altern, Krankheit, Isolation) sind (in unserer Gesellschaft) von ebensolcher Bedeutung wie materielle Not und wirtschaftliche Lage."

Strategien, die aus diesem Paradigma folgen, sind vor allem Solidarität, Spontaneität, Partizipation und Phantasie im Gegensatz zu den kapitalismuskonformen Verhaltensweisen wie Konkurrenz und Askese. „Leitlinien der Gesellschaftspolitik sind Aufhebung von materieller, kommunikativer und sozialer Not, von physischer und psychischer Verelendung. Autonomie, Solidarität werden erreichbar durch die Auflösung der konkurrenzasketischen Haltung und einer Abschwächung des Gewinnstrebens. Die gesellschaftspolitischen Strategien sind deshalb auch integrierte Strategien: Weder gehen sie davon aus, daß die Aufhebung der kapitalistischen Produktionsweise automatisch die Aufhebung der nichtmateriellen Not bedeutet; noch daß man sich katalytisch auf case-work, group-work oder Gemeinwesenarbeit beschränken könne, ohne die Produktionsverhältnisse anzutasten. Die ‚Revolutionierung' der Verhältnisse ist eine Umkehrung aller Verhältnisse: der wirtschaftlichen, der Familien, der Freund- und Nachbarschaften. Die Aneignung der Produktivkräfte ist eine Aneignung aller Produktivkräfte, vor allem eben der menschlichen. Die Revolution ist auch oder sogar zunächst ‚Kulturrevolution'. Solidarität, Mitmenschlichkeit, Brüderlichkeit – ihre Förderung ist genauso wichtig wie die Zerschlagung der Eigentumsverhältnisse und des Staates, denn mit dem Staat zerschlägt man das ganze System der sozialen Sicherung" (op. zit. S. 181).

Die dargestellte Strategie ist im wesentlichen „reformistisch". Es wird jedenfalls versucht, einander entgegengesetzte Positionen zu verbinden, wobei für Badura und Gross ebenso wie beim soziokulturellen Paradigma nichtmarxistischer Prägung die Frage bleibt, inwieweit soziale Sicherung in kleine überschaubare Gemeinschaften zurückgenommen werden kann.

Zum Abschluß dieses Abschnittes und als Überleitung zur Behandlung der Rolle der (staatlichen) Verwaltung in der Sozialpolitik möchte ich noch einen Ansatz darstellen, wie er von Baier (1977) vorgelegt wurde. Der Autor geht davon aus, daß bislang kein geeignetes soziologisches Paradigma des *Sozialstaates,* vor allem seiner Machtstrukturen, erstellt wurde. Ausgehend vom Konzept der „Herrschaft" im Sinne Max Webers, beschreibt Baier den Herrschaftswandel in der Entwicklung vom Nationalstaat zum Sozialstaat. Die herrschenden Gruppen seien nunmehr *Verteilereliten* und Versorgungsbürokratien, die einer *Sozialklientel* gegenüberstehen. „Aus dem ursprünglich sehr umgrenzten Sektor öffentlicher Hilfsleistungen für den Not-, Krankheits-, Invaliditäts- und Altersfall von Minderbemittelten wächst ein *soziales Sicherungssystem* heraus, das für immer größere Bevölkerungsgruppen einen immer größeren Katalog von Sozialleistungen anbietet" (op. zit. S. 137).

Baier sieht – ähnlich wie Schelsky (1978) – den *sozialen Versorgungsstaat* mit einer totalen Daseinsvor- und -fürsorge und der damit verbundenen Gefahr der staatlichen Lenkungsmöglichkeit („Konversion der Daseinsvorsorge in Herrschaftsmittel"; Forsthoff, zit. nach Baier S. 139). Die sozialen Berufe stehen nun auf der Seite der Herrschaftspopulation, die klientelisierte Bevölkerung gliedert sich um in makrosoziale Versorgungs- und Betreuungseinheiten, zwischen denen allerdings unscharfe Grenzen existieren. Die Gruppen rivalisieren im Kampf um die Zuteilung von Sozialleistungen. „Das *Herrschaftsparadigma der Sozialpolitik* führt uns also auf recht überraschende Strukturbewegungen und Strukturmuster des modernen Staates und seiner sozialen Formationen. Seine Herrschaftsordnung bildet eine neuartige Sozialordnung aus, in der Verteilereliten die knappen und spezifischen Lebensgüter der Daseinsvorsorge und -fürsorge normieren und mittels öffentlicher Sozialdienste den abhängigen Sozialklientelen zuteilen lassen" (op. zit. S. 141).

# 9. Bürokratie und soziale Verwaltung

Die Beschäftigung mit Sozialpolitik und Wohlfahrtsstaat kann an einer Auseinandersetzung mit Bürokratie und Verwaltungseinrichtungen nicht vorbeigehen. Dies folgt schon aus der Tatsache, daß heute bereits der Großteil sozialer Leistungen mit Hilfe staatlicher Organisationen an die Empfänger herangebracht wird. Kaum ein Werk über Sozialpolitik unterläßt es daher, sich ausführlich mit der Rolle der sozialen Verwaltung zu befassen. Dies geschieht neuerdings nicht nur in deskriptiver sondern vor allem in bürokratiekritischer Absicht.

Ich möchte von einem Schema ausgehen, das Gross und Badura, 1977, S. 363 vorgelegt haben. Sie unterscheiden grundsätzlich zwei sozialpolitische Leistungsarten: Einkommens- und Dienstleistungen (s. Abb. 4).

Der wesentliche Konflikt besteht nun darin, daß es keine allgemein geteilte Auffassung darüber gibt, wieviel Bürokratie zu Erbringung *persönlicher Dienstleistungen* wie etwa Psychotherapie und psychosoziale Beratung nötig ist. Die Kritiker bürokratischer Einrichtungen weisen darauf hin, daß auf Grund der Eigendynamik bürokratischer

| Leistungsarten<br>Dimensionen | soziale Einkommens-<br>leistungen | soziale<br>Dienstleistungen |
|---|---|---|
| Bedürfnistyp | eher spezifisch und<br>standardisierbar | eher diffus und nicht<br>standardisierbar |
| Produktionsform | zentralisiert | dezentralisiert |
| Rationalisierbarkeit | hoch | niedrig |
| Art der Finanzierung | überwiegend nach<br>Versicherungsprinzip | überwiegend nach<br>Versorgungsprinzip |
| Produktionsstrukt | institutionengesteuert und<br>kapitalintensiv | klientengesteuert und<br>klientenintensiv |
| „Treffsicherheit"[1] von<br>Maßnahmen | eher hoch | eher niedrig |

Abb. 4. Einkommensleistungen und Dienstleistungen als sozialpolitische Leistungsarten.

Prozesse zunehmende Inflexibilität, organisierte Verantwortungslosigkeit und Desensibilisierung gegenüber den Bedürfnissen der Klienten entstehe (Badura, 1978, S. 332). Nach Meinung zahlreicher Autoren erlangte die Bürokratie im Zuge zunehmender Überbürokratisierung auch die Kontrolle über die Politik, wobei dies u. a. zu partiellen Aufhebung der Gewaltentrennung und Ununterscheidbarkeit zwischen Gesetzesgebung und Verwaltung (Häußermann, 1977) und zur Entstehung des „Verwaltungsstaates" (Kammler, 1968), zum „Imperialismus der Bürokratie" (Widmaier, 1976) und „autoritären Etatismus" (Poulantzas, 1978) führte. Die Folgen der Übernahme wesentlicher sozialer Leistungen durch den Staat kennzeichnen Badura und Gross, 1976: Der Staat ist heute, auch was die sozialen Dienste betrifft, die entscheidende Instanz. Der Bedarf wächst, das Angebot muß finanziert werden und mit der Verberuflichung des Helfens setzt die Spezialisierung ein. Da die Leistungen über Steuergelder finanziert werden, erreicht die für die Einkommensleistungen selbstverständliche *Verrechtlichung, Bürokratisierung* und *Zentralisierung* auch die sozialen Dienstleistungen (S. 102). Für das Individuum bedeutet dies, daß es sich „vom privatautonomen Rechtssubjekt zum Empfangsberechtigten staatlicher Leistungen" (Blanke und Sachsse, 1978, S. 27) und damit zum „passiven Objekt obrigkeitlicher Verwaltungsakte" (Rödel und Guldiman, 1978, S. 17) entwickelt. Die Verrechtlichung sozialer Leistungen führt zur *Individualisierung* der Hilfen, so daß sozialpolitische Maßnahmen schließlich zur Erosion traditioneller Familien- und Nachbarschaftshilfe beitragen. Hinzu kommt die *Ökonomisierung* persönlicher Dienstleistungen, da immer mehr „natürliche" Interaktionen vermarktet, kommerzialisiert oder öffentlich produziert werden (Badura und Gross, 1976, S. 84).

89

Wie Mayntz (1978) hervorhebt, ist Bürokratiekritik jedoch kein neues Phänomen, da der Begriff „Bürokratie" bereits im 18. Jahrhundert in kritisch-abwertender Weise zur Kennzeichnung der tyrannischen und selbstsüchtigen Beamtenherrschaft benützt wurde. Um dem komplexen Phänomen von Bürokratie und Verwaltung gerecht zu werden, würde es einer Darstellung bedürfen, die weit über den Rahmen dieses Beitrages hinausgehen müßte. Die Kritik von Angehörigen psychosozialer Berufe (vor allem der Sozialarbeiter) gegen die Verbürokratisierung ihrer Tätigkeit sollte die Notwendigkeit von Verwaltung in komplexen staatlichen Gebilden nicht grundsätzlich in Frage stellen. Es gilt lediglich, den Tendenzen der Verselbständigung bürokratischer Einrichtungen auf dem Wege zu einer Eigenmacht entgegenzutreten.

# 10. Dienstleistungsgesellschaft und personenbezogene Dienstleistungen

Bei der Untersuchung der Beschäftigtenanteile in den verschiedenen Sektoren der Wirtschaft kommen verschiedene Autoren zur übereinstimmenden Auffassung, daß sich die gegenwärtige („postindustrielle", „neokapitalistische" etc.) Gesellschaft im Stadium einer „entstehenden Dienstleistungs-Konsumenten-Gesellschaft" befindet. Der Übergang zu dieser Gesellschaftsform ist möglich geworden, „da der Stand der Produktivkräfte die Befriedigung der Grundbedürfnisse großer Teile der Bevölkerung erlaubt" (Gartner und Riessman, 1978, S. 14). Deutlich läßt sich dies anhand einer oft wiedergegebenen Darstellung von Fourastie (hier nach Badura und Gross, 1976, S. 62) anschaulich machen (s. Abb. 5).

Nach der Analyse von Gartner und Riessman (1978 S. 30) ist der Ausdruck Dienstleistungsgesellschaft durch folgende Tatsachen gerechtfertigt:

a) Durch den wachsenden Prozentsatz der im Dienstleistungssektor Beschäftigten.

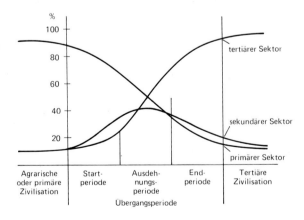

Abbildung 5.

b) Durch die wachsende Anzahl bezahlter und kostenloser Dienstleistungen, gemessen sowohl an der Zahl der Empfänger als auch an der Menge der in Anspruch genommenen Leistungen.

c) Durch die Bedeutung solcher Leistungen als Voraussetzung für den Zugang zu anderen Privilegien (z. B. der Einfluß der Ausbildung auf die Beschäftigungsmöglichkeiten).

d) Durch die Beachtung der personenbezogenen Dienstleistungen seitens der Öffentlichkeit und der Massenmedien.

Nach Fuchs (zit. nach Gartner und Riessman, 1978, S. 32) zeichnen sich die im Dienstleistungssektor beschäftigten Personen durch folgende Kriterien aus:

a) Sie sind überwiegend „Kopfarbeiter" mit einem hohem Anteil an weiblichen Beschäftigten.

b) Die Arbeitsintensität ist hoch und erlaubt nur geringe Rationalisierungsmöglichkeiten.

c) Die „Produktion" erfolgt in mehr oder weniger engem Kontakt mit dem Konsumenten.

d) Es handelt sich um die Herstellung immaterieller Produkte.

Als Beispiele lassen sich die Berufsbereiche Finanzen, Immobilien, Gesundheitswesen, Bildungswesen und Wohlfahrt anführen. Für unseren Zusammenhang sind vor allem die *persönlichen Dienstleistungen,* wie Beratung und Psychotherapie, von Bedeutung.

Die gründlichsten Analysen des Dienstleistungssektors kommen aus den USA, dem in dieser Hinsicht am weitesten entwickelten Land. (In den „sozialistischen" Staaten wurde der tertiäre Sektor entsprechend der Marxschen Auffassung als „unproduktiv" betrachtet und deshalb bis heute wenig analysiert.) Im Kapitel „Politische Ökonomie" gehen Gartner und Riessman (Untertitel ihres Buches: „Zur politischen Ökonomie des tertiären Sektors"!) daran, soziale Phänomene mit grundlegenden und weitreichenden ökonomischen Wandlungsprozessen zu verbinden. Folgende Änderungen erscheinen ihnen wesentlich (S. 62 ff.):

a) Die Industriearbeiterschaft scheint nicht mehr die treibende Kraft des sozialen Wandels zu sein.

b) Die zunehmend für Veränderungen wesentlichen Gruppierungen sind Frauen, Jugendliche, Minderheiten und Angehörige gut verdienender Berufe. Überwiegend handelt es sich also um ökonomisch und politisch Entmachtete, die mittels bestimmter Strategien vom industriellen Komplex ferngehalten werden. Gartner und Riessman nennen diese Gruppen „Konsumentenvorhut".

c) Die bedeutenden sozialen Bewegungen der Gegenwart befassen sich mit konsumenten-orientierten Themen wie Umwelt, Lebensqualität, soziale Beziehungen, Gleichheit, Selbstbefreiung, Wachstum und Partizipation.

d) Zunehmend werden mehr Rechte für Randgruppen (Strafgefangene, Homosexuelle, Behinderte, Wohlfahrtsempfänger) durchgesetzt.

e) Die traditionellen Institutionen (Familie, Schule, Kirche, Regierung) werden in Frage gestellt. Neuerdings gilt dies auch für den Arbeitsplatz.

f) Ein neues Dienstleistungsbewußtsein entsteht (Gesundheitswesen, psychiatrische Versorgung, Kindergartenwesen etc.). Das Interesse an diesen Dienstleistungen bezieht sich nicht nur auf die Kosten, sondern auch auf die Qualität und die Kontrollmöglichkeiten.

g) Eine neue Dimension von Politik beschäftigt sich weniger mit Wahlkampf, sondern zunehmend mit sozialen Bewegungen, Öffentlichkeitsarbeit, Boykottmaßnahmen, Bewußtseinbildung etc.

h) Ein zunehmendes Maß an Entfremdung stellt sich bei jenen Personen ein, die unter bürokratischer Kontrolle leiden. Trotz dieser Veränderungen haben sich nach Auffassung von Gartner und Riessman nur *wenige* weitreichende ökonomische und politische Veränderungen ergeben. „Man könnte annehmen, daß die meisten Entwicklungen nicht bis in die zentralen Gesellschaftsstrukturen hineinreichten und in gewisser Weise uneingelöst, unvollständig, eher rhetorisch als real geblieben sind. Manchmal hat es den Anschein, als ob die alten Institutionen absterben würden und sich noch keine neuen herausgebildet und an ihre Stelle gesetzt hätten, es sei denn in sehr geringem Umfang oder im Bewußtsein der Menschen, oder auch in kleinen, isolierten Alternativinstitutionen, die jedoch nicht in das ökonomische und politische Netzwerk der Gesellschaft eingewoben sind" (op. zit. S. 64). Gartner und Riessman sind der Auffassung, daß dies auf die relativen Erfolge des Neokapitalismus zurückzuführen sei, da dieser einen relativ hohen Lebensstandard für große Teile der Bevölkerung gebracht habe. Die Vorhut neuer Bewegungen zur Veränderung der Gesellschaft sehen die Autoren in den Erbringern und Konsumenten von Dienstleistungen. „Aus mehreren Gründen vertreten wir die Ansicht, daß die Dienstleistungen, besonders die personenbezogenen Dienstleistungen, die Front sind, den Ort darstellen, wo heute Auseinandersetzungen ausgetragen werden und zu erwarten sind, wo der neue Ursprung potentieller Triebkräfte liegt, wo auf Wandel gerichtete Spannung entsteht, auch wenn immer durch den allgemeinen Gewinnkontext, innerhalb dessen sich die Dienstleistungsgesellschaft herausbildet, Grenzen gesetzt sind" (op. zit. S. 75).


Die Autoren sehen in den personenbezogenen Dienstleistungen trotzdem den Motor gesellschaftlicher Veränderungen:

a) Dienstleistungen werden für die Volkswirtschaft zunehmend wichtig, da sie weder Energie vergeuden, noch die Umwelt belasten, und dennoch enorme Wachstumsmöglichkeiten bieten.

b) Jene Gruppen, die neue Werte propagieren, haben ein besonders starkes Interesse an Dienstleistungen.

c) Es findet eine Verlagerung des Konsums auf Dienstleistungen wie Gesundheit und Bildung und auf Lebensqualität hin statt.

d) Die personenbezogenen Dienste betonen vor allem die Beziehungen zwischen den Menschen und haben eine nicht gewinnorientierte Dimension.

e) Der Kampf um den öffentlichen Sektor dreht sich zunehmend um die Frage der Bezahlung sozialer Dienste.

f) Den Dienstleistungen wohnt eine potentielle Macht inne, die vor allem durch eine

Multiplikatorwirkung entsteht, da ihr Einfluß weit über die Zahl der direkt erreichten Personen hinausgeht.

g) Der öffentliche Sektor ist der Kontrolle durch die Allgemeinheit wesentlich zugänglicher als andere Bereiche (z. B. die Rüstungsindustrie).

h) Die Bezahlung von Angehörigen der persönlichen Dienstleistungsberufe wird oft als nicht ausreichend empfunden, und dies trägt gemeinsam mit der zunehmenden Bürokratisierung dieser Dienste zum Widerstand dieser Gruppe bei.

i) Der Bedarf an Dienstleistungen wird zunehmend anerkannt, und ein Recht auf die dadurch abgedeckte Bedürfnisse postuliert. Der Staat sieht sich zunehmend als Adressat steigender Wünsche und Anforderungen.


Insgesamt findet nach Auffassung von Gartner und Riessman (1978) in der gegenwärtigen Gesellschaft ein Kampf um die Dienstleistungen statt, wobei auf der einen Seite die in den Dienstleistungen entstehenden Kräfte und auf der anderen Seite die vom industriekapitalistischen Kontext gesetzten Zwänge stehen (zur Auseinandersetzung zwischen öffentlichem und privatem Sektor um die knappen Mittel s. Smith, 1977).

Wesentlich an den personenbezogenen Dienstleistungen ist *die Beteiligung des Konsumenten*. Er wird zur zentralen Figur in der Dienstleistungsgesellschaft. Da der Konsument nicht zur Leistungsbeteiligung gezwungen werden kann, kommt seiner Motivation zentrale Bedeutung zu. Naschold spricht in diesem Zusammenhang zutreffend von der „Partizipation als Produktivkraft".

Die Rolle der *Professionals* in den sozialen Dienstleistungen ist keineswegs konfliktfrei. Zunächst kann mit Halmos (1972; nach North, 1975, S. 18) davon ausgegangen werden, daß Angehörige von sozialen Diensten an der Prägung des „moralischen Klimas" der Gegenwart beteiligt sind: „Um die ideologischen Orientierungen der persönlichen Dienstleistungsprofessionen zu verstehen, müssen wir bedenken, daß diese Berufe heutzutage nach Gesichtspunkten sozialpsychologischer Theorien gelehrt und nach moralischen Prinzipien ausgerichtet werden, die, trotz aller Proteste der rigorosen Verhaltenswissenschaftler, grundsätzlich freudianischen Ursprungs sind. Liebenswürdigkeit, Toleranz, Bestätigung, Freizügigkeit und ein Skeptizismus gegenüber starken Liebes- und Haßregungen sind in diesem psychoanalytischen, sozialpsychologischen und soziologischen Jahrhundert zu neuem Leben erwacht." In einer Untersuchung über Werte von Psychotherapeuten und psychosozialen Beratern habe ich gemeinsam mit E. Steiner (Reiter und Steiner, 1977) versucht, das typische Wertmuster dieser Berufsgruppen darzustellen. Nach der Wertetheorie und mit dem Instrument von M. Rokeach (1973) gemessen, ergibt sich folgendes Wertmuster (s. Tabelle 2).

Die dargestellten Werte der „psychotherapeutischen Subkultur" hat Beziehungen zu den Werten der neuen Dienstleistungsbewegung (der „Konsumentenvorhut"), wie sie Gartner und Riessman (1978) dargestellt haben. Diese Werte sind *Entwicklung der Persönlichkeit, Erweiterung des Bewußtseins, Abbau von Hierarchie, Bürokratie und Zentralismus* sowie *Humanisierung der Arbeitswelt* (op. zit. S. 52). Im letztgenannten Bereich sieht der Unterschied zwischen alten und neuen Werten folgendermaßen aus:

| Neue Erwartungen | Traditionelle Formen |
|---|---|
| Arbeit, durch die man gefördert wird, persönliche Weiterentwicklung. | Arbeit, die darauf angelegt ist, daß möglichst wenig Fertigkeiten benötigt werden. |
| Gleichheit. | Extreme Hierarchien, Statusunterschiede, Befehlsketten. |
| Soziale Bedeutung von Arbeitsorganisation, interessanter und würdevoller Arbeit. | Betonung materieller Belohnung und der Sicherheit des Arbeitsplatzes. |
| „Jetzt"-Orientierung bezüglich Berufslaufbahn. | Stellenhierarchien und vorgezeichnete Laufbahnmuster. |
| Ausgleich der emotionalen und rationalen Aspekte des Lebens im Betrieb. | Keine Legitimation der emotionalen Erfahrungen im Betrieb. |
| Bevorzugung von Gemeinschaft im Gegensatz zu Konkurrenzbeziehungen. | Belohnungssysteme und Laufbahnmuster, die Konkurrenz verstärken. |

Die „Konsumentenwerte" tendieren allerdings zur Entwicklung einer „ausgeprägten privatistischen Haltung, zu Hedonismus und Ego-Kult" (op. zit. S. 138). Obwohl Professionals und Konsumenten der Dienstleistungsgesellschaft vergleichbare Wertstrukturen aufweisen, kann ihre Beziehung nicht konfliktfrei sein. Zwar herrscht in bezug auf die Vermehrung und Verbesserung von Dienstleistungen Gemeinsamkeit, doch endet diese dort, wo es um die Frage der Kontrolle und Ausrichtung der Dienste geht. Daniel Bell (zit. nach Gartner und Riessman, 1978, S. 195) ist der Auffassung, daß der Konflikt zwischen Professionals und Konsumenten in der nachindustriellen Gesellschaft an die Stelle des traditionellen Konfliktes zwischen Arbeitern und Kapitalisten treten wird (der „neue Klassenkampf"). Der Konflikt, der nicht zuletzt durch die rasch steigende Bildung der Konsumenten verschärft wird, kann nicht durch eine Strategie der Deprofessionalisierung, sondern durch eine verstärkte Einbeziehung der Klienten gemildert werden. So können zum Beispiel Klienten durchaus als „Arbeitskräfte für die Produktion ihrer eigenen Gesundheit" angesehen werden. Badura und Gross sprechen in diesem Zusammenhang von der Notwendigkeit einer Steigerung der „Klientenkompetenz" (1976, S. 267). Alle in diese Richtung vorgeschlagenen Maßnahmen können jedoch nichts an der grundsätzlichen „Doppelrolle" der Mitglieder sozialer Dienste ändern, da ihre Tätigkeit für die Stabilisierung der „neuen Machtordnung des Sozialstaates" (Baier, 1977, S. 137) unerläßlich ist. Das Wissen dieser Berufsgruppen ist somit immer auch Herrschaftswissen.

# 11. Selbsthilfe und Familie

Von der dargestellten Problematik des Dienstleistungssektors ist kein weiter Weg zur Entstehung und Entwicklung von Selbsthilfeaktivitäten verschiedenster Form (Literatur zur Selbsthilfe: Gartner und Riessman, 1977; Moeller, 1978; Robinson und Henry, 1977). Historisch gesehen, fördern zumindest zwei Prozesse die Ausbreitung der Selbsthilfe im Sinne einer „sozialen Bewegung" (im Sinne von Rammstedt, 1978):

Tabelle 2. Wertprofile von Psychotherapeuten und psychosozialen Beratern
(N = 107).

| „Letzte Werte" | Median | Rang |
|---|---|---|
| Reife Liebesfähigkeit (sexuelle und geistige Intimität) | 4,04 | 1,0 |
| Freiheit (Unabhängigkeit, freie Entscheidungsmöglichkeit) | 4,38 | 2,0 |
| Selbstachtung (Selbstwert) | 4,75 | 3,0 |
| Innere Harmonie (Freiheit von inneren Konflikten) | 5,40 | 4,0 |
| Ein Gefühl der Erfüllung (ein dauerhafter Beitrag) | 6,55 | 5,0 |
| Echte Freundschaft (enge Kameradschaft) | 6,62 | 6,0 |
| Weisheit (ein tiefes Verständnis des Lebens) | 7,14 | 7,0 |
| Sicherheit in der Familie (sich um Personen kümmern, die man liebt) | 7,44 | 8,0 |
| Ein spannendes Leben (ein anregendes, aktives Leben) | 8,60 | 9,0 |
| Glück (Zufriedenheit) | 9,25 | 10,0 |
| Gleichheit (Brüderlichkeit, gleiche Chancen für alle) | 9,40 | 11,0 |
| Eine friedliche Welt (frei von Krieg und Streit) | 10,75 | 12,0 |
| Soziale Anerkennung (Ansehen, Bewunderung) | 11,85 | 13,0 |
| Eine Welt voll Schönheit (Schönheit der Natur und Künste) | 12,84 | 14,0 |
| Nationale Sicherheit (Schutz vor Angriffen) | 14,84 | 15,0 |
| Vergnügen (ein genußreiches, gemütliches Leben) | 15,62 | 16,0 |
| Ein behagliches Leben (ein Leben in Wohlstand) | 16,02 | 17,0 |
| Erlösung (ewiges Heil) | 17,67 | 18,0 |
| | | W = 0,423 |

| „Instrumentelle Werte" | Median | Rang |
|---|---|---|
| Liebend (herzlich, zärtlich) | 4,03 | 1,0 |
| Tolerant (aufgeschlossen) | 4,07 | 2,0 |
| Verantwortungsvoll (verläßlich, vertrauenswürdig) | 5,18 | 3,0 |
| Ehrlich (aufrichtig, wahrheitsliebend) | 6,00 | 4,0 |
| Mutig (für seine Meinung eintretend) | 6,77 | 5,0 |
| Phantasievoll (kühn, schöpferisch) | 6,93 | 6,0 |
| Heiter (freudig) | 7,41 | 7,0 |
| Unabhängig (selbstvertrauend, nicht auf Hilfe angewiesen) | 7,87 | 8,0 |
| Intellektuell (intelligent, nachdenkend) | 7,95 | 9,0 |
| Versöhnlich (bereit, anderen zu verzeihen) | 8,33 | 10,0 |
| Hilfreich (für das Wohlergehen anderer arbeitend) | 8,66 | 11,0 |
| Tüchtig (sachkundig, fähig) | 9,95 | 12,0 |
| Logisch (widerspruchsfrei, vernünftig) | 10,84 | 13,0 |
| Selbstbeherrscht (zurückhaltend) | 12,88 | 14,0 |
| Höflich (liebenswürdig, wohlerzogen) | 14,58 | 15,0 |
| Strebsam (fleißig, ehrgeizig) | 15,07 | 16,0 |
| Sauber (nett, ordentlich) | 16,80 | 17,0 |
| Gehorsam (pflichtgetreu, respektvoll) | 17,22 | 18,0 |
| | | W = 0,472 |

In dieser Tabelle sind die Werte nach ihren Rangplätzen geordnet dargestellt, neben dem Wert findet man den Median (als mittleres Gruppenurteil) und den Rangplatz. Von einem mittleren Gruppenurteil kann man dann sinnvoll sprechen, wenn eine überzufällige Übereinstimmung der Einzelprofile vorhanden ist. Als Maß dafür verwendeten wir den Kendallschen Konkordanzkoeffizienten W, der Werte zwischen 0 (keine Übereinstimmung) und 1 (vollständige Übereinstimmung) annehmen kann. Die Übereinstimmung ist für die Rangreihen auf dem 0,001-Niveau signifikant, das heißt es besteht eine überzufällige Ähnlichkeit der Einzelprofile.

a) Die enorme Expansion der sozialen Dienste und die damit verbundenen Ausgaben des Staates (Schlagwort: „Finanzkrise des Staates"). Dies bedeutet die zunehmende Abhängigkeit der sozialen Sicherung von der Haushaltslage der öffentlichen Hand (Badura und Gross, 1976, S. 49). Daher ist zu erwarten, daß nach anfänglicher Skepsis und Zurückhaltung der Staat Selbsthilfeaktivitäten fördern wird, indem er es den Bürgern zumindest erleichtert, Dienstleistungen natural zu erbringen.

b) Die fortschreitende „Erosion natürlicher Netzwerke" (op. zit. S. 298) führt dazu, daß es zu einer weiteren Substitution von Funktionen der Familie und der Nachbarschaft durch bezahlte Dienstleistungen kommt. Aus Dienst wird Verdienst (op. zit. S. 77). Guttandin (1978) faßt die Expansion von Beratungsdiensten als Indiz zunehmender Hilfslosigkeit auf. Die Entscheidungskompetenz in Alltagsfragen wird immer mehr bezahlten Beratern zugeschoben, der Klient wird infantilisiert, bleibt jedoch nominell selbstverantwortlich (Gefahr der Laisierung und Entmündigung des Beratenen durch den Berater). Gerade gegen diese zunehmende Abhängigkeit richtet sich die Selbsthilfebewegung.

Der zunehmende Ersatz von Primärgruppe und Nachbarschaft durch Selbsthilfe (Schubert, 1977) und die damit verbundene Ersetzung von Blutsverwandtschaft durch Wahlverwandtschaft (Moeller, 1978, S. 341) bedeutet allerdings nicht den Verzicht auf die Mobilisierung der Familie als „natürliche Selbsthilfegruppe" durch Gesundheits- und Sozialpolitik. Caplan (1976) hat in diesem Zusammenhang und offensichtlich motiviert durch dieses Erkenntnisinteresse wesentliche Funktionen der Familie herausgestellt, die hier in geraffter Form wiedergegeben werden:

*a) Die Familie als Sammler und Verteiler von Informationen*
Die Familienforschung hat die Familie bisher vor allem unter dem Aspekt der Sozialisation erforscht. In der Familie kann jedoch jeder von den Erfahrungen des anderen lernen, wobei dies als ein permanenter Vorgang über die Generationen hinweg gesehen werden muß. In Zeiten raschen Wandels sind die Informationen, welche die jüngeren Familienmitglieder geben können, für die älteren besonders wichtig.

*b) Die Familie als feedback-System*
In der Familie können Menschen rascher erfahren, was andere über sie denken, als in einer verwirrenden Außenwelt. Die Signale sind hier leichter verständlich. Die Familie als Gruppe nimmt die Berichte des einzelnen Mitgliedes auf und hilft ihm, sich und die Umwelt besser zu verstehen.

*c) Die Familie als Quelle von Weltanschauung*
Die Familiengruppe liefert dem einzelnen ein Überzeugungs- und Wertsystem zu seiner Orientierung. Sie weist ihm einen Platz an und zeigt ihm die Wege, die er gehen soll. Sie liefert ihm also gleichsam die Landkarte und den Kompaß und versieht ihn mit Zielen und Aufträgen.

In diesem Zusammenhang steht auch die Wechselwirkung von Familie und Religion. Die meisten religiösen Bräuche beziehen sich auf Ereignisse in der Familie. Religion ist nach Caplan die wichtigste Einrichtung, die sich mit der Familie als Ganzes während ihrer Entwicklung befaßt. Besonders wichtig ist die Familientradition in Krisen, wenn die

Problemlösungskapazität der Familie überfordert wird. Die Verankerung in Überzeugungen und Werten erweist sich hier oft als wesentlich.

Die Familie kann sich in Gemeinsamkeit mit anderen erleben, die ähnliche religiöse Überzeugungen haben. Caplan schreibt: „Jahrelange Krisenforschung haben mir viele Beispiele gezeigt, daß Personen, die in Übereinstimmung zu familiären und religiösen Werten stehen, gegenüber den Nonkonformisten, den Rebellen und Areligiösen Vorteile haben. Ausnahme sind jene Rebellen, die ihre Stärke durch die Ideologie einer sozialen oder politischen Bewegung erhalten, sogar dann, wenn diese antifamiliär oder antireligiös ist" (op. zit. S. 24, Übers. L. R.)

*d) Die Familie als Hilfe beim Problemlösen*
Die Familie ermuntert in der Regel zur freien Äußerung von Schwierigkeiten und teilt damit das Problem des einzelnen. So können Fähigkeiten und Talente der Familie mobilisiert werden, und es kann Rat in Übereinstimmung mit der Familientradition und mit den Familienwerten gegeben werden. Die Familie kann sich selbst an verschiedene Stellen des sozialen Hilfssystems wenden, wenn Schwierigkeiten auftreten.

*e) Die Familie als Ort der Erholung und Wiederherstellung*
Nach der Auffassung von Caplan hat jedes Familienmitglied die Möglichkeit, in der Privatheit der Familie „es selbst zu sein". Es kann sich entspannen, weil die Sicherheit besteht, daß man wegen Kleinigkeiten nicht verstoßen wird. Jeder in der Familie kann sich verstanden fühlen und sich als einmalig erleben (als „Selbst"). Schwierig wird es erst, wenn die Familie aus äußeren und oder inneren Gründen nicht mehr in der Lage ist, diese Funktion zu gewährleisten, und wenn der Streß für den einzelnen zu groß wird. Es sei hier angemerkt, daß Caplan die gesellschaftliche Verflechtung der Familie in diesem Zusammenhang nicht behandelt.

*f) Die Familie als Referenzgruppe und Ort der Kontrolle*
Weil der einzelne von seiner Familie so gut gekannt wird, ist Beurteilung und Bewertung seitens der anderen Mitglieder für ihn wesentlich. Die Bewertungen sind außerdem in der Regel mit Belohnungen bzw. deren Entzug verbunden oder im Extremfall auch mit Bestrafung, so daß die Familie über den einzelnen eine wesentliche Kontrolle innehat.

*g) Die Familie als Quelle von Identität*
In krisenhaften Situationen, aber auch in der Entfremdung und Unauthentizität beruflicher und anderer außerfamiliären Aktivitäten sieht Caplan eine Gefahr für die Identität des einzelnen. Hier kann die Familie als Schutz dienen.

*h) Der Beitrag der Familie zur emotionellen Stabilität*
Wann immer Gefühle wie Angst, Depression, Ärger etc. bei einem Familienmitglied auftreten und sein psychisches Gleichgewicht bedrohen, kann die Familie einspringen und sein „Ich" stärken. Die nötige „Trauerarbeit" bei Verlust kann mit Hilfe der Familie leichter geleistet werden.

Diese Wiederentdeckung der Familie allein dürfte allerdings nicht ausreichen, da zahlreiche Familien bereits jetzt mit den ihnen aufgebürdeten Aufgaben überfordert sind, so daß zusätzliche „soziale Leistungen" nicht erbracht werden können. Sozialpolitisch bedeutet dies die Notwendigkeit der Förderung „kleiner Netzwerke" nicht nur durch monetäre Hilfen, sondern auch durch Förderung der „kulturellen Infrastruktur" als einer wesentlichen Voraussetzung sozialer Interaktion (Badura und Gross, 1976, S. 272).

Schließlich möchte ich darauf hinweisen, daß sich die Selbsthilfebewegung nicht als abgrenzbares Phänomen begreifen läßt, sondern das Ausmaß einer politischen Bewegung erreicht hat. Diese richtet sich im wesentlichen auf die Umwandlung der gegenwärtigen in eine „aktive Gesellschaft" (etwa im Sinne Etzionis, 1975).

# Literatur

*Badura, B.* (Hrsg.): Seminar: Angewandte Sozialforschung. Suhrkamp, Frankfurt/M. 1976.

*Badura, B.:* Von einer Theorie der Dienstleistungsgesellschaft zur Theorie der Dienstleistung. In: *A. Gartner* u. *F. Riessman*: Der aktive Konsument in der Dienstleistungsgesellschaft, Suhrkamp, Frankfurt 1978 S. 325–345.

*Badura, B., P. Gross:* Sozialpolitische Perspektiven. Piper, München 1976.

*Baier, H.:* Herrschaft im Sozialstaat. In: *Ch. v. Ferber, F.-X. Kaufmann* (Hrsg.): Soziologie und Sozialpolitik. Sonderheft 19 der Kölner Zeitschrift für Soziologie und Sozialpsychologie, S. 128–142. Westdeutscher Verlag, Opladen 1977.

*Blanke, Th., Ch. Sachße:* Theorie der Sozialarbeit. In.: *A. Gaertner, Ch. Sachße* (Hrsg.): Politische Produktivität der Sozialarbeit, S. 15–56. Campus, Frankfurt – New York 1978.

*Böhme, G., W.v.d. Daele, R. Hohlfeld, W. Krohn, W. Schäfer, T. Spengler:* Die gesellschaftliche Orientierung des wissenschaftlichen Fortschritts, Starnberger Studien I. Suhrkamp, Frankfurt/M. 1978.

*Böhme, G., W.v.d. Daele, W. Krohn:* Die Finalisierung der Wissenschaft. In: *W. Diederich* (Hrsg.): Theorien der Wissenschaftsgeschichte, S. 276–311. Suhrkamp, Frankfurt/M. 1974.

*Braun, H.:* Orientierungsprobleme in der modernen Gesellschaft. Die neue Ordnung 4 (1974), 285–294.

*Braun, H.:* Soziales Handeln und soziale Sicherheit. Campus, Frankfurt/M. 1978.

*Caplan, G.:* The Family as a Support System.

In: *G. Caplan, M. Killilea* (eds.): Support Systems and Mutual Help, pp. 19–36. Grune & Stratton, New York 1976.

*Duss v. Werdt, J.:* Familientherapie als angewandte Familiensoziologie. In: *H.E. Richter, H. Strotzka, J. Willi* (Hrsg.): Familie und seelische Krankheit, S. 38–47. Rowohlt, Reinbek 1976.

*Etzioni, A.:* Die aktive Gesellschaft. Westdeutscher Verlag, Opladen 1975.

*Feldman, L.B.:* Goals of Family Therapy. Marr. Fam. Couns. 2 (1976) 103–113.

*Ferber, Ch.v., F.-X. Kaufmann* (Hrsg.): Soziologie und Sozialpolitik. Sonderheft 19 der Kölner Zeitschrift für Soziologie und Sozialpsychologie. Westdeutscher Verlag, Opladen 1977.

*Flohr, H.:* Rationalität und Politik, Band 1. Luchterhand, Neuwied und Berlin 1975.

*Gartner, A., F. Riessman:* Self-Help in the Human Services. Jossey-Bass, San Francisco 1977.

*Gartner, A., F. Riessman:* Der aktive Konsument in der Dienstleistungsgesellschaft. Suhrkamp, Frankfurt/M. 1978.

*Gastager, H., S. Gastager:* Die Fassadenfamilie. Kindler, München 1973.

*Goldenberg, H.:* Contemporary Clinical Psychology. Brooks & Cole, Monterey 1973.

*Gross, Ch., Badura:* Sozialpolitik und soziale Dienste: Entwurf einer Theorie personenbezogener Dienstleistungen. In: *Ch. v. Ferber, F.-X. Kaufmann* (Hrsg.): Soziologie und Sozialpolitik, Sonderheft 19 der Kölner Zeitschrift für Soziologie und Sozialpsychologie, S. 361–385. Westdeutscher Verlag, Opladen 1977.

*Guttandin, F.:* Beratung: Kompetenzerweiterung oder Kompetenzverlust? Einundzwanzig 9 (1978) 41–55.

*Haley, J.:* Why a Mental Health Clinic Should Avoid Family Therapy. Marr. Fam. Couns. 1 (1975) 3–13.

*Haley, J.:* Direktive Familientherapie. Pfeiffer, München 1977.

*Halmos, P.:* Beichtväter des 20. Jahrhunderts. Theologischer Verlag, Zürich 1972.

*Häußermann, H.:* Die Politik der Bürokratie. Campus, Frankfurt/M. 1977.

*Heinsohn, G., R. Knieper:* Theorie des Familienrechts. Suhrkamp, Frankfurt 1974.

*Herlth, A., F.-X. Kaufmann, S. Schneider, K.-P. Strohmeier:* Wirkungen öffentlicher Sozialleistungen auf den Sozialisationsprozeß. Forschungsprojekt im Auftrage des Bundesministeriums für Jugend, Familie und Gesundheit. Manuskript 1975.

*Hoffmann, D.M., K. Zenta, P.C. Hexel, G. Pawlowsky:* Endbericht zum Forschungsprojekt: Lücken in den sozialen Wohlfahrtsdiensten in Österreich. Eurosocial, Occasional Papers, Nr. 5, Europäisches Zentrum für Ausbildung und Forschung auf dem Gebiet der sozialen Wohlfahrt, Wien 1977.

*Hübner, K., N. Lobkowicz, H. Lübke, G. Radnitzky* (Hrsg.): Die politische Herausforderung der Wissenschaft. Hoffmann & Campe, Hamburg 1976.

*Kammler, J.:* Das sozialstaatliche Modell öffentlicher Herrschaft. In: *W. Abendroth, K. Lenk* (Hrsg.): Einführung in die politische Wissenschaft, S. 86–114. UTB, Franke, München 1968.

*Kaufmann, F.-X.:* Sicherheit als soziologisches und sozialpolitisches Problem. Enke, Stuttgart 1970.

*Kaufmann, F.-X.:* Sozialpolitisches Erkenntnisinteresse und Soziologie. In: *Ch.v. Ferber, F.-X. Kaufmann* (Hrsg.): Soziologie und Sozialpolitik, Sonderheft 19 der Kölner Zeitschrift für Soziologie und Sozialpsychologie, S. 35–75. Westdeutscher Verlag, Opladen 1977.

*Kaufmann, L.:* Familie, Kommunikation und Psychose. Huber, Bern 1972.

*Keupp, H.:* Psychologische Tätigkeit in der psychosozialen Versorgung – Wider die Voreiligkeit programmatischer Fortschrittlichkeit. Verhaltenstherapie in der psychosozialen Versorgung. Kongreßbericht Berlin 1977, Sonderheft II/1978 der Mitteilungen der DGVT, S. 11–24.

*Keupp, H.:* Gemeindepsychologie als Widerstandsanalyse des professionellen Selbstverständnisses. In: *H. Keupp, M. Zaumseil* (Hrsg.): Die gesellschaftliche Organisierung psychischen Leidens, S. 180–220. Suhrkamp, Frankfurt/M. 1978.

*Küppers, G., P. Lundgreen, P. Weingart:* Umweltforschung – die gesteuerte Wissenschaft. Suhrkamp, Frankfurt/M. 1978.

*Kuhn, T.S.:* Die Struktur wissenschaftlicher Revolutionen. Suhrkamp, Frankfurt/M. 1967.

*Lammers, C.J.:* „Mono- and poly-paradigmatic Developments in Natural and Social Sciences". In: *R. Whitley* (ed.): Social Processes of Scientific Development, pp. 123–147. London 1974.

*Lenhardt, G., C. Offe:* Staatstheorie und Sozialpolitik. In: *Ch.v. Ferber, F.-X. Kaufmann* (Hrsg.): Soziologie und Sozialpolitik. Sonderheft 19 der Kölner Zeitschrift für Soziologie und Sozialpsychologie, S. 98–127. Westdeutscher Verlag, Opladen 1977.

*Lüscher, K.:* Sozialpolitik für das Kind. In: *Ch.v. Ferber, F.-X. Kaufmann* (Hrsg.): Soziologie und Sozialpolitik. Sonderheft 19 der Kölner Zeitschrift für Soziologie und Sozialpsychologie, S. 591–628. Westdeutscher Verlag, Opladen 1977.

*Luhmann, N.:* Politische Planung. Westdeutscher Verlag, Opladen 1971.

*Mandel, K.H., A. Mandel, H. Rosenthal:* Einübung der Liebesfähigkeit. Pfeiffer, München 1975.

*Mayntz, R.* (Hrsg.): Bürokratische Organisation. Kiepenheuer & Witsch, Köln-Berlin 1968.

*Mayntz, R.:* Soziologie der öffentlichen Verwaltung. UTB Müller, Karlsruhe 1978.

*Minuchin, S.:* Familien und Familientherapie. Lambertus, Freiburg 1978.

*Mitterauer, M.:* Funktionsverlust der Familie? In: *M. Mitterauer, R. Sieder* (Hrsg.): Vom Patriarchat zur Partnerschaft, S. 94–119. Beck, München 1977.

*Mitterauer, M., R. Sieder:* Ehe, Fortpflanzung und Sexualität. Manuskript 1977a.

*Mitterauer, M., R. Sieder:* Vom Patriarchat zur Partnerschaft. Beck, München 1977b.

*Moeller, M. L.:* Selbsthilfegruppen. Rowohlt, Reinbek 1978.

*Montalvo, B., J. Haley:* Zur Verteidigung der Kindertherapie. Familiendynamik 2 (1977) 322–340.

*North, M.:* Mythos und Wirklichkeit der Psychotherapie. Urban & Schwarzenberg, München-Berlin-Wien 1975.

*Ornstein, A.:* Die Herstellung des Kontaktes mit der inneren Welt des Kindes. Familiendynamik 2 (1977) 282–315.

*Pilgrim, V. E.:* Manifest für den freien Mann. Trikont, München 1978.

*Poulantzas, N.:* Staatstheorie. VSA, Hamburg 1978.

*Rammstedt, O.:* Soziale Bewegung. Suhrkamp, Frankfurt/M. 1978.

*Reiter, L.:* Ehe- und Familientherapie. In: *H. Strotzka* (Hrsg.): Psychotherapie: Grundlagen, Verfahren, Indikationen, S. 433–456. Urban & Schwarzenberg, München-Berlin-Wien 1978 a.

*Reiter, L.:* Partnerschafts- und Familientherapie. In: *L. R. Schmidt* (Hrsg.): Lehrbuch der klinischen Psychologie, S. 493–501. Enke, Stuttgart 1978 b.

*Reiter, L., A. M. Becker:* Interdisziplinäre Zusammenarbeit und theoretischer Pluralismus: Programme und Probleme. In: *A. M. Becker, L. Reiter* (Hrsg.): Psychotherapie als Denken und Handeln, S. 129–170. Kindler, München 1977.

*Reiter, L., E. Steiner:* Werthaltungen von Sozialarbeitern und psychosozialen Beratern. Sozialarbeit in Österreich 12 (1977) 13–22.

*Reiter, L., E. Steiner:* Persönliche Werte von Familientherapeuten und Familienberatern. Partnerberatung 15 (1978 a) 33–41.

*Reiter, L., E. Steiner:* Werte und Ziele in der Psychotherapie. Psychologie heute 5, Heft 11, (1978 b) 65–70.

*Reiter, L., E. Steiner, H. Strotzka:* Wert-, Ziel und Normenkonflikte in der Familientherapie: Zur Beziehung von Familienarbeit und Recht. In: *H. E. Richter, H. Strotzka, J. Willi* (Hrsg.): Familie und seelische Krankheit, S. 68–101. Rowohlt, Reinbek 1976.

*Richter, H. E.:* Eltern, Kind und Neurose. Rowohlt, Reinbek 1969.

*Richter, H. E.:* Patient Familie. Rowohlt, Reinbek 1970.

*Richter, H. E.:* Die Psychosoziale Arbeitsgemeinschaft Lahn-Dill. In: *H. E. Richter:* En-

gagierte Analysen, S. 201–241. Rowohlt, Reinbek 1978.

*Richter, H. E., H. Strotzka, J. Willi* (Hrsg.): Familie und seelische Krankheit. Rowohlt, Reinbek 1976.

*Riese, H.:* Wohlfahrt und Wirtschaftspolitik. Rowohlt, Reinbek 1975.

*Robinson, D., S. Henry:* Self-Help and Health. Robertson, London 1977.

*Rödel, U., T. Guldimann:* Sozialpolitik als soziale Kontrolle. In: Starnberger Studien 2: Sozialpolitik als soziale Kontrolle, S. 11–55. Suhrkamp, Frankfurt/M. 1978.

*Rokeach, M.:* The Nature of Human Values. The Free Press, New York 1973.

*Satir, V.:* Familienbehandlung. Lambertus, Freiburg 1973.

*Schäfer, W.:* Normative Finalisierung. In: *G. Böhme* et al. (Hrsg.): Die gesellschaftliche Orientierung des wissenschaftlichen Fortschritts, S. 377–411. Suhrkamp, Frankfurt/M. 1978.

*Scheer-Wiedmann, G., H.-J. Wirth:* Kooperation statt Verzettelung der Verantwortung. Psychosozial 2 (1968) 114–129.

*Schelsky, H.:* Der selbständige und der betreute Mensch. Ullstein, Frankfurt/M.-Berlin-Wien 1978.

*Schubert, H. A.:* Nachbarschaft, Entfremdung und Protest. Alber, Freiburg-München 1977.

*Smith, B. L. R.:* The Public Use of the Private Sector. In: *B. L. R. Smith* (ed.): The New Political Economy, pp. 1–45. Macmillan, London 1977.

*Stierlin, H.:* Eltern und Kinder im Prozeß der Ablösung. Suhrkamp, Frankfurt/M. 1975 a.

*Stierlin, H.:* Von der Psychoanalyse zur Familientherapie. Klett, Stuttgart 1975 b.

*Stierlin, H., I. Rücker-Embden:* Wie lernt man Familientherapie? Ausbildung in Familientherapie. In: *H. E. Richter, H. Strotzka, J. Willi* (Hrsg.): Familie und seelische Krankheit, S. 331–362. Rowohlt, Reinbek 1976.

*Stolte-Heiskanen, V.:* Family Needs and Societal Institutions: Potential Empirical Linkage Mechanisms. J. Marr. Fam. 37 (1975) 903–916.

*Strotzka, H.:* Psychotherapie und soziale Sicherheit. Huber, Bern 1969.

*Vincent, C. E.:* Barriers to the Development of Marital Health as a Health Field. J. Marr. Fam. Couns. 3,3 (1977) 3–11.

*Wahl, K.:* Familienpolitik in der Bundesrepublik Deutschland. In: *H. Braun, U. Leitner* (Hrsg.): Problem Familie – Familienprobleme, S. 169–189. Campus, Frankfurt/M. 1976.

*Widmaier, H.P.* (Hrsg.): Politische Ökonomie des Wohlfahrtsstaates. Athenäum Fischer, Frankfurt/M. 1974.

*Widmaier, H.P.:* Sozialpolitik im Wohlfahrtsstaat. Rowohlt, Reinbek 1976.

*Willi, J.:* Die Zweierbeziehung. Rowohlt, Reinbek 1975.

*Willi, J.:* Therapie der Zweierbeziehung. Rowohlt, Reinbek 1978.

*Wingen, M.:* Bedingungen und Probleme sozialwissenschaftlicher Familienpolitikbera-
tung. In: *Ch.v. Ferber, F.-X. Kaufmann* (Hrsg.): Soziologie und Sozialpolitik. Sonderheft 19 der Kölner Zeitschrift für Soziologie und Sozialpsychologie, S. 629–649. Westdeutscher Verlag, Opladen 1977.

*Wissenschaftszentrum Berlin* (Hrsg.): Interaktion von Wissenschaft und Politik. Campus, Frankfurt/M. 1977.

*Zaretsky, E.:* Die Zukunft der Familie. Campus, Frankfurt 1978.

*Zauner, J.* (Hrsg.): Familiendynamik und analytische Kindertherapie. Vandenhoeck & Ruprecht, Göttingen 1976.

*Zuk, G.H.:* Familientherapie. Lambertus, Freiburg 1975.

# Bundestagsenquete über die Lage der Psychiatrie in Deutschland. Abschnitt über die psychotherapeutisch-psychosomatische Versorgung

## Versuch einer Würdigung

*Hans Strotzka*

(Vortrag, gehalten im Juni 1978, anläßlich einer Tagung der Aktion „psychisch krank" in Bonn)

Der psychotherapeutische und sozialpsychiatrische Beobachter aus einem Nachbarland betrachtet die Bundesdeutsche Szene mit großem Interesse. Das, was in diesem zentraleuropäischen Herzland geschieht, hat nicht nur für den deutschsprachigen Raum, aber natürlich dort besonders, in der Regel eine gewisse Beispielwirkung und schon durch die Literatur, aber auch durch die vielen persönlichen Kontakte eine starke Ausstrahlung auf die deutschsprachigen Nachbarländer. Die Psychiatrieenquete ist nun als Ganzes ein imponierendes Werk der Bestandserhebung in diesem nicht nur in der Bundesrepublik so stark vernachlässigten Gebiet und formuliert Reformvorschläge, wie sie dem modernen internationalen Trend entsprechen. Sie kann gleichrangig neben das bedeutende Werk „Action for Mental Health" in den USA gestellt werden, das seinerzeit den Ausgangspunkt für die Community Mental Health Bewegung darstellte. Man kann nur hoffen, daß diese enorme kooperative Anstrengung der besten Köpfe der deutschen Psychiatrie sich in eine aufeinander abgestimmte Aktion umsetzt, die den Rang dieser Disziplin wieder zu internationalen Ehren kommen läßt und vor allem der Bevölkerung und ihren Bedürfnissen besser dient, als dies derzeit der Fall ist.

Schon die Geschichte der Enquete zeigt, daß es hier große Spannungen zwischen den niedergelassenen und in Anstalten tätigen „klassischen" oder vorwiegend organisch eingestellten Psychiatern auf der einen Seite und den Psychotherapeuten und Psychosomatikern auf der anderen gab. Dies führte dazu, daß die letzteren sich in den ersten Entwürfen nicht genügend gewürdigt fühlten und erst durch einen gewissen Druck eine gesonderte und ausführlichere Darstellung durchsetzten. Dies entspricht leider einer beklagenswerten historischen Entwicklung. Wahrscheinlich ist in keinem anderen Lande die Psychoanalyse so abgelehnt worden, wie etwa durch Hoche und Bumke, aber auch Kreitschmer und K. Schneider. Selbst in Wien war dies unter Wagner-Jauregg nicht so ausgeprägt, wenn man etwa an die bedeutenden Psychoanalytiker denkt, die an dieser Klinik gewirkt haben, ich darf u.a. nur Heinz Hartmann und Paul Schilder erwähnen.

Die deutsche Psychiatrie war traditionell, aber auch in ihren modernen sozialpsychiatrischen Richtungen, sehr stark auf die Psychosen und die Anstaltsreform ausgerichtet und vernachlässigte bei ihren Überlegungen und Planungen die zahlenmäßig um ein Vielfaches größere Gruppe der Neurosen in einem bedenklichen Ausmaß.

Auf der anderen Seite zeigten sich aber auch äußerst positive Tendenzen. Die Schaffung eines Zusatzfacharzttitels für Psychotherapie und die annähernd kostendeckende Honorierung auch langdauernder Psychoanalysen durch die Kassen (allerdings erst nach einem Genehmigungsverfahren, das sich aber ganz gut bewährte) verbesserte die Versorgung wesentlich; die neue Approbationsordnung richtet die medizinische Ausbildung stärker gegenüber der üblichen organischen Orientierung auf psychosoziale Belange aus (wobei ich die Anfangsschwierigkeiten nicht unterschätze). Die teure psychoanalytische Ausbildung wurde zum Teil wenigstens durch Stipendien der Deutschen Forschungsgemeinschaft mitfinanziert. Wir Österreicher sind aus Gründen, die hier nicht zu besprechen – aber vorwiegend legistischer Art – sind, noch weit von diesem Standard entfernt.

Ich würde meinen, daß die Ideallösung einer Versorgung psychosozial Kranker so aussehen müßte, daß alle Personen, die in den Gesundheits- und Sozialdiensten tätig sind, welcher Profession immer sie angehören, zu einer *„psychotherapeutischen Grundhaltung"* hin sozialisiert werden sollten. Dies bedeutet, daß die Patienten wertfrei akzeptiert werden können, ihnen ein hohes Maß an echter Sympathie und Einfühlung (Empathie) entgegengebracht wird (man könnte auch sagen, daß sie als Menschen respektiert und ihre Grundbedürfnisse wesentlich politisch und institutionell (Maslow, 1977) erfüllt werden)und die Prinzipien einer indirektiven Beratung (im Sinne der Hilfe zur Selbsthilfe der modernen Sozialarbeit) den Arbeitsstil bestimmen.

Durch eine solche Arbeit an der Frontlinie der Versorgung könnte eine echte Prävention (auf allen drei Ebenen nach Caplan) geleistet und vor allem viel iatrogener Schaden vermieden werden. Diese Schäden bestehen vor allem im Abdrängen in organische Krankheit, oft durch einfache Unkenntnis fundamentaler Grundsätze der Psychosomatik, und im Bagatellisieren.

Wir können uns allerdings kaum von einer allgemeinen Gesundheitserziehung der Bevölkerung etwas erwarten, solange uns diese einfache Erziehungsarbeit in der Psychohygiene etwa bei den Allgemeinpraktikern und Fachärzten aller Sparten nicht gelungen ist. Diese Basisarbeit sollte unterstützt sein von einem Netzwerk von *Selbsthilfegruppen,* die sich für viele Indikationen ausgezeichnet bewährt haben (Anonyme Alkoholiker, Weight-Watchers etc.).

Wie weisen vor allem auf die Arbeiten von Michael Lukas Moeller (1978) hin, der sich besonders um die Thematik der Selbsthilfe verdient gemacht hat.

Im nächsten Schritt wäre es eine Selbstverständlichkeit, daß die Fachärzte für Psychiatrie eine psychotherapeutische Ausbildung erhalten, die etwa dem jetzigen Zusatztitel entspricht. In Österreich ist dies zumindest derzeit noch nicht annähernd der Fall.

Durch den Einsatz dieser beiden Filter bliebe dem speziell psychotherapeutisch Ausgebildeten eine kleinere Klientel höheren Schwierigkeitsgrades übrig. Die Arbeit dieser Spezialisten sollte sich jedoch nicht in Einzel-, Gruppen- oder Familientherapie erschöpfen, sondern sie sollten als Leiter von Balintgruppen, Supervisoren, Konsiliarii oder Lehrer breit wirksam werden. Der Effizienzgrad der Psychotherapie ist hier kritisch zu betrachten. Die deutschen Psychotherapeuten haben hier Pionierarbeit geleistet, ich verweise nur auf Frau Dührssen (1972). Man kann heute sagen, daß bei *breiter* Indikation kombinierte Behandlung (Psychotherapie und medizinische Therapie) bessere Resultate erzielt als jede Therapieform allein. Psychoanalytische Therapie ist wirksam, andere Psychotherapieformen wirken jedoch in Hinsicht auf Symptombesserung oft schneller, und dies darf man nicht immer als instabile Übertragungswirkung abtun.

Psychologen, Sozialarbeiter, Arbeits- und Musiktherapeuten ergänzen wesentlich dieses Versorgungsmodell ebenso wie Beratungsstellen und bilden einen fließenden Übergang zu den Einrichtungen einer gemeindenahen Psychiatrie, wie sie ja in der Enquete konzipiert ist. Noch ein Wort zur Epidemiologie. Ich verkenne nicht die Angst, daß wir (besonders, wenn die Psychologen breit in die Versorgung einbezogen werden sollten) dem Stadium, daß die Hälfte der Bevölkerung die andere behandelt, nahe kommen. Es besteht aber, wenn wir die Charakterstörungen einbeziehen, ein so großer Bedarf, daß dies nur langfristig eine Gefahr darstellt. Es ist nur darauf zu achten, daß nicht psychogene Reaktionen künstlich zur Indikation von Therapie aufgebläht werden. Hier ist die Domäne der Krisenintervention, die oft am besten von Sozialarbeitern gemeistert wird.

In diesem, wie ich meinen würde, idealen Bild sind einige schwerwiegende Schwachstellen. Insbesondere ist es die langdauernde sehr kostenaufwendige psychoanalytische Ausbildung, die schwer unterzubringen ist. Sie legt den Idealisten, die sich dazu entschließen, ein großes Opfer auf, während die übrigen Ausbildungen in der Regel kostenfrei angeboten werden. Nun gibt es Meinungen, daß die Psychoanalyse in der gegebenen Organisationsform sowieso obsolet geworden sei. Dies wird damit begründet, daß sie wissenschaftlich noch immer nicht genügend unterbaut und als Therapie unökonomisch und schwerfällig sei. Ihre Konzepte, soweit sie klinisch relevant seien, könnten in eine psychosomatische Medizin und dynamische Psychiatrie eingebaut werden. Dies würde auf lange Sicht allerdings bedeuten, daß die Tradition der klassischen Analyse langsam aus Mangel an Erfahrung verschwinden würde.

Ich halte es für eines der größten Verdienste der Enquete, daß sie klar und eindeutig *nicht* diesen Standpunkt vertritt, sondern die Tiefenpsychologie als die tragende Theorie in Psychotherapie und Psychosomatik konstitutiert. Man kann vielleicht bedauern, daß die Konzepte der Verhaltenstherapie, aus der experimentellen Psychologie kommend, der Gesprächstherapie (Rogers), der Kommunikationstherapie (Watzlawick), der Gestalttherapie (Perls), des Psychodramas (Moreno), um nur die wichtigsten neueren Entwicklungen zu erwähnen, nicht eingehender diskutiert werden, dies ist aber wohl den Auseinandersetzungen im Vorfeld einer solchen Enquete vorbehalten. Die positive Einschätzung dieses Bekenntnisses zur Psychoanalyse ergibt sich natürlich wieder aus dem eigenen Standpunkt des Beobachters. Ich meine, daß eine korrekte

Ausbildung in einer tiefenpsychologischen Schule die ideale Voraussetzung auch für die anderen psychotherapeutischen Techniken wäre, und es ist ein interessantes Phänomen, daß die meisten Schulgründer der neuen konkurrierenden Methoden tatsächlich aus einem solchen Hintergrund kommen, wenn sie das auch manchmal verleugnen. Die Mechanismen von Übertragung, Gegenübertragung und Widerstand, die überall eine Rolle spielen, können nur aus einem solchen Hintergrund heraus adäquat verstanden und gehandhabt werden. Die Indikation zur psychoanalytischen Standardtechnik als Therapie jedoch wird letztlich wegen des enormen Aufwandes sicher sehr streng gestellt werden müssen. Eine Kontinuität der psychoanalytischen Ausbildung kann aber, ich wiederhole dies zur Unterstreichung, nur gewährt werden, wenn genügend Erfahrung in der Standardtechnik als Therapie erhalten bleibt. Die Psychoanalyse wird sich allerdings dieses Vertrauensvorschusses nur dann würdig erweisen, wenn sie ihr noch vorwiegend theorie- und technikzentriertes Denken zu einem mehr patientenorientierten modifiziert und offen wird zu einer integrativen Therapie, die wohl langfristig die Zukunft bestimmen dürfte. Unter integrativer Therapie verstehen wir Modifikationen, Kombinationen und zeitlich aufeinanderfolgende Techniken entsprechend den jeweiligen Bedürfnissen der Patienten, des Therapeuten und den Einschränkungen und Möglichkeiten, die durch die Institutionen und die Gesellschaft gegeben sind. Dies hat mit Eklektizismus im früheren Sprachgebrauch wenig und mit Polypragmasie nichts zu tun.

Ich verkenne nicht die Härte gegenüber den anderen psychotherapeutischen Schulen, die im Tenor der Enquete liegt, halte es aber für richtig, wenn gesagt wird: „Dem Weiterbildungsgang zum analytischen Psychotherapeuten vergleichbare Weiterbildungsgänge von Seiten anderer Psychotherapieeinrichtungen (Verhaltenstherapie, Gesprächstherapie) liegen bisher nicht vor. Wenn sich für andere psychotherapeutische Methoden die Frage der rechtlich anerkannten Qualifikation stellt, müßten sie in bezug auf die klinische Erfahrungsgrundlage wie nach Umfang und Weiterbildungsanforderungen vergleichbare Maßstäbe erfüllen" (S. 33 der Zusammenfassung). Dieser Zeitpunkt scheint mir allerdings näher zu sein als den Verfassern des Enqueteberichtes.

Das Klima in der deutschen Psychiatrie (d. h. die Spaltung in organisch phänomenologische und dynamische Richtungen) hat nun dazu geführt, daß zwei offenbar nicht sehr ideal ineinander integrierte Versorgungssysteme vorgeschlagen werden, ein psychiatrisches und ein psychotherapeutisch-psychosomatisches. Meines Erachtens kann heute niemand sagen, ob dies einen bedauerlichen Nachteil oder einen für die Zukunft der Versorgung positiv zu beurteilenden Vorteil bedeutet. Man kann dabei den Verlust eines „natürlichen" Zusammenhanges beklagen, oder aber meinen, daß die Behauptung eines solchen sowieso pure Heuchelei sei, da er ja nie wirklich bestanden habe und erst jetzt die Chance für Psychotherapie und Psychosomatik besteht, sich frei entsprechend ihrer Bedeutung entwickeln zu können.

Jedenfalls ist die Forderung nach einem Facharzt für psychoanalytische Medizin, die in der Enquete erhoben wird und im letzten Jahr die Diskussion beherrscht hat, eine logische Forderung aus dieser Trennung. Ich habe in den letzten Monaten zahlreiche Gespräche mit alten und jungen Psychoanalytikern und Vertretern der akademischen Psychiatrie innerhalb und außerhalb der Bundesrepublik geführt und die Literatur, soweit sie mir zugänglich war, verfolgt. Die Stimmen eindeutiger Ablehnung von Seiten der

„etablierten" Psychiatrie (Ehrhardt, Riemer, Bochnik), vermittelnde Stellungnahmen (Degkwitz), ausgeprägte Befürworter (Ehebald, Richter, Schepank, Heigl, Bräutigam), aber auch von Psychoanalytikern, die sehr skeptisch sind (Loch, Fürstenau) sind mir bekannt. Ich muß gestehen, daß meine eigene Einstellung lange schwankte, von einer primären, intuitiven, fast instinktiven Abwehr, daß dies das Ende der Psychoanalyse in der bisherigen Form bedeuten könnte, zu einer amivalenten Bejahung, daß dadurch die Psychoanalyse tatsächlich in die Medizin integriert werden könnte und vor allem die oben erwähnte Ungerechtigkeit in der Finanzierung endgültig und radikal beseitigt würde. Es ließe sich dann auch die Lage der jungen Kollegen, die in den psychoanalytischen Abteilungen ausgebildet werden (eine große Sorge der Klinikleiter) befriedigend klären. Es ist für den Ausländer sehr schwierig, eindeutig Stellung zu nehmen. Das Argument, daß dadurch die Psychiatrie verarmen könnte, wenn die Psychotherapie ein eigener Bereich wird, scheint sehr schwach zu sein, denn man kann nicht gut etwas verlieren, was man leider nie gehabt hat. Daß diese Integration in den letzten Jahrzehnten nicht gelungen ist, war ja die eigentliche Ursache, daß heute dieser Weg vorgeschlagen wird. Auch getrennte Disziplinen können einander bereichern, vielleicht sogar besser als verbundene mit ungleichen Gewicht. Ich darf vielleicht aus eigener Erfahrung in meiner Heimat sagen, daß die Schwierigkeit, die Tätigkeit meiner Mitarbeiter an einem poliklinischen Institut für Tiefenpsychologie und Psychotherapie für eine sehr begrenzte Zeit für die Facharztanerkennung anrechnen zu lassen, den Wunsch nach Selbständigkeit recht verständlich machen. Ähnliche Erfahrungen mögen wohl auch die Hochschulprofessoren für Psychosomatik, medizinische Psychologie und Soziologie in der Bundesrepublik bewogen haben, sosehr auf einem eigenen Bereich zu bestehen. Inzwischen hat der Deutsche Ärztetag den eigenen Facharzt abgelehnt. Wäre der Facharzt für medizinische Psychoanalyse durchgegangen, hätten sich schwerwiegende Folgeentschlüsse ergeben. Die Zahl der Ausbildungsstätten hätten wesentlich vermehrt werden müssen, um die kostenfreie Ausbildung zum Psychoanalytiker zu ermöglichen. Die Lehranalyse und die Kontrollanalysen wären zum erstenmal in der Geschichte dieser Bewegung im Rahmen einer Facharztordnung durchgeführt worden und wären nicht mehr eine rein private Anstrengung eines interessierten Kandidaten (sozusagen in seinem Intimbereich) gewesen. Soziale Gerechtigkeit würde aber erfreulicherweise auf diesem Gebiet etabliert worden sein. Jeder, der will, hätte einen gesetzlich garantierten Zugang zu dieser Form der Ausbildung haben müssen, ohne Rücksicht auf seine finanziellen Möglichkeiten, aber vielleicht auch ohne Vorselektion. Der Charakter eines ganz intimen Schüler-Meister-Verhältnisses, basierend auf einem rein persönlichen Vertrauensverhältnis, hätte sich wohl etwas verändert. Der Allgemeinheit wären fürs erste neue Kosten aufgelastet worden. Die Bundesrepublik wäre aber damit einer vielleicht allgemeinen Entwicklung tapfer voraus gegangen. Andererseits verlöre die deutsche Psychoanalyse weitgehend ihren bisher autonomen Status, was mit der internationalen Situation der Psychoanalytischen Vereinigungen wahrscheinlich schwer vereinbar gewesen wäre.

Die andere Alternative, wie sie inzwischen realisiert wurde, wäre ein zweiter Zusatztitel für den Bereich der Psychoanalyse. Dann bliebe allerdings die Frage der Ausbildungsfinanzierung wieder offen. Eine neue Form der Erleichterung muß jetzt gefunden werden. Sonst wäre diese vielleicht fürs erste vernünftigste Lösung fast genauso schlecht, wie die gegenwärtige Lage. Der ärztliche Psychoanalytiker mit dem Recht zur Kassenverrechnung müßte dann aber als Basis entweder Facharzt für Psychiatrie oder in einem anderen Bereich, oder zumindest Allgemeinpraktiker sein. Ich würde allerdings meinen, daß ihm das nur gut täte. Wie dem auch immer sein wird, die Geltung des Bereiches Psychotherapie/Psychosomatik wird nach menschlichen Ermessen zunehmen, und das ist letztlich ebenfalls ein entscheidendes Verdienst der Enquete.

Das sehr ausgewogene Gutachten von H. Roskamp und H. Schmid „Zu Fragen der Organisation von psychotherapeutischen Weiterbildungsstätten", schlägt die Bildung einer öffentlich-rechtlichen Körperschaft als Träger der Ausbildung vor (S. 942 ff.). Daß eine Anbindung an die Universität tatsächlich nicht notwendig wäre, würde mich überraschen. Man hat den Eindruck, als ob die Konzepte zu einer Neuorganisation noch nicht recht durchgereift wäre.

In den Sondervoten der Deutschen Gesellschaft für Psychiatrie und Neurologie (von Hippius und Häfner) ist darauf hingewiesen worden, daß eine überproportionale Vermehrung stationärer Psychotherapieeinrichtungen problematisch erscheint (der Vorwurf einer Zwei-Klassen-Psychiatrie). Ich muß mich diesen Bedenken bis zu einem gewissen Grade anschließen. Man hat den Eindruck, als ob der Akzent in der Planung in der Bundesrepublik etwas zu sehr auf den *stationären* Behandlungsformen ruht. Es wird zwar auch die Schaffung von poliklinischen Einrichtungen angeregt, aber nicht mit der Unterstreichung, daß hier der Hauptakzent liegen müsse. Denn Psychotherapie ist wohl prinzipiell ein ambulantes Gewerbe.

Ich hatte kürzlich bei einem Besuch in einem sozialistischen Lande Gelegenheit, eine interessante Beobachtung zu machen. Eine gut eingeführte Abteilung für stationäre Psychotherapie mußte wegen Umbauten für zwei Jahre geschlossen und poliklinisch weitergeführt werden. Zur größten Überraschung der dortigen Therapeuten zeigte sich aber dabei, daß viele Patienten, die früher ganz selbstverständlich hospitalisiert wurden, jetzt unter den geänderten Bedingungen ebenso leicht ambulant behandelt werden konnten. Ich darf persönlich, etwas über mein eigenes Thema hinaus, übrigens auch zur Tagesklinik, Stellung nehmen.

Ich sehe immer wieder dort Patienten, die meines Erachtens ohne weiteres auch mit ein- bis zweimal wöchentlicher Psychotherapie ebenso wirkungsvoll behandelt werden könnten. Es gibt sicher Institutionalisierungsphänomene auch im Teilzeitbereich der Sozialpsychiatrie.

Eine stationäre Psychotherapie ist nur indiziert, wenn der gleiche Erfolg nicht auch ambulant erreicht werden kann. Dies ist der Fall, wenn eine sehr intensive Behandlung angezeigt ist, die praktisch den ganzen Tagesablauf in Anspruch nimmt. Dieselbe muß allerdings auch gewährleistet sein. Eine bloße Trennung aus einem pathogenen Milieu ist nur selten sinnvoll, weil der Patient ja dann wieder dorthin zurückkehrt. Hier liegt vielmehr die Indikation zur Familientherapie, die ich für die interessanteste Entwicklung moderner Psychotherapie halte. Nur in sehr akuten Krisen ist eine solche Trennung wirklich oft unvermeidlich, dann genügen aber ein paar Krisenbetten. Ich habe von 1946 bis 1950 auf einer Station gearbeitet, die, wenn auch sehr insuffizient, als stationäre Psychotherapie bezeichnet werden könnte, aber vor allem eine wirklich intensive Therapie, entsprechend den damaligen Notverhältnissen, nicht anbieten konnte. Bis 1971 war ich dann in einer Krankenkassenambulanz und der Privatpraxis als ambulanter Psychotherapeut tätig. Mit der Übernahme des Universitätsinstitutes wäre wieder eine Chance gegeben gewesen, eine Station zu eröffnen. Nach vielen Überlegungen, Beratungen mit auf diesem Gebiet befaßten Kollegen und Besuchen in solchen Anstalten habe ich mich entschlossen, darauf zu verzichten. Ich habe diesen Entschluß bis jetzt nicht bereut. Wir brauchen selten und meist nur vorübergehend vor allem Krisenbetten, die wir ohne Schwierigkeiten an befreundeten Stationen bekommen können. Nur für die Ausbildung bedaure ich diesen Mangel, aber hier auch mehr formal aus den oben angeführten Gründen der Anerkennung zum Facharzt. Es ist ganz klar, daß jede medizinische Fakultät mindestens über eine Abteilung verfügen muß. Die psychiatrischen Abteilungen an Schwerpunktkrankenhäusern sollten aber eher der allgemeinen psychiatrischen Versorgung dienen. Dies ist zumindest das Ergebnis der Beratungen des Psychohygienischen Beirats beim österreichischen Gesundheitsministerium, der etwa einer permanenten Mini-Enquete entspricht und mit dem wir, wie ich glaube, gute Erfahrungen machen. Der Bedarf für Forschungs- und Lehrabteilungen vor allem für schwere psychosomatische Fälle an den Universitäten steht daneben allerdings außer Frage.

Zu einer weiteren wichtigen Frage nimmt der Bericht kaum Stellung. Es sind dies die „nichtärztlichen Psychotherapeuten". Überall hört man als Antwort auf die Frage, wie dieses Problem gelöst werden soll, die Antwort, dies wird durch das neue „Psychologengesetz" geklärt. Das bevorstehende Einfließen tausender, vielleicht oberflächlich in Verhaltens-, Gesprächstherapie ausgebildeter und gruppendynamisch orientierter Psychologen (von den zahllosen neuen Methoden gar nicht zu reden) ängstigt nicht nur aus standespolitischen Gründen, sondern mit Rücksicht auf die Qualität der Versorgung der Patienten und Klienten. Es ist aber gar kein Zweifel, daß die Ausbildung zum klinischen Psychologen, der psychotherapierend arbeiten soll, nur in klinischen Abteilungen und Instituten im postgraduate Training möglich ist, wo er die Grenzgebiete zur Psychose und zu psychosomatischen Krankheiten (also körperliche Krankheit mit ihren medizinischen Aspekten) kennenlernen muß. Es ist zum Beispiel undenkbar, daß ein Psychologe behandelt, der die Suizidproblematik nicht bei entsprechenden Patienten erfahren hat.

Für die Versorgung der Bevölkerung ist natürlich nicht gleichgültig, wie und unter welchen Bedingungen diese große Berufsgruppe eingesetzt werden soll. Für Österreich sei nur gesagt, daß nicht vorgesehen ist, den § 1, Ärztegesetz, der das medizinische Behandlungsmonopol konstituiert, zu ändern. Der Begriff psychologische Beratung oder sogar Behandlung sollte aber relativ weit, der Krankheitsbegriff hingegen vergleichsweise eng interpretiert werden. Die Frage einer Kassenhonorierung ist selbst bei den Ärzten bei uns noch nicht geregelt, geschweige denn bei Psychologen.

Das nächste Problem, das nach meinem Gefühl bei der Enquete kaum berührt ist, betrifft die Gestaltung der psychotherapeutischen Polikliniken. Wenn ich nichts übersehen habe, wird dieser Punkt fast überhaupt nicht diskutiert. Die psychotherapeutische Versorgung durch niedergelassene Einzeltherapeuten zu lösen, ist nicht optimal, da diese gebunden an ihre jeweilige Ausbildung meist nur eine oder wenige Methoden beherrschen und daher theoriezentriert und nicht patientenzentriert denken und arbeiten müssen. Die Gruppe von Therapeuten, die mehrere Methoden zur Auswahl haben, könnten viel eher jene Methode auswählen, die für den jeweiligen Patienten die optimale Therapie darstellt, wobei natürlich die gegebene soziale Situation mitberücksichtigt werden muß. Auch Gruppen- und Familientherapie, deren Bedeutung ich sehr hoch einschätze, könnte in einem solchen Setting leichter bewältigt werden. Gegenseitige Supervision in Fallbesprechungen würde die Einsamkeit der Entschlüsse korrigieren und die Arbeit einer solchen Institution auch transparenter machen als die isolierte Situation, die wir sonst typischerweise vorfinden. Kurz gesagt, das Prinzip des Methodenpluralismus, das uns sehr wertvoll erscheint, wird in der Enquete nicht berücksichtigt. Organisatorisch kann sowohl eine Poliklinik als auch eine Gruppenpraxis eine solche Aufgabe bewältigen.

Der letzte Punkt, wo wir den Intentionen der Enquete nur *ungeteilten Beifall* spenden können, sind die regionalen psychosozialen Arbeitsgemeinschaften, wie sie H. E. Richter in Gießen schon realisiert hat, mit denen man eine optimale Kooperation und Vermeidung von Überlappungen und Überbetreuung erreichen kann, die an manchen Orten schon eine gewisse Gefahr darstellen.

Am Abschluß meines Kommentars zur Psychiatrieenquete des Bundestages möchte ich noch eine selbstkritische Reflexion stellen.

Der Bericht ist das Ergebnis jahrelanger Bemühungen erstklassiger Fachleute, die aus einer intimen Kenntnis der Situation in der Bundesrepublik Deutschland diesen Überblick erarbeitet haben. Der Kritiker aus dem Ausland beurteilt aus einer größeren Distanz, die vielleicht manchmal einen Vorteil darstellt, aber sicher viel häufiger aus Mißverständnissen über die Voraussetzungen nicht wirklich der Lage angepaßt ist. So konnte auch meine Stellungnahme nur aus meinem beschränkten Erfahrungshintergrund und aus meiner Ausbildung als Psychoanalytiker einer, wie ich glaube, stark sozialpsychiatrisch geprägten Modifikation kommen. Ich bin weit davon entfernt, meinen Ausführungen Allgemeingültigkeit zuzuschreiben. Jedenfalls ist die Enquete ein mutiger Versuch, bestehende Institutionen zu verändern und neue zu schaffen, um die Versorgung der Patienten zu verbessern.

# Zusammenfassung

Die Aufnahme dieses Vortrages in unser Buch rechtfertigt sich dadurch, da er einen wichtigen Versuch kommentiert, zwischen traditioneller Psychiatrie und Psychotherapie einen modus vivendi zu finden.

# Literatur

*Caplan, G.:* The theory and practice of mental health consultation. Basic Books, New York – Lonon, 1970.

*Dührssen, A.:* Analytische Psychotherapie in Theorie, Praxis und Ergebnissen. Verl. für Medizinische Psychologie im Verl. Vandenhoeck & Ruprecht, Göttingen, 1972.

*Maslow, A. H.:* Motivation und Persönlichkeit. Walter, Olten, 1977.

*Moeller, M. L.:* Selbsthilfegruppen. Selbstbehandlung und Selbsterkenntnis in eigenverantwortlichen Kleingruppen. Rowohlt, Reinbek-Hamburg, 1978.

*Richter, H. E.:* Engagierte Analysen. Über den Umgang des Menschen mit dem Menschen. Reden, Aufsätze, Essays. Rowohlt, Reinbek-Hamburg, 1978.

# Supervision

*Elfriede Montag*

## Definition

Supervision ist ein – innerhalb einer bestimmten Zeit – kontinuierlich verlaufender Lehr- und Lernprozeß, der in methodisch geführten Gesprächen zwischen Supervisor und Supervisand, bezogen auf fachliche soziale Praxis, sowohl auf rationaler als auch auf emotionaler Ebene abläuft.

Er kann innerhalb einer Zweierbeziehung oder in Gruppen stattfinden.

Ein wesentlicher Teil des Supervisionsprozesses scheint mir der zu sein, daß der Supervisand lernt, Theorien der sozialen Praxis persönlich zu integrieren. Er muß die Bedingungen und Wirkungen seines praktischen Handelns in ihren psycho- und soziodynamischen Gesetzmäßigkeiten erfassen. Um Einsicht in solche Gesetzmäßigkeiten auch im Zusammenhang mit dem eigenen Handeln zu gewinnen, muß er nicht nur ein Wissen über Eigenschaften isolierbaren menschlichen Verhaltens gewinnen, sondern er muß vielmehr sich selbst als Subjekt und Objekt sozialer Beziehungen in die Erkenntnis einbeziehen lernen. Das heißt einfacher ausgedrückt: Der Supervisand lernt in der Supervision nicht nur eine Arbeitsmethode anzuwenden, sondern er soll lernen zu erkennen, was sein eigenes Handeln – seine Motivation dazu – in anderen bewirkt. Der andere ist in diesem Fall sowohl der einzelne Klient, als auch dessen soziales Umfeld.

Ein weiterer wichtiger Punkt der Betrachtung für den Supervisanden ist aber auch seine eigene berufliche Umwelt, nämlich die Institution in der er arbeitet, deren Aufträge er erfüllt, die Art wie er dazu motiviert ist und wie er mit Vorgesetzten, Kollegen und Vertretern anderer Berufsgruppen kooperieren kann.

In der Supervision sollen selbstverständlich methodische Fähigkeiten ausgebaut, berufsbezogene Normen hinterfragt und integriert werden, um persönlich flexibel zu bleiben und eine bessere und sichere Berufsidentität zu erlangen. Supervision soll also vor allem die Sebstwahrnehmung fördern.

Der berühmte Physiker, W. Heisenberg, sagte einmal folgendes: „Es ist eine Illusion, daß wir die Welt beschreiben können, ohne von uns selbst zu sprechen."

Im folgenden soll der Supervisionsprozeß in *Inhalt, Aufgaben* und *Zielen* ausführlicher beschrieben werden.

# Inhalt der Supervision

1. Problemkreise umfassen:
   a) Supervisand – Supervisor
   b) Supervisand – Klient
   c) Supervisand – Institution
   d) Supervisor – Institution
2. Die Persönlichkeit des Supervisanden, soweit seine Wertvorstellungen, Normen und Werthaltungen, seine Vorurteile, Emotionen und Bedürfnisse, seine Fähigkeiten und Kenntnisse die *berufliche* Tätigkeit bestimmen.

# Aufgaben der Supervision

1. Bearbeitung der vorhin genannten vier Problemkreise.
2. Erkennen und Transparentmachen der Wertvorstellungen, Normen, Einstellungen, Bedürfnisse, Vorurteile, Emotionen und Fähigkeiten sowie sie eventuell korrigieren und handhaben lernen.
3. Fähigkeiten erweitern und in die praktische Arbeit einbringen können.
4. Bestehende fachliche Kenntnisse erweitern.
5. Neue Inhalte der beruflichen Tätigkeit vermitteln.

# Ziele der Supervision

1. Selbständiges Reflektieren und Handhaben der beruflichen Beziehungen.
2. Sicherheit und Flexibilität im Erkennen und Abgrenzen der eigenen Bedürfnisse und der des Klienten. Unterschied zwischen Supervision und Therapie:
   Supervision: erkennen (lernen – lehren)
   Therapie: bearbeiten (heilen – geheilt werden)
3. Einsetzen der persönlichen Erkenntnisse und Fähigkeiten zu methodischer Arbeit im Interesse des oder der Klienten.
4. Erreichen einer flexiblen beruflichen Identität („berufliche Reife", R. Bang, 1968).

Bevor ich näher auf das Thema Supervision eingehe, möchte ich kurz über den Begriff „Praxisanleitung" sprechen, um ihn vom Begriff „Supervision" zu unterscheiden. Meist wird Supervision in der deutschsprachigen Literatur mit Praxisberatung und Praxisanleitung übersetzt. Ich aber bin der Ansicht, daß Praxisanleitung und Supervision verschiedene Zielgruppen und daher andere Aufgaben und Ziele haben. Damit möchte ich auch der Meinung entgegentreten, daß Supervision gegenüber Praxisanleitung etwas „Wertvolleres" sei. Die Zielgruppen sind Berufspraktikanten und Berufsanfänger.

Für den Berufspraktikanten und Berufsanfänger ist eine direkte und praktische Arbeitshilfe im unmittelbaren Arbeitsbereich absolut notwendig. Daher ist es zweckmäßig und sinnvoll, daß diese von einem Kollegen der gleichen Dienststelle durchgeführt wird.

Inhalt und Aufgaben der Praxisanleitung sind:

1. Hilfe beim Umsetzen des erlernten theoretischen Wissens in die Praxis, um näher und rascher an den Klienten heranzukommen und um ihm bessere Hilfestellung geben zu können.
2. Aufgaben, Möglichkeiten und Grenzen der eigenen Institution kennenzulernen.
3. Den hierarchischen Aufbau und seine Funktion in der Institution zu erfassen.
4. Einführung und Einübung in administrative Tätigkeiten.

Ziele sind:

Erreichen einer gewissen Eigenverantwortlichkeit und Eigenständigkeit in der beruflichen Handlung.

Nach Feststellung der Unterschiede zwischen Supervision und Praxisanleitung ist mir wichtig, darauf hinzuweisen, daß in jeder Supervision Elemente der Praxisanleitung enthalten sind oder sein können.

Dies wird sich vor allem danach richten, ob der Supervisand praktisch Berufsanfänger ist oder bereits über längere Berufserfahrung und Routine verfügt, oder in einer neuen Institution zu arbeiten beginnt.

Nun möchte ich die methodischen Aspekte der Supervision beschreiben und zunächst nochmals die am Beginn meines Artikels als *Supervisionsinhalt* genannten vier Problemkreise aufzählen:

1. Supervisand – Supervisor
2. Supervisand – Klient
3. Supervisand – Institution
4. Supervisor – Institution

# Methodisches Vorgehen

In jeder Supervisionsstunde wird prinzipiell an den ersten drei Problemkreisen gearbeitet, indirekt aber auch am vierten. Jeder Fallbericht beinhaltet ja nicht nur ein Klientenschicksal, sondern auch Aufgaben und Möglichkeiten der jeweils zuständigen Institution; damit ist die Beziehung Klient – Supervisand und Supervisand – Institution eingebracht. In der Gesprächssituation und in der persönlichen Beziehung zwischen Supervisor und Supervisand im „Hier und Jetzt" sind die beiden anderen Problemkreise angesprochen. An welchem dieser Beziehungsaspekte und wie weitgehend an ihnen gearbeitet werden kann, wird nicht nur von der beruflichen Notwendigkeit, sondern auch von der Beziehung zwischen Supervisor und Supervisand bestimmt. Gelegentlich wird es vorkommen, daß ausschließlich ein Problemkreis besprochen wird, nämlich der dominante.

Für eine bessere Übersicht ist es notwendig, auf die sich ergebenden methodischen Faktoren und Probleme getrennt und nacheinander einzugehen.

Ich beginne mit dem ersten Problemkreis *Supervisand – Supervisor,* da diese Beziehung die Ausgangsbasis für die gemeinsame Arbeit darstellt.

Im ersten Gespräch zwischen Supervisor und Supervisand informiert man sich jeweils gegenseitig über Person, Berufsfeld und Vorstellungen von Supervision (z.B. Inhalt und Aufgabe).

Der Supervisor wird noch nach der Motivation zur Supervision und den besonderen Wünschen des Supervisanden fragen.

Danach wird über die Bedingungen der Supervision gesprochen (Ort, Zeit, Dauer, Honorar, Berichte der bearbeiteten Fälle – schriftlich, mündlich, etc.) und im besonderen die Frage der Diskretion behandelt, das heißt, der Supervisor sichert zu, daß er sich gegenüber Dritten über den Inhalt der Gespräche nur dann äußern wird, wenn dies innerhalb der Supervision vorher diskutiert und beiderseits akzeptiert worden ist.

(Diese Freiheit sollte jeder Supervisor haben, wie auch immer er von einer Institution eingesetzt wird, sonst erdrückt die Obrigkeit den Prozeß.)

Die wesentliche Bedeutung des Dritten – in der Regel ist das der Vorgesetzte oder die Institution – erweist sich ja bereits daran, daß der Supervisand entweder den Supervisor frei gewählt, aus einem vorgegebenen Personenkreis ausgesucht hat oder zu einem bestimmten Supervisor geschickt worden ist.

Ebenso kann der Wunsch nach Supervision des Mitarbeiters nur auf seiten der Institution stehen (institutionelles Problem) oder nur auf seiten des Mitarbeiters, zum Beispiel aus Prestigegründen (Motivation).

Die möglichst offene Gestaltung dieser Gespräche ist grundlegend wichtig für die zu erstrebende Vertrauensbeziehung, die eine gemeinsame Arbeit ermöglichen soll.

Zu diesem Zeitpunkt kann nun das Arbeitsbündnis geschlossen werden oder aus bestimmten Erwägungen heraus die Zusammenarbeit von beiden Seiten abgelehnt werden. Eventuell bedarf es weiterer Gespräche (zwei oder mehr), um eine Entscheidung zu fällen.

Je klarer die Arbeitsbedingungen vermittelt werden und je *sicherer* sich sowohl *Supervisand* wie *Supervisor* in diesem Setting fühlen, umso leichter kann später über Angst, Autorität, Abhängigkeit, Kontrolle, Unsicherheit, etc., gesprochen und reflektiert werden. Mit Abschluß des Arbeitsbündnisses übernimmt der Supervisor die Verantwortung für den Supervisionsprozeß nicht nur gegenüber dessen Institution. Er übernimmt sie jedoch nicht ausschließlich allein, da auch der Supervisand seinen Klienten und seiner Institution gegenüber für sein Lernen und seine berufliche Weiterentwicklung verantwortlich ist.

Wenn Supervision im Rahmen einer Gruppe vorgesehen ist, können für das Erstgespräch zwei verschiedene Methoden zur Anwendung kommen:

a) Einzelgespräch mit jedem Gruppenmitglied oder

b) gemeinsames Erstgespräch in der Gruppe.

Für die Gruppensupervision haben meines Erachtens nach die vorher beschriebenen Faktoren die gleiche Gültigkeit, lediglich die Konsensbildung wird länger dauern und vorerst oberflächlicher sein.

Für das Erstgespräch im Rahmen der Gruppensupervision bevorzuge ich persönlich das gemeinsame erste Gespräch, da es für den Gruppenprozeß günstiger ist, wenn alle Gruppenteilnehmer und auch der Leiter die gleiche Information haben.

Es ist leicht zu verstehen, daß alle weiteren Gespräche zwischen Supervisor und Supervisand denselben methodischen Gesetzmäßigkeiten folgen, wie sie in der klientenzentrierten Arbeit Anwendung finden.

Daher ist es nicht nur Aufgabe des Supervisors, das Problem des Klienten, dessen Persönlichkeit und soziale Situation zu erfassen sowie die für den Klienten befriedigende und real mögliche Lösung seiner Probleme mit dem Supervisanden zu erarbeiten, sondern seine Aufgabe ist es auch, das Verhalten des Supervisanden im Verlauf dieses Prozesses zu unterstützen, wenn Schwierigkeiten sichtbar oder spürbar werden.

Anregung zum Reflektieren eigenen Verhaltens und zum Erkennen eigener persönlicher Schwierigkeiten, die der entsprechenden Fallbearbeitung im Wege stehen, sollten *nicht* in der Anfangsphase des Supervisionsprozesses gegeben werden, da dies eine belastbare Vertrauensbeziehung voraussetzt. Ist diese noch nicht in ausreichendem Maß vorhanden, kann ein zu frühes Eingehen auf diese Problematik unter Umständen nicht mehr abzubauende Widerstände hervorrufen. Das heißt, der Supervisand bestimmt zuerst, er bringt das Problem.

Die Beziehung zwischen Supervisor und Supervisand ist am Beginn meist durch Angst gekennzeichnet, die keineswegs pathologische Ursachen hat oder haben muß, sondern sie ist eine völlig adäquate Reaktion auf eine neue, unbekannte und ungewisse Situation.

Diese *Angst* kann verschiedene Ursachen haben, zum Beispiel:
a) Unsicherheit (Zweifel an fachlichen Kenntnissen und Methoden oder persönlichen Fähigkeiten),
b) vor negativen Aspekten der Autorität (Beurteilung der Leistung oder der Person an sich, Angst vor Forderungen und vor Macht und Autorität – hier spielt das Arrangement des Supervisors mit der Institution eine wesentliche Rolle!),
c) vor Darlegung der emotionalen Beziehung zum Klienten,
d) Angst, sich selbst in seinem beruflichen Handeln und in der Arbeitshaltung in Frage zu stellen.

Für die Anfangsphase der Supervision muß vom Supervisor verlangt werden, daß er Sicherheit vermitteln kann, (seine eigene Anfangsangst zu handhaben versteht) vom Supervisanden dargelegte Fakten primär so annimmt, wie sie gebracht worden sind, und ihn in seinen Arbeitsbemühungen verstärkt.

Nur wenn es nicht gelingt diese „Anfangsangst" abzubauen und diese zu einer echten Blockierung wird, sollte der Supervisor *vorsichtig,* aber *direkt* diese Angst ansprechen.

Einige weitere Probleme, die im Verlauf des Supervisionsprozesses auftreten und bearbeitet werden sollen, möchte ich hier noch erwähnen:

*Abhängigkeitsgefühle*
zum Beispiel Infantilisierung, Entscheidungsunfähigkeit, Gruppen regredieren umso stärker, je einheitlicher die Struktur ist.

*Übertragungsprobleme*
bei Gruppen besonders sichtbar, weil sie gleichzeitig deutlicher im Raum stehen.

*Gegenübertragungsprobleme*
zum Beispiel „Gesamtideologie" der Gruppe, von der man sich als Supervisor sehr angesprochen fühlt, dies gilt natürlich genau so für die Einzelsupervision. Aus all den vorher genannten Gründen kommt es im Verlauf des Supervisionsprozesses zu gefühls- und verhaltensmäßiger

*Ambivalenz*
gegenüber dem Lernprozeß,
gegenüber dem oder der Klienten,
gegenüber dem Supervisor,
gegenüber anderen Gruppenmitgliedern,
gegenüber der Institution.

Das aus der Ambivalenz gegebene Verhalten kann sich besonders blockierend auf den Lernprozeß auswirken und bedarf dann in jedem Fall einer ausführlichen Besprechung und Bearbeitung aller Aspekte der Ambivalenz.

Die *Abwehrreaktionen*
beziehen sich jeweils auf eine Seite der Ambivalenz. Abwehrformen können sein: zum Beispiel häufiges Verschieben oder Absagen der Stunden, Schweigen, keine Fälle berichten – nur von sich selbst sprechen (Therapiewunsch – Abwehr gegen Arbeit?), nur positive Fälle berichten, nur Fakten aufzählen, unterwürfiges Verhalten, aggressives Verhalten, viel Reden aus Abwehr, etc.

Im zweiten Problemkreis *Supervisand – Klient* scheinen mir folgende Aspekte beachtenswert und sollen thematisiert und bearbeitet werden:

1. Methodisches Wissen und Können, zum Beispiel Problem und Persönlichkeit des Klienten erfassen und beschreiben können, Erkennen von Interaktionsformen, Erstellung der psychosozialen Diagnose, Kenntnis diverser Hilfsmöglichkeiten, methodische Vorgangsweise inklusive Zielvorstellungen.

2. Bewußte oder nichtbewußte Motivation zur Arbeit mit Klienten an sich (Berufswahl).

3. Emotionelle Faktoren:
Empathie, Wärme, Nähe und Distanz, Aggression, Angst, etc.

4. Bewußte Bevorzugung oder Ablehnung bestimmter Klienten oder Klientengruppen, zum Beispiel aus Angst vor psychotischen Klienten, oder aus normativen Wertvorstellungen, zum Beispiel Delinquenz oder sich ausschließlich Zuwenden bestimmter Klientengruppen (Grundschicht – Randgruppen), etc.

5. Nichtbewußte Bevorzugung oder Ablehnung von Klienten mit bestimmten Problemen (Übertragung – Gegenübertragung), Nichtwahrnehmen bestimmter Probleme (Ausblenden).

6. Macht und Ohnmacht in der Arbeitssituation sowohl real wie emotional (Hilfe geben, umgehen mit Zeit und finanziellen Mitteln, mit Gesetzen drohen, Angst vor Drohungen der Klienten, zum Beispiel Selbstmord, Presse, Vorgesetzte . . .).

7. Selbständigkeit – Abhängigkeit (Klienten sich entwickeln lassen oder für sie bestimmen, Klienten aus der Betreuung entlassen bzw. nicht entlassen können . . .).

8. Einstellung zur eigenen Institution und Sicherheit in ihr beeinflußt die Hilfeleistung für den Klienten.

Dieser hier zuletzt genannte Aspekt weist bereits auf den dritten Problemkreis *Supervisand – Institution* hin. In diesem Problemkreis können sich Spannungen ergeben, von denen nicht nur Dienstnehmer und Dienstgeber betroffen sind, sondern auch die Effizienz der Arbeit, wodurch letztlich die Klienten Schaden nehmen können:

1. Ablehnung bestimmter Aufgaben und Vorgangsweisen der Institution durch den Supervisanden (z. B. Erhebungen machen und Berichte schreiben für Gerichte, die dann eventuelle Entscheidungen nach sich ziehen, die der Supervisand als nachteilig für den Klienten empfindet).

2. Unreflektiertes Übernehmen bestimmter Fallbearbeitungsschemata durch den Supervisanden (z. B. ausschließliches Erheben sozialer Daten, Erheben sozialer Daten ohne Berücksichtigung der psychologischen Fakten oder ein Erzieher übernimmt die Tagesroutine eines Vorgängers, ohne über sinnvolle Veränderungen nachzudenken, oder in einem Krankenhaus werden oft durch Routineabläufe Freiräume nicht gesehen, die für Gespräche mit Patienten verwendet werden können – es wird Zeitmangel vorgeschoben).

3. Unterschiede in der Wertschätzung bestimmter Arbeitsformen und daher unreflektierte Ablehnung: Supervisand – Kollegen – Vorgesetzte (z. B. Einzelfallarbeit, Gruppenarbeit, Gemeinwesenarbeit oder Anwendung verschiedener Therapieformen).

4. Probleme können sich aus dem Verhältnis von Macht und Ohnmacht innerhalb der Institution ergeben. Möglicherweise kann das aus einer persönlichen Autoritätsproblematik des Supervisanden gegenüber den Vorgesetzten oder Kollegen entstehen. Dies muß aber nicht unbedingt ein persönlichkeits-spezifisches Problem des Supervisanden darstellen, sondern kann sich aus der Problematik der Institution ergeben (der höchste Vorgesetzte befürwortet z. B. Supervision – Angehörige der mittleren Hierarchie stehen diesem Unternehmen ambivalent bis ablehnend gegenüber, und der Supervisand muß sich nun mit diesen beiden Wünschen auseinandersetzen).

Zuletzt möchte ich als eine der wesentlichen Aufgaben der Supervision auch noch die Arbeit am Rollenverständnis des Supervisanden anführen. In welchen Rollen sieht er sich selbst, welche Rollen werden ihm vom Klienten und der eigenen Institution zugeschrieben? Zum Beispiel Vermittler, Therapeut, Betreuer, Veränderer, Kontrolleur, Vollstrecker, Aufpasser, Anwalt, Verbündeter, Interessensvertreter – um nur einige zu nennen.

Je divergierender die Rollenzuschreibungen und damit auch die jeweiligen Erwartungen sind, desto schwieriger ist die Arbeit für den Supervisanden und um so stärker

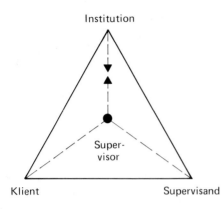

Institution

Super-
visor

Klient                                     Supervisand

Abb. 1. Supervisor und Institution (Schema
nach R. Eckstein und R.S. Wallerstein, 1973).

verspürt er die Tendenz, sich der einen oder anderen Erwartung zu beugen, um damit den Konflikt zu entschärfen. (L. Reiter, S. 63.)

Um aber Veränderungen möglich zu machen, müssen gewisse Uneinheitlichkeiten bestehen bleiben, das heißt, der Supervisand muß lernen, Spannungen zu akzeptieren und auszuhalten.

Im folgenden sollen institutionelle Probleme der Supervision beschrieben werden, sie beinhalten somit den vierten Problemkreis

*Supervisor – Institution* (s. Abb. 1).

Wenn ich hier von Supervision und institutionellen Problemen spreche, so möchte ich jene Form von Supervision, die auf privater Vereinbarung beruht (freie Wahl des Supervisors, in der Freizeit, eigene Bezahlung), ausklammern und nur auf jene eingehen, die mit Billigung oder auf Wunsch bzw. Aufforderung einer Institution (Dienststelle) stattfindet.

Hiermit habe ich bereits die Frage nach der *Einstellung der Institution* zur Supervision angeschnitten, die von gefordert über erwünscht – zugelassen – gebilligt bis zu unerwünscht reichen kann.

Besondere Komplikationen können sich dann ergeben, wenn innerhalb der hierarchischen Struktur der Institution auf den verschiedenen Machtebenen, also in jener der

höchsten Vorgesetzten,

mittleren Vorgesetzten und

Arbeitskollegen

divergierende Einstellungen zur Supervision vorhanden und wirksam sind.

Von diesen Einstellungen wird auch der *Rang des Supervisors* innerhalb der Hierarchie bestimmt: Die Art und das Ausmaß der ihm zuerkannten Funktionen und Befugnisse (Einfluß auf das Arbeitsbündnis mit Supervisand) legen seine reale Macht (oder Ohnmacht) fest.

Seine berufliche oder persönliche Wertschätzung durch die Mitarbeiter der genannten Machtebenen (z. B. sein Bekanntheitsgrad) kann jedoch seine Position stärken und ihm eventuell informell größeren Einfluß schaffen.

Hier sei auf ein Problem verwiesen, das sich ergibt, wenn Supervisoren verpflichtet werden, Beurteilungen über ihre Supervisanden an den Dienstgeber zu geben oder sie formell oder informell bei Postenvergabe zu Rate gezogen, oder aber auch bei der Supervision eines Projektes für das positive oder negative Ergebnis verantwortlich gemacht werden.

Das bisher Gesagte macht deutlich, daß es vor Übernahme einer offiziellen Supervisionsverpflichtung notwendig ist, *Hierarchieaufbau, Struktur* und *Arbeitsinhalt* des künftigen Arbeitsgebietes (das heißt das des Supervisanden) zu *kennen.*

Falls der Supervisor das alles prinzipiell ablehnt (Arbeitsweise einer Institution und Auftrag dieser), sollte er in diesem Bereich keine Supervision übernehmen.

An dieser Stelle möchte ich allen Supervisoren und Institutionen im gegenseitigen Interesse vorschlagen, häufiger als bisher einen *Arbeitsvertrag* oder ein *Arbeitsbündnis* zu schließen, ähnlich dem zwischen Supervisor und Supervisand. Dieser sollte außer den Vereinbarungen über Zeit, Ort, Dauer und Honorar auch die Aufgabe(n) sowie die beiderseitigen Minimalverpflichtungen enthalten. Damit wäre auch die Verantwortung seitens bzw. gegenüber der Institution deutlicher.

Wenn mehrere Supervisoren in einer Institution beschäftigt sind, halte ich es aus verschiedenen Gründen für sinnvoll, gemeinsame Besprechungen durchzuführen und hierzu gelegentlich Hierarchiemitglieder einzuladen.

Solche Gespräche dienen ebenso der Flexibilität und Offenheit der Supervisoren, führen auch zu einer gewissen Gemeinsamkeit und Kontinuität in der Arbeit, dienen auch der Institution und dem Supervisanden, wenn Machthaber und Auftraggeber über konkrete Arbeitsbedingungen und deren oft negative Auswirkungen erfahren. Die Distanz „Schreibtischwelt – Klient" wird dadurch ebenfalls verringert, wodurch Raum für Neuerungen vorbereitet oder geschaffen werden kann.

Eine besondere Frage ist, ob Supervisoren innerhalb der eigenen Institution arbeiten oder ob Institutionsfremde als freiwillige Mitarbeiter engagiert werden sollen.

Beide Arrangements

a) Institutionseigene Supervisoren und
b) Institutionsfremde Supervisoren

haben auch negative Aspekte:

Institutionseigene Supervisoren sind ökonomisch unmittelbar abhängig und verfallen leichter der „Betriebsblindheit" und „Kontrolle". Freiwillige Mitarbeiter werden schwerer innerhalb der Struktur akzeptiert und geraten leicht in eine Außenseiter-Position, ihre Vorschläge werden dann leichter negativ – als feindliche Kritik – empfunden. Außerdem haben es diese Supervisoren schwerer, die hierarchischen strukturellen arbeitsorganisatorischen Gegebenheiten zu erfassen und zu durchschauen. Informelle Information fehlt ihnen meist völlig (Vor- und Nachteil!).

Ein weiteres gravierendes Problem ist, in Dienststellen mit fixierter arbeitsorganisatorischer Struktur Alternativmethoden ein- bzw. durchführen zu wollen (Teams in Großorganisationen, Veränderung der Arbeitsmethoden, einzelne Gruppen), da dies von einem größeren Teil der „eingesessenen" Mitarbeiter direkt oder indirekt abgelehnt werden kann (R. S. Graupe, S. 336, E. Jandl-Jager und M. Ringler, S. 317, 336).

Supervision, welche die daraus resultierenden Konflikte (Rivalität, Eifersucht, Neid, Rechthaberei, Machtkämpfe, etc.) nicht lösen helfen kann, wird unter Umständen gemeinsam mit dem Projekt scheitern.

# Die Persönlichkeit des Supervisors

Der Supervisor soll über emotionale Stabilität, Flexibilität, ausreichendes Wahrnehmungs- und Reflexionsvermögen sowie über agogische und didaktische Fähigkeiten verfügen. Darüber hinaus muß er für den jeweiligen Supervisionsbereich ausreichende fachliche und methodische Kenntnisse und Fähigkeiten aufweisen. Weiters benötigt er qualifizierte praktische Erfahrung in einem Arbeitsbereich, welcher der Tätigkeit des Supervisanden zumindest ähnlich ist; in jedem Fall muß er klientenzentrierte Einzelfallarbeit beherrschen.

Ausreichende theoretische Kenntnisse und praktische Erfahrung in Gruppendynamik ist unumgänglich notwendig, wenn der Supervisand hauptsächlich mit Gruppen arbeitet oder wenn der Supervisor Gruppensupervision macht, bzw. im Rahmen einer Institution ein Team supervidiert.

Die Supervision eines multiprofessionellen Teams wirft besondere Schwierigkeiten auf, weil sich die Teamarbeit in Institutionen – mit wenigen Ausnahmen – erst zu integrieren beginnt. Der Umgang verschiedener Berufsgruppen miteinander und das gegenseitige Akzeptieren bedarf eines längeren Prozesses. Aber auch der methodisch verschiedene Zugang zum Klienten (Rollenverständnis) bedeutet eine weitere Komplikation. Diese Supervision ist auch für Störungen von Außen (z.B. Erfolgszwang, Versetzung von Mitarbeitern, etc.) besonders auffällig.

Hier braucht der Supervisor nicht nur eine besondere Ausbildung, sondern er müßte auch in seinem Vertrag mit dem Auftraggeber auf diese besonders schwierig zu bearbeitenden Probleme hinweisen und entsprechende Konditionen stellen.

Zusammenfassend kann man mit Rosa Dworschak sagen: Der Supervisor muß notwendigerweise seinem oder seinem oder seinen Supervisanden in Fähigkeiten und Kenntnissen ein Stück voraus sein, um eine entsprechende „*Überschau*" (wörtliche Übersetzung von Supervision) der Gesamtsituation gewährleisten zu können.

# Prinzipielle Überlegungen zur Arbeit des Supervisors

In Österreich wird Supervision als Aus- und Weiterbildungselement nur von wenigen Organisationen verpflichtend angeboten. Das Interesse und Bedürfnis nach Supervision ist in vielen sozialen und therapeutischen Berufen während der letzten Jahre stark angestiegen. Auch Institutionen, die die Ausübung solcher Tätigkeiten möglich machen, beginnen mehr und mehr an Supervision Interesse zu zeigen.

Dafür kann es viele Gründe geben, und ich möchte hier nur zwei mir wichtige und sehr gegensätzliche herausheben:

1. Der positive Grund ist die prinzipielle Anerkennung der Supervision als Methode der Aus- und Weiterbildung und auch ein methodischer Ansatz, Klientenbedürfnisse und deren Relevanz festzustellen und dementsprechend Struktur- und Methodenveränderungen durchzuführen.
2. Der negative Grund ist die Auffassung von Supervision als Instrument der Anpassung an die Institution, deren Ziele und Arbeitsweisen, ohne Freiraum für sozialpolitische und sozialtherapeutische Veränderungen.

War es bisher so, daß der Streit um Anerkennung der Supervision dazu geführt hatte, daß Supervisoren mit großem Prestige vordringlicher ausgewählt wurden als andere, um das Image des Supervisanden oder das der Institution zu heben, so wird diese Identifizierung des Supervisanden mit seinem Supervisor und umgekehrt, zunehmend an Bedeutung verlieren, je selbstverständlicher Supervision als integrierte Weiterbildung verstanden werden kann und es entsprechend viele gut ausgebildete Supervisoren gibt.

Diese Überlegung bringt uns zu einer sehr wichtigen Frage: mit wem oder womit identifiziert sich der Supervisor?

Ich versuche darauf eine Antwort zu geben:

Prinzipiell ist er identifiziert mit

a) der eigenen Berufsrolle, und
b) mit der Rolle des Supervisors.

Für jeden Supervisionsprozeß und abhängig von dessen Verlaufsstadien muß sich der Supervisor zusätzlich identifizieren mit Aspekten

a) des Supervisanden,
b) des Klienten und
c) der Institution.

Zunächst möchte ich kurz auf die Bedeutung der prinzipiellen Identifikation eingehen: Ich glaube, daß nur eine bewußte und sichere Berufsidentität die Möglichkeit gibt, Abweichungen und Veränderungen bestimmter Rollenaspekte oder -erwartungen durchzuführen und den gesellschaftlichen Veränderungen Rechnung tragen zu können. Andererseits bin ich mir der Gefahr durchaus bewußt, die in einer zu rigiden Berufsidentität liegt. Um dem vorzubeugen, würde ich folgendes vorschlagen:

*Zum Beispiel:* In zeitlichen Abständen immer wieder neuerlich eine persönliche Selbsterfahrung (Kontrollsupervision über einige Zeit, Sensitivity-training mit möglichst unbekannten Teilnehmern anderer Berufsgruppen, etc.) zu machen, neuere berufliche Kenntnisse im Rahmen von Fortbildung zu erwerben, entsprechende Literatur zu lesen, interessiertes Teilnehmen und Anteilhaben an aktuellen gesellschaftlich relevanten Bewegungen, regelmäßiges Diskutieren und Reflektieren in eigenen Berufskreisen, etc.

Über diese allgemeinen Ausführungen der prinzipiellen Identifikation des Supervisors, komme ich nun zu den „Fallstricken" der zeitweilig notwendigen Identifikation, die ich in der extrem negativen Form aufzeigen möchte:

a) Bei ausschließlicher Identifikation mit dem Supervisanden werden die Bedürfnisse des Klienten nicht entsprechend wahrgenommen (Unterdrückung des Klienten) und möglicherweise der Auftrag der Institution übersehen oder überbewertet, und es entsteht eine nicht mehr auflösbare gegenseitige Abhängigkeit.

b) Bei ausschließlicher Identifikation mit dem Klienten kann das gegebene Klienten-
problem nicht mehr objektiv gesehen und realitätsgerechte Hilfe sowohl dem Supervisanden als auch dem Klienten nicht angeboten werden; Unterdrückung des
Supervisanden, möglicherweise Vernachlässigung des Auftrages der Institution.

c) Bei ausschließlicher Identifikation mit der Institution des Supervisanden, kommt es
zur totalen Abhängigkeit des Supervisanden von dieser; das würde eine eigenständige Entwicklung und Kritik der Arbeit verhindern. Ebenso gäbe es keinen Freiraum für sinnvolle Veränderung durch Mitarbeiter. Die Arbeit am Klienten wäre
nicht mehr klientenzentriert, sondern perfekt institutionalisiert.

Jede ausschließliche und starre oder zu emotionale, also unreflektierte Identifikation
würde die verschiedenen Bedürfnisse aller am Supervisionsprozeß Beteiligten zu kurz
kommen lassen, ebenso wie dies der Fall wäre, wenn sich der Supervisor überhaupt
nicht identifizieren könnte oder würde.

Damit wären sowohl die Aufgaben als auch die Ziele der Supervision verfehlt.

# Literatur

*Bang, R.:* Psychologische und methodologi-
sche Grundlagen der Einzelfallhilfe (Case-
work). Reinhardt, München 1968.

*Caemmerer, D.:* Praxisberatung (Supervision).
Lambertus, Freiburg i. Br. 1970.

*Dworschak, R.:* Probleme der Praxisberatung.
In: *D. Caemmerer* (Hrsg.): Praxisberatung
(Casework), S. 142. Lambertus, Freiburg
i. Br. 1970.

*Eckstein, R., R. S. Wallerstein:* The Teaching
and Learning of Psychotherapy. International University Press, New York 1973.

*Montag, E.:* Casework. In: *H. Strotzka* (Hrsg.):
Psychotherapie: Grundlagen, Verfahren,
Indikationen, 2. Aufl., S. 392. Urban &
Schwarzenberg, München 1978.

*Pettes, D. E.:* Supervision in der Sozialarbeit.
Lambertus, Freiburg i. Br. 1971.

*Strömbach, R., P. Fricke, H.-B. Koch:* Supervision. Protokolle eines Lernprozesses. BCS,
Gelnhausen/Berlin-Freiburg i. Br.-Nürn-
berg 1975.

# II. Reform von Institutionen

# Soziokulturelle Voraussetzungen für die Anwendung psychotherapeutischer Methoden in einer psychiatrischen Anstalt

*Heimo Gastager*

Spätestens bei den ersten Untersuchungen von Hollingshead und Redlich (1958) steht die soziale Bedingtheit der Anwendung psychotherapeutischer Methoden außer Zweifel. Diese Autoren konnten zeigen, daß in den obersten sozialen Klassen Psychotherapie erstens überhaupt viel häufiger, zweitens vor allem viel früher zur Anwendung kommt als in den unteren sozialen Klassen. Damit stimmt die Tatsache überein, daß in den staatlichen psychiatrischen Anstalten lange Zeit Psychotherapie überhaupt kaum oder nur in minimalen Ausmaß verfügbar war – im Gegensatz zu Privatsanatorien, die es aber in Österreich nicht gibt – obwohl der Bedarf in allen Diagnosegruppen offensichtlich war. Als wird selbst im Jahr 1962 in der alten Heil- und Pflegeanstalt des Landes Salzburg eine psychiatrische Krankenhausabteilung einzurichten hatten, bestand die Absicht, psychotherapeutische Methoden auf breiter Basis einzuführen. Wir möchten im folgenden über unsere Erfahrungen berichten, die wir in Hinsicht auf soziokulturelle Zusammenhänge dabei gemacht haben.

1962 stand uns eine Abteilung mit insgesamt über 150 Betten zur Verfügung, die für alle Aufnahmen zuständig war. Die Abteilung war in zwei Häusern mit je einem Stockwerk für Männer und Frauen untergebracht. Dabei diente ein Haus mit zweimal 25 Betten für alle akuten Aufnahmen, die einer raschen Intensivbehandlung bedurften. Diese Station war personalintensiv geführt, war fakultativ geschlossen und wurde „Beobachtungsstation" genannt. Die Patienten sollten dort nur so kurz wie möglich verweilen. Die zweite Station wurde „psychosomatische Abteilung" genannt, dort sollten vor allem psychotherapeutische Methoden zur Anwendung kommen. Dieses Haus war ganz offen, und es wurde sofort damit begonnen, eine therapeutische Gemeinschaft im Sinne von Maxwell Jones (1953) aufzubauen, weil wir darin eine der Grundvoraussetzungen sahen für das Wirksamwerden psychotherapeutischer Methoden auf breiter Basis. Es ging uns um den Abbau der hierarchischen Struktur zugunsten eines horizontal strukturierten therapeutischen Teams, an dem auch die Patienten aktiv Anteil nehmen sollten. Wir haben über dieses Konzept bereits 1964 in der Wiener medizinischen Wochenschrift (Gastager 1964) berichtet. Widerstände gegen die Einführung der therapeutischen Gemeinschaft gab es von allen Seiten, und wir möchten die Zusammenhänge, so wie wir sie sehen, darstellen:

Erstens gab es Widerstände von seiten des Personals, also „staff-Probleme". Nur die Oberschwester bzw. der Oberpfleger waren anfangs regelmäßig bei den Teambesprechungen anwesend, die zusammen mit den Ärzten, den Sozialarbeitern und den kreativen Therapeuten stattfanden. Ein Grund dafür war der freilich psychotherapiefeindliche 12-Stunden-Turnus. Durch diesen dauernden Wechsel des Pflegepersonals kann die Kommunikation mit dem übrigen Team einerseits und den Patienten andererseits im Sinne einer therapeutischen Gemeinschaft nur sehr erschwert zustandekommen. Dieser Dienst-Turnus ist ein fester Bestandteil einer althergebrachten Hierarchie, und schon deshalb einer horizontal-partnerschaftlichen Strukturierung hinderlich. Diese autoritäre und daher defektfördernde Struktur (vgl. dazu schon Denber (1960) sowie Froshoug, (1962)) war aber auch aus anderen Gründen nur schwer zu durchbrechen: Es stellte sich allmählich heraus, daß es nicht nur der Dienst-Turnus war, der das Pflegepersonal so sehr hinderte, aktiv am Aufbau der therapeutischen Gemeinschaft teilzunehmen. Dieser Widerstand kam auch aus der Angst vor dem sozialen Gefälle zu den übrigen Therapeuten – ebenfalls fester Bestandteil der althergebrachten Hierarchie. Wenn Wing ebenfalls 1962 schon aufweist, daß das soziale Gefälle zwischen Pflegepersonal und Patienten Aggressivität von seiten der Patienten erzeugt, so entstand nun auf der anderen Seite aggressiver Widerstand von seiten des Pflegepersonals gegenüber den übrigen Therapeuten. Der Mangel wurde vor allem im Verbalisierungsniveau empfunden.

Zweitens kam der Widerstand natürlich auch von den Patienten. Diese stammten damals noch mehr als heute aus den unteren sozialen Klassen und vorwiegend vom Land. Sie hatten überwiegend eine passive Erwartungshaltung, wie im Rahmen des gewohnten medizinischen Modells üblich, und drängten daher in den Hausgruppen die Therapeuten immer wieder in autoritäre Rollen. Nun gibt es Autoren wie Ryan (1962), die diesen Binnendruck aus autoritären Rollen geradezu als therapeutische Notwendigkeit fordern: auf diese Weise werde den Patienten die Entscheidung abgenommen, die geschlossene Anstalt werde zum Ersatz-Ego, wodurch es zum Abklingen von Angstsyndromen und anderen psychotischen Manifestationen komme.

Ähnliches meint auch Schulte (1962), wenn er darauf hinweist, daß es eben Patienten gebe, welche den Druck der geschlossenen Anstalt zu brauchen scheinen, sonst seien sie hilflos dem eigenen Versagen oder anonymen Gewalten innerer Gesetzmäßigkeiten ausgeliefert. Wir konnten diese Beobachtung bestätigen, besonders am Anfang, als wir langjährige Anstaltspatienten von der geschlossenen auf unsere offene Abteilung übernahmen. Sie hörten zwar bald auf, aggressiv zu sein oder Fluchtversuche zu machen, sie schienen rasch aufzublühen, doch hielten einige diesen Zustand einfach nicht durch. Wir erinnern uns besonders eines Patienten, der schon sieben Jahre lang auf der geschlossenen Abteilung gewesen war. Er zeigte nach einem raschen Aufblühen innerhalb der Gemeinschaft plötzlich eine Exazerbation mit Auftreten von Prozeßsymptomen, welche wir erst durch neuerliche biologische Behandlungsmethoden wieder zum Abklingen bringen konnten. In der Folge war sein Verhalten zwar angepaßt, doch überraschte er uns plötzlich zu unserem Erstaunen mit der Bitte, ihn doch wieder auf die geschlossene unruhige Abteilung zurückzuverlegen, hier sei ihm der „psychische Druck" zu stark. Ähnliche Äußerungen fanden wir auch bei anderen Patienten (Gastager

1964). Wir sehen heute, daß die Umstellung von einer repressiven, geschlossenen Struktur in eine freiere, offene eben nicht problemlos und gefahrlos möglich ist, weil durch das starre Reglement natürlich eine Sicherheit geboten wird, die die offene Struktur mit ihrem höheren Anspruch an die Eigenverantwortung einfach zunächst nicht bieten kann. Die Angst, die in der geschlossenen Struktur gebunden bzw. in Aggressivität ausgedrückt wird, tritt plötzlich bedrohlich in den Vordergrund, und Suizidalität ist nicht auszuschließen.

Unsere Patienten waren noch dazu – und sind es zum größeren Teil heute noch – von der Familiensituation her durch autoritär-patriarchalische Strukturen geprägt. Es ist also kein Wunder, wenn die Umstellung nur sehr zögernd vor sich ging. Manische Patienten waren die einzigen, die Kritik an bestehender Ordnung anbrachten, und dies wurde von allen als sehr unpassend empfunden. Etwas leichter war es den Pflegern auf den Männerstationen, einen „kameradschaftlichen" Ton den Patienten gegenüber zu finden, sie fanden sich auch früher bereit, regelmäßig an den Hausgruppen teilzunehmen. Die (damals z. T. noch geistlichen) Schwestern nahmen, wann immer es ging, nicht teil und reagierten insgesamt paranoid, indem sie vermuteten, in diesen Gruppen würden vorwiegend Beschwerden gegen sie geäußert. Sozialarbeiter und kreative Therapeuten nahmen dagegen von Anfang an ohne Schwierigkeiten an den Hausgruppen der Patienten teil. Sie waren allerdings durchwegs Maturanten und standen daher in einer geringeren sozialen Distanz zu den Ärzten, ebenso auch der Anstaltsseelsorger. Allerdings bestanden bald Spannungen zwischen ihnen und dem Pflegepersonal, weil sie sich weitgehend mit den Patienten identifizierten. Hier spielte unseres Erachtens ein Effekt mit, auf den Irle (1962) hinweist, daß nämlich die Solidarisierung mit einem deutlich Unterlegenen viel leichter ist als eine partnerschaftliche Beziehung bei nur geringer sozialer Distanz, eine Erscheinung, die durch den Konkurrenzstil in den Schulen eher gefördert wird (vgl. hierzu S. Gastager 1978).

Eine weitere Erfahrung gewannen wir in der Anwendung von Gruppentherapie. Wir hatten in den Jahren 1960 bis 1962 die psychotherapeutische Ambulanz der Wiener Psychiatrischen Klinik mit sichtbarem Erfolg auf Gruppentherapie umgestellt und darüber auch berichtet (Gastager 1963). Beim Versuch der gruppentherapeutischen Durchstrukturierung unserer Abteilung in Salzburg zeigte sich sofort ein heftiger Widerstand von allen Beteiligten. Bei den Schwestern und Pflegern war das verständlich, nach allem vorher Ausgeführten. Jetzt kam aber auch der Widerstand der Ärzte dazu, die zwar, wie berichtet, die Hausgruppen und spezielle therapeutische Gruppen, etwa für Alkoholpatienten, führten, aber im wesentlichen über einen themenzentrierten Ansatz nicht hinauskamen. Dies änderte sich erst seit 1968, als nämlich eine Zweigstelle des in Wien schon seit vielen Jahren bestehenden Arbeitskreises für Gruppentherapie und Gruppendynamik in Salzburg etabliert und damit eine Ausbildungsmöglichkeit geboten wurde. In der Folge arbeiteten auch einige Ärzte zusammen mit Trainern dieses Ausbildungskreises in analytisch geführten therapeutischen Gruppen. Widerstände gegen die Gruppentherapien gab es aber am stärksten von seiten der Patienten. Schon der Ausdruck war in Salzburg unbekannt, man konnte sich darunter nichts vorstellen. Wohl aber war die Angst groß, es werde dabei die persönliche und familiäre Intimsphäre verletzt. Anzumerken ist, daß ich selber zusammen mit Sozialarbeitern, die schon eine Zusatzausbildung besaßen, analytisch geführte Gruppentherapien mit Jugendlichen sowie mit einigen Erwachsenen der mittleren bis oberen sozialen Klassen in meiner Privatpraxis durchführen konnte. Erst in den allerletzten Jahren wird bei den Patienten selbst das Bedürfnis nach Gruppentherapie wach, einerseits wohl durch die zunehmende Wirksamkeit des gruppentherapeutischen Arbeitskreises, andererseits durch Einstellungsänderungen aufgrund der Berichte in den Massenmedien. Insgesamt muß aber festgestellt werden, daß im Vergleich zu Wien die andersartigen soziokulturellen Bedingungen eine jahrelange Verzögerung der Gruppentherapie auf breiterer Basis brachten.

Aber auch für die Einführung des individuellen psychotherapeutischen Ansatzes zeigten sich ähnliche Widerstände. War schon die Voraussetzung der therapeutischen Gemeinschaft schwer zu schaffen, so kam ein weiteres Hindernis wiederum von den Ärzten: Die freilich sehr exakte psychopathologisch orientierte Krankengeschichte stand im Vordergrund, die Persönlichkeitsgeschichte wurde kaum in Rudimenten ins Auge gefaßt. Das hing damals mit der mangelnden psychologischen Ausbildung der Ärzte zusammen. Eine Persönlichkeitsdiagnostik kam sehr zögernd ins Spiel. Als im Jahr 1963 ein analytisch vorgebildeter klinischer Psychologe meiner Abteilung zugeteilt wurde, hatte das zunächst und für lange Zeit nur zur Folge, daß alle Patienten mit der Zusatzdiagnose „Persönlichkeitsreaktion" dem Psychologen zugeschoben wurden. Erst als wir im Jahre 1970 zusammen mit Caruso und Revers den „Salzburger Arbeitskreis für Tiefenpsychologie" gründeten und damit eine psychoanalytische Ausbildungsmöglichkeit für Ärzte und Psychologen schufen, änderte sich das allmählich, natürlich mit einem Nachhinkeffekt durch die Dauer der Ausbildung. So konnten wir erst 1978 dem ersten analytisch voll ausgebildeten Facharztassistenten die Supervision der Krisenintervention in die Hand geben. Damit änderte sich allmählich die Diagnostik in den Krankengeschichten zugunsten einer auch persönlichkeitsorientierten. In den letzten Jahren ist es möglich geworden, bei jeder Aufnahme außerdem die Situation, aus der die Aufnahme erfolgte, in der Krankengeschichte festzuhalten, womit wir wichtige Hinweise auf familientherapeutische und soziotherapeutische Notwendigkeiten gewinnen.

Bei all diesen Erfolgen und Fortschritten kämpften wir immer noch – und kämpfen eigentlich noch heute – um die therapeutische Gemeinschaft auf den Stationen. Wenn sich auch vieles gebessert hat, haben wir eine horizontale Struktur auf den beiden Stationen immer noch nicht ganz erreicht. Vor allem ließ sich der 12-Stunden-Turnusdienst bis jetzt nicht abschaffen. Im Jahre 1972 bot sich uns nun die Gelegenheit, eine dritte kleine Station dazuzugewinnen, in der wir nun endlich ein optimal funktionierendes Modell einer therapeutischen Gemeinschaft aufbauen wollten. Es handelt sich um ein eigenes Haus, etwas abseits von den übrigen Stationen, mit 18 Betten. Die Station, die unter dem Namen „sozialpsychiatrische Station" läuft, sollte gemischt sein, das heißt es sind Zimmer für Frauen und Zimmer für Männer im gleichen Stockwerk vorhanden. Offen war zunächst die Frage, nach welchem psychotherapeutischen Modell die Station geführt werden sollte.

Weder die angehenden Psychoanalytiker noch die vorhandenen Gruppendynamiker wagten sich an die Aufgaben heran. Zu diesem Zeitpunkt kam gerade die Verhaltenstherapie von der Bundesrepublik her stark ins Gespräch, und so wandten wir uns an das Max Planck Institut für Psychiatrie in München, mit dessen dankenswerter Hilfe wir binnen eines halben Jahres eine verhaltenstherapeutisch orientierte Station aufbauen konnten. Erstaunlich war – nach unseren bisherigen Erfahrungen auf den anderen Stationen – daß es auf dieser neuen, kleinen Abteilung von vorneherein zu keinen „Standesgruppierungen" kam: Arzt, Psychologe, Sozialarbeiter, Krankenschwester verstanden sich einheitlich als „Therapeut" und Mitglied des Teams und bezogen die Patienten gleich aktiv in die Hausgruppen mit ein. Der therapiefeindliche Turnusdienst wurde von Haus aus nicht eingeführt. Zwei der fünf Schwestern teilen sich je die Nachtdienste, drei Schwestern stehen somit untertags als Kotherapeuten zur Verfügung. Dies war deshalb möglich, weil wir die ganze Station mit jungen Kräften aufbauen konnten, die auf althergebrachte „Privilegien" leichten Herzens verzichteten. So fehlt weitgehend eine „Krankenhausatmosphäre" auf dieser Abteilung, die sich allerdings ihre Fälle bis zu einem gewissen Grad aussuchen kann und sich neuerdings hauptsächlich auf Rehabilitationsfälle spezialisiert (Crombach und Gastager 1978).

Zu Widerständen gegen diese Abteilung kam es begreiflicherweise von außen, vor allem von seiten des dort nicht beschäftigten Personals. Die anderen Pfleger und Schwestern betrachteten die dort Tätigen als Außenseiter. Es verbreitete sich – als Angstabwehr verständlich – das Gerücht, dort werde „Sexualtherapie" betrieben, was heißen sollte, Therapeuten und Patienten unterhielten sexuelle Beziehungen. Dazu kamen ähnliche Widerstände von seiten einzelner Patienten, die von anderen Stationen aufgrund psychotherapeutischer Indikationen dorthin transferiert wurden oder werden sollten. Die freie Atmosphäre, die Forderung nach Mitarbeit, die fehlende hierarchische Struktur wirkten natürlich auf manche Patienten verunsichernd. Diese Unsicherheit wurde auf einem präverbalen Kommunikationsniveau vom Personal der anderen Abteilungen sicher verstärkt. Zudem blieb die in diesen Jahren heftig geführte Sachpolemik zwischen Verhaltenstherapie und tiefenpsychologischen Methoden nicht ohne Auswirkung auf die Therapeuten der verschiedenen Abteilungen, konnte aber im wesentlichen – trotz oder wegen harter Meinungsverschiedenheiten – sachlich aufgearbeitet werden. Nach einer etwa zweijährigen Periode gemeinsamer seminaristischer Verarbeitung können wir heute sagen, daß die sozialpsychiatrische Abteilung im wesentlichen integriert ist.

Wir haben uns gefreut, daß wir aufgrund günstiger Umstände auf dieser Situation die therapeutische Gemeinschaft tatsächlich weitgehend verwirklicht sehen konnten. Es war dort nicht nur möglich, die soziale Distanz zwischen Akademikern, Maturanten und Nichtmaturanten zu überbrücken, es zeigte sich auch bald, daß kaum Schwierigkeiten bestanden, das Verbalisierungsgefälle zu den Unterschichtpatienten zu überwinden. Das Pflegepersonal konnte ja eine ausgezeichnete Brückenfunktion einnehmen zwischen dem Verbalisationsniveau der (Oberschicht-) Akademiker und Maturanten und den Unterschichtpatienten. Auf dieser Station scheint dies gelungen zu sein, wozu allerdings – zumindest am Anfang – eine vielleicht sogar etwas polemische Bereitschaft zum Abstreifen von Klassenvorurteilen beigetragen haben mag, aber jedenfalls zum Vorteil der Patienten. Wir waren auf das große Problem der sozialen Distanz zwischen Ärzten und Unterschichtpatienten schon in der Diagnostik – wie sie schon Hollingshead und Redlich beschrieben haben – bei uns anläßlich einer Dissertation aufmerksam geworden. Es hat sich gezeigt, daß die Diagnose „Schwachsinn mit Primitivreaktionen" viel mehr mit einfach strukturierten Verhaltensweisen als mit dem tatsächlichen IQ eines Patienten zusammenhing (Gastager 1973).

Interessant ist, daß gerade auf dieser verhaltenstherapeutisch geführten Station zuerst der partner- und familientherapeutische Ansatz bemerkt wurde. Es zeigte sich nämlich, daß die verhaltenstherapeutischen Programme solange ausgezeichnet wirksam waren, als der Patient in der therapeutischen Gemeinschaft lebte. Aber schon bei Besuchen, noch mehr bei Urlauben zu Hause, kam es rasch zu offensichtlichen Rückfällen, etwa zum Wiederauftreten von Zwängen, Phobien u. dgl.. Dies führte zum Verdacht des „Symptompflegers" zu Hause, der dann bald verifiziert werden konnte. Um Therapieerfolge zu optimieren bzw. zu festigen, erwies es sich wirksam, den einzeltherapeutischen Ansatz durch einen partner- oder familientherapeutischen zu ergänzen, freilich auf dieser Station vorwiegend auf verhaltens- bzw. interaktionsmodifikatorische Weise, die ja wieder programmierbar war.

Wir haben uns rückblickend gefragt, ob es auch die Methode der Verhaltenstherapie selbst war, die diese Station zu so optimaler Leistungsfähigkeit brachte. Wie wäre der Versuch mit einem analytisch orientierten Team, wie mit dem gruppendynamischen Ansatz gelaufen, woran wir ja zunächst gedacht hatten? Meines Erachtens war es einmal der therapeutische Optimismus, der damals in übertriebener Weise aus Deutschland mit der Methode zu uns kam, zum anderen aber lag es auch – außer den oben schon genannten Faktoren wie der Vorurteilslosigkeit des jungen Teams, der Auswahl der Patienten u. dgl. – am einheiltlichen Selbstverständnis des Teams, das sich noch dazu – teils polemisch – gegen die „anderen" abgrenzen mußte und konnte.

Wir möchten an dieser Stelle über einen anderen, vorläufig mißlungenen Versuch berichten. Wir haben eingangs erwähnt, daß beim Versuch des Einführens der therapeutischen Gemeinschaft die kreativen Therapeuten nach anfänglichen Schwierigkeiten mit dem Pflegepersonal eigentlich recht gut integriert waren. Es handelte sich dabei um Ergo-, Musik- und Bewegungstherapeutinnen, eine Mal- und bildnerische Therapeutin sowie um eine Regisseurin, die mit den Mitteln des Psychodramas arbeitete. Alle Therapeutinnen hatten Maturantenniveau, standen also zwischen den Ärzten einerseits und dem Pflegepersonal bzw. den Patienten andererseits. Sie kamen von ihrem Fachgebiet her, brachten aber keine psychotherapeutische Ausbildung mit. Wir faßten sie als „kreatives" Team unter der Supervision eines analytisch orientierten Psychiaters zusammen. Wir konnten durch mehrere Jahre hindurch feststellen, daß es ihnen tatsächlich gelang, immer mehr mit Patienten aus allen sozialen Klassen, teilweise ausgezeichnet, zu arbeiten. Wir haben an anderer Stelle (Gastager 1976) über einen gelungenen familientherapeutischen Ansatz bei einem sprach- und verhaltensgestörten Oligophrenen aus bäuerlichen Milieu berichtet, der von diesem Team mitgetragen wurde. Im Laufe der letzten Jahre – möglicherweise im Zusammenhang mit dem Erstarken der kleinen sozialpsychiatrischen Abteilung? – kam es zunehmend zu so starken Spannungen innerhalb des Teams, daß sie schließlich nicht mehr aufgearbeitet werden konnten, und das Team zerfiel. Zwei der aktivsten Therapeutinnen verließen die Abteilung, die anderen suchten ein neues Selbstverständnis. Wie konnte dies geschehen? Wir müssen wohl annehmen, daß die Supervision vielleicht zu wenig wirksam wurde. Andererseits hat das Team über zehn Jahre lang gut gearbeitet, wenn auch immer wieder starke Spannungen aufgetreten sind. Vielleicht war auch die Definition der Rolle der einzelnen Teammitglieder durch den Leiter der Abteilung zu wenig transparent. Schließlich aber scheint es sich um ein fehlendes gemeinsames Selbstverständnis gehandelt zu haben, zugleich um den Mangel einer gemeinsamen Zielvorstellung, wie sie bei der Verhaltenstherapie gegeben ist. Wir hatten schon das Projekt einer baulichen Erweiterung der psychosomatischen Abteilung geplant und sogar schon bewilligt bekommen, um dem kreativen Team mehr Raum und mehr Entfaltungsmöglichkeiten zu bieten. Jetzt haben wir das Projekt auf später verschoben, bis wir ein neues kreatives Team mit (hoffentlich!) gemeinsamen Zielvorstellungen und einem gemeinsamen Selbstverständnis haben werden.

Eine weitere Erfahrung in bezug auf die soziokulturellen Voraussetzungen psychotherapeutischer Methoden haben wir gemacht, als wir vor fünf Jahren ein Kriseninterventionsteam aufgestellt haben, bestehend aus einem supervidierenden Psychiater, einem Psychologiestudenten und drei Sozialarbeitern. Da die Klientel der Krisenintervention eher dem von Dilling und Weyrer (1975) im bayerischen Raum festgestellten Verteilungstyp der nervenärztlichen Praxis mit Überwiegen der sogenannten kleinen Psychiatrie im Gegensatz zur großen Psychiatrie an den Abteilungen entsprach, war die Notwendigkeit eines psychotherapeutischen und psychodiagnostischen Ansatzes bald evident. Die Sozialarbeiter äußerten spontan das Bedürfnis nach einer gesprächstherapeutischen Ausbildung, die sie auch Gelegenheit bekamen zu machen. Ein hoher Prozentsatz der Krisenproblematik konnte in Partner- und Familienproblemen gefunden werden (Gastager 1975). Diese Probleme werden von diesem Team nach einem eher analytischen Ansatz gehandhabt.

Ein entscheidener Impuls zur Veränderung der soziokulturellen Voraussetzungen kam in den letzten beiden Jahren von einem Team, das wir zum Zweck der Umwandlung der Pflegestationen in offene Wohnheime zusammengestellt haben. Es handelt sich dabei um einen Psychologen, eine Sozialarbeiterin, Schwestern der Klinik sowie einen supervidierenden Psychiater. Auch hier wurden die Heime gleich von Anfang an im Sinne einer therapeutischen Gemeinschaft geführt. Dabei zeigte sich sofort, daß die Schwestern ohne eine zusätzliche psychotherapeutische Ausbildung (Gruppendynamik, Verhaltenstherapie, u. ä.) ihrer Aufgabe nicht gerecht werden konnten. Ihre medizinisch-psychiatrischen Kenntnisse reichten hier bei weitem nicht aus. Es war zunächst schwer, überhaupt für diese Aufgabe Schwestern zu finden, für die Aufgabe nämlich, jahrelang hospitalisierte Psychotiker mit modernen Methoden aus der geschlossenen Anstalt herauszuführen, mit Methoden, die für diese Klientel z. T. wohl erst entwickelt oder modifiziert werden müssen. Inzwischen hat sich aber, ermutigt durch das Beispiel der sozialpsychiatrischen Station, ein immer größerer Kreis vor allem junger Schwestern und Pfleger gefunden, die für eine Umorientierung des Selbstverständnisses eintreten – vom klinischen Hilfspersonal hin zum Kotherapeuten, zum gleichrangigen Mitglied eines therapeutischen Teams. In dem Maße, als sie Zusatzausbildungen hinter sich gebracht haben, sind sie selbstbewußter, nehmen an den Besprechungen teil, äußern den Wunsch nach ständiger Supervision. Die soziale Distanz zwischen ärztlichem und pflegerischem Personal nimmt ab, damit aber auch die soziale Distanz zu den Patienten. Diese Initiativen wirken wieder auf die anderen Abteilungen zurück. Wieder war es, wie ganz am Anfang, die psychosomatische Männerstation, die hellhörig wurde für ein Fortschreiten der Umstrukturierung: Sie entschloß sich, die Station nach Geschlechtern gemischt zu führen, geteilt in zwei mal zwanzig Betten, die Halbstation wieder geteilt in zwei therapeutische Gruppen zu zehn Patienten. Das Pflegepersonal ist jetzt von sich aus bereit, an den Teambesprechungen und Hausgruppen bzw. auch einzelnen therapeutischen Gruppen aktiv teilzunehmen. Ein Hindernis ist weiterhin der Turnusdienst, der die persönliche Kontinuität immer wieder durchbricht. Der Betriebsrat sieht sich vorläufig außerstande, dieses angestammte „Benefizium" aus einer Zeit, in der Schwestern und Pfleger vergleichsweise außerordentlich wenig verdienten, abzuschaffen. Wir hoffen im Augenblick, auf dem Kompromißweg durch den ja in der Medizin auch sonst bekannten Wechsel von der rein funktionalen zur Gruppenpflege zu kommen, vielleicht gerade auf dieser Station.

Welche Folgerungen ergeben sich nun aus unseren etwas bitteren, weil sehr langwierigen Erfahrungen mit dem Aufbau einer psychotherapeutisch eingerichteten psychiatrischen Anstalt?

1. Einzelpsychotherapie kann unter den verschiedensten Bedingungen institutioneller Strukturen in der Psychiatrie stattfinden. Sie war bisher nur vereinzelt durchführbar und genügte daher auf keinen Fall den Bedürfnissen der durchschnittlichen Klientel einer psychiatrischen Anstalt.

2. Wir sind mit Froshoug und anderen der Meinung, daß für die breite Durchführbarkeit psychotherapeutischer Methoden autoritäre Strukturen abgebaut werden müssen, um nichtärztliche Mitarbeiter einschließlich Pflegepersonal zu Kotherapeuten zu gewinnen und die Patienten selbst zur Mitarbeit. Das heißt aber Einführung der therapeutischen Gemeinschaft.

3. Die Umwandlung einer vorwiegend vertikalen in eine vorwiegend horizontale Anstaltsstruktur stößt immer auf erhebliche Schwierigkeiten. Nach unseren Erfahrungen ist sie nur unter bestimmten Voraussetzungen überhaupt möglich.

4. Je stärker autoritätsstrukturiert das Herkunftsmilieu des Patienten, umso langsamer kann ein solcher emanzipatorischer Schritt überhaupt erfolgen. Das heißt, bei einem Einzugsgebiet mit diesbezüglich stark verschiedenen Subkulturen (bäuerlich, großstädtisch u.s.w.) muß man mehrere Modelle mit gestuften Autonomieanforderungen auf den einzelnen Stationen nebeneinander anbieten, und zwar – bei Langzeitaufenthalten übergangsweise, bei Kurzaufnahmen (bei uns durchschnittlich 16,4 Tage!) nebeneinander in getrennten Stationen.

5. Beim Abbau autoritärer Strukturen muß man sowohl beim Patienten als auch bei den Mitarbeitern mit dem Auftreten bisher gebunden gewesener Angst und entsprechenden Reaktionen rechnen. Bei Psychotikern muß man bedenken, daß vorher in Aggression gebundene Angst in Selbstaggression oder in psychotische Exazerbation umschlagen kann. Zeitlich und strukturell gestufter Abbau autoritärer Strukturen und langsame, stufenweise Zumutung von größerer Autonomie des Ichs ist unumgänglich notwendig.

6. Für das Personal gilt im Prinzip dasselbe: Widerstände gegen partnerschaftliche Mitarbeit zeigen sich häufig in Form von Angst vor der Verantwortung durch das Defizit sachlicher Kompetenz, das schon durch die soziale Distanz der verschiedenen Bildungsgrade vorgegeben ist und seinen Ausdruck vor allem in unterschiedlichen Verbalisationsniveau findet. Psychotherapeutische Ausbildungsmöglichkeiten müssen rechtzeitig angeboten werden, am besten dann, wenn sie vom Personal selber als Bedürfnis vorgebracht werden. Dasselbe gilt für die Supervision.

7. Die breiteste Chance psychotherapeutischer Ausbildung sahen wir in der Verhaltenstherapie einerseits und in der klientenzentrierten Gesprächstherapie andererseits. Beides versuchen wir bereits, in den Krankenpflegeschulen einzuführen.

8. Als Bedingung der Möglichkeit psychotherapeutischen Handelns von seiten des psychiatrischen Personals sehen wir organisatorische Umstellungen von der krankheitsbezogenen Funktions- zur personenbezogenen Gruppenpflege an, um eine Kontinuität zum Patienten zu gewährleisten.

9. Schließlich halten wir eine Umstellung des Selbstverständnisses der Psychiatrie *und* der Einstellung der Gesellschaft zur Psychiatrie dahingehend für notwendig, daß der Psychiatrie anstelle einer ausgrenzenden, repressiven eine kommunikative, zwischen dem Psychotiker und der Gesellschaft vermittelnde Funktion zugestanden wird.

# Literatur

*Crombach, G., H. Gastager:* Vortrag am Internationalen Kongreß für Verhaltenstherapie in Wien 1978.

*Denber, H. C. B.:* Research Conference on Therapeutics Community, Springfield 1960.

*Dillinger, H., S. Eyrer, H. Lisson:* Soz. Psychiat. 10 (1975) 111.

*Froshoug, H.:* Nord. psykiat. T 16 (1962) 179.

*Gastager, H.:* Z. psychosom. Med. 9 (1963) 115.

*Gastager, H.* Wień. med. Wschr. 18/19 (1964) 301–307

*Gastager, H.:* Heilen, ohne zu entwerten. Oeffingen 1975.

*Gastager, H.:* Versuch einer familientherapeutisch orientierten stationären Psychiatrie. In: *H. E. Richter, H. Strotzka, J. Willi* (Hrsg.: Familie und seelische Krankheit, S. 244–255. Rowohlt, 1976.

*Gastager, S.:* Schwachsinn und Gesellschaft. Wien 1973.

*Gastager, S.:* Z. klin. Psychol. Psychother. 26 (1978) 54.

*Hollingshead, A. B., F. Redlich:* Der Sozialcharakter psychischer Störungen. Fischer, Frankfurt/M. 1975.

*Irle, G.:* Prax. Psychother. 14 (1962).

*Maxwell, J.:* The Therapeutic Community. New York 1953.

*Ryan, J. H.:* J. nerv. ment. Dis. 134 (1962) 256.

*Schulte, W.:* Klinik der Anstaltspsychiatrie. Thieme Stuttgart 1962.

*Wing, J. J.:* Brit. J. soc. clin. Psychol. 1 (1962) 38.

# I. Blick zurück ohne Zorn

## Die Psychotherapieambulanz einer Krankenkasse für Erwachsene. Ein zwanzigjähriger Kampf um eine Innovation

*Hans Strotzka*

Im Jahre 1950 waren sich der Vorstand der Psychiatrischen Klinik, Hans Hoff, und der Chefarzt der Krankenkasse, Emil Tuchmann, darüber einig, daß die Krankenkasse verpflichtet sei, ihren Versicherten auch Psychotherapie anbieten zu müssen. Eine weitere Begründung für diese Einsicht erübrigt sich eigentlich, soll aber trotzdem noch einmal zusammengefaßt werden, zumal sich zeigen wird, daß eine solche Einsicht überraschenderweise nicht Allgemeingut der Maßgebenden geworden ist.

Die ärztliche Versorgung war zum Großteil getragen von Ärzten in Privatpraxis, die einen Vertrag mit der Kasse hatten, dessen Bedingungen zwischen dem Hauptverband der Sozialversicherungsträger und Ärztekammer ausgehandelt wurden. Es gab eine Pauschalvergütung für den vierteljährlichen Krankenschein und einige Sonderleistungen. Psychotherapie war damals nicht darunter. Daneben waren einige Ambulatorien der Kasse mit angestellten Ärzten tätig, die von den Ärztekammern als Durchbruch des Prinzips der freien Praxis stark bekämpft wurden. Es wurde befürchtet, daß diese Ambulanzen die Vorläufer einer eventuellen Verstaatlichung der Medizin in Richtung eines allgemeinen Gesundheitsdienstes sein könnten, zumindest Machtpositionen gegen die freie Ärzteschaft.

Trotzdem entschlossen sich die beiden damaligen Protagonisten dazu, die Psychotherapie zuerst in diese Ambulanzen einzubauen. Es mag damals die Erwägung im Vordergrund gestanden haben, daß nur sehr wenige Psychotherapeuten zur Verfügung standen, und daß eine Öffnung der Psychotherapie etwa für alle Psychiater viele höchst Unqualifizierte einbeziehen würde und die Zeit damals für einen Qualifikationsnachweis noch nicht reif war. In einer Ambulanz konnte die Entwicklung auch für Zweifler von der Kasse unter einer gewissen Kontrolle gehalten werden.

1950 begann P. Polak, ein Logotherapeut im Sinne V. E. Frankels, seine Tätigkeit, 1951 in einer anderen Ambulanz ich selbst. Im weiteren beziehe ich mich allerdings nur auf die eigene Arbeit, weil sich dort die Hauptdynamik abspielte. Bei Polak blieb die Situation relativ statisch bis zu seiner Pensionierung. Ein Vorbild für unsere Arbeit war das Zentralinstitut für psychogene Erkrankungen der Versicherungsanstalt Berlin, wo in einer sehr großzügigen personellen Besetzung der Psychotherapiebedarf von Westberlin auch für Langzeittherapien weitgehend abgedeckt werden konnte. Es entsprach den Hoffnungen und Erwartungen aller Interessierten, daß die Wiener Entwicklung ungefähr gleichlaufend sein müßte (Dührssen, 1969).

Ich darf nur noch die Begründung der Schaffung einer Psychotherapieambulanz nachholen. Im Jahre 1950 lagen noch nicht die epidemiologischen Untersuchungsergebnisse vor, über die wir heute verfügen; ein epidemiologisches Denken war der Medizin außerhalb der ursprünglichen Domäne, der Infektionskrankheiten, überhaupt noch kaum bekannt. Trotzdem war den wenigen echten Experten völlig klar, daß man damit rechnen muß, daß etwa ein Drittel der Klientel der Allgemeinpraktiker, Internisten, Kinderärzte und bis zu einem gewissen Grade auch der meisten anderen Disziplinen, sowie der Patienten in den verschiedenen Abteilungen der Krankenhäuser, vorwiegend wegen psychosozialen und -somatischen Ursachen aufscheinen und daß diese Klientel mit der gegenwärtigen organischen Medizin unzureichend versorgt wird. Dadurch wird viel chronifiziert und invalidisiert, was relativ gut und ohne allzu großen Aufwand psychotherapeutisch betreut werden könnte. Das Abdrängen in die Organizität bedeutet sehr oft mehr Leiden, mehr Kosten und Verlängerung der Schwierigkeiten.

Das Ausmaß der „Durchseuchung" der *Gesamt*bevölkerung mit psychosozialen Störungen in der damaligen Zeit noch nicht bekannt, inzwischen ist kein Zweifel, daß sie mindestens zwischen 15 bis 30% liegt.

Die Notwendigkeit psychotherapeutischer Versorgung in einer ökonomischen Form konnte daher gar nicht bezweifelt werden, zumindest wie es uns erschien. Aus Tuchmanns Äußerungen konnten wir allerdings entnehmen, daß er innerhalb der Kasse mit großen Widerständen hatte kämpfen müssen. Dies belastete uns fürs erste noch nicht sehr, da wir uns seiner Unterstützung sicher fühlten, und wir meinten, daß unsere Arbeit für sich sprechen würde.

Unabdingbare Voraussetzungen für eine Entwicklung der Psychotherapie wäre natürlich gewesen, daß das bürokratische System der Kasse und die Selbstverwaltung, getragen durch Arbeitnehmer- und Arbeitgebervertretung prinzipiell akzeptieren könnten, daß Psychotherapie überhaupt ein sinnvolles Unterfangen sei. Daran zweifelten wir fürs erste nicht – mußten aber inzwischen realisieren, daß wir uns getäuscht hatten.

Im Laufe der Zeit hatten wir uns ein System der Psychotherapie aufgebaut, das unter den Bedingungen der Ambulanz sich bewährte. Zahlreiche Mitarbeiter, meist Psychoanalytiker, aber auch pragmatische Psychotherapeuten und eine psychiatrische Fürsorgerin arbeiteten an einem solchen Konzept oft über Jahre mit. Die meisten schlossen sich unserem Vorschlag an, die durchschnittliche Behandlungszeit mit 30 Minuten anzusetzen. Es wurde vorwiegend psychoanalytische Psychotherapie, Paartherapie und Gruppenmethoden, aber auch pragmatische Techniken, wie Autogenes Training, Hypnose, Beratung angewendet. Jeder Therapeut hatte aber völlige Freiheit in der Wahl der Methoden. Der Druck des enormen Psychotherapiebedürfnisses gestattete leider keine systematische Fallbesprechung, Koordination und Selektion.

Unsere Erfahrungen sind in dem Buch „Psychotherapie und soziale Sicherheit" niedergelegt, worauf hier nur verwiesen werden kann.

Für unsere derzeitigen Zwecke wollen wir uns nur auf den organisationssoziologischen Aspekt beschränken.

Wir waren ziemlich enthusiastisch auf die Entwicklung einer kostenfreien Psychotherapie auch für die unbemittelten Schichten konzentriert und erwarteten von der Kassenleitung eine gewisse Unterstützung, da wir hoffen konnten, daß eine eher sozialistische Gruppe unsere Intentionen verstehen und fördern würde. Zu unserem fassungslosen Erstaunen war dies in keiner Weise der Fall. Der Ausbau der Ambulanz ging, wenn überhaupt, nur sehr schleppend vor sich, obwohl das Bedürfnis erwiesenermaßen enorm war und in keiner Weise gestillt werden konnte. Auch die Qualität der Arbeit schien uns fraglos zumindest förderungswürdig.

Erst nach Jahren wurde uns durch eine Indiskretion klar, wo zumindest *eine* Wurzel des Widerstandes gegen uns lag. Die Kassenleitung legte ihrer übergeordneten Behörde eine geheime Rentabilitätsrechnung für jede Ambulanz vor, in der unsere Ambulanz immer als Schlußlicht aufschien, weil keine adäquate Vergleichsbasis zur Verfügung stand und daher mit den allgemeinen nervenärztlichen Praxen verglichen werden mußte. In der Frequenz mußte daher die zeitaufwendige Psychotherapie sehr schlecht abschneiden gegenüber Praxen, wo mit einigen Worten ein Psychopharmakon verschrieben wurde. Die Frequenz war offenbar das einzige meßbare Kriterium. In einem jahrelangen Kampf gelang es schließlich, unsere Ambulanz wegen des Mangels einer sinnvollen Vergleichsbasis aus dieser Rentabilitätsrechnung herauszubekommen. Aber das Stigma der Unrentabilität blieb an uns haften.

So konnte ich nicht umhin, folgenden Scherz zu machen, die Rentabilität dadurch zu steigern, daß Psychotherapie im Rahmen der Kasse ohne weiteres rentabel gestaltet werden könnte, indem jeder Patient beim Eintreten gefragt wird, wie es ihm ginge, und unabhängig von der Antwort mit einem „wird schon besser werden" wieder verabschiedet wird. Dieser Vorschlag wurde merkwürdigerweise auch nicht sehr geschätzt, obwohl dadurch eine beachtliche Frequenzsteigerung hätte erreicht werden können.

Von 1959 bis 1960 unterbrach ich meine Tätigkeit für ein Jahr durch meine Arbeit als mental health adviser beim Hochkommissar für die UN in Genf (s. S. 198). Nach meiner Rückkehr versuchte ich meine Bemühungen zum Ausbau der Ambulanz, gestützt durch meine inzwischen erfolgte Habilitierung, zu verstärken. In der entscheidenden Unterredung mit einem maßgebenden Funktionär stellte sich die Vertrauensfrage: Wenn die Forderung nach einer personellen Verstärkung und geeigneteren Räumen nicht erfüllt würde, würde ich gehen! Zu meiner großen Überraschung antwortete dieser: „Na, dann gehen Sie halt!" Verblüfft ging ich nachher zu unserem einzigen Förderer, dem Chefarzt Tuchmann, und sagte ihm, daß ich mich eben selbst entlassen hätte. Ich war ambivalent zu dieser Situation. Auf der einen Seite war ich der ewigen frustierenden Kämpfe müde, und es war mir klar, daß ich in der privaten Praxis ein Vielfaches verdienen könnte, auf der anderen war ich doch enttäuscht, ein Werk zu verlassen, in das ich so viel investiert hatte und das mir am Herzen lag. Tuchmann überredete mich, diese Kündigung nicht so ernst zu nehmen und vorläufig einen Karenzurlaub von einem Jahr zu nehmen und ihm Zeit zu lassen, inzwischen wenigstens einen Teil meiner Forderungen durchzusetzen. Es wurden dann eineinhalb Jahre daraus, die ich dazu verwendete, im „Institut für höhere Studien" meine formalwissenschaftliche Ausbildung zu verbessern und eine Reihe von sozialpsychiatrischen Untersuchungen durchzuführen, für die mir sonst die Zeit gefehlt hätte (eine Studie über Besuchsregelung in den Kinderkrankenhäusern, eine epidemiologische Arbeit über eine Kleinstadt „Kleinburg", eine solche über Krems und eine Untersuchung der Mütterberatungsstellen, s. S. 146), und ich kehrte schließlich unter leicht gebesserten Bedingungen wieder zurück, um die Kasse erst zu verlassen, als ich auf ein Universitätsinstitut für Tiefenpsychologie und Psychotherapie 1971 berufen wurde.

Insgesamt können diese 20 Jahre harter Arbeit nicht als wirklich befriedigend betrachtet werden. Es gelang nicht, die Krankenkasse vom Sinn der Psychotherapie zu überzeugen, obwohl Quantität und wohl auch Qualität der Arbeit keinen internationalen Vergleich scheuen müßte. Mein Buch über diese Arbeit wurde trotz zahlreicher Widmungsexemplare nicht gelesen oder nicht verstanden. Die Gleichgültigkeit gegenüber den psychosozialen Belangen konnte kaum durchbrochen werden. Zu etwa der gleichen Zeit mit meinem Abgang ging auch der einzige Verfechter der Psychotherapie, Hofrat Tuchmann, in Pension. Meine hochqualifizierten Nachfolger als Leiter der Psychotherapieambulanz verließen diese Posten leider relativ bald, ebenfalls frustriert von dem ewigen Kampf mit der vorgesetzten Bürokratie. Inzwischen war auch die Öffentlichkeit aufmerksam geworden. In den Medien wurde deutlich gemurrt, und eine Patienteninitiative versuchte ihre Behandlungseinrichtung zu verteidigen. Dies bedingte einerseits eine gewisse Irritation der Administration, andererseits aber auch eine Trotzhaltung gegenüber dem „Terror der Medien und der Straße" und ein gewisses paranoides Gefühl, einem Komplott gegenüberzustehen.

Eine glückliche neue personelle Konstellation gestattete aber etwa seit 1975 eine Neugestaltung der Psychotherapie, allerdings diesmal nicht auf psychoanalytischer Basis, sondern nach gruppentherapeutischen Gesichtspunkten. Augenblicklich sind die Chancen einer positiven Neuentwicklung wieder besser. Das Ausmanövrieren der Psychoanalytiker ist zu einem erheblichen Teil deren eigene Schuld, da sie sich vielleicht allzu leicht und schnell zurückzogen auf bessere und befriedigendere Arbeitsbedingungen.

Fragt man sich rückblickend, wo die wesentlichen Ursachen für dieses recht frustrierende Erlebnis waren, dann ist vielleicht eine Anekdote aus diesem Kampf aufschlußreich. In einem Gespräch sagte mir ein maßgebender Funktionär einmal folgendes: „Gut, Herr Strotzka, ich glaube Ihnen alles, was Sie mir über die Einführung der Psychotherapie für die Versicherten sagen, und ich bin auch grundsätzlich bereit, Ihre Forderungen zu erfüllen! Aber zuerst eine Frage; wie viele Ihrer ärztlichen Kollegen in Österreich teilen Ihre Meinung?" Errötend log ich „etwa 20%". Darauf antwortete mir mein Gesprächspartner: „Überzeugen Sie bitte die anderen 80% wenigstens zum Teil, und dann bin ich bereit, auch große Opfer zu bringen für Ihre Pläne. Die Sozialversicherung hat nicht die Aufgabe, mit einer revolutionären Fahne der Entwicklung vorauszugehen und gegen die Majorität ihrer Vertragspartner, der Ärzte, etwas durchzusetzen, was diese selbst noch nicht akzeptiert haben." Ich muß gestehen, daß ich mich dieser Logik nicht ganz entziehen kann, und wir versuchen seither, die gleichermaßen entsagungsvolle Aufgabe in Ausbildung und Fortbildung der Ärzte Fortschritte zu erzielen.

Waren schon die Gespräche mit Juristen und Politikern nicht leicht gewesen, so schien es fast hoffnungslos mit einem der leitenden Ärzte auf eine Diskussionsbasis zu kommen, der öffentlich in einem Mediengespräch sagte, daß er die Seele in seiner chirurgischen Tätigkeit noch nicht gesehen habe. Dies erinnert an einen bedeutenden Pädiater, der nach der Lektüre der Arbeit von Simon und mir über die Schäden der Besuchseinschränkung in Kinderspitälern mir sagte, daß er in seiner langjährigen Erfahrung solche Schwierigkeiten einfach nicht beobachten hätte können. Die starke Prägung unserer Ärzte auf Organizität führt offenbar zu einem kollektiven Verdrängungs- und Verleugnungsprozeß von einer enormen Kraft, der sehr schwer abzubauen ist.

Die Schilderung des Kampfes um eine Institutionalisierung der Psychotherapie wäre aber unvollständig, wenn nicht auch die parallel laufenden Bemühungen um die Etablierung derselben in der freien Praxis zur Diskussion gestellt würden. In der Bundesrepublik Deutschland war es schon in den sechziger Jahren gelungen, auf der Basis der Qualifikation durch einen Zusatztitel „Psychotherapie" eine leistungsgerechte Honorierung auch langdauernder Psychotherapie von den Kassen, allerdings nach einem Genehmigungsverfahren, zu erreichen. In Österreich scheiterte dies in zwei Anläufen daran, daß das Österreichische Ärztegesetz die Ausbildung in den privaten Vereinigungen, wie Psychoanalytische Vereinigung, Arbeitskreis für Tiefenpsychologie, Verein für Individualpsychologie und Österreichischer Arbeitskreis für Gruppenpsychotherapie und Gruppendynamik nicht anerkennt. Vermittlungsvorschläge scheiterten unter anderem daran, daß viele Psychoanalytiker es (vielleicht mit Recht) nicht akzeptieren konnten, daß eine offizielle nichtanalytische Stelle letztlich die Ausbildung kontrollieren könnte, sei es Universität oder Ärztekammer. Es wurde also bis zu einem gewissen Grade die Diskussion, die in Deutschland 1977–1978 über den Facharzt für medizinische Psychoanalyse entbrannt war, vorweggenommen. War dort die Majorität der Psychoanalytiker *für* eine solche entscheidende Änderung eingetreten, zögerten die Österreicher bereits beim ersten Schritt in die Richtung einer Verankerung der Psychonalyse an der Universität. Das entscheidende Motiv, warum man einer Legalisierung der Ausbildung durch die Universitätsinstitute skeptisch gegenüberstand, lag allerdings darin, daß keine Gewähr dafür bestand, daß diese Lehrstühle in psychoanalytischen Händen bleiben würden. Die Ablehnung des Facharztes für Psychoanalyse durch den Deutschen Ärztetag zeigte übrigens, daß die Reserve gegenüber der Psychoanalyse bei den deutschen Ärzten ebenfalls noch recht ausgeprägt ist (s. S. 102).

Zusammenfassend läßt sich sagen, daß zu erwarten ist, daß die Einführung der Psychotherapie in die Einrichtungen sozialer Sicherheit, wie beschrieben, bis jetzt sicher einerseits an der Fixiertheit in einem organischen Medizinkonzept gescheitert ist, auf der anderen darf aber nicht verkannt werden, daß offenbar auch auf Seiten der Psychotherapeuten manche Ursachen liegen. Für den Außenseiter muß die psychotherapeutische Szene verwirrend und nicht sehr wissenschaftlich wirken. Untersuchungen wie von Dührssen und Jorswieck sind noch immer sehr selten, wo mit harten Daten (Krankenstände und Spitalsaufenthalte vor und nach der Psychotherapie) die Wirksamkeit der Psychotherapie nachgewiesen wird. Der Kampf der alten Schulen hat zwar nachgelassen, es tauchen aber ständig neue auf, die in der Öffentlichkeit großes Aufsehen erregen, aber häufig rasch wieder von der Bühne verschwinden. Mancher Mißbrauch ist unverkennbar, wie etwa mit verschiedenen Gruppenmethoden. Dort, wo es sich um öffentliche Mittel handelt, ist daher eine gewisse Vorsicht verständlich. Am überzeugensten wirken noch immer konkrete Erfolge im Bekanntenkreis maßgebender Personen, und offenbar fehlt es daran noch zu sehr. Wir glauben aber doch, den massiven Widerstand etwas gelockert zu haben und wichtige Vorarbeit für einen endlichen Durchbruch geleistet zu haben.

Innovationen können sich durchsetzen, wie wir immer wieder sehen,

1. wenn die Pressuregruppe stark genug ist,
2. wenn eine wirksame Führung sie ohne Ambivalenz fördert,
3. wenn eine breite Basisentwicklung sie trägt, und
4. wenn (bei schwacher Führung) die Medien sie forcieren.

In diesem Fall waren alle diese Voraussetzungen nicht gegeben.

5. Der internationale Trend und der damit verbundene Konformitätsdruck konnte leider hier nicht wirksam werden (wie bei der Besuchsregelung in den Kinderkrankenhäusern), weil ein selbstgefälliger „Mir san Mir" – Provinzialismus ihn einfach vorbeiströmen ließ.

A. M. Becker wird im Anschluß die Erfahrungen mit dem parallel laufenden Jugendpsychotherapieambulatorium diskutieren.

# Literatur

*Dührssen, A.:* Analytische Psychotherapie in Theorie, Praxis und Ergebnissen. Vandenhoeck & Ruprecht, Göttingen 1972.

*Simon, M.:* Eine empirische Untersuchung über die psychologische Bedeutung eines Krankenhausaufenthaltes für Kinder. Pädiatr. Pädol. 2 (1966) 96–104.

*Strotzka, H.:* Psychotherapie und soziale Sicherheit. Huber, Bern 1969.

*Strotzka, H., I. Leitner, G. Czerwenka-Wenk-stetten, S.-R. Graupe, M. Simon:* Kleinburg. Eine sozialpsychiatrische Feldstudie. Österreichischer Bundesverlag f. Unterricht, Wissenschaft und Kunst 1969.

*Strotzka, H., M. Simon, P. Siwy, E. Kunze, H. Stadler:* Wohnen und Bauen in Krems. Umweltbedingungen psychosozialer Fehlentwicklungen. NÖ. Landesregierung, Krems 1971.

# II. Die Psychotherapieambulanz einer Krankenkasse für Jugendliche

## Erfahrungen als Arzt im Angestelltenverhältnis

*Alois M. Becker*

Als Folge der im vorigen Abschnitt beschriebenen Einrichtung von Ambulanzen für Erwachsene wurde mir Ende 1952 angeboten, im Verband des Jugendambulatoriums der Wiener Gebietskrankenkasse eine psychotherapeutische Fachambulanz zu errichten. Zwei Gründe waren maßgebend, mich zu fragen. Erstens, besaß ich eine psychoanalytische Ausbildung. Zweitens, hatte ich bereits während meiner Klinikzeit in der Jugendarbeit Erfahrungen gesammelt, und zwar als beratender Psychiater in den Erziehungsanstalten Eggenburg und Kaiser-Ebersdorf.

Das Jugendambulatorium war eine vorwiegend, wenngleich nicht ausschließlich, präventivmedizinische Institution, die dem bereits erwähnten Chefarzt Tuchmann aus sozialmedizinischen Gründen offenbar sehr wichtig schien.

Dem Jugendambulatorium oblag die regelmäßige gesundheitliche Betreuung jugendlicher Arbeitnehmer durch angestellte praktische Ärzte. Die Durchuntersuchung wurde unterstützt durch die Möglichkeit, im gleichen Haus an Fachambulanzen für Interne, Pulmologie, Gynäkologie sowie Zahnheilkunde zur Befundung und Behandlung überweisen zu können. Diese wurde 1953 durch die von mir eröffnete psychotherapeutische Fachambulanz ergänzt.

Die Vorstellungen des Chefarztes waren durchaus großzügig. Er versicherte mir, ich könnte ruhig abwarten, bis sich die Frequenz allmählich auf einen Stand einpendelte, der mit vernünftigem Arbeiten vereinbar sei. Von der neuen Institution wußten vorerst nur die Kollegen im Jugendambulatorium, dann in den anderen Kassenambulatorien. Mit allmählich zunehmendem Bekanntheitsgrad dieser psychotherapeutischen Sonderambulanz mehrten sich auch die über Krankenschein erfolgenden Überweisungen durch Allgemeinpraktiker und Fachärzte aus ganz Wien.

Diese Entwicklung war nicht verwunderlich, weil die Probleme der Jugendlichen in vielen Fällen auf das engste mit denen ihrer Familie, ihrer Schule oder ihrer Arbeitgeber verknüpft waren, was einen oft erheblichen Aufwand an anamnestischen Erhebungen und vielfältigen Interventionen erforderte. Solches ist in einer ärztlichen Praxis, die nicht über spezielles therapeutisches Wissen und über entsprechende Kontakte zu hilfevermittelnden Stellen verfügt, nur schwer durchführbar.

Der Ordinationsraum befand sich in einem Gebäude, das offensichtlich ärztlichen Untersuchungen diente. Er war auch nicht durch einen speziellen Hinweis auf seine

Funktion gekennzeichnet. Dadurch wurde die Befürchtung, durch den Besuch einer psychotherapeutischen Stelle als „Psycherl", wie sich die Jugendlichen ausdrückten, abgestempelt zu werden, für den Anfang vermieden. Nach kurzen aufklärenden Hinweisen wurden derartige Sorgen von seiten der Jugendlichen, aber zuweilen auch ihrer Eltern, in der Regel völlig zerstreut.

Die Frequenz stieg im Laufe der nächsten Jahre so weit an, daß eine zweite psychotherapeutische Fachambulanz von einer individualpsychologisch ausgebildeten Kollegin errichtet wurde. Dazu hatte wesentlich das steigende Bedürfnis der Berufsschulen nach einer Zusammenarbeit mit der Institution beigetragen. Die folgenden Ausführungen bringen ausschließlich meine eigenen, naturgemäß subjektiv gefärbten Eindrücke und Überlegungen zum Ausdruck.

Die jugendlichen Patienten, die mit Beginn der Ambulanz 1953 an sie überwiesen wurden, waren zu einem Teil in den Jahren vor Ausbruch des Zweiten Weltkrieges, zum anderen bereits während des Krieges zur Welt gekommen. Alle hatten, in mehr oder minder einschneidender Weise, unter Einwirkungen von Notlagen und Katastrophen der Kriegs- und Nachkriegszeit gestanden und sie zum Teil bewußt miterlebt. Sie waren eher gewohnt, ihre Schwierigkeiten in sich selbst auszutragen. Proteste waren vorwiegend individuell, äußerten sich höchstens informell in Kleingruppen, waren noch keine Massenerscheinung. Drogenprobleme waren praktisch nicht existent. Relativ zahlreich waren Zustände, in denen körperliche Beschwerden in Form von Kopfschmerzen, Müdigkeit, Schwindelzustände angeboten wurden. In solchen Fällen war der Umstand günstig, daß ein Ausschließen direkter körperlicher Ursachen, sofern es nicht schon erfolgt war, großteils im Haus durchgeführt werden konnte. In der überwiegenden Mehrzahl solcher Patienten war es möglich, zum Teil langdauernde soziale Konfliktsituationen ins Gespräch zu bringen. Dadurch gelang es ihnen, Problemlösungen zu entwickeln und zu verwirklichen. Das geschah in Form relativ kurzer, präventiv ausgerichteter Beratungsinterventionen. Eine andere Gruppe von Jugendlichen litt bereits an entwickelten Neurosen, z. B. Phobien, Angst- und Zwangssymptomen, Depersonalisationserscheinungen, die zum Teil schon einige Zeit angedauert hatten. Hier waren bereits intensivere Behandlungen angebracht.

Eine weitere Gruppe von Jugendlichen war durch Entwicklungen mit dissozialen Implikationen gekennzeichnet. In manchen dieser Fälle handelt es sich um impulsives Davonlaufen, das mit Stehlen, Veruntreuen, aggressiven Exzessen verbunden sein konnte. Bei diesen Jugendlichen wendete ich eine Art von selbstentwickeltem Sensitivierungs-Training an, indem die Patienten systematisch dazu angeleitet wurden, auf Hinweise zu achten, die einen solchen präimpulsiven Zustand erfahrungsgemäß einleiteten. Dann konnte zweckmäßiges Alternativverhalten zur Anwendung kommen. Damit gelang es, bei fast hoffnungslos erscheinenden Patienten, sofern ein gutes Arbeitsbündnis bestand, Erfolge zu erzielen.

Zu den überdurchschnittlich schwierigen Patienten gehörten zwei Fälle sexueller Perversion. Bei einem der ca. 15jährigen Patienten handelt es sich um quälende, vorwiegend sadistische (aber auch ergänzende masochistische) Phantasien, die seit der Kindheit zugenommen hatten und die schließlich zu einer relativ harmlosen, partiellen Verwirklichung der Phantasien in Form einer Straftat geführt hatten. Bei dem anderen lag ein ähnliches Bild, nur mit vorwiegend masochistischen und transvestitischen Phantasien, vor. Ein Unfall während einer Selbstfesselung brachte ihn in Behandlung. Die Ambulanz war elastisch genug, in beiden Fällen für längere Zeit eine bis zu 3 mal wöchentliche Behandlungsfrequenz mit Sitzungsdauer zwischen 40–50 Minuten zu ermöglichen. Beim ersten der beiden genannten Patienten ist mit größter Wahrscheinlichkeit eine vollkommene Symptomlösung, beim zweiten eine sehr weitgehende Reduktion der Störung anzunehmen.

Die Beispiele zeigen, daß die Tätigkeit einen Personenkreis umfaßte, der kaum durch irgendeine damals vorhandene Institution, einschließlich der freien Facharztpraxen, hätte behandelt werden können. Jugendlichen, die in einem Lehr- oder Arbeitsverhältnis standen, war es möglich, auf der Basis eines Krankenscheines in Behandlung zu kommen, ohne diesbezüglich auf ihre Eltern angewiesen zu sein. Die Fragen der Diskretion gegenüber Angehörigen wurden diskutiert und vereinbarungsgemäß eingehalten.

Die fachlich-berufliche Seite dieser Tätigkeit konnte somit von meiner Seite als durchaus sinnvoll eingeschätzt werden. Wie verhielt es sich hingegen mit dem Arbeitsklima in der Institution überhaupt?

Meine Erfahrung ging dahin, daß die Beziehung zur Gesamtinstitution in hohem Maße von der Einsatzbereitschaft und dem beruflichen Rollenverständnis einzelner Personen abhängig war, was bereits ein Hinweis darauf ist, daß am System etwas nicht stimmt. Als der erwähnte Chefarzt Dr. Tuchmann gegen Ende meiner 18jährigen Dienstzeit in Pension ging, konnte ich an zahlreichen atmosphärischen Indizien eine Veränderung des Institutionsklimas bemerken. Das Interesse, das meiner Tätigkeit in der Institution entgegengebracht worden war, wurde von seinen Nachfolgern offenbar nicht mehr geteilt. Falls sie doch Interesse aufgebracht haben sollten, dann ist zu bewundern, wie gut ihnen gelang, es nicht zu zeigen.

Eine Änderung in der Auffassung der Rolle einer chefärztlichen Funktion war gleichfalls zu verspüren. Während Tuchmann durchaus auch den Interessen der in der Kasseninstitution angestellten Ärzte verbunden war und sich in seiner Kritik gegenüber Maßnahmen der Hochbürokratie keinen Zwang auferlegte, änderte sich die Situation nach seinem Ausscheiden sehr deutlich. Eine Persönlichkeit, die ein zukunftweisendes Konzept hatte und es auch temperamentvoll zu verwirklichen trachtete, war gewiß nach verschiedenen Richtungen unbequem. Der Kassenleitung gelang es offenbar, weniger unbequeme Mitarbeiter in die chefärztliche Funktion zu bringen.

Als Ergebnis mußte sich der Eindruck verfestigen, daß sich die chefärztliche Rolle entschieden in die Richtung eines vorwiegenden Wahrens der Direktions- (später: Generaldirektions-) Belange verlagert hatte. Damit war aber auch kein einsichtiger Gesprächspartner mehr vorhanden.

Ein weiteres Beispiel für die überragende, gerade darum aber problematische Bedeutung des Faktors „Einzelpersönlichkeit" läßt sich auch am gewerkschaftlichen Vertreter der Ärzte in der Institution aufzeigen. Ich kann mich an die Person und den Namen dieses Kollegen, der als Internist in einem Ambulatorium tätig war, noch sehr gut erinnern. Er war von allen „arbeitnehmenden", d.h. ihre Arbeitskraft der Institution und damit den Patienten zur Verfügung stellenden Ärzten sehr geschätzt, weil er seinen

Kollegen mit großer Geduld und Hartnäckigkeit in allen Fragen ihrer Beziehungen zur Verwaltung mit Rat und Tat zur Seite stand. Er war Gewerkschafter, d. h. Arbeitervertreter im besten, originären Sinne des Wortes. Sicherlich der „Unternehmens"-Leitung nicht bequem – das wäre aber auch nicht seine Funktion gewesen. Nach seiner Pensionierung wußte ich nicht mehr, warum ich den Gewerkschaftsbeitrag noch einzahlte. Namen und Aussehen seiner Nachfolger sind mir nicht mehr erinnerlich.

Dieser Unterschied: erst ein deutliches Wahrnehmen, gewerkschaftlich vertreten zu sein, später dessen Fehlen, ist bemerkenswert. Er läßt nur den Schluß zu, daß erst von einer besonderen, überdurchschnittlichen Qualität der gewerkschaftlichen Fähigkeiten einer Person das System befriedigend funktioniert. Da man aber nicht ständig mit Überdurchschnittlichkeit rechnen kann, bedeutet dieser Umstand, daß in den Grundlagen des Systems Fehler liegen. Offenbar können sich nur besonders sicher und unabhängig fühlende Personen durchsetzen. Ist das nicht der Fall, dann dürfte der gewerkschaftliche Vertretungsauftrag nurmehr schwer einlösbar werden. Verständlicherweise verlieren die angestellten Ärzte unter diesen Bedingungen den Eindruck, ausreichend der Institution gegenüber geschützt zu sein. Dies ist erträglich, solange jemand weiß, daß er durch Lösung des Anstellungsverhältnisses in seinen ökonomischen Grundlagen nicht gefährdet ist, d. h., wenn jemand ohne wesentliche Verluste den Dienst quittieren kann, was bei mir der Fall gewesen wäre. Bedrückend muß es sein, wenn solches aus irgendwelchen Gründen nicht möglich ist.

Was die Kassenbürokratie von den mittleren bis zu den höchsten Rängen anlangt, so habe ich im Lauf der Jahre folgenden Eindruck gewonnen. Die Bürokratie bildet zwar eine straff hierarchisch gegliederte Machtpyramide. Diese Machtstruktion muß sich aber schließlich durch einen Zweck ausweisen, der die Gesundheit der Versicherten betrifft. Diese Zwecksetzung ist aber – vom Standpunkt der Machtträger unglücklicherweise – an die Fachkompetenz der Ärzte gebunden, gewissermaßen gekettet. Leider erschien es – und erscheint noch immer – nicht recht machbar, die versicherten Patienten durch vollautomatisierte Diagnose- und Therapieverarbeitungsstraßen zu schleusen, wodurch Ärzte als Mitarbeiter ersetzbar wären. Das ist ärgerlich. Die für Patienten wesentliche und von ihnen auch unmittelbar erlebte Tätigkeit erfolgt durch Ärzte.

Daß im Zusammenwirken von Gesetzesentwerfern und Gesetzgebern, einschließlich der Lobby des zugeordneten Hauptverbands (der Sozialversicherungsträger), die Ärzte als „Erfüllungsgehilfen" für die Ziele der Versicherung tituliert wurden, war eine aus dem Kontext verständliche Fehlleistung im Sinne S. Freuds (1901), geeignet, die von mir vermuteten Zusammenhänge plausibel erscheinen zu lassen. Wie alle Fehlleistungen erwies sie sich im Endergebnis als nicht sehr zweckmäßig. Das kurze Vergnügen, die Ärzte durch diese Titulatur („Gehilfe" ist in Österreich ein Arbeiter ohne Gesellenprüfung) herabzusetzen, wurde durch die langfristigen, nicht ganz unverständlichen Solidarisierungseffekte der Ärzte aufgrund geweckter Empörung mehr als aufgewogen. Kluge Machthaber vermeiden es, ihren Besitz in Äußerungen zu zeigen, die geeignet sind, auf Übermut und Zynismus schließen zu lassen.

Die geschilderte Fehlleistung ergab sich aus dem Antagonismus der folgenden zwei Gegebenheiten. Erstens: wenn in der Sozialversicherungsinstitution der Begriff „Gehilfe" überhaupt auf jemanden anzuwenden ist, dann der Sache nach naturgemäß auf die Verwaltung. Das dieser Gegebenheit entgegengesetzte Ressentiment der Verwaltung führt über vermutbare Mechanismen der „Verleugnung", bzw. der „Projektion" und der „Über-Kompensation" (nach A. Adler, 1912) zum erwähnten Effekt. Zweck einer Machtzentrale ist es, immer mehr und mehr Zentrale zu werden und zu bleiben. Daß Macht korrumpiert, konnte ich an einem Beispiel erleben, das mir eine Art des „Umspringens" mit Angestellten zeigte, die ich als selbstherrlich-paschaartig einstufen mußte. Knapp vor meinem Sommerurlaub hatte ich mit zwei Vertretern der Hochbürokratie, darunter einem Arzt, eine schlüssig bindende Vereinbarung getroffen, bestimmte Modalitäten meiner Tätigkeit betreffend. Kurze Zeit später erhielt ich ein etwas gewundenes Schreiben an meinen Urlaubsort nachgeschickt, in dem, ohne plausible Begründung, die Abmachung annulliert wurde. Diese Art, Abmachungen zu kündigen, fand ich skandalös. Über die zu regelnde Angelegenheit selber hätte noch durchaus ein Diskussionsspielraum bestanden. Von der möglichen Diskussion wurde aber aufgrund der Machtlage kein Gebrauch gemacht. Auch das halte ich, selbst wenn es im Augenblick bequem ist, langfristig für die Interessen der Institution abträglich.

Vorfälle dieser Art ereignen sich ja nicht zufällig. Sie sind Symptome für ein Betriebsklima, in dem auf Dauer wenig Gedeihliches hervorgehen kann. Ich für meinen Teil beschloß, die Institution bei erster sich bietender Gelegenheit zu verlassen, was auch bald der Fall war.

Die sogenannte „Selbstverwaltung" der einzelnen Krankenkassen habe ich immer als eine Farce angesehen. Es handelt sich doch dabei um ein Gremium hochgestellter Funktionäre, die von verschiedenen Interessenverbänden gestellt werden, doch keinerlei Verbindung zur Basis – den Ärzten, den Schwestern, und schon gar nicht den Versicherten – zu haben scheinen.

Die Moral von der Geschichte läuft auf folgendes hinaus. Die Allmacht der nicht effektiv kontrollierten, sondern nur kontrollierenden Hochbürokratie müßte durch eine aus der Basis heraus organisierten Gegenkontrolle in eine ausgewogenere Machtteilung übergeführt werden. Denkbar wären paritätisch aus dem medizinischen Bereich – aus Ärzten und Pflegepersonen (Schwestern, med. techn. Assistenten, usw.) – delegierte Vertreter, die mit Vertretern der Bürokratie gemeinsam beraten, wie die Funktion der Institution den Bedürfnissen der Patienten am besten entsprechend gestaltet werden könnte. Eine solche Art von Drittelparität wäre sowohl auf der Ebene der einzelnen Ambulatorien, als auch der Kassen insgesamt einzurichten. Ein solcher Gedanke ist für Personen, die nur in hierarchischen Machtstrukturen zu denken gewohnt sind, sicher inakzeptabel. Er unterliegt vermutlich der Gefahr, als anarchische Ideologie oder als Versuch, ein Räte-System zu installieren, denunziert zu werden. Damit würde von der Notwendigkeit abgelenkt, über Mitbestimmung auch eine Mitbeurteilung institutionell zu verankern. Wem nicht zu raten ist, dem ist auch nicht zu helfen. Hilfe- und ratbedürftig sind Institutionen, die nicht erstarren sollen, noch allemal. Im übrigen ist der Gedanke der Mitbestimmung gerade in jenem ideologischen Lager geprägt worden, das dem Sozialversicherungssystem nicht gerade fernstehen dürfte.

Meine Schilderungen umfassen einen Zeitraum bis zum Jahre 1971. Was später geschehen ist, entzieht sich meinem unmittelbaren Eindruck. Spektakuläre Neuordnungen dürften kaum erfolgt sein, diese hätten sich herumgesprochen. Vielleicht sind da, dort, oder überhaupt, gewisse Klimaaufbesserungen geschehen. Ich wünsche sie allen Bediensteten dieser Institutionen. Ob es damit auf Dauer sein Bewenden haben kann, bleibe dahingestellt.

Wenn ich auch glaube, ohne Zorn auf die geschilderte Zeit zurückzublicken, meine ich doch, daß dem Leser der Nachhall eines Grolls, den Ignoranz und Präpotenz erweckt hatten, nicht verborgen geblieben sein kann, den ich in Veränderungsvorschlägen zu kanalisieren versucht habe.

# I. Mütterberatung – ein psychohygienisches Instrument?

## Die Geschichte eines vorläufigen Mißerfolges – Vorgeschichte, Durchleuchtung einer Institution, Konzeption

*Hans Strotzka*

## 1. Die Hintergründe der Studie

Jedem Kenner der sozialpsychiatrischen Szene ist völlig klar, daß die Mütterberatung eine ideale Chance psychohygienischer Aktivität sein könnte oder müßte. Zu keinem anderen Zeitpunkt ist eine Familie so bereit, Rat zu suchen und auch anzunehmen, als knapp nach der Geburt besonders des ersten Kindes. Dies gilt gerade unter den Bedingungen der Kleinfamilie, wo nicht wie früher wohltradiertes Wissensgut über die Frühbetreuung von Kleinstkindern von den erfahrenen übrigen älteren Frauen der Großfamilie weitergegeben werden kann. Es dreht sich dabei zuerst um die technischen Fertigkeiten, z. B. die Ernährungsprobleme, aber doch vor allem um grundsätzliche Prinzipien der Früherziehung (permissiv versus repressiv) in den zahlreichen konkreten Einzelsituationen, wenn das Kind nicht aufhört zu schreien, nicht schlafen will, Essensstörungen hat usw.. Würden hier klare, allgemein akzeptierte Regeln angeboten, die eine optimale Früherziehung auf breitester Basis gestatten, wäre ohne Zweifel eine Instanz echter primärer Prävention geschaffen, an deren segensreichen Auswirkungen kaum gezweifelt werden kann.

Nun besteht diese Organisation und Institution, in deren Rahmen diese Hilfe theoretisch ohne Schwierigkeiten vermittelt werden könnte, seit Jahrzehnten, wobei zu vermuten war, daß eigentlich nur *eine* Barriere zu überwinden sei, daß nämlich die Tradition dieser Einrichtung, die entsprechend der Zeit ihrer Entstehung (der materiellen Notzeit der Zwischenkriegsperiode), einer rein organischen Medizin und materiellen Fürsorge entsprach, sich vielleicht nicht leicht verändern lassen würde. Ausländische Erfahrungen ließen einen aber eher optimistisch sein (England). Wir unterschätzten dabei, wie man später sehen wird, die Trägheit bereits gut verankerter und eingelaufener Institutionen, obwohl uns aus früherer Erfahrung mit dem Versuch, die Besuchszeit in Kinderkrankenhäusern zu verändern, schon hätte klar werden müssen, wie schwierig das ist.

Grundsätzlich gibt es folgende Möglichkeiten, neue Gesichtspunkte in eine bereits arbeitende Institution einzuführen:

1. Die Änderung wird von oben angeordnet.
2. Sie erfolgt von der Basis aus, weil die Bedürfnisstruktur oder die Ausbildung und Einstellung der dort Beschäftigten sich organisch wachsend geändert hat.
3. Die Möglichkeit 1. und 2. werden gleichzeitig und aufeinander bezogen kombiniert.
4. Die Veränderung der Bedürfnisse wird von den Beschäftigten nicht bemerkt oder verleugnet, aber von einer Gruppe Außenstehender wahrgenommen.
5. Dieselben haben dann die Chance, sie durch eine überzeugende wissenschaftliche Arbeit aufzuzeigen und damit die Möglichkeit 1 in Bewegung zu setzen (5a), oder durch eine entsprechende Aufklärung oder Propaganda die Möglichkeit 2 auszulösen (5b), oder es wird die Gesamtgesellschaft über die Massenmedien aktiviert, die die Veränderung schließlich erzwingt (5c).
6. Die Gruppe der Außenstehenden verzichtet auf eigene wissenschaftliche Arbeit als Basis, da sie entweder ideologisch oder durch fremde Untersuchungen so überzeugt ist, daß sie sich diese Arbeit ersparen und direkt die Möglichkeiten 5a oder 5b oder 5c auslösen.

Die Geschichte der Universitätsreform etwa zeigt in verschiedener Kombination und zeitlicher Folge fast alle diese Möglichkeiten (etwas paradoxerweise mit Ausnahme von 5, denn eine gute wissenschaftliche Untersuchung über die Universitäten fehlt, offenbar weil alle Beteiligten meinten, sowieso alles darüber zu wissen).

In diesem Zusammenhang muß auch auf das Konzept von Max Pages (1968) von der psychosozialen Intervention hingewiesen werden, die ein Durchbrechen der Schranken zwischen Forschen und sozialer Praxis, zwischen Untersuchern und Untersuchten und zwischen den verschiedenen Praxisbereichen impliziert.

Die Gruppe der Autoren, die das Buch „Psychohygiene und Mütterberatung" (1972) verfaßten, beschlossen jedenfalls, gerade diese Möglichkeit 5 zu realisieren und in einer großangelegten Untersuchung die Funktion der gegenwärtigen Mütterberatung als Basis für Reformen zu erarbeiten.

Bevor wir diese Entwicklung eingehender schildern, sei jedoch auf die anderen Punkte in bezug auf die konkrete Aufgabe eingegangen.

**ad 1.** Auf eine Innovation von oben mußte von vornherein verzichtet werden, obwohl es zwar durchaus realisierbar gewesen wäre, sowohl von der politischen als auch von der Beamtenebene eine hinreichende Motivation zu erzielen; eine solche Anordnung hätte aber keinen Erfolg haben können, wenn nicht die Mütterberatungsteams selbst die neuen psychohygienischen Konzepte bereits echt integriert, verstanden und eine eigene autonome Motivation erworben gehabt hätten. Nur dann wäre eine Aussicht auf eine sinnvolle und wirkungsvolle Arbeit zu erwarten gewesen. So versicherten wir uns nur des *Interesses* der politischen und bürokratischen Spitzen und der Erlaubnis zur Durchführung der Untersuchung, was ohne wesentliche Schwierigkeiten möglich war.

Selbst an sich komplikationsträchtige Tatsachen, daß die Sozialarbeiter administrativ einer anderen Dienststelle unterstanden als die Ärzte und Säuglingsschwestern, erwies sich für die Untersuchung nicht als Problem. Zum Unterschied von einer anderen wenig glücklichen Innovationsarbeit (s. Kap. über Sozialversicherung und Psychotherapie) war hier die Behördenspitze wesentlich interessierter als die Basis des Teams.

**ad 2.** Es war uns von vornherein klar, daß wir an der Basis mit Teams zu tun hatten, die sehr stark von den Ärzten dominiert waren. Diese waren vorwiegend Kinderärzte und Allgemeinpraktiker, die die Mütterberatung als extrem schlecht bezahlten Nebenberuf ausübten und zwangsläufig ihre rein organische Ausbildung an den österreichischen Universitäten reflektierten. Eine Umorientierung hätte verschiedene Konsequenzen haben können, entweder einen wesentlich größeren Einsatz an Zeit und persönlicher Energie oder einen Dominanzwechsel oder zumindest eine weit größere Selbständigkeit der Sozialarbeiter oder Schwestern. Schließlich ein Umlernen auf eine bei der Medizin nicht allzu hoch geachtete Disziplin (nämlich eine psychosoziale Medizin). Vor allem das letztere war nur dort zu erhoffen, wo bereits spontan zumindest Vorstufen der Einsicht in die Notwendigkeit einer solchen Anstrengung aus der Berufs- oder Lebenserfahrung bestanden. Aus der allgemeinen ärztlichen Fortbildung wußten wir, daß dies bei der starken Sozialisationsprägung durch das medizinische Basistraining kaum zu erwarten war. Unsere Hoffnung auf diesen Punkt waren zumindest kurz- oder mittelfristig gering.

**ad 3.** Ebenso war es natürlich mit der Ideallösung dieses Punktes bestellt, wie es im Falle des Lagerräumungsprogrammes der displaced-persons-Lager wenigstens zum Teil der Fall gewesen war (s. S. 198).

**ad 4.** Unsere Situation entsprach genau diesem Punkt. Das Team, bestehend aus zwei Sozialpsychiatern, einem Sozialpädiater und aus einer Sozialwissenschaftlerin, alle mit eigener Elternerfahrung, stellte eine solche Außenseitergruppe dar, die der Meinung war, es müßte in diesem Gebiet eine Erneuerung in Gang gebracht werden. Die Gruppe war hochmotiviert und eigentlich überzeugt, wenn irgend etwas auch für andere einleuchtend wäre, dann dieses Projekt.

**ad 5.** In einem gewissen Idealismus und Wissenschaftsgläubigkeit schien es uns selbstverständlich, daß wir erst dann in die Öffentlichkeit werbend und ausbildend treten könnten, wenn wir ein relativ objektives und umfassendes Bild von der Wirklichkeit der Mütterberatungsstellen Österreichs vorlegen könnten. Lösung 6 kam daher nicht in Frage. Erst vom Ergebnis der Untersuchung sollte abhängen, welche Folgerungen 5a–c gezogen werden müßten.

Mit Hilfe des Instituts für höhere Studien wurde dann die Arbeit aufgenommen.

# 2. Die eigentliche Untersuchung

Da die Arbeit in unserem schon erwähnten Buch in extenso beschrieben wird, sei hier nur eine kurze Zusammenfassung gegeben. Der erste Schritt war eine teilnehmende Beobachtung der Arbeit in einigen typischen Mütterberatungsstellen, dann die Entwicklung eines Fragebogens für alle Teammitglieder über die Beratungskonzepte. Dieser Fragebogen wurde im Burgenland vorgetestet, dann nach Modifikation in Wien und Kärnten bei allen Mutterberatungsstellen angewendet. Einige Experten aus ganz Europa, insbesondere in den Sozialistischen Staaten, arbeiteten ebenfalls mit. Außerdem analysierte der Sozialpädiater Prof. Dr. Czermak die bekanntesten Bücher für Laien und wohl auch für sogenannte Experten auf diesem Gebiet, die im deutschen Sprachraum verwendet werden.

Das Ergebnis war klar und einfach ausgedrückt in jeder Beziehung erschütternd. Es besteht ein totales Chaos darüber, was man den jungen Müttern auf die einfachsten Fragen antworten soll.

Aus dem Beitrag von Maria Simon bringen wir folgende Zusammenfassung:

**Was hat unsere Untersuchung im Lichte der modernen Pädagogik erbracht?**

Vielleicht der stärkste Eindruck, den unsere Untersuchung hinterläßt, ist die große Uneinheitlichkeit der Meinungen; bei vielen Fragen wohl auch Ratlosigkeit. So fällt auf, daß manche Fragen von einer größeren Anzahl von Personen überhaupt nicht beantwortet wird. Bei vielen Fragen erfolgen nur wenig konkrete Antworten, indem etwa geraten wird, die Mutter möge „den Fachmann fragen".

Sicher hängt die Einstellung einer Person zu den gestellten Fragen von einer Unzahl von persönlichen und gesellschaftlichen Faktoren ab. Im Rahmen unserer Untersuchung konnten nur einige dieser Merkmale für den Kreis der Befragten erhoben werden. So wissen wir zum Beispiel gar nichts über die Persönlichkeitsmerkmale unserer Stichprobe: Wer von den Befragten gehört beispielsweise charaktermäßig zu den „autoritären", wer zu den „demokratischen" Persönlichkeiten? Welchen Erziehungseinflüssen waren die Befragten in ihrer eigenen Kindheit ausgesetzt gewesen? Haben sie eigene Kinder? Zweifellos haben solche und andere Faktoren einen starken Einfluß auf die Erziehungsphilosophie eines Menschen, ganz abgesehen von dem Land, in dem er lebt, seiner Ausbildung oder seiner Geschlechtszugehörigkeit.

Wir müssen uns leider mit der Analyse der Gruppenunterschiede begnügen, die auf einer kleinen Anzahl von Faktoren beruht, nämlich der Geschlechtszugehörigkeit, dem Ursprungsland, der Berufskategorie und dem Alter. Die Datenanalyse ergab, daß der letztere Faktor für Gruppenunterschiede irrelevant war, hauptsächlich, weil die Fallzahlen für Junge in den meisten Kategorien zu klein waren.

In großen und ganzen finden wir, daß bei allen Gruppen nur von einer Minderzahl wirklich inflexible oder „harte" Erziehungspraktiken gefordert werden. Versuchen wir aber, die *relativen* Gruppenunterschiede entlang der Dimension permissiv – prohibitiv festzuhalten, so finden wir in unserer Untersuchung folgendes:

**Ernährungssituation**

In den Fragen der Ernährung (Variieren der Menge, elastische Handhabung der Intervalle zwischen Mahlzeiten, Nachtfütterung) sind die österreichischen männlichen Ärzte am striktesten, die Ärzte aus dem westlichen Ausland am permissivsten. Innerhalb Österreichs sind die Männer strikter als die Frauen, die Kärntner und die Burgenländer strikter als die Wiener. Die Fachleute aus dem Osten nehmen die Mittelstellung zwischen Österreichern und West-Ausländern ein.

## Schlafsituation

Bei der Schlafsituation wird die verwöhnende Haltung (Kind in Schlaf wiegen, Licht brennen lassen, Türe offen lassen) wieder am stärksten von den West-Ausländern befürwortet, gefolgt von den Österreichern, während die Ost-Ausländer den prohibitivsten Standpunkt einnehmen.

## Kontakt- und Affektverhalten

In Fragen, die einen körperlichen Kontakt zwischen dem Baby und der Pflegeperson betreffen (herumtragen, aus dem Bett nehmen, Kind zu den Eltern ins Bett nehmen), haben die österreichischen männlichen Ärzte gewöhnlich die am stärksten ablehnende Haltung, gefolgt von österreichischen Ärztinnen und Fürsorgerinnen und den West-Experten. Die Ärzte östlicher Provenienz befürworten häufigen Kontakt stärker als alle anderen Gruppen.

## „Unarten"

Bei vielen dieser Fragen, wie über Fingerlutschen, Genitalspiel, Gegenstände in den Mund stecken, war es nicht möglich, Gruppenunterschiede klar herauszuarbeiten, weil die Antworten zu zahlreich und zu allgemein waren. Interessant ist aber, daß die Österreicher, die im allgemeinen eher als „lustfeindlich" zu bezeichnen sind, im Falle des *Schnullers* die liberalste Haltung von allen einnehmen; die stärksten Befürworter des Schnullers sind die Wiener Ärzte; jene, die ihn am einhelligsten ablehnen, die Ausländer aus den Oststaaten.

## Reinlichkeitserziehung

Nach unserer Untersuchung wird das Erreichen der Reinlichkeit im *Osten* am frühesten und im *Westen* am spätesten, mit einer Mittelstellung der Österreicher, angesetzt; in diesen Erwartungen spiegeln sich sicher die lokalen Praktiken in der Reinlichkeitserziehung. Innerhalb Österreichs haben die Burgenländer die relativ häufigsten Erwartungen für sehr frühe Reinlichkeit, gefolgt von den Kärntnern und Wienern.

## Sexualerziehung

Auch hier ergeben sich bei der Auswertung die Schwierigkeiten mit den freien und multiplen Antworten, die eine präzise Meinungsordnung häufig unmöglich machten. Auffallend war, daß sich nur in der Gruppe der österreichischen Ärzte eine Anzahl für „Aufklärung" mit Hilfe des Storchenmärchens aussprach.

**Impfen**

Nach den Ergebnissen bei den meisten bisherigen Fragen hätte man annehmen sollen, daß der Westen, der eher zur verwöhnenden Einstellung neigt, auch schmerzarme Immunisierungsmethoden bevorzugt, der Osten und Österreich ihnen hingegen weniger Bedeutung beimessen. Tatsächlich war das Ergebnis genau umgekehrt: Die große Mehrzahl der Ost-Ärzte hält die gegenwärtigen Praktiken für traumatisisierend und wünscht Modifizierungen, desgleichen die Österreicher, wenn auch in geringerem Maß. Die westlichen Ausländer hingegen finden die gegenwärtigen Methoden unproblematisch.

**Trennung von Mutter und Kind**

*Urlaubsaktionen* für unbegleitete Kleinkinder finden fast einhellige Ablehnung bei allen Gruppen, mit der überraschenden Ausnahme der Kärntner, die diese fast vollzählig befürworten.

Eine *Erhöhung der Zahl der Krippen und Krabbelstuben* für die Jüngsten wird von etwa vier Fünftel fast aller Gruppen befürwortet, doch nur von weniger als der Hälfte der österreichischen Fürsorgerinnen. Interessant sind die großen Meinungsunterschiede in der Frage einer Lockerung der *Besuchszeiten in Kinderspitälern:* Sämtliche West-Experten und zwei Drittel der Ost-Experten wollen sie gelockert sehen. Von den Österreichern wünschen dies immerhin ein Drittel der Fürsorgerinnen, aber nur zwischen 14 und 20 Prozent der Ärzte beiderlei Geschlechts. Hier ist die österreichische Ärzteschaft eindeutig die konservativste Gruppe.

# 3. Die weiteren Pläne

Die entscheidenden Ergebnisse unserer Arbeit waren folgende:

Es besteht ein Bedürfnis nach psychohygienischem Rat, was etwa 10−20% der Klientel betrifft, aber teils nicht bewußt ist, teils wegen der Bedingungen der Beratungsstellen (Mangel an Intimität, Zeit, keine geeignete Einstellung des Personals) kaum vorgebracht wird. Dementsprechend wird wenig psychohygienisch beraten. Wenn dies der Fall ist, sind die Ratschläge häufig unwissenschaftlich aus der vorwissenschaftlichen Lebenserfahrung des Helfers kommend, und hochgradig verschieden, wie es ja auch bei den Expertenmeinungen der Fall ist.

Wir erhofften eine starke Reaktion auf unsere Publikation, Interesse, Widerspruch, eventuell auch Empörung. Was sich tatsächlich ereignete, war entmutigend. Die Arbeit wurde totgeschwiegen und wie wir vermuten, und zum Teil nachweisen konnten, selbst bei Geschenkexemplaren, oder gerade dort, nicht einmal gelesen.

Auch Versuche, die Arbeit in Fortbildungskursen zu diskutieren, waren nicht sehr erfolgreich, da der Zeitaufwand für solche Veranstaltungen bei den vielseitig anderweitig beschäftigten Beratungsmitgliedern, besonders den Ärzten, auf einen gewissen zähen Widerstand stieß. Das Hauptergebnis unserer Bemühungen war ein freundlich elastisches Vermeidungsverhalten der Betroffenen.

Es wiederholte sich genau das gleiche wie nach einer Untersuchung der Folgen der Besuchseinschränkung in Kinderspitälern einige Zeit vorher (Simon, Strotzka 1966), wo ein völliges Totschweigen festzustellen war. Heute haben sich die damaligen Tendenzen allerdings weitgehend durchgesetzt, aber wohl mehr, weil internationale Kritik die betroffenen Leiter empfindlich gemacht hatte. Unser Beitrag zu dieser späten, aber erfreulichen Entwicklung dürfte sehr klein gewesen sein.

Ob dies bei der Mütterberatung ähnlich sein wird, läßt sich derzeit noch nicht sagen, da hier ein viel geringeres internationales Interesse besteht.

Wir überlegten nun mit den motivierten Behördenspitzen das weitere Vorgehen und entschlossen uns, in einigen Modellberatungsstellen, die spontan dazu bereit waren, psychohygienische Experten einzuschleusen. Über die weiteren Erfahrungen wird im nächsten Teil berichtet.

# Literatur

*Pagès, M.:* Das affektive Leben der Gruppen. Klett, Stuttgart 1968.

*Simon, M. D., H. Strotzka:* Eine empirische Untersuchung über die psychologische Bedeutung eines Krankenhausaufenthaltes für Kinder. Pädiat. Pädol. 2 (1966) 94–104.

*Strotzka, H., M. D. Simon, H. Czermak, G. Pernhaupt:* Psychohygiene und Mütterberatung. Jugend und Volk, Wien–München 1972.

# II. Die weitere Geschichte des Reformversuchs

*Ingo Grumiller und Elisabeth Jandl-Jager*

Es war bis zu diesem Zeitpunkt der Reform deutlich geworden: die verantwortlichen Leiter waren noch nicht soweit motiviert, von sich aus initiativ zu werden und auf Basis der Untersuchung in den Stellen der Mütterberatung entsprechende Vorbereitungen, die eine psychohygienische Beratung möglich machen könnten, zu treffen.

Man zeigte aber volle Bereitschaft, unsere Initiative zuzulassen. Das hieß aber auch, daß wir, das Autorenteam der Studie „Psychohygiene und Mütterberatung" und die später Hinzugekommenen, die etwas verändern wollten, aufzeigen mußten, wie wir uns vorstellten, daß die angegebenen Ziele in den einzelnen Mütterberatungsstellen verwirklicht werden konnten. Wir überlegten uns daher als weiteren Schritt, in einige Beratungsstellen als teilnehmende Beobachter zu gehen, um die Organisation der Arbeit in den Stellen selbst kennenzulernen. Dazu wählten wir drei Beratungsstellen aus, deren Mitarbeiter sich bereit erklärt hatten, einen Beobachter und Initiator zuzulassen. Unser Team bestand zu jener Zeit aus einer Sozialarbeiterin und zwei Psychiatern. Neben dem Erkennen organisatorischer Strukturen wollten wir gleichzeitig versuchen, auf verschiedene Weise die psychosoziale Beratung an die Mütter heranzutragen. Zur Organisation der Mütterberatung selbst ist zu Abschnitt I noch nachzutragen, daß sich die Räume der Mütterberatung meistens in Gebäuden der Bezirksverwaltung oder in einer Außenstelle dieses Amtes befindet. Die Sozialarbeiter (in den von uns ausgesuchten Beratungsstellen gab es keine Säuglingsschwester) kamen ebenfalls aus diesem Amt, und es könnte ja ein Vorteil für die Mütterberatungsstellen sein, daß dort Sozialarbeiter mitarbeiten, die in psychosozialen Fragen ausgebildet sind. Doch wie meist in einer vom medizinischen Bereich dominierten Organisation kommen Sozialarbeiter in einem starken Maß unter die Dominanz der Ärzte, so daß sie ihren eigenen psychosozialen Auftrag verlieren. Die Sozialarbeiter erfüllen mehr die Aufgaben von Ordinationshilfen, sowohl was die Organisation der Beratungsstelle als auch die Handlangertätigkeit für den Arzt betrifft.

Für beide Berufsgruppen, den Sozialarbeiter und den Arzt, handelt es sich um eine Nebenbeschäftigung; die Ärzte, die Kinderärzte oder praktische Ärzte sind, kommen nur einmal pro Woche auf 2 – 3 Stunden in die Beratungsstelle, ebenso die Sozialarbeiter, deren Haupttätigkeit in der Betreuung der Klienten des Amtes liegt.

Die Räume selbst waren in den meisten Fällen einfach, aber für den medizinischen Ablauf der Beratung zweckmäßig eingerichtet. Die Mütter betraten zuerst ein oft überfülltes Wartezimmer mit einer Reihe von Wickeltischen. In diesem Raum befand sich auch der Arbeitsplatz einer Sozialarbeiterin, hier wurden die Kinder gewogen, und hier befand sich auch die Kartei. In einem zweiten Raum waren der Arzt und eine weitere Sozialarbeiterin. Hier erfolgte die eigentliche Beratung und medizinische Betreuung. Vielleicht ist auch noch anzumerken, daß die Mütterberatung für Mütter zusätzlich attraktiv gemacht wird, durch die kostenlosen Impfungen, die hier geboten werden und die sie in den Ordinationen von Kinderärzten selbst bezahlen müßten.

Teils aus persönlicher Neigung, teils aus Überlegungen entschlossen wir uns, in drei ausgewählten Mütterberatungsstellen, von verschiedenen Positionen aus, den Ablauf zu beobachten und Gesprächskontakte zu den Müttern zu suchen.

1. Einer von uns begab sich nach kurzer Beobachtungszeit in ein naheliegendes Zimmer und wartete auf die Mütter, die ihm vom Arzt oder einem Sozialarbeiter mit dem Hinweis, es handle sich um einen psychologischen Fachmann, mit dem sie über ihr Anliegen sprechen können, zugewiesen wurden. In den meisten Fällen lehnten es die Mütter ab, das, was sie so beiläufig dem Arzt gegenüber erwähnt hatten, auch mit einem Fremden zu besprechen.

2. Die Sozialarbeiterin unseres Untersuchungsteams, Frau Montag, der es sicher am leichtesten von uns allen fiel, rasch in der Warteraumsituation Kontakt zu den Müttern zu finden und ins Gespräch zu kommen, begleitete die Mütter, mit denen sie vorher schon eine Weile gesprochen hatte, zum Arzt hinein. Dort wurde dann ein weiteres, ins Medizinische gehende Gespräch geführt. Die Sozialarbeiterin wählte so nicht die abwartende Konsiliarposition, sondern der Kontakt wurde von ihr aktiv gesucht. Es stellte sich manchmal wohl als schwierig heraus, den Müttern gegenüber die scheinbare Funktionslosigkeit, die die Sozialarbeiterin in diesem Fall hatte, zu erklären, denn der Gesprächsbeginn war weder an die Waage noch an die Kartei gebunden. Sie ging einfach durch den Warteraum und hatte scheinbar nichts anderes zu tun, als mit den Müttern über ihre wunderbaren Kinder zu sprechen.

3. Die dritte von uns ausgewählte Version war, neben dem Arzt zu warten und mit ihm dann, wenn die Mütter mit Erziehungsfragen kamen oder psychosoziale Probleme spürbar wurden, das Gespräch zu führen. Die Schwierigkeit hier war der Mangel an Zeit. Die kinderärztliche Beratung gelang meist rasch, das Gespräch wurde vom Arzt unter Zeitdruck gelenkt, da im Wartesaal immer ein größeres Gedränge herrschte. Manchmal schlug der Arzt den Müttern vor, mit der Beobachtungsperson, die in diesem Fall auch ein Arzt war und der auch als solcher den Müttern vorgestellt wurde, weiterzusprechen. In einer verschwindend geringen Zahl nahmen die Mütter dieses Angebot an. Es störte sie sichtlich, daß das Gespräch unterbrochen werden sollte, der Kontakt und das Vertrauen waren an den Kinderarzt gebunden.

Nach einigen Beratungsnachmittagen hatten wir genug Erfahrung, um weitere konkrete Überrlegungen zu ermöglichen, wie in den Stellen selbst die Beratungstätigkeit durchgeführt werden könnte. Eines hatte sich in dieser Zeit nicht verändert: die Motivation zu einer Reform lag weiterhin fast ausschließlich bei uns. Trotz aller Kooperationsbereitschaft von beiden Seiten blieben wir in den Beratungsstellen Fremdkörper. Es gelang uns sicherlich, an die Mitarbeiter der Beratungsstellen, die Ärzte und Sozialarbeiter, unser Anliegen heranzutragen, aber es blieb weiter unsere Aufgabe, die Beratungstätigkeit, die über das Medizinische hinausging, selbst zu organisieren. Weiters war klar geworden, daß Konsiliartätigkeit, in welcher Form immer, auf die Mütter abschreckend wirkte. Die Beratungstätigkeit, von der wir meinten, daß sie scheinbar mühelos in die ärztliche Beratung eingefügt werden könnte oder in einem offenen Gespräch im Warteraum sich beginnen ließ, war dann nicht mehr möglich, wenn durch die Überweisung an einen Fachmann die Ängstlichkeit der Mütter wuchs. Die Furcht, die angeschnittenenen Fragen könnten eventuell nicht mehr in die Kompetenz des Arztes fallen, etwas an ihren Problemen könnte vielleicht nicht mehr ganz normal sein, veranlaßte die Mütter, sich ganz zurückzuziehen. Weiters entsprach es nicht mehr unseren Vorstellungen, daß eine Person mit einer psychohygienischen Kompetenz noch zusätzlich angestellt würde. Daher wurde mit den motivierten Behördenspitzen beschlossen, daß die beiden Autoren in einer Beratungsstelle, in der wir bis jetzt auch schon arbeiteten, bleiben sollten, um dort eine Art Modellberatungsstelle zu entwikkeln, in der die Mitarbeiter motiviert und befähigt werden sollten, eine psychohygienische Beratungsstätigkeit allein durchzuführen.

Bei diesem Versuch wollten wir nicht die Beratungstätigkeit für die Mütter als unsere Aufgabe sehen, sondern wollten die Institution instandsetzen, der neuen Aufgabe einer psychohygienischen Beratung nachzukommen. Wir hatten also vor, uns nach einiger Zeit aus der Institution wieder zurückzuziehen. Das bedeutete, daß wir nicht mehr eine zusätzliche Arbeitskraft anboten, die das, was sie verwirklicht sehen sollte, auch selbst tat. Da wir aber jetzt schon solange in den Beratungsstellen auf verschiedene Weise tätig waren, verabsäumten wir es, eine Unterscheidung zu der vorangehenden Tätigkeit deutlich zu ziehen. Wir verabsäumten, deutlich zu sagen: „Bis jetzt hat es keine Kritik an dem gegeben, was wir inhaltlich wollten, wir nehmen an, Sie wollen dasselbe wie wir; wie könnten Sie es in Ihrer Beratungsstelle verwirklichen? Wir werden Ihnen, falls Sie wollen, dabei helfen." Diese Veränderung unseres Konzeptes machten wir nicht deutlich genug; wir erwarteten durch diese Vorgangsweise mehr Eigeninitiative, die Angestellten der Beratungsstelle aber weiterhin Vorschläge und Initiativen von uns; wir hatten jetzt lange genug zugeschaut und mitgearbeitet, um konkrete Veränderungsvorschläge zu machen. Andererseits hatten der Arzt und die Sozialarbeiter in der Beratungsstelle längst die Untersuchung von Strotzka und seinen Mitarbeitern (1972) gelesen und wußten daher im Prinzip recht genau, worauf es ankam. Wir hatten uns dem Druck der Erwartungen, etwas zu tun, gebeugt und begannen, Vorschläge zu machen. Wir versuchten in einem Gruppengespräch, durch die Veränderung der Räumlichkeiten die Diskussion auf die Atmosphäre in der Mütterberatungsstelle zu bringen, um von daher Veränderungen zu schaffen, die ein Gespräch mit den Müttern zuließen.

Ein Problem und gleichzeitig ein Vorzug der Mütterberatungsstelle war, daß der Zulauf der Mütter sehr groß war. Im Warteraum von etwa 40 qm befanden sich oft zwanzig und mehr Mütter, zum Teil mit mehr als einem Kind in Begleitung. In dem dadurch entstandenen Gedränge war eine individuelle Beratungsarbeit von vornherein zum Scheitern verurteilt. Durch Umstellen der Wickeltische wurde mehr Raum geschaffen, durch Ausgabe von Nummern das Gedränge reduziert.

Außerdem machten wir den Vorschlag, die Arbeit stärker auf die sozialarbeiterorientierte Mütterberatung anstelle der derzeit üblichen arztorientierten umzustellen. Die beiden Sozialarbeiter sollten wechselnd im Wartezimmer Dienst machen, sie sollten etwa fünf Mütter in Empfang nehmen, die Säuglinge wiegen, die diversen Eintragungen auf Wiegekarten und sonstige Vermerke machen, dabei mit den Müttern ins Gespräch kommen sowie sich mit eventuellen Schwierigkeiten vertraut machen und die Mütter dann zum Arzt begleiten.

Diese beiden Vorschläge wurden von der ärztlichen Leitung angenommen, die Sozialarbeiter waren nicht einheitlich davon begeistert. Allerdings fügten sie sich der Autorität der ärztlichen Leitung. Zu Beginn, so meinten wir, werde es sicher Pannen geben, da es den Sozialarbeitern nicht immer möglich sein werde, den Bedürfnissen der Mütter gerecht zu werden, weil die jungen Sozialarbeiter in Säuglingspflege nicht ausgebildet waren und mit Kindern wenig Erfahrung hatten.

Dieser Erfahrungsmangel sollte, so meinten wir, vom Arzt langsam aufgehoben werden, indem er sein Wissen, so gut es neben der Arbeit ging, an den Sozialarbeiter weitergibt. Dies war wichtig, da ein Gespräch mit den Müttern zu Beginn immer die Säuglinge im Mittelpunkt hatte.

Rückblickend können wir sagen, daß zu diesem Zeitpunkt schon deutlich wurde, daß die Bereitschaft, jene Mehrbelastung auf sich zu nehmen, die mit der Einführung eines psychosozialen Gesichtspunktes in die medizinische Beratungsstelle verbunden gewesen wäre, nicht ausreichend vorhanden war. Spätestens hier wurde deutlich, daß die Motivation zur Reform noch immer nicht in der Dienststelle lag, sondern fast ausschließlich in unserem Team.

Bei unserem nächsten Besuch in der Mütterberatungsstelle fanden wir die Wickeltische bereits verändert aufgestellt, und wir versuchten unser Konzept, wie vorher besprochen, durchzuführen. Dieser Versuch wurde noch einige Male gemacht und jeweils abgebrochen, sobald allzu viele Mütter im Warteraum zusammengekommen waren. Dann wurden die Mütter wieder in der herkömmlichen Art und Weise betreut. Nach etwa einmonatiger Dauer dieses Versuches erkannten wir, daß die übrigen Sozialarbeiter, die im gleichen Amtshaus arbeiteten, das ganze Experiment mit scheelen Augen betrachteten. Wir hatten überhaupt den Eindruck, daß die Dienststelle als solche sich durch dieses Experiment übergangen vorkam, und wir beschlossen daher, mit der Leitung des Amtes Kontakt aufzunehmen. Vor allem entstand bei uns der Eindruck, daß es Mißverständnisse gab und Konkurrenzneid bzw. auch völlige Ablehnung des Experiments, was den drei Sozialarbeitern, die in unserer Beratungsstelle mitarbeiteten, auch innerhalb der Dienststelle schadete. An dieser Besprechung nahmen dann alle Sozialarbeiter des zuständigen Amtes und die Vorgesetzten teil. Wir, die wir zu diesem Zeitpunkt gehofft hatten, die Motivation für die Reform doch in die zuständige Behörde zu bekommen, wurden auf einmal mit einem Personalnotstand konfrontiert, der, so wurde uns gesagt, einfach eine zu ungünstige Rahmensituation für die Veränderung in der Mütterberatung brachte. Manche Sozialarbeiter zeigten sich massiv gegen unser Projekt eingestellt, da es eine zusätzliche Mehrbelastung sei, und die Personalvertretung hielt angesichts der Gesamtsituation des Amtes die Weiterführung des Experiments für unverantwortlich. Als Konsens, den wir damals noch suchten, wurde beschlossen, das Projekt Mütterberatung bis zum Herbst ruhen zu lassen. Bis dahin würde sich herausstellen, ob die Personalsituation in dieser Dienststelle auch im Interesse unserer Reform wesentlich verbessert werden konnte. Wir wurden aber den Eindruck nicht los, daß wir etwas wollten, was jene, in deren Kompetenz es lag, eigentlich gar nicht anstrebten. Im Herbst nahmen wir die Anregung von der letzten Sitzung wieder auf und versuchten in einem Gespräch mit der Schulleitung der Sozialarbeiterschule, eine Praxismöglichkeit für die Schüler im Rahmen einer Mütterberatungsstelle zu schaffen. Dies war der ein bißchen hoffnungslose Versuch, mit motivierten Sozialarbeitern doch noch das zu verwirklichen, was uns vorschwebte.

Obwohl die ärztliche Leitung der Mütterberatungsstellen schon vorher mündlich von diesen Ideen informiert worden war, war man eher sehr ungehalten, als zufällig von der Schulleitung, bevor es noch offiziell wurde, über diese Praxismöglichkeit neuerlich informiert wurde. Die ärztliche Leitung fühlte sich von uns übergangen und erklärte, nur mit ihrer Zustimmung dürften Personen die Mütterberatungsstelle betreten. Von dieser Tatsache wurden wir auch telefonisch durch die hauptverantwortliche Sozialarbeiterin in unserer Mütterberatungsstelle informiert. Sie gab auch zu erkennen, daß sie persönlich kein Interesse an einer Weiterführung der Reform hätte.

Wir hatten nach diesen Vorfällen unsere Toleranzgrenze erreicht und beschlossen, uns von der Reform zurückzuziehen. Irgendwie waren wir doch gekränkt, daß etwas so Einfaches, Klares nicht verwirklichbar gewesen war.

# Gut Ding braucht Weil

Diese ganze traurige Erfahrung liegt nun fünf Jahre zurück. Vor einem Jahr erschien in einer Zeitschrift für Sozialarbeit ein Artikel über die Mütterberatung. Eine Sozialarbeiterin (Pelzlbauer, 1978) berichtete über einen Versuch, psychohygienische Gesichtspunkte in die Mütterberatung einzuführen. Sie suchte von sich aus Kontakt zu den Müttern im Warteraum, organisierte ihre Arbeit so, daß sie zeitweise vom Wiegedienst freikam, Schwesternschülerinnen halfen aus. Sie schreibt: „Ich gehe, die Säuglinge und Kleinkinder bewundernd, durch den Warteraum. Entweder spreche ich die Mütter direkt an, oder es kommen ohnehin Fragen von seiten der Mütter ... Oft ergeben sich, von den Müttern durchaus positiv erlebt, da es sich um keine für sie unangenehmen Themen handelt, Gespräche und Diskussionen über mehrere Wickeltische hinweg. Wenn intimere, z. B. familiäre Probleme zur Sprache kommen, ziehe ich mich mit der Mutter in eine Ecke der Mütterberatung zurück – bei dem hohen Lärmpegel ist ohnehin kaum etwas mitzuhören – denn ich habe den Eindruck, daß die Mütter auch in dieser Situation nur ungern bereit wären, sich vor den anderen zu exponieren, um mit mir einen Einzelraum aufzusuchen ... Ich bin überzeugt, daß in vielen Mütterberatungsstellen von vielen interessierten Sozialarbeitern seit Jahren ähnliches stillschweigend und selbstverständlich getan wird. Vielleicht sollte man aber, um dem Kind einen Namen zu geben, in den Mütterberatungen offiziell die Gesprächsmöglichkeit mit den Sozialarbeitern im Wiegeraum ankündigen. Erstens würde eine selbstverständliche Dienstleistung der Sozialarbeiter offiziell anerkannt und damit aufgewertet, und zweitens wür-

den dann die Mütter auf die Gesprächsmöglichkeit aufmerksam gemacht werden."
Das hat uns, die wir schon lange nichts mehr mit der Mütterberatung zu tun hatten,
gefreut. Hier aber kam die Initiative von innen und nicht wie in unserer Bemühung von
außen.

# Abschließende Bemerkung

Wenn man dieses Scheitern einer fast selbstverständlichen Innovation überlegt, dann
wäre es wohl leichter gewesen, eine ganz neue, eigene Beratungsstelle mit entsprechend
motiviertem und ausgebildetem Personal zu gründen, die als echte, neue Modelleinrichtung hätte funktionieren können. Dort wäre auch der Platz gewesen, Interessierte
in eine psychohygienische Arbeit einzuführen. Im ganzen erwies sich die Institution zu
träg, um mit unseren Mitteln mobilisiert zu werden. Das Motiv, daß die Mitarbeiter von
sich aus ein dringendes Bedürfnis nach psychohygienischer Arbeit entwickelt hätten,
war nicht ausreichend vorhanden und konnte im alltäglichen Routinestreß nicht entwickelt werden.

Nach Abgabe unseres Manuskriptes erreichte uns von seiten der Behördenspitze die
Nachricht, man plane für die nächste Zeit eine öffentliche Tagung über die Mütterberatungsstellen; dies sei als Einleitung und Richtungsweisung für darauffolgende Refor-
maktivitäten gedacht. Mit der Initiative, die es in der Zwischenzeit von der Basis gibt,
und der Unterstützung und Förderung von seiten der Behördenspitze wird diese Reform sicher gelingen.

# Kann der Psychiater (Psychoanalytiker) wirklich alles?

## Die Übernahme einer Beratungsstelle

*Hans Strotzka*

## 1. Allgemeine Einleitung

In Gesundheits- und Sozialdiensten haben sich Psychiater und hier wieder vorwiegend Psychoanalytiker eine besonders hervorragende Position erworben, respektive wurde sie ihnen zugeschoben. Wir finden sie als Leiter von Balintgruppen für praktisch alle Disziplinen, die mit Menschen zu tun haben. Dies begann mit praktischen Ärzten, dann mit fast allen anderen medizinischen Disziplinen und setzte sich mit Psychologen, Sozialarbeitern, Juristen, Theologen und vor allem Lehrern fort. Bei den praktischen Ärzten war das gemeinsame Medizinstudium und die Kenntnis der typischen Interaktionen einer organischen Medizin noch eine gewisse gemeinsame Basis an Erfahrungswissen, es wurden aber auch nichtmedizinische Analytiker eingesetzt, und oft arbeiten Balintgruppenleiter in ihnen völlig fremden Gebieten. Die Erfahrungen, die dabei gemacht werden, sind offenbar recht gut. Es scheint so zu sein, daß die spezifische Technik des Umgangs mit Übertragung und Gegenübertragung, vor allem dann, wenn sie mit gruppendynamischen Hintergrund verbunden ist, sehr wohl eine Katalysatorenfunktion für eine Verbesserung der Kommunikation ermöglicht, auch wenn die unmittelbare Information über das eigentliche Arbeitsgebiet der Gruppenteilnehmer fehlt. Ähnlich ist es ja bei Gruppentrainern in den verschiedenen T- und Selbsterfahrungsgruppen. Ein gewisses Unbehagen läßt sich dabei allerdings nicht unterdrücken. Können Psychoanalytiker auf Grund ihres Basistrainings wirklich alles? Lassen sich Balintgruppen wirklich so wie Patienten jeder Art im Rahmen eines psychoanalytischen Gruppensettings weiterentwickeln?

Aber nicht nur in diesem Bereich finden wir die dominierende Situation, auch als Supervisoren ist die gleiche Personengruppe fast überall eingesetzt, und hier sind es vor allem alle Sparten der Sozialarbeit, wo trotz der berechtigten starken Tendenz, Supervisoren nur wieder aus dem Kreis der Sozialarbeiter zu wählen, noch immer Psychoanalytiker eine große Rolle spielen. Ich selbst habe zweimal eine zweijährige case-work-supervisor-Trainingsgruppe geführt, deren Erfahrungen auch publiziert wurden (Strotzka 1964, Strotzka und Buchinger 1975). Die zweite Gruppe war noch dadurch kompliziert, daß es sich um eine Mischung von Sozialarbeitern und Erziehern handelte, wobei wir von der Hypothese ausgingen, es sei empfehlenswert, beide Berufsgruppen in einem gemeinsamen Ausbildungsgang zu führen, da auch in den Teams eine enge Zusammenarbeit gegeben ist und damit die recht tiefe Kluft vielleicht überbrückt werden könne, die nach unserer Erfahrung zwischen den beiden Disziplinen besteht. Wir glauben, daß dies auch in einem hohen Grade gelungen ist, obwohl der Großteil der zur Verfügung stehenden Zeit dafür verwendet werden mußte und nicht für die eigentliche Aufgabe der Supervisionsvorbereitung.

Eine jahrelange Zusammenarbeit mit Sozialarbeitern machte die Einfühlung in deren Berufsproblematik relativ leicht; bei den Erziehern war es jedoch auch für mich recht schwierig, ein Gefühl für ihre Arbeitssituation und die sich daraus ergebenden Schwierigkeiten zu finden.

Es kann kein Zweifel bestehen, daß die vielen Psychiater in der Supervision der verschiedenen Sozialberufe nur eine Übergangslösung waren und die schon erwähnte Tendenz, Supervisionen in Zukunft immer mehr nur von Personen aus der eigenen Profession ausführen zu lassen, gute sachliche Gründe hat. Es wird sich dann auch vermeiden lassen, daß die Interaktionen in den Sitzungen dazu neigen, sich mehr therapeutisch zu entwickeln, wie es fast zwangsläufig der Fall ist, wenn man mit einem Berufsfremden seine Arbeit reflektiert. Sobald sich nämlich der Supervisor der persönlichen Problematik nähert, fühlt er sich aus seiner Psychotherapeutenerfahrung heraus sicherer.

Ein weiterer Punkt, der in diesem Zusammenhang wichtig ist, wäre die Leitung von Institutionen, die nicht in erster Linie ärztlich tätig sind. Das klassische child-guidance-Modell, das Team aus Sozialarbeitern, Psychologen und Ärzten, wurde vor allem in Europa in der Regel vom Arzt geführt, auch wenn er nicht unbedingt fachlich der höchstqualifizierte war. Dies ist ein Ergebnis vor allem des höheren sozialen Prestiges, das der Arzt traditionell genießt, aber auch der größeren Machtbefugnisse, die er durch seine Kompetenz der Diagnosestellung und therapeutischen Möglichkeiten verfügt. An vielen Stellen haben Psychologen allerdings bereits jetzt diese Rolle übernommen, und der Arzt wird nur noch als Konsiliarius hinzugezogen, wenn seine Kompetenz benötigt wird. Die Sozialarbeiter sind gegenüber ihren Partnern zum Unterschied etwa von den USA dadurch benachteiligt, daß sich nicht „Vollakademiker" sind, was im Gehaltsschema, der Karriere und noch immer in der öffentlichen Geltung eine wesentliche Rolle spielt. Bei den Psychoanalytikern sollte man erwarten, daß auf Grund der Piorierarbeit von Anna Freud, August Aichhorn, beide Lehrer, und Rosa Dworschak, einer Sozialarbeiterin, solche Vorurteile keine Rolle mehr spielen sollten, aber auch die Psychoanalytiker können sich nicht ablösen von der Gesetzeslage, die nur den Ärzten ein Behandlungsmonopol in Österreich gibt. Daher ist die Forderung nach Gleichberechtigung aller Mitarbeiter, wie sie sich aus den Konzepten der Sozialpsychiatrie ergibt, nur mit einer gewissen Doppelbödigkeit erfüllbar.

Auf dem Hintergrund dieser Situation seien die persönlichen Erfahrungen bei der Übernahme der wissenschaftlichen Leitung einer großen Beratungsstelle beschrieben.

# 2. Die Fakten

Die große Familien- und Eheberatungsstelle, um die es sich handelt, war vor etwa 15 Jahren gegründet worden, und zwar aus einem politischen Motiv, weil die Stadtverwaltung und die Öffentlichkeit beunruhigt waren über die Zunahme der Scheidungen und die damit verbundenen psychischen Belastungen für alle Betroffenen. Die maßgebenden Politiker und hohen Beamten der Kinder-, Jugend- und Erwachsenenfürsorge entwickelten zusammen mit dem vorgesehenen Leiter der Stelle, dem führenden Kinderpsychiater Wiens, ein Teamkonzept, das sich auf die erfahrensten Sozialarbeiter, klinische Psychologen, sozial interessierte Psychiater und vor allem Juristen stützte, die beruflich mit Fürsorgebelangen zu tun hatten. Das Konzept war eine kostenfreie Beratung in den Amtsräumen der zuständigen Behörde nach Dienstschluß, zuerst einmal in der Woche für einige Stunden, dann zweimal, und da der Bedarf ständig stieg, wurde auch ein drittes Team aufgebaut, das in anderen Amtsräumen in einem großen Arbeiterviertel tätig wurde. Sozialarbeiter und Juristen stammten ausnahmslos aus dem Personalstab der Behörde, die anderen Facharbeiter waren hauptamtlich in Kliniken oder anderen einschlägigen Dienststellen tätig. Es stellte sich dabei bald heraus, daß vor allem ein starkes Bedürfnis nach der juristischen Beratung bestand, womit auch die hohe Zahl der Ein- bis Zweimalberatungen erklärt werden kann. Die drei Teams bestanden aus ca. 30 Sozialarbeitern, je drei bis vier Psychologen und Psychiatern und etwa fünf Juristen. Ein Sozialarbeiter machte das Erstinterview und verteilte dann auf die Fachberater, oder führte selbst den Fall weiter. Die theoretische Basis war in erster Linie das case-work sowie ein nicht sehr klares tiefenpsychologisch fundiertes Beratungs- respektive kurzpsychotherapeutisches Behandlungskonzept, bei dem Adlerianische Gesichtspunkte, entsprechend der Orientierung des damaligen Leiters, im Vordergrund standen. Theoretisch sollten die Fälle im Gesamtteam diskutiert werden, was am Anfang auch gelang. Mit der Zunahme der Klientel wurde dies allerdings immer schwieriger, weil immer mehr Teilnehmer mit ihren Beratungen über die Zeit des Teams hinaus arbeiten mußten und der direkten Klientenarbeit ein gewisser Vorrang eingeräumt wurde.

Da sich der bisherige Leiter, der immer mehr Anklang bei Klienten und Fachleuten findenden Institution anderen Aufgaben zuwenden mußte, wurde mir im Einvernehmen die Leitung angeboten, die ich im Jänner 1971 übernahm.

Ich hatte bis zu diesem Zeitpunkt immer nur in Psychotherapieeinrichtungen gearbeitet mit zwei Ausnahmen: einige Jahre in der Mittelschülerberatungsstelle von Dozent Dr. Bolterauer, wo ich aktiv allerdings nur diagnostisch tätig war, aber von den Teambesprechungen her einigen Einblick in die Beratungstätigkeit hatte. Dort war mit den Jugendlichen eine sehr therapienahe Arbeit geführt worden, mit den Eltern eine eher begleitende Betreuungsarbeit. Ebenso war die Erfahrung in der Kinderepilepsieambulanz, wo familiendynamisch orientierte Beratung angeboten worden war, nur sehr beschränkt anwendbar, weil es sich dabei doch um sehr spezialisierte Gebiete gehandelt hatte.

Mir war daher klar, daß ich in einen Arbeitsbereich eintreten sollte, in dem es mir an eigener praktischer Erfahrung mangelte, wobei ich von der sich später bestätigenden Annahme ausging, daß zwischen Psychotherapie und Beratung zwar viele Übergänge bestehen, daß es sich aber doch prinzipiell um ein anderes Konzept handelte.

Meine Überlegungen schienen mir damals sehr klar und unproblematisch. Ich wollte das erste halbe Jahr meine Tätigkeit so gestalten, daß alles unverändert so weiterlaufen sollte wie bisher, daß ich aber als gleichberechtigter Berater an der Tätigkeit teilnehmen und in den Teamkonferenzen die Technik der Mitarbeiter kennenlernen sollte und aus dieser teilnehmenden Beobachtung gemeinsam mit den bewährten Mitarbeitern eventuelle neue Vorstellungen für die Arbeit der Institution zu entwickeln hätte. Dies wurde auch so durchgeführt. Diese Zeit der Einführung war für mich persönlich faszinierend interessant und anregend. Meine Auffassung, daß der Arbeitsstil einer solchen Stelle sich von einer Therapieeinrichtung stark abheben würde, hat sich weitgehend bestätigt. Der Beratungsprozeß auf case-work-Basis hält sich zwar an psychoanalytische Grundsätze, ist aber viel stärker problemorientiert und sucht Alternativen zur Problemlösung anzubieten und durchzuarbeiten, wobei eine recht aktive common-sense-Orientierung und Aktivierung zur „Hilfe zur Selbsthilfe" mit dem Prinzip der indirektiven Beratung merkwürdigerweise durch die Haltung des Beraters kaum je in ernste Widersprüche kommt.

Der Hauptfehler, den ich zu sehen vermeinte, war der, daß vorwiegend Einzelsitzungen durchgeführt wurden und daß es unbedingt notwendig sei, wesentlich stärker zu Paarsitzungen sich weiterzuentwickeln.

Ich hielt mich dabei an eigene Erfahrungen (Strotzka 1969) und das Buch von H. V. Dicks (1967). Der didaktische Weg dazu schien mir aus früheren langdauernden Erfahrungen damit – besonders durch das Rollenspiel – gegeben zu sein, da nur diese Methode schnell emotionelles und soziales Lernen gestattete (Strotzka 1973).

Dabei fiel mir nun auf, daß mein Enthusiasmus durchaus nicht jenes volle Echo fand, das ich erwartet hatte. Ein merkwürdiges Klima resignativ-apathischer Zurückziehung ließ jede Änderung nur sehr mühselig und zögernd zustandekommen, und vor allem das Rollenspiel stieß auf geringe Begeisterung, insbesondere die Übernahme der Rolle des Beraters wurde höchst ungern akzeptiert.

Es dauerte fast ein Jahr, bis mir und den Mirarbeitern in den Gruppendiskussionen klar wurde, was hinter diesem Unbehagen verborgen war. Die Mitarbeiter hatten meinen Eintritt als Leiter mit sehr großen Hoffnungen erwartet, was nicht bedeuten soll, daß die frühere Leitung schlecht gewesen wäre, aber eine ganze Reihe von Ursachen für Unbehagen, die wir gleich besprechen werden, wurden darauf bezogen und projiziert und eine gewisse messianische Erlösungshoffung in den Leiterwechsel gesetzt. Nun wurden sie doppelt enttäuscht, einerseits änderte sich nichts, andererseits erwies sich ein Wundertäter ganz anders, als es seiner Rolle zu entsprechen hätte. Die Notwendigkeit und Sinnhaftigkeit dieser Eingewöhnungszeit wurde teils rational verstanden, teils aber irgendwie als unglaubhaft empfunden. Das Unbehagen, das nun in keiner Weise behoben wurde, entstammte hauptsächlich der Tatsache, daß die sehr anstrengende Beratungstätigkeit nebenberuflich nach einer sowieso nicht leichten Tagesarbeit zu bewältigen war. Daneben mag noch ein Gefühl der Insuffizienz eine Rolle spielen, die insofern objektiv berechtigt war, indem moderne Konzepte der Paar- und Familientherapie kaum bekannt oder diskutiert, geschweige denn beherrscht wurden. Subjektiv war eine gewisse Frustriertheit wohl ebenfalls gegeben, die aus den relativ geringen greifbaren Erfolgen erklärbar ist, die ja allen diesen Tätigkeiten anhaften. Auch haben gewisse Spannungen, die in Sozialbehörden zwischen reiner Administration und psychotherapienaher Arbeit wohl ebenfalls unvermeidbar sind, sich in die Beratungsstelle umgesetzt. Waren es doch die gleichen Menschen in den gleichen Räumen.!

Wir haben versucht, durch inservice-Training, durch Seminare mit Gästen (u. a. H. E. Richter, H. Stierlin, L. Kaufmann, Ingeborg Rücker-Embden, das Ehepaar Mandel, G. Gröger, ein Gesprächstherapie-Lehrteam und vor allem Frau Leichter) die Qualität zu heben, organisatorische Änderungen zu setzen und vor allem das Rollenspiel in verschiedenen Settings zu encouragieren. Es besteht aber bei mir der Eindruck, daß meine „Führungsverweigerung" am Beginn selbst nach Jahren noch nicht ganz überwunden war. Dabei sind vor allem zwei Punkte subjektiv entscheidend, ich war ebenfalls nur nebenberuflich tätig und stehe unter enormen Zeitdruck und betrachte mich selbst nicht als einen „Meister der Ehe- und Familienberatung", und die Mitarbeiter glaubten und glauben mir das noch immer zum Teil nicht ganz, wollen es nicht wahrhaben oder nehmen mir das mehr oder weniger, bewußt und unbewußt übel.

Am Rande sei zu einer Korrektur eines vielleicht zu schwarz gemalten Bildes gesagt, daß sich die hier besprochenen Schwierigkeiten nicht in einem solchen Ausmaß auswirken, daß die Arbeit wirklich gestört ist, für den aufmerksamen Beobachter ist aber dieses Unbehagen doch – vor allem zu einem weiteren Widerstand gegen das Rollenspiel – spürbar.

Offenbar reicht die Qualifikation als Psychoanalytiker, das Prestige des Universitätslehrers und eine starke Vertretung nach außen nicht aus, um eine optimale Funktion zu gewährleisten.

# 3. Alternativen und Schlußfolgerungen

Wenn die oben dargestellten Fakten richtig sind, und dafür spricht ein gewisser Konsens, dann kann eben ein Psychoanalytiker doch nicht alles und sollte sich vielleicht doch nicht in solche Abenteuer einlassen, wie sie gerade beschrieben wurden. Aber vielleicht gibt es derzeit keine Alternative? Es wäre genauso sinnlos, wenn irgend ein anderer Spezialist – Jurist und Administrator, Psychologe, Sozialarbeiter, Theologe oder Arzt einer anderen Sparte die Führungsrolle übernähme, wenn er nicht auf dem gegebenen Feld eine überragende Kompetenz besäße.

In Ermangelung eines solchen allerdings scheint der Psychoanalytiker noch immer am geeignetsten, da von ihm erwartet werden sollte, daß er die eigene Schwäche und die Implikationen für solziale Netzwerke am ehesten einfühlend verstehen und handhaben kann.

Es bleibt uns eben noch zu überlegen, ob nicht ein anderer Weg der Einführung sinnvoller gewesen wäre. Man hätte zum Beispiel die „Lehrzeit" an anderen in- oder ausländischen Einrichtungen sich erwerben und sofort Veränderungen und Reformmaßnahmen in die Wege leiten können. Ich meine allerdings, daß ein solches Vorgehen nicht ungefährlich gewesen wäre, weil die besonderen Bedingungen der gegebenen Institution nicht ausreichend bekannt gewesen wären und man ohne wirkliches Verständnis der sachlichen und persönlichen Bedingungen der jeweiligen Arbeitsstelle kaum sinnvoll Veränderungen initiieren kann.

In der Politik ist die Situation in der Regel anders. Übernimmt eine andere Führungsgarnitur die Leitung, unabhängig, ob aus der gleichen Partei oder aus der Opposition, so besteht doch in der Regel eine intime Kenntnis der Spielregeln und der personellen Voraussetzung der Tätigkeit, wobei das Ressort weniger wichtig ist, da einem ja hier Fachleute zur Verfügung stehen. Es scheint so zu sein, daß Politiker sich in fremden Fachressorts im allgemeinen leichter tun als Fachleute, die in der Politik fremd sind. Zumindest haben sie eine sehr harte Lehrzeit zu überstehen.

Nun ist die Leitung größerer Dienststellen, wenn man selbst nicht mehr an der Front des direkten Patientenkontaktes steht, weitgehend eine Aufgabe, die der des Politikers ähnlich ist – man soll den tatsächlich Tätigen möglichst günstige und ungestörte Arbeitsmöglichkeiten schaffen. Die Festlegung der *Arbeitsrichtung,* die zu den Aufgaben gehört, ist allerdings bei einer pluralistischen Situation, die vom Leiter noch dazu bejaht wird, einigermaßen schwierig geworden. Reiter und Becker (1977) haben diese Frage im Hinblick auf wissenschaftssoziologische und -theoretische Gesichtspunkte behandelt.

Ganz grundsätzlich war unsere Beratungsstelle vor der Übernahme der neuen Leitung viel einheitlicher gewesen. Das Informationsangebot, das wir uns in den Weiterbildungsveranstaltungen anzubieten gezwungen fühlten, mußte natürlich ebenfalls verwirrend und ängstigend wirken, denn es reichte von der Verhaltens- über Gesprächs- und Gestalttherapie, Gruppendynamik, den verschiedenen psychoanalytischen Techniken bis zur Konfrontation mit Paradoxa in der modernen Kommunikations- und Systemtheorie. Selbstverständlich wäre es klarer gewesen, bei der casework-Technik und der psychoanalytischen Grundhaltung zu verbleiben und eingeschränkt darauf nur das Augenmerk auf eine Verbesserung des Theorienverständnisses und der Methodik zu richten. Da aber einige Teammitglieder etwa mit einer modifizierten Masters und Johnston Technik (Springer-Kremser) oder direkt mit Verhaltenstherapie sowieso schon arbeiteten, mußte schon auf diese Seite eingegangen werden. Auch die Gründung eines neuen Institutes für Familientherapie als Ergänzung der Beratungsstelle, wo einige ehemalige Teammitglieder übernommen wurden und wo die neuen Konzepte der Familientherapie mehr oder weniger Anwendung fanden, machte eine Ausweitung der Fortbildung notwendig. Man konnte die Mitglieder der Beratungsstelle, die natürlich auch spontan zum Teil eine bessere Information über die neueren Entwicklungen wünschten, nicht isolieren von dieser aufregenden aber auch irritierenden Divergenz des letzten Jahrzehnts.

Die Lösung, daß Information zwar angeboten, aber die Freiheit, wie weit man daraus praktische Konsequenzen für seine eigene Arbeit zog, gewährleistet blieb, wurde zum Teil als Überforderung empfunden und trug zu dem Unbehagen sicher einiges bei.

Schließlich ist auch noch die Stellung des Sozialarbeiters an sich ein entscheidender

Faktor. Obwohl diese in finanzieller und Prestigehinsicht in den letzten Jahrzehnten in Österreich erheblich angehoben wurde, bleiben ihnen die Akademikerpositionen doch weiterhin verschlossen, und ein Gefühl der Benachteiligung bleibt auch bei völlig gleichberechtigter Arbeit bestehen. Dieses Unbehagen entspricht einer gewissen Berechtigung, weil die Qualität ihrer Arbeit oft den noch unerfahrenen Psychologen und Ärzten überlegen war.

Wir haben versucht, an Hand der Übernahme der wissenschaftlichen Leitung einer Ehe- und Familienberatungsstelle wenigstens einige der Schwierigkeiten, die sich dabei ergaben zu schildern, wobei nicht zu vergessen ist, daß letztlich doch diese Arbeit als Erfolg empfunden wird. Wir haben dabei gelernt, daß eine dominierende Stellung des Psychoanalytikers wohl nur als Übergang sinnvoll ist, bis alle Teammitglieder und beteiligten Professionen genug Sicherheiten erworben haben, selbst ihre Supervision zu gestalten. Besonders haben wir aber gefunden, daß auch heute in unserer aurotitätsskeptischen und -kritischen Zeit gewünscht wird, daß man seine Führungsfunktionen sofort und eindeutig wahrnimmt und daß auch real und rational begründetes Zögern, bis man sich kompetent genug fühlt, mißverstanden und mit Ablehnung beantwortet wird.

# 4. Exkurs über Führung in Gesundheits- und Sozialdiensten

Besonders Gesundheitsdienste waren traditionell hierarchisch-autoritär geordnet, wobei die ärztliche Führungsrolle meist völlig unbestritten war. Dies ist besonders in chirurgischen Notfallsituationen eine klare Notwendigkeit. Je mehr aber Langzeithospitalisierung bei chronischen Patienten notwendig wird oder überall wo psychosoziale Faktoren für Krankheitsentstehung und -verlauf eine große Rolle spielen, zeigen sich die Schwächen dieses Prinzips im Sinne einer Passivisierung der Patienten und Resignation des Personals. Dies gilt natürlich auch für poliklinische Stellen.

Daher setzt gerade dort die Reformbestrebung ein, die mit den Begriffen Demokratisierung, Partizipation, Aktivierung, Öffnung, Selbstverwaltung, therapeutische Gemeinschaft verbunden sind. Es gibt eine ganze Reihe von Erfahrungsberichten, wie ungeheuer schwierig die Umwandlung von traditionellen Abteilungen psychiatrischer Krankenhäuser in die beschriebene Richtung ist (F. Th. Winkler, Finzen, Bauer, Dörner). Vor allem kommen die Schwierigkeiten von den Krankenschwestern – respektive Pflegern, da dort der Machtverlust offenbar am meisten schmerzt und die Einsicht in die Vorteile der neuen Konzeption am geringsten ist. Viel leichter ist dies bei Neugründungen.

Ich selbst habe vor der Neugründung einer stationären Psychotherapieabteilung zurückgescheut, einerseits weil ich der Notwendigkeit solcher Einrichtungen ambivalent gegenüberstehe, andererseits weil sich herausstellte, daß der Einbau einer therapeutischen Gemeinschaft in ein traditionelles Krankenhaus bei Verwaltung, ärztlicher- und Pflegeleitung so viele Ängste provoziert, daß der latente Widerstand kaum zu überwinden ist. Ich fürchtete dann auch im Betrieb zu viele offene und verdeckte Reibungen, daß ich lieber verzichtete.

Die Führung von ambulanten Einrichtungen ist natürlich leichter als von stationären, sie erfordert aber von den Mitarbeitern ein höheres Maß zu persönlichem Engagement, Initiative und Verantwortungsgefühl, da die Sachzwänge durch die ständige Anwesenheit von Patienten und den sozialen Konformitätsdruck durch Kollegen und Personal geringer sind, als dies auf den Stationen der Fall ist.

Wenn der Leiter versucht, einen nichtautoritären Führungsstil etwa im Sinne von Gruppenentscheidung und Selbstregelung der Ausführung zu exekutieren, so ist die Gefahr einer laissez-faire Passivität groß. Ein gewisser Druck scheint besonders bei den nicht primär forschungsmotivierten Mitarbeitern unvermeidlich zu sein. Bei Patientenversorgung und im Unterricht genügt meist die Eigeninitiative. Die therapeutische Gemeinschaft (Jager 1978) könnte ideal offenbar nur dann funktionieren, wenn alle beteiligten Professionen nicht nur gleiche Verantwortung und Stimmrecht haben, sondern auch gleiche Bezahlung und Karrierechancen, wenn überhaupt hierarchische Gesichtspunkte keine Rolle spielen. Dies erklärt das Unbehagen der Sozialarbeiter und des Pflegedienstes. Eine volle akademische Ausbildung in diesen beiden Berufen, wie in den USA, wäre daher anzustreben.

Dies läßt aber den letzten Punkt unserer Erwägungen wesentlich erscheinen. Es ist offenbar fast ein soziales Gesetz: je höher das Ausbildungsniveau wird, desto mehr ziehen ihre Träger sich von der direkten Arbeit mit den Klienten und Patienten zurück auf Unterricht, Forschung und Administration. Ich konnte dies bei den Schwestern in USA-Spitälern beobachten, die mehr hinter dem Schreibtisch saßen als am Krankenbett. Die direkte Frontarbeit wird dann meist untergeordneten Berufen überlassen (wie derzeit von den Ärzten an Pfleger und Sozialarbeiter). Man erinnert sich an den alten Spruch, – dessen Herkunft ich nicht mehr eruieren kann: Who is not able to treat, is going into teaching, who is not able to teach, is going into research, who is not able to research is going into administration of research. Neben *„Parkinsons Gesetz"* und besonders *„Peters Prinzip"* von der zunehmenden Inkompetenz scheint dieses Gesetz ziemlich eindeutig eine schicksalhafte Entwicklung zu beschreiben. H. E. Richter hat in seinem wichtigen und gedankenreichen Buch *„Flüchten oder Standhalten"* noch einen anderen Gesichtspunkt in diesem Zusammenhang beschrieben: „Überdurchschnittliche Aussichten zum Erklimmen von Führungspositionen haben diejenigen, die im Grunde mehr Ängste als andere Menschen haben, sich unbefangen in Gruppen zu integrieren, in denen sie nicht eine besonders verwöhnende Beschützung genießen. Ihre angstbedingte Unfähigkeit zu einem solidarischen Verhalten läßt sie den Weg nach oben suchen und finden, wo es ihnen letztlich nur um die Machtmittel geht, sich die Mitmenschen vom Leibe zu halten, von denen sie sich auf gleicher Ebene zu sehr bedroht fühlen."

Dort findet sich übrigens auch eine bedenkenswerte Kritik der Führung in Institutionen: „Je intensiver die Tätigkeit in der Institution beaufsichtigt wird, um so einschneidendere psychologische Veränderungen gehen mit dem Sozialarbeiter, der Krankenschwester, dem Arzt, dem Lehrer usw. vor sich. Die Möglichkeit, sich mit voller Konzentration den Personen zuzuwenden, denen die betreuende Tätigkeit gilt, wird jäh und nachdrüklich gebremst. Einen großen Teil der Konzentration beansprucht nunmehr die Institution durch die Erwartungen von Vorgesetzten und Kollegen sowie durch den Druck von allerlei Vorschriften. Damit wird eine partielle Reinfantilisierung bewirkt." Genau so wie der Chirurgieprofessor die kleine Chirurgie nicht vergessen und praktizieren soll, ist daher für den Leiter einer psychotherapeutischen Institution wichtig, welbst weiter an der Psychotherapiefront zu bleiben, ich tue das in einer kleinen Praxis außerhalb der Institution, deren Erfahrung ständig in dieselbe zurückfließt. Mir scheint dies besser als die Arbeit innerhalb derselben.

Wir haben uns aber von unserem Ausgangspunkt weit entfernt und dürfen jetzt zusammenfassen:

Der Psychoanalytiker und Gruppendynamiker ist wahrscheinlich tatsächlich, solange die anderen Professionen nicht den gleichen Grad der Entwicklung (im Sinne gesellschaftlicher Anerkennung) erreicht haben, besser geeignet, Supervision und Leitungspositionen zu übernehmen als andere. Er muß sich jedoch bei solchem Engagement außerhalb seines eigentlichen Bereiches des Übergangscharakters solcher Positionen klar sein. Unerwähnt blieb bis jetzt, daß man bei Kritik am Behandlungsmonopol der Ärzte nicht vergessen darf, daß die Gefahr, biologisch-organische Phänomene beim Patienten zu übersehen oder nicht adäquat zu behandeln, sehr groß ist und katastrophale Folgen haben kann, wenn die Organmedizin vergessen wird. Der vollärztlich ausgebildete Psychoanalytiker muß daher weiterhin als relativ optimal betrachtet werden. Volle ärztliche Mitarbeit bei allen einschlägigen Teams muß als unentbehrlich betrachtet werden; ein Anspruch an die Führungsrolle ist aber damit nicht notwendigerweise verbunden.

# Literatur

*Becker, A.M., L. Reiter* (Hrsg.): Psychotherapie als Denken und Handeln. Kindler, München 1977.

*Dicks, H.V.:* Marital Tensions. Routledge & Kegan Paul, London 1967.

*Jager, E.:* Die therapeutische Gemeinschaft In: *H. Strotzka* (Hrsg.): Psychotherapie, Grundlagen, Verfahren, Indikationen, 2. Aufl., S. 379–391. Urban & Schwarzenberg, München-Wien 1978.

*Richter, H.E.:* Flüchten oder Standhalten. Rowohlt, Reinbek bei Hamburg 1976.

*Strotzka, H.:* Die Ehe als Patient. Münch. Wschr. 111 (1969) 142–146.

*Strotzka, H.:* Das Rollenspiel als Ausbildungsmethode. Gruppenpsychother. Gruppendyn. 6 (1973) 286.

*Strotzka, H., K. Buchinger:* Gruppendynamische Aspekte einer Casework-supervisor-Trainingsgruppe. Gruppenpsychother. Gruppendyn. 9,1 (1975) 55–76.

# Gedanken zur Organisations-entwicklung einer Intensivstation

*Kurt Buchinger* und *Sepp-Rainer Graupe*

## Einleitung

Wir präsentieren im folgenden das erste Ergebnis einer Untersuchung, das mit der Zielsetzung einer weiteren Sozialintervention erstellt, jedoch nicht forgeführt wurde. Der Impuls dazu ging vom Vorstand einer Intensivstation aus. Er war daran interessiert, deutlich sichtbare Konflikte des Personals, die die Arbeit und das Leben auf der Station sehr belasten, einer Lösung zuzuführen. Zutiefst beunruhigt über die Belastungen des Personals, die teilweise durch die besonderen Arbeitsbedingungen, teilweise durch die Personalpolitik und die Struktur der Station bedingt waren, irritiert durch erahnte und zu geringen Teilen geäußerte Unzufriedenheit der Patienten, forderte er uns auf, eine Intervention auf der Station durchzuführen: ein Entschluß, der für unsere Kliniken eher ungewöhnlich ist und viel Mut erfordert.

In einem ersten Untersuchungsgang verschafften wir uns einen vorläufigen Überblick über die Problematik durch eigene Beobachtungen auf der Station, durch das Studium der Dienstpläne, durch Gespräche und ausführliche Tiefeninterviews mit Ärzten, Schwestern, technischen Assistenten und studentischen Hilfskräften. Aus dem so gewonnenen Material entwickelten wir einen größeren, detaillierteren Untersuchungsplan, wie er im folgenden vorliegt und die Grundlage für die weiteren Arbeitsschritte sein sollte.

## 1. Entwurf zur geplanten Sozialintervention

Es besteht übereinstimmend die Meinung, daß die Intensivstation im Rahmen eines Großkrankenhauses eine Sonderstellung einnimmt.

Die verschiedenen Aspekte, die diese spezifische Situation der Intensivstation kennzeichnen, sollen zunächst erforscht und dargestellt werden, soweit sie für die Erfüllung der ihr im Spitalsbereich zugeordneten Funktionen maßgeblich sind.

Der Schwerpunkt unserer Untersuchung soll in der Erforschung der
a) psychologischen,
b) interaktionellen,
c) gruppendynamischen
Gegebenheiten und Schwierigkeiten der Mitarbeiter der Intensivstation liegen. Die organisatorischen Rahmenbedingungen werden insoweit wissenschaftlich analysiert

werden, als sie einen bestimmenden Einfluß auf die zur Frage stehenden Probleme haben.

Dieser Schwerpunkt ist durch das praktische Interesse bestimmt, die personellen und materiellen Möglichkeiten optimal einzusetzen. So soll zum Beispiel verhindert werden, daß – so wie es gegenwärtig der Fall ist – bei einer jährlichen Fluktuation der Schwestern von 33 % die nicht unerheblichen Ausbildungskosten einer Intensivschwester eine Verlustinvestition darstellen. Daher wird ein weiterer Schritt der Untersuchung in der Erarbeitung von Methoden der Beeinflussung der sozialpsychologischen Determinanten der Arbeit auf der Station liegen.

In einem abschließenden Teil soll der Zusammenhang erörtert werden, in dem die Ergebnisse der Untersuchung mit allgemeinen Fragen der Gesundheitsversorgung stehen.

# 2. Vorläufige Beschreibung des Untersuchungsfeldes: Intensivstation

### Organisatorisch

1. Die Einrichtung einer Intensivstation entspringt nicht so sehr der Entwicklung einer besonderen medizinischen Fachrichtung, als der Notwendigkeit einer spezifischen Art und Intensität von Pflege und Betreuung des Patienten.

2. Ermöglicht wurde diese Spezialisierung durch die Entwicklung und den verstärkten Einsatz von technischen Hilfsmitteln zur Erhaltung, Überwachung und Beförderung der Lebensfunktionen. Daraus hat sich späterhin die Intensivbehandlung als eigene ärztliche und pflegerische Spezialdisziplin entwickelt.

3. Im Gesamt des Krankenhauses ist sie daher organisatorisch vorwiegend dadurch gekennzeichnet, daß sie als Spezialeinheit einer internen oder chirurgischen Klinik entstanden ist und diesen meist weiterhin angegliedert bleibt. Sie bezieht daher die Patienten, die einer speziellen Überwachung und Pflege bedürfen, von diesen Stationen bzw. Kliniken, wohin sie sie zurückverweist bzw. weiterleitet, wenn diese pflegerischen Aufgaben nicht mehr erforderlich sind.

Ihr Behandlungsziel liegt also nicht in der Heilung und der damit verbundenen Entlassung des Patienten, sondern in seiner Rückführung an die Station, der sein sogenanntes Grundleiden medizinisch zugeordnet wird.

### Arbeitsbelastung

Das Personal erfährt im Vergleich zu den meisten anderen Pflegestationen teils eine Aufgabenerweiterung in wesentlichen Bereichen, teilweise werden überhaupt neue Arbeiten an das Personal herangetragen.

1. Durch die vorwiegende Reglosigkeit der Patienten muß die allgemeine Körperpflege umfassend sein (waschen, frisieren, umlegen alle vier Stunden, massieren, einschmieren usw.).

2. Das Ausmaß der zur Routinearbeit gehörenden qualifizierten Pflege und des damit verbundenen lebenserhaltenden Einsatzes ist vergleichsweise hoch (Transfusions- und Infusionstherapie, Korrektur metabolischer Abweichungen, künstliche Ernährung, Tracheotomiepflege, Bronchialtoilette).

3. Auch die Überwachung und Kontrolle der Patienten umfaßt in ihrer Routine viele Funktionen (das Erheben von Labordaten, die Kontrolle der Atmung und des Kreislaufes, Temperaturregulation, Überprüfung der Nierenleistung, Kontrolle der Bewußtseinslage, besonders bei Tetanuspatienten).

4. Zusätzliche Arbeiten entstehen durch die Betreuung und Instandhaltung der wertvollen Apparatur, wozu wiederum besondere Kenntnisse notwendig sind.

5. Durch die Vielfalt der Tätigkeiten bzw. deren lebenserhaltende Wichtigkeit wird die Bedeutung des Kontaktes zwischen den Mitarbeitern und einer wohlfunktionierenden Kooperation bzw. Zeitplanung unerläßlich.

**Psychologische Belastungen**

1. Das Erfolgserlebnis gelungener Pflege und Therapie wird dadurch reduziert bzw. bleibt häufig gänzlich aus, daß bei den Patienten oft geringe Besserungs- bzw. Überlebenschancen bestehen bzw. daß die Patienten, wenn gebessert oder wieder ansprechbar, sofort an andere Stationen weitergeleitet werden.

2. Die Konfrontation mit dem Tod wird hier nicht nur der relativ hohen Sterberate wegen zum Problem, sondern auch deshalb, weil in die Toten ein hohes Ausmaß an Arbeit, Pflege und Zuwendung investiert wurde.

3. Die vorhin erwähnte Überwachung und Kontrolle wie auch die ständige Erwartung eines Zwischenfalls machen eine erhöhte Aufmerksamkeit nötig und stellen das Personal unter eine dauernde Spannung.

4. Zusätzlich erschwerend wirkt dabei, daß die meisten Handlungsvollzüge lebenserhaltend sind und Fehlgriffe zu tödlichem Ausgang beim Patienten führen können.

5. Besondere zusätzliche Achtsamkeit erfordert der Umgang mit Patienten in Anbetracht ihres unterschiedlichen Gesamtzustandes:
Es handelt sich um Patienten, die größtenteils stark relaxiert oder sediert, bewußtlos, komatös sind, unter Schockeinwirkung stehen, im Begriff sind, das Bewußtsein wiederzuerlangen, und deshalb unruhig sind. Die wenn auch mühevolle Einstellung auf solche Patienten erschwert wiederum im Kontrast dazu den Umgang mit den wenigen Patienten bei Bewußtsein.

6. Schwierigkeiten in der Zusammenarbeit des Personals können infolge der Dichte der Arbeiten leicht auftreten. Werden sie nicht bearbeitet und bewältigt, sondern blei-

ben bestehen, so wiegen sie auf einer Intensivstation in Anbetracht der möglichen Konsequenzen und Zwischenfälle und der beschriebenen Belastungen schwerer als auf anderen Stationen.

# 3. Aufgaben der weiteren Untersuchungen

Die vorgenommene Beschreibung des Untersuchungsfeldes dient als Schema der Erfassung des Ist-Zustandes der Intensivstation. Sie muß nun empirisch fundiert bzw. eventuell auf Grund der empirischen Daten variiert werden. Ebenso muß sie inhaltlich angereichert bzw. differenziert werden. Anschließend soll untersucht werden, welche Zusammenhänge und Abläufe in den so gewonnenen Forschungsresultaten zum Ausdruck kommen.

So muß, um ein Beispiel zu geben, erfaßt werden, in welchen Symptomen sich die psychologische Belastung des Personals auswirkt, welche Folgen sie sowohl individuell als auch für die Interaktion auf der Station und ihre Organisation hat, bzw. wie im Team damit umgegangen wird und welche Auswirkungen dies auf die Betreuung der Patienten hat. Die Untersuchung soll dabei im Hinblick auf die nachfolgenden Schwerpunkte durchgeführt werden, die zugleich das erkenntnisleitende Interesse darstellen und Bereiche angeben, in denen Veränderungen schon jetzt sinnvoll oder notwendig erscheinen mögen.

Unter medizinischem Gesichtspunkt soll:

1. eine Verbesserung der Patientenbehandlung auf der Intensivstation ermöglicht werden,

2. sollen die Möglichkeiten einer vielfältigen und erweiterten wissenschaftlichen Erfolgskontrolle zum Zwecke des Fortschritts medizinischer Forschung vorbereitet werden.

Unter sozialpsychologischem Gesichtspunkt sollen Daten erarbeitet und Material für empirisch fundierte Konzepte bereitgestellt werden zur

3. Erhöhung der Arbeitszufriedenheit des Personals,

4. zur Aufhebung der pathologischen Auswirkungen der besonderen Belastungssituation bzw. zur Vermeidung der Herausbildung von Symptomträgern, die den Gesamtzustand der Station individuell repräsentieren.

5. Zur Erhöhung der Möglichkeiten, Lernfortschritte im Intensivbereich zu erzielen.

6. Zur Förderung der Kooperationsmöglichkeiten in und zwischen den beteiligten Berufsgruppen und zur Entwicklung einer Gruppenkohäsion, die es möglich macht, Konflikte auszutragen.

7. Zur Erleichterung der bisher aufgestellten Punkte durch eine geeignete Wechselwirkung von Stabilität und Flexibilität des organisatorischen Rahmens. Darunter soll auch verstanden werden, daß Veränderungen, die sich für jeden tragenden Teil des

Teams als sinnvoll und notwendig ergeben, auch organisatorisch von der Station durchgesetzt werden können.

Die folgende Übersicht soll einen anschaulichen Umriß der Merkmale geben, die in den konkreten Untersuchungsvorgängen erfaßt werden. Sie dienen in der weiteren Aufarbeitung als Indikatoren für allgemeine Zustandsbeschreibungen (etwa der Arbeitszufriedenheit) und als Kriterien für die Erreichung von Zustandsveränderungen (z. B. Steigerung der Arbeitszufriedenheit).

| | |
|---|---|
| *Die Patientenebene:* | Sterberate, |
| | Aufenthaltsdauer, |
| | Pflegeerfolge, |
| | emotionelle Befindlichkeit, |
| | Auftreten sekundärer Leidenszustände, |
| | Beitrag der Angehörigen zur Gesundung. |
| *Die individuelle* | Persönlichkeitsstruktur, |
| *Ebene der Mitarbeiter:* | Erfolgserlebnisse und Anreize der Arbeit, |
| | Selbstbewußtsein, |
| | Verweildauer auf der Station, |
| | individuelle Konfliktbearbeitungen, |
| | emotionelle Befindlichkeit, |
| | psychopathologische Auffälligkeiten, |
| | Lernfortschritte, |
| | Lebens- und Freizeitgewohnheiten, |
| | Verwirklichung von privaten Interessen, |
| | berufliche Aufstiegsmöglichkeiten. |
| *Die Ebene der* | Untergruppenbildung (innerhalb der und über die |
| *Gruppenvorgänge:* | Berufsgliederungen hinweg), |
| | Stabilität der Gruppenbildungen, |
| | Zeitpläne, |
| | Koordination und Konkurrenz, |
| | Standesunterschiede, |
| | Außenseiterbildung, |
| | Monopolisierung von Wissen und Weitergabe von |
| | Informationen, |
| | Konflikte und Konfliktlösungen zwischen den |
| | Berufsgruppen, |
| | Gemeinsamkeiten und Divergenzen des Selbst-- |
| | verständnisses, Vergleiche und Konkurrenzen mit anderen |
| | Intensivstationen, |
| | Außenfeinde, |
| | Verwendung finanzieller Mittel, |

Entscheidungsfindungen, Führungsstil,
Person und Funktion des Leiters.

*Organisatorische Ebene:* Beziehungen zu anderen Stationen,
Beziehungen zur Spitalsadministration,
Personalpolitik,
Prestige der Station im Krankenhaus,
Gewerkschaftliche und betriebliche Organisationen.

# 4. Untersuchungsschritte und Methoden

1. Die erste Phase ist gekennzeichnet durch die Bearbeitung von Literatur und das Sammeln von Eindrücken durch Gespräche mit dem Leiter der Station, durch Interviews mit einzelnen Mitarbeitern sowie Beobachtungen auf der Station selbst. Daraus werden die Untersuchungsschwerpunkte festgelegt und gemeinsam mit den Methoden im vorliegenden Forschungsprogramm dargestellt.

2. In der Untersuchungsphase soll eine durch qualifizierte Feldbeobachtungen (Konstatierung der Interaktionsabläufe auf der Station durch geschulte Beobachter), durch Tiefeninterviews (mit dem ganzen Personal, mit ehemaligen und anwesenden Patienten, mit Besuchern, mit Spitalsadministratoren, mit Angehörigen der benachbarten Stationen), durch Fragebögen und psychologische Tests, durch Bearbeitung von Dokumenten( Dienstpläne, Personalstandsaufzeichnungen, Krankengeschichten etc) und durch Gruppengespräche eine genaue Zustandsbeschreibung der Intensivstation gewonnen werden. Dadurch wird auch eine genauere Festlegung der Problembereiche möglich, wobei insbesondere über das Zustandekommen von Belastungssituationen Hypothesen erstellt werden, die sodann einer genaueren Überprüfung unterzogen werden.

Die Auswertung erfolgt nach sozialpsychologischen, tiefenpsychologischen und organisationssoziologischen Gesichtspunkten und wird dort, wo es möglich ist, durch Zuhilfenahme von numerischen und statistischen Verfahren erfolgen.

3. In einem weiteren Schritt werden die Ergebnisse den Mitarbeitern der Intensivstation vorgelegt und strukturierte Gruppengespräche eingeleitet. Die Reaktionen auf das von uns erarbeitete Bild der Intensivstation werden zum Ausgangspunkt einer verfeinerten Zustandsbeschreibung herangezogen. Auf Grund dieser soll eine gemeinsame Erarbeitung von organisatorischen Vorschlägen vorgenommen werden, die nicht von außen der Intensivstation aufgeprägt, sondern als Produkt von wissenschaftlicher Arbeit und Selbstbestimmung entstanden sind.

# 5. Diskussion und Beitrag zur Theorienbildung

Die gewonnenen Ergebnisse bedürfen einer weiteren theoretischen Grundlegung und Einbettung in medizin- und allgemein organisationssoziologische Forschungsbestrebungen. Es ist anzunehmen, daß bestimmte Probleme der Gesundheitsversorgung sich vom Beispiel der Intensivstation her verallgemeinern lassen und eventuell sich dort mit besonderer Schärfe zeigen.

Der Diskussionsrahmen soll sich dabei wie folgt gliedern:

## a) Medizinischer Problemrahmen

In der Intensivstation ist die extreme Situation gegeben, daß physiologische Soll-Zustände mit medikamentösen und technischen Hilfsmitteln zu einem hohen Grad erreicht werden müssen, wobei die Feststellung der Ist-Zustände des Patienten oft nur durch klinische Beobachtung und hohen Geräteeinsatz erreicht werden kann. Die Pflege ist daher eine Herausforderung, gleichzeitig aber auch ein Prüfstein für den zweckmäßigen Einsatz technischer Mittel in ihren kontrollierenden und lebenserhaltenden Funktionen. Es ist jedoch zu diskutieren, in welcher Richtung das Verhältnis von Betreuern und Behandlern zum Patienten durch diesen massiven technischen Einsatz gelenkt wird. Es könnte sein, daß diese vorwiegend technisch geleitete Beschäftigung mit dem Patienten die Kommunikation mit ihm auf Detailfunktionen des Überlebens reduziert, was dazu führt, daß erhaltene und intakte psychologische Funktionen des Patienten negiert, aus der Interaktion ausgeschlossen und so für den Gesundungsprozeß nicht nutzbar gemacht werden können.

Weiters zu behandeln ist die Frage des Zusammenhanges von medizinischer Ethik und medizinischem Berufsinteresse. Hier ist die Frage der Erhaltung des Lebens der Patienten deshalb spezifisch hervorzuheben, weil sich an ihr Interessengegensätze und damit Arbeitskonflikte zwischen den Berufsgruppen der Schwestern und Ärzte ergeben können. Das pflegerische Verhalten ist von anderen Normvorstellungen geleitet als das an technischen Kenntnissen orientierte Heilverhalten der Ärzte. Im Falle der Schwestern kommt vorwiegend die Empathie mit dem Leid des gepflegten Patienten zum Tragen, im Falle der Ärzte spielen darüber hinaus auch gesellschaftliche Heilverpflichtungen, wissenschaftlicher Auftrag und eine konkrete Heilverpflichtung mit einer überindividuellen Perspektive (die inhumane Erhaltung des Lebens des Organspenders zur humanen Erhaltung des Lebens des Organempfängers) eine unabweisbare Rolle.

## b) Spitalsorganisatorischer und gesamtgesellschaftlicher Rahmen

Es geht hier vor allem um die Diskrepanz zwischen Organisationserfordernissen, die sich aus medizinisch-pflegerischen Sachüberlegungen ergeben sollten, und der Anwendung stereotypisierter Organisations- und Führungsschemata. Etwa wäre zu überlegen, ob den Schwestern aufgrund ihrer zentralen Aufgabenstellung an der Intensivstation und ihrer Spezialausbildung mehr Entscheidungskompetenz zuerkannt werden sollte. In einem größeren Zusammenhang werden Fragen der Hierarchie und Arbeitsteilung zur Diskussion gestellt:

Wie wirkt sich die institutionalisierte Beschränkung der Weitergabe der Information gemäß der hierarchischen Gliederung im besonderen auf das Produkt der Arbeit (Behandlungserfolge) aus? Wie weit wird das Zurückhalten von Information und Fachkenntnis zur Aufrechterhaltung von Statusunterschieden eingesetzt? Wie weit kann gefordertes, aber nicht erbrachtes Fachwissen einzelner durch den Einsatz anderer Mitarbeiter ausgeglichen werden?

Welche Folgen hat die funktionelle Ausgliederung der Intensivbehandlung aus dem Gesamtbehandlungsablauf auf die pflegerische und therapeutische Arbeit und deren Ergebnis?

Wie wirkt sich die relative Isolierung der Mitarbeiter und der beruflichen Gruppen auf Behandlungsergebnisse bei den Patienten aus, zu welchen Entfremdungserlebnissen führt sie bei den Mitarbeitern, und wie beeinflußt sie das Selbstverständnis der Gesamtgruppe?

Die Beziehung von Arbeit und Freizeit läßt sich von der Sicht der Intensivstation aus in exemplarischer Weise verfolgen. Die Arbeitsbelastung an der Intensivstation macht ihre psychische Aufarbeitung bis in die Freizeit hinein notwendig. Durch diese Art der Reproduktion der Arbeitskraft wird die Freizeit für spezifische freizeitliche Zwecke nicht nutzbar. Gleichzeitig wirkt die Arbeit dominierend auf die Gestaltung privater Lebensinteressen (etwa wird von vielen Intensivschwestern eine Ehe mit Kindern als mit der Arbeit unvereinbar angesehen).

*Voraussichtliche Dauer:* 2 Jahre

*Personalaufwand:* Akademische Mitarbeiter im Ausmaß von insgesamt einer Ganztagsstelle. Je nach Phase der Durchführung 2 – 3 geschulte Interviewer, Programmierer und Hilfskräfte. Ein Organisationsberater als dauernder Konsulent.

*Weitere Aufwendungen:* Literatur, Büromaterial, Tonbandgeräte, Druckkosten einer Publikation.


# Abschließende Überlegungen

Der aufmerksame Leser wird schon einige Vermutungen angestellt haben, warum unser Projekt über diesen ersten Schritt nicht hinaus gelangte. Wir glauben, nachträglich feststellen zu können, daß der Plan für die unmittelbare Zielsetzung der Behebung jener anfänglich erwähnten Schwierigkeiten zu groß angelegt und zu sehr an herkömmlichen Methoden der empirischen „objektivierenden" Sozialforschung orientiert war. Obwohl Elemente der Aktionsforschung im Sinne der Bearbeitung der jeweiligen Forschungsergebnisse mit den Betroffenen vorgesehen waren, scheint uns ein zu großer Überhang hinsichtlich Untersuchungsgenauigkeit und theoretischer Modellbildung gegeben zu sein. In der Aktionsforschung sind Forschungsergebnisse nur insoweit relevant, als sie nicht nur Ergebnisse für die Forschung, sondern auch für die Betroffenen und somit Motive für deren verändertes Handeln geworden sind.

Nach Gesprächen mit Experten (Strotzka, Fürstenau) wurde uns im Sinn dieser Überlegungen klar, daß es für die weitere Durchführung der geplanten Arbeit zielführender und weniger aufwendig gewesen wäre, die Erhebung der Problematik gemeinsam mit ihrer Bearbeitung in *einem* Untersuchungsschritt in Gruppengesprächen mit allen Betroffenen zu betreiben. Das verlangt eine besondere Beziehung zwischen Untersucher und Untersuchten, für die es aus der herkömmlichen empirischen Forschung und den übrigen Strategien sozialer Veränderung kaum Vorbilder gibt.

Inzwischen läuft an einer Paralleleinrichtung der Intensivmedizin ein Projekt, das von Mitarbeitern an der Station initiiert wurde, und für das Studenten zur Betreuung der Patienten (ein Student pro Patient für die gesamte Dauer der Intensivpflege) recht erfolgreich herangezogen werden.

# Literatur

*Frech, W. L., C. H. Bell:* Organisationsentwicklung. Haupt, Bern und Stuttgart, 1977.
*Fürstenau, P.:* Institutionsberatung. In: Gruppendynamik 1 (1970) 219–233.
*Heintel, P.:* Institutions- und Organisationsberatung. In: Die Psychologie des 20. Jahrhunderts, Bd. 8: Lewin und die Folgen, S. 956–965. Kindler, Zürich 1979.

*Heintel, P., Huber, J.:* Aktionsforschung – Theorieaspekte und Anwendungsprobleme. Gruppendynamik 9 (1978) 390–409.
*Lapassade, G.:* Gruppen, Organisationen, Institutionen. Klett, Stuttgart 1972.
*Mentzos, St.:* Interpersonale und institutionalisierte Abwehr. Suhrkamp, Frankfurt a. M. 1976.

# III. Innovationen

# Utopie und Realität

## Das eigene Institut

*Hans Strotzka*

In einem Buch über Psychotherapie für und in Institutionen das eigene Institut aussparen, wäre vielleicht ganz angenehm, um die eigene Blöße mit dem Mantel zwar nicht christlicher Nächstenliebe, aber doch des Vergessens zu bedecken, schiene aber doch ebenso problematisch, wie Psychoanalyse betreiben zu wollen und dabei die eigene Selbsterfahrung der Lehranalyse zu vermeiden.

Es gibt dies ein Chance, selbstreflektierend und selbstkritisch zu vergleichen, welche Zielvorstellungen wir hatten, auf welche Schwierigkeiten ihre Realisierung gestoßen ist, wie sich im Laufe der acht Jahre des Bestehens manches verändert hat, dazugekommen und weggefallen ist.

Zuerst kurz die Vorgeschichte. Die Vernachlässigung der Psychotherapie an den medizinischen und psychologischen universitären Einrichtungen in Österreich ist ein rätselhaftes und tragisches Phänomen. Es kann wohl nicht einfach erklärt werden. Die Abneigung gegen Innovationen, noch dazu wenn sie schockierend sind, durch eine selbstbewußte traditionell verankerte Wissenschaft mag ebenso eine Rolle gespielt haben wie ein offener oder latenter Antisemitismus, ein starrer Provinzialismus und das, was Ernst Topitsch einmal schon vor langer Zeit Banausokratie genannt hat. Die beiden Bände von Huber über die Geschichte der Psychoanalyse in Österreich geben viele wichtige Einsichten. Es ist kaum möglich, einem Ausländer, der gläubig und hoffnungsvoll nach Wien kommt und glaubt, endlich das Mekka der Psychotherapie zu erleben, zu erklären, daß wir, verglichen etwa mit den USA, ein Entwicklungsland auf diesem Gebiet geworden sind. Sind doch aus diesem Boden die meisten Psychoanalytiker und Individualpsychologen gewachsen, aber auch Moreno, Perls, Watzlawick und selbst Frankl, der ja mehr oder weniger im Lande geblieben ist, haben außerhalb des Landes viel mehr Echo gefunden als hier, das gleiche gilt bis zu einem gewissen Grad auch für Caruso, der etwa in Südamerika bekannter ist als in diesem merkwürdigen Land.

Die Psychotherapie teilt dieses Schicksal übrigens mit neuer Musik, Gegenwartskunst, Architektur und wichtigen neuen Philosophieschulen, die ebenfalls von hier ausgehend, erst im angloamerikanischen Raum Anklang gefunden haben. Selbst die moderne Literatur ist zum Teil nach Paris und Berlin ausgewandert. Dagegen werden riesige Summen in die Oper investiert, ebenso wie in eine restaurative Architektur (wobei dagegen an sich nichts gesagt sein soll).

Es ist übrigens klar, daß der christliche Ständestaat 1934–1938 und die Naziherrschaft 1938–1945 sowie die Besatzung bis 1955 keine günstigen Zeiten für die Psychoanalyse waren, aber auch die Periode des materiellen Wiederaufbaus in den Jahren danach war offenbar nicht geeignet, von der traditionellen organischen Medizin abzurücken und zu einer neuen psychosozialen Konzeption von Gesundheit und Krankheit zu kommen.

Ich selbst hatte die Ehre, auf den Wunsch von Hans Hoff, damals Vorstand der psychiatrischen Universitätsklinik, seit 1961 das psychotherapeutische Fortbildungsinstitut der Klinik zu leiten. 1965 schied ich wieder aus, da Hoff sich nicht imstande sah, aus diesem informellen Institut ein selbständiges Departement zu machen. Im Jubiläumsband zur Sechshundertjahrfeier der Universität schrieb ich im gleichen Jahr ein empörtes Essay über die Lage der Psychotherapie an der Wiener Universität.

1971 wurde dann endlich unser Institut für Tiefenpsychologie und Psychotherapie an der medizinischen Fakultät der Universität Wien gegründet, nachdem schon ein Jahr vorher an der Grazer Universität ein Institut für Psychotherapie und Medizinische Psychologie unter E. Pakesch geschaffen worden war. Die Motivationen für beide Gründungen waren etwas problematisch. Für Pakesch mußte eine Kompensation konstruiert werden, weil ihm nach jahrelanger Vertretung der psychiatrischen Klinik ein Ersatz geboten werden mußte, und bei mir spielte der wachsende Druck der Studenten auf Professor Rohracher (dem damaligen Lehrstuhlinhaber für Psychologie an der philosophischen Fakultät) eine Rolle, die Tiefenpsychologie an der Universität zu etablieren, was von Rohracher an die medizinische Fakultät abgeschoben wurde, sowie der bevorstehende Internationale Psychoanalytische Kongreß in Wien 1971 ebenso, wie meine Berufungen nach Freiburg und Hannover, die meinen endgültigen Abgang aus Österreich bedeutet hätten. Beide Institute wurden also eigentlich mehr aus personalpolitischen Gründen motiviert als aus sachlichen. Es darf dabei allerdings nicht übersehen werden, daß im zuständigen Forschungsministerium und bei Einzelpersonen der Fakultät sehr wohl sachliche Überlegungen eine Rolle gespielt hatten.

Wie dem auch sei, unser Institut wurde in demselben Jahr gegründet, wie die Sigmund-Freud-Gesellschaft wirksam wurde, die in der früheren Ordination und Wohnung Freuds in der Berggasse 19 endlich eine würdige Gedenk- und Forschungsstätte für die Psychoanalyse etablierte.

Österreich war damit endlich aus der internationalen Schande einer völligen Ignorierung der Erbschaft Freuds herausgetreten zu einer wenigstens einigermaßen befriedigenden Akzeptierung.

Ich selbst stand damit am Ziel meiner Lebensträume, aber vor einer großen Aufgabe, für die ich natürlich als außerklinischer Psychotherapeut und Leiter eines Kassenambulatoriums nur allzu wenig vorbereitet war. Ich darf nun ein Dokument wiedergeben, das in den Wochen der Vorbereitung dieser Aufgabe im Spätsommer 1971 entstand:

**Provisorische Diskussionsgrundlage über Struktur und Aufgabe des neuen Institutes für Tiefenpsychologie und Psychotherapie an der Medizinischen Fakultät der Universität Wien (ITP)**

(2. Fassung)

## 1. Aufgabe

Das ITP dient der Forschung und dem Unterricht, es ist interdisziplinär und soweit möglich methodenpluralistisch.

## 2. Forschung

Sie soll praxisorientiert sein und den Bedürfnissen der Bevölkerung dienen. Trotz der ideengeschichtlichen Rolle Österreichs gibt es keine kritische, objektivierende und quantifizierende Forschung über Psychotherapie, die im Interesse der Wissenschaftlichkeit und der praktischen Empfehlungen unentbehrlich ist. Es muß sozusagen von einem Nullpunkt begonnen wenden. Jede Arbeit am Institut muß daher in einer Weise dokumentiert werden, daß eine statistische Auswertung der Indikationen, des Therapieprozesses und der Ergebnisse mit katamnestischer Überprüfung mit einem Minimum an händischer Schreibarbeit gewährleistet ist. Um internationale Vergleiche zu ermöglichen, ist das Instrumentar am besten den bereits bewährten Dokumentationssystemen der Psychiatrischen Klinik Wien, des Max Planck Institutes in München und der Psychosomatischen Klinik in Gießen anzugleichen.

Die Forschung wird nicht im Institut monopolisiert, sondern es sollen alle qualifizierten Personen und Institutionen dazu angeregt werden; das ITP wird, wenn gewünscht, seine Dienste dazu anbieten. Die Projekte werden überwiegend in Teamarbeit durchgeführt und dienen auch einem in-service-training fortgeschrittener Studenten.

Folgende Projekte sind in Aussicht genommen:

**2.1** Gesetzmäßigkeiten der *freien Assoziation.* Auf der Basis von Tonbandprotokollen werden einerseits soziale und persönliche Faktoren bei Patient und Therapeut sowie das Klima der Institution – in ihrem Einfluß auf Inhalt und Form der freien Assoziation, andererseits deren Beziehung zu Therapieverlauf und Ergebnis untersucht und damit ein Beitrag zur Grundlagenforschung aller tiefenpsychologischen Techniken geleistet.

**2.2** *Vergleichende Ergebnisforschung* verschiedener psychotherapeutischer Techniken (als Langzeitprogramm für 5 – 10 Jahre). Dabei ergibt sich der Vorteil, daß *alle* wesentlichen therapeutischen Methoden zum Unterschied von den meisten derartigen Instituten vertreten sein sollen.

**2.3** Theorie und Technik der *Familientherapie* unter Verwendung der Analyse von Videorecording der therapeutischen Sitzungen.

**2.4** Von den Krankheitsgruppen soll insbesondere die Therapie der *Zwangsneurosen* und *Phobien* untersucht werden, (Indikation zur Verhaltenstherapie?) und die *Sexualstörungen,* da dort ein besonders großes theoretisches und praktisches Bedürfnis

181

besteht. Wenn es die Personallage gestattet, ist auch ein besonderes Forschungsprojekt für Psychotherapie der Psychosen vorgesehen.

**2.**5 Besonders wichtig werden die Vorarbeiten für die *Organisationsform der Psychotherapie* sein, wobei mehrere mögliche Modelle mit dem Versuch von Kosten-Nutzenrechnungen erarbeitet werden müssen. (Ambulatorien, freie Praxis, Qualifikationshonorierung).

**2.**6 Auftragsforschungen werden nach entsprechender Prüfung angenommen; zum Beispiel Studie über das Heim für ausländische Studenten in Mödling (Bundesministerium f. Wissenschaft u. Forschung), unkonventionelle Jugendarbeit (Inst. für Jugendkunde) und therapeutische Gemeinschaft in Tbc-Heimen (Pensionsversicherung der Angestellten und Arbeiter).

### 3. Unterricht

Diese Aufgabe zerfällt in Ausbildungsangebote für Mediziner und Ärzte, Psychologen und Sozialarbeiter.

**3.1** Mediziner und Ärzte

**3.1.1** Das Institut soll Vorarbeiten leisten für die Einrichtung eines Unterrichtes für medizinische Psychologie und Soziologie für Vorkliniker (oder im Mittelabschnitt des Studiums).

**3.1.2** Für Studenten im klinischen Unterricht wird in Zusammenhang mit der Psychiatrieausbildung eine hinreichende Information über Psychotherapiemethoden des praktischen Arztes eingebaut werden müssen.

**3.1.3** Während der Facharztausbildung muß über mindestens drei Jahre ein System von Seminaren, eigenen praktischen Erfahrungen und Supervision derselben eingebaut werden, so daß jeder Facharzt mit ausreichenden Kenntnissen der kleinen Psychotherapiemethoden ausgestattet wird. Die Ausbildung zum eigentlichen Fach des Psychotherapeuten bleibt den bisherigen tiefenpsychologischen Schulen überlassen. Das Institut strebt eine solche Ausbildung nicht an, arbeitet aber mit den entsprechenden Vereinigungen eng zusammen.

**3.1.4** Außerdem wird für schon praktizierende Ärzte weiterhin die Möglichkeit zur Gruppenarbeit im Sinne von Balintgruppen zur Fortbildung auf psychotherapeutischem Gebiet geboten.

**3.2** Psychologen

Für Psychologiestudenten wird erstens eine zweistündige Vorlesung über zwei Semester zur Einführung in die tiefenpsychologische Theorie gehalten. Daran anschließend kann entweder wissenschaftliche Arbeit zur Mitarbeit in den Forschungsprojekten als Vorbereitung für klinische Psychologie und (oder) ein ein- bis zweijähriger Kurs über Beratungstechniken belegt werden.

Dieser Plan muß mit den Lehrstühlen für Psychologie allerdings erst koordiniert werden, die Möglichkeit zu Diplomarbeit und Dissertation kann geboten werden, wenn dem Institut ein geeigneter in der Psychologie habilitierter Oberassistent aus dem Fachbereich der Tiefenpsychologie zur Verfügung steht.

**3.3** Sozialarbeiter

Das Institut wird über einen Lehrauftrag Vorlesungen und Übungen für Fürsorger, Bewährungshelfer und Heimerzieher einrichten, die mit den zuständigen Institutionen so koordiniert sind, daß sie das bisher gebotene Lehrprogramm entsprechend ergänzen. Ein Teil der bisher besprochenen Lehrangebote kann für die verschiedenen Zielgruppen zusammengelegt werden.

## 4. Dienstleistungen

In Anbetracht des übergroßen Psychotherapiebedürfnisses und der beschränkten Mittel des Institutes liegt das Hauptgewicht auf der *Ausbildung* von Psychotherapeuten und nicht in der hoffnungslosen Aufgabe, dieses Psychotherapiebedürfnis jetzt schon befriedigen zu können. Die notwendigen Fälle zur Behandlung kommen aus Station und Ambulanz der psychiatrischen Klinik und der Konsiliartätigkeit im allgemeinen Krankenhaus. Es wird außerdem angestrebt werden, mit der Familienberatungsstelle der Gemeinde Wien und den Psychotherapeutischen Ambulanzen der Wiener Geb.Kr.K. eine Organisationsform zu finden, die eine enge Zusammenarbeit oder teilweise Fusion ermöglicht, so daß die dort behandelten Fälle in das Forschungs- und Ausbildungsprogramm einbezogen werden können und eine Personalrotation ermöglicht werden kann.

## 5. Struktur des Institutes

Die bisher gehaltenen einschlägigen Vorlesungen (Bolterauer, Solms, Ringel und Arnold) sollten im Einvernehmen mit diesen Dozenten in den Gesamtplan einbezogen werden. Mindestens drei neue Habilitierungen werden sich im Laufe der nächsten Zeit als notwendig erweisen, um dem Minimalbedarf gerecht zu werden.

*Der Leiter* des Institutes hält die beiden Hauptvorlesungen und den Großteil der Gruppensupervisionen und koordiniert die übrigen Vorlesungen und Übungen sowie die Zusammenarbeit mit den Personen und Einrichtungen außerhalb des Institutes. Als Ausbildungsvereinigungen können nur solche anerkannt werden, die die Kandidaten selektieren und ein Ausbildungsprogramm mit Qualifikation haben, wobei die Kriterien jeweils durchzubesprechen wären.

Der *Oberarzt* vertritt den Leiter in allen Funktionen und führt selbständig Lehrveranstaltungen und Supervisionen.

Der *Psychologe* überwacht die Projekte in bezug auf die Methodik und beteiligt sich an den Unterrichtsveranstaltungen für Psychologen, hat aber die Möglichkeit für Therapie im Zusammenhang mit den ärztlichen Teammitgliedern.

Die *Assistenten* sind für die jeweils geeigneten Forschungsprojekte federführend und arbeiten neben der therapeutischen Tätigkeit an den Unterrichtsaufgaben mit.

Das Institut basiert auf der Voraussetzung, daß vor allem die in Ausbildung stehenden Klinikärzte im Rahmen der Gruppensupervision ebenfalls psychotherapeutisch tätig sind.

Tägliche kurze Institutsbesprechungen dienen der Koordination der Routinearbeit. Programmdiskussionen werden im allgemeinen wöchentlich gehalten, die mitarbeitenden Studenten höherer Semester nehmen daran teil.

Die *Sozialarbeiterin* ist neben der praktischen Tätigkeit auf diesem Gebiet vor allem auch an der Theorieentwicklung und am Unterricht beteiligt.

Die Kinderpsychotherapie fällt in die Kompetenz der dafür zuständigen Institute. Bei den Jugendlichen muß die Abgrenzung, respektive die Zusammenarbeit, noch durchbesprochen werden.

Wir wollen nun vergleichen, was daraus in der Realität entstanden ist. Der wichtigste Punkt ist

## 1. Die Aufgabe des Instituts

Beide Programmpunkte, Interdisziplinarität und Methodenpluralismus konnten in einem ungeahnten Ausmaß verwirklicht werden. Psychiater, Psychologen, eine (und bis zu einem gewissen Grad noch mehrere zusätzliche) Sozialarbeiterin(nen), ein Wissenschaftstheoretiker, eine (oder auch mehrere) Soziologin(nen), eine Kinderärztin mit Interesse für Psychosomatik und Familiendynamik gehören zu unserem Stab. Für den Methodenpluralismus habe ich mich entschieden, weil ich meinte, daß die reine Tradition und Ausbildung in der Psychoanalyse in die traditionelle Wiener Vereinigung gehört und die angewandte Psychoanalyse in die Freud-Gesellschaft, daß aber die *Psychotherapie* im weiteren Sinne in unserem Institut verankert werden sollte. So haben wir am Institut selbst psychoanalytische Psychotherapie, pragmatische Methoden, Familientherapie, Verhaltenstherapie, Gesprächs- und Gruppentherapie repräsentiert. Mit den anderen Schulen wie Gestalttherapie und Psychodrama halten wir gute Beziehungen.

Die Frage des Methodenpluralismus war eine schwierige Entscheidung, die uns bei unseren Freunden in den verschiedenen Schulen durchaus nicht ungeteilten Beifall gebracht hatte, aber wir waren überzeugt, daß ein Universitätsinstitut für Psychotherapie heute gar nicht mehr anders entscheiden kann. Eine ausführliche auch wissenschaftstheoretische Begründung findet sich in dem Beitrag von Becker und Reiter in dem Buch „Psychotherapie als Denken und Handeln" (1977). Die tiefenpsychologische Grundorientierung schien mir dadurch hinreichend gegeben, daß Leiter und Stellvertreter Lehranalytiker der Wiener Psychoanalytischen Vereinigung waren und fünf Assistenten in Ausbildung dieser Gesellschaft standen.

Eine herbe Enttäuschung war für mich das Schicksal des Forschungsprogramms. Bis auf die Familientherapie (2.3) konnte keines der vorgesehenen Projekte verwirklicht werden. Mit einem befriedigenden Dokumentationssystem ringen wir noch heute. Es ergab sich ein stereotypes Pattern, daß Vorschläge als ungeeignet in den Diskussionen zurückgewiesen wurden, ohne entsprechende Alternativvorschläge, die realisierbar gewesen wären. Inzwischen ist ein Katamnesenprojekt angelaufen. 2.1 kam vorläufig nicht zustande, 2.2 scheint langsam anzulaufen, von 2.4 wurden nur die Sexualstörungen von Frau Springer-Kremser und ihrem Gatten bearbeitet, die Phobien nur von den Verhaltenstherapeuten aufgenommen, bei 2.5 konnten einige Ansätze verwirklicht werden. Bei 2.6 wurden bis auf das erste Projekt keine der damals angenommenen Projekte realisiert, aber andere wesentliche aufgenommen.

Im Forschungsbereich ergaben sich jedoch andere Chancen, die später besprochen werden.

Im Unterricht konnten die vorgesehenen Pläne noch erweitert realisiert werden. Dazu kam noch die Verantwortung für eine äußerst wichtige Aufgabe, nämlich die Organisation des Kurses für psychiatrische Sozialarbeiter durch Frau Montag, der uns allen viel Befriedigung verschaffte. Bei den Dienstleistungen verwirklichte sich nicht alles ganz ideal, aber die Mitarbeit bei der Ehe- und Familienberatung (s. Seite 159) und einem neu geschaffenen Institut für Ehe- und Familientherapie (Reiter) brachte dafür mehr als Kompensation. Im Krankenpflegeunterricht, den Teams der Familienplanung und in verschiedenartigsten gruppendynamischen Veranstaltungen (Buchinger) weitete sich unsere Ausbildungstätigkeit noch wesentlich aus.

Von den vorgesehenen Habilitierungen konnten zwei realisiert werden (Becker, R. Schindler), eine dritte und vierte ist weiterhin vorgesehen. Auch die übrigen Konzepte der Organisation waren weitgehend durchführbar. Vor allem Becker hat durch die Arbeit in der internen Supervision, aber auch bei den Assistenten der psychiatrischen Klinik, der Balintgruppe und der Organisation der Patientenversorgung durch das Institut (Ambulanzbesprechung) einen essentiellen Beitrag geleistet.

Bis auf den Forschungsbereich konnte also das ganze Konzept des Institutes voll verwirklicht werden. Es konnte jedoch ein anderes Projekt mit Hilfe des Jubiläumsfonds der Nationalbank für „Ausbildung in der Kinderanalyse" durchgeführt werden, das zwar forschungsmäßig etwas enttäuschend blieb, aber doch einigen Kinderpsychoanalytikern zur Praxis verhalf. Mit der gleichen Förderung war an einem ungewöhnlich schwierigen Projekt über „die Kosten psychischer Krankheiten" ein wesentlicher Fortschritt zu erzielen. Die sehr breiten und verschiedenartigen wissenschaftlichen Arbeitsrichtungen und Aktivitäten der Mitarbeiter sind aus dem weiter unten folgenden Organogramm in Andeutungen zu entnehmen.

Das Institut hat relativ rasch, unter Mitarbeit von Kollegen der psychiatrischen Klinik, ein Buch über spezielle Neurosenlehre herausgebracht (Strotzka 1972), dann haben wir unter großem Aufwand ein Lehrbuch für Psychotherapie entwickelt, das den Versuch darstellte, alle Mitarbeiter zu einer engen Zusammenarbeit zu aktivieren (Strotzka 1975, 1978). Um die trockene Theorie dieses Buches lebendiger zu machen, haben wir ebenfalls nach dem gleichen Prinzip der Mitarbeit aller Mitglieder des Instituts ein Fallstudienbuch konzipiert (Strotzka 1979). Schließlich ist die vorliegende Arbeit eine Fortsetzung dieses Teamengagements für ein gemeinsames Ziel.

Wir vermuten, mit diesen drei Büchern und der Festschrift von Becker und Reiter, ein einmaliges Konzept realisiert zu haben, nämlich ein ganzes Institut nicht als Vertreter einer *einheitlichen* Lehrmeinung, sondern als Vertreter eines Methodenpluralismus zu einer integrierten Aktivität gebracht zu haben. Daß dies nicht leicht ist, kann sich jeder Kenner der Situation vorstellen. An einem gemeinsamen Psychotherapieforschungskonzept wird derzeit gearbeitet.

Sehr intensiv war die Außenarbeit des Institutes, die ihre Krönung in der Verleihung des Hermann-Simon-Preises für Sozialpsychiatrie an den Leiter des Institutes (1976) und der Diskussion des Psychotherapieteiles der Psychiatrieenquete der Bundesrepublik in Bonn (1978) (s. Seite 102) fand.

Zweifellos war es möglich, leider nur einen Teil unserer Pläne zu realisieren, aber dafür konnten neue Perspektiven eröffnet werden. Die Kritik an den Institutsbesprechungen war sicher berechtigt, letztlich wird doch noch auch hier nach Abschluß der Arbeiten an diesem vierten Institutsbuch ein gemeinsames Programm realisierbar sein. Ein Besucher, der uns dreimal als Gastprofessor zur Verfügung stand, Professor R. Ekstein, hat mit vorgeschlagen, daß Supervisoren außerhalb des Institutes uns sehr viel helfen könnten. Leider fehlen dafür die Voraussetzungen (d. h. entsprechende Personen und Stellen), die in den USA offenbar viel leichter zu verwirklichen sind. Auch dieser Plan mag in der Zukunft vielleicht einmal durchführbar sein, wenn wir eine breitere Personalbasis haben. Auch ein komplettes Psychotherapieausbildungsprogramm ist ein Desiderat der Zukunft.

Das nachfolgende Organogramm (Abb. 1) zeigt die jetzige Arbeit.

Daraus geht hervor, daß jeder Mitarbeiter sozusagen eine eigene Abteilung repräsentiert. Diese Zersplitterung scheint einerseits aufgezwungen durch den Bedarf, andererseits spiegelt sie wohl auch die Expansivität des Leiters wider. Als Klammern dienen die Institutsbücher und 3-mal wöchentlich eine Institutskonferenz. Kontinuierliche Fallbesprechungen konnten trotz intensiver Bemühungen kaum befriedigend realisiert werden, da immer wieder andere aktuell dringendere Aufgaben auftauchten.

Noch eine letzte Bemerkung zur Forschungsfrage. Jeder Mensch neigt dazu, die eigene persönliche Erfahrung zu generalisieren und zu überschätzen. Ich habe lange Zeit darunter gelitten, daß die Thematik meiner Forschungsarbeit mir mehr oder weniger drastisch vorgeschrieben wurde, und ich konnte einen ganz erheblichen Unterschied sowohl in der persönlichen Freude an der Arbeit und, wie ich vermute, auch in der Qualität zwischen den selbstgewählten Themen und den angeordneten feststellen. Ich leitete daraus ab, daß ich, wenn ich je dazu in der Lage wäre, meinen Mitarbeitern keine Zwänge in dieser Richtung auferlegen würde.

Dieses Prinzip bewährt sich aber offenkundig nur dann, wenn bei den Mitarbeitern ein starker spontaner Drang zu wissenschaftlicher Arbeit besteht. In den übrigen Fällen ist ein gewisser Druck offenbar unvermeidlich, da sonst gar nichts geschieht. Die Revision der eigenen Haltung ist allerdings gar nicht so leicht.

Ich darf zusammenfassen, daß die Kluft zwischen Utopie und Realität in bezug auf das eigene Institut je nach der Perspektive und wohl auch der Stimmung manchmal relativ weit und tief, manchmal gar nicht so groß erscheint. Wirklich beurteilen kann dies wohl niemand. Wir versuchen, mit diesem Kapitel aber eine gewisse Transparenz zu schaffen, die Vergleiche ermöglicht, denn nur solche Vergleiche können vielleicht am ehesten eine objektive Basis zu Verbesserungen schaffen. Eine lebhafte Reisetätigkeit aller Mitarbeiter wird daher auch von uns ermutigt, denn nur durch persönliche Kon-

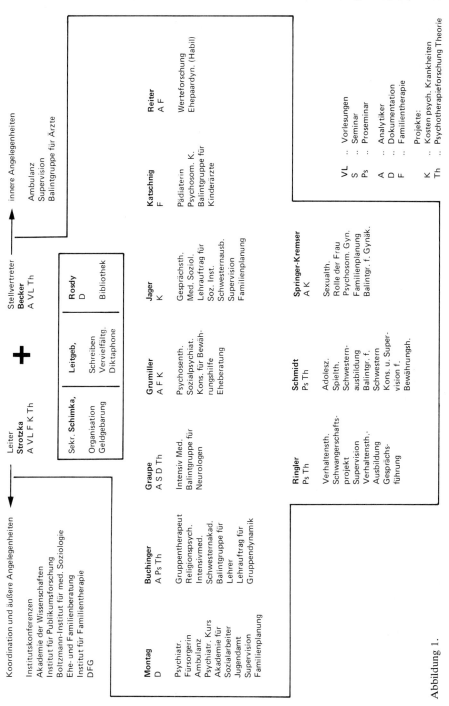

Abbildung 1.

187

takte können solche Vergleiche sinnvoll angestellt werden. H. E. Richter hat sich mit den Schwierigkeiten einer Institutsleitung mehrfach eingehend befaßt. Unsere Erfahrungen sind den seinen sehr ähnlich.

# Literatur

*Becker, A. M., L. Reiter* (Hrsg.): Psychotherapie als Denken und Handeln. Kindler, München 1977.

*Huber, W.:* Psychoanalyse in Österreich seit 1933. Geyer, Wien 1977.

*Huber, W.* (Hrsg.): Beiträge zur Geschichte der Psychoanalyse in Österreich. Geyer, Wien 1978.

*Richter, H. E.:* Flüchten oder Standhalten. Rowohlt, Reinbek bei Hamburg 1976.

*Strotzka, H.* (Hrsg.): Neurose, Charakter, soziale Umwelt. In: Geist und Psyche, Bd. 2095. Kindler, München 1973.

*Strotzka, H.* (Hrsg.): Grundlagen, Verfahren, Indikationen, 2. Aufl. Urban & Schwarzenberg, München-Wien 1978.

*Strotzka, H.* (Hrsg.): Fallstudien zur Psychotherapie. Urban & Schwarzenberg, München-Wien 1979.

# Der „psychiatrische Kurs"

*Hans Strotzka* und *Elfriede Montag*

In Österreich gibt es die seltsame Organisation der Österreichischen Gesellschaft für psychische Hygiene. Sie besteht aus einem Riesen-Vorstand und einem ebenso großen Arbeitsausschuß, dort sind fast alle führenden Psychiater, viele Vertreter der Interessenverbände, Gesundheits- und Sozialpolitiker, Wohlfahrtsverbände, aber auch Kirche und Polizei vertreten. Mitglieder gibt es kaum, Vorstand und Ausschuß treffen sich nur einmal im Jahr zur Generalversammlung, und da kommen wenige. Selten, daß der Verein andere Tätigkeiten entfaltet, wie Enqueten.

Dafür haben wir eine große Tradition. Wir berufen uns auf Freiherrn von Feuchtersleben, dessen „Diätetik der Seele" wohl nur wenige gelesen haben. Stransky vor dem Zweiten Weltkrieg, Kauders und Hoff nachher haben sich kräftig engagiert. Dem Verein wird von vielen Seiten Unnötigkeit vorgeworfen, trotzdem ist er Initiator und Träger fast aller wichtigen Neuerungen gewesen. Die ersten Erziehungsberatungsstellen wurden von ihm gegründet, die ersten Rehabilitationszentren und Übergangsheime und vieles andere mehr. Seine Mitglieder sind einzeln und in kleinen Gruppen fast an allen Aktivitäten vor allem sekundärer Prophylaxe tätig. Überall dort, wo staatliche Stellen entweder das Risiko einer Neugründung aus guten Gründen vermeiden wollen oder eine bürokratisch-hierarchische und behördliche Führung zu vermeiden war, konnte er einspringen. Auch wo agierendes Improvisieren notwendig war, wie bei der Flüchtlingshilfe für die Ungarn 1956, war er der einzig mögliche Träger.

Die Aktivität, die hier berichtet werden soll, ist der sogenannte „Psychiatrische Kurs für Sozialarbeiter" (Fachkurs für vertiefte Einzelhilfe und psychiatrische Fürsorge), der fast jedes Jahr in der Dauer eines halben Jahres, 1979 zum 17. Mal durchgeführt wurde.

Die Teilnehmer werden von ihren Institutionen angemeldet, neuerdings sind Bewerbungen von Sozialarbeitern möglich. Die Auswahl der Teilnehmer erfolgt durch die Kursleitung. Die Kursteilnehmer suchen bei ihrer Dienststelle für die Dauer des Kurses um Freistellung an, ihr Gehalt wird weiter bezahlt, sie schließen mit einer Abschlußarbeit ab und erhalten Einzelsupervision. Jährlich nehmen maximal 14 Hörer an Seminaren mit folgenden Fächern teil:

| | |
|---|---|
| Casework und psychiatrische Fürsorge | 24 Doppelstunden |
| Tiefenpsychologie und Neurosenlehre | 20 Doppelstunden |
| Entwicklungspsychologie und Testmethoden | 18 Doppelstunden |
| Psychiatrie: klinische Psychiatrie | 10 Doppelstunden |
| Sozialpsychiatrie | 3 Doppelstunden |
| Psychosomatik | 3 Doppelstunden |

Alkohol und Drogen ................................... 1 Doppelstunde
Kinder- und Jugendpsychiatrie ......................... 4 Doppelstunden
Psychotherapieformen ................................. 4 Doppelstunden
Verhaltenstherapie .................................... 2 Doppelstunden
Sexualstörung und Therapie ............................ 4 Doppelstunden
Familiendynamik und Therapie .......................... 4 Doppelstunden
Gruppendynamik (Theorie) ............................. 4 Doppelstunden
Soziologie ........................................... 5 Doppelstunden
Ehe- und Familienrecht ................................ 4 Doppelstunden
Psychodiagnostik ..................................... 2 Doppelstunden
Einführung in die Verwahrlostentherapie .................. 5 Doppelstunden
Rehabilitation: psychiatrische Patienten .................. 1 Doppelstunde
   arbeitstherapeutische Kurse ......................... 1 Doppelstunde
Seminare (Tutorengruppe) ............................. 20 Doppelstunden
Gruppendynamischer Trainingskurs (Dauer 4 Tage)
Mehrere Exkursionen in sozialtherapeutische und sozialpsychiatrische Institutionen

Außerdem wird ein dreimonatiges Praktikum, wahlweise an folgenden Stellen absolviert:

Kriseninterventionszentrum
Psychohygienischer Dienst der Stadt Wien
Psychiatrische Universitätsklinik
Neuropsychiatrische Universitätsklinik für Kinder und Jugendliche
Institut für Erziehungshilfe (3 Institute)
Magistratsabteilung 12 (Erwachsenenfürsorge, 4 Sektoren)
Psychiatrisches Krankenhaus der Stadt Wien
Institut für Sozialtherapie

Über die Teilnahme wird ein allerdings offiziell nicht anerkanntes Diplom ausgestellt.

Die Kosten für die äußerst bescheidenen Honorare der Supervisoren und Vortragenden werden durch Subventionen der verschiedenen interessierten Dienststellen getragen. Sie müssen jedesmal mühselig zusammengebettelt werden.

Man wird uns fragen, warum wir dieses Modell hier vorstellen; es ist, mit ausländischen Beispielen verglichen, eher arm, handgestrickt und konventionell, jedenfalls bescheiden.

Wir tun dies aus folgenden Grund: Hier wurde eine regelmäßig über zwanzig Jahre dauernde wichtige Weiterbildungseinrichtung, die für die Sozialarbeit und Bewährungshilfe in weiten Teilen Österreichs wichtige Mediatoren und Anreger zur Verfügung stellte und stellt, nämlich *nicht* institutionalisiert.

Dies hat für die Veranstalter große Nachteile, jedes Jahr wieder müssen die Subventionen zusammengeholt, neue Lehrteams zusammengestellt, die ganze große administrative Arbeit muß nebenberuflich irgendwie bewältigt werden.

Uns scheinen die Vorteile der Nichtinstitutionalisierung aber zu überwiegen. Keine Behörde kann sich bei der Auswahl der Kandidaten bestimmend einschalten, die Lehrpläne können frei von jedem amtlichen Verpflichtungsnehmer elastisch für jeden Kurs zusammengestellt, Experimente mit dem Stoff und verschiedenen Fächern gemacht werden. Die Teilnehmer werden aus ihrer Berufsroutine herausgenommen und einer anregenden, aber auch anstrengenden Berufserfahrung ausgesetzt, und das ist auch der einzige, direkte Gewinn der Teilnahme. Sie werden zumindest nicht materiell höher eingestuft. Daß zunehmend für Führungspositionen in der Sozialarbeit der Kurs eine inoffizielle Voraussetzung wird, ist allerdings eine andere und nicht bewußt intendierte Sache.

Aber zuletzt ist wohl zu sagen, daß dieses Unternehmen sensationell billig ist. Wir geben das Gesamtbudget hier für das Jahr 1977 wieder: Der Kostenaufwand betrug österreichische Schillinge 81 000,–. Somit ergibt sich bei 14 Teilnehmern ein Betrag von etwa österreichischen Schillingen 6000,– für die Person.

Es kann kein Zweifel bestehen, daß ein annäherndernd gleich reichhaltiges Programm in einer halb- oder ganzoffiziellen Institution ein wesentlich teureres Unternehmen wäre, das unmöglich so elastisch sein könnte.

Die einzig echte Gefahr liegt meines Erachtens nur darin, daß die Kontinuität nur dann bei diesem Schema aufrechterhalten werden kann, wenn der Enthusiasmus für eine solche Aufgabe weiter bestehenbleibt (wie er etwa bei der wissenschaftlichen Leiterin dieses Kurses, Frau Prof. Kohn-Feuermann) gegeben ist.

Dieses, wie es uns scheint, voll geglückte Beispiel einer Nichtinstitutionalisierung hat allerdings letztlich eine Schattenseite, die nicht unerwähnt bleiben soll. Absolventen des Kurses kehren ja wieder in ihre alten Dienststellen zurück und sollen als „Agenten der Veränderung", die sie selbst erfahren haben, auch dort wirken. Dies ist jedoch leider oft nur sehr beschränkt möglich, als Einzelkämpfer gegen die Trägheit der Struktur, so daß sich viele Frustrationen ergeben.

Wir werden in Zukunft, nicht unerheblich auch aus den Erfahrungen dieses Buches, unsere Absolventen auf die bevorstehenden Schwierigkeiten vorbereiten. Wir denken dabei an Gruppen mit früheren Absolventen.

# Die psychohygienische Betreuung der Ungarnflüchtlinge 1956–1958

*Hans Strotzka*

## 1. Eine gigantische Krise

1955 waren die letzten Besatzungssoldaten aus Österreich abgezogen, das Land war eben dabei, sich in der neuen Freiheit zu konsolidieren, das Bundesheer war in der Aufstellung, da trat eine erste schwere Belastungsprobe an das Land heran. Für die meisten Leser dieses Buches mag die Ungarische Revolution 1956 nichts mehr bedeuten oder nur ein blasses Ereignis der neueren Geschichte sein. Für die Zeitgenossen waren diese Wochen und Monate voll der größten Spannung und Erregung. Was würde aus unserem Nachbarland, was aus uns selbst werden? Als sich das Scheitern der Revolution abzeichnete, überschritten in einigen Wochen und Monaten 200 000 Menschen, Männer, Frauen und Kinder, Kämpfer, einfache Wirtschaftsflüchtlinge, die die Gelegenheit ausnützten, und irrationale Träumer die österreichische Grenze. Es mußten in Blitzeseile Auffangslager geschaffen werden, Unterkunft, Kleidung und Essen zur Verfügung gestellt werden. Die Wünsche, Vorstellungen und Ängste der Flüchtlinge waren sehr verschieden, aber in der Regel weit von der Realität entfernt. Das Chaos kann man sich kaum vorstellen, das in der ersten Zeit herrschte. Die politisch sehr tapfere Entscheidung der Bundesregierung (Innenminister Helmer war letztlich für die ganze Aufgabe verantwortlich), die Grenze ohne jede Einschränkung offen zu halten, wurde von reicheren und größeren Ländern nicht unbedingt nachgeahmt. Nach der ersten Aufwallung internationaler Solidarität begannen die meisten anderen Länder zu selektieren, einerseits politisch, andererseits nach anderen Kriterien, insbesondere nach dem Wert auf dem Arbeitsmarkt, so daß der Abstrom in die endgültigen Gastländer nicht so schnell vor sich gehen konnte, als es transportmäßig möglich gewesen wäre. So waren die Lager ständig überfüllt, das größte Durchgangslager hatte oft bis zu 4000 Insassen. Neben der Regierung und dem UN-Hochkommissar für die Flüchtlinge haben weit über 100 nationale und internationale Hilfsorganisationen mitgeholfen, der Lage Herr zu werden. Allein die Koordination dieser äußerst heterogenen Organisationen war eine Mammutaufgabe für das Innenministerium. Wäre das Bundesheer schon etabliert gewesen, dann hätte natürlich die Armee viele organisatorische Aufgaben übernehmen können, Zelte, Küchen und dergleichen. Aber das Heer war noch nicht entsprechend entwickelt. Man konnte gerade ein paar Panzer an die Grenze stellen, über deren Kampfwert man lieber nicht sprach. Trotz des Einpumpens erheblicher internationaler

Mittel und Personals war selbstverständlich unendliches individuelles und kollektives Leid unvermeidlich. Das Rote Kreuz hat mit seiner Erfahrung in solchen Katastrophen natürlich als verantwortliche Organisation für die Lageradministration entscheidend mitgeholfen, eine gewisse Struktur zu entwickeln.

# 2. Der Entschluß zu einer psychohygienischen Aktion

Der österreichischen Psychiatrie, repräsentiert durch die Österreichische Gesellschaft für Psychohygiene, unter der Leitung des Wiener Klinikchefs, Hans Hoff, war klar, daß man auch von unserer Seite etwas unternehmen mußte. Es wurde nach ungarischen Psychiatern gesucht, die uns helfen könnten und es etablierte sich an der Klinik eine Spezialambulanz für Ungarnflüchtlinge, die aber natürlich nicht ausreichen konnte, eine entscheidende Hilfe anzubieten. Da besuchte eine Delegation der Weltgesundheitsorganisation, darunter Maria Pfister-Ammende von der Zentrale in Genf und Donald Buckle, der Mental health officer der europäischen Region, Österreich, um die medizinischen Belange zu untersuchen und eventuelle Hilfe von der WHO anzubieten. Frau Pfister hatte in Fachkreisen großes Ansehen dadurch erreicht, daß sie während des Zweiten Weltkrieges die Flüchtlinge in der Schweiz mit einem psychohygienischen Dienst betreut hatte und theoretisch und praktisch eine große Erfahrung bei der Behandlung der Entwurzelung gewonnen hatte.

Sie sah hier die Chance und Notwendigkeit, in dieser akuten Krise ebenfalls etwas zu unternehmen. Hoff war auch entschlossen, mehr zu tun, als nur in einer Ambulanz auf die schwersten psychiatrischen Ausfälle zu warten. Er war damals Vorsitzender der Executive Committees der World Federation for Mental Health. Ein Appell an die Mitglieder dieser damals sehr starken Organisation um finanzielle und personale Hilfe ging hinaus, der später beachtliche Erfolge hatte. Es mußte nur in Österreich jetzt eine Rahmenorganisation aufgezogen werden, die die lokale Koordination und Verantwortung gegenüber der Regierung übernehmen konnte. Dabei war selbstverständlich, daß Hoff selbst bei seiner sonstigen Überlastung, diese Rolle nicht übernehmen konnte. Es wurde daher ein lokaler Koordinator für diese Aufgabe gesucht.

# 3. Die Geburt eines Experten

Diese Person mußte aus rechtlichen Gründen österreichischer Staatsbürger sein. Er sollte allgemeine sozialpsychiatrische und im speziellen Flüchtlingserfahrung haben. Die Wahl fiel nun auf mich, wobei ein merkwürdiger Zufall ausschlaggebend war. 1953, beim ersten internationalen Mental Health Kongreß in Wien, waren eine Reihe von Arbeitsgruppen über verschiedene Themen vorgesehen gewesen, darunter auch eine über „migration". Jeder dieser Gruppen war ein österreichischer Sekretär zugeteilt, der für die reibungslose Organisation zuständig war. Da niemand sich für Migration interessiert hatte, wurde diese Gruppe von mir übernommen. Somit war ich im Kreise der in Frage kommenden tatsächlich der einzige, der wenigstens etwas von Flüchtlingen gehört und einige der internationalen Experten auf diesem Gebiet kennengelernt hatte. Mit diesem Hintergrund und noch einem zweistündigen Gespräch mit Frau Pfister wurde ich beauftragt, die Arbeitsgruppe der Österreichischen Gesellschaft für Psychohygiene für die Ungarflüchtlinge aufzubauen und verantwortlich zu führen. Wir waren uns im klaren, daß wir keine eigene neue Institution gründen wollten, sondern nur eine informelle Arbeitsgruppe, die bei Beendigung unserer Aufgabe ohne Schwierigkeiten wieder aufgelöst werden konnte, unsere Mitarbeiter waren nicht fest angestellt, sondern hatten nur Werkverträge, wenn sie nicht nur Spesenersatz erhielten. Die Finanzierung erfolgte über ein Sonderkonto des Stammvereins.

Eine solche Auswahl eines „Experten" erscheint heute absurd. Aber es ist zu bedenken, daß erstens kein wirklicher Experte in Sicht war. Zweitens ist die derzeit vorherrschende Meinung, daß Leitungsposten nur mit entsprechend ausgebildeten Vollprofis besetzt werden sollten, nicht ganz unproblematisch. Falls solche nämlich fehlen, unterbleibt die ganze Aktion, und es wird völlig vergessen, daß Improvisation und „learning by doing" oft gewisse Vorteile gegenüber professioneller Routine haben kann. Unsere Generation war auch dem Krieg viel näher, wo solche Improvisationen zur Selbstverständlichkeit gehört hatten.

Für mich selbst schien mir die damalige Zeitbelastung mit einem Halbtag im Psychotherapieambulatorium der Krankenkasse, meiner Privatpraxis, der Leitung des Kinder-Epilepsie-Ambulatoriums der Klinik und der Mitarbeit in der Erziehungsberatungsstelle von Doz. Dr. Bolterauer so an der obersten Grenze meiner Möglichkeiten, daß ich nur sehr beschränkt Zeit zur Verfügung stellen konnte. Als Minimum schien mir eine einmal wöchentliche Teamsitzung gegeben.

# 4. Der Betreuungsprozeß

Als Stützpunkte bestanden die Ambulanz der Klinik und eine Beratungsstelle in T., dem größten Flüchtlingslager, die rund um die Uhr besetzt waren. Das Team bestand auf dem Höhepunkt aus 17 Mitarbeitern: Ärzten, Psychologen, Sozialarbeitern, Beschäftigungstherapeuten, Betreuungspersonal aus verschiedenen freiwilligen Organisationen, wie zum Beispiel eine Pfadfinderführerin, deren Initiative sich ganz besonders bewährte. Amerikaner, Skandinavier, Engländer, Holländer, Deutsche und vor allem Österreicher waren neben den Ungarn, die nach der Lage der Dinge die wertvollsten Mitarbeiter waren, im Team vertreten. Die ungarischen Mitarbeiter waren natürlich ständig in der Gefahr einer Überidentifikation mit den Klienten, daher besonders belastet.

Die ständige Kerngruppe betraf Dr. J. Paal, einen ungarischen Psychiater, seine Frau Ljubi, eine psychiatrische Sozialarbeiterin, zwei ungarische Psychologinnen, Vera Förster und Vera Ligeti, und dem Wiener Psychiater Harald Leupold-Löwenthal sowie die österreichische Sozialarbeiterin M. Th. Wood.

Die hauptsächliche Zielgruppe waren die vielen nicht von Erwachsenen begleiteten Jugendlichen, die natürlich besonders gefährdet waren. Mit den Flüchtlingen wurden Beratungen und zu einem gewissen, nicht sehr großen Prozentsatz, Kurzpsychotherapie durchgeführt. Unser Hauptakzent lag aber in der Beratung der Lagerleiter und des übrigen Personals und der Konsultation anderer Betreuungsorganisationen. Auf Anforderung wurden andere Lager mehr oder weniger häufig besucht, einmal im Auftraag des Ministeriums eine Rundreise durch alle Lager gemacht und schließlich ein Seminar für Lagerleiter für psychohygienische Belange durchgeführt.

Wir können leider keine Effektivitätskontrolle unserer Arbeit vorlegen. Wie das unter Akutbedingungen eben leider so ist, war an eine wissenschaftliche Begleituntersuchung nicht zu denken. Die Klientel wechselte auch ständig durch den Abtransport in andere Länder und zu einem geringen Teil durch Rückkehr in das Herkunftsland. Wir sind aber sicher sehr vielen Stellen durch unser ständiges Mahnen an die psychosozialen Belange, die gegenüber den materiellen nicht vernachlässigt werden sollten, lästig gefallen und haben damit wohl zweifellos einiges Unheil verhindert und manches fördern können, was psychohygienisch wichtig war.

Erst dann, als nur mehr ein kleiner Rest von Jugendlichen in einem Sonderheim weiter betreut werden konnte, war eine gewisse wissenschaftliche Bearbeitung möglich. Ligeti und ich haben darüber eingehend berichtet (1973).

Ein amüsantes Detail vielleicht noch am Rande. Die Geldgeber, besonders aus den USA, waren etwas beunruhigt, weil unsere Berichterstattung nicht dem amerikanischen Standard entsprach oder oft überhaupt ausblieb. Es wurde daher Miss Betty Barton, eine international erfahrene psychiatrische Sozialarbeiterin auf akademischem Niveau vom Children's Bureau des amerikanischen Gesundheits- und Sozialministeriums, für zwei Wochen sozusagen zur Kontrolle nach Wien geschickt, um ein direktes Bild von unserer Tätigkeit und der Verwendung der Spendengelder zu bekommen. Frau Barton hat mir Jahre danach das Transkript der Tonbänder geschenkt, die sie am Abend nach jedem Besuchstag besprochen hat. Sie hatte noch nie in ihrem Leben eine Betreuungsaktion erlebt, die so chaotisch und allen Regeln sozialarbeiterischen Perfektionismus widersprechend angelegt war. Sie fiel von einem Schock in den anderen. Letztlich meinte sie aber wohl, daß unsere Art zweifellos die billigste und wahrscheinlich in Anbetracht dieser Emergency-Situation wohl auch die angemessenste gewesen sei, und gab ein sehr positives Gutachten ab.

# 5. Die Mediensituation

In diesem Buch wollen wir uns nicht mit dem inhaltlichen Teil unserer Arbeit, sondern nur mit dem organisatorischen befassen. Da aber beides meist untrennbar miteinander verflochten ist, wenigstens einige Bemerkungen. Bei den Flüchtlingen war der Verlauf in der Regel so, daß den übertriebenen Erwartungen der ersten Zeit eine Phase der Enttäuschung und Depression folgte, um dann entweder in realistische Anpassung oder Aggression und Apathie überzugehen. Im Gastland entsprach dies zuerst einer überwältigenden Sympathiewelle, der ebenfalls eine Gegenreaktion von Kritik und Ablehnung folgte, wenn die Flüchtlinge nicht immer dankbare Kinder wie im ersten Augenblick blieben.

In diesen Zeiten sind die Medien äußerst wichtig, um allzu scharfe Reaktionen abzufangen. Im großen und ganzen haben sie sich auch den Erwartungen entsprechend verhalten, abgesehen davon, daß es offenbar kaum vermeidbar ist, daß bei irgendeinem Verbrechen in der Schlagzeile steht „Ungarflüchtling mordet oder stiehlt etc.". Wir kennen dieses Phänomen von den Geisteskranken. Bei anderen Gruppen steht ja auch nicht: „Wiener" oder „Arbeiter" etc. hat das oder das verbrochen.

Auch hier noch eine Vignette. Im deutschen Nachrichtenmagazin „Der Spiegel" war ein Artikel erschienen „Das Geschäft des Jahrhunderts", in dem Österreich vorgeworfen wurde, daß es sich an den Spendengeldern bereichere und zum Beispiel das Lager T. für das eigene Heer mit diesen Geldern ausbaue. Ich war zu tiefst empört und schrieb den ersten und hoffentlich letzten Leserbrief meines Lebens, daß dies eine unerhörte Beschuldigung eines Landes sei, das ohne jede Rücksicht seine Grenzen geöffnet und jedes Risiko auf sich genommen habe. Natürlich sei in dieser Streßsituation manches passiert, aber wie es eben unvermeidlich sei, wenn plötzlich ein so großer Personalbedarf für ungeahnt schwierige Aufgaben auftrete. Der Spiegel schrieb mir zurück, daß er meinen Brief aus Raummangel nicht publizieren könne, daß er aber auf seinen Behauptungen bestehen müsse, weil seine Informationen so gut seien.

Dies ärgerte mich, und da es in diesem Land keine Geheimnisse gibt, begann ich nachzuforschen und fand schließlich heraus, daß die Informanten tatsächlich führende Persönlichkeiten der Hilfsorganisationen, darunter ein Mitglied meines eigenen Teams gewesen waren, die sich über eine derartige Absicht geärgert hatten. T. ist übrigens bis jetzt ein Flüchtlingslager geblieben, das derzeit von verschiedenen Ostflüchtlingen, Indern, Leuten aus Uganda, Chilenen und Zigeunern belegt ist.

# 6. Die allgemeinen Schlußfolgerungen aus dieser Erfahrung

Zusammenfassend läßt sich auch aus dieser lange zurückliegenden Arbeit folgende weiterhin aktuelle Schlußfolgerung ziehen:

1. In jeder sozialen Katastrophensituation treten zahlreiche psychologische und psychiatrische Probleme auf, die neben den materiellen Bedürfnissen abgedeckt werden müssen, wenn man nicht Dauerschäden in Kauf nehmen will.

2. Je informeller und elastischer das System einer psychohygienischen Betreuung ist, um so eher ist es imstande, sich den Bedürfnissen anzupassen. Bürokratische und hierarchische Betreuungsorganisationen sind dazu in der Regel nicht imstande.

3. In der ersten Zeit ist die Betreuung der Behörden und Betreuer wichtiger als direkte Klientenarbeit, erst nach längerer Zeit tritt der zweite Aspekt deutlicher in den Vordergrund.

4. In Akutsituationen wird gegenüber der direkten Arbeit in der Regel Information und Dokumentation vernachlässigt. Professionalität zeigt sich darin, daß das nicht geschieht (bei uns war dies leider nicht der Fall).

5. Für den Beginn und die Anerkennung der Arbeit ist es wichtig, die höchstverantwortliche Stelle davon zu überzeugen, daß diese Art Betreuung notwendig ist, sonst kann man sich auch auf mittlerer und unterer Ebene nicht durchsetzen.

# Literatur

*Hoff, H., H. Strotzka (Hrsg.):* Die psychohygienische Betreuung ungarischer Flüchtlinge in Österreich 1956–1958. Hollinek, Wien 1958.

*Pfister-Ammende, M.:* Psychohygiene und Psychotherapie bei der Flüchtlingsbetreuung. In: Die Psychohygiene, hrsg. von M. *Pfister-Ammende*. Huber, Bern 1949.

*Pfister-Ammende, M.:* Psychologie und Psychiatrie der Internierung und des Flüchtlingsdaseins. Psychiat. d. Gegenw. Bd. III, Springer, Berlin 1961.

*Strotzka, H., V. Ligeti:* Die Psychodynamik einer Gruppenregression. Psychoanalytische Beobachtungen bei jugendlichen Ungarnflüchtlingen. Psyche 9 (1973) 870–885.

# Das Lagerräumungsprogramm des Hochkommissars der UN für die Flüchtlinge (UNHCR) 1959–1960

*Hans Strotzka*

## 1. Die Ausgangslage

Während die ungarische Flüchtlingswelle eine akute Krise von Großformat darstellte, war die Problematik der displaced-person-Lager in Deutschland, Österreich, Italien und Griechenland eine völlig verfahrene, chronifizierte, abnorme soziale Situation.

Nach dem Zweiten Weltkrieg befanden sich ca. 8 Millionen nichtdeutsche Entwurzelte in diesem Restgebiet des „Großdeutschen Reiches" und der besetzten Gebiete. Wir fassen uns hier nicht mit den noch zahlreicheren deutschen Flüchtlingen, da sie nicht unter internationale Betreuung, sondern politisch und rein versorgungsmäßig vorwiegend unter deutsche Verantwortung fielen.

Natürlich verkennen wir die Bedeutung dieser Völkerwanderung nicht und bewundern die Integrationsleistung, die die neue Deutsche Bundesrepublik gegenüber dieser gigantischen Aufgabe vollbracht hat. Wir selbst haben aber nur mit den Ausländern praktische Erfahrungen gesammelt.

Zwei große internationale Hilfsorganisationen hatten den Großteil dieses Problems gelöst. Etwa 6 Millionen wurden durch die UNRRA repatriiert, die Nachfolgeorganisation, die IRO, verhalf mehr als einer Million zur Auswanderung, die Restgruppe wurde in die Betreuung des UNHCR übernommen, der mit der Hilfe zahlreicher mehr oder weniger spezialisierter Hilfsorganisationen weiter geduldig die drei Möglichkeiten der Lösung betrieb:

1. Repatriierung, die aus politischen Gründen kaum mehr in Frage kam.

2. Die Auswanderung, die immer mehr durch eine restriktive Politik der großen Einwanderungsländer erschwert wurde. Politische, wirtschaftliche und gesundheitliche, oft sehr kleinliche Bedingungen ließen der Restgruppe immer weniger Möglichkeit, diesen Weg zu gehen.

3. die Integration in die Gastländer; Sie war durch viele psychologische Barrieren auf beiden Seiten sehr erschwert.

1959 befanden sich noch etwa 20 000 Personen in mehr als 100 Lagern über das ganze Gebiet verstreut, die von den Experten gerne als „hard core" bezeichnet wurden, da eine allgemeine Resignation um sich gegriffen hatte, diesen letzten Rest noch in irgendeiner Weise in eine normale soziale Existenz überführen zu können.

Die Herkunft war sehr verschieden. Es fanden sich ehemalige KZ-Häftlinge, früher verschleppte Zwangsarbeiter und ehemalige ausländische Mitkämpfer oder Helfer der deutschen Wehrmacht. Ihre finanzielle Lage war ebenfalls sehr verschieden, von bitterster Armut bis zu relativ hohen Renten oder sonstigen Zahlungen des Gastlandes. Auch die Lager unterschieden sich sehr; kleine alte Baracken, die früher Munitionslager waren, irgendwo im Wald verborgen, große Kasernen mitten in Städten, Baracken am Stadtrand, in der Größenordnung von wenigen Familien bis zu 1000 Personen reichend. Auch das nationale Bild war mehr als bunt; Ukrainer, Weißrussen, Balten, Polen, Ungarn, Jugoslawen und Albanier waren die Hauptgruppen; es fanden sich aber auch Kalmücken, Usbeken, Kirgisen, deren Sprache niemand verstehen konnte, und als Besonderheit in Griechenland ein Nomadenstamm, der seine Herkunft direkt von den Assyrern herleitete und unter allen Umständen nur wieder als Nomaden weiterleben wollte (schließlich fand sich in Pakistan eine Unterbringungsmöglichkeit!). Innerhalb der Lager gab es also genug Konfliktstoff, aber fast alle Lager standen in einer feindseligen Isolierung zu ihrer Umgebung. Haß, Ressentiment und Angst beherrschte meist die Atmosphäre. In eines der schlechtesten Lager weigerte sich die örtliche Polizei und Fürsorge hineinzugehen, es gab dort 1958 19 Alkoholtote, was sich sonst dort abspielte, kann man sich auch bei großer Phantasie kaum vorstellen.

Besonders tragisch war die Lage durch den großen Kinderreichtum in den Lagern, günstigenfalls besuchten die Kinder die Schulen des Gastlandes mit allen Schwierigkeiten des Außenseiters, oder es gab eigene improvisierte Schulen im Lager, oder die Kinder genossen überhaupt keinen Unterricht. In Parenthese bemerkt, die Situation erinnert in vielen Beziehungen an die Gastarbeiterfamilien, wie sie derzeit in Deutschland und Österreich zu finden sind, nur mit einer viel größeren Hypothek an historischen Belastungen. Gerade die Lage dieser Kinder stellen einen moralischen Zwang dar, hier Abhilfe zu schaffen.

Das Hochkommissariat, internationale und nationale Hilfsorganisationen hatten zwar ein Netz von Betreuern aufgebaut, die aber weitgehend frustriert zur Resignation gegenüber der Schwierigkeit ihrer Aufgabe neigten. In diese Situation kam der Entschluß des Hochkommissars, August Lindt, ermutigt von dem Erfolg in der Ungarnfrage, auch hier eine endgültige Lösung zu finden.

# 2. UNHCR und das Weltflüchtlingsjahr

Es gehört zu den peinlichen Gewohnheiten vor allem von Intellektuellen und Journalisten, über die Vereinten Nationen zu spotten und ihre Hilflosigkeit anzuprangern. Wer, wie der Verfasser, die Möglichkeit hatte, über Jahre als Konsulent der WHO und ein Jahr als Beamter beim UNHCR zu arbeiten, wird hier vorsichtiger. Natürlich ist diese Maschinerie sehr schwerfällig. Die Kombination eines französisch-russischen Bürokratismus mit anglo-amerikanischen Konzepten der Gruppenkonsens-Entscheidungen führt zu verheerenden Verzögerungen in allen Entscheidungsprozessen. Die Konsequenz jeder Äußerung und jeder Handlung auf die Empfindlichkeit der einzelnen Regierungen muß überlegt werden. Dadurch werden die Dokumente völlig farblos, Nichtkonformisten haben es schwer in einer solchen Organisation. Zu den üblichen persönlichen und sachlichen Intrigen kommen noch die Spannungen zwischen den Nationen. Trotz allem ist die Arbeit faszinierend und, wie unser Beispiel zeigt, auch manchmal erfolgreich, vor allem, wenn eine starke Persönlichkeit, wie Lindt es war, die Aktion ständig vorwärts treibt.

Die regulären Beiträge der Länder zum Budget des Hochkommissariats gestatten natürlich keine großen Aktionen, so war es erstens eine Aufgabe des „Fundraisings" jene großen Summen aufzutreiben, die eine radikale Lösung der displaced-persons-Lager möglich machen sollten. Dies konnte nur eine ganz groß aufgezogene Sammelaktion auf breitester internationaler Basis sein. Drei englische Journalisten veröffentlichten in einer kleinen Wochenzeitschrift einen Appell zu einem Weltflüchtlingsjahr, um den Skandal der chronifizierten Flüchtlingslager endlich aus der Welt zu schaffen.

Solche Appelle erschienen wahrscheinlich ständig überall, diesmal aber zündete aus rätselhaften Gründen der Funke. In den meisten Ländern bildeten sich Komitees, die mit Hilfe der Medien zu großen Sammelaktionen führten, so daß tatsächlich ausreichende Summen zur Verfügung standen, die Aufgabe radikal anzugehen. Es war nur die Frage wie? Geld war wichtig, aber sicher nicht allein entscheidend, es mußten neue Ideen, neues Personal und eine emotionale Atmosphäre des Optimismus Flüchtlinge und Betreuer, ja die ganze Bevölkerung erfassen.

Außerdem war niemandem bekannt, wie groß der Störungsgrad der betroffenen Bevölkerung wirklich sei. In einer Vorerhebung in den großen deutschen Lagern hatte ein lokaler Psychiater die Zwangsinternierung des Großteils der Lagerinsassen empfohlen (wegen „Selbst- und Gemeingefährlichkeit"), eine Maßnahme, deren politische, humane und medizinische Unsinnigkeit allen offenkundig war. Auf der anderen Seite konnte auf die Mitarbeit der Psychiatrie nicht verzichtet werden.

# 3. Die Konzeption

Auf Grund der positiven Erfahrungen mit den Ungarn, über die 1958 bei dem Zweiten Kongreß der WFMH in Wien berichtet werden konnte, und unseres Buches über diese Erfahrungen, galt ich nun als ein echter Flüchtlingsexperte. Obwohl die jetzige Aufgabe völlig verschieden war, begann das Hochkommissariat mit mir Vorgespräche aufzunehmen, ob ich bereit wäre, vorläufig auf ein Jahr als Mental Health Adviser (MHA) des Hochkommissariats nach Genf zu gehen und die sozialpsychiatrische Planung zu übernehmen.

Die Verantwortung war unendlich größer als bei der Ungarnbetreuung. Scheiterte dieser Versuch, so war das Schicksal von hunderten Familien endgültig besiegelt, und es ging um große Summen internationalen Geldes, deren sinnvolle Verwendung vor den Augen der Weltöffentlichkeit kontrolliert wurden. Letztlich schließlich ging es um die Bewährung einer noch kaum existierenden neuen wissenschaftlichen Disziplin, der Sozialpsychiatrie.

Als ich im Sommer 1959 zu den entscheidenden Vorgesprächen nach Genf fuhr, hatte ich außer großer Angst kein Konzept, da offenkundig war, daß eine echte Planung erst möglich war, wenn man einen Überblick über die Rehabilitationsprognose der „case load" hatte.

Die Beamten des HC, die auf Erfahrungen in Korea, Hongkong, Palästina etc. zurückblickten, schätzten, daß bei etwa 50% der Lagerinsassen mit normalen Maßnahmen wie Auswanderungsförderung durch Spezialprogramme, Arbeitsplatz-, Wohnungs- und Heimplatzbeschaffung nicht das Auslangen gefunden werden könnte und besondere Maßnahmen der Betreuung und Förderung notwendig sein würden. Diese besonderen Maßnahmen müßten besonders in case-work, Therapie und Rehabilitationswerkstätten bestehen, lauter Interventionen, für die die Voraussetzung zu dieser Zeit fast überall in keiner Weise vorhanden waren.

Ich war daher nicht imstande, dem großen Meeting, das die Entscheidung vorbereiten sollte, das Gefühl zu vermitteln, hier sitze der Mensch, der weiß, wie man diese Aufgabe lösen sollte, und es war wohl ein Verzweiflungsakt, daß schließlich unter dem Zeitdruck, daß das Programm schon anlaufen sollte und mangels einer Alternative das Meeting dem HC meine Anstellung empfahl. Zwei sehr lange Gespräche vermittelten Lindt aber offenbar das Gefühl, wir könnten es miteinander probieren. Maria Pfister von der WHO hatte mir aufgetragen, dieses Himmelfahrtskommando nur anzunehmen, wenn ich auf dem höchsten Niveau angestellt würde (damals P5). Wie recht sie gehabt hatte, zeigte sich erst später, denn es ging nicht um das Gehalt, sondern um das Prestige, das mit einer so hohen Einstellung verbunden ist. Sie hatte mir eingeschärft, daß ich keinen einzigen Fall selbst behandeln dürfte, sondern mich ausschließlich der Planung, Personalselektion, Ausbildung und Koordination widmen dürfe, weil ich sonst in der Fülle der Probleme hoffnungslos untergehen würde. Leopold Rosenmayr hatte ebenfalls eine entscheidende Idee; er meinte, daß man im Gegensatz zu der üblichen Gepflogenheit, Einzelpersonen, die behindert waren, als Rehabilitationsobjekte anzunehmen, *Familien* mit einem oder mehr Behinderten als *Ganzes* rehabilitieren müsse. Dies war sicher eine der wichtigsten Vorentscheidungen, die zweite lag in der Definition von „Behinderung". Ich weiß nicht mehr, von wem die ursprüngliche Idee stammte, sie so weit zu ziehen, daß auch Kinderreichtum, Delinquenz und Prostitution darunter fallen, aber letztlich war es der Mut von Lindt, der ja dafür die politische Verantwortung übernehmen mußte und dieses Konzept nach außen zu vertreten hatte, daß wir uns auch dazu entschlossen. Und ein alter Praktiker der großen jüdischen Hilfsorganisation, der den Ruhm der Auflösung eines der größten und schwierigsten Lager trug, sagte mir im Vertrauen, eine Lagerräumung sei nur möglich, wenn man einen Druck ausübe, aber in einer solchen Weise, daß niemand etwas davon merke. Alle diese Ratschläge bewährten sich. Der Druck konnte dadurch repräsentiert werden, daß glaubhaft gemacht werden konnte, daß die jetzige Chance wahrscheinlich wirklich die letzte sei: wer sie nicht ausnütze, würde nie wieder eine so günstige Gelegenheit finden, unter Normalbedingungen zu leben.

# 4. Das epidemiologische Vorstadium

Das ganze Vorhaben stand unter dem Zwang, dem Büro des Hochkommissars in möglichst kurzer Zeit einen Anhaltspunkt für die Budgetplanung zu geben, wie viele Flüchtlinge Sondermaßnahmen erfordern würden und wie hoch die Kosten dafür etwa sein würden. Es war dabei von vornherein klar, daß exakte Zahlen nicht geliefert werden könnten, aber es war verständlich, daß man wissen wollte, sind es nun wirklich 50%, wie man in Genf vermutete, oder 20%, wie die lokalen Lagerbetreuer geschätzt hatten.

Zahlenmäßig war der Großteil der 20000 für dieses Programm juridisch in Frage kommenden Personen in der Bundesrepublik ansässig. Ich fuhr daher zuerst nach Bonn in unser lokales Office. Dort hatte ich das Glück, einen Österreicher zu finden, der in nächtelangen Diskussionen mit mir Lager für Lager listenmäßig durchging, um nach seiner Einschätzung der Qualifikation der Betreuer einen Überblick über die äußerst verschiedenen Bedingungen zu geben. Nach diesem „briefing" durch Dr. Kempf (heute bei OECD) besuchte ich ausgewählte typische Lager, sprach mit den Betreuern und konnte etwa 100 Testfälle mit ihnen explorieren, um mir ein direktes Bild zu schaffen. Nach meiner Rückkehr nach Genf rechneten wir meinen Eindruck auf ganz Deutschland und Österreich hoch, setzten für Italien und Griechenland wegen der viel schlechteren Arbeitsmarktlage wesentlich höhere Werte ein und kamen so zu einer Planungs- und Budgetgrundlage, die zum Entsetzen aller Experten nur 10–15% der Familien für Sondermaßnahmen der Rehabilitation vorsah.

Ich war also viel optimistischer gewesen als die lokalen und zentralen Flüchtlingsexperten. Meine Kriterien waren allerdings äußerst weich und subjektiv. Vorwiegend war es das Maß an Psychopathologie und die frühere Lebensgeschichte und Bewährung, woran ich mich orientierte, und ich rechnete damit, daß mit dem Aufschwung, daß nun endlich etwas geschehe, viel spontane Aktivität entstehen würde, außerdem hatte die niedrige Schätzung den großen Vorteil, daß für die wirklich schweren Fälle größere Summen zur Verfügung stehen konnten, daß zum Beispiel für eine sehr kinderreiche Familie, für die eine Mietwohnung sicher nicht funktioniert hätte, auch ein kleines Haus gekauft werden konnte und dergleichen mehr. Wir alle gingen mit großen Bangen an die Realisierung dieses Programms, und es war eine ungeheure Erleichterung, als sich beim Abschluß herausstellte, daß die Schätzungen sich in einem geradezu unglaublichen Maße bestätigten. Die folgende Tabelle 1 aus dem Schlußbericht meines Nachfolgers auf diesem Posten, Peter Berner, zeigt das entsprechende Zahlenbild.

Es liegt natürlich nahe, anzunehmen, daß es sich dabei um eine self-fulfilling prophecy im Sinne Mertons gehandelt habe. Der Rehabilitationsrahmen wurde einfach, so wie er vorgegeben war, ausgefüllt. Dies kann jedoch nach der Art des Prozesses nicht richtig sein. Die Einreichungen für das Programm erfolgten nämlich völlig dezentralisiert ohne vorgegebene Richtzahlen, so daß sie nicht steuerbar waren. Ich will nicht ausschließen, daß die Länderbüros eine gewisse Steuerung bei der Bewilligung anwendeten, sie kann aber kein sehr wirkungsvolles Instrument gewesen sein, da auch die Hilfsorganisationen ein wichtiges Wort dabei zu sprechen hatten, die zu der Planung überhaupt keine Beziehung hatten.

Tabelle 1. Erreichter Fortschritt zwischen Juni 1961 und Juni 1963.

| Flüchtlingskategorie | Österreich | | | BRD | | | Griechenland | | | Italien | | | Gesamt | | |
|---|---|---|---|---|---|---|---|---|---|---|---|---|---|---|---|
| | Juni 1961 | Dez. 1961 | Juni 1963 | Juni 1961 | Dez. 1961 | Juni 1963 | Juni 1961 | Dez. 1961 | Juni 1963 | Juni 1961 | Dez. 1961 | Juni 1963 | Juni 1961 | Dez. 1961 | Juni 1963 |
| 1. Nicht abgeschlossen | | | | | | | | | | | | | | | |
| (a) in Behandlung | 49 | 11 | 21 | 868 | 674 | 229 | 60 | 38 | 53 | 66 | 37 | 22 | 1043 | 760 | 325 |
| (b) noch unter Beobachtung | | 65 | 16 | 34 | 87 | 120 | 20 | 49 | 99 | | 64* | 32** | 54 | 265 | 267 |
| 2. Abgeschlossen aber noch unter Nachkontrolle | | | | | | | | | | | | | | | |
| (a) in Behandlung | | 68 | | 57 | 94 | 24 | 7 | 21 | 27 | | | | 64 | 183 | 51 |
| (b) noch unter Beobachtung | | | 49 | 31 | 63 | 245 | 8 | 29 | | | | | 39 | 92 | 294 |
| 3. Abgeschlossene Fälle | 68 | 91 | 151 | 112 | 265 | 593 | 12 | 27 | 68 | | 29 | 79*** | 192 | 412 | 891 |
| Gesamt | 117 | 235 | 237 | 1102 | 1183 | 1211 | 107 | 164 | 247 | 66 | 130 | 133 | 1392 | 1712 | 1828 |
| Schätzung für Ende Sept. 1960 | | | 160 | | | 1200 | | | 70 | | | 100 | | | 1530 |

* Ohne Hoffnung auf Auswanderung und daher Kandidaten für Aufnahme in geschützter Gemeinschaft

** 23 von ihnen sind ohne Hoffnung auf Auswanderung und daher Kandidaten für Aufnahme in geschützter Gemeinschaft

*** 41 von ihnen sind ohne Hoffnung auf Auswanderung und daher Kandidaten für Aufnahme in geschützter Gemeinschaft (nur körperliche Behinderung oder Alter).

# 5. Die Durchführung des Programms

Der ganze Raum wurde in überschaubare Regionen aufgeteilt und für jede Region ein Sozialpsychiater, soweit es dies damals gab, bestimmt (einer davon ist heute ein führender deutscher Alkohilismusexperte des Max Planck Institutes in München, Prof. Feuerlein) sowie eine international bewährte Sozialarbeiterin, die in Einzel- und Gruppenarbeit die Klientel beriet, weitere Betreuer schulte und durch Supervision unterstützte. Kate Katzki, die spätere Generalsekretärin des Int. Council of Social Work, war die Supervisorin für das ganze Sozialsystem, und ich möchte aus der Arbeit besonders Frau Chondropoulou hervorheben, die den Mut hatte, das schon erwähnte fürchterliche Lager in I. aufzulösen, und allein durch ihren persönlichen Einsatz dieses für unlösbar gehaltene Problem bewältigte. In Österreich waren Frau Grete Winter und Erika Singer äußerst initiativ tätig.

Italien und Griechenland stellten Sonderprobleme dar, da dort eine strukturelle Arbeitslosigkeit gegenüber dem großen Bedarf an Arbeitskräften, die die Aufgabe in Deutschland und Österreich wesentlich erleichterte, die Chance sehr verschlechterte. Hier hat sich mein Nachfolger Berner dann sehr für geschützte Gemeinschaften eingesetzt, die während meines ersten Jahres der Planung aus Zeitgründen etwa zu kurz gekommen sind.

Ein für die UN typisches Prinzip war bei der ganzen Unternehmung eine ständige Quelle von Schwierigkeiten. Die UN arbeiten grundsätzlich „non operational", d. h., daß nur Anregung, Planung und Teilfinanzierung durchgeführt wird, die eigentliche Ausführung aber lokalen Regierungen oder Organisationen überlassen bleibt. Dadurch wird einerseits viel Zeit verloren, den Vertragspartner auf eine mittlere Linie der Übereinstimmung zu bekommen, andererseits sind gewisse Programme überhaupt unrealisierbar, weil man keinen Partner findet. Manchmal war es notwendig, dieses Prinzip auf komplizierte Weise zu umgehen.

Mit Wohn-, Arbeits- und Heimplatzbeschaffung, fürsorgerischer und therapeutischer Betreuung konnten wir nicht in allen Fällen auskommen. Wir benötigten Plätze in Rehabilitationswerkstätten. Es mußten zum Teil neue Institutionen geschaffen werden, in die wir uns mit einigen Plätzen einkauften. Als Beispiel sei der Beckhof in Bethel genannt. Dadurch trug das Programm dazu bei, in den Gastländern moderne sozialpsychiatrische Einrichtungen anzuregen.

# 6. Typische Hindernisse

Der MHA war einer Organisation künstlich aufgepropft worden, die bisher vorwiegend juridisch und finanziell orientiert war. Nur wenige Beamte konnten die neuen Konzepte verstehen, wie Warren Pinegar, der aus seiner Sozialarbeiterhaltung heraus voll kooperierte. Oft fanden sich offene oder larvierte Widerstände in der eigenen Organisation. Noch deutlicher war dies in den Gastländern.

Lokale Hilfsorganisationen hatten begreifliche Schwierigkeiten, das was sie als Überbetreuung gegenüber ihrem eigenen Standard empfanden, mitzumachen und zu unterstützen. Es kam oft zu harten Auseinandersetzungen über Prinzipien und einzelne Fälle, besonders dort, wo moralische Wertungen sich aufdrängten. Letztlich konnten wir unsere Partner aber fast immer überzeugen, daß unsere Konzeption rational richtig sei und auch dem Gastland zugute komme, da Probleme sich als bereinigbar zeigten, die alle als hoffnungslos eingestuft hatten.

# 7. Allgemeine Schlußfolgerungen

Diese faszinierende Arbeit war nur möglich durch folgende Faktoren:

a) Großzügige Finanzierung. Halbe Lösungen aus Geldmangel sollten vermieden werden, da durch ihr Scheitern die Kosten letztlich immer größer werden.

b) Große Programme mit Regierungsbeteiligung sind nur vom Standpunkt eines hohen Prestiges möglich. Dies kann durch die Persönlichkeit bedingt sein oder durch die soziale Rolle, besser kombiniert sich beides. Ist ein entsprechender Rang nicht gegeben, findet man gar nicht die entscheidenden Gesprächspartner, oder sie hören einem nicht zu.

c) Die moderne Sozialpsychiatrie ist hinreichend ausgereift, um mit relativ großer Sicherheit Prognosen zu stellen (es muß darauf hingewiesen werden, daß die Rehabilitationsprognosen und Indikationen ja zu mehr als 90% nicht vom Verfasser, sondern von den Mitarbeitern gestellt wurden).

d) Bei Einsatz von gut ausgebildetem, erfahrenem und motiviertem Personal gibt es kaum wirklich unlösbare Probleme, wenn sonst halbwegs günstige Bedingungen bestehen. Arbeitskräftebedarf ist der hauptsächlich bestimmende Faktor für psychiatrische Rehabilitation.

e) Die oberste Führung einer großen Organisation muß total hinter dem Psychiater stehen und dies auch sehr deutlich immer zum Ausdruck bringen, sonst scheitert man an den traditionellen Widerständen einer bürokratischen Routine.

f) Zuletzt noch eine deprimierende Beobachtung. Trotz des zweifellosen Erfolges dieses Programmes gelang es nicht, einen sozialpsychiatrischen Berater auf Dauer zu institutionalisieren. Mit dem Ausscheiden Lindts versiegte auch das Interesse an diesem Aspekt. Es ist allerdings zu bedenken, daß ich nur ein Jahr, Berner nur zwei Jahre für diese Aufgabe opfern konnte. Wären wir länger geblieben, hätte es vielleicht eine Kontinuität gegeben; wir konnten uns nur nicht entschließen, in dieser Position zu bleiben, die natürlich doch karrieremäßig eine Sackgasse bedeutete.

# Literatur

*Zwingmann, C. A.,* uprooting and after . . .
*M. Pfister-Ammende:* Springer, Berlin-Heidelberg-New York 1973.

# Balintgruppen und die traditionelle Schulmedizin

## (Nebst einem Exkurs über larvierte Depressionen)

*Alois M. Becker*

## 1. Entstehung und Aufgaben der Balintgruppen

Anläßlich einer Fortbildungsveranstaltung für praktische Ärzte gab *H. Strotzka* die Anregung, gemäß bestehenden Vorbildern an der psychiatrischen Universitätsklinik eine Balint-Gruppe zu errichten. Dies kam mir sehr gelegen, weil ich mich bereits mit einem solchen Gedanken getragen hatte. Deshalb erklärte ich mich dazu bereit. Zudem waren mehrere Kollegen zusammengekommen, die willens waren, daran teilzunehmen. Es wurde vereinbart, sich vom Oktober 1962 an regelmäßig zu treffen, und zwar jeden Donnerstag um 8 Uhr abends.

Wenn nun von Balintgruppen die Rede ist, wird es zweckmäßig sein, folgendes zu unterscheiden. Vorerst Gruppen, wie sie von Balint und seinen ersten Mitarbeitern, die Allgemeinpraktiker waren, geübt wurden. Dazu kamen später Modifikationen sowohl hinsichtlich der Gruppenmitglieder, als auch bezüglich der Vorgangsweisen. Diese sollen, im Unterschied von der erstgenannten, Balintgruppen im weiteren Sinne heißen (*H. Argelander, 1973*).

Der Grund für das Entstehen von Balintgruppen überhaupt liegt in den Methoden der medizinischen universitären Lehrinstitutionen. Ihr Lehrgegenstand ist typischerweise ein Patient als Träger einer schweren Krankheit. Dieser gibt man – nach vielfältigen Untersuchungen und zuweilen interessanten differentialdiagnostischen Erwägungen – vorerst den richtigen Namen. Dann wird die Krankheit nach festgelegten Richtlinien zur Gesundheit, zum Leben, zum Siechtum oder zum Tode behandelt. Hingegen sind in diesem System Patienten, die (tatsächlich? oder vorgeblich?) intensiv leiden, aber weder nennenswert faßbare noch eindeutig benennbare Krankheiten besitzen, nicht recht vorgesehen. Und, falls doch vorhanden, dann eher als Ärgernisse. Solcherart Kranke sind zwar in der Klientel von Allgemeinpraktikern unter der Bezeichnung „Problempatienten" überdurchschnittlich reich vertreten, aber gerade in bezug auf sie ist die akademische Ausbildung unterdurchschnittlich.

Gewiß läßt sich diese Zwangslage durch Erhalten eigenen Unverständnisses auf Kosten der betreffenden Patienten beseitigen. Allerdings ginge eine solche Lösung bei einem sensiblen und anspruchsvollen Arzt auf Kosten dessen, was er als Kriterien zureichender Kompetenz anzuerkennen bereit sein dürfte. Diesem wird nämlich, wenn er nur halbwegs beobachtet und überlegt, bald klar, daß seine Patienten leiden und somit offenbar keine Simulanten sind.

Das Angebot Michael Balints, Allgemeinpraktikern in Fragen sogenannter Problempatienten mittels Gruppengesprächen zu helfen, die das Thema „Der Arzt, sein Patient und die Krankheit" (Titel des Buches, 1957) zum Gegenstand nahmen, entsprach einem offensichtlich intensiven Bedürfnis praktizierender Ärzte Englands in der ersten Zeit nach dem Zweiten Weltkrieg (1950). Übrigens war damals gerade der allgemeine Gesundheitsdienst eingeführt worden. Bemerkenswert ist der Gegensatz zwischen der engagierten Formulierung „sein" Patient und der distanzierten Bezeichnung „die" Krankheit.

Obwohl Balint bekanntlich Psychoanalytiker war, worauf noch einzugehen sein wird, hatte er nicht die geringste Absicht, den Teilnehmern seiner Gruppe psychotherapeutische Techniken oder psychoanalytische Terminologien bzw. Theorien anzubieten. Sein Konzept war weiter und großzügiger gefaßt. Es zielte vielmehr auf die eher allgemein gestellte Frage: In welchem Zusammenhang stehen die unter den Chiffren unterschiedlicher möglicher „Krankheiten" laufenden Beschwerden meiner Patienten mit den Gegebenheiten ihrer Lebensläufe und -zustände einerseits, mit deren Beziehungen zu einem oder mehreren ihrer Ärzte andererseits?

Somit werden Geschichte und Aktualität allgemeiner biographischer Lebenskonstellationen und spezieller arztbezogener Relationen zur Diskussion gestellt, in der Erwartung, durch vertiefte Einsicht Hilfe für weiteres eigenes (Be-)Handeln zu erlangen.

Wie ist nun zu erklären, daß *Balint* als Psychoanalytiker diese Art der Fragestellung zur Grundlage seines Hilfsangebotes machte? Dazu sei vorerst betont, daß es sich bei den (im psychoanalytischen „setting" in besonderer Weise manifestierenden) Vorgängen der Übertragung, der Gegen-Übertragung und des Widerstandes um soziale Phänomene handelt, die ihre Matrix in der allgemeinen sozialen Lebenspraxis haben. Der soziale, interaktiv-kommunikative Charakter der „analytischen Situation" war und blieb das Fundament der Methode. Die polemische Schablone, nach der Psychoanalytiker gebannt nach sogenannten „innerpsychischen" Konflikten ödipalen und präödipalen Ursprungs fahnden und darüber die Antagonismen aktueller sozialer und politischer Situationen außer acht lassen, mag in Einzelfällen annäherungsweise zutreffen, ist jedoch weder in der Theorie begründet noch praktisch die Regel. *S. Ferenczi* war Lehrer *Balints* und Begründer der sogenannten Budapester Schule. Diese hatte von Anfang an durch ihr Betonen des Personen-Objektbeziehungsaspekts die interaktionalen Seiten des psychoanalytischen Theorienkonglomerates sehr stark in den Vordergrund gestellt. Nicht zufällig gingen damit *Ferenczis* Bestrebungen einher, durch vorübergehende Intensivierung des therapeutischen Prozesses mittels von ihm „aktiv" genannter Behandlungsmodifikationen eine Verkürzung der Behandlungsdauer zu erreichen. Es ist verständlich, daß diese Tendenz über *Balint* bis zu *D. Malan* und darüber hinaus weiterwirkte. Sie führte unter anderem zur Entwicklung sogenannter „fokaler Kurztherapien" auf psychoanalytischer Grundlage. Diese erwähnten Tendenzen stehen zwar mit der Entwicklung von Balintgruppen in keinem direkten Zusammenhang. Sie illustrieren aber die Bereitschaft dieser Schulrichtung, über den Rahmen kanonisierter Behandlungsschemata hinaus neue, praktisch wichtige Bereiche den von psychoanalytischem Erfahrungsgut sich ableitenden Fähigkeiten zu eröffnen. Jedenfalls lag, wie diesen Hinweisen zu entnehmen ist, *Balint* nichts ferner, als Psychoanalyse in Mikro-Anwendungsform zu verbreiten oder gar Psychoanalyse-„fans" und Freud-Exegetiker heranzubilden. (1966, 1969, 1972)

Wenn etwas ähnliches jemals der Fall gewesen sein sollte, dann entgegen seiner Absicht.

Die 1962 zusammengetretene Gruppe formierte sich nach ca. ein bis zwei Jahren abnehmender Fluktuation zu einem recht stabilen und kohärenten Gebilde. Diese dauerte bis zum Jahre 1970 und umfaßte zuletzt, mich eingeschlossen, 11 Personen. Mit zwei Ausnahmen waren es durchwegs praktische Ärztinnen und Ärzte, deren Arbeitsbereiche von ländlichen über klein- bis zu großstädtischen Kassenpraxen reichten, aber auch eine zunehmend sich psychotherapeutsch orientierende Privatpraxis umfaßten. Durch diese Vielfalt kam mir ein Erfahrungsgewinn zu, den ich als Facharzt für Psychiatrie und Psychotherapeut auf keine andere Weise hätte erwerben können und mich für den Zeitaufwand reichlich entschädigte. Eine Besonderheit hatte diese Gruppe allerdings: eine maßgebliche Zahl der Mitglieder verwendeten bereits in ihren Praxen teils das Autogene Training, teils Hypnosetechniken oder beide gemeinsam. Ebenso wurden, in durchaus kritischer, aber sichtlich erfolgreicher Weise, ein breites Repertoire von Psychopharmaka verwendet. Das hatte zur Folge, daß ich meinerseits veranlaßt wurde, mich mit den übenden Techniken eingehender zu befassen und anzufreunden. Es wird nicht überraschen, daß die Beendigung der Gruppe nicht ohne emotionale Schwierigkeiten vor sich ging. Die Gruppenkohärenz blieb aber insofern erhalten, als aus einem beträchtlichen Kern der Mitglieder eine eigenständige Formation, nämlich die „Österreichische Gesellschaft für ärztliche Hypnose und Autogenes Training", hervorging, zu der ich in randständiger Verbindung blieb. Der Punkt eines partiellen Dissenses war und blieb meine nicht überwindbare Skepsis gegenüber der sogenannten Oberstufe des Autogenen Trainings, während ich zum Beispiel verschiedenen Hypnosetechniken gegenüber aufgeschlossen war und blieb und sie auf modifizierte Weisen in bestimmte selbstentwickelte Verfahren pragmatischer Kurztherapie zu integrieren begann (Vergleiche A.M. Becker, 1979a).

Während diese erste, acht Jahre lang dauernde Gruppe im Hinblick auf ihre Zusammensetzung dem Vorbild Balints im engeren Sinne entsprach, hatte die 1972 begonnene Gruppe einen anderen Charakter. Es überwogen praktizierende Nervenärzte, die an psychotherapeutischen Fragen interessiert waren. Ich bin nicht sicher, ob das als Erklärung dafür ausreicht, daß Allgemeinpraktiker lange Zeit nur vorübergehend teilnahmen. Um den erwähnten stabilen Kern gruppierte sich eine fluktuierende Randschichte, so daß man von einer halboffenen Fallbesprechungsgruppe sprechen könnte. In letzter Zeit kamen jüngere, in Ausbildung für die Allgemeinpraxis stehende Kolleginnen und Kollegen hinzu, wodurch die Gruppe zwar altersmäßig inhomogener, aber gerade dadurch nicht minder interessant wurde.

Einem Grundsatz der ursprünglichen Balintgruppen im engeren Sinne blieb ich durchgehend verpflichtet, nämlich: daß die Veranstaltung den aktuellen und auch den langfristigen Interessen der Teilnehmer dienen sollte. Was allerdings bei zum Teil divergierenden Interessenlagen und -richtungen leichter gesagt als getan ist. Es kam dadurch ein Austausch- und Anpassungsprozeß in Gang, der nach Piagetscher Diktion sowohl Assimilations- als auch Akkomodationsvorgänge in sich schloß. Revisionen im Hinblick auf relativ wenig praxisrelevante oder allzu spekulative Teile des psychoanalytischen Hypothesenkonglomerates waren eine unvermeidliche, aber, wie ich meine, zweckmäßige Begleiterscheinung dieser Art von Zusammenarbeit. Hierbei wird ein Sichten und „Abklopfen" der Vielfalt von Techniken, die sich mit immer neuen Namen laufend zum Gebrauch anpreisen, auf deren pragmatisch effizienten Kern hin geleistet. Dieses Prüfen zeigt, daß einzelne Grundelemente des supportiven, des übenden und des konfrontativen Einflußnehmens in unterschiedlichen Zusammensetzungen und wechselnden Namensverkleidungen (s. o.) immer wieder als fundamentale Wirkeinheiten identifizierbar sind. Somit wird medizinisches Denken in kritischer, nicht in dogmatischer Einstellung geübt.

Balint selbst hat kritische Sätze von großer Bedeutung für die Allgemeinmedizin, soweit sie die Arzt-Patient-Beziehung anlangt, formuliert. So zum Beispiel im Hinweis, daß zur scheinbar dominanten Behandlung des Patienten durch den Arzt immer auch die Behandlung des Therapeuten durch seinen Patienten mitläuft, die gerade wegen ihrer Hintergründigkeit besonderer Beachtung bedürfe. Fürwahr ein ketzerischer Gedanke für jede naive Selbstgefälligkeit! Oder der humorige Vergleich ärztlicher Tätigkeit mit der von Aposteln, die ihre Patienten gemäß eigener fester Glaubensüberzeugungen in bekehrendem Eifer angehen und sie dabei auf prokrustesartige Weisen zu dehnen oder zu stauchen gezwungen sind. Bis der Patient – sofern die Umstände es erlauben – wegbleibt, sich auf seine Weise dagegen wehrt oder schließlich arrangiert. Weiteres verdanken wir Balint die ungemein fruchtbare Betrachtung der von Patienten vorgebrachten Beschwerden als deren „Angebote"; wobei dahinter zu kommen ist, worauf der Vorgang, der einem inpliziten, anfangs wenig durchsichtigen Handel entspricht, „eigentlich" hinaus will.

Das Herausarbeiten der Wirksamkeit einer intensiven emotionalen Übereinstimmung, die dem Patienten tiefes Verständnis für seine Lage eröffnet, betrifft ein wesentliches Teilstück jeder Theorie psychotherapeutischer Effizienz, das unter verschiedenen Begriffen abgehandelt wird. Balint hat dieses konzentrierte Wirkelement unter der Bezeichnung „flash" eingebracht.

Wir kommen schließlich zu der beinahe zum Slogan gewordenen Rede von der Bedeutung der „Droge Arzt". Auf den ersten Blick scheint diese Wendung ein ganz allgemeiner Hinweis auf die Wichtigkeit der Arztpersönlichkeit, auf die Qualität seiner Handlungsweisen und deren patientengemäße („klientenzentrierte") Dosierung zu sein (*E. Balint*, 1976).

## 2. Allgemeine medizintheoretische Implikationen Balintschen Denkens

Bei weiterer Betrachtung wird aber allmählich klar, daß diese knappe Formel den Kreuzungspunkt fundamentaler Fragen der Medizin bildet: das Problem der Beziehung zwischen den Einwirkungen auf Personen durch stoffliche Mittel („Arzneien") einerseits, durch signifikante Personen – zum Beispiel den Arzt – andererseits. Was unterscheidet und was verbindet beide Einwirkungsbahnen bzw. – Modalitäten? Welcherart sind die Beziehungen zwischen den nachgewiesenen oder mutmaßlich „wahren" spezifischen Einwirkungen einer Substanz und den sogenannten Plazebowirkungen eines „Falsums"? Welches trotzdem recht umschriebene, zum Teil voraussagbare Effekte hervorzurufen vermag, die dennoch „unspezifisch" wären? Das Problem der Doppelblindversuche mit Medikamenten wird angesprochen, die eigenartige Mensch-zu-Mensch-Experimente darstellen und der ethischen Rechtfertigung im Einzelfall bedürfen. Die Formen „Droge Arzt" enthält neue Fragen, die in eine Theorie der Medizin („Metamedizin") – bzw. in traditionellerweise „philosophisch" genannte Untersuchungen – einzuordnen wären. Was sind Medizinen und was Pseudo-Medizinen? Was sind „Psychotherapien", und was „Pseudo-Psychotherapien"? Eine differenzierte Systematik plagt sich mit dieser Frage, ohne auf schlüssige Antworten zu kommen (R. *van Quekelberghe,* 1979).

Es mag der Einwand erhoben werden, solche Überlegungen seien doch belanglose (philosophische und wissenschaftstheoretische), letztlich unverbindliche Spitzfindigkeiten. Ich werde zeigen, daß einzelne, meist als selbstverständlich geltende Annahmen (übernommene Vorentscheidungen oder selbsterdachte Lösungen) nicht nur theoretisch zweifelhaft sein können. Vielmehr mögen sie, infolge ihrer impliziten Praxisrelevanz, für Patienten auf mannigfaltige Weisen negative Folgen nach sich ziehen.

Unstimmigkeiten medizinischen Denkens stellen sich bereits ein, wenn dichotomisierende Begriffe, die dualistische Gegensätze vorwegnehmen, das Feld sprachlicher Verständigung fraglos beherrschen. Zum Beispiel werden Gegensatzpaare wie: „psychisch-somatisch", „seelisch-körperlich", „mind-body", „nature-nurture", „(primär oder rein) umgebungs- versus substratbedingt", zumeist recht naiv postuliert und im medizinischen Sprach- und Schriftgebrauch unproblematisch verwendet. Wobei nicht gefragt wird, ob und inwieweit begriffliche Unterscheidungen dieser Art (die zudem den Ballast von fast drei Jahrtausenden Philosophie – bzw. ihrer Abkömmlinge – tragen) für die Medizin von irgendwelchen klärenden Nutzen sein könnten. Oder, ob sie nicht eher geeignet wären, ärztliches Denken und Handeln in die Irre zu führen?

Es gibt keine ernst zu nehmende medizinische Position, die leugnet, daß menschliches Erleben (einschließlich erlebnisbedingender und erlebnisverarbeitender, das heißt erfahrungsverwertender Prozesse) an die Tätigkeit des zentralen Nervensystems (ZNS) gebunden sei.

Der Hinweis, daß Verhalten, Handeln, Erfahrungsverwertung (d. h. „Lernen"), „state dependent" seien, betont einen selbstverständlichen Umstand. Daß nämlich alle bis zu einem fraglichen Zeitpunkt auf das ZNS stattgehabten Einwirkungen (von zurückliegenden Erfahrungen bis zu rezenten oder aktuellen Drogeneffekten) für die obengenannten Funktionen belangvoll seien. Für Psychopharmaka erscheint mir der Ausdruck „drug dissociation" angemessen (Greenberg, Altman und *Cole*, 1975, S. 141).

Ist man hingegen tatsächlich biologisch orientiert, dann weiß und bedenkt man: das ZNS ist von Anfang an, einschließlich seiner morphologischen Bildungen (Zahl von „dendritic spine synapses"), von Art und Ausmaß der Umgebungsafferenzen abhängig. (Zusammenfassende Hinweise dazu bei Popper-Eceles, 1977). Diese sind ihrerseits Voraussetzungen für weitere Entwicklungen eines Organismus im Wirkkreis von Wahrnehmung und Bewegung (V. v. Weizsäcker, 1940), für die Ausbildung von Gedächtnis und für sprachlich vermittelbares Erleben beim Menschen. Der Versuch einer systematischen Trennung zwischen „rein" (hirn-) substratbedingten und „rein" umgebungsbedingten Faktoren ist eine irreführende Konstruktion. Was man mit Sicherheit sagen kann, ist: die Gehirnfunktion ist zu großen Teilen „primär" umgebungs*bezogen*. Wobei diese Beziehung, dieses Verhältnis, wesentlich die Entwicklung des „Substrates", somit gleichzeitig die Relation, das „Verhalten" eines Organismus zu seiner Umgebung, bestimmt.

Wohl läßt sich im Einzelfall – teils mit hoher Sicherheit, teils mit mehr oder minder großer Wahrscheinlichkeit – vermuten, in welchem Ausmaß erbgenetische Faktoren beim Bestimmen von Personeneigenschaften wirksam sein könnten. Auf ähnliche Weise ist vermutbar, welche Umgabungsfaktoren bei gegebener Disposition – die ihrerseits erbgenetische und erfahrungsbedingte Wirkungen meist kaum trennbar vereinigt – für bestimmte Eigenheiten des Erlebens, Handeln und Sich-Einstellens maßgeblich wären. In manchen Fällen sind diese erfahrungsbedingten Einflüsse mit beträchtlicher Sicherheit anzunehmen.

Es bedarf einer Erklärung, was mich bewogen haben mag, die Darstellung der Balintgruppen-Arbeit am Beispiel eines relativ umfangreichen, scheinbar theoretischen Exkurses über „larvierte Dpression" abzuhandeln. Von der Frage „Droge Arzt" ausgehend, hatte sich mir folgende Vermutung zunehmend verdichtet. Daß sich nämlich hinter der Bezeichnung „larvierte Depression", mit den sie stützenden, wenngleich nicht immer kongruenten Befunden und Konstrukten neuro- und psychopathologischer Art, die Macht einer Betrachtungsweise entwickelte, die mehr und mehr ärztliches Denken einzunehmen und zum Teil zu schablonisieren begann. Und zwar unter dem Schutzschild scheinbar fragloser „natur"-wissenschaftlicher Ansprüche. Ein kritisch nicht mehr begrenztes Ausufern dieser Entwicklung erschien mir in zunehmenden Maße für ärztliches Handeln bedenklich. Daraus ergab sich die Herausforderung, in Anlehnung an Grundauffassungen *Balints*, die zugleich die einer soziogenetisch-dynamischen Psychiatrie sind, diesem Fragenkomplex nachzugehen.

Um die fraglichen Verhältnisse anschaulicher zu machen, entwarf ich das nachfolgende graphische Schema (s. Abb. 1) mit einer verhältnismäßig ausführlichen Legende. Es impliziert – und explizert zum Teil eine Gruppe von Annahmen über „mindbrain"-Relationen, dabei auf die oben erwähnte Arbeit von *Popper-Eccles* (1977) Bezug nehmend.

Trotzdem – vielleicht: gerade deshalb? – soll es beitragen, die wichtigsten der hier abgehandelten begrifflichen Konstruktionen zu überblicken. Insbesondere die Vielfalt von Einwirkungswegen und -bahnen.

Es bedarf kaum der Erwähnung, daß meine Darlegungen keine Denkschemata sind, die Teilnehmern von Balint-Gruppen etwa nahegelegt würden. Vielmehr sind sie das – vorläufige – Ergebnis von Überlegungen, die ich als *ein* Teilnehmer solcher Gruppen anzustellen begonnen hatte. Sie bilden in vielem die Gegenposition zu einer Medizin, die sich bloß als „reine" Natur-Wissenschaft versteht, was sie zweifellos, aber doch nur *auch*, ist. *Dazu* muß sie, und zwar als Humanwissenschaft ganz wesentlich, politisch-soziale (im Sinne des „zoon politikon") und kulturelle (Kultur als zweite Natur, ihrerseits phylogenetisch bedingt) Dimensionen enthalten und berücksichtigen. Patienten sind Menschen und Krankheiten leider häufige menschliche Konditionen, die unter die medizinische Kompetenz fallen. Ohne solche metaärztliche Erwägungen läuft die Medizin Gefahr, zu einer bloßen Handwerks-Schuldisziplin zu werden. Diszipliniertes Handwerk ist zwar notwendig, für den Umgang mit Menschen jedoch nicht ausreichend. Anstelle der *Balint*schen Begegnung des Arztes *mit seinem Patienten* wird in der „natur"-wissenschaftlich dezimierten Medizin „die Begegnung des Arztes *mit der Krankheit*" zur tragenden Achse des Subjekt-Objekt-Interesses, mit der personifizierten Krankheit als Trägerin des „kritischen Details" (Beitrag in *P. Kielholz* 1974, S. 48, Symposiumteilnehmer; gesperrt vom Verfasser).

# 3. Der Widerspruch zwischen ganzheitlichen und traditionellen Auffassungen am Beispiel von Depression und Angst

Sogenannte „Problempatienten" bringen, neben verschiedenen körperlich lokalisierbaren (aber letztlich nur über das Erleben fühlbaren) Beschwerden und neben zuweilen objektiv faßbaren funktionalen Störungen, zusätzlich typischerweise eine Reihe „subjektiver" Klagen vor. Sie fühlen sich beispielsweise müde, antriebsarm, gedrückt; oder besorgt, furchtsam, von Ängsten geplagt, die in verschiedenen Zusammenhängen auftreten; oder übermäßig gereizt, empfindlich, mißmutig („dysphorisch"). Solcherart Mißbefindlichkeiten sind oft miteinander vermischt oder gehen ineinander über. Man kann sie von zweierlei Positionen her zu verstehen und zu erklären versuchen.

a) Die *biologisch*-adaptionsorientierte zweiwegige Einstellung. Von dieser Position aus lassen sich Störungen der Befindlichkeit nach Art der obengenannten als graduelle Steigerungen von Komponenten auffassen, die sogenannte „emotionale Reaktionssyndrome" bilden. *Richard S. Lazarus* und seine Forschungsgruppe haben dieses mir brauchbar erscheinende Konzept im Zusammenhang mit ihrer „kognitiven Gefühls-(bzw. Emotions-)Theorie" entwickelt. Nach dieser Auffassung hätten Reaktionssyndrome, wie zum Beispiel die nach dem Furcht-Angst-Muster, durchaus adaptive Bedeutung (*R. S. Lazarus*, 1970, 1972, 1975; zu Furcht-Angst: *S. Epstein*, 1972, 1973).

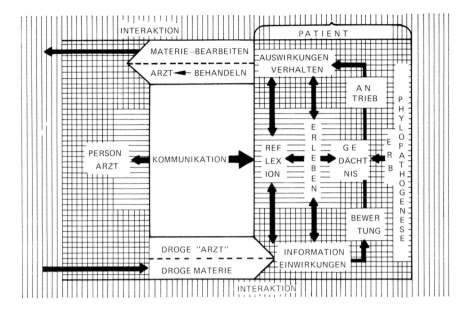

**Farben nach haraldischen Regeln:**

*Materie und Energie* von Physik und Chemie. Organisch-chemische Substanzen: tote Teile lebender Organismen. „Naturwüchsige" versus bearbeitete Materie: Kultur-(Kunst-, Technik-, usw.) Produkte. Zum Beispiel: Drogen. (Teile von Popper-Eccles' Welten 1 und 3 vermischt.) Energieerzeugung u. -wirtschaft.

*Organismus:* Adaptation, Reproduktion, Evolution lebendiger Materie. ZNS: Steuerungsorgan für Aufnehmen, Filtern, Speichern, Integrieren von Information. (Bedeutungsdimension!) Teleo-nome, „als-ob-zweckhafte" Kontrollvorgänge. Forschungsmäßig: Kategorien kontingenzgeformten Verhaltens, ZNS als „black-box".

*Erleben:* Ergebnis komplexer ZNS-Vorgänge, davon nur Teile selektiv erlebbar. Problemlösen auf Erlebens- („Bewußtseins"-)Ebene offenbar biologisch adaptiv, mit Rückwirkungen auf (vor-/unbewußte) ZNS-Prozesse. Damit Epiphänomenalismus widerlegt. Tradierbarkeit von Wissen! (Teil Popper-Eccles' „W 3") Teleo-logisches, zielsetzend-wertbegründendes Handeln von Subjekten. Reflexionsfähigkeit. These: „selektiv-partielle Korrespondenz ZNS-Erleben". Begriff „Psyche" u.ä. unnötig.

Abb. 1. Die zweiwegigen und mehrbahnigen Arzt-Patient-Wechselbeziehungen einschließlich interpersoneller Wechselwirkungen.

Ihr Überlebenswert für das Individuum (und seine genetische Population) wird nur durch unadaptive Übersteigerungen einzelner Syndromkomponenten verringert oder zunichte gemacht. Dafür sind Besonderheiten von Disposition und Erfahrung einzelner Individuen maßgebend.

Gleiches gilt – mutatis mutandis – für global als „aggressiv" benennbare Aktions- und Reaktionssyndrome unterschiedlicher Modi und Vollzugsarten.

Auch ein auf ähnliche Weise als „depressiv" zu bezeichnendes emotionales Syndrom läßt sich als adaptive organismische Reaktion einer Person betrachten. Nach dem Verlust eines personalen und (bzw. oder) ideellen Wertobjektes mag es für das Überleben des betroffenen Individuums durchaus zweckmäßig sein, vorübergehend Aktivitäten stillzulegen, die auf bisherige, nun verlorene Objekte bezogen waren. Eine solche Ruhe- oder Schonungspause läßt sich als ein Zeitraum auffassen, währenddessen Bewältigungsvorgänge (Trauer- oder Verlust-„Arbeit" als „coping processes") und Ansätze zu „sinnhafter", das heißt: tätigkeitsbezogener Neuorientierung vor sich gehen. Die Ausmaße der Hilf- und Hoffnungslosigkeit, die mit dem Schonzeitraum korrelieren, hängen von der Bedeutung des zu überwindenden Verlustereignisses (seinem „Streß"-Wert) und dem Grad der vorhandenen Bewältigungskapazitäten ab. Art und Maß der Bewältigungsdisposition sind jedoch – die Einsichtsschwierigkeiten auf diesem Gebiete zwingen mich zur Wiederholung – auf praktisch kaum trennbare Weise als vorerfahrungsmäßig und zugleich adaptiv erbgenetisch bedingt anzunehmen. Die kognitiv-adaptive Emotionsauffassung betrachtet Gefühlsphänomene im Hinblick auf verschiedene forschungsmäßige Zugangsebenen. Zum einen auf der Ebene des subjektiven Erlebens, zum anderen auf der handlungs- und verhaltensmäßigen Ebene (Sprechakte, Ausdrucksverhalte); und schließlich auf der Ebene sowohl zentraler, als auch peripherer neurophysiologischer Prozesse. Zwischen diesen drei Aspektebenen ist eine – zum Teil ziemlich komplexe – Interdependenz anzunehmen. Klinisch relevant sind emotionale Störungs- und Leidensbilder, die vorwiegend depressive Züge mit solchen ängstlichen Charakters sukzessiv und simultan gemischt enthalten. Züge disphorischer Gereiztheit mögen hinzutreten. Vegetative bzw. biorhythmische Störungen sind ex definitione inbegriffen. Derartige Leidens- und Störungsbilder lassen sich als unadaptiv gewordene Abwandlungen emotionaler Aktions- und Reaktionssyndrome interpretieren. Die Abwandlung – sie mag beträchtliche Ausmaße erreichen – wird auf eine Dekompensation zurückgeführt. Diese ist Folge einer Insuffizienz der Bewältigungskapazität gegenüber der Bewältigungsforderung. Maß und Dauer der Insuffizienz bestimmen den Grad der Dekompensation.

Erbgenetische Erwägungen werden, sofern signifikant faßbar, durchaus einbezogen. Es ist eine Frage des Bestimmens, der jeweiligen Präferenz, und somit eine systematisch-nomenklatorische Angelegenheit, ob und wann man in diesen Fällen von depressiven Zustandsbildern „neurotischer", „reaktiver", exogener, „endoreaktiver", oder welcher Art auch immer, spricht.

Dem biologisch-biographisch denkenden Arzt ist nicht unbekannt, daß es außerdem noch eine manisch-depressive Krankheit – eine „MDK" – das heißt, eine als „endogen" klassifizierte, typischerweise in zyklischen Verläufen sich manifestierende Krankheitsform gibt, die in mono- und/oder bipolarer Phase abzulaufen pflegt.

In direkt-biologischer Sicht imponiert die MDK als ein erbpathologisch bestimmtes, durch Endogenität der Phasen-Auslösungsbedingungen gekennzeichnetes Krankheitssyndrom. Der Nachweis erbgenetischer Bedingungen, abgesetztes Auftreten und Fehlen eindeutiger reaktiver Provokation sind entscheidende Kennzeichen. Das Querschnittsbild ist weder seiner Qualität nach, noch hinsichtlich der Intensität ein verläßliches Unterscheidungskriterium, was bereits der Umstand erweist, daß ein Adjektiv „endo-*morph*" konstruiert wurde. Das heißt: die „morphe", die Manifestation einer Depression, kann dem Bild einer endogenen Melancholie ähnlich oder mit ihr zum Teil identisch sein, ohne dadurch automatisch in diese Kategorie, nämlich der endogenen Psychose, zu fallen. Andererseits können dieser Auffassung gemäß übersteigerte Umgebungswirkungen ein depressives Reaktionssyndrom quantitativ soweit verändern, daß Intensität und Wertigkeit einer neuen Qualität, nämlich einer „Psychose", erreicht werden.

Die adaptiv-biologische Auffassung beruht auf einem *zweiwegigen* Modell, das Rückmeldungs- und Wechselwirkungsvorgänge einschließt. Der afferente Weg umfaßt zum einen teils bewußt erlebte, teils implizit und unklar („unbewußt") erfahrene Umgebungswirkungen; zum anderen solche, die auf den Organismus direkt Einfluß haben. Dazu gehören insgesamt sowohl stoffliche Wirkungen (beispielsweise von „Drogen" im engeren Sinne) als auch die Gesamtheit sozialer Interaktionen, zum Beispiel der „Droge Arzt". Weiteres „innere Afferenzen" aus dem Gedächtnisspeichern, die in den zentralnervösen Verarbeitungsprozeß relevanter Informationen mit eingehen.

Der zweite, efferent-gegenläufige Weg umfaßt alle aktiven und reaktiven Wirkungen einer Person (ist gleich: Organismus plus Reflexivität). Er ergibt sich aus dem Zusammenwirken von Dispositionen einerseits, der Eigenart des Aufeinanderfolgens von Situationen (d. h.: des Lebenslaufes) andererseits. Im Lebenslauf gibt es Geschehnisse, aufgrund derer die Effekte von Substanzen (z. B. psychotroper Drogen) zum Tragen kommen.

Zur Disposition gehört zum Beispiel auch das Vorliegen einer erbgenetischen Vorprogrammierung in Richtung auf Erlebens- und Verhaltensweisen, die als pathologisch klassifiziert werden mögen. Solche erbgenetische Vor-Dispositionen sind kaum außerhalb eines interdependenten Zusammenhangs mit Lebensläufen denkbar, mögen dabei klarbewußte Erlebnisse, implizit-automatisch verarbeitete Informationen oder direkte, zum Beispiel zentralnervös eingreifende, materielle Einflüsse wirksam sein.

b) Die einbahnige, halb-biologische Einstellung in der Medizin. Die sogenannte „biologische Psychiatrie" (*J. R. Smythies* 1970, u. a.) zum Beispiel legte sich diesen Titel unter irrigen Voraussetzungen und Ansprüchen zu. Sie ist tatsächlich – mit geringfügigen Ausnahmen – entweder eine spezielle patho-neurophysiologische Disziplin (mit besonderer Berücksichtigung psychopharmakologischer Aspekte) einerseits; oder andererseits eine speziell pathologisch orientierte Subdisziplin der Erblehre mit besonderer Berücksichtigung des Endogenitätsproblems der Psychosen. Ausnahmen sind zum Beispiel tatsächliche biologische Korrekturen naiv-lernpsychologischer Vorstellungen, wie das Konzept der „preparedness" (nach *M. E. P. Seligmann, J. L. Hager* 1972). Dieser Auffassung nach lernen Organismen bevorzugt, was für sie artspezifisch überlebenswichtig ist, Menschen somit, was für langfristig planendes Handeln dienlich erscheint (*Miller, Galanter, Pribram* 1960).

Die „biologisch" sich nennende (auch „organisch" bzw. „somatisch" bezeichenbare) Psychiatrie läßt, ihren bevorzugten Vorstellungen nach, Wirkungen einbahnig und „primär" vom „Substrat Hirn" ausgehen. Sie beschränkt die Einbahn noch auf Verlaufsrichtungen, die primär „endogen"-erbgenetisch bedingten Veränderungen der zugrundeliegenden biochemischen Vorgänge entstammen. Eindrucksvoll folgende Darstellung. Wenn zu einem bestimmten Zeitpunkt ein „physiologischer Reiz" – zum Beispiel eine Aufregung – kommt, „so flitzt das Noradrenalin aus seinem Lager, passiert die präsynaptische Membran und den synaptischen Spalt und gelangt an den Rezeptor. *Hier* ereignet sich dann Angst, hoher Blutdruck usw. . . ." (*W. Birkmayer*, 1978, S. 5, gesperrt vom Verfasser).

Diese Vorstellungsweisen beschränken ärztliches Handeln naturgemäß auf die Zufuhr von Substanzen, die ungeordnetes Heraus- und Herum-„Flitzen" in antidepressiv-geordnetes zu verwandeln imstande sein sollten. Diese einspurige Fixierung auf endogene Verursachung sperrt folgerichtig eine Bezugnahme auf Wirkungen ab, die aus dem Verhältnis und dem Verhalten eines subjekthaften reflexiven Organismus (ist gleich: Person) zu seiner biologisch und gleichzeitig soziokulturell relevanten Umgebung resultieren könnten. Ebenso folgerichtig scheint aus dieser Mentalität die „kustodiale" soziale Isolation von Patienten in lagerartigen Verwahrungsanstalten, die zu Unrecht die Bezeichnung „Krankenhaus" tragen. Sie ermöglicht eine ungemein billige Ver- und Entsorgung des „Materials" nach einer Art, die sich bei näherer Erfassung von selbst qualifiziert (*R. Forster* und *J. Pelikan*, 1976). Die Überlebensbedürfnisse der Nahrungs- und Flüssigkeitszufuhr, physikalischer Wärme und der Schlafnotwendigkeit werden dabei auf knappstem Niveau erfüllt, die nötige Ruhigstellung zum Schutz institutioneller Erfordernisse durch psychotrope Drogen erzwungen. Daß dies nicht hunderprozentig akzeptiert wird, ist zum Teil dem Umstand zuzuschreiben, daß sich einige Ärzte und manche Angehörige nicht von der Richtigkeit der Prämissen einer rein „biologischen Psychiatrie" und ihren eindeutigen Konsequenzen überzeugen ließen. Patienten, die als beziehungslose „Präparate" bzw. Versuchspersonen gesehen werden können, erleichterten biologische Forschungen ungemein. „Biologische" Orientierung engt somit kuratives Handeln zuverlässig einbahnig auf Zufuhr von (u. a. medikamentösen) *Stoffen* ein, bezogen auf ein *Substrat* (Körper, speziell: Gehirn).

Die zweite, prinzipiell und fundamentalerweise ebenfalls, doch nicht so eng „biologisch" aufzufassende und zu benutzende Bahn: nämlich über emotionale Zufuhren aus dem jeweiligen sozialen Verhältnis – und Verhaltensfeldern, bleibt bei Überwiegen der dargelegten Vorstellungen folgerichtig leer.

Dabei bedürfte es keines allzu phantasievollen Denkens, um folgendermaßen zu argumentieren. Man stelle sich einen „reaktiven" oder durch Überschreiten einer Dekompensationsschwelle hervorgerufenen depressiven Zustand vor; soferne Schulen solche Denkweisen erlauben. Es wird angenommen, dieser Zustand sei bei gegebener Disposition das Ergebnis eines Bewältigungsdefizits gegenüber bestimmten, zuweilen lange zurückreichenden Umgebungsüberforderungen. In dem Maße, in dem nun dieser Zustand einer endomorphen Depression ähnlich erscheint, wäre die Annahme legitim, daß homologe biochemische Vorgänge mit unterschiedlichen Intensitäten und in teilweise identischen zentralnervösen Funktionsbereichen sowohl bei vorwiegend „endogenen", als auch bei vorwiegend „reaktiven" (bzw. dekompensationsbedingten) Fällen miteinander partiell korrespondieren.

Diesem Gesichtspunkt tragen *H. S. Akiskal* und *W. T. McKinney* (1974) Rechnung, wenn sie bei Betrachtung der „pharmakologischen Brücke" und des Sprunges von der (Bio-)Chemie zum Verhalten (und wohl auch: zum Erleben) auf den scheinbar trivialen Sachverhalt hinweisen, daß Brücken im allgemeinen für Vermittlung nach zwei Richtungen angelegt seien, „während in der Literatur der Fokus weitgehend auf verhaltensmäßige Störung zielte, die bezogen auf die Veränderungen der biogenen Amine, als sekundäre Vorgänge erschienen, gibt es eine andere Forschungsrichtung, die darauf hinweist, es könne *auch das Umgekehrte der Fall* sein. Was darauf hinausläuft, selektiv soziale Variablen zu handhaben und beträchtliche Veränderungen in den zerebralen Aminen hervorzurufen." (S. 298, übersetzt und gesperrt vom Verfasser).

# 4. Die zur Unkenntlichkeit veränderte, larvierte Depression

Die traditionellerweise auf beherrschende Endogenität fixierte deutsche psychiatrische Ideewelt (mit anderen in pedantischer Rigidität durch *K. Schneider* verkörpert) hatte für depressive Phänomene folgende Konsequenz. Es wurden ihnen nach Art von – noch nicht voll aufgeklärten – Somatosen des Gehirns konzipierte Grund-, Kern-, bzw. Achsenstörungen unterstellt. Die Konstruktion der Achsen-Somatose erfolgte aber nicht bloß in Hinblick auf das MDK, bzw. die Zyklodie. Was einer gewissen Plausibilität gewiß nicht entbehrte. Die Endogenitätsunterstellung betrifft vielmehr, darüber hinaus und mit großer Entschiedenheit, alle irgendwie depressionsartigen, „thymo-morphen" Phänomene; oder mit ihnen als im Zusammenhang stehend verdächtigte Zustände. Die Betonung verschiebt sich von endo-*morph* zu *endo*-morph; was unterstellt, daß im Grunde und eigentlich alle nur irgendwie depressiv anmutenden Verdünnungen bis hin zu den formes frustes, nach dem Muster des MDK als „endogen" anzusehen wären.

Zum Beweis dessen folgende Behauptungen. „*Larvierte* Depressionen sind demnach *endogene* Depressionen, bei denen die depressive Verstimmung durch eine körperliche Symptomatik larviert, maskiert – also überdeckt – ist" (*P. Kielholz*, 1973, S. 11, gesperrt vom Verfasser). Oder: die „*rein* umweltbedingte Entstehung" des endomorphzyklothymen Achsensyndroms erscheint „höchst unwahrscheinlich; selbst wenn es durch Milieubelastung ausgelöst wurde, ist wohl das Vorliegen einer ‚endogenen Reaktionsbereitschaft' (?) anzunehmen" (*P. Berner*, 1977, S. 167, Sperrung und Fragezeichen vom Verfasser). „Reine" Umweltbedingtheit wird vernünftigerweise selbst von extrem in Umgebungskontingenzen denkenden Lernpsychologen kaum angenommen, womit der Hinweis ins Leere zielt. Und: was ist eine „endogene Reaktionsbereitschaft"? Dem Kontext nach wohl die offenbar als allgegenwärtig angesehene erbpathologische Disposition zur Zykloidie als einem manisch-depressiven Krankheitsbild. Die

Universalität dieses Krankheitsbegriffes macht ihn inhaltsleer. Es wäre nach meinem Vorschlag zweckmäßiger, die Fähigkeit, depressiv zu reagieren, als eine allgemeine und normale Disposition mit zum Teil adaptivem Charakter anzunehmen.

Solche halb- oder pseudobiologischen Vorstellungen entsprechen folgender Analogie: die Epidermis der normalen Haut des Menschen (seine allgemeine Depressionsfähigkeit und -anfälligkeit) wäre als verdünnter Sonderfall, als forme fruste der Ichthyosis (Fischschuppenkrankheit), anzusehen. Im Gegensatz zur oben dargestellten direkten Argumentation vom Gesunden zum Abnormen liegt hier der Versuch einer *inversen*, tatsächlich verkehrten Darstellungsweise und Beweisführung – vom abnormen zum normalen Zustand – vor.

Das Aufstellen theoretischer Konstrukte auf Basis hirnphysiologischer Befunde und Vermutungen, wie das Postulieren pathologischer Achsen, um die, als zentrale Substratstörungen, vegetativ-biorhythmische und befindenshafte Störungen kreisen, die im Zustand der Larviertheit zu verschwinden drohen, sind natur- und humanwissenschaftlich durchaus legitim. Sie mögen Beobachtungen erklären oder heuristisch fruchtbar sein. Die Legitimation nimmt mit dem Übermaß ab, in dem Konzepte über ihren Geltungsbereich hinaus beansprucht werden. Dann beginnen sie immer weniger, bis mehr oder minder nichts, zu erklären. Derart kommt es zu großartig klingenden meta-physiologischen Behauptungen auf scheinbar soliden „biologischen" Grundlagen, die meta-psychologischen Theoremen *S. Freuds* („seelische Energie", Triebmythologie u. a. m.) an spekulativer Kühnheit in nichts nachstehen.

Wenn man von den obsoleten ätiologischen Spekulationen absieht, die schließlich fast 100 Jahre zurückliegen, lassen sich aus Arbeiten *S. Freuds* (1895) ein Großteil der Symptome nachlesen, die unter dem Titel „larvierte Depression" (*W. Walcher*, 1969) abgehandelt werden. Und zwar sowohl unter Einschluß von Hinweisen auf Beziehungen zur „Melancholie", als auch zu Angstäquivalenten und zu „larvierten Angstzuständen (*Hecker*)" (S. 316, 319). Es ist somit bereits recht lange bekannt, daß es organische Beschwerden gibt, die als Depressions- und/oder Angst-Äquivalente gelten. Und zwar deshalb, weil sie weder vom Patienten subjektiv mit diesen Qualitäten erlebt werden, noch dem befragenden und beobachtenden Arzt als zureichende Merkmale einer „manifesten" Depression imponieren. Die Beschwerden blieben – sowohl damals als auch jetzt – „organmedizinisch" unerklärlich.

In dieser Lage besteht eine Alternative darin, zu versuchen, derartige körperliche Beschwerden mit der speziellen Art der Verarbeitungsprozesse zu verbinden, die auf erlebnishaften und/oder erlebensbedingenden („vorbewußten", „unbewußten") Vorgängen beruhen. Verständlicherweise bestehen Tendenzen, depressive oder ängstliche Vorgänge hinsichtlich ihrer Erlebnis- bzw. Bewußtseinsmanifestationen zu „meiden", weil sie unlustbetont sind. Die Annahmen, daß Prozesse der Depressions- und Angst-Unterdrückung (durch Verdrängen, Verleugnen, Außenprojizieren u. a.) vor sich gehen, daß solche automatischen „Meidungen" erfolgen, berechtigen vorerst, überhaupt von Depressions- oder Angst-*Äquivalenten* zu sprechen und auf sie zu schließen. Auf ähnliche Art, wie nun *O. Fenichel* (1945) den Neurosenbegriff über das klinisch-plausible Maß hinaus reichlich überzogen hatte, ist die „larvierte Depression" in derzeit geläufigem, extensivem Gebrauch daran, den Neurosenbegriff zu eliminieren, ohne ihn der Sache nach zu ersetzen. Die vielseitige Beliebtheit dieses neuen Etiketts ist ein befragungswürdiges sozialmedizinisches Phänomen mit medizinpsychologisch interessanten Aspekten.

# 5. Wege vom Psychodrogen-Produzenten zum Konsumenten bei larvierter Depression, einschließlich Zwischenstationen und wechselseitigen Abhängigkeiten

## a) Die praktizierenden Ärzte für Allgemein- oder Fachmedizin als Vermittler der Psychodrogen-Produktion

Diesen gibt die Etikette „larvierte Depression", von autoritativen akademischen Experten geliefert, nicht nur einen seriös klingenden Namen für eine Patientengruppe, die ohnedies aus zweifelhaften Trägern problematischer Beschwerdebilder besteht. Namensfindung und -gebung bieten darüber hinaus den unschätzbaren Vorteil genauer (Be-)Handlungsanweisungen und Prophezeiungen („Prognosen"), die ungefähr so rekonstruierbar sind: „Behandle die so benannten Patienten mit Psychodrogen, als ob sie endogene Depressionen hätten, auch wenn deren manifeste Merkmale fehlen. Die nötigen Drogen bietet Dir die Industrie in entsprechender Vielfalt und mit reichlich gefächertem Wirkungsspektrum. Findest Du die richtigen Substanzen (-Mischungen), wird Deinem Patienten und somit Dir der Erfolg nicht versagt bleiben". Mißlich daran ist bloß der Umstand, daß ein Treffen richtiger Mittel gerade bei formes frustes bzw. Larvierungen infolge Unkenntlichkeit der Eigenheiten von „dahinter" liegenden Achsen (oder was auch immer), das heißt: wegen unzureichender Anhaltspunkte, mehr als sehr schwierig sein muß. Hilfe bieten Breitbandmittel, zum Beispiel Maprotilin.

Diese Zugangsweise vermag einen Praktiker, der ohnedies von Problempatienten geplagt ist, auf wünschenswerte Weise und in hohem Maße der Anforderung zu entheben, auf Patientenprobleme einzugehen. Direkt das Hirn-Substrat angreifende psychotrope Substanzen werden zu Problemlösern, zumindest was Ungleichgewichte biogener Amine anlangt.

Die darauf begründete Sicherheit des Arztes hat zur Folge: die substanzielle, „spezifische" Wirkung der Psychodroge erhöht sich um den interaktionalen Effekt der „Droge Arzt". Dieser Effekt ist zwar über anfänglich andersartige, doch letztlich homolog wirkende, in diesem Sinne auch „spezifische", positiv-iatrogene Bahnen eingreifend. Schließlich gebietet ärztliche Ethik ohnedies, auch an solchen Patienten ein gewisses Mindestmaß von Geduld und Wohlwollen zu üben. Die Gesamtwirkung wird jedenfalls, nach vorherrschenden Lehrmeinungen, den Drogensubstanzen gutgeschrieben. Begriffe wie „Neurosen", Erwägungen über dekompensatonsrelevante Bedingungen, die auf Erfahrungsverwertung und Eigenarten des Stils von Lebensführungen Bezug nehmen, treten in den Hintergrund oder verschwinden der Einfachheit halber völlig. Wohl gibt es eine Anzahl besonnener Kliniker, die der Bedeutung von „Psychotherapie" einen gebührenden Platz einräumen, zum Beispiel *W. Walcher, P. Kielholz, W. Pöldinger* und andere. Da aber die Darstellung des medikamentösen Behandlungsteiles im Vordergrund steht, werden solche Hinweise nicht sonderlich ernst genommen und eher für schmückende Pflichtübungen gehalten.

**b) Die Patienten als Konsumenten der antidepressiven und angstdämpfenden Psychodrogen-Produktion**

Wir erwähnten bereits: die in der Formel „larvierte Depression" dem Arzt gegebene Sicherheit stützt gleichzeitig den Patienten. Auch bedeutet die Feststellung dieser Diagnose – darauf verweisen ihre Proponenten völlig zu Recht – das Aufhören jener zuweilen unmäßigen Untersuchungen, die sich gezwungen sahen, ein peripheres pathologisches Substrat der Beschwerden zu finden. Groß ist weiters der beruhigende Effekt des Umstandes, daß die Vielfalt bisher unerkannter Beschwerden, Krankheits- und Leidensbilder endlich den ihr zustehenden Namen gefunden haben und somit als „geklärt" erscheinen. Zudem setzt eine medikamentöse Behandlung ein, die als in plausiblem Zusammenhang mit der Leidensbenennung stehend angesehen werden kann. Sind Lebensprobleme eher randständig, drogenbedingte Nebenwirkungen erträglich und die positiv-iatrogenen Einflüsse des Therapeuten gut dosiert, wird sich der Zustand des Patienten bessern oder asymptotisch einer Heilung nähern.

Fehlen diese Bedingungen ganz oder zum Teil, dann ist die Sachlage auf längere Sicht eher trist zu beurteilen. Nachdem neuheitsbedingte Anfangserfolge schwinden, geraten Arzt und Patient gemeinsam in Bedrängnis. Führt das Probieren qualitativ unterschiedlicher Substanzenmischungen zu keinem Erfolg, dann ist die Versuchung für den Therapeuten groß, gemeinsames Heil in höheren Dosierungen zu suchen. Um so mehr, als immer wieder auf die Fehlerhaftigkeit zu niedriger Medikamentengabe warnend hingewiesen wird. Was für schwere endogene Depressionen gilt, wird auf die larvierten übertragen. Die weiteren Auswirkungen lassen sich ohne übermäßige Phantasiebegabung ausmalen.

**c) Die klinisch autoritativen Prüfer und Vermittler psychotroper Substanzen (Industrieprodukte), bezogen auf Heilwirkungen bei Patienten (Konsumenten) und Heilungserwartungen der Praktiker (Vermittler)**

Es erübrigt sich hier, auf die geradezu revolutionäre Bedeutung der Psychopharmaka für die Psychiatrie einzugehen; im besonderen, was die Gruppe der Antidepressiva anlangt. Die erzielten Fortschritte sind den Tätigkeiten universitärer bzw. industrieller Grundlagen- und Spezialforschungen zu danken, die sich mit klinischer Prüfung der Wirkungen am Menschen verbinden. Damit geht die Information der praktizierenden Ärzte (s. o.) Hand in Hand.

Die industrielle Produktionsweise unterliegt, neben philantropischen Tendenzen, die sich in segensreichen Ergebnissen für Patienten niederschlagen, zwangläufig auch Erwägungen über Umsatz und Rentabilität.

Umso höher sind die bereits erwähnten Stimmen jener Forscher einzuschätzen, die auf Grenzen hinweisen. Andererseits kann unglücklicherweise übersteigerter Forschungsdrang die Ausgewogenheit des Urteils beeinträchtigen. Als Beispiel beziehe ich mich auf einen zufällig gelesenen Hinweis in einem verbreiteten Wochenmagazin. Ein Zitieren kann deshalb unterbleiben. Umsomehr, als es im Grunde völlig gleichgültig wäre, ob das angeführte Diktum als wahr oder nur als gut erfunden zu gelten hätte, weil nämlich in jedem Fall die uns interessierende Einstellung extrem einbahnig – „biologisch" denkender Forscher und Prüfer auf unübertreffliche Weise zum Ausdruck käme. Demnach hätte ein – offenbar als prominent eingeschätzter – Forscher gesagt: jeder, der Depressionen psychotherapeutisch zu heilen glaube, gehöre selbst psychotherapiert.

Aufschlußreich ist die bereits ausschließliche Zentrierung der Argumentation auf die endogene Depression. „Psychotherapieren" bedeutet in diesem Kontext etwas Ähnliches wie Schul-Nachhilfeunterricht für minderbegabte Ignoranten. Ein schönes Beispiel für die herablassende Einstellung des Überheblichen gegenüber Bereichen eigener Unkenntnis. Übersehen wird, daß selbst für schwer endogene Depressive, für MD-Kranke eine stützend sich zuwendende, haltgebende Grundhaltung, die somit ein fundamentales Element jeder Psychotherapie enthält (*A. M. Becker* 1978), unerläßlich ist. Man bedenke, um wieviel mehr psychotherapeutische Einflüsse verschiedener Art bei den „larvierten Depressionen" nötig sein müßten.

Wer klinischer Forschung und Lehre verpflichtet ist, muß auch zeigen, wann Wohltat Plage werden kann: dann nämlich, wenn ein Mehr dessen, was sich bereits als fragwürdig erwiesen hat, allmählich immer weniger wirksam, gegebenenfalls schädlich zu werden beginnt; während doktrinäre Schulmeinung keine Alternativen für psychotherapeutisches Denken und Handeln zulassen.

### d) Die Pharmazeutische Industrie als Produzentin mit Werbung in eigener Sache

Es ist ein verbreiteter Irrtum, anzunehmen, eine vernünftige, auf langfristigen Absatz bedachte Industrie wäre vordringlich und in erster Linie auf Hochdosierung ihrer Präparate orientiert. Das mag noch für Anwendungen von Antidepressiva und Neuroleptika unter kustodialen Bedingungen gelten, wo die Relation zwischen positiven Haupt- und negativen Nebenwirkungen nicht besonders augenfällig und sozial relevant werden. Hingegen muß es im wohlverstandenen eigenen Interesse jeder Industrie, die zum Beispiel Antidepressiva erzeugt, liegen, daß sich die jeweiligen Mittel durch unsachgemäße, zum Beispiel überhohe Dosierung, *nicht* in Mißkredit bringen. Dazu gehört auch, daß vernünftige Firmen durchaus Hinweise auf die Bedeutung von begleitender oder ergänzender Psychotherapie bei ambulanter Behandlung in ihre Werbung einflechten. Sie können nämlich sicher sein, daß interaktiv-psychotherapeutische Erfolge im allgemeinen nicht dieser Tätigkeit, sondern ihrem Präparat, (s. o.) gutgeschrieben werden. Vergleiche dazu: *J. Stössel* (1973) sowie *S. Britton* (1975) mit folgender Diskussion.

## 6. Die Institution der Balintgruppen als Ort kritisch-medizinischen Denkens, abgehandelt am Beispiel der „larvierten Depression"

Es konnte gezeigt werden, welches hohe kritische Potential im Begriff der „Droge Arzt" enthalten ist. Diese Formel regt an, die landläufig unproblematisch erscheinende „mind-body"-Frage unter dem Gegensatz Erleben-Gehirn, bzw. erlebnishafte, erlebnisbedingende und -verarbeitende Prozesse einerseits, zentralnervöse Aufnahme, Verarbeitung und Speicherung von Informationen und deren Umsetzungen in Bewegungen, Verhaltensweisen und Handlungen andererseits, zu überdenken. Die durch Balint angeregte Fragestellung hat für mich zu vorläufigen Antworten geführt, die sowohl den simplen „Leib-Seele"-Dualismus, weiters die Annahmen über Erleben als Epiphänomene, als schließlich auch die einfache Identitätstheorie im Sinne *Feigls* zur Seite schieben (*H. Feigl, K. Popper* und *J. Eccles*). Vielmehr wird der Organismus als eigene Grundkategorie eingeführt. Erlebensvorgänge und zentralnervöse Prozesse werden in einem Verhältnis zueinander gesehen, das einer partiellen Korrespondenz entspricht. Das heißt: wohl ist jedes Erleben durch erlebnisbedingende (vorbewußte, unbewußte) zentralnervöse Erregungskonfigurationen bedingt; nicht jedem zentralnervösen Aufnahme-, Speicherungs- oder Verwertungsprozeß entspricht jedoch ein bewußtes Erleben. Jedes Erleben ist aber als potentiell rückwirkend auf zentralnervöse Prozesse anzusehen, die ihrerseits neues Erleben vorbereiten und, gegebenenfalls, dessen Verwertung über Erfahrungsbildung ermöglichen.

Ein solcher Standpunkt der partiellen Erleben-Hirn-Korrespondenz, bezogen auf menschliche Organismen, das heißt Personen, ermöglicht einen methodenpluralistischen und interdisziplinären Zugang hinsichtlich humanwissenschaftlicher Fragen. Im Bilde kreisförmiger Relationsprozesse bzw. Verhältnisvorgänge zwischen Organismus und Umgebung erscheinen Begriffe wie „primär" bzw. „rein" substrat- oder umgebungsbedingt weitgehend relativiert. Als ein solches Relationsproblem wird auch die Frage der Depression und der Angst angesehen. Vor allem in der besonders problematischen „larvierten" Form. Unter dem angeführten wissenschaftstheoretischen Aspekt verbieten sich alle beliebten einwegigen zuweilen auch nur einbahnigen Betrachtungsweisen, die dementsprechender Kritik unterliegen. Eine größere Weite des Gesichtswinkels ermöglicht sowohl Toleranz gegenüber allen Formen interaktiv-zwischenmenschlicher Einflußnahmen (z.B. in organisierter Form als „Psychotherapie"), als auch gegenüber sinnvollen Anwendungen von Medikamenten, zum Beispiel als antidepressive oder neuroleptische Agentien.

Wichtig erscheint mir, daß Balints scheinbar so einfache Formeln zum Nachdenken anregen. Auf Fragen, so pflegte Balint zu sagen, bekommt man Antworten; womit er in erster Linie an das beforschende Ausfragen von Patienten dachte. Ich will dazu ergänzen: durch Zuhören gewinnt man Einsichten. Erst von dieser Stufe aus werden Fragen wieder sinnvoll, auch wenn keine sicheren Antworten zu erhalten sind.

# Literatur

*Akiskal, H.S., W.T. McKinney:* Overview of Recent Research in Depression. Arch. gen. Psychiat. 32 (1975) 285–305.

*Argelander, H.:* Balintgruppen-Arbeit mit Seelsorgern. Psyche 27 (1973) 129–150.

*Balint, M.:* The Doctor, his Patient and the Illness. Pitman, London 1957.

*Balint, M.:* Die technischen Experimente S. Ferenczis. Psyche 20 (1966) 904–925.

*Balint, M.:* Psychotherapeutische Forschung und ihre Bedeutung für die Psychoanalyse. Psyche 26 (1972) 1–19.

*Balint, E.:* Michael Balint und die Droge „Arzt". Psyche 30 (1976) 105–124.

*Balint, M., D.H. Hall, M.L. Hare:* Unterrichtung von Medizinstudenten in patientzentrierter Medizin. Psyche 23 (1969) 532–546.

*Becker, A.M.:* Die Ausbildung in Balint-Seminaren. Österr. Ärzte-Zeitung 31 (1975) 125–136.

*Becker, A.M.:* Integrativ-pragmatische Psychotherapie: Lern- und Tiefenpsychologische Aspekte. Int. Kongreß für Verhaltenstherapie in Wien, Referat 25. 9. 1978.

*Becker, A.M.:* Darstellung und Kritik der „Drei-Welten"-Theorie von Popper-Eccles. Philosophisch-psychologisch-medizinisches Konservatorium d. Univ. Wien, Referat 8. 12. 1978.

*Becker, A.M.:* Integrativ-pragmatische Behandlung eines Falles von Angstneurose. In: Fallstudien zur Psychotherapie, hrsg. von H. Strotzka. Urban & Schwarzenberg, München–Wien–Baltimore 1979.

*Berner, P.:* Psychiatrische Systematik. Huber, Bern–Stuttgart–Wien 1977.

*Birkmayer, W.:* Die Biochemie des menschlichen Verhaltens. J. Autog. Training allg. Psychother. 5 (1978) 3–8.

*Britton, S.:* Ethical Problems by Commercial Psychopharmacology. In: Emotions – Their Parameters and Measurement, edited by L. Levi. Raven, New York 1975.

*Epstein, S.:* The Nature of Anxiety with Emphasis upon its Relationship to Expectancy. In: Anxiety – Current Trends in Theory and Research, Vol. 2, edited by C.D. Spielberger. Academic Press, New York 1972.

*Epstein, S.:* Versuch einer Theorie der Angst. In: Neuropsychologie der Angst, hrsg. von N. Birbaumer. Urban & Schwarzenberg, München–Berlin–Wien, 1973.

*Feigl, H.:* Leib-Seele, kein Scheinproblem. In: Neue Anthropologie, Bd. 5; Psychologische Anthropologie, hrsg. von H.-G. Gadamer u. P. Vogler. 2tv, München 1973.

*Fenichel, O.:* The Psychoanalytic Theory of Neuroses. Norton, New York 1945.

*Forster, R., J.M. Pelikan:* Gewalt im Alltag der Psychiatrie. Ausgewählte Ergebnisse einer Analyse der Patientenversorgung in einer psychiatrischen Sonderanstalt. Österr. Z. Soziol. 1, Heft 2 (1978) 58–72.

*Freud, S.:* Über die Berechtigung, von der Neurasthenie einen bestimmten Symptomenkomplex als „Angstneurose" abzutrennen, 1895, Ges. Werke, Bd. 1. Fischer, Frankfurt a.M. 1952.

*Greenberg, I., J.L. Altman, J.O. Cole:* Combination of Drugs with Behavior Therapy. In: Drugs in Combination with other Therapies, edited by M. Greenblatt Grune & Stratton, New York–San Francisco–London 1975.

*Hoffmann, N.:* Depressives Verhalten. Müller Salzburg, 1976.

*Kielholz, P. (Hrsg.):* Die larvierte Depression. Int. Symposium St. Moritz, Januar 1973. Redaktion: C. Adams, Ciba-Geigy AG. Huber, Bern–Stuttgart–Wien 1973.

*Kielholz, P. (Hrsg.):* Die Depression in der täglichen Praxis. Int. Symposium St. Moritz, Januar 1974. Reaktion: C. Adams, Ciba-Geigy AG. Huber, Bern–Stuttgart–Wien 1974.

*Lazarus, R.S.:* The Self-Regulation of Emotion. In: Emotions – Their Parameters and Measurement edited by L. Levi. Raven, New York 1975.

*Lazarus, R.S., J.R. Averill:* Emotion and Cognition. With Special Reference to Anxiety. In: Anxiety – Current Trends in Theory and Research, Vol. 2., edited by C.D. Spielberger. Academic Press, New York 1972.

*Lazarus, R.S., J.R. Averill, E.M. Opton:* Ansatz zu einer kognitiven Gefühlstheorie. In: Neuropsychologie der Angst, hrsg. von N. Birbaumer. (Übers. aus M. Arnold: Feelings and Emotions. New York: Academic Press, 1970) Urban & Schwarzenberg, München–Berlin–Wien: 1973.

*Luban-Plozza, B.:* Über die Entwicklung der Balint-Gruppen. In: Praxis der Balint-Gruppen, hrsg. von Luban-Plozza. Lehmann, München 1974.

*Malan, D. H.:* Psychoanalytische Kurztherapie. Eine kritische Untersuchung. Huber-Klett, Bern-Stuttgart, 1965.

*Miller, G. A., E. Galanter, K. H. Probram:* Plans and the Structure of Behavior. Holt–Rinehart–Winston, New York 1960.

*Pöldinger, W.:* Kompendium der Psychopharmakotherapie. Editions Roche, Basel 1975.

*Popper, K. R., J. C. Eccles:* The Self and its Brain. Springer, Berlin–Heidelberg 1977.

*Queckelberghe, R. van:* Systematik der Psychotherapie. Vergleich und kognitiv psychologische Grundlegung psychologischer Therapien. Urban & Schwarzenberg, München–Wien–Baltimore 1979.

*Schneider, K.:* Klinische Psychopathologie. Thieme, Stuttgart 1962.

*Seligman, M. E. P., J. L. Hager:* Biological Boundaries of Learning. Appleton-Century-Crofts, New York 1972.

*Smythies, J. R.:* Biologische Psychiatrie. Thieme, Stuttgart 1970.

*Stössel, J.:* Psychopharmaka – die verordnete Anpassung. Piper, München 1973.

*Wachtel, P. L.:* Structure or Transaction? A Critique of the Historical and Intrapsychic Emphasis in Psychoanalytic Thought. In: Psychoanalysis and Contemporary Science, Vol. 5, edited by Th. Shapiro. Int. Univ. Press, New York 1976.

*Walcher, W.:* Die larvierte Depression. Hollinek, Wien 1969.

*Walcher, W. (Hrsg.):* Probleme der Provokation Depressiver Psychosen. Int. Symposion Graz, April 1971. Hollinek, Wien 1971.

*Weizsäcker, V. v.:* Der Gestaltkreis. Thieme, Leipzig 1940.

# Ist die Methode von Balint auf die Weiterbildung von Spitalsärzten übertragbar?

*Sepp-Rainer Graupe*

Unter einer ähnlichen Fragestellung wies Guyotat (1974) auf die unterschiedlichen Bedingungen von praktischen Ärzten und Spitalspersonal hin. Die Balintgruppen wurden ja konzipiert, um praktischen Ärzten ein psychoanalytisch begründetes Verständnis für ihre psychosomatischen Patienten zu vermitteln und die Arzt-Patient-Beziehung um therapeutische Möglichkeiten anzureichern, die einer fokalen Kurzpsychotherapie bisweilen sehr nahe kommen können (s. dazu Luban-Plozza, 1974). Inzwischen wird in vielen Bereichen der Aus- und Weiterbildung von Balint-Gruppen gesprochen, ohne daß dieser Begriff deshalb hinsichtlich von Methode und Technik eine größere Präzisierung erfahren hätte.

Auch die Gruppe, aus der ich berichten möchte, wurde unter dem Schlagwort „Balintgruppe" initiiert und über zwei Jahre geführt. Heute frage ich mich, ob die Bezeichnung „Balintgruppe" für unsere Weiterbildungsveranstaltung zu Recht bestanden hat. Dies scheint mir deshalb bedeutsam, weil Möglichkeiten und Grenzen der Balinttechnik für das ursprünglich von Balint gebrauchte Setting mit praktischen Ärzten wohlbekannt sind, für die Anwendung auf eine neue Klientel von medizinischem und psychosozialem Personal aber durchaus zur Diskussion steht[1].

Die Initiative erfolgte durch einen der späteren Teilnehmer, der eine Balintgruppe auf einem Workshop selbst erfahren hatte und in diesem Sinn weiterarbeiten wollte. Er motivierte hierzu eine Reihe von Kollegen, mit denen er zumeist persönlich bekannt war und von denen er wußte, daß sie an einer Verbesserung ihres Verhältnisses zu den Patienten interessiert waren. Einige von ihnen waren untereinander bekannt durch ihr Engagement auf medizin-politischem Gebiet.

Alle Teilnehmer kamen freiwillig und in ihrer Freizeit. Sie arbeiteten in verschiedenen Spitälern, einige davon vorübergehend gemeinsam auf einer Station. Einige von ihnen wußten, daß ich als Psychologe an einer medizinischen Einrichtung beschäftigt und mit der psychologischen Gruppenarbeit mit verschiedenen Berufsgruppen vertraut bin und baten mich um die Leitung ihrer Gruppe im Sinne Balints.

---

[1] siehe den Beitrag von H. M. Becker in diesem Band.

Die Teilnehmer waren Spitalsärzte, die zumeist vor wenigen Jahren mit dem Turnus begonnen hatten (so nennt man in Österreich die über zahlreiche medizinische Fächer sich erstreckende Tätigkeit des jungen Arztes, die ein häufiges Wechseln von Stationen notwendig macht, durch die er sich nach drei Jahren die Berechtigung zur Tätigkeit als praktischer Arzt erwirbt). Wenige waren an einer Facharztausbildungsstelle oder an einer Universitätsklinik tätig. Die Sekundarärztestellen repräsentieren die unterste Rangstufe der ärztlichen Hierarchie, während die Hochschulassistenten und Fachärzte in Ausbildung in einem vereinfachten Schema, etwa schon auf der zweiten Rangstufe, zu lokalisieren wären.

Ich will darauf verzichten, den gesamten Ablauf der Gruppe zu beschreiben. Vielmehr möchte ich mich auf eine Problemstellung beschränken, die mich bei der Evaluation dieser zweijährigen Gruppe geleitet hat und die auch Grundlage ist für Pläne, wie eine neue Gruppe anders und eventuell wirkungsvoller zu gestalten sei.

Der Vergleich zwischen praktischen Ärzten und Spitalsärzten, etwa in der Situation der Gruppenteilnehmer, mag das Problem verdeutlichen, wobei die Unterscheidungen nur als schematisch zu betrachten sind. Während der praktische Arzt den Spielraum hat, den Patienten in relativer Autonomie entgegenzutreten, ihn als ganze Person, inklusive seiner Lebensbedingungen und sozialen Beziehungen zu erfassen, und die Möglichkeit hat, eine Kontinuität der Beziehung mit dem Patienten herzustellen, ist der Spitalsarzt in erster Linie weisungsgebunden, er erlebt sich deshalb in der Beziehung zum Patienten gleichzeitig in der teilweise hierarchischen, teilweise konkurrierenden Beziehung zu seinem Vorgesetzten bzw. seinen Kollegen, ist darauf beschränkt, sich mit dem Teil des Patienten zu beschäftigen, der ihm arbeitsteilig zugewiesen wurde. Er kann kaum die Entwicklung eines Patienten verfolgen, ja häufig, etwa bei Nachtdiensten, an der Aufnahmestation oder im Ambulanzbetrieb kommt es vor, daß er einen Patienten überhaupt nur einmal sieht.

Die Hypothese, die ich anhand dieses Berichts zur Diskussion stellen möchte, lautet: Die Balint-Technik greift dann umso weniger an die unbewußten Vorgänge der Arzt-Patienten-Beziehung, je zwingender und starrer die institutionelle Routine der Behandlungseinrichtung ist und je weniger umfassend und kontinuierlich der Kontakt zwischen Arzt und Patient ist. Diese Umstände führen zwar dahin, daß Konflikte umso schmerzhafter erlebt werden, sie fördern aber auch die Abwehr im Gruppengeschehen, indem der persönliche Anteil des Arztes am Konfliktgeschehen von seinen belastenden Arbeitsumständen überlagert und damit schwer zu trennen ist. Einsichten, die immerhin zu gewinnen sind, können sich nur erschwert auf der Ebene des Verhaltens durchsetzen.

Die Erwartungen der Kollegen an die Gruppe waren vielfältig, uneinheitlich und auch nicht immer konkret. Teilweise entwickelten und konkretisierten sie sich im Laufe der zwei Jahre des Bestehens der Gruppe. Der Einfachheit halber seien sie hier vorweggenommen, da sie sich auch mit den Zielsetzungen überschneiden, anhand derer auch eine Einschätzung über das in der Gruppe Erreichte und Nichterreichte diskutiert wurde. Das eine große Bündel von Erwartungen bezog sich auf den Patienten und die Arzt-Patient-Beziehung. Darin ging es um ein besseres und schnelleres Erfassen der psychosozialen Situation des Patienten und vielleicht auch darum, Erklärungen für seinen Zustand und sein Verhalten zu finden. Dies mag bisweilen auch zu Wünschen nach einer theoretischen Aufarbeitung von psychologischen und psychosomatischen Fragestellungen führen, oder zum Wunsch nach einer treffenden psychologisch-diagnostischen Kurzcharakterisierung des Patienten. Besonders die erlebte Hilflosigkeit gegenüber Ansprüchen und Erwartungen des Patienten mag zu der Erwartung geführt haben, in der Gruppe zu erlernen, besser und der Problemsituation des Patienten adäquater auf sein Angebot im „Hier und Jetzt" einzugehen. Dies deckt sich mit den Vorstellungen der traditionellen Rolle des psychologisch und psychosomatisch interessierten Arztes.

Die Teilnehmer stellten sich aber auch den Anspruch, die eigene Stellung im Gefüge des Systems der Krankenversorgung zu erfassen, in Frage zu stellen und zu verändern. Daher stammt auch das Ziel, in der Gruppe Mittel zu erarbeiten, um eigene Konflikte mit anderen Angehörigen des Personals besser austragen zu können und Ursachen für das Mißbehagen in der tagtäglichen Arbeit in persönlichen Konflikten zu suchen, die vor allem institutionell vermittelt sind. In die gleiche Richtung ging der Wunsch, in der Gruppe der Abnützung und dem Ausverkauf der eigenen fortschrittlichen Absichten entgegenzuarbeiten und sich nicht durch den Zuwachs von Standesprivilegien korrumpieren zu lassen.

Ich habe das folgende Protokoll einer Gruppensitzung ausgewählt, um zu zeigen, wie schmal der Spielraum der Bearbeitung der persönlichen Anteile im Geschehen der Arzt-Patient-Beziehung, der hierarchischen Beziehungen und der Gruppenbeziehungen sein kann, wenn der reale, situative Druck, der sich auf den ärztlichen Kollegen auswirkt, ausreichend groß ist.

# 1. Protokoll einer Gruppensitzung (gekürzt und geglättet)

Teilnehmer sind A (Anna), B (Bertha), C (Casimir), D (Daniel), E (Emil), Franziska und Gustav sind abwesend, da sie sich im Ausland befinden.

### Zaghafte Darstellung einer mißlungenen Intervention

Vorerst Schweigen, dann ein kurzes Geplauder über Winterurlaube und wie schwer es ist, sich im Spital zurückzufinden.

A:  Es ist unergiebig, über Patienten zu reden, die selber wollen, daß man ihnen etwas herausschneidet.

Ich habe nicht gewußt, wie ich mich der Patientin gegenüber verhalten sollte. Sie kam, vom Primar bestellt, zur Strumektomie. Sie hatte nur einen kleinen Kropf und ganz merkwürdige Beschwerden gehabt. Anfallsartige Zustände, merkwürdige Herzsensationen, Schwindel, das Gefühl, daß sie kollabiert, ohne daß sie tatsächlich je wirklich kollabierte. Sie ist dann zu mehreren Ärzten gegangen; die meisten haben festgestellt, daß sie bis auf eine wenig vergrößerte Schilddrüse gesund ist, und die meisten haben ihr gesagt, eine Operation wäre nicht nötig. Es ist dann immer ärger geworden, sie hatte Angst gehabt, wegzugehen, auf die Straße zu gehen, sie hatte also zusätzlich eine Platzangst gehabt. Wenn sie einkaufen gegangen ist, hat sie es im Geschäft nicht ausgehalten. Sie hat sich dann bei mir beklagt, daß sie bei vielen Ärzten war. Aus der Tatsache, daß sie organisch gesund ist, haben ihr einige gesagt, daß sie hysterisch sei, andere haben etwas von Herzneurose dahergeredet. Sie war beleidigt darüber, da sie sagte, sie simuliere ja nicht: „es ist ja nicht so, daß ich es mir einbilde, daß ich mich hineinsteigere, sondern ich bin ratlos, weil ich durch diese Zustände sehr behindert bin". Ich habe auch nicht gewußt, was ich ihr sagen soll, wie ich mich zu ihr verhalten soll. Auch die Anamnese hat nichts Besonderes geboten, das einzige, worauf ich kam, war die Blinddarmoperation, die sie im Alter von 11 – 12 Jahren hatte, die ein Schock für sie war. Sie behauptete auch, damals hätten diese Herzsensationen zum ersten Mal begonnen. Da habe sie gespürt, wie ihr Herz schlägt und gefürchtet, daß es momentan aussetzt. Ansonsten: sie ist verheiratet, hat zwei Kinder, ist halbtätig berufstägig. Ich habe versucht zu fragen, wie ihre Ehe funktioniert. Da gäbe es keine besonderen Probleme. Sie glaubt, daß sie eine halbwegs gute Ehe führt. Es waren für mich keine Konfliktsituationen aufzuspüren.

B: „Unergiebig", denk ich da.

A: Am nächsten Tag bei der Morgenbesprechung sagte der Chef, er operiere sie, obwohl er weiß, daß es bestenfalls momentan, aber nicht auf die Dauer eine Besserung der Beschwerden bringen wird.

C: Entschuldige, wie alt ist die Dame?

A: Sie ist 35.

C: Und ist die Schilddrüsenfunktion überprüft worden?

A: Die war in Ordnung, auch das Szintigramm war unauffällig.

In dem nachfolgenden Durcheinander von Stimmen ist häufig das Wort „Psychotherapie" zu hören.

A: Das war mir ganz offensichtlich, daß sie Psychotherapie brauchte.

B: Und für sie offensichtlich auch.

A: Für sie war das nicht so offensichtlich. Der Primar scheint ihr doch gesagt zu haben, daß diese Operation nicht unbedingt notwendig ist und daß durch die vergrößerte Schilddrüse die Beschwerden nicht erklärt werden, aber . . . .

B: Es wundert mich aber dann doch, daß sie sich operieren läßt, weil sie doch Angst haben müßte vor Operationen, nachdem sie das damals mit dem Blinddarm gehabt hatte.

A: Schon, aber sie hat doch keine andere Chance gesehen.

GL (Gruppenleiter): Was hat sie gesagt darüber, wie ihr Leben ausschaut?

A: Sie sagte, daß sie halbtags in einem Büro arbeitet, von den Kindern war eines gerade schulpflichtig, das andere wäre im Kindergarten. Die Kinder wären brav und würden keine besonderen Schwierigkeiten machen. Sie hat nur erzählt, wenn sie mit den Kindern einkaufen geht oder spazieren geht, daß sie Angst hat, daß da irgend etwas passiert, wenn sie diese merkwürdigen Zustände hat.

B: Hat sie irgendeinen Beruf erlernt?

A: Ja, sie ist Verkäuferin.

C: Diese Zustände hat sie nur, wenn sie mit den Kindern unterwegs ist?

A: Ja. Ansonsten ist es nicht so anfallsartig, sondern, da hat sie nur das Gefühl, daß sie das Herz spürt. Und sie hat mich auch gefragt, ob das normal ist, daß man spürt, daß das Herz arbeitet. Ich habe gesagt, im Prinzip bemerkt man es nicht. Ich weiß aber nicht . . .

C: Ist ihr das in Aussicht gestellt worden, daß ihr das Erfolg bringen könnte, das Herausschneiden?

A: Nicht hundertprozentig, soweit ich es erfahren konnte, aber ich weiß natürlich nicht, was der Chef mit ihr jetzt tatsächlich gesprochen hat.

B: Hat sie das explizit gesagt, daß sie Angst hat, daß den Kindern etwas passiert, wenn sie mit ihnen unterwegs ist?

A: Sonst hat sie es auch, aber nicht so bedrückend.

GL: Mir kommt vor, das Augenscheinlichste ist, daß sie so, wie sie sich auf der Straße auch im Geschäft verhält und wie sie gedanklich mit ihrem Herzen umgeht, Schwierigkeiten hat, aber doch sucht sie einen Internisten und Chirurgen auf und versucht, Hilfe zu finden.

C: Ich frage mich wirklich, wie kommt sie zum Chirurgen.

A: Das ist ja üblich, daß man zuerst zum praktischen Arzt geht, der schickt sie zum Internisten, der schickt sie zum Scan[1] und bei wem bei uns ein Scan gemacht wird, der kommt automatisch auf die Chirurgie. Sie war noch ambulant beim Scan und ist dann gleich operiert worden.

C: Inzwischen ist sie also schon operiert worden?

A: Ja, da werden die Vorbefunde erhoben, dann kommt sie auf die Station und am nächsten Tag wird sie gleich operiert.
Sie hat während des Aufenthaltes keinen dieser Anfälle gehabt. Es wurde ihr ausdrücklich gesagt, wenn sie bemerkt, daß das kommt, soll sie uns rufen, damit man ein EEG schreibt, aber sie hat keinen Anfall gehabt, und wie es nach der Operation weitergegangen ist, weiß ich nicht.

GL: Dein Erleben war, wie Du am Anfang gesagt hast: „unergiebig".

C: Ja, erst viel später ist mir eingefallen, daß diese Blinddarmoperation auch ein Trauma gewesen sein könnte.

**Vermeidung persönlicher Kritik durch Bezugnahme auf die Zwangsläufigkeit der Spitalsroutine**

D: Es ist eine Logik darinnen, daß man Beschwerden, die man dadurch bekommt, daß man etwas herausschneidet, wieder los wird, indem man etwas herausschneidet. Und daß da etwas ist, was über diesen Automatismus hinausgeht.

---

[1] Scanner, auch Szintigramm. Diagnostische Methode v. a. zur Aufspürung von Tumoren. Bei der Schilddrüsenuntersuchung wird radioaktives Jod verabreicht, dessen Anreicherung in der Schilddrüse elektronisch dargestellt werden kann.

GL: Mir kommt vor, wir neigen dazu, ganz tiefe Ursachen zu suchen und das, was oberflächlich eine Diskrepanz ist, als selbstverständlich hinzunehmen, über das spricht man nicht. Man könnte zum Beispiel sagen: „Wie kommt das Ihnen vor? Sie haben Beschwerden, wenn Sie einkaufen gehen, wenn die Kinder dabei sind, dann schenken Sie dem Herzen eine große Aufmerksamkeit, und das sind Dinge, die in ihrem Denken und in ihren Vorstellungen vor sich gehen, und doch sind Sie hier auf einer chirurgischen Abteilung gelandet".

D: Aber für sie geht es nicht im Denken und in der Phantasie vor sich, sondern im Herzen. Sie erlebt, daß es etwas Organisches ist und sie empfindet es nicht als Ursache ihrer Symptome, daß sie darauf achtet, sondern als das Symptom selbst. Sie hat ja gefragt, ob es normal ist, daß man sein Herz spürt. Ich glaube nicht, daß für diese Frau das Psychische irgendwie einsichtig ist.

GL: Ich sehe, daß es nicht ganz leicht ist, von der unmittelbaren Situation auszugehen, in der sich Anna mit der Patientin befand. Wir sind dazu verleitet, psychologische Ursachenforschung zu betreiben und wissen dabei noch gar nicht, wie das Gespräch zustande gekommen ist, das Anna mit der Patientin führte.

C: Ist sie Dir im Hinblick auf die Beschwerden verzweifelt vorgekommen: Jetzt schleppe ich das schon solange herum, jetzt muß doch endlich etwas geschehen, oder hat sie es doch mit Fassung getragen?

A: Nein, sie war eher ein ruhiger Typ, es war eher schwierig, etwas aus ihr herauszubekommen. Aber die Beschwerden haben in den letzten Monaten zugenommen, so daß der Druck ziemlich stark geworden ist und sie sich sagte: „Jetzt muß etwas geschehen".

C: War das so, daß ihr keiner eine entsprechende Hilfe angeboten oder eine Möglichkeit gezeigt hat? Da hat sie sich dem Chirurgen geopfert, weil der wenigstens etwas unternommen hat.

A: Ja, so ungefähr. Ein praktischer Arzt hat ihr noch Valium und so etwas verschrieben. Die haben nichts genützt.

C: Ich sehe da immer die Verbindung zwischen der Patientin und Deinem Chef: Da findet sich einer, der endlich etwas zu tun bereit ist, doch dann spielt er eine zweifelhafte Rolle, indem er dasteht als jemand, der sich selbst Arbeit beschafft und damit etwas fast gegen sein besseres Wissen tut.

GL: So, wie Du es schilderst, erlebe ich es von Dir als eine Situation des inneren Konfliktes: Du erfährst nicht, was Du von ihr erfahren willst, aber andererseits hast Du auch das Gefühl, sie ist da fehl am Platz und Du denkst Dir, es würde ihr etwas anderes gut tun, als ihr ein Stück herauszuschneiden.
Wie hast Du Dich aus dieser Situation gerettet?

A: Gar nicht. Ich weiß nicht, ich habe mit ihr gesprochen anknüpfend daran, daß sie sich darüber beklagt hat, daß man sie als hysterisch bezeichnet. Ich habe gesagt, daß die Leute, die eine Herzneurose haben, keine Simulanten sind, daß das ein Prozeß ist, der nicht bewußt und vom Patienten gesteuert vor sich geht, sondern, daß man aufgrund einer Konfliktsituation lernt, Spannungen aufs Herz zu projizieren. Und das hat sie dann auch verstanden.

C: Bist Du an die Situation so herangegangen, daß es für Dich eine unumstößliche Tatsache war, daß die Frau operiert wird?

A: Nein, das ist für mich erst dann herausgekommen, denn, wie ich hingekommen bin und die Befunde gesehen habe, habe ich vorerst geglaubt, daß keine Operation stattfinden würde.

C: Ist sie nicht zum Zweck der Operation aufgenommen worden?

A: Doch, aber ich wußte nicht, daß sie für den nächsten Tag schon eingeteilt war.

C: Und Du hast geglaubt, sie kommt noch einmal zur Durchuntersuchung, und dann würde man weitersehen.

D: Und wie hat sie darauf reagiert, wie Du das gesagt hast?

A: Da hat sie gesagt: „nein, nein, das habe ich schon ausgemacht mit dem Primar, und ich komme morgen dran".

C: Hast Du in dieser Situation überlegt, ob man der Patientin von der Operation abraten soll?

A: Nein, bei Chefpatienten steht mir das nicht zu. Ich habe gedacht, die einzige Möglichkeit wäre, es gäbe jemand Kompetenten, zu dem ich sie hinschicken könnte.

B: Theoretisch könnte die Patientin schon die Operation ablehnen.

D: Aber sie will ja die Operation, glaube ich,

C: Mit ihrem Informationsgrad . . . .

D: Nein, mit ihrem Gefühlsgrad, denn offensichtlich hat sie die verschiedenen Versuche, ihre Beschwerden als psychogen zu erklären, nicht akzeptiert. Die waren vielleicht schlecht gemacht, aber trotzdem, da man ihr gesagt hat, sie ist hysterisch und das Valium hat nichts geholfen . . . . und es ist auch für sie eine organische Leidensgeschichte. Es hat begonnen mit einer Operation, da ist der Blinddarm herausgeschnitten worden, darauf hat eine Etage höher das Herz begonnen, Beschwerden zu machen, und sie hat als Folge dieser Herzbeschwerden begonnen, sie darauf zu konzentrieren aufs Herz, und jetzt geht sie noch eine Etage höher in den Hals, und da wird jetzt wieder was herausgeschnitten, aber das ist, so wie ich das sehe, eine geschlossene organische Kette, die zwar nicht unseren Vorstellungen von Physiologie entspricht, aber für sie ist es erlebensmäßig ein organisches Leiden.

C: Irgendwie schwingt da mit, da hat man doch das Beste gemacht.

D: Nein, aber ich kann mir vorstellen, in dieser Situation ist das eben die Schwierigkeit, daß sie deswegen operiert werden will, weil das die Akzeptierung ihres organischen Leidens ist. Es ist nicht einfach so, daß sie nicht durch die Fehlorganisation des Gesundheitswesens in die Operation hineingeschlittert ist, sondern, daß das durchaus etwas war, das von ihrem Erleben her adäquat ist.

B: Das ist doch aber so, daß Patienten mit psychosomatischen Erkrankungen sich sehr häufig mit dem Organischen zufrieden geben müssen.

A: Ich habe mich nicht getraut, ihr die Illusion zu nehmen und zu sagen, ich glaube hundertprozentig, daß die Operation auf längere Sicht nichts bringt[1].

---

[1] Bei der späteren ambulanten Nachuntersuchung wurde übrigens nur vermerkt, daß die Narbe gut verheilt war. Die psychischen Beschwerden blieben unerwähnt.

231

B: Ich habe nicht gesagt, daß das ein persönliches Problem ist, sondern, daß psychosomatisch Erkrankte keine Alternative geboten bekommen, daß die in das Schema hineingedrängt werden.
Wenn man jetzt bei jeden einzelnen Fall sagt, der akzeptiert die organische Seite, das ist seine Spezifität, daß er das Organische will, dann halten wir uns dran, das finde ich nicht richtig, denn das ist ja ein allgemeines Problem.

D: Es kommt aber darauf an, wie man damit umgeht, und anscheinend ist die bloße Behauptung ihr gegenüber, daß das psychogen ist, unwirksam und erregt nur ihren Widerstand und hat ihn immer wieder erregt.

C: Der Ton macht die Musik. Erstens ist in der Dynamik des Patienten wahrscheinlich teilweise drinnen, daß sie geneigt sind, organische Diagnosen und Behandlungsmethoden anzunehmen, und zum zweiten kann ich mir vorstellen, wenn einer vom Hausarzt an den Kopf bekommt: „Sie sind eben hysterisch", daß das kein guter Einstieg für eine Möglichkeit ist, das als psychogen zu akzeptieren.

D: Aber sie ist auch nicht darauf eingestiegen, ob sie Probleme hat. Sicher muß es einen Einstieg geben. Aber das ist nicht so ganz leicht.

C: Wenn sie dort reinkommt, mit dem Vorhaben, operiert zu werden, und da kommt eine junge Ärztin und macht eine Anamnese, ist die Situation auch nicht so ganz geeignet, sich besonders auf diese Dinge einzulassen. Und Du hast Dich nicht mehr getraut, in dieser Situation abzuraten? Ihr gegenüber oder dem Chef gegenüber?

A: Daß es eine Patientin war, die zum Chef gegangen ist, hat sicherlich eine Rolle gespielt.

C: Ich habe hier den Verdacht, daß Du daran nicht mehr gedacht hast, weil Du dachtest: der Chef hat entschieden.

A: Ja, ich hätte hingehen müssen und fragen, was er zu dem Fall meine, das habe ich nicht getan.

GL: Das gehört auch zum Schweigen dazu, wie es heute am Anfang war: das Nichtergiebige ist deswegen nicht ergiebig, weil es mit Ängsten verbunden ist, die Dich daran hindern zu tun, was Du in der Situation für das Richtige gehalten hättest.

## Schützenhilfe durch eine dramatische Geschichte von Machtlosigkeit

B: Du bist vielleicht in einer anderen Situation, weil Du wirklich von Deinem Chef abhängig bist. Aber wenn ich so überlege: wir im Turnus, wo man alle paar Monate den Chef wechselt . . . ich frage, warum ich solche Angst vor dem Chef habe, der mir hier nichts tun kann, und warum ich zu feige bin, mich solchen Auseinandersetzungen zu stellen, ich bin noch nicht draufgekommen, warum ich solche Autoritätskonflikte habe. Was Du erzählt hast, passiert uns fast jeden Tag. Wir haben unlängst eine Frau operiert (das ist eine kurze Geschichte dazwischen, aber es paßt gut dazu), wo der Chef die Diagnose gestellt hat: Uterus myomatosus, also Myome auf der Gebärmutter und ein faustgroßer Tumor am linken Eierstock. Ich habe assistiert, die Oberärztin macht auf, der Uterus ist ganz normal groß, kein

Myom weit und breit, beide Eierstöcke in Ordnung. Sie sagt: „Es ist eine völlig sinnlose Operation" und geht in den Nachbaroperationssaal, dort hat gerade der Chef operiert und schildert ihm das. Ich dachte, jetzt würde sie den Bauch wieder zumachen, aber sie kommt zurück mit der Losung: Uterus herausnehmen. Ich war unheimlich paff und habe sie nachher gefragt, wie das zu rechtfertigen ist. Sie hat sich nicht gegen den Chef aufgeregt, obwohl sie schon gezögert hat und zu mir sagte, es sei Wahnsinn, eine völlig sinnlose Operation. Aber der Chef hat ihr Weisung gegeben, und sie hat das gleich übernommen. Man würde erst histologisch sehen, ob nicht vielleicht kleine Myome drinnen sind und im übrigen (eine 37jährige Frau, wohlgemerkt) kann man sich das nicht leisten, eine Fehldiagnose zu stellen. Weil ich gesagt habe, ist es nicht möglich, am nächsten Tag zur Frau hinzugehen und zu sagen, noch dazu wäre nicht einmal die Narbe ein Problem gewesen, weil sie schon eine hatte, warum ist es nicht unmöglich, daß er morgen hingeht ans Bett und zu ihr sagt: „Wir haben hineingeschaut und es ist, Gott sei Dank, alles in Ordnung". Warum ist das nicht möglich?

Da sagte sie: „Eine Fehldiagnose können wir uns nicht leisten, auch schon dem zuweisenden Arzt gegenüber nicht, denn der schickt uns dann keine Patienten mehr". Daß da Frauen operiert werden, und es wird ihnen alles herausgeschnitten wegen Lappalien, da werden Diagnosen gestellt, die sich durch nichts verifizieren lassen. Da werden Bartholinische Drüsen operiert, die keine sind, sondern kleine Muskelhypertrophien, und die Frauen werden verschandelt, weil man sie nicht mehr ordentlich zusammennähen kann. Absurdeste Sachen passieren, und kein Mensch traut sich, etwas zu sagen. Ich merke das bei mir, wenn ich Anamnesen schreib', daß ich da schon völlig abgeschaltet hab'. Aber, daß ich länger mit den Frauen reden würde und ihnen meine Meinung dazu sag', das tue ich nicht mehr.


**Relativierung der Machtlosigkeit und Differenzierung von äußerem Druck und inneren Bedingungen**

C:  Wie ist das wirklich, wenn man dem Chef gegenübersteht?
Ich will jetzt nicht von Feigheit reden, die eventuell manchmal wirklich da ist, sondern ich suche positive Gründe zur Entschuldigung. Zum Teil ist man wirklich vom Chef abhängig als Sekundararzt, er kann ja wirklich einmal ein Zeugnis verweigern, überhaupt, wenn Du einmal versuchen solltest, gegen ihn aufzutreten. Aber was kannst Du bei einer solchen Operation machen? Aus Protest das Messer hinlegen?
B:  Ich hätte zu ihm auch hingehen können und fragen. Es hätte sicher nichts genützt.
C:  Wie ich Deinen Chef kenne, und er ist sicherlich nicht unterschiedlich von anderen, würde er sicherlich ein großes Theater daraus machen, daß Du Dir herausnimmst als Frau noch dazu, hinzugehen und ihn zur Rede zu stellen.
B:  Gut, aber was macht mir das aus, wenn er das tut?
C:  Er könnte Dir zum Beispiel ein Zeugnis verweigern, wenn das eskaliert und Du nicht irgendeinmal den Schwanz einziehst.

B: Nein, das dürfte er nicht. Da bin ich mir ganz sicher, daß ich am längeren Ast sitzen würde. Wenn er mir nicht ein Vergehen im Dienst nachweisen kann, kann er mir das Zeugnis nicht verweigern. Es sind auch gar nicht so konkrete Vorstellungen, was mir passieren könnte. Wenn ich es mir überlege, was mir passieren könnte, denke ich mir, es kann mir eh' nichts passieren. Es ist ja mein gutes Recht, es ist ja absurd, wenn ich über so etwas nicht reden dürfte. Es sind so diffuse, überwältigende Ängste, daß ich gar nicht daran denke, dort hinzugehen. Wenn ich es mir logisch überlege, dürfte ich keine Angst haben.

C: Das eine ist ein ganz klarer offensichtlicher Fall: der Bauch wird aufgemacht, man schaut rein, und es ist nichts. Aber in anderen Situationen kann ich mir vorstellen, daß man deswegen mit Kritik zurückhaltender ist, weil man eben doch im Hintergrund das Gefühl hat, man weiß nicht genug, die haben eben mehr Erfahrung und mehr Wissen, und wenn man die zur Rede stellt, könnten sie Dich blamieren, vom rein organischen Wissen her. Dort, wo man das selber mit einem Gefühl und einem Eindruck nicht mehr argumentieren kann. Ich kann zwar in mir diese Meinung haben und auch relativ gut begründet diese Einstellung haben, aber, wenn einer mit Argumenten von einer anderen Richtung kommt, sei es auch nur, daß er Dich mit organischem Wissen beschießt, dann stehst Du da, dazwischen frägt er Dich zwei Sachen und Du kannst keine Antwort drauf geben, und das dürfte die diffuse Angst sein, ein Gefühl der Ohnmacht.

A: Ich glaube, daß zuerst das Gefühl der Ohnmacht da ist und daß man sich dann erst denkt, man weiß eh' viel weniger als die anderen.

B: Auf der anderen Seite, ich habe es auf einer anderen Station so erlebt. Da habe ich ununterbrochen den Mund aufgemacht, und der Oberarzt hat ununterbrochen versucht, mich fachlich niederzubügeln, und es war sehr ungut, und trotzdem hat es mich gereizt, den Mund aufzumachen. Ich habe nicht den Anspruch, wenn ich auf der Abteilung als Sekundararzt bin, als unheimlich gescheit dazustehen. Denn es ist mir eh' klar, daß ich das Fachwissen nicht habe. Noch dazu, wenn der so ungut ist und keine Argumente hat und Dich nur mit dem Fachwissen niederbügelt, und wenn Du über Atomkraftwerke redest und er Dir als Antwort eine kardiologische Ohrfeige gibt: „Wenn Du kardiologisch nichts kannst, dann mach' den Mund über AKW nicht auf", warum kann man sich über so etwas nicht hinwegsetzen. Genauso, wie auf der Gynäkologie der Doktor N. versucht, mich fachlich niederzubügeln, weil er auf die Kritik nicht eingehen will, das ist mir doch eigentlich egal. Ob ich dort besonders viel lern' oder besonders wenig lern', ist mir eigentlich auch egal. Ich wäre nicht so tief getroffen, wenn er nicht versucht, mich fachlich bloßzustellen, das ist ohnedies klar, daß er das kann. Ich finde es immer noch nicht gerechtfertigt, daß man den Mund nicht aufmacht.

GL: Das wäre eigentlich keine fachliche Kritik, wann Du sagst: der Frau sollte man den Uterus nicht herausnehmen, sondern es wäre eine menschliche Kritik, die Du als Frau anbringen kannst.

B: Nein, in dem Fall nicht, in dem Fall wäre es auch fachlich gerechtfertigt, denn es war ja ganz klar, daß die nichts gehabt hat, denn er hat ja diagnostiziert: faustgroßer Tumor. Ich weiß nicht, was er da getastet hat. Aber gerade das hätte ihn sicherlich geärgert, wenn ich publik gemacht hätte, daß er da so eine Fehldiagnose gestellt hat und dann nicht dazu steht.

GL: Das kritisierst Du ja als Mensch an ihm und nicht, daß er ein schlechter Diagnostiker ist.

C: Das stimmt schon, Du kritisierst nicht die Fehldiagnose, sondern die Konsequenz.

B: Aber Du wolltest noch etwas anderes sagen.

C: Es passen diese speziellen Situationen nicht ganz zu meinem Argument dazu, weil hier ist es eher klar bei dieser offenen Patientin. Und wenn über Atomkraftwerke gesprochen wird, und der Oberarzt gibt Dir eine kardiologische Ohrfeige, dann hat er sich ohnedies selbst disqualifiziert, dann bist ohnedies Du der Sieger dabei. Aber so spielt es sich meistens ab: wenn sich bei einem medizinischen Problem ein Kritikpunkt ergibt, kann man hier die Kritik gar nicht anbringen, weil man immer die Angst hat, er kann mich, wenn er will, mit anderen Argumenten niedermachen. Wenn Du zum Beispiel sagst, kann man das Kind nicht auch zu Hause oder ambulant behandeln zum Beispiel, wenn jemand ein Kind aufnehmen will, um ein Spital zu füllen, weil ein schlechter Bettenstand ist, so kann er, wenn er gut ist, mit Literaturzitaten auffahren, daß in einem Fall unter 10 000 einer mit einer solchen Konstellation eine Komplikation gehabt hat oder so und sagt, das ist ein wahnsinniges Risiko. So spielt es sich doch ab, bei mir zumindest, daß ich Angst hab', daß die immer mit einem ausgefallenen Argument daherkommen können, um das eigene Fehlverhalten zu begründen. Und die eigene Unsicherheit, wenn man seine Meinung vertritt. Man hat eben irgend so ein Gefühl oder eine Einstellung, daß man nicht nach allen Seiten hin sattelfest ist.

B: Das ist aber leider so in dieser Art von Zusammenarbeit, daß man in Diskussionen nur hineingehen kann, wenn man sich sicher ist, daß man dort Sieger bleibt. Nur dann kann man etwas sagen. Eine Auseinandersetzung, ohne daß man Ohrfeigen bekommt oder austeilt, das scheint es nicht zu geben. Es macht mir keine Probleme, eine fachliche Kompetenz anzuerkennen von einem Vorgesetzten, aber was mir Schwierigkeiten macht, ist, daß die fachliche Kompetenz von Leuten als Waffe benützt wird gegen unsere Argumente, die nicht immer fachlich sind.

C: Das stimmt und das ist eine ungute und arge Sache. Aber die Reaktion kann nicht sein, daß wir alle den Schwanz einziehen und uns verdrücken. Verdammt, es muß doch eine Möglichkeit geben, es diesen Leuten auch einmal zu zeigen. Mir ist es zumindest ein ziemlich großes Anliegen, ich glaube, daß man auf die Dauer nicht viel machen kann, wenn man sich nicht auch auf dieses Gleis begibt.

GL: (zu A) Was war es denn bei Dir, wovon Du Dich hast abschrecken lassen?

A: Das liegt in dem drinnen, was die B gesagt hat.

GL: In dem Fall, den Du geschildert hast, war ja der Primar auch nicht der Meinung, daß eine Operation nützt.

A: Ich hätte schon zu ihm gehen können und darüber reden.

D: Das hätte doch nichts geändert.

A: Das ist sehr zweifelhaft, ob es etwas geändert hätte.
Vielleicht, wenn man es pausenlos probiert. Wenn man es nicht probiert, gibt es ja keinen Erfolg.

D: Die einzig konkrete Möglichkeit in dem Fall, die Operation zu verhindern, wäre gewesen, die Patientin zu überzeugen, daß man nicht operieren braucht. Die Patientin kann es verhindern. Der Primar wird sicher nicht sagen: „Ja, Sie haben recht, Frau Kollegin, ich operiere nicht, das wäre ja nur eine Psychotherapie, die Operation". Deswegen sehe ich in dem Fall die starke Problematik der Patientin.

GL: Mir kommt vor, die A hätte sich wohler gefühlt, wenn sie zum Chef gegangen wäre, und vielleicht wäre es ihr dann auch leichter gefallen, diesen Bericht hier zu bringen.

A: Ja, sicher. Vielleicht hätte ich mich mehr engagieren können, um die Notwendigkeit einer nichtchirurgischen Bahandlung zu erläutern, mit ihm darüber zu reden.

B: Aber da steht auch dahinter die Konfrontation mit dem Chef.

C: Aber auf der anderen Seite kann ich mir vorstellen, wenn der Chef sagt, es wird nichts helfen, da hätte man schon fragen können: „Ja, warum operieren Sie den eigentlich?" Natürlich im freundlichen Ton.

D: Dann hättest Du Dich mit dem Chef verständigt über die Möglichkeiten der chirurgischen Psychotherapie.

C: Ich könnte mir vorstellen, daß es des Chirurgen Argument ist, irgend etwas muß man machen, also tun wir das einstweilen, und da hättest Du sagen können, daß Du den Eindruck hast, man könnte etwas anderes empfehlen. Und daß dann der Chef sagen würde, „Na gehen Sie zur Patientin hin, raten Sie ihr ab. Ich kann natürlich jetzt nicht mehr. Ich kann ihr jetzt natürlich nicht mehr absagen, aber Sie können sie vielleicht überreden".

D: Das ist aber das Problem, man hat ihr nichts anderes empfehlen können, denn das war ja die Endstation, die Operation nach 25jährigem Leiden.

C: Das ist natürlich wieder ein anderes Problem, daß wir keine Alternativen haben.

A: Genau, wenn ich da irgendwelche nebulose Äußerungen mache: „Sie sollen ja doch zu einem Psychiater gehen", das wäre mir auch zuwider.

Emil ergreift erst ganz am Schluß das Wort, um einen weiteren Bericht zu liefern, der sich eventuell in die vorigen Berichte einfügt, doch kommt er damit nicht an, da pro Sitzung üblicherweise nur ein Bericht zum Ausgangspunkt genommen wird und außerdem die Sitzung gleich darauf endet.

Es fällt mir schwer, an dieser Stelle innezuhalten und mich der ursprünglichen Fragestellung zuzuwenden. Viel näher läge es, Einzelheiten und Zusammenhänge aus dem Gesamtverlauf der Gruppe zu ergänzen, um das Bild dieser Sitzung abzurunden und zu vervollständigen. Nur soviel sei hinzugefügt, daß ich als Gruppenleiter von der Dramatik beider Berichte gefesselt und erschüttert war und Mühe hatte, am Gruppengeschehen zu bleiben und klärend und hilfreich einzugreifen.

Wenn wir zu unserer Fragestellung zurückkehren, scheint es sinnvoll, an Hand der Beschreibung der schwierigen Ausgangssituation unserer Spitalsärzte Inhalte hervorzuheben, die in den Gruppengesprächen (v. a. auch in der dargestellten Sitzung) von Bedeutung waren. Die Aufstellung, die nur illustrierend und nicht vollständig sein will, mag dazu anregen, den Vergleich zu den freipraktizierenden Ärzten und der ursprünglichen Form der Balint-Gruppen schärfer zu ziehen. Wahrscheinlich sind die persönlichen Schwierigkeiten (2), abgesehen vom Alter und der Erfahrenheit, jener Punkt, in welchem wir im Durchschnitt am wenigsten Unterschiede zwischen unseren Gruppenteilnehmern und einer vorgestellten Balint-Gruppe von praktischen Ärzten finden würden. Während aber bei Balint diese persönlichen Bedingungen das Hauptfeld des Lernens und der Veränderung darstellen, wirkten sie in unserer Gruppe und besonders am Beispiel der eben berichteten Sitzung, das sicherlich ein Extrembeispiel ist, wie aufgepropft auf den viel stärkeren institutionellen Bedingungen, die ich auf verschiedenen Ebenen gliedern möchte: in die spezifische Situation der relativen Recht- und Wehrlosigkeit der jungen Ärzte (3), dem zwingenden Charakter der starren Spitalsroutine (4) und noch zu erwähnender Charakteristika des gesamten Gesundheitswesens (5).

# 2. Persönliche Schwierigkeiten

### Ängste

Der Bericht Annas spiegelt die Über-Ich-Ängste wider, aber auch Angst vor dem Nichtakzeptiert-Werden durch die Gruppe, wenn sie einen Bericht gibt, der nichts hergibt, weil sie vielleicht nicht alle Möglichkeiten ausgeschöpft hat. Ihre Angst vor der Autorität des Chefs wird verdoppelt durch die Angst vor den Autoritäten in der Gruppe. Strafangst, um nicht zu sagen, Kastraktionsangst zeigt sich, wo die „Schwänze eingezogen" werden müssen, wenn man im Wettstreit mit den Oberärzten und Primarii nicht bestehen kann.

Dazu Vermeidung von Kritik, sowohl dem eigenen Kollegen gegenüber, als auch dem Vorgesetzen, aus Angst vor der eigenen Aggression. (Beispiel aus einer der späteren Sitzungen: „Ich rede mit den Kollegen schon gar nicht, weil ich von vornherein annehme, daß sie ganz andere Ansichten haben als ich. Wenn zufällig eine Bemerkung fällt, bin ich oft ganz überrascht, Übereinstimmung zu finden.)

### Defizite in sozialen Fertigkeiten

Sowohl Anna, als auch Bertha haben Beispiele ihrer Schwierigkeiten gegeben, ihre Interessen nicht nur nach innen, sondern auch gegenüber einer als bedrohlich erlebten Autorität zu bewahren und zu behaupten. Sie zeigen wohl auch beschränkte Möglichkeiten, Verhandlungen zu führen und die spärlichen Kräfte einzusetzen. Auch die Möglichkeiten zur Bildung von Koalitionen (z. B. Berthas mit der Oberärztin) und zur Gruppenbildung können nicht ausreichend genützt werden.

**Schwierigkeiten in der Erfassung der Dynamik der Situation und in der Ausgestaltung der Arzt-Patient-Beziehung**

Dies schließt sowohl die Erfassung des latenten Gehaltes der Äußerungen des Patienten, zum Beispiel seiner Art, Hilfe zu erbitten, besondere Art des Hilfsangebotes des Arztes und seine Reaktionen auf die Besonderheiten des Patienten ein. Anna hatte offensichtlich Schwierigkeiten, zwischen dem eigenen Bestreben, Hilfe zu leisten und der Art, wie die Patientin Hilfe in Anspruch nehmen konnte, zu unterscheiden.

Dabei geht es vor allem um die Zurückweisung von Detektivmethoden in der Anamnesenerhebung, von guten Ratschlägen, die einsetzen, wenn das Verständnis aufhört, und um die Betonung von einfühlenden und hilfreichen Gesprächen. Das setzt nicht nur Kenntnisse der Psychologie und Psychosomatik des Patienten voraus, sondern auch des eigenen inneren emotionellen Reagierens und die Unterscheidung, wo dieses Reagieren störend oder wo es ein Mittel des Verstehens und der Vertiefung des Kontaktes sein kann.

# 3. Die spezifische Situation der relativen Recht- und Wehrlosigkeit der jungen Ärzte

Hier muß die Entscheidung sehr scharf getroffen werden, zwischen strukturell bedingten Mängeln im Status und in den Möglichkeiten der Mitsprache der jungen Ärzte und der erlebten Machtlosigkeit, die vor allem durch die Autoritätsängste bestimmt ist. Erstere kann individuell kompensiert werden durch Hoffnung auf Statuserhöhung, zum Beispiel durch Erringung einer Ausbildungsstelle zum Facharzt oder die Prospektive späterer Selbständigkeit als praktischer Arzt oder durch submissive Naheverhältnisse zum Vorgesetzten, läßt sich aber nur durch langfristige solidarische Aktionen beheben. Auch die Selbstbeschränkung der eigenen Möglichkeiten durch irrationale Ängste kann recht hartnäckig sein („ich bin nicht zum Chef gegangen, obwohl ich weiß, daß mir nichts passieren kann" oder „obwohl ich schon einige Male erfahren habe, daß der Chef mir nicht böse ist, sondern eher mehr Respekt zeigt, wenn man sich getraut, die eigene Meinung zu sagen, ist es mir in dieser Situation doch nicht möglich gewesen, den Mund aufzumachen. Dafür habe ich aber nach der Besprechung zu schimpfen begonnen"). Besonders im letzten Teil der Gruppensitzung gelang es, kleine Schritte zur Differenzierung von fachlicher Kompetenz und persönlicher Qualifikation zur Mitsprache zu unternehmen.

# 4. Der zwingende Charakter von eingefahrener Spitals- routine

Sicherlich müßte hier die hierarchische Struktur und eine Arbeitsteiligkeit, die oft voll- ständig an den Bedürfnissen des Patienten vorbeigeht, an den ersten Stellen genannt werden. Ich hebe hier zwei Punkte hervor, die in unseren Besprechungen eine wichtige Rolle gespielt haben. Insbesondere ist dies das Faktum, daß die behandelnden Ärzte eine sehr ungenaue Kenntnis der Lebenssituation und der psychischen Situation des Pa- tienten haben. In dieser Hinsicht ist auch der bemühte Arzt auf die zufällige Konfronta- tion mit Konfliktsituationen, aber auch mit positiven Erlebnissen angewiesen oder von den unsystematischen Informationen des Pflegepersonals abhängig, das eher in der Lage ist, die psychosozialen Bedingungen der Patienten im Zuge ihrer Arbeit mitzube- kommen. Die Situation wird dadurch noch verschärft, daß der zur Besuchszeit dienst- habende Arzt die meisten Patienten überhaupt nicht kennt und sich deswegen auch scheut, mit Angehörigen in Kontakt zu treten. Auf der anderen Seite steht die Sprach- losigkeit des Patienten, der vor allem Anordnungen gehorchen muß und darauf be- schränkt ist, sich in der Sprache seiner Krankheit auszudrücken. Interessiertheit oder Kritik, die gleich als Mißtrauen gedeutet werden würde, hat er tunlichst zu vermeiden.

# 5. Mängel am Gesundheitssystem

Das Fehlen von psychotherapeutischen Einrichtungen und psychotherapeutisch ge- schultem Personal, das Überwiegen von medizinischer Behandlung von psychosomati- schen Patienten und eine daraus resultierende, vorwiegend somatische Krankheitsin- terpretation beim Patienten selbst, sind das Negativbild einer am organischen Substrat- denken sich klammernden apparativen Medizin. Auch engagierte Kollegen müssen in Ratlosigkeit verfallen, wenn sie zu dem Schluß kommen, daß Psychotherapie indiziert wäre.

Das Medizinsystem bemächtigt sich der Krankheit, indem sie sie vom Verständnis des Patienten abtrennt und sich selbst als Verwalter einsetzt. („. . . denn Krankheit ge- hört dem Arzte zu". Zitat aus der Stellungnahme des Obersten Sanitätsrates zum Ent- wurf eines österreichischen Psychologengesetzes). Die Unwissenheit und Tolpatschig- keit der Patienten wird zwar oft beklagt, gleichzeitig ist aber nur der submissive Patient ein guter Patient. Verantwortung ist man allenfalls bereit einzuräumen, wo damit auch Schuld zugeschrieben werden kann (alkoholische, fettsüchtige Patienten und solche, bei denen die Bemühungen der Ärzte nicht fruchten).

Der Arzt kann eigene Fehler und Unwissenheit dem Patienten nicht mitteilen, so- lange er seine Gleichberechtigung nicht anerkennt. Berthas Chef verstümmelt seine Pa- tientin lieber, als mit ihr ein gleichberechtigtes Gespräch zu suchen. Eklatant ist auch die fehlende psychologische Ausbildung der Ärzte, insbesondere im Hinblick, wie die Arzt-Patient-Beziehung auszugestalten sei.

Der werdende Arzt ist auf das Vorbild des Professors oder des „erfahrenen" Kollegen angewiesen, das nicht immer vorbildlich ist. „Diese Schmerzen bilden Sie sich nur ein," „Das ist alles hysterisch", solche Äußerungen wird Annas Patientin mehr als einmal gehört haben. Sie kann sich nicht vorstellen, daß ihren Sorgen anders als mit disqualifizierenden Äußerungen entsprochen wird. Anna hätte einer großen Geschicklichkeit bedurft, um der Patientin mitzuteilen, daß sie bereit ist, ihre Bedürfnisse und Ängste zu akzeptieren und auch Körperempfindungen ernstzunehmen, die sich nicht durch medizinische Befunde erhärten lassen.

Am Ende der zwei Jahre haben sowohl Teilnehmer, als auch Gruppenleiter den Eindruck gewonnen, daß sie die Möglichkeiten dieser Gruppenmethode unter Einbeziehung sowohl des eigenen Potentials, als auch des Potentials des Gruppenleiters ausgeschöpft hatten. Es gab in der Einschätzung sowohl positive Berichte, als auch ein Bedauern über manches Nichtgelingen. Am ehesten dürfte gelungen sein, den persönlichen Anteil an den tagtäglichen Schwierigkeiten mit den Patienten und den Frustrierungen durch das Spitalsleben zu erkennen und von objektiven Faktoren der Belastung abzugrenzen. Dies hält sich jedoch vorwiegend auf der Ebene der bewußten Konflikt- und Gefühlserlebnisse, zu deren Differenzierung die Gruppe einen guten Beitrag geleistet hat. Die Vermittlung von Selbsterfahrung durch das Erlebnis eigener Übertragungs- und Gegenübertragungsvorgänge, die in der Ausgestaltung der Arzt-Patient-Beziehung eine Rolle spielen könnten, ist bestenfalls im Ansatz gelungen. Gleichzeitig herrschte jedoch das Bedürfnis vor, die Gruppe fortzusetzen. Es wurde daher am Ende des zweiten Jahres beschlossen, Spitalssituationen in der Gruppe nachzuspielen und vielleicht auch Alternativen zu proben. Neben den vielen Möglichkeiten der probeweisen Identifizierung durch diese Methode erhoffen sich die Teilnehmer einerseits latente Konflikte besser zu erfassen, andererseits Fertigkeiten einzuüben, wozu in der streßgeladenen Spitalsatmosphäre die Chancen gering sind.

# Literatur

*Guyotat, J.:* Die psychologische Ausbildung allgemeinpraktizierender Ärzte durch die Balint-Methode an Universitätskliniken. In: B. *Luban-Plozza* (Hrsg.): Praxis der Balint-Gruppen. Lehmann, München 1974.

*Luban-Plozza,* B.: Über die Entwicklung der Balint-Gruppen. In: B. *Luban-Plozza* (Hrsg.): Praxis der Balint-Gruppen. Lehmann, München 1974.

# Beratender Psychiater und Psychotherapeut in der Bewährungshilfe

*Alois M. Becker*

Die Tätigkeit als Konsiliarpsychiater an einer – um 1950 noch bestehenden – „Bundesanstalt für Erziehungsbedürftige", einer Zwangserziehungsinstitution mit starken Strafelementen, war eine ziemlich bedrückende Erfahrung. Die Toleranz für das Arbeiten in weitgehend geschlossenen Institutionen ist offenbar sehr unterschiedlich, bei mir jedenfalls recht gering. Ein übriges tat der kerkerartige Eindruck des Gebäudes, das früher eine Burganlage gewesen war.

Damals war ich mit einem dort tätigen Psychologen, Dr. S. Schindler, in Kontakt gekommen, dem der Stand der Dinge auch nicht zusagte. In gemeinsamen Gesprächen wurde nach befriedigenderen Alternativen gesucht. Dabei lenkte sich das Augenmerk zunehmend auf eine im angloamerikanischen Rechtsbereich bestehende Institution, die unter dem Namen „Probation" nach dem Grundsatz arbeitet, Rechtsbrecher in ihren jeweiligen Umgebungen auf ihre soziale Bewährung hin zu betreuen. Die gemeinsame tiefenpsychologische Grundeinstellung sowie die (in Wien aus naheliegenden Gründen bestehende) Orientierung am Lebenswerk August Aichhorns waren zusätzlich verbindende Gegebenheiten. Hinzu kam, daß meine Tätigkeit an der psychotherapeutischen Ambulanz des Jugendambulatoriums günstige Chancen der Zusammenarbeit eröffneten. Somit war ich bereits 1957 an der Bildung einer Arbeitsgruppe, der Modelleinrichtung „Bewährungshilfe", in der Funktion eines beratenden Psychiaters mitbeteiligt.

Es war am Beginn nicht vorauszusehen, ob sich die vorgesehene Modelleinrichtung in der Folgezeit überhaupt bewähren, bzw. wie sie sich gegebenenfalls entwickeln würde.

Daß sie sich langfristig als erfolgreich erwies, ist dem Zusammenwirken verschiedener günstiger Umstände zu verdanken. Zu diesen gehörte insbesondere der hohe Enthusiasmus, der die damaligen Mitarbeiter erfüllte. Dieser Schwung ergab sich aus dem Bewußtsein, am Aufbau und an der Entwicklung einer neuartigen Arbeitsweise beteiligt zu sein. Diese sollte zugleich berufen sein, anderen Institutionen, insbesondere den als heillos „verbürokratisiert" geltenden Jugendämtern, als Vorbild zu dienen und somit neue qualitative Standards für die Sozialarbeit zu setzen. Die durch ihre Eigenart nicht an Dienstzeiten zu bindende Arbeitsweise war von vornherein ein Anreiz für Personen, die sich als bereit und fähig einschätzten, unkonventionell und eigenverantwortlich zu arbeiten. Daraus erfolgte zwangsläufig eine bezüglich der erwähnten Merkmale positive personelle Auslese. Die ersten Bewährungshelfer waren Sozialarbeiter, Erzieher, in der Jugendarbeit (z. B. der Gewerkschaftsjugend) bewährte Personen.

Als erstes galt es, in den Teamkonferenzen vorläufige, eher allgemein gehaltene Richtlinien für die Arbeit mit den Probanden zu entwickeln. Die dabei diskutierten Vorstellungen liefen auf folgendes Ziel hinaus. Als Grundlage der Tätigkeit müßte etwas wie ein „Arbeitsbündnis" (ein im übrigen psychoanalytischer Begriff) zwischen dem Helfer und dem Probanden herzustellen sein, selbst wenn dieses anfänglich schwer erzielbar bzw. labil und belastungsunfähig erscheinen sollte. Ein Mittel dazu mochten Erlebnisse des Probanden mit seinem Helfer sein, aufgrund derer sich neuartige, in bisherige Schemata nicht ohne weiteres einzuordnende emotionale Erfahrungen beim Probanden einzustellen hätten. Hier ist die Anlehnung an F. Alexanders „corrective emotional experience" sehr deutlich, wobei „experience" sowohl mit „Erlebnis" als auch durch den Begriff „Erfahrung" zu übersetzen wäre. Ein Abweichen vom Muster bisheriger erlebnisbedingter Erfahrungen, die ihrerseits die einstellungsmäßige Art weiteren Erlebens bedingen, ist durch folgende Umstände gegeben. Zwar ist der Bewährungshelfer einerseits vom Gericht, somit von einer Institution eingesetzt, die der Durchsetzung von Rechtsnormen, der Bestrafung ihrer Verletzungen und – in gegebenem Falle – der Verhütung von Rückfällen dient. Gleichzeitig und andererseits wird aber der Proband vom Bewährungshelfer, den die Gerichtsinstitution eingesetzt hat, auf eine Art und Weise akzeptiert, die völlig unerwartet ist und infolgedessen verblüffende Effekte nach sich ziehen muß. Solche Arten des Umganges waren nämlich Probanden bisher nur von den sie akzeptierenden Bezugspersonen oder -gruppen her gewohnt, die ihrerseits, infolge zumeist „positiv kriminogener" Eigenschaften, vorzüglich negative Einstellungen zum Gerichts- und Strafvollzugswesen aufwiesen. Auf die damit implizierten Konfliktchancen durch „doppelte Loyalitäten" – auf verschiedene Weisen sowohl bei Probanden als auch bei Helfern – wird noch einzugehen zu sein. In dieser Lage ist sich der Proband naturgemäß darüber im klaren, daß sein Helfer die von ihm verübte Straftat durchaus nicht billigt. Allerdings zeigt sich die Nichtbilligung keineswegs in nörgelnden Vorwürfen oder in moralisierenden Betrachtungen, wie es der Proband zum Beispiel von seinen Eltern, Lehrern, Dienstgebern oder Mitgliedern anderer Sozialinstitutionen bereits ausreichend gewohnt ist. Die Straftat wird vielmehr in einer für den Probanden eindrucksvollen Weise andersartig, gleichsam „sachlich" aufgefaßt: Ziel der Bewährungshilfe ist es, die Wiederholung eines ähnlichen oder das Begehen eines anderen Deliktes nach Möglichkeit zu verhindern, ohne aber darüber mit Worten viel Aufhebens zu machen.

Das heißt: der Helfer ist anders eingestellt und handelt demgemäß auch anders, als der Proband es vom überwiegenden Großteil der ihm bisher bekanntgewordenen Personen gewohnt ist. Dieser eigenartige, in gewissem Sinne als „abweichend" erlebte Handlungsstil des Bewährungshelfers läßt ihn für den Probanden interessant werden. Ist er aber einmal interessant geworden und dazu noch in verschiedenen Hinsichten nützlich, dann ist für das Herstellen eines Arbeitsbündnisses bereits viel gewonnen. Über den Aufbau einer Beziehungsbrücke wird der Proband in den günstig gelagerten Fällen fähig, sich allmählich mit einzelnen Zügen des Handelns, Meinens und Fühlens (das heißt: emotionalen Sich-Äußerns), die der Helfer zeigt, zu identifizieren. Der Helfer wird in bestimmten Hinsichten unversehens zum Vorbild, von dem sich der Proband allmählich einzelne Züge anzueignen beginnen kann. Er lernt, wenn man es lieber so sagen will, am Vorbild („Modell"), Elemente aus dessen Verhaltensrepertoire in sein eigenes zu übernehmen. Die akzeptierende Grundeinstellung muß naturgemäß authentisch sein, sie läßt sich nicht vortäuschen. Andererseits ist die Arbeit mit dissozialen Persönlichkeiten – abnorm triebhaft ausagierenden, abnorm impulsiv getriebenen Personen – emotional sehr oft ziemlich aufreibend. Das Engagement wird durch immer wiederkehrende Enttäuschungen stark beansprucht. Es ist ungemein wichtig, sowohl die kurz- als auch die langfristigen Zielsetzungen eigenen Handelns innerhalb von Grenzen zu halten, die sich als halbwegs realistisch einschätzen lassen. Wenn die Zielsetzungen nicht in einem so definierten Rahmen verbleiben, dann sind erhebliche, vom Helfer auf Dauer nicht gut tragbare Beanspruchungen emotionaler Natur kaum vermeidbar.

Aus möglichst intensiver Kommunikation mit den Probanden ergeben sich Einblicke in deren Interaktionsfeld. Der dabei zur Anwendung kommende tiefenpsychologische Ansatz verlangt, so rasch und soweit als nur irgend möglich die motivierenden Konstanten und Variablen aller wesentlichen Personen innerhalb dieses Feldes zu erfassen; und dies sowohl bezüglich ihrer bewußten, als auch in ihrer impliziten, unbewußten Anteile zu tun. Dabei sollen Veränderungen bestimmter Motivationslagen durch einzelne relevante Umgebungskonstellationen, die sich zuweilen unvorhersehbar einstellen, womöglich vorausgeahnt, jedenfalls rasch erfaßt und für das eigene Handeln in Rechnung gestellt werden. Das erfordert häufig schnelles Entscheiden nach dem Muster von Kriseninterventionen, wobei das Ausmaß der krisenhaften Zuspitzungen wechselt. Bei manchen Probanden läßt sich für bestimmte Zeiträume ohne viel Übertreibung sagen, die Betreuung bestehe aus einer Abfolge ineinander übergehender Krisensituationen sowie der Versuche, ihnen durch geeignete Interventionen zu begegnen. Einzelne Probanden erwecken geradezu den Eindruck, als würden sie durch Turbulenzen, die den Bewährungshelfer zeitlich und intensitätsmäßig stark fordern, einen zwar heimlichen, aber nicht unerheblichen Lustgewinn beziehen. Es bedarf keiner lernpsychologisch-verhaltensmodifikatorischen Erwägungen, um in derartigen Fällen durch entsprechend ruhiges und gelassenes Handeln die Wahrscheinlichkeit von Wiederholungen allmählich zu verringern, indem sich diese unter solchen Umständen einfach nicht mehr „auszahlen". Die Psychoanalyse als solide Handlungs- und Motivationslehre im Sinne ihrer Anwendung durch August Aichhorn auf Resozialisierungsziele – nicht metapsychologische Spekulationen und Konstrukte – war somit theoretische, praxisrelevante Grundlage der Arbeit.

Hätte ich nur mein klinisch-psychiatrisches Wissen, das an stationären, in Kliniken oder Krankenhäusern liegenden Patienten erworben wurde, in das Team einbringen können, so wäre von Anfang an, spätestens aber nach sehr kurzer Zeit klar geworden, daß sich der Aufwand der Teilnahme eines derart ausgebildeten Psychiaters tatsächlich nicht lohnt. Der „Facharzt für Psychiatrie" (und Neurologie) reichte bei weitem nicht aus, sich zu einem halbwegs brauchbaren Teammitglied zu machen. Zu diesem Zwecke war eine vorangegangene zusätzliche Ausbildung in tiefenpsychologischen Fertigkeiten, in meinem Fall durch die private Ausbildung in der Wiener psychoanalytischen Vereinigung, unabdingbare Voraussetzung. Auch ein Doktorat mit Hauptfach Psychologie (Diplom-Psychologe) hätte mir in dieser Situation kein Jota geholfen. Wirklich hilfreich war hingegen meine Bereitschaft, ständig aus dem Erfahrungserwerb der Bewährungshelfer zu lernen, ihre Erfahrungen im Lichte der eigenen Auffassungen zu bedenken und zu interpretieren.

Meistens war der Fall, daß ich von Probanden gebotene Schwierigkeiten *nicht* – oder zumindest nicht vordringlich – als psychiatrisch relevant im engeren Sinne einzustufen genötigt war. Nur sehr selten gab es Situationen, in denen die Vermutung einer bedeutungsvollen psychotischen bzw. psychosewertigen Veränderung zu spezieller Intervention Anlaß gab. Ein vorwiegendes Beachten der Endogenitätskomponente wäre bei der Unschärfe dieses vorwiegend kustodial relevanten (sich phänomenologisch und „biologisch," das heißt neurophysio- und pharmakologisch abstützenden) Konzepts und seines immer stärker werdenden Anspruchs, Endogenität von vornherein überall zu vermuten, mit dem Zusammenbruch jedes vernünftigen Arbeitens verbunden. Notabene hätte ein Verordnen allfälliger Antidepressiva bei meist so wenig verläßlichen Patienten – die zuweilen vorerst nichts einnehmen, dann wieder den ganzen Vorrat auf einmal – diese speziell iatrogen noch mehr gefährdet, als sie es überhaupt ohnedies bereits waren. Dann nehme man lieber gleich Zuflucht zur Methode, kurzfristig quasi homöopatisch dosierte Mittel mit vorwiegender Plazebowirkung anzuwenden, was zumindest nicht gefährlich ist. Wobei es sich ohnehin um extreme Ausnahmen handelte.

Kurzum: die anstaltenbezogene, systematisch-klassifikatorische, in „Substraten" und psychopharmakologischen Stoffen denkende Psychiatrie konnte ich zum überwiegenden Teil beiseitelassen; nützlich war nur die interaktiv orientierte, auf psychotherapeutischem Kommunikationsaustausch beruhende Form psychiatrischer Heilkunde und Hilfeleistung. Dabei wurden Konzepte der Psychotherapie, wie zum Beispiel Übertragung, (Gegen-)Übertragung auf den Probanden, Widerstand (und Gegen-Widerstand), Abstinenz, Wiederholungstendenz bzw. -zwang u. a. m., sinngemäß auf die speziellen Probleme der Resozialisierung von Dissozialen herangetragen und praktiziert. Die aktuelle Anwendung von Überlegungen, die auf solchen Begriffen beruhten, war immer wieder hilfreich, unzulängliche Programme mit Probanden abzubrechen und neue, voraussichtlich ergiebigere Strategien zu entwickeln.

Im weiteren Verlauf der Arbeit erwies es sich immer wieder als notwendig, wichtige Bezugspersonen des Probanden in den Resozialisierungsplan – entweder indirekt oder unmittelbar – mit einzubeziehen.

Dies erforderte ein Denken in vielfältigen, wechselseitigen Relationen der Mitglieder von Bezugsgruppen und zusätzliche Fähigkeit, dem Wissen entsprechend zweckmäßig zu handeln. Zuweilen mochte ein Bewährungshelfer allein damit auskommen. In anderen Fällen schien es geraten, eine zweite Person zur Hilfe heranzuziehen, die sich besonderen Schwierigkeiten dieses Bereichs anzunehmen hätte. In vielen Fällen wurden anfänglich Methoden der Familientherapie intuitiv, im Versuch-Irrtums-Verfahren, angewendet.

Später hingegen wurde immer ausdrücklicher auf diese spezielle Form sozialer Einflußnahme Bezug genommen.

Von enormer Wichtigkeit erwies sich die Aufgabe, das Anspruchsniveau der Bewährungshelfer – sowohl für den generellen Durchschnitt, als auch im konkreten schwierigen oder überschweren Fall – innerhalb des Rahmens einer realistischen, vernünftigerweise erreichbaren Bandbreite zu halten. Immer wieder zeigt sich – besonders ausgeprägt naturgemäß bei Neulingen auf diesem Arbeitsfeld – eine zuweilen fatale Tendenz, die eigene Bereitschaft zur Hilfeleistung über das Maß dessen, was für Helfer und Probanden gleichermaßen zuträglich sein mochte, hinaus zu steigern. Die Einsicht in die Notwendigkeit, übersteigerte Anspruchstendenzen nicht nur zu erkennen, sondern sie auch entsprechend zurückzunehmen, ist eine Fähigkeit, die zum Nutzen aller Personen, die am Resozialisierungsprozeß beteiligt sind, erlernt werden muß. Es ist unvermeidlich, dem Probanden – entsprechend der Tragfähigkeit der Beziehung und nach Maßgabe der Umstände – bestimmte Versagungen aufzuerlegen, die er schrittweise zu ertragen übt. Entsprechend den emotionalen und kognitiven Fähigkeiten der Probanden wird, auf der fundamentalen stützenden („supportiven") Grundhaltung aufbauend, in einigen Fällen das Schwergewicht mehr auf übenden, bis hin zu „dressierenden" Maßnahmen liegen, in anderen eher das Moment konfrontativer, zur Einsichtsbildung anregender Verfahren im Vordergrund stehen. Die erwähnten drei grundsätzlichen Einwirkungsweisen, nämlich die supportiven (d. h. stützend-haltenden), die direktiv übend-exerziven und die konfrontierenden (d. h. gegenüberstellenden) überschneiden sich in weiten Bereichen der Praxis. Sie unterstützen einander in der Regel und stehen nur in Extremfällen – auch hier meist nur zeitlich begrenzt – in einem Verhältnis wechselseitiger Ausschließung.

Die nämlichen Grundeinwirkungen lassen sich aber, wie vom Autor (Becker, 1978a) hervorgehoben wurde, als Ingredienzien aller psychotherapeutischen Verfahren nachweisen, gleichgültig, ob diese sich nun eher tiefenpsychologisch-psychodynamisch oder lernpsychologisch-verhaltensmodifikatorisch orientiert nennen.

Woraus erhellt, daß die Resozialisierungsarbeit der Bewährungshelfer der Sache nach einen Prozeß darstellt, der durchaus in Analogie zu sehen ist mit dem, was gemeinhin als ärztliche Psychotherapie oder psychologische Verhaltensmodifikation bezeichnet wird. Die prinzipielle Gleichartigkeit (oder zumindest: die hochgradige Ähnlichkeit) im grundsätzlichen Verfahren ist nur durch die Verschiedenheit der jeweiligen Zielgruppen relativiert, die durch ein grobes Unterscheiden zwischen „krank", „subjektiv gestört" und „manifest sozial störend" bloß angedeutet werden kann. In jeder dieser Gegebenheiten ist eine Befassung mit dem jeweiligen Problem geboten, gleichgültig, ob man sie „Behandlung", „Therapie" oder „Resozialisierung" nennt. Wenn man die Wahl der Mittel betrachtet, die faktisch angewendet werden, überwiegen bei weitem die Übereinstimmungen. Darüber soll die verwirrende Vielfalt von Bezeichnungsweisen nicht hinwegtäuschen, denen oft nichtexplizite, mehr oder minder „unbewußte" Abgrenzungstendenzen im Sinne berufspolitischer Machtinteressen zugrundeliegen (vgl. A. M. Becker, 1978b).

Diesem proponierten Arbeitsstil kamen die damals sich entwickelnden strafrechts- und vollzugspolitischen Akzentsetzungen entgegen. Durch das Jugendgerichtsgesetz 1961 wurde der Bewährungshelfer als selbständige, eigenverantwortliche und fachkompetente Person bestimmt. Das darin bereits angekündigte Bewährungshilfegesetz trat 1969 in Kraft. Die Durchführung der durch dieses Gesetz vorgeschriebenen Tätigkeiten wurde durch den organisatorischen Aufbau einer Institution ermöglicht, die unter dem Titel „Verein für Bewährungshilfe und soziale Jugendarbeit" firmiert. Die Organisation auf vereinsrechtlicher Basis hatte den enormen Vorteil einer höheren Flexibilität und Effizienz gegenüber einer Lösung mittels staatlich-bürokratischer Strukturen.

Der Umstand, daß die geschäftsführende Vorsitzende des Vereins, Dr. E. Schilder, nicht nur Juristin, sondern auch ausgebildete Sozialarbeiterin ist, erwies sich schon für die Beratungen zur Fassung der gesetzlichen Grundlagen der Bewährungshilfe als ungemein hilfreich. Ein Beispiel mehr, welche Bedeutung einer interdisziplinären Kompetenz beim Aufbau von funktionierenden Institutionen zukommt. Der damit gegebenen Sachkenntnis war es zu verdanken, daß eine wichtige Bestimmung in das Gesetz aufgenommen wurde, nämlich: die Zahl der betreuenden Probanden sollte auf das Höchstmaß von dreißig Fällen pro Bewährungshelfer begrenzt bleiben. Diese einfache, scheinbar banale Formel garantierte in der Tat die praktische Arbeitsfähigkeit der Institutionen. Die Fallzahlbegrenzung auf dreißig erfordert zwar einen beträchtlichen Arbeitsaufwand, er kann aber, bei zweckmäßiger Einteilung, doch noch sinnvoll ausgeübt werden. Alles, was darüber hinausginge, hätte zur Folge gehabt, daß nicht eine Befassung mit Probanden, sondern nur noch deren „Administrierung" möglich gewesen wäre. Derartige unerwünschte Entwicklungen sind tatsächlich in Ländern zu beobachten, die über keine zweckmäßige Fallbegrenzung verfügen.

Mit Erweiterung der Institution, der Zunahme des Teams, der Einrichtung zusätzlicher Außenstellen, die durch Zuwachs von Probanden erforderlich wurden, hat sich im Laufe der Zeiten einiges am Gefüge und somit auch am Arbeitsklima verändert. Die Umwandlung von einer Modelleinrichtung, die vom Pioniergeist getragen wurde, in eine zunehmend anerkannte Institution, die infolge ihres Wachstums neuer organisatorischer Strukturen bedarf und sie entwickeln muß, ist begreiflicherweise von einer Reihe diffiziler Probleme begleitet. Wie ein notwendiges Maß hierarchischer Gliederung und bürokratischer Effizienz erbracht werden kann, ohne Sorgfalt und Schwung der Arbeit zu verringern: diese Frage ist praktisch gewiß nicht leicht lösbar, auch wenn sie allen maßgeblichen Beteiligten als Problem gegenwärtig ist.

Zudem wurde mit Beginn des Jahres 1975 die Bewährungshilfe auch für erwachsene Rechtsbrecher eingeführt. Allerdings in Abstufung von Jahrgängen, die in zeitlich weit auseinanderliegenden Etappen zur Betreuung heranzuziehen wären.

Dies soll eine plötzliche Überforderung sowohl der Institution in organisatorischer Hinsicht, als auch der Bewährungshelfer verhindern helfen. Naturgemäß erfordert auch diese Ausweitung das Erarbeiten neuer, adäquater Techniken und langfristiger Strategien der Betreuung.

Die Rolle des Psychiaters in den Teams wurde zwar oben kurz gestreift, sie bedarf jedoch einiger weiterer Kennzeichnungen, so wie ich sie verstehe. Wie der Ausdruck „Bewährungshilfe" sagt, geht die Arbeit mit den Probanden von der Annahme aus, diese seien der Hilfe bedürftig, das heißt: sie brauchten eine Hilfe auf dem Weg zur Resozialisierung bzw. zur Rückfallsverhütung, weil sie voraussichtlich dazu aus eigenem nicht fähig wären. Diese Bedürftigkeit ist somit, zumindest anfänglich, durch Kriterien bestimmt, die, vom Standpunkt des Probanden aus, ihm von außen auferlegt werden. Wobei das Hauptkriterium die Straffälligkeit bildet, die darauf zurückgeht, daß der Proband bestimmte strafrechtlich sanktionierte Normen verletzte und – dieses „und" ist wichtig – dabei entdeckt wurde im Gegensatz zu Übertretern der gleichen Klasse von Normen, die unentdeckt blieben, weil sie im Verdunkeln geschickter waren.

Vom Erleben des Probanden gesehen, ist die Straffälligkeit mehr oder weniger ein „Pech"; und der Ausspruch des Richters, der Täter sei der Bewährungshilfe „bedürftig", entspricht in der Regel keinem subjektiven Bedürfnis des künftigen Probanden, sondern wird als strafähnliche Maßnahme eingeschätzt. Das behandlungsmäßige Kunststück des Helfers besteht nun darin, dieses Handikap der geschilderten Ausgangslage (im Regelfall) zu überwinden, indem er den Probanden allmählich dazu bringt, von dem Hilfsangebot tatsächlich Gebrauch machen zu können, auch wenn dies unausdrücklich und uneingestanden vor sich gehen mag. Wenn es in einzelnen Fällen durch die Zusammenarbeit dazu kommt, daß der Proband ein gewisses Maß von Problembewußtsein hinsichtlich seiner strafrechtlich relevanten Schwierigkeiten entwickelt (einschließlich damit zusammenhängender Fragen), so wird ein ursprünglich vorwiegend auf die Umgebung bezogener Konflikt in einen hauptsächlich intrapersonalen Antagonismus umgewandelt. Was der Aichhornschen Vorstellung entspricht, daß die Veränderung des Dissozialen über dessen vorübergehende „Neurotisierung" geht, die schließlich auch aufgearbeitet wird (A. Aichhorn, 1925).

Der Bewährungshelfer operiert, wie sich zeigt, in einem Feld, das einerseits durch den gerichtlichen Auftrag bestimmt ist. (Darin verkörpert sich die Staatsmacht als organisierte From der aktuellen gesellschaftlichen Kräfte.) Dieses Feld ist andererseits bestimmt durch die Interessen von Individuen – den Probanden – die zumindest zeitweilig, wenn nicht bereits systematisch, mit den sanktionierenden staatlichen Normen im Widerspruch stehen oder gestanden sind. Eine Besserung oder Veränderung dieser Gegebenheit verlangt einen langwierigen, von Rückfällen verschiedener Tragweite bedrohten Arbeits- und Kooperationsprozeß. Dieser könnte nicht erfolgen, wenn der Bewährungshelfer verpflichtet wäre, jede in Ausübung seines Dienstes ihm bekannt gewordene Gesetzesübertretung unverzüglich und ohne Hinblick auf Rückwirkungen für seinen Resozialisierungsauftrag der Strafverfolgung preiszugeben. Hier liegt der Fall vor, wo ein Abwägen der Rechtsgüter erforderlich wird, was zuweilen ungemein schwer abzuschätzen und zu entscheiden ist. Der Bewährungshelfer befindet sich in solcher Situation in einem Loyalitätskonflikt. Dieser wird erleichtert, wenn der Helfer zwar den Anzeigeverpflichtungen unterliegt, die jeden Staatsbürger betreffen, nicht jedoch den verschärften Kriterien, die für Staatsbeamte gelten. Diese Rechtsmeinung ergibt sich meines Erachtens logisch aus den Zwecksetzungen der Institution, weil ein Arbeiten ohne eine solche Klausel zur Farce würde. Die Analogien zu den Notwendigkeiten, die eine ärztliche Schweigepflicht begründen, sind evident.

Wenn nun am Beginn der Bewährungshilfe das Feststellen einer objektiven sozialen Hilfsbedürftigkeit steht, dann wäre die Frage legitim, ob überhaupt oder (gegebenenfalls) in welchem Ausmaße, der Begriff der „Krankheit" zweckmäßigerweise zur Anwendung kommen sollte. Insbesondere in Hinblick darauf, daß von metamedizinischen, das heißt, die wissenschaftstheoretischen Grundlagen der Medizin untersuchenden Gesichtspunkten aus das Kriterium der Hilfsbedürftigkeit sehr deutlich in den Vordergrund gestellt erscheint, so zum Beispiel in der Definition von K. E. Rothschuh (1977), der Krankheit als einen Zustand der „subjektiven oder klinischen oder sozialen

*Hilfsbedürftigkeit* eines Menschen" definiert, „ . . . infolge des Verlustes des abgestimmten Zusammenwirkens der physischen, psychischen oder psychophysischen Funktionsglieder des Organismus" (S. 109). Doch selbst von einem im engeren Sinne psychiatrisch bestimmten Standort (H. J. Bochnik, W. Richtberg, 1977) wird betont, daß auch in der Rechtssprechung (in gegebenem Fall: der Bundesrepublik Deutschland) allein die Hilfsbedürftigkeit der leidenden Person, die sich aus der Deformation ihrer persönlichen Lebensverwirklichung ergäbe, für das Vorliegen einer Krankheit wesentlich sei, und zwar mit allen versicherungsrechtlichen Implikationen.

Ein von körperlichen Prozessen losgelöster Krankheitsbegriff sei heute weder in der Psychiatrie noch in der Rechtspraxis ein offener Diskussionspunkt, eine schwere seelische Störung auch dann für die Erfüllung eines Krankheitszustandes hinreichend, wenn keine somatische Grundlage nachgewiesen werden könne. Im übrigen betonen die genannten Autoren, die diagnostische Einteilung der großen Psychosen sei „unzweifelhaft mit einer starken konventionellen Willkürlichkeit belastet" (S. 299 ff.).

Bei Betrachtung einer so weiten Krankheitsdefinition, wie sie zum Beispiel *K. E. Rothschuh* erstellt, wird ersichtlich, daß sich die objektiv-soziale Hilfsbedürftigkeit auf die funktionale Abstimmung des Organismus abstützt. Die Arbeit der Bewährungshilfe nimmt naturgemäß auf die Organismusvariable nicht in erster Linie Bezug, ohne sie allerdings grundsätzlich außer acht zu lassen. Die vordringlichen Voraussetzungen der objektiv-sozialen Hilfsbedürftigkeit ergeben sich vielmehr aus den aktuellen Konflikten der manifest dissozialen Person mit der gegebenen sozialen und politischen Wirklichkeit. Ein nicht bewältigbares Übermaß solcher Antagonismen in der Vergangenheit eines Individuums stellt nun jenen wesentlichen Teil der Grund- und Rahmenbedingungen dar, die den obenerwähnten aktuellen Folgen vorausgehen.

Aus den angeführten Gründen erscheint es zweckmäßig, den Problembereich der strafrechtlich bedeutsamen Dissozialität bzw. Verwahrlosung (nach A. Aichhorns Bezeichnung) zur allgemeinen Fachdisziplin „Sozialarbeit", spezieller noch zur Subdisziplin „Bewährungshilfe-Arbeit", in Zuordnung zu bringen.

Diese Zuordnung bedeutet primär eine pragmatische, auf Veränderungen des Handelns und der Handlungsdispositionen gerichtete Aktivität, die im Umgang (Interaktion, Kommunikation) mit den Probanden und der für sie bedeutsamen Personenobjekte und Umgebungsbedingungen wirksam wird. Um diese Aufgabe zu erfüllen, zieht die Sozialarbeit alle sie interessierenden theoretischen Ansätze heran und prüft sie auf ihre Brauchbarkeit, wobei sich die klinisch-beobachtungsnahen Hypothesen der Tiefenpsychologie, insbesondere der Psychoanalyse, bisher praktisch bewährt haben, ohne daraus Monopolansprüche abzuleiten. Die Nützlichkeit der Psychoanalyse ergibt sich aus dem Umstand, daß sie eine, obzwar zum Teil implizite, trotzdem aber brauchbare Theorie menschlichen Handelns in seinen bewußten Anteilen und seinen unbewußten Dispositionen und handlungsbezogenen Einstellungen gibt und anzuwenden erlaubt.

Der Exkurs über den Krankheitsbegriff ist zwar theoretisch, doch behaupte ich, daß er sehr wohl praktische Konsequenzen hat und auch – von mir beabsichtigt – haben soll. Diese Konsequenz läuft darauf hinaus, daß der Sozialarbeiter sich in seiner speziellen Tätigkeit als Bewährungshelfer zunehmend von der Psychiatrie als einem möglichen Vorbild für eigenes praktisches und theoriebildendes Handeln emanzipieren möge. Mit der Medizin verbindet die Sozialarbeit ein fundamentaler Aspekt, nämlich die Konzentration auf pragmatische Effizienz. Gleiches gilt für die Verbindung mit der Tiefenpsychologie, die ja ihrerseits in erklärter Stiefverwandtschaft sowohl zur akademischen (kustodialen, physiologisch und/oder phänomenologischen) Psychiatrie als auch zur akademischen (experimentellen, stark behaviormetaphysischen) Psychologie steht. Diesen Gegebenheiten entsprach auch mein Handeln im Team als „unus inter pares". Ich konnte immer wieder an Hand konkreter Beispiele zeigen, wie unergiebig in überwältigender Zahl der Fälle alle Hoffnung wäre und sein müßte, von der akademischen Psychiatrie bzw. Psychologie brauchbare Hilfen zu bekommen. Wo ich nützliche Ratschläge geben konnte, tat ich es – mit ganz wenigen Ausnahmen – nicht als gelernter Psychiater, sondern in Anwendung eines Wissens, daß ich größtenteils als Autodidakt aus Institutionen außerhalb der akademischen Laufbahn erworben hatte, wenn man von der Zeit ab der Gründung des Institutes für Tiefenpsychologie und Psychotherapie (1971) absieht.

Ein Begriff, der in Randbereichen zwischen Psychiatrie, Kriminologie und verwahrlosungsorientierter Sozialarbeit seit langem und zum Teil noch immer „blüht", wenn man so sagen will, lautet „Psychopathie". Ich hatte eine Zeitlang versucht, durch Spezifizierung diesem Begriff noch einen halbwegs sinnvollen Anwendungsbereich zu erhalten (1959). Doch sah ich schließlich ein, daß immer mehr Gründe dafür sprachen, ihn fallen zu lassen. Diese tiefe Skepsis bezüglich der Wortmarke „Psychopathie", die im Mantel einer medizinischen „Diagnose" aufzutreten beliebt, hatte zur Folge, daß ich diese Bezeichnung überhaupt nie mehr ernstlich, sondern nurmehr in Anführungszeichen, als „sogenannte ‚Psychopathie'" apostrophierte, wodurch sie in meinem Wirkungsbereich gegenstandslos wurde. Dazu bestärkten mich nicht nur die Untersuchungen von *H. Katschnig* und *H. Steinert, L. Reiter und E. Gabriel* (alle 1973), sondern meine immer wiederkehrenden Erfahrungen, die ich mit der Verwendung dieses Ausdruckes durch (vorwiegend begutachtende) Psychiater während meiner Tätigkeit in der Bewährungshilfe machte. In pointierter Formulierung bedeutet die Verwendung der Wortmarke „Psychopathie" etwa folgendes: Ich kann vorliegenden „Fall" in keines der mir verfügbaren Kästchen psychiatrischer Klassifikation hineinsystematisieren. Zudem ist mir der „Fall" unsympathisch bis widerwärtig: ich glaube auch nicht, daß er zu ändern sei oder daß ein derartiger Versuch sinnvoll wäre. Und überhaupt: er ist auch der Gesellschaft insgesamt lästig. Ergo: „Psychopath." (vgl. dazu K. Schneiders Auflistung unterschiedlicher Psychopathieformen, 1950; A. M. Becker, 1973).

Wenn Wörter durch ihren Gebrauch zu Begriffen werden, dann ist die implizite („intuitive" bzw. unbewußte) Bedeutung des Wortes „Psychopath" soeben in krasser Form dargestellt worden. Der Wortgebrauch impliziert naturgemäß eine bestimmte Weise des Umgehens mit dem durch diese Wortmarke abgestempelten Lebewesen. An diesem, und zwar genau an diesem Punkt beginnen die scheinbar luftigen Erwägungen über Benennungsgewohnheiten unmittelbar lebenspraktisch relevant zu werden. Es ist auf Dauer eben *nicht* unerheblich, aus welchem Jargon die jeweiligen Fälle: Pflegebefohlene, Patienten, Schützlinge oder Probanden ihre Be- oder Kennzeichnung bzw. Abstempelungen beziehen. Damit ist ein Problemkreis angesprochen, der auch in der Diskussion über den sogenannten „Labeling-Effekt", d. h. den negativ iatrogenen Wirkungen psychiatrisch-nosologischer Etikettierungshandlungen, mit zum Teil guten Argumenten ausgetragen wurde (T. Scheff, 1972).

Ich versuchte, im Team der Bewährungshilfe (und versuche in meinem Wirkungskreis weiterhin) immer wieder klarzumachen, wie leicht man über die scheinbar unverfängliche Wortmarke „Krankheit" unversehens in den Bann einer verwirrenden Wortmagie gerät; daß Definitionen (der Wortmarke „Krankheit") weder als wahr noch als falsch zu qualifizieren wären, sondern *Festsetzungen,* Abgrenzungen darstellen, wobei ihre Anwendungen entweder in rational ausweisbarer Zweckmäßigkeit oder aber bloß in kruder Macht, ihren Gebrauch durchzusetzen, begründet sein können, wodurch zwei verschiedene Formen politischer (Durch-)Setzung in Erscheinung träten. Während über Zwecke Diskurse mit Anspruch auf Plausibilität möglich sind, lassen nackte Machtansprüche nur vorprogrammierte Wortspielereien als Scheindiskurse zu. Von *Definitionen* zu unterscheiden wären *Aussagen,* die in metasprachlicher oder objektsprachlicher Weise erfolgen können (vgl. dazu: K. Sadegh-Zadeh, 1977). Zurecht warnt dieser Autor: „Sprachprobleme werden irrtümlich als Sachprobleme empfunden und auf diese Weise unheilvoll reifiziert".

Konkret gesprochen: was nützt es, wenn man durch ein EEG erfahren hat, daß ein dissozialer Proband uncharakteristische Zeichen aufweist, die auf eine stattgehabte Hirnschädigung hinweisen? Diese Information wäre nur dann interessant, wenn sie eine Handlungsanweisung enthielte. Das wäre dann der Fall, wenn spezifisch epileptische Zeichen manifest würden, die eine präventive Medikation indizierten. Ansonsten könnte der Befund, wenn er wortmagisch falsch verstanden wird, über die Annahme, das „Substrat" des Erlebens und Verhaltens sei gleichsam unwiderruflich („primär"?, „sekundär"?) geschädigt, in unheilvoller Weise dazu führen, das Handeln des Bewährungshelfers in resignative Richtung zu verändern. Während in der Tat das gleiche Ausmaß von Gehirnschädigung sowohl bei gesetzesfürchtigen als auch bei gesetzesübertretenden Personen bestehen kann, liegt die spezifische Differenz nur in der Verschiedenheit der Umgebungsbedingungen und deren Verarbeitung durch das in irgendeiner Weise „substratgeschädigte Hirn". Die magische Bannung durch den Satz „Gehirn ist krank" kann sehr wohl als selbsterfüllende Prophezeiung in Richtung auf Inaktivität wirksam werden. Ähnliches gilt, mutatis mudandis, für medizinische Diagnosemarkierungen unterschiedlicher Observanz ganz allgemein. Liebhaber psychopharmakologischer Medikationen können aus vorhin erwähnten Gründen auch nicht viel Hilfreiches bieten.

Mit einem Wort: Probleme, für die akademische und/oder kustodiale Psychiatrie nützlich sind, stellen im Rahmen der Bewährungshilfe eine zahlenmäßig verschwindende Minderheit dar, wobei im engeren Sinne psychiatrische Maßnahmen in Hinblick auf den Resozialisierungszweck bestenfalls flankierenden Charakter haben, was keineswegs ausschließt, daß in bestimmten problematischen Fällen eine verständige und verständliche Darlegung organismischer bzw. somatischer Faktoren und ihrer vermutbaren Rolle bei der Entstehung oder Erhaltung dissozialer Manifestationen durchaus zweckmäßig sein kann; sowohl durch das bessere Verständnis eines Probanden überhaupt, als auch über die Möglichkeit, zweckmäßige Ratschläge zu geben, zum Beispiel hinsichtlich Alkoholintoleranz bei Hirnschädigungen oder ähnlichem.

Meiner Überzeugung entsprechend, daß Bewährungshilfe nur extrem randständig mit psychopathologischen Phänomen etwas zu tun habe und sich die Mithilfe des Psychiaters im Team somit folgerichtig bei entsprechend hohem Ausbildungsstand des Gesamtteams erübrigen müßte, habe ich meine Teilnahme mit Ende des Jahres 1977 auslaufen lassen. Ich halte meine Überlegungen im Grunde auch weiterhin für richtig. Auch nachdem es sich herausstellte, daß diese Lösung nicht so unproblematisch war, wie ich es erhofft hatte. Hierbei kam der Umstand negativ zum Tragen, daß sich Teams in ihrer Zusammensetzung verändern, was eine Mithilfe des Psychiaters fallweise noch durchaus zweckmäßig machen kann. Doch ist die Lücke nicht so groß, daß sie nicht durch andere ärztliche Kollegen aushilfsweise ausgefüllt werden könnte.

Für bedeutsamer halte ich die für den Berufsstand der Bewährungshelfer emanzipatorische Symbolik, die sich mit dem Umstand verbindet, mich selbst weitgehend entbehrlich gemacht zu haben.

# Literatur

*Aguilera, D. C., J. M. Messick:* Grundlagen der Krisen-Intervention. Lambertus, Freiburg/Br. 1977.

*Aichhorn, A.:* Zur Technik der Erziehungsberatung. Ztschr. f. Psa. Päd. 10 (1936) 5–74.

*Aichhorn, A.:* Die Übertragung des Hochstaplers. Almanach der Psychoanalyse (1937) 198–215.

*Aichhorn, A.:* Verwahrloste Jugend. Wiener Psa. Verl., Wien 1925; Huber, Bern 1957.

*Alexander, F.:* Analyse der therapeutischen Faktoren in der psychoanalytischen Behandlung. Psyche 4 (1950) 401–416.

*Bang, R.:* Psychologische und methodische Grundlagen der Einzelfallhilfe. Verl. f. Jugendpflege, Wiesbaden 1959.

*Bang, R.:* Hilfe zur Selbsthilfe für Klient und Sozialarbeiter. Reinhardt, München-Basel 1960.

*Becker, A. M.:* Zur Typengliederung der Psychopathie. Nervenarzt 30 (1959) 159–170.

*Becker, A. M.:* Psychiatrisches Erfahrungsgut und Bewährungshilfe. Österr. Juristen-Z. 17 (1962) 621–624.

*Becker, A. M.:* Psychiatrische Systematik und Chancen der Bewährungshilfe. Österr. Richter-Ztg. 44 (1966) 74–79.

*Becker, A. M.:* Extremvarianten triebhaften Verhaltens. In: Neurose, Charakter, soziale Umwelt, hrsg. von *H. Strotzka.* Kindler, München 1973.

*Becker, A. M.:* Bewährungshilfe in medizinisch-sozialpsychiatrischer Sicht. In: 10 Jahre Bewährungshilfe, hrsg. von *E. Schilder.* Verein f. Bew.-H. u. soz. Jgd. Arb. 1974.

*Becker, A. M.:* Integrativ-pragmatische Psychotherapie: Lern- und tiefenpsychologische Aspekte. Int. Kongr. f. Verhaltenstherapie in Wien. Referat 25. 9. 1978 (1978a).

*Becker, A. M.:* Psychologie als zweiter Heilberuf mit Gesundheitswesen-Kompetenz? Österr. Ärzte-Z. 33 (1978b) 1159–1167.

*Bochnik, H. J., W. Richtberg:* Prinzipien der Bestimmung des Leidensschwerpunktes zwischen Krankheit, Person und Sozialfeld. Metamed 1 (1977) 226–236.

*Breser, I.,* et al.: Ausbruch ins Gefängnis. Materialien zum Thema Sozial-Maschinerie. Jugend und Volk, Wien-München 1975.

*Dworschak, R.:* Der Verwahrloste und sein Helfer. Aus der Praxis des Sozialarbeiters. Reinhardt, München 1969.

*Eissler, R. S.:* Scapegoats of Society. In: Searchlights on Delinquency, edited by *K. R. Eissler, P. Federn.* Imago, London 1949.

*Glover, E.:* The Technique of Psycho-Analysis. Bailliere, Tyndall & Co., London 1955.

*Goudsmit, W.:* Über Abwehrmechanismen bei sogenannten Psychopathen. Psyche 16 (1962) 512–520.

*Greenson, R. R., M. Wexler:* Die übertragungsfreie Beziehung in der psychoanalytischen Situation. Psyche 25 (1971), 206–230.

*Hartmann, K.:* Theoretische und empirische Beiträge zur Verwahrlosungsfrage. Springer, Berlin 1977.

*Hinsch, J., H. Leirer, H. Steinert:* Richter als Diagnostiker. In: der Prozeß der Kriminalisierung, hrsg. von *H. Steinert.* Juventa, München 1973.

*Hinsch, J., H. Leirer, H. Steinert:* Wie man sie „schafft": Über Spezialprävention durch Jugendstrafvollzug. In: Der Prozeß der Kriminalisierung, hrsg. von *H. Steinert.* Juventa, München 1973.

*Hoffer, W.:* Der getäuschte Hochstapler. In: Aus der Werkstatt des Erziehungsberaters, hrsg. von L. Bolterauer. Jugend u. Volk, Wien 1960.

*Katschnig, H., H. Steinert:* Soziopathische Handlung und soziopathische Strategie I: Über die soziale Konstruktion der Psychopathie; II: Zur administrativen Epidemiologie soziopathischer Handlungen. In: Neurose, Charakter, soziale Umwelt, hrsg. von *H. Strotzka.* Kindler, München 1973.

*Montag, E.:* Casework. In: Psychotherapie: Grundlagen, Verfahren, Indikationen, 2. Aufl., hrsg. von *H. Strotzka.* Urban & Schwarzenberg, München-Wien-Baltimore 1978.

*Montag, E.:* Supervision. In: diesem Band

*Pilgram, A., H. Steinert:* Über die Wirkungsmechanismen von Sozialarbeit und die organisatorische Bewältigung der Gegenübertragungsprobleme des Bewährungshelfers. In: Jahrbuch der Psychohygiene, Bd. 1, hrsg. von *G. Biermann.* Reinhardt, München 1973.

*Pilgram, A., H. Steinert:* Über die erfahrungswissenschaftliche Basis der Bewährungshilfe. In: 10 Jahre Bewährungshilfe, hrsg. von *E. Schilder.* Verein f. Bew.-H. u. soz. Jgd. Arb. 1974.

*Redl, F., D. Wineman:* Controls from Within. Free Press Glencoe, Illinois 1960.

*Redl, F., D. Wineman:* Kinder, die hassen. Lambertus, Freiburg/Br. 1970.

*Reiter, L.:* Zur Bedeutung der Sprache und Sozialisation für die Psychotherapie von Patienten aus der sozialen Unterschicht. In: Neurose, Charakter, soziale Umwelt, hrsg. von *H. Strotzka.* Kindler, München 1973.

*Reiter, L.:* Krisenintervention. In: Psychotherapie: Grundlagen, Verfahren, Indikationen, 2. Aufl., hsrg. von *H. Strotzka.* Urban & Schwarzenberg, München- Wien-Baltimore 1978.

*Reiter, L., E. Gabriel:* Diagnose „Psychopathie" und diagnostischer Prozeß bei Jugendlichen. In: Neurose, Charakter, soziale Umwelt, hrsg. von *H. Strotzka.* Kindler, München 1973.

*Rothschuh, K. E.:* Krankheitsvorstellung, Krankheitsbegriff, Krankheitskonzept. Metamed 1 (1977) 106–114.

*Sadegh-Zadeh, K.:* Krankheitsbegriffe und nosologische Systeme. Metamed 1 (1977) 4–41.

*Schaendlinger, O., E. Schilder:* Bewährungshilfe am Scheideweg. In: 10 Jahre Bewährungshilfe, hrsg. von *E. Schilder.* Verein f. Bew. H. u. soz. Jgd. Arb. 1974.

*Scheff, Th. J.:* Die Rolle des psychisch Kranken und die Dynamik psychischer Störung: Ein Bezugsrahmen für die Forschung. In: Der Krankheitsmythos in der Psychopathologie, hsrg. von *H. Keupp.* Urban & Schwarzenberg, München-Berlin-Wien 1972.

*Schindler, S.:* Jugendkriminalität. Jugend & Volk, Wien-München 1968.

*Schindler, S.:* Aggressionshandlungen Jugendlicher. Jugend & Volk, Wien-München 1969.

*Schneider, K.:* Die psychopathischen Persönlichkeiten. Deuticke, Wien 1950.

*Steinert, H.:* Statusmanagement und Kriminalisierung. In: Der Prozeß der Kriminalisierung, hsrg. von *H. Steinert.* Juventa, München 1973.

# Erfahrungen mit einer Selbsterfahrungsgruppe für Verhaltenstherapeuten

*Elisabeth Jandl-Jager und Marianne Ringler*[1]

> Wenn einem Menschen Macht
> verliehen wird,
> fällt es ihm schwer, sie
> nicht zu mißbrauchen.
>
> ANATOLE FRANCE

## Einleitung

Die Ausbildung österreichischer Verhaltenstherapeuten ist durch die ÖGVVVT[2] institutionalisiert worden. In ihrer Ausbildungsordnung ist keine Selbsterfahrung vorgesehen. Das bedeutet, daß es dem jeweiligen Supervisor überlassen bleibt, ob und wie er Selbsterfahrung in die Ausbildung einbezieht. Aufgrund des zeitlichen Aufwandes für die Fallsupervisionen zur Zeit des Seminars (je 10 Doppelstunden bei 2 Supervisoren in Gruppen von 4–5 Teilnehmern für insgesamt 4 Fälle) ist aber doch nicht mehr als ein Hinweis möglich. Der Zweitautorin ist aufgefallen, daß darin aber doch ein wesentliches Manko, das auch von den Teilnehmern erlebt wurde, liegt. Daraus entstand die Idee, eine Selbsterfahrungsgruppe speziell für Verhaltenstherapeuten zu organisieren. Damit wird in die Verhaltenstherapie ein Ausbildungskonzept eingeführt, das in anderen psychotherapeutischen Schulen entwickelt wurde.

Im weiteren möchten wir kurz darauf eingehen, welche Gründe für Selbsterfahrung sprechen und in welcher Beziehung wir sie zur Verhaltenstherapie sehen, bevor wir über den Aufbau und den Verlauf des Seminars berichten.

Selbsterfahrung als Patient oder Klient wird von den meisten psychotherapeutischen Schulen als Teil der Ausbildung des Therapeuten gefordert. In der Regel ist sie Voraussetzung, um zur Ausbildung zugelassen zu werden. Psychotherapeutische Techniken

[1] Wir danken den Trainern Frau *M. Schröder* und Herrn *H. J. Schaufflberger* für ihre hilfreiche Unterstützung bei der Planung und Durchführung des Seminars.
[2] Österreichische Gesellschaft zur Förderung der Verhaltensforschung, -modifikation und Verhaltenstherapie.

sind zum Teil, etwa in der Verhaltenstherapie, unabhängig von Selbsterfahrung zu erwerben. Dennoch erscheint uns Selbsterfahrung als wesentlicher Aspekt der Ausbildung zum Psychotherapeuten. Deshalb wollen wir zwei wesentliche Gründe nennen, „Selbsterfahrung für Psychotherapeuten zu fordern":

Der zukünftige Therapeut soll:
1. sich selbst in der Rolle des Klienten oder Patienten erleben.
2. Der therapeutische Prozeß soll für den zukünftigen Therapeuten aus eigener Erfahrung verstehbar sein.

Schon vor langer Zeit wurde festgestellt, daß sich das Erlebnis des therapeutischen Prozesses mit Hilfe von Vorträgen oder Büchern nicht ausreichend weitergeben läßt, und die Dimension des „Selbst"-erlebens in dieser Weise nicht vermittelt werden kann. Praxisanleitung kann dem Berufsanfänger wesentliche Hilfestellungen für die ersten Therapien geben. Diese Anleitung unterstützt die ersten Versuche, die erlernte Technik und die erworbenen theoretischen Kenntnisse in die Praxis umzusetzen. Supervision sollte in der Regel für Therapeuten angeboten werden, die schon einige Berufserfahrung haben. Dabei sollen Schwierigkeiten und Probleme, die der Therapeut mit dem Klienten hat, auch in Beziehung zu den eigenen Problemen des Therapeuten gesehen werden können. Supervision ist aber immer fallbezogen und kann daher eine gründliche Selbsterfahrung des Therapeuten nicht ersetzen.

Die Persönlichkeit des Therapeuten beeinflußt die Therapie erheblich. Im Rahmen der Selbsterfahrung soll die Selbstwahrnehmung eigener Schwächen, Vorurteile, Ängste, „blinder Flecken" und Aggression erweitert und so verarbeitet werden, daß sie in späteren therapeutischen Situationen den Patienten nicht behindert. Nicht erkannte Konflikte beim Therapeuten entsprechen einem „blinden Fleck" in seiner Wahrnehmungsfähigkeit. Die eigene „ungelöste Verdrängung" behindert den Therapeuten, bestimmte Verhaltensweisen des Patienten wahrzunehmen, zu verstehen und einer Veränderung zugänglich zu machen.

Allerdings soll dies nicht als eine Forderung nach dem Psychotherapeuten als Übermensch verstanden werden. Es ist nicht Ziel der Selbsterfahrung, alle menschlichen Eigenschaften zugunsten schematischer Normalität abzuschleifen oder zu verlangen, daß der Therapeut keine Leidenschaften und keine inneren Konflikte verspüren darf. Denn auch Therapeuten sind Personen, die gelernt haben, eine bestimmte Fertigkeit auszuüben, und daneben Mensch sein dürfen wie jeder andere.

Der zukünftige Therapeut erlebt die Selbsterfahrung als Gewinn, der aus einem positiven zwischenmenschlichen Kontakt zwischen Patient und Therapeut über die Therapie hinaus bezogen werden kann. Diese emotionelle Beziehung zwischen Patient und Therapeut wird gerade in der Verhaltenstherapie häufig übergangen oder als nicht existent verleugnet.

Im Rahmen der Therapie fungiert der Therapeut für den Patienten auch als Modell für soziale und interaktionelle Kompetenz. Das heißt, der Patient kann nichts lernen, was der Therapeut ihm nicht vermitteln kann. Deshalb wird vom Therapeuten auch ein höheres Maß an seelischem Gleichgewicht und Korrektheit verlangt. Außerdem ist es nötig, daß der Therapeut Toleranz für die Schwächen des Patienten zeigt und sich nicht vom eigenen Ehrgeiz fortreißen läßt. Der eigene Ehrgeiz soll in der Selbsterfahrung als solcher erkannt werden, und nicht an den Patienten weitergegeben werden. Der Prozeß der Selbsterfahrung sollte sich auch nach dem formalen Ende der Selbsterfahrung spontan fortsetzen, und alle neuen Erfahrungen sollen in diesem Sinne verwendet werden.

In den letzten zehn Jahren hat die Selbsterfahrung in Gruppen anstatt in Einzellehranalysen an Bedeutung gewonnen. Die kurze Darstellung der Ergebnisse einer Untersuchung der Erstautorin (Jager, 1975) sollen dies im folgenden verdeutlichen. Unter anderem wurden auch Fragen zur Selbsterfahrung der Teilnehmer der Lindauer Psychotherapiewochen 1973 gestellt. Die Lindauer Psychotherapiewochen sind eine repräsentative Fortbildungsveranstaltung für Psychotherapeuten, die traditionell von Neoanalytikern organisiert wird, an der jedoch auch viele Teilnehmer aus anderen analytischen und nicht analytischen Psychotherapierichtungen teilnehmen und vortragen.

Zum Zeitpunkt der Befragung standen 70% der Teilnehmer in psychotherapeutischer Weiterbildung. 54% davon befanden sich in freier Weiterbildung, das heißt, sie gestalteten ihre psychotherapeutische Weiterbildung nach eigenem Gutdünken; 10% waren Kandidaten eines psychotherapeutischen Ausbildungsinstituts.

Jene Personen, die 1973 ihre Selbsterfahrung bereits abgeschlossen hatten, bevorzugten eindeutig die Einzellehranalyse, danach folgten die fraktionierte[1] Selbsterfahrungsgruppe und die kontinuierliche Selbsterfahrungsgruppe. Die Gestaltung der Selbsterfahrung als Einzellehranalyse in Kombination mit fraktionierter oder kontinuierlicher Selbsterfahrungsgruppe machte damals bereits einen Großteil der Selbsterfahrung in Gruppen aus.

Von jenen Personen, die 1973 ihre Selbsterfahrung noch nicht abgeschlossen hatten, absolvierten zwei Drittel ihre Selbsterfahrung in Gruppen, und zwar gleich verteilt in kontinuierlichen und franktionierten Selbsterfahrungsgruppen. Das unterstreicht, welch große Bedeutung Selbsterfahrung in Gruppen für die Weiterbildung von Psychotherapeuten hatte.

Selbsterfahrung in Gruppen gewann vermutlich durch die große Nachfrage einerseits und die geringe Anzahl von Ausbildern andererseits an Bedeutung. Ein Vorteil ist, daß an fraktionierten Selbsterfahrungsgruppen auch Personen teilnehmen können, die weit von einem Ort entfernt leben, in dem sich ein Zentrum für psychotherapeutische Aus- und Weiterbildung befindet.

Wie bei allen Formen der Selbsterfahrung, ist die Literatur mit objektivierten Meßdaten über die Vorgänge innerhalb der Selbsterfahrungsgruppen eher spärlich. Speierer (1976) hat Selbsterfahrungsgruppen, die nach dem Konzept der klientenzentrierten Selbsterfahrung nach Rogers geführt wurden, ausführlich empirisch untersucht. Für Studenten und Psychotherapeuten könnte der fraktionierten Form der Selbsterfahrungsgruppe bzw. der Marathongruppe der Vorzug gegeben werden. Allerdings müßten diese Gruppen dann mindestens 90–100 Stunden dauern, um allen Teilnehmern

---

[1] *Fraktionierte Selbsterfahrungsgruppe:* Eine Gruppe, die sich in gleicher Zusammensetzung jeweils nur für eine Woche oder ein Wochenende mehrmals im Jahr zusammenfindet.
*Kontinuierliche Selbsterfahrungsgruppe:* Gruppen, die sich über einen längeren Zeitraum regelmäßig am selben Ort, meist einmal wöchentlich in der gleichen Zusammensetzung treffen.

Erfahrungen im Sinn des Konzepts der klientenzentrierten Selbsterfahrung zu ermöglichen. Es stellt sich natürlich die Frage, wer wieviel Selbsterfahrung braucht.

Unter dem Aspekt, daß aus vielen verschiedenen Gründen eine Einzelselbsterfahrung für Verhaltenstherapeuten derzeit nicht in Frage kommt, haben wir eine fraktionierte Gruppenselbsterfahrung angeboten. Die Darstellung unserer Gründe für dieses Vorgehen folgt im nächsten Abschnitt.

# Verhaltenstherapie und Selbsterfahrung

Wir haben im vorangegangenen Abschnitt kurz ausgeführt, weshalb wir Selbsterfahrung als einen notwendigen und integralen Bestandteil der Ausbildung zum Psychotherapeuten betrachten. Wir meinen, daß die vorangegangenen Überlegungen für alle psychotherapeutisch tätigen Personen, jedweder Schulrichtung, gelten. Wie schon erwähnt, wird in den meisten psychotherapeutischen Schulen die Forderung nach Selbsterfahrung auch in die Ausbildung integriert. Am deutlichsten in der Psychoanalyse, wo die Selbsterfahrung als Lehranalyse in unmittelbarem Bezug zur späteren Tätigkeit steht. Dagegen nimmt die theoretische Ausbildung einen vergleichsweise geringen Raum ein; meist kann mit ihr erst begonnen werden, wenn bereits ein Teil der Lehranalyse – der zukünftige Therapeut ist selber Patient – absolviert ist. Aber nicht nur die klassische Psychoanalyse, auch viele andere Richtungen, arbeiten in der Ausbildung ähnlich (so z. B. fast alle Gruppenmethoden). Die Ausbildung zum Verhaltenstherapeuten steht dazu in krassem Gegensatz. Erst in allerjüngster Zeit finden sich Forderungen nach Selbsterfahrung (Mitteilungsblatt der DGVT, 1977; Fiedler, 1978). An Vorschlägen finden sich:
– strukturierte Trainingsprogramme, wie Schwäbisch und Siems und Jöhrens und Grafe,
– die Anleitung zu Selbsterfahrung durch Teilnehmer, die auf diesem Gebiet schon Erfahrungen gesammelt haben,
– Selbsterfahrungsseminare, gleich welcher Richtung, die außerhalb der Verhaltenstherapieausbildung absolviert wurden.

Strukturierte Trainingsprogramme können unseres Erachtens nur einen Teilbereich dessen, was Selbsterfahrung vermitteln soll, abdecken, nämlich Gesprächshaltungen und gewisse Kommunikationsstrategien lehren. Die Anleitung durch Teilnehmer, die eigene Selbsterfahrung besitzen (wobei die Verschiedenartigkeit der Selbsterfahrung zu erwägen wäre), ist problematisch, weil sie unter Umständen in der speziellen Ausbildungssituation überfordert sind. In der Gruppe treten sie in eine dysfunktionale Position gegenüber ihrem eigenen Ausbildungsinteresse und auch dem der Gruppe. Gegen den dritten Vorschlag (Selbsterfahrungsseminare, gleich nach welcher Richtung) ist einzuwenden, daß es selbst bei qualifiziertem Training fraglich erscheint, ob erstens die dortigen Erfahrungen für die Verhaltenstherapie relevant sind, und zweitens, ob diese Erfahrungen in die verhaltenstherapeutische Praxis integriert werden können.

Zeinert (1977) berichtet über erste Erfahrungen einer Ausbildungsgruppe mit „Selbstmodifikation". Der Gruppe stellte sich das Problem, daß ihr unklar war, wieweit Selbstmodifikation und Selbsterfahrung identisch sind, und berichtet dann: „Mangels rauchender, nägelkauender oder übergewichtiger Mitglieder standen auf der Liste unserer Veränderungswünsche schließlich zu spätes Aufstehen, Unpünktlichkeit und ähnliche schlechte Angewohnheiten, die niemanden zu sehr belasten. Diese Aufgabestellung wurde als zunehmend unbefriedigend erlebt, und so kam es zu dem Versuch, auf einzelne, mehr hautnahe Problembereiche intensiver einzusteigen. Dabei stellte sich bald heraus, daß unsere verhaltenstherapeutischen Kenntnisse als ungenügend und häufig auch als der Problemlage nicht adäquat empfunden wurden; es kam zu einem therapeutischen Wildwuchs, in den jeder Teilnehmer seine psychoanalytischen, gestalt- und gesprächspsychotherapeutischen Kenntnisse einbrachte. In der Folge entwickelte sich aus dem Selbstmodifikationsprogramm eine zunehmend destruktive Gruppendynamik, so daß wir beschlossen, die Situation abzubrechen und zu Fallbesprechungen und Literaturarbeit überzugehen."

Davon ausgehend, wurde unser Vorgehen zunächst von folgenden Überlegungen geleitet:
1. Problemkreise zu definieren, von denen wir meinten, daß sie Verhaltenstherapeuten in besonderem Maße betreffen müßten, und
2. eine dafür geeignete Form der Selbsterfahrung auszuwählen und zu organisieren.

# Problemkreise

1. Verhaltenstherapie ist in Österreich eine junge, wenig etablierte Disziplin, mit entsprechend jungen, wenig arrivierten Vertretern.

2. Die verhaltenstherapeutisch Tätigen, vorwiegend Psychologen (64%, 15% Ärzte, 2% andere soziale Berufe), arbeiten sehr verstreut. In 67 Institutionen arbeiten 205 Verhaltenstherapeuten, in 39% dieser Institutionen ist nur ein einziger Verhaltenstherapeut tätig (Ringler, 1978). Sie sind also entsprechend isoliert.

3. Institutionalisierte Kontaktmöglichkeiten existieren nicht.

4. Die Arbeit aller verhaltenstherapeutisch Tätigen, insbesondere aber der Psychologen, wird stark von methodisch-theoretischen Konzepten bestimmt, wie es sich notwendigerweise aus ihrer Sozialisation ergibt. So lernen die Psychologen in ihrer universitären Ausbildung die Verhaltenstherapie als therapeutische Methode kennen, die den Anspruch einer experimentellen Wissenschaft erhebt. Auch in der, von der ÖGVVVT angebotenen Ausbildung überwiegt die Theorie stundenmäßig bei weitem. Sie ist der praktischen Ausbildung zeitlich vorangestellt. Eine schriftliche Prüfung über theoretische Inhalte entscheidet schließlich über Zulassung zur praktischen Ausbildung. Man kann annehmen, daß die Wahrnehmung und Selektion therapeutischer Inhalte von in dieser Weise ausgebildeten Therapeuten in einem stärkeren Maß in Richtung auf ein

bestimmtes theoretisch-methodisches Vorgehen, im Sinne der Verifizierung der theoretisch-methodischen Basis, festgelegt wird.

5. Der Therapeut-Patient-Interaktion wird in der Verhaltenstherapie erst in den allerletzten Jahren eine wesentliche Bedeutung zum Gelingen der Therapie zugebilligt (Goldstein, 1977; Lazarus, 1978; Ringler, 1979). Daher steht bislang auch noch kein theoretisches Konzept zur Verfügung.

6. Wir nehmen mit Beckmann (1978) an, daß „ein Anteil der Übertragung der Teil der Rolle des Therapeuten ist, durch die die Therapietechnik indirekt festgelegt wird". Verhaltenstherapeuten erheben häufig den Anspruch, daß ihre Therapien, einem positivistischen Wissenschaftsideal entsprechend, erfaßbar seien. Dieser Anspruch erfordert eine spezielle Arbeitstechnik (z. B. präzise Zieldefinitionen, einen überschaubaren und rekonstruierbaren, gegliederten Aufbau, etc.). Gegenüber dem Kollegen gewinnt der Therapeut durch ein solches Vorgehen Prestige. Daraus kann man schließen, daß Verhaltenstherapeuten in einem stärkeren Ausmaß leistungsorientiert sind (mit allen positiven und negativen Konsequenzen). Dieser Umstand birgt für die Therapie die Gefahr in sich, „daß vom Patienten unabhängige Bedürfnisse des Therapeuten auf den Patienten übertragen werden" (Beckmann, 1978, S. 1250). Als Beispiel sei hier die Vorliebe von Verhaltenstherapeuten für „Interventionsstrategien" (Desensibilisierung, Flooding, Lern- und Konzentrationsprogramme, soziale Kompetenztrainings, etc.) genannt. Werden aber in der Therapie Bedürfnisse vom Therapeuten vorrangig, so geht der Therapie eine wesentliche, emanzipatorische Modellfunktion verloren, nämlich die der unkonditionalen Wärme und Zuwendung in interpersonellen Situationen.

7. Innerhalb der Verhaltenstherapie wird viel mit Gruppen gearbeitet (vgl. Grawe, 1978). Dennoch werden soziale Gruppenprozesse und Interaktionsprozesse vergleichsweise wenig transparent gemacht. Bei Durchsicht der verhaltenstherapeutischen Literatur zur Gruppenarbeit fällt auf, daß eine Tendenz besteht, Einzeltherapien in der Gruppe durchzuführen, wobei den Gruppenmitgliedern neben dem Leiter eine Hilfsfunktion zur Therapie des einzelnen zuerkannt wird. Dies bedeutet, daß Probleme sozialer Interaktion individualisiert werden, wenn sie nicht zugleich im Zusammenhang des Verlaufs der aktuellen Gruppe verstanden und im „Hier und Jetzt" als konkretes Gruppenproblem bearbeitet werden. Einen ersten Ansatz in dieser Richtung findet man bei Grawe und Dziewas (1977). Wir wollten den Teilnehmern hier eine zusätzliche Dimension der Dynamik sozialer Interaktionen vermitteln.

8. Metakommunikative Prozesse, wie sie durch die Sachebene verschleiert werden, sollten dargestellt werden. Die Teilnehmer sollten für den Beziehungsaspekt von Mitteilungen (vgl. Watzlawick et al., 1969) sensibilisiert werden, und ihm gleichwertige Bedeutung beimessen wie der sachlichen Information. Dieser Punkt scheint uns besonders wichtig, weil die praktisch-klinische Erfahrung zeigt, daß Beziehungsprobleme zwischen Therapeut und Patient häufig über das Nichterfüllen therapeutischer Aufgabenstellungen ausgetragen werden (vgl. Ringler, 1979).

9. Macht und Abhängigkeit, wie sie auch die therapeutische Situation kennzeichnen, sollten transparent gemacht werden. „Voraussetzung für diesen Prozeß ist die Bereit-

schaft des Therapeuten, bereits die therapeutische Situation und damit sich selbst durch den Klienten in Frage stellen zu lassen, das heißt mit dem Durchsichtigmachen von Abhängigkeitsmustern in der unmittelbar gegebenen Situation zu beginnen" (Keupp und Bergold, 1972, S. 133/134). Zur Erfüllung einer solchen Forderung erscheint es uns notwendig, daß der Therapeut seine eigenen Abhängigkeitsmuster und Machtstrategien wahrzunehmen, zu analysieren und zu verändern vermag.

# Auswahl einer Selbsterfahrungsmethode

Als geeignete Selbsterfahrungsmethode, die die genannten Problemkreise abdecken könnte, erschien uns ein gruppendynamisches Seminar, das in seinem strukturellen Aufbau themenzentrierte, nämlich Verhaltenstherapie-relevante Diskussionsgruppen beinhaltet. Wir besprachen uns daher mit ausgebildeten Gruppendynamiktrainern, die verhaltenstherapeutische Kenntnisse besaßen – wenngleich in geringem Umfang – und zur Verhaltenstherapie als psychotherapeutischer Methode positiv eingestellt waren.

Mancher Leser wird sich vielleicht fragen, warum wir diese Gruppe gerade auf Verhaltenstherapeuten beschränkten? Interessierte Teilnehmer hätten genauso gut ein sonstiges Gruppendynamik-Seminar besuchen können, wie sie zahlreich angeboten werden, und dort die praxisrelevanten Erfahrungen sammeln können. Unsere Überlegung war aber, daß sich Verhaltenstherapeuten auch ganz eigene Probleme stellen – wie wir zuvor ausgeführt haben – die in der Berufsgruppe deutlicher herausgearbeitet werden können, weil sie eben nicht mehr als individuelles Problem des einzelnen Therapeuten gedeutet werden. Design und Vorgehen der Gruppenarbeit wurden daher von folgenden Überlegungen weiter bestimmt:
– Eine offene Kommunikation über alle Themen, die mit dem Sachthema in Zusammenhang stehen (sowohl Inhalt wie Gefühle), ist für eine gute Kooperation zwischen Menschen notwendig (Gibb, 1964). Dies bedeutet, daß es auch möglich sein muß, über Unsicherheiten zu sprechen. Solange ein Therapeut nicht in der Lage ist, Unsicherheiten zu zeigen, sondern nur, daß er ein guter Therapeut ist, ist Kooperation schwer möglich, denn dadurch wird Konkurrenzverhalten gefördert.
– Der Prozeß des Lernens und infolgedessen Veränderung wird wesentlich durch Konkurrenz und „nicht schwach sein dürfen" behindert. Gegenseitiges Lernen, wie es im Rahmen von T-Gruppen ermöglicht wird, erfordert eine horizontale Beziehung (Bradford, 1964).
– Das Problem Hilfe. Ein wesentlicher Teil der therapeutischen Arbeit besteht darin, Hilfe zu geben und auch zu nehmen. Wir hatten den Eindruck, daß Verhaltenstherapeuten aufgrund eines deutlich direktiveren Zugangs zum Patienten, diesem an Wissen und Entscheidungsgewalt voraus sind (Keupp und Bergold, 1972). Daraus kann eine vertikale Beziehung entstehen. Daher dürfte es für einen Therapeuten schwierig sein, Hilfe zu verlangen und anzunehmen. Die Gefahr scheint darin zu bestehen, daß Therapeuten in anderen Situationen des täglichen Lebens und in der

Kooperation mit Kollegen aus der „Therapiekontrolle" nicht mehr heraussteigen können und daher auch größte Schwierigkeiten beim sozialen Lernen unter Kollegen haben.

– Das Zeigen von Stärke schafft Isolation und Einsamkeit und verhindert, daß an Identitätsproblemen gearbeitet werden kann.

Eine Reihe der angeführten Punkte sind in allen sozialen Berufen anzutreffen. Im Rahmen des Seminars sollte es aber möglich werden, sie ganz konkret in Hinblick auf die Situation von Verhaltenstherapeuten zu bearbeiten. Sie zeigten sich dann auch in unterschiedlicher Stärke in den beiden T-Gruppen.

# Ziele der Trainer und Aufbau des Seminars

Die Trainer strebten an, Möglichkeiten der Zusammenarbeit zwischen Therapeuten aufzeigen zu helfen. Die verbesserte Zusammenarbeit der Therapeuten war für uns nicht nur Selbstzweck, sondern wir vermuteten auch, daß letztlich die Zusammenarbeit zwischen Patient und Therapeut dadurch verbessert werden könnte. Da wir ein Seminar für eine homogene Therapeutengruppe durchführen wollten, schien es uns wichtig, inhaltlich die Berufssituation der Verhaltenstherapeuten sowie Probleme der eigenen Ausbildung zum Therapeuten in den Vordergrund zu stellen. Wir gingen von der Annahme aus, daß in den Gruppen vor allem Probleme der Unsicherheit bearbeitet werden müssen. Die meisten Gruppenteilnehmer befanden sich noch in Ausbildung zum Therapeuten, und zum Teil befanden sie sich in der schwierigen Lage, als einzige Verhaltenstherapeuten in einer Institution oder überhaupt ganz allein in einer Einzelpraxis arbeiten zu müssen. Unserer Meinung nach erstreckt sich die Unsicherheit sowohl auf den Erwerb fachtherapeutischer Kompetenz als auch auf die soziale Isolation durch die Art der Institutionalisierung der therapeutischen Versorgung. Die Umsetzung unserer Überlegungen ergab folgende Konsequenz für die Planung des Seminars:

Ein Übergewicht der Arbeit in Kleingruppen gegenüber dem Angebot von Erfahrungen in der Großgruppe,
eine Vernachlässigung von Intergruppenprozessen und eine Reduktion des Plenums auf organisatorische und metakommunikative Funktionen.

Unser primäres Anliegen war, daß Kommunikation sowohl über die berufliche und persönliche Unsicherheit, als auch über die soziale Isolation möglich gemacht wird. Solche Themen sind sozial häufig tabuisiert. Wenn überhaupt, ist es eher in kleinen als in großen Gruppen möglich, diese Tabuisierung zu überwinden. Der verunsichernde, aber gleichzeitig beschützende Rahmen von Selbsterfahrungsgruppen kann das Widerstreben, sich in dieser Weise mit der eigenen Person auseinanderzusetzen, reduzieren. Wir haben deshalb die verfügbaren Sitzungen des Seminars schwerpunktmäßig für die Arbeit in den beiden Selbsterfahrungsgruppen reserviert.

Die Trainer der Selbsterfahrungsgruppen wußten, daß sie nicht in ausreichendem Maß verhaltenstherapeutische Kenntnisse besaßen, die es ihnen ermöglichen würden,

den Gruppenteilnehmern auf fachlicher Ebene Anleitung zu geben. Allerdings waren wir der Meinung, daß Fachdiskussionen für die Teilnehmer notwendig wären. Dies sowohl, weil die Gruppenteilnehmer zum Teil sehr isoliert arbeiten, als auch, weil sie zum Teil noch in Ausbildung zum Verhaltenstherapeuten stehen und sich daher auf fachlichem Gebiet unsicher fühlen. Das Zusammentreffen in den Gruppen erschien uns eine gute Möglichkeit, daß die Teilnehmer von einander auch Fachspezielles lernen konnten. Diese Entscheidung machte eine Programmplanung möglich, die genügend Zeit für die Diskussion fachlicher Probleme vorsah.

Die Diskussion fachlicher Probleme war für die Teilnehmer auch deshalb wichtig, weil fachliche Themen eine gewisse Sicherheit vermitteln und auch ständig Gegenstand von Überlegungen sind. Beispiele dafür sind „wie führe ich eine Verhaltensanalyse durch" oder „wie gehe ich bei einem flooding vor".

Derartige Themen bieten Sicherheit, weil:

ein Gesprächsthema zur Verfügung steht,

solche Themen für alle Teilnehmer wichtig sind, und daher auch von allen akzeptiert werden können,

dadurch die Kommunikation in der Gruppe strukturiert werden kann,

auf der „Sachebene" kommunziert wird,

Unsicherheit leichter kaschiert werden kann,

die Teilnehmer sich leichter emotionell distanzieren können.

Wie schon erwähnt, nehmen fachspezifische Probleme für Verhaltenstherapeuten wie wohl für die meisten Psychotherapeuten einen so breiten Raum ein, daß derartige Überlegungen aus einer berufsorientierten Gruppe nicht wegzudenken sind. Wir sahen deshalb bei der Programmplanung die Möglichkeit von Arbeitsgruppen vor, in welchen die Gruppenteilnehmer sich mit diesen berufsspezifischen Problemen auseinandersetzen konnten. Die Unterstützung der Trainer für die Arbeit in den Arbeitsgruppen beschränkte sich darauf, etwa notwendige Hilfe bei den Gruppenprozessen anzubieten.

Wir wollten für die Selbsterfahrung eine helfende Atmosphäre schaffen. Deshalb schien es uns sinnvoll, die Konkurrenz zwischen Teilnehmern bzw. zwischen den Gruppen nicht zu fördern. Aus diesem Grund wurden Intergruppenprozesse sehr vorsichtig gehandhabt, weil diese die Konkurrenz eher verstärken.

# Zum Verlauf des Seminars

Wir wollen hier einige zentrale Eindrücke wiedergeben, die sich aufgrund des Geschehens und der Gespräche, vor allem am letzten Tag, sowie aus einem Katamnesetreffen nach einem Monat ergeben haben.

— Es gelang zu Beginn, eine helfende Atmosphäre zu schaffen, indem Intergruppenprozesse sehr vorsichtig bearbeitet wurden. Dadurch konnte Konkurrenz reduziert werden, die gegenüber dem Hauptziel (Thematisierung von Fragen berufsspezifischer Unsicherheit) als dysfunktional anzusehen ist.

- Die Teilnehmer akzeptierten weitgehend die Fokussierung auf eine allgemeine Problemstellung (Ausbildungs- und Berufssituation, Statusproblematik, fachspezifische Sicherheit bzw. Unsicherheit usf.). Natürlich gab es in diesem Zusammenhang nicht zu übersehende Unterschiede, die davon abhingen, wie weit der einzelne bereit war, sich auf das Geschehen einzulassen (Luft, 1977).
- Der Verlauf der T-Gruppen konnte auch dadurch charakterisiert werden, wie weit der einzelne gehen dürfe, um dennoch als „kompetenter" Therapeut dazustehen. Auffallend war auch, daß neue Möglichkeiten immer über „dyadische Interaktionen" eingeführt wurden, in denen einem Gruppenmitglied die Rolle des Therapeuten und einem anderen die Rolle des Klienten/Patienten zugeordnet wurde. Individuelle Unsicherheit wurde mithin in „strukturierter Form" bearbeitet, und zwar in jener Form, die den Teilnehmern aus ihrer eigenen Arbeit am geläufigsten war (vgl. dazu die Ausführungen „Problemkreise S. 171).
- Die Diskussionsgruppen (Kleingruppen) ermöglichten die Diskussion berufsspezifischer Probleme (z.B. Patient-Therapeut-Beziehung, Angst in Patient-Therapeut-Beziehung, Sexualtherapie, Familie(ntherapie), Grenzen der Verhaltenstherapie, Modelle der Zusammenarbeit, Verhaltenstherapie mit Kindern, verhaltenstherapeutische Alternativen zur Gruppendynamik, Verhältnis der Verhaltenstherapie zu anderen psychotherapeutischen Richtungen, Verhaltenstherapie in Existenzkrisen, der Therapeut in der Zusammenarbeit mit anderen Institutionen, Wissenschaftlichkeitsmythos in der Verhaltenstherapie und Verhaltenstherapie bei Abhängigkeit). Die Diskussionsgruppen waren für die Teilnehmer in vielfacher Hinsicht bedeutsam, wie wir zuvor besprochen haben. Dabei sind diese realen Probleme für jeden so gewichtig und nehmen soviel Raum in den täglichen Überlegungen des einzelnen ein, daß sie aus einer berufsorientierten Gruppe nicht wegzudenken sind. Die Diskussionsgruppen boten also einerseits die Möglichkeit, solche Probleme zu diskutieren und damit ein wichtiges Bedürfnis zu erfüllen. Gleichzeitig kann die Themenwahl nicht unabhängig von den Ereignissen in der Gruppe gesehen werden. Sie ebneten damit den Weg zu einer offeneren Behandlung dieses Bereiches in der T-Gruppe.
- Alle unter Punkt 2 genannten Problemkreise konnten thematisiert werden (wie auch die Themenwahl der Diskussionsgruppen zeigt), wenngleich in unterschiedlichem Ausmaß. So standen doch vorwiegend Ausbildungsfragen, berufsspezifische Probleme und das Bedürfnis nach Überwindung der arbeitsbedingten Isolation im Vordergrund.
- Das Katamnesetreffen ergab einen deutlichen Wunsch eines Großteils der Teilnehmer, die begonnenen Erfahrungen fortzuführen. Erwogen wurden – eine Wiederholung des Seminars – die Installation einer Jahresgruppe – stärker strukturierte Gruppenformen à la „Schwäbisch und Siems" (Schwäbisch und Siems, 1974) sowie informelle Treffen.
- Als ein konkretes Ergebnis wurde beschlossen, einen „Jour Fixe" als informelles Treffen für alle verhaltenstherapeutisch Arbeitenden und Interessierten einzurichten, der auch nach wie vor besteht.
- Heute liegt das Seminar wieder einige Jahre zurück.
In der Zwischenzeit haben sich die Anfragen gehäuft, ob wir beabsichtigen, diese

oder eine ähnliche Selbsterfahrungsgruppe zu wiederholen. Derzeit planen wir eine neue Gruppe dieser Art sowie eine Jahresgruppe.

– Einige der Teilnehmer haben ihre Ausbildung mittlerweile abgeschlossen. Die Erfahrung hat gezeigt, daß Supervisanden, die diese oder eine ähnliche Erfahrung haben, in der Therapie Probleme deutlicher wahrnehmen können und in der Supervision Interventionen des Supervisors besser verwerten können.

# Resümee

Insgesamt glauben wir sagen zu können, daß es richtig war, dieses Seminar auf verhaltenstherapeutisch Tätige zu beschränken. Die Gruppe hat geholfen, erste Erfolge in Richtung der Überwindung von Isolation am Arbeitsplatz zu erzielen. Nicht nur ein „Jour Fixe" wurde gegründet. Letztlich geht die Herausgabe eines Mitteilungsblattes für Verhaltenstherapeuten unter anderem auch auf die Initiative dieser Gruppe zurück.

Wünschenswert wäre sicherlich für die Zukunft, Trainer zu finden, die über die theoretische Vertrautheit mit der Verhaltenstherapie hinaus auch praktische Erfahrungen haben. Dadurch müßte es möglich sein, die Arbeit noch effizienter zu gestalten. Gerade hierin liegt aber eine große Schwierigkeit. Es gibt leider nur eine geringe Anzahl von wirklich kompetenten Fachleuten, die diese Kompetenz für mehr als ein spezielles Gebiet der Psychotherapie aufweisen. Unter Verhaltenstherapeuten scheinen sie besonders selten zu sein, was sicher auch daran liegt, daß die meisten Verhaltenstherapeuten sehr jung sind und bislang gar keine Zeit hatten, mehrere Kompetenzen zu erwerben.

Natürlich gelang es in dieser einen Gruppe nicht, alle Problemkreise für alle Teilnehmer zufriedenstellend zu bearbeiten. Dazu war die Zeit auch viel zu kurz. Für einzelne Teilnehmer fanden wir, daß Selbsterfahrung in Einzelgesprächen sicher fruchtbringender sein würde. Einige Teilnehmer wurden motiviert, mangels einer sofortigen Weiterführung des Seminars unsererseits, anderwärtig entsprechende Erfahrungen (Gruppendynamik, andere Selbsterfahrungsgruppen, Einzelsupervision) zu sammeln.

Abschließend möchten wir einige Überlegungen einer zukünftigen Struktur für Selbsterfahrungsgruppen für Verhaltenstherapeuten darstellen. Wir meinen, das künftig mehr Zeit eingeplant werden sollte, so daß die begonnenen Selbsterfahrungsprozesse eingehender bearbeitet werden können. Wir denken dabei an eine mehrmalige Wiederholung eines solchen Seminars im Sinne einer fraktionierten Gruppe, als auch kontinuierliche Gruppen, die sich wöchentlich treffen und regelmäßige Blockveranstaltungen (z. B. am Beginn ein Wochenende, fortlaufende wöchentliche Treffen, in die etwa alle 6–8 Wochen neuerlich ein Wochenendseminar zwischengeschaltet ist über den Zeitraum eines Jahres). Feststehende Arbeitsthemen sollten eingeplant werden. Die Teilnehmer sollten alle praktizierende Verhaltenstherapeuten sein, die ausreichend Klienten versorgen, so daß die gesammelten Erfahrungen fortlaufend in die Therapien eingebracht und überprüft werden können.

# Literatur

*Beckmann, D.:* Übertragungsforschung. In: Handbuch der Psychologie, Bd. 8: Klinische Psychologie, 2. Hbbd., hsrg. von *L.J. Pongratz,* S. 1242–1256. Hogrefe, Göttingen 1978.

*Bradford, L.P.:* Membership and the learning process. In: *L. Bradford, J. Gibb, K. Benne* (eds.): T-Group Theory and Laboratory Method. Wiley & Sons, New York 1964.

Einige Gedanken der AWK zur „Selbsterfahrung" als Bestandteil der VT-Ausbildung. Mitteilungen der DGVT 9,2 (1977) 144–147.

*Fiedler, P.:* Diagnostische und therapeutische Verwertbarkeit kognitiver Verhaltensanteile. In: *N. Hoffmann,* (Hrsg.): Grundlagen kognitiver Therapie. Huber, Bern 1979.

*Gibb, J.R.:* Climate for trust formation. In: *L. Bradford, J. Gibb, K. Benne* (eds.): T-Group Theory and Laboratory Method. Wiley & Sons, New York 1964.

*Goldstein, A.P.:* Methoden zur Verbesserung von Beziehungen. In: *F.H. Kanfer, A.P. Goldstein* (Hrsg.): Möglichkeiten der Verhaltensänderung, S. 17–56. Urban & Schwarzenberg, München 1977.

*Grawe, K.:* Verhaltenstherapeutische Gruppentherapie. In: Handbuch der Psychologie, Bd. 8: Klinische Psychologie, 2. Hbbd., S. 2697–2723, hrsg. von *L.J. Pongratz* Hogrefe, Göttingen 1978.

*Jager, E., G. Unger:* Psychotherapeutische Fortbildung und Weiterbildung im Rahmen der Lindauer Psychotherapiewochen, Ergebnisse einer Befragung während der Tagung 1973. Prax. Psychother. XX,4 (August 1975).

*Keupp, H., J.B. Bergold:* Probleme der Macht in der Psychotherapie. In: *C.H. Bachmann* (Hrsg.): Psychoanalyse und Verhaltenstherapie, S. 105–140. Fischer, Frankfurt a.M. 1972.

*Lazarus, A.A.:* Verhaltenstherapie im Übergang. Reinhardt, München 1978.

*Luft, J.:* Einführung in die Gruppendynamik, S. 24–35. Klett, Stuttgart 1977.

*Ringler, M.:* Die Patient-Therapeut-Interaktion und ihre Beziehung zum therapeutischen Prozeß in der Verhaltenstherapie. Partnerberatung, Z.f. Ehe-, Familien-, Sexualther. (1980), 1.

*Schwäbisch, L., M. Siems:* Anleitung zum sozialen Lernen für Paare, Gruppen und Erzieher, TB rororo 6846. Rowohlt, Reinbek bei Hamburg 1974.

*Speierer, G.-W.:* Dimensionen des Erlebens in Selbsterfahrungsgruppen. Vandenhoeck & Ruprecht, Göttingen 1976.

*Zeinert, C.:* Einige Erfahrungen mit ‚Selbstmodifikation'. Mitteilungen der DGVT 9,2 (1977) 155.

# Theorie und Praxis der Randgruppenarbeit

*Kurt Buchinger*

Die Arbeit, über die ich im folgenden berichte, hat vor drei Jahren, im Frühjahr 1976 als Lehrveranstaltung des Instituts für Tiefenpsychologie und Psychotherapie der Universität Wien begonnen mit der Zielsetzung, nicht als solche auch zu enden.

Diese Zielsetzung wurde erreicht, indem sich etwas ganz anderes, als ursprünglich geplant, entwickelt hat, etwas, das sinnvoller ist als alles, was wir hätten planen können, und das nur deshalb entstehen konnte, weil wir es nicht geplant hatten: eine Selbsthilfeorganisation von Eltern, deren Kinder langfristig bzw. dauernd am „Steinhof", der größten psychiatrischen Anstalt Wiens, stationiert sind.

Mir liegt am Herzen, diese Entwicklung in einem vorläufigen Überblick aus meiner Sicht – ein ausführlicher Bericht ist zusammen mit den Studenten, Eltern, Pflegern und der Ärztin geplant – mitzuteilen, weil ich immer noch überrascht bin, was aus einem kleinen Anstoß entstehen kann. Darüber hinaus erscheint mir die Geschichte der Lehrveranstaltung und dessen, was daraus geworden ist, aus folgenden Gründen wert, dargestellt zu werden:

1. Es handelt sich um ein hochschuldidaktisches Experiment mit ungewöhnlichem Ausgang. Der Rahmen der Universität, in dem die Arbeit beginnt, tritt immer mehr in den Hintergrund, und als die Lehrveranstaltung nach 4 Semestern offiziell beendet wird, steht das, was durch sie in die Wege geleitet wurde, erst am Anfang.

2. Das Verhältnis von Theorie und Praxis stellt sich in dieser Lehrveranstaltung in eher ungewöhnlicher, aber fruchtbarer Weise dar. Es ist in Vorlesungen und Seminaren üblich, den Rahmen des Wissens, das vermittelt werden soll, abzustecken und ihn dann durch Vorträge, Referate und Diskussionen mit Inhalt zu füllen. Wenn es vom Stoff her möglich ist, kann man noch versuchen, in Übungen das Gelernte anzuwenden und zu erproben.

In unserem Fall stand die praktische Zielsetzung, uns mit einer bestimmten Randgruppe zu befassen, im Vordergrund. Die Theorie, also das Klären von begrifflichen Zusammenhängen und das Sammeln von Informationen dazu, erfüllte für uns zwei Funktionen. Sie sollte erstens helfen, uns auf die Arbeit vorzubereiten, das heißt, unsere Zielsetzungen abzugrenzen und unsere Motivation zu hinterfragen. Zweitens bestand die Theorie für uns in einer Selbstreflexion der bereits geleisteten Arbeit. Wir versuchten nach den einzelnen Schritten praktischer Tätigkeit möglichst detailliert zu erfassen, was geschehen war, uns ein Begriffsinventar zu schaffen, das uns half, besser zu verstehen, was wir tun, und zu planen, was wir tun sollen.

3. Es handelt sich um die eigenartige Geschichte der Entstehung einer Selbsthilfegruppe: einer Gruppe, die sich durch einen Anstoß von außen zwar als solche formierte, dann aber relativ rasch sich ein autonomes Selbstbewußtsein und eine Organisationsform gab, der gegenüber die heteronome Entstehungsgeschichte der Gruppe weitgehend an Bedeutung verlor. Ich betone das deshalb, weil es mit dem nächsten Punkt zusammenhängt.

4. Diese Geschichte macht die Dialektik der Hilfe zur Selbsthilfe besonders deutlich. Die Helfer beginnen ihre Arbeit immer mit einer bestimmten Vorstellung, womit und wie den Personen, mit denen sie sich befassen, geholfen werden kann. In unserem Fall sollte versucht werden, den Eltern eine Gesprächsbasis zu verschaffen, auf der sie die durch ihre besondere Lage entstandenen sozialen und psychischen Probleme einander mitteilen und miteinander teilen können. Wenn aus der Hilfestellung tatsächlich Selbsthilfe wird, dann geben sich die Betroffen meist ein anderes Ziel; in unserem Fall die Einflußnahme auf das Geschehen am Kinderpavillon der psychiatrischen Anstalt.

Wenn die Helfer darauf beharren, ihre ursprüngliche Intention inhaltlich zu verwirklichen, dann verhindern sie damit das, was sie geholfen haben, in die Wege zu leiten: eine Selbsthilfegruppe oder -organisation, die ihr eigenes und kein fremdes Ziel verfolgt. Wollen sie wirklich ihr Ziel, Hilfe zur Selbsthilfe zu geben, erreichen, dann wird ihre ursprüngliche inhaltliche Intention meist enttäuscht. Es geschieht etwas anderes, als sie wollen, und sie werden überflüssig. Diese Enttäuschung, welche die Helfer verarbeiten können müssen, scheint sogar ein Maßstab für das Gelingen ihrer Bemühungen zu sein. Die Probleme, die damit verbunden sind, werden in unserer Arbeit mit den Eltern sichtbar.

5. Auch unter gruppendynamischen Gesichtspunkten erscheint der Verlauf unserer Zusammenarbeit bemerkenswert: Die Entwicklung, die wir innerhalb der Seminargruppe nahmen, die Wiederbelebung ihrer ungelösten Probleme durch den Beginn der praktischen Arbeit, die Übertragung der Probleme in die Auseinandersetzung mit der Elterngruppe, die Wiederkehr der dortigen Schwierigkeiten in der Situation innerhalb des Seminars, in der sie bearbeitet werden sollten, – all das läßt sich nicht nur nachträglich objektivierend aufzeigen, es wurde immer wieder Gegenstand unserer praxisbezogenen Reflexion. Ohne diesen Aspekten unsere kontinuierliche Aufmerksamkeit zu widmen, wären wir wahrscheinlich längst an Arbeitsunfähigkeit in den schwierigen Situationen, in die wir uns begeben mußten, gescheitert und auseinandergegangen.

6. Ein letzter Punkt, der sich in der bisherigen Arbeit angedeutet hat und in ihrer weiteren Entwicklung sicher auch aus organisationspsychologischem und -soziologischem Interesse Beachtung verdient, ist die Problematik der Entstehung einer informellen Gruppierung in einer Organisation; einer Gruppierung, die direkt in der Organisation nicht verankert ist, dennoch auf sie erhebliche Auswirkungen hat: Die Elterngruppe bietet ein Beispiel, wie eine Organisation, nämlich der Kinderpavillon des psychiatrischen Krankenhauses, von Personen, die durch sie betroffen sind, in ihr aber offiziel nicht vorkommen, beeinflußt werden kann – und ein Beispiel für die Schwierigkeiten, die damit entstehen.

# Die Geschichte des Seminars

## 1. Phase

Ein Semester, bevor das Randgruppenseminar begann, veranstaltete ich ein Seminar über Gruppentherapie an der Universität, in dem ich die Studenten in kleinen Arbeitsgruppen zunächst den Schwerpunkt ihres Interesses artikulieren und sie daran arbeiten ließ. Ich stellte ihnen meine Hilfe in Form von Informationen und methodischen Ratschlägen zur Verfügung. In Referaten und Diskussionen präsentierten sie, was sie sich erarbeitet hatten. Ich selbst stellte verschiedene gruppentherapeutische Methoden und ihre Probleme vor. Gegen Ende der Lehrveranstaltung hatte ich auf freiwilliger Basis ein Wochenende geplant, in dem anhand einiger Übungen allgemeine Probleme der therapeutischen wie der nichttherapeutischen, rein gruppendynamisch orientierten Gruppenarbeit dargestellt werden sollten. Wir führten sehr strukturierte Feedbackübungen durch und versuchten ansatzweise, die sozialen Prozesse, die sich dabei abspielen und auch schon während des gesamten Seminars abgespielt hatten, zu analysieren. Es ging mehr um eine Illustration als um Selbsterfahrungsversuche in einem Marathon[1].

Zu meiner Überraschung sprach ein Großteil der Teilnehmer gegen Ende der Lehrveranstaltung den Wunsch aus, an einem weiteren Seminar teilzunehmen, was mir die für die Arbeit motivierende Wirkung einer einmal entstandenen Gruppenkohäsion vor Augen führte. Ich meinte, daß ein nächstes Seminar sich ein praktisches Projekt zum Ziel setzen sollte, und schlug den Titel ,,Theorie und Praxis der Randgruppenarbeit" vor.

## 2. Phase

In der Retrospektive läßt sich sagen, daß die Art des Zustandekommens dieses Seminars die weitere Vorgangsweise ermöglicht und bestimmt hatte. Das spontane Zusammenspiel der Initiative der Studenten, die weiter arbeiten wollten, mit meinem Vorschlag, der diese Initiative aufgriff und aufforderte, sie weiter zu entfalten, stellte so etwas wie einen unausgesprochenen Arbeitskontrakt dar, in dem die Bedingungen der Arbeit enthalten waren:

Wir fanden uns nicht mehr in der einseitigen Kommunikations- und Lehrsituation, in der der Seminarleiter festlegt, was zu tun ist, und entweder die Arbeit verteilt, oder bestenfalls die Betroffenen selbst wählen läßt, welche der vorbestimmten Aufgaben sie

---

[1] Ich teile mit Gruppengegnern, mit denen ich bezüglich der Einschätzung der Gruppenarbeit sonst wenig teile, die Skepsis gegenüber solchen Veranstaltungen, die dazu neigen, einen sadomasochistischen Umgang mit Abwehren zu kultivieren, und daher, mehr als alles andere, Angst erzeugen.

unter seiner Kontrolle übernehmen wollen. Wir hatten vielmehr durch einander ergänzende Anstöße den Entschluß gefaßt, zunächst ein Problemfeld, in dem wir gemeinsam
arbeiten und gemeinsam entscheiden wollten, wie wir darin arbeiten, näher zu definieren. Wir wollten unsere Arbeitsfähigkeit innerhalb dieses Problemfeldes überprüfen,
um sie praktisch einzusetzen.

Diese Überlegung macht mir heute übrigens verständlich, warum die Studenten so
empfindlich auf jeden meiner Versuche, alleine zu bestimmen, was geschehen sollte,
reagierten. Meine gelegentliche Abwesenheit, während der die Studenten das Seminar
ohne mich abhielten, mobilisierte in mir Ängste, daß die Lehrveranstaltung, für die ich
mich immerhin verantwortlich fühlte, mir aus der Hand gleiten könnte. Ich nahm nicht
wahr, daß sich die Studenten ebenso verantwortlich fühlten, und wollte daher dann
umso mehr meine Vorstellungen einbringen und bestimmend eingreifen. Außerdem
erfaßte mich manchmal eine gewisse Ungeduld, weil ich das Gefühl hatte, wir müßten
schon viel mehr erledigt haben, als wir tatsächlich hatten. Ich ertappte mich bei dem
Gedanken, daß ich, wenn ich allein diese Arbeit durchführen würde, schon viel weiter
wäre. Allerdings übersah ich, daß das Herstellen einer gemeinsamen Willensbildung,
das die Voraussetzung für gemeinsame Arbeit ist, seine Zeit in Anspruch nimmt, – eine
Zeit, die es sich umso mehr zu investieren lohnte, als die Gruppe zugleich damit ihre
Fähigkeit zu kooperieren erweiterte und mit den dabei auftretenden Problemen offen
umzugehen lernte.

Zwischen meiner Freude, aus gemeinsamem Entschluß mit den Studenten ein viel-
versprechendes Seminar geboren zu haben, und dem tatsächlichen Akzeptieren dieser
Gemeinsamkeit und ihrer mühsamen Konsequenzen lag also noch ein ziemlicher Unterschied und damit ein Lernfeld, das mir meine Studenten mit einiger Hartnäckigkeit
und permanenter Bereitschaft zur Empörung gegen meine Versuche, unseren Arbeitskontrakt zu brechen, ermöglichten – gegen meine, mit einer gewissen Automatik immer wieder auftretenden Versuche aus „Verantwortungsgefühl" und einem „Bewußtsein für die Zeit", meine doch „immer etwas qualifizierteren Vorschläge" durchzusetzen. Ich bin ihnen dafür dankbar.

Unter diesen Voraussetzungen waren wir die nächsten zwei Semester vorwiegend mit
uns selbst beschäftigt. Wir – das ist eine Gruppe von ca. 10 Studenten, bestehend aus einer Kerngruppe vom vorigen Semester und einigen neu dazugekommenen Studenten,
die nach anfänglichen Schwierigkeiten entweder integriert wurden, oder wegblieben –
wir versuchten

1. uns über unsere Motivation, eine Randgruppe zu betreuen, klar zu werden,
2. in diesem Prozeß der Selbstreflexion die Zielgruppe, mit der wir uns beschäftigen
   würden, immer mehr einzugrenzen,
3. im Laufe dieses Vorgehens unsere Kooperationsfähigkeit zu erproben und zu verbessern.

Sehr ausgedehnt und langwierig war die Diskussion über unsere Motivation, die ich
jedoch förderte, weil ich sie für eine unerläßliche Voraussetzung dafür halte, ein Vorhaben wie das unsere so zu gestalten, daß sich jeder damit identifiziert und nicht die eigenen Bedürfnisse mit denen der Zielgruppe verwechselt. Das heißt nicht, daß es

darum gehen sollte, die eigenen Bedürfnisse durch eine solche Diskussion auszuschalten (immerhin mobilisieren sie Arbeitsenergie), sondern sie ebenso als fördernde, wie als hemmende Faktoren kennen und soweit als möglich handhaben zu lernen. So kam eine Fülle von Motiven zutage, vom allgemeinen Interesse an sozialer Feldarbeit, über den Wunsch, auf andere Art sich in einer Lehrveranstaltung Erkenntnisse anzueignen als durch Theorie über ein Sachgebiet, bis zum Erproben der eigenen Fähigkeit zu solcher praktischen Tätigkeit in einem halbwegs geschützten Raum.

Schließlich verwendeten wir viel Zeit zur Bearbeitung des gelegentlich geäußerten Wunsches, durch die geplante Randgruppenarbeit eigene Probleme zu bewältigen. Zur Erleichterung der Diskussion schlug ich vor, daß jeder von uns die drei seiner Motive, die er für die „negativsten" hielt, anonym auf einen Zettel schreiben sollte.

So setzten wir uns anschließend zum Beispiel mit dem Wunsch nach Macht auseinander, dem Wunsch, jemanden den eigenen Willen und die eigenen Vorstellungen aufzudrängen, dem Wunsch, in einer Gruppe eine gute Position zu erringen, oder sich stellvertretend an einer Randgruppe für die eigenen Sozialisationsschwierigkeiten zu rächen und dergleichen mehr.

Nach der konkreten individuellen Beschäftigung mit diesen Problemen versuchten wir, sie auch theoretisch mit Hilfe der entsprechenden Fachliteratur aufzuarbeiten. So befaßten wir uns in Kurzreferaten und Diskussionen mit der Problematik des Mitleids, des Altruismus, mit der Schwierigkeit helfender Berufe, mit den psychoanalytischen Konzepten der Übertragung und Gegenübertragung und ähnlichem.

Die Auswahl einer Zielgruppe wurde zum Teil durch die unterschiedlichen Motivationen bestimmt. Mein Vorschlag, uns mit der Problematik alter Leute zu befassen, wurde abgelehnt; die Studenten fühlten sich zu sehr an ihre in vielen Fällen ziemlich belastete Beziehung zu den eigenen Eltern erinnert. Der Vorschlag, mit behinderten bzw. verwahrlosten Kindern und Jugendlichen zu arbeiten, wurde wiederholt erwogen und das Interesse dafür mit der Erinnerung an eigene Schwierigkeiten, die man handhaben gelernt hatte, begründet.

Auch zu diesen Problemen und Arbeitsfeldern sammelten wir Informationen. Wir luden zum Beispiel die Organisatoren des Klub Handikap ein, uns über ihre Arbeit zu berichten. Eine Studentin referierte über eine Arbeitsgruppe, an der sie teilgenommen hatte, und die sich mit alten Menschen befaßte.

Wie sehr das Interesse an praktischer, sozial orientierter Arbeit mit dem an der Bewältigung eigener Probleme verbunden war, und wie sehr dessen Bearbeitung und Reflexion zugleich zu einer Reflexion und Veränderung der Kommunikations- und Entscheidungsstrukturen in der Seminargruppe führte, zeigte eine Situation, die uns eine Studentin bescherte: In eine Seminarsitzung kam sie eines Tages, ohne daß sie uns darauf vorbereitet hatte, mit zwei Begleitern aus dem Studentenheim, in dem sie wohnte und in dem es im Verhältnis zwischen Heimleiter und Bewohner schwerwiegende Differenzen gab, die laut ihrem Bericht durch die Rigidität und Willkür der Heimleitung bedingt waren. Sie forderte uns auf, unser Seminar zunächst mit diesen Schwierigkeiten zu befassen, was abgelehnt wurde, weil man sich einerseits überfordert, andererseits überfahren und mit der Zielsetzung des Seminars zur Lösung akuter praktischer Probleme einer Teilnehmerin mißbraucht vorkam.

Ich lehnte diesen Vorschlag besonders heftig ab und wehrte mich gegen ein solches Vorgehen, weil ich fürchtete, die Lehrveranstaltung würde so zu einer laienhaften Kriseninterventionsstelle bei jeweils auftauchenden Lebensproblemen der Studenten und damit in bezug auf unsere Zielsetzung dem Zufall ausgesetzt werden.

Wer kennt nicht aus eigenen ähnlichen Erfahrungen die Gedanken und die dazugehörigen Emotionen, die ich in diesem Zusammenhang hatte: Das also ist die Konsequenz, wenn man die Teilnehmer einer Veranstaltung an der Bestimmung des Ziels, das diese haben soll, mitwirken läßt, das ist der „Dank" für die Freiheit, die ich ihnen gebe und die so zur Willkür degeneriert. Vielleicht hätte ich das doch bleiben lassen sollen. Auf mein Verantwortungsbewußtsein kann ich mich besser verlassen als auf das ihre. So und ähnlich autoritär ging es mir durch den Kopf.

Meine gezeigte Reaktion muß diesen Bedenken entsprochen haben, denn sofort bekam ich von den Studenten, die in diesem konkreten Fall zwar meine Ablehnung teilten, dennoch den Vorwurf, ich würde im allgemeinen ja doch nur meine Vorschläge durchsetzen wollen. Das gab die Möglichkeit, die Schwierigkeiten, die wir miteinander und die Bedenken, die wir gegeneinander hatten, zu besprechen und, wie ich glaube, ein Stück weit abzubauen.

Durchgesetzt hat sich schließlich der Vorschlag eines Studenten, der im psychiatrischen Krankenhaus als Hospitant tätig gewesen war und der den Anstoß zur endgültigen Entscheidung des Seminars gab. Er meinte, daß wir uns mit dem Pavillon 15 am „Steinhof" befassen sollten: sowohl in bezug auf die Kinder, die dort psychiatrisch stationiert sind, als auch in bezug auf die Art ihrer Betreuung könne man mit Fug und Recht von einer Randgruppe sprechen.


## 3. Phase


Der Vorschlag, mit den Kindern selbst zu arbeiten, wurde bald fallengelassen. Insbesondere unsere Besuche am Pavillon, bei denen die stationsführende Oberärztin Dr. Blaschnegg und die Schwestern behilflich waren und uns über das, was wir ohnehin sehen konnten, hinausgehende Informationen gaben, belehrten uns ziemlich rasch, daß wir damit restlos überfordert wären. Hinterließen sie doch den Eindruck, daß nicht einmal die Ärztin und die Schwestern bei durchschnittlich gutem Willen ihren rein hygienisch-pflegerischen, geschweige denn irgendeiner therapeutischen Aufgabe nachkommen konnten.

Es handelt sich um ca. 150 schwer bzw. schwerst gehirngeschädigte, debile, mongoloide, auch spastische Kinder, die von 14 in Siebenergruppen abwechselnd diensttuenden Schwestern und einer Ärztin betreut werden.

In großen Zimmern untergebracht, sind sie sich meist selbst überlassen. Sie werden daher in hoher Dosis medikamentös sediert, was sie (zusätzlich zu ihrer ohnehin schon vorhandenen Unfähigkeit, zur sensorisch ziemlich deprivierenden Umgebung und zum Mangel an Betreuung) fast gänzlich außerstande setzt, sich, wenn überhaupt, dann mit etwas anderem als ihren eigenen (durch Gitterbett, Koben, eigener Behinderung ziemlich eingeschränkten) Bewegungsabläufen oder mit ihren Exkrementen zu beschäftigen. Es läßt sich nur mehr schwer unterscheiden, welche Symptome und Verhaltensweisen die Ursache und welche die Folgen des Anstaltsaufenthaltes sind.

Die Schwestern, die die ansprechbaren Kinder in einem eigenen Zimmer betreuen, sind in einem fast ausweglosen Dilemma. Das Bedürfnis der meisten dieser Kinder nach Zuwendung und Körperkontakt ist unglaublich groß (als wir sie sahen, sprangen uns einige entgegen, klammerten sich an, nahmen unsere Hände und strichen sich damit über Haare und Wangen, küßten uns ab, sagten in kaum verständlicher Sprache, daß sie wüßten, wir würden ohnehin gleich wieder weggehen, fragten uns, ob wir sie auch mögen würden). Wollten die Schwestern dieses Bedürfnis der Kinder nur einigermaßen befriedigen, so könnten sie sich nur einigen wenigen zuwenden und müßten die anderen vernachlässigen. (Denn würden sie sich allen zuwenden, was ihre Aufgabe ist, so müßten sie alle mehr, als diese verarbeiten können, enttäuschen.) Wollten sie für diese wenigen Kinder einigermaßen stabile Beziehungspersonen werden, so würde das durch die Diensteinteilung und durch die durchschnittliche Aufenthaltsdauer der Schwestern von vornherein verhindert. Bzw. es würde jeder solche Versuch mit dem Fortgang der Schwestern vom Pavillon eine noch größere Enttäuschung als vorübergehende Befriedigung der Kinder hervorrufen, von der zusätzlichen emotionalen Belastung der Schwestern ganz zu schweigen.

Unsere Besuche am Pavillon hinterließen eine ziemliche Erschütterung, in der sich Mitleid und Sorge, Abneigung, Ekel und schlechtes Gewissen, bzw. ein tiefes Gefühl der Hilflosigkeit die Waage hielten. Wir überlegten uns, welche Belastung ein solches Kind und seine Abgabe an eine Anstalt für seine Familie darstellen müßte, wenn wir als Außenstehende durch einige kurze Besuche schon so betroffen waren, und wir entschlossen uns, mit den Eltern dieser Kinder zu arbeiten.

Zunächst galt es, wieder unsere Zielsetzung zu definieren. Nach einigen hochfliegenden Plänen, die in Richtung „Auflösung der psychiatrischen Anstalten" und „globaler Gesellschaftsveränderung" gingen, einigten wir uns auf eine Linie, die wir für eher bescheiden hielten[1]. Wir wollten den Eltern anbieten, sich mit uns zusammenzusetzen, um über die psychische und soziale Situation, in die sie durch ihr geschädigtes Kind gekommen waren, miteinander und mit uns zu sprechen. Sie sollten, so war unsere Vorstellung, ein Forum erhalten, in dem sie diesbezügliche Probleme, die sie, ohne sich bisher darüber zu verständigen, miteinander teilten, einander mitteilen und mit unserer Hilfe bearbeiten können.

Ein Student, der selbst einen behinderten Bruder hat, half uns mit seinen Erfahrungen zu überlegen, um welche Probleme es sich dabei handeln würde: die Lebensumstellung, die die Geburt eines solchen Kindes für die Familie bedeutet; die soziale Isolation, die sie nach sich zieht: viele Bekannte distanzieren sich wahrscheinlich aus Angst, mit der Problematik konfrontiert zu werden, und aus ihrer Abneigung gegen den Umgang

---

[1] Ich bin zwar überzeugt, daß gerade auf dem Gebiet der Psychiatrie und insbesondere der Anstaltspsychiatrie aufklärende und gesellschaftsverändernde Arbeit notwendig ist, meine jedoch, daß es sich hier um eine langfristige Einstellungs- und Organisationsveränderung auf breiterer Basis handeln muß, zu der ein Seminar wie das unsere sicher nur einen, wie es so schön heißt, bescheidenen Beitrag leisten kann.

mit Behinderten, was die Angehörigen als eine Art sozialer Ächtung erleben müssen; die hochgradige eigene Ambivalenz einem solchen Kind gegenüber; das schlechte Gewissen, das Kind abzugeben, und die zeitliche und finanzielle Belastung, die es bedeutet. In den Gesprächen, die wir dann mit einzelnen Eltern geführt hatten, fanden wir alle diese Probleme wieder.

## 4. Phase

Der Entschluß, die soeben erwähnten Einzelgespräche mit den Eltern während deren Besuchszeit am Steinhof zu führen, gab unserer Arbeit, die durch die lange Vorbereitungszeit mühsam und unbefriedigend zu werden begann, neuen Schwung. Zugleich verbreitete die Aussicht auf die lang ersehnte praktische Tätigkeit Angst vor der unbekannten Situation und Angst, die Geborgenheit der Seminargruppe zu verlassen. Ich schlug daher vor, in einigen Rollenspielen Gespräche mit den Eltern zu simulieren, was tatsächlich die Angst verringerte. Zugleich informierte mein Chef die Leitung der Anstalt, damals noch Direktor Solms, von unserem Vorhaben und ersuchte um Erlaubnis, es durchzuführen, was uns ohne jegliche Schwierigkeit gestattet wurde. Dr. Blaschnegg und die Schwestern, die zu der geplanten gemeinsamen Sitzung mit den Eltern auch eingeladen waren, halfen uns, ein Plakat mit der Ankündigung für das erste Treffen anzubringen, damit auch die Eltern, die wir nicht einzeln angesprochen hatten, die Möglichkeit hätten, zu kommen.

Unsere Überraschung war groß, als wir nach den Einzelgesprächen eine Gruppe von 13 Angehörigen (zwei Elternpaare, eine Mutter und Großmutter und sonst einzelne Eltern) zu einer ersten gemeinsamen Sitzung vorfanden.

Wir stellten uns und unsere Zielsetzung, auf die im Gespräch dann kaum eingegangen wurde, vor. Die Eltern brachten ihre Skepsis zum Ausdruck, von uns für politische Ziele einer linksstehenden Gruppe, die sich mit Mißständen am Steinhof befaßte, zu Zwecken der Agitation mißbraucht zu werden. Als wir nochmals klarstellten, daß unsere Vorstellung war, ein Forum zu errichten, in dem die Eltern die Möglichkeit haben sollten, ihre sozialen und psychischen Probleme, die ihnen durch ein geistig behindertes Kind erwachsen, zu besprechen und, soweit es geht, zu bearbeiten, reichte die Reaktion von der Feststellung, daß das eine endlose und nie lösbare Problematik sei, über die Meinung, daß das jeder dauernd mit sich allein ausmachen müsse, bis zum Ignorieren der Fragestellung und zur Beschäftigung mit viel akuteren Dingen: nämlich der Problematik der Einflußnahme auf das Geschehen am Kinderpavillon. Insbesondere ein Elternpaar, das bisher im Alleingang diesbezüglich schon Schritte unternommen hatte, bestimmte weitgehend das Gespräch mit der Aufzählung von Mißständen und Möglichkeiten, sie zu beheben. Die anderen Eltern schlossen sich dem größtenteils an. Es ging, wie später auch immer wieder, um die mangelnde Betreuung, die Ausbildung der Schwestern, das Verschwinden von Spielzeug, die Problematik der Besuchszeiten, der unpraktischen und schmerzenden Windelhosen und dergleichen mehr.

Wir vereinbarten die nächste Sitzung mit den Eltern für den Herbst 1977 (Es war inzwischen Ende des zweiten Semesters unseres Seminars geworden).

Die Nachbesprechung in unserem Seminar erbrachte folgende Schwierigkeiten:

1. Von der Seite der Seminargruppe hatte ich einen Großteil des Gesprächs bestritten, was den Studenten recht und unangenehm zugleich war, weil es ihnen sowohl aus der Verlegenheit einer ungewohnten Situation half, als sie auch an der Entfaltung eigener Aktivitäten behinderte.

Die Studenten schlugen mir daher vor, nicht mehr zu den Elternsitzungen mitzugehen, sondern meine Aktivität auf die Nachbesprechungen in den Seminarsitzungen zu beschränken – was ich meinesteils mit ziemlich ambivalenten Gefühlen akzeptierte.

2. Es wurde die Befürchtung geäußert, die Eltern könnten, anstatt sich mit unserer Zielsetzung zu beschäftigen, in organisatorische Probleme und Aktivitäten, wie wir meinten, „flüchten".

Wir nahmen uns daher vor, uns für den Herbst Strategien zu überlegen, wie wir sie doch „motivieren" könnten, das zu tun, was wir mit ihnen vorgehabt hatten ...

## 5. Phase

Was sich nun in beachtlicher Schnelligkeit und für uns alle ziemlich unerwartet entwickelte, finde ich faszinierend. Es illustriert die anfangs von mir angeführten Punkte mit all ihren Problemen: Die Bedeutung der Lehrveranstaltung (1) trat immer mehr in den Hintergrund gegenüber dem, was passierte. Im Verhältnis von Theorie und Praxis (2) stellte sich die Theorie gänzlich in den Dienst der Praxis, deren unsystematische Selbstreflexion sie war, die allerdings in Protokollen festgehalten wurde – mit dem im Laufe der Zeit auftretenden Ziel einer Veröffentlichung. Aus den Elterntreffen entwickelte sich eine Selbsthilfegruppe bzw. Selbsthilfeorganisation (3), was die „Helfer", also die Studenten und mich in ein ziemliches Dilemma brachte (4), an dem wir heute, zur Zeit der Abfassung dieses Manuskriptes, noch arbeiten. Diese Entwicklung rief weitere Intra- und Intergruppenprobleme hervor bzw. verschärfte sie (5), was schließlich Konsequenzen innerhalb der Organisation des Pavillon 15 mit sich brachte und womöglich noch weiter bringen wird (6).

Die Eltern und Studenten trafen sich ab Herbst 1977 ziemlich regelmäßig einmal im Monat. Da ich, wie gesagt, auf Wunsch der Studenten zu den Treffen nicht mehr mitging, erfuhr ich über das Geschehen immer in den Nachbesprechungen innerhalb unserer Lehrveranstaltung, die ich als Supervisionssitzungen mit mir als Supervisor verstand. Dieses mein Selbstverständnis belebte einen alten Konflikt zwischen den Studenten und mir wieder. Mir wurde vorgeworfen, daß ich unter dem Titel „Supervision" versuchte, aufs neue zu dominieren, daß ich – wie immer, bloß mit einem neuen Trick – die Eigenständigkeit der Arbeit der Studenten, auf denen nun die Hauptaktivität des Seminars lag, leugnen und diese einer Kontrolle unterwerfen wolle.

Ich versuchte daraufhin, mich in meinen Interventionen zurückhaltender und vorsichtig zu äußern. Da ich denselben Vorwurf jedoch über lange Zeit hindurch immer wieder zu hören bekam, gab ich meiner Vermutung Ausdruck, daß die Studenten einen Konflikt, den sie mit den Eltern hatten, auf mich verschoben.

Es wurde nämlich immer deutlicher, daß den Eltern mehr an Verbesserungen der Situation ihrer Kinder lag als an der bloßen Besprechung ihrer psychischen und sozialen Probleme. Mit ihren Aktivitäten gaben sie den Studenten das Gefühl, sich mit der ursprünglichen Zielsetzung nicht durchsetzen zu können. Ein Gefühl, das der Realität entsprach. Vor allem ein schon in der ersten Sitzung dominierender Vater bereitete ihnen mit seiner Dominanz großes Kopfzerbrechen. Er schien andere Beiträge oft zu verhindern. Die Studenten versuchten daher, in verschiedenen Anläufen auf die Kommunikationsstruktur der Elterngruppe Einfluß zu nehmen, was zum Teil gelang. Man konnte eher schweigsame Mitglieder in ihren Äußerungen unterstützen und gelegentlich die Dominatoren ein wenig zurückhalten. Je aktiver jedoch die Eltern wurden, desto zweifelhafter wurde den Studenten ihre Rolle und Bedeutung in den Treffen. Ich hatte gelegentlich den Eindruck, die Eltern würden vorübergehend von einem Großteil des Seminars als Feinde behandelt, die man bekämpfen muß.

Zwei erst im Herbst 1977 zu der Seminargruppe dazugekommene Studenten, die sich nicht in gleicher Weise mit unserer ursprünglichen, den Gruppenzusammenhalt nach außen repräsentierenden Zielsetzung identifizierten, machten es leichter, an diesem Problem zu arbeiten. Man konnte über die Enttäuschung sprechen, die den Studenten dadurch bereitet wurde, daß ihre Bemühungen (die immerhin dazu geführt hatten, daß die Eltern sich zu regelmäßigen Sitzungen zusammenfanden und derartige Aktivitäten entfalteten) nicht anerkannt wurden; und daß sie sich nicht durchsetzen konnten mit dem Ziel, Probleme der Eltern bearbeiten zu helfen.

Wir befanden uns mitten in dem Dilemma der Enttäuschung der Helfer, die wahrnehmen, daß das eigene Hilfsangebot zu etwas umfunktioniert wird, das deshalb mehr hilft, weil es Selbsthilfe der Betroffenen geworden ist, deren eigenes, selbstgesetztes Ziel, mit dem sie sich als mit *ihrer Sache* identifizieren. Für diese fällt daher die Geschichte ihrer Entstehung nicht so sehr ins Gewicht, weshalb auch die Personen, die dazu den Anstoß gegeben haben, ohne zu wissen, was sie alles in Bewegung setzten, keinen besonderen Dank bekommen.

Nicht nur durften wir uns keinen Dank, keine Anerkennung erwarten, im Gegenteil, diese Situation zwang uns, zu überlegen, welche Rolle die Studenten in der Elternrunde überhaupt noch einnehmen könnten. Die ursprüngliche Intention war zunächst nicht durchzusetzen. Organisieren konnten die Eltern auch besser (der dominierende Vater war Betriebsrat und hatte daher Erfahrung im Umgang mit organisatorischen Angelegenheiten), und es war wirklich erstaunlich und verstärkte die Krise der Studentengruppe, was die Eltern alles erreichten.

Sie suchten bei Firmen teilweise erfolgreich um finanzielle Unterstützung an; sie konnten für den Pavillon beim Gesundheitsstadtrat der Gemeinde Wien S 200 000,– flüssig machen (deren Versickern am offiziellen Weg der Überweisung über die Anstalt zum Pavillon nicht verfolgt werden konnte, aber umso mehr Entrüstung bewirkte), sie setzten die Anschaffung eines neuen Spielplatzes, die Anstellung einer zusätzlichen Lehrkraft durch, sie luden einen Betriebsrat der Pfleger ein, um mit ihm die Situation des Pavillons zu besprechen, sie luden den Gesundheitsstadtrat ein und legten ihm einen Forderungskatalog vor.

Was also konnten die Studenten in dieser Situation überhaupt noch tun?

Wir einigten uns darauf, daß es ihre Aufgabe sein sollte, die interne Kommunikation der Elterngruppe zu verbessern und auftretende Konflikte lösen zu helfen, bzw. Hilfe bei der Formulierung von etwaigen Forderungskatalogen der Eltern zu leisten.

Sie waren den Eltern gegenüber mit einer Schwierigkeit konfrontiert, die sich gruppendynamisch leicht formulieren, jedoch schwer in ihrer Realität akzeptieren läßt. Eine Schwierigkeit, mit der ich genauso den Studenten gegenüber beschäftigt war: sich schrittweise bei einer Sache, zu der man meint, den entscheidenden Anstoß gegeben zu haben, überflüssig zu machen; wobei diese Formulierung den Betroffenen damit schmeichelt, wenigstens das noch ihre Aktivität sein zu lassen. Aber oft läßt die Realität nicht einmal diesem pädagogischen Stolz seine Berechtigung, sondern man *wird* einfach zu großen Teilen überflüssig gemacht.

Besonders deutlich wurde das, als die Eltern einen Elternverein gründeten, womit das, was real längst der Fall war, organisatorischen Niederschlag fand: Nicht mehr die Studenten luden ein zu den Treffen, sondern die Eltern waren es, die mithin die Studenten, für deren Initiative sie nun auch lobende Worte fanden, zu ihren Sitzungen einluden.

Es war zwar verständlich, daß die Eltern erst jetzt, nachdem sie ihrer eigenen Sache sicher geworden waren und das durch den Akt der Vereinsgründung dokumentiert hatten, die Initiative der Seminargruppe als eine wichtige Phase ihrer Geschichte anerkennen konnten. Dennoch erlebten die Studenten Einladung und Anerkennung als eine Umkehrung der ursprünglichen Relation zwischen Helfer und Hilfsbedürftigen: Sie waren unversehens die Hilfsbedürftigen geworden, deren Lage durch einige Streicheleinheiten von den Eltern als Helfern verbessert werden sollte. Je sinnvoller sich deren Selbständigkeit zeigen konnten, desto problematischer fühlten sich die Studenten.

## 6. Phase

Nicht nur die Seminargruppe kam durch die Aktivitäten der Eltern in die verschiedenen Schwierigkeiten, die dazu führten, daß wir unsere Identität als Gruppe neu überdenken und unsere Zielsetzung verändern mußten. Der Einfluß des Elternvereins auf das Leben im Pavillon war so offensichtlich, daß eine Wirkung auf die Schwestern und die Ärztin nicht ausbleiben konnte. Die Schwierigkeiten, die daraus entstanden, gaben uns wiederum eine neue Aufgabe. Und damit bin ich beim eingangs als letzten Punkt angeführten organisationspsychologischen und -soziologischen Aspekt dieser Arbeit.

Immer, wenn sich in einer bestehenden Institution oder an ihrem Rand aus bisher isolierten oder zumindest nicht als Gruppe erscheinenden Individuen eine Gruppe bildet, so wird dadurch das bisherige Kräfteverhältnis innerhalb der Institution irritiert. Das bedeutet für die in der Institution arbeitenden Gruppierungen eine Veränderung, wenn nicht Bedrohung ihrer Tätigkeit.

Bisher waren die Eltern als einzelne Besucher mehr oder weniger geduldet und sicherlich, im großen und ganzen, als kalkulierte Störfaktoren im organisatorischen Ablauf des Krankenhausbetriebs erlebt worden (Die Kinder, so sagen die Schwestern, werden durch Elternbesuche aus der Ruhe gebracht, müssen sich nach Wochenenden bei den Eltern erst wieder an die Tagesroutine im Pavillon gewöhnen usw.). Nun können sie sich als Elternverein mit dem, was in der Institution passiert, anders und kritischer befassen und Forderungen stellen, deren Erfüllung nicht mehr allein vom guten Willen des Personals abhängig ist. Sie können das insbesondere dann, wenn sie gezeigt haben, daß sie durch nicht an die Wege der Krankenhaushierarchie gebundenes Vorgehen organisatorische Veränderungen zu bewirken in der Lage waren.

Wenn die Spitalsangehörigen eine derartige Wirkung nicht als Unterstützung ihrer eigenen, bisher vielleicht vergeblichen Bemühungen ansehen, so werden sie sie als Störungen ihrer Arbeit erleben, und sich in ihrer Tätigkeit eingeschränkt und kontrolliert fühlen. In beiden Fällen muß man mit einer erhöhten Sensibilität der Schwestern und der Ärzte gegenüber der neuen Gruppierung rechnen. Führt diese doch mit ihren Erfolgen wie mit ihrer Kritik den Schwestern und Ärzten die Grenzen ihrer Tätigkeit und ihrer Möglichkeit, Veränderungen durchzusetzen, vor Augen. Außerdem demonstriert sie, welche Ideen zur Veränderung unbefriedigender Zustände man haben kann, wenn man nicht in einer mühsamen Routine befangen und ihrer abstumpfenden Wirkung ausgesetzt ist.

Konkret sah dies folgendermaßen aus: Die Oberärztin war an zusätzlichen Kräften der Veränderung und Verbesserung der von ihr als mangelhaft erlebten Situation am Pavillon interessiert. Sie kam daher zu den Sitzungen, gab Informationen, stellte die Tätigkeit des Elternvereins positiv bei der Anstaltsleitung vor, mit einem Wort, sie half der Elternorganisation, wo es ging, und empfand sie als Hilfe für sich. Dadurch geriet sie bei einem Teil der Schwestern, die sich durch die Eltern eher bedroht fühlten, in Schwierigkeiten, weil die Schwestern dieses Verhalten der Ärztin ihnen gegenüber als illoyal erleben mußten. Andere Schwestern, die den Zuständen am Pavillon auch kritisch gegenüberstanden und mit ihren Vorschlägen und Bemühungen bei ihren Kolleginnen kein Gehör gefunden hatten, kamen zu den Samstagsitzungen der Eltern, um dort deren Kritik zuzustimmen und aus ihrer Sicht noch zu ergänzen.

Das wiederum mußte die restliche Schwesterngruppe umso mehr irritieren, als dadurch ein vielleicht schwelender und bisher auf Sparflamme brennender Konflikt in ihren eigenen Reihen angefacht werden konnte.

Um dieser immer gespannter werdenden Situation zu begegnen, luden die Eltern die Schwestern des Hauses zu einer gemeinsamen Sitzung ein. Von den Schwestern erschien allerdings nur die Ranghöchste.

Außer der ersten Sitzung der Eltern war dies übrigens die einzige, in der ich wieder anwesend sein „durfte", weil bis auf eine Studentin niemand vom Seminar zu diesem eingeschobenen Termin Zeit hatte.

Es war abzusehen, daß in dieser als erste offizielle Kontaktnahme geplanten Sitzung zunächst die Rivalität der beiden Gruppierungen Ausdruck finden würde. Die Stationsschwester begann mit der Aufzählung ihrer und der Schwestern Bemühungen, bauliche und sonstige Verbesserungen im Haus durchzusetzen, wurde aber bald mit ganz andere Dinge betreffenden Attacken der Eltern überhäuft, die sie wacker abwehrte und erwiderte. Beide warfen einander vor, sich zu wenig um die Kinder zu kümmern. Die Schwester bekam zu hören, daß sie und ihre Kolleginnen die Kinder mangelhaft betreuten. Den Eltern wurde indirekt gesagt, daß sie ihr schlechtes Gewissen nun an den

Schwestern abhandelten. Beide hatten recht, außer damit, daß sie das, was sie vorbrachten, als Vorwurf an einen Gegner formulierten. Für die Schwierigkeiten, an denen keiner von beiden schuld war, machte einer den anderen zum Sündenbock.

Ich schlug daher vor, das Gemeinsame an diesem Streitgespräch, nämlich die von beiden Seiten artikulierte Unzufriedenheit, zur Grundlage einer weitere Kooperation zu machen. Ich stellte mir vor:

1. Daß man sich in gemeinsamen Sitzungen ein Verständnis für die Situation der anderen Gruppe erwerben konnte, ein Verständnis, das helfen würde, auch die eigene Situation besser zu verstehen.

2. Würden Informationen, die die Eltern den Schwestern über ihre Pläne geben, nicht nur das Mißtrauen der Schwesterngruppe verringern, sondern auch helfen, die Vorhaben der Eltern mit den Bedürfnissen der Schwestern abzustimmen.

3. Könnten die Eltern Vorschläge der Schwestern, deren Durchsetzungschance durch den offiziellen Weg einem großen Reibungsverlust ausgesetzt ist, durch ihre inoffiziellen Wege, die sie schon erfolgreich gegangen sind, unterstützen.

Schließlich schlugen die Eltern den Schwestern vor, sich auch zu regelmäßigen Gruppensitzungen zusammenzufinden. Ich stellte mich damals und stelle mich dafür auch heute zur Verfügung, glaube aber, daß die Realisierung dieser an und für sich sehr sinnvollen Idee an der Zeiteinteilung der Schwestern und an der Tatsache, daß immer eine Gruppe dienstfrei ist, während die andere arbeitet, scheitern wird. Das Interesse der Schwestern, für eine solche Sache ihre Freizeit aufzuopfern, ist ein geringeres als das der Eltern.

In diesem Zusammenhang wurde jedoch ein eher realisierbarer Plan erwogen, der in der bestehenden Form auch aus unserem Seminar stammt und von den Eltern akzeptiert wurde. Es sollen in regelmäßigen Abständen, etwa jeden zweiten Monat, gemeinsame Vortrags- und Diskussionsabende vom Pavillon 15 veranstaltet werden, in denen Experten unter den verschiedenen Blickpunkten Beiträge zu dem Problembereich, den der Pavillon darstellt, bringen würden. Als Themen wären zum Beispiel Entwicklungspsychologie, die Problematik behinderter Kinder, Information über die einzelnen Arten von Behinderung, über die Möglichkeiten und Aussichten ihrer Therapie, die verschiedenen Formen der Krankenhausbetreuung, die Bedeutung von Selbsthilfegruppen usw. vorstellbar.

Die Abende würden gemeinsam vom Elternverein, den Schwestern und der Ärztin als Jour fixe des Pavillon 15 veranstaltet, zu dem außer den Eltern und anderen Interessenten das Personal der anderen Pavillons ebenso wie die Angehörigen der dort stationierten Patienten eingeladen werden sollten. Unsere Seminargruppe erklärte sich bereit, bei der Auswahl der Themen und bei der Einladung der Experten behilflich zu sein.

Ich habe beim Verband der wissenschaftlichen Gesellschaften Österreichs um eine Subvention zur Finanzierung der Veranstaltung angesucht, die soeben bewilligt wurde.

Inzwischen hat übrigens der Rundfunk eine Sendung über die Elternarbeit am Steinhof gemacht.

# Vorläufige Endphase

Die Arbeit, die uns nun ausführlich beschäftigt, ist eine Publikation über die bisherige Entwicklung dieses Experiments, zu der wir die Eltern, die Ärztin und auch die Schwestern einladen. Damit soll unser Seminar beendet werden. Das schließt nicht aus, daß einzelne von uns darüber hinaus weiter an den Aktivitäten der Elterngruppe teilnehmen werden.

Wir wollen damit bloß für uns selbst abschließen, was wir geholfen haben, herzustellen, indem wir es noch einmal in Gedanken durchgehen, besser verstehen wollen, was sich abgespielt hat, und es begrifflich zu ordnen versuchen. Vielleicht können wir damit auch das eine oder das andere von den unter uns noch unbewältigten Problemen einer Klärung näherbringen.

Wenn es uns darüber hinaus gelingt, zu vermitteln, was ein kleiner Anstoß bewirkt, den die Studenten und ich einander gegeben haben, um eine Lehrveranstaltung für alle Betroffenen spannender und sinnvoller zu gestalten, dann soll uns dieser Abschluß der Veranstaltung doppelt recht sein.

# Die psychosomatische Ambulanz an einer Frauenklinik

*Marianne Spinger – Kremser*

Vor etwa drei Jahren wurde ich vom Vorstand einer Frauenklinik mit der Führung einer psychosomatischen Ambulanz an dieser Klinik betraut.

Der Einrichtung dieser Ambulanz gingen jahrelange informelle Kontakte mit Kollegen an dieser Frauenklinik voran. Diese Kontakte ergaben sich aus Konsiliarbesuchen der Gynäkologen an der Frauenabteilung der psychiatrischen Klinik, an der ich damals arbeitete. Die Tätigkeit an der psychiatrischen Frauenabteilung brachte immer wieder Konfrontationen mit gynäkologischen Problemen, mit Fragen der Kontrazeption, etc. mit sich. Ist für psychisch stabile Frauen eine notwendige gynäkologische Untersuchung oft mit leisem Unbehagen verknüpft, so kann diese Untersuchung für psychiatrisch hospitalisierte Patientinnen oder auch für Psychotherapiepatienten eine massive Bedrohung darstellen. Dem Einholen eines gynäkologischen Befundes bei diesen Patientinnen ging somit immer ein persönliches Gespräch mit einem Gynäkologen der Klinik, welcher für die spezifischen Probleme dieser Patientinnen sensibel war, voran. Nachdem an der Frauenklinik, mit der ich Kontakt hatte, eine Familienplanungsstelle eröffnet wurde, wurden mir von der gynäkologischen Klinik Patientinnen zugewiesen, welche an sexuellen Funktionsstörungen litten oder Probleme mit der Kontrazeption hatten, bei welchen nach Meinung der Gynäkologen eine psychosoziale Komponente beteiligt war. So ergab sich allmählich eine intensivere Zusammenarbeit. Im Anschluß an diese jahrelang über rein persönliche Kontakte laufende Zusammenarbeit zwischen Gynäkologe und Psychiater wurde das Experiment „psychosomatische Ambulanz" gewagt.

## Zur Organisation dieser Ambulanz

Die Ambulanz findet einmal wöchentlich an einem Vormittag statt, ist in den Räumen der Ambulanz für Familienplanung untergebracht, ein diskretes Schild an der Tür trägt die Aufschrift „psychosomatische Ambulanz". Die telefonische Voranmeldung wird von der Sekretärin der Österreichischen Gesellschaft für Familienplanung vorgenommen, welche in den selben Räumen zu anderen Tageszeiten amtiert und sich freundlicherweise dazu bereit erklärt hat, den Terminkalender zu führen. Die Zuweisung der Patientinnen erfolgt vorwiegend über die gynäkologische Ambulanz, andere Spezialambulanzen der Frauenklinik, wie die Hormon- und Sterilitätsambulanz, die Ambulanz für Familienplanung. Ein wesentlich geringerer Prozentsatz (12%) wird von praktizierenden Frauenärzten, anderen Institutionen, wie Ehe- und Familienberatung, und Bekannten überwiesen.

Anfangs arbeitete eine Gynäkologin in der Ambulanz mit, das heißt, sie sollte die Technik des Erstgesprächs erlernen. Es war auch die Vorstellung, daß ein Team aus Gynäkologe und Psychotherapeut vielleicht besser und umfassender mit der Patientin umgehen kann: Wir hatten die Vorstellung, daß sich die Patientinnen besser verstanden fühlen könnten. In der Praxis stellte sich das doch bald als ziemlich problematisch heraus, weshalb dieser Versuch abgebrochen wurde. Die Sozialisation durch das Medizinstudium bringt eine bestimmte Einstellung dem Patienten gegenüber mit sich. Der Arzt ohne psychotherapeutische Zusatzausbildung versteht sich als unter Handlungszwang stehend. Abwartend einfühlendes Verhalten zu üben, bedeutet für zum Beispiel vorwiegend operativ tätige Ärzte eine große Umstellung. Bei den Studenten der Medizin ist dieser Lernprozeß noch nicht so weit fortgeschritten. Ein oder zwei Studenten des gynäkologischen Internats sind während der Gespräche mit den Patientinnen anwesend. Die Anwesenheit der Studenten wird der Patientin erklärt. Und zu unserer Überraschung hat es sich gezeigt, daß die Patientinnen ganz selten Einwände gegen die teilnehmende Beobachtung durch die Studenten haben.

Die Anwesenheit der Studenten hat sich als sehr sinnvoll erwiesen: In der nachfolgenden Diskussion mit den Studenten wird man gezwungen, die Problematik zu strukturieren, die Dynamik herauszuarbeiten.

# Das theoretische Konzept der Ambulanz

Die Patientinnen kommen meist wegen eines organischen Symptoms in die Ambulanz, dessen Entwicklung für die persönliche Dynamik sinnvoll und notwendig war. Sie empfinden sich zumindest vordergründig als organisch Kranke und wollen als solche behandelt werden. Dieser Einstellung der Patientinnen Rechnung zu tragen, ist eine Prämisse für die Arbeit in der Ambulanz.

Es geht also nicht darum, gynäkologische Patientinnen in psychiatrisch-psychotherapeutische Patientinnen umzufunktionieren, wie von Gynäkologen manchmal befürchtet wird.

Viele Frauen kommen mißtrauisch, ängstlich und entsprechend reserviert in die Ambulanz. Die Vorinformation, welche sie von den zuweisenden Gynäkologen erhielten, waren nicht immer angetan, die Befürchtungen, welche durch die Silben „psycho-" im Türschild noch verstärkt wurden, zu reduzieren. Häufig ist nach dem ersten Gespräch der Kommentar der Frauen: „Jetzt ist mir leichter, das habe ich mir ganz anders vorgestellt!"

Wie wird nun praktisch vorgegangen?

Neben einem psychoanalytisch geführten Erstinterview, das aber auch organmedizinisch diagnostische und psychiatrisch-explorative Elemente enthält, kommen vor allem

Techniken des nondirektiven Counselling zur Anwendung. Im wesentlichen kann die angewandte Technik am ehesten als fokussierende Beratung bezeichnet werden, wie sie von Michaele Gründzig und Marianne Maier beschrieben wurde (Psyche 11/32, 1978). Wesentlich ist dabei das Wissen um die Infrastruktur, das heißt, das Wissen um diejenigen Institutionen und Personen, an die bestimmte Patientinnen delegiert werden können mit der Vorstellung, daß ihnen dort sinnvoller und effektiver geholfen werden kann. Grundsätzlich erfolgt eine Delegation nur nach Rücksprache mit der vorgesehenen Institution. Wir melden die Patientinnen, bei entsprechender Indikation, selber im Institut für Ehe- und Familientherapie, der Eheberatungsstelle, an.

Wenn eine intensive Einzeltherapie indiziert ist und die Patientin eine Probedeutung positiv aufgenommen hat, so daß man die Erwartung daran knüpfen kann, daß sie eine aufdeckende Psychotherapie akzeptieren wird, so wird für sie ein(e) Therapeut(in) gesucht. Bei Patientinnen mit endokrinologischen Störungen hat sich eingebürgert, daß die Patientin eine exakte Aufklärung über ihre Störung durch Endokrinologin und Psychotherapeutin gemeinsam erhält. Dadurch wird sowohl der Emotionalität als auch der für die Patientin oft verwirrenden endokrinologischen Veränderungen Rechnung getragen. Bei jugendlichen Patientinnen handelt es sich meist um Kriseninterventionen. Die gynäkologische Problematik dient meist als Aufhänger für einen familiären Konflikt, der sehr häufig in einer Ablösungsproblematik besteht. Dann sind auch Gespräche mit der Mutter meistens unerläßlich (Bei den gynäkologischen Symptomen junger Mädchen handelt es sich meist um Zyklusstörungen oder anorektische Reaktionen[1].

Die Ambulanz ist zwar primär als Serviceeinrichtung gedacht – aber nicht ausschließlich. Sie hat auch eine Funktion im Forschungsbetrieb der Klinik.

Eine psychologische Untersuchung über sekundäre Amenorrhöen[2], das heißt über die psychische Konstellation von Patientinnen mit sekundärer Amenorrhöe, wurde an Patientinnen der psychosomatischen Ambulanz durchgeführt. Im Rahmen eines Forschungsprojekts zum Thema Hirsutismus[3] werden analytische Interviews und testpsychologische Untersuchungen in der Ambulanz durchgeführt. Ebenso werden Patientinnen, welche einer Operation wegen Rokitiansky-Küster-Syndrom unterzogen werden, – (Aplasie von Gebärmutter und Scheide[4]) über die Ambulanz betreut.

Es ist leicht verständlich, daß diese Patientinnen – meist ca. 17jährige Mädchen – massive Probleme mit ihrer weiblichen Identität haben. Außerdem ist unsere Hypothese, daß die Qualität des Operationsergebnisses ganz offensichtlich mit dem Informationsstand der Patientin darüber, welche Veränderungen an ihrem Genitale stattfanden, zusammenhängt.

---

[1] Anorektische Reaktion: Bestimmtes Verhalten adoleszenter Mädchen, ähnlich der Anorexia nervosa-Symptomatik (Magersucht), aber wesentlich milder verlaufend. Hauptsymptome: mäßiger Gewichsverlust, Oligomenorrhöe, Bewegungsdrang und Ehrgeiz.

[2] Sekundäre Amenorrhöe: Ausbleiben der Menstruation, nachdem es nach Einsetzen der Menstruation zu eher regelmäßigen monatlichen Blutungen gekommen war.

[3] Hirsutismus: männlicher Behaarungstyp bei der Frau.

[4] Rokitiansky-Küster-Syndrom: Fehlen der Gebärmutter, verbunden mit Fehlen bis starker Verkürzung der Scheide.

# Zum vorherrschenden Verständnis von Psychosomatik

Die Vorselektion der Patientinnen erfolgt also vorwiegend durch Gynäkologen. Wenn einem Gynäkologen das Symptom der Patientin als psychisch oder psychosozial mitbestimmt erscheint, so stellt dies eine Indikation zur Delegation an diese Spezialambulanz dar. Sehr oft handelt es sich um eine Ausschlußdiagnose: wenn kein organisches Symptom gefunden wird, dann handelt es sich um eine ,,psychosomatische" Erkrankung.

Es wird dabei dieselbe Strategie angewandt, wie das üblicherweise geschieht, wenn sich ein neues medizinisches Fachgebiet differenziert: eine kleine Krankheitsgruppe – in diesem Fall vorwiegend die funktionellen Störungen, also die Störungen der sexuellen Funktion wie Libidostörungen, Vaginismus etc., wird aus dem traditionellen Kompetenzbereich der Gynäkologie herausgenommen und an die neue Ambulanz abgetreten.

Eine weitere Gruppe von Patientinnen, welche in die Ambulanz delegiert werden, ist die der chronisch Kranken. Dabei handelt es sich um Patientinnen mit chronischen Adnexitiden-Beschwerden[1] oder mit funktioneller Inkontinenz[2], welche seit Jahren in abwechselnd gynäkologischer und urologischer Behandlung stehen und auf ein rein körperliches Leiden fixiert sind. An diesen Patientinnen zeigt sich vor allem der erwähnte Mechanismus, daß nämlich die Diagnose ,,psychosomatische Störung" als Ausschlußdiagnose gestellt wird: das heißt nach Ausschluß jeder faßbaren körperlichen Ursache.

Die Etikettierung der ersten Gruppe als psychosomatische Patienten ist bei dem herrschenden Psychosomatik-Konzept, welches schließlich ja auch die Voraussetzung für die Einrichtung dieser Ambulanz darstellte, durchaus verständlich.

Die Vorstellung, daß Gynäkologie nichts mit Sexualität zu tun habe, ist immer noch vorhanden, und außerdem stellen sexuelle Funktionsstörungen ja auch ein bekanntes Begleitsymptom neurotischer Störungen dar.

Die unkritische Übernahme der zweiten erwähnten Patientinnengruppe in die Ambulanz kann eine Zwickmühle bedeuten, in die man leicht geraten kann. Als Therapeut kann man entweder in die Gefahr geraten, eine Erwartung einerseits selbst zu entwickeln, das heißt, daß man vorwiegend unbewußt die Vorstellung hat, man müsse für alle diese Patientinnen ein Behandlungskonzept anbieten können; oder aber man gerät in die Rolle des armen Verfolgten, dem alle unbehandelbaren und als querulatorisch empfundenen Patienten zugeschoben werden.

Beide Rollen sind nicht dazu angetan, die Integration eines wirklich psychosomatischen Denkens in der Medizin zu fördern.

Bei der dritten Gruppe von Patientinnen handelt es sich um die endokrinologischen Patientinnen. Da die Endokrinologen, mit denen ich zusammenarbeite, schon primär einen ganzheitlicheren Approach an die Patientinnen hatten, ist die Delegation in diesem Falle auch für die Patientin nicht so einschneidend – meist wird das Interview als

---

[1] Adnexitis: Entzündung von Eileiter und Eierstock (ein- oder beidseits).
[2] funktionelle Inkontinenz: Unvermögen, den Harn willkürlich zurückzuhalten, ohne nachweisbare organische Veränderung.

Ausweitung des in der Hormonambulanz begonnenen Gesprächs empfunden. Damit kommt die Einstellung der Endokrinologen meinem Verständnis von Psychosomatik am nächsten.

Die unterschiedlich anmutende Motivation zur Delegation von Patientinnen in die Ambulanz hat aber doch ein Gemeinsames: nämlich das zugrunde liegende Verständnis von Psychogenese. Die Gefahr liegt darin, die Psychogenese als auch nur eine mögliche Pathogenese unter hormoneller, traumatischer oder infektiöser Pathogenese zu sehen, um dann Psychotherapie oder eben die „psychosomatische Ambulanz" verordnen zu können, so wie man eine andere organische Therapie, etwa eine medikamentöse Therapie, Physikotherapie und dergleichen verordnen kann.

Dieses Verständnis von Psychogenese erlaubt es ja auch, den Dualismus des Begriffs „Psycho-somatik" so zu handhaben, daß die Patientinnen jeweils auf ein Fachgebiet – das psychiatrisch-psychotherapeutische oder das gynäkologische – reduziert werden.

Wir verstehen aber unter Psychosomatik eine veränderte Betrachtungsweise der Gesamtmedizin, welche das Verständnis der psychosozialen Dimension des Kranken und seiner Krankheit umfaßt. Es ist mir klar, daß diese Sicht von Psychosomatik beim heutigen Stand der Dinge utopisch anmuten muß.

# Zur Realisierung dieses Verständnisses in der Ambulanz

Wie ist nun diese Definition von Psychomatik mit der Realität der Ambulanz, welche die Reduktion von Psychosomatik auf die Frage nach der Psychogenese zu perpetuieren scheint, vereinbar?

Vorerst muß betont werden, daß eine gewisse Anpassungsstrategie notwendig war, um dieses Experiment überhaupt beginnen zu können. Es sei dahingestellt, ob die Kompromißbereitschaft vertretbar ist oder nicht, mit schien es jedenfalls sinnvoller, eine „Politik der kleinen Schritte" zu betreiben. Die Psychogenese als eine mögliche Pathogenese wurde akzeptiert, die Zuweisungen mit der Formulierung „sekundäre Amenorrhöe, psych. Komponente?" werden ausführlich beantwortet, auf soziale Faktoren und die Dynamik des Geschehens wird eingegangen. Dabei ist die Sprache, die man verwendet, wichtig, analytisches Vokabular soll vermieden werden. Das Knüpfen von Zusammenhängen muß ja auch bei Deutungen im Rahmen einer analytischen Therapie in der Umgangssprache formuliert werden. Auch der Fokus der Beratung wird angegeben und, wenn erforderlich, werden andere therapeutische Maßnahmen vorgeschlagen. Schlichte therapeutische Erfolge in der Ambulanz ermöglichen dann erst den zweiten Schritt. Dieser zweite Schritt bedeutet, daß der Psychotherapeut zu Fragen herangezogen wird, die letztlich die Arzt-Patient-Beziehung betreffen und somit emotionale Probleme des Arztes. Dies geschah in meiner Erfahrung an Hand eines Mißerfolges bei der Schaffung einer künstlichen Scheide, über welche sich der zuweisende Gynäkologe sehr betroffen zeigte. Das schlechte Operationsergebnis war nach Ansicht des behandelnden Gynäkologen sicher auf die mangelnde Vorbereitung der Patientin auf die Operation zurückzuführen: sie erhielt vor der Operation kaum eine Information über die Art des Eingriffs, wurde nachher mit ihren Ängsten und Befürchtungen alleine gelassen. Dem Wunsch nach einer tiefenpsychologisch-therapeutischen Betreuung lag einmal die Überlegung zugrunde, die Operationsergebnisse bei diesen Patientinnen zu verbessern und auch das Bedürfnis nach emotionaler Entlastung des Gynäkologen.

Derzeit empfinde ich meine Arbeit an der Frauenklinik vorwiegend als eine zweigeleisige: ein Geleise stellt die therapeutisch-beratende Arbeit mit den Patientinnen dar und ein zweites die Gespräche mit den gynäkologischen Kollegen.

Diese Gespräche, die den Charakter von Fallbesprechungen zu zweit haben, stellen für beide Partner – Gynäkologe und Psychotherapeutin – ein vorsichtiges Erkunden dar und erfolgen auf rein privater Initiative. (Mit geringfügigen Ausnahmen. In der wöchentlichen Ärzteversammlung wurden ab und zu an Hand einer in diese Ambulanz überwiesenen Patientin psychodiagnostische und -therapeutische Probleme besprochen.)

Die Diskussion eines „Problemfalles" kann zu einer Kommunikation über die Arzt-Patient-Beziehung werden, auch wenn dies nicht expressis verbis die ursprüngliche Motivation für die Diskussion war.

Die Tatsache, daß derartige Gespräche überhaupt zustande kommen, ist die Folge der Tätigkeit in der Ambulanz und somit, abgesehen von der Versorgung, wohl eine hinreichende Motivation für dieses Ambulanzkonzept.

Die unvermeidliche Frustration, welche eine solche Tätigkeit mit sich bringt, wurde von H. E. Richter wie folgt beschrieben:

„Wenn man als Psychotherapeut Gelegenheit bekommt, sich als kompetent für die Bearbeitung der Konflikte ... zu erweisen, so bewirkt das noch nicht, daß dies im Kollegenkreis als wissenschaftlich fundierte medizinische Leistung anerkannt wird, auch, wenn man selbst methodisch aufgrund eines klar definierbaren theoretischen psychoanalytischen Konzepts vorgeht. Sondern in den Augen mancher, ja vieler ärztlicher Kollegen stellt man sich nach wie vor eher als eine Variante von Seelsorger dar. Erzielte Effekte werden nicht als Ergebnis eines wissenschaftlich begründeten methodischen Ansatzes, sondern als Auswirkung freundlicher menschlicher Zuwendung, intuitiver Trostspendung usw. interpretiert.

Von vornherein wird unterstellt, daß therapeutisch relevante emotionale Faktoren in der psychotherapeutischen Arbeitsbeziehung wirksam und in der psychoanalytischen Sozialpsychologie seit Jahrzehnten untersucht und begrifflich geklärt worden sind und deren Kontrolle mittels introspektiver Wahrnehmung in psychotherapeutischer Ausbildung systematisch eingeübt wird, nichts mit wissenschaftlicher Medizin zu tun hätten."

(In: „Ist psychosomatische Medizin überhaupt zu verwirklichen?" Horst Eberhard Richter, psychosozial (2, 1978) 38)

Diese permanente Frustration kann zwei extreme Auswirkungen haben: einerseits kann man in narzißtische Selbstüberschätzung verfallen oder andererseits sich vollkommen überfordert und ausgebeutet fühlen.

Für das Beibehalten eines für sinnvolle Arbeit notwendigen Gleichgewichtes der Selbstwerteinschätzung ist zeitweilige Einzelsupervision bei einem mit Gruppenarbeit vertrauten Analytiker hilfreich.

# Die Bemühungen um die Verbesserung der Beratung in der Familienplanung

*Marianne Springer–Kremser* und *Elisabeth Jandl–Jager*

## Historische Entwicklung – Ziele – Familienberatungsförderungsgesetz

Der Arzt Malthus setzte sich in England für die Verbreitung des Familienplanungsgedankens ein. Sigmund Freud schreibt in „Sexualität in der Ätiologie der Neurosen" (1905): „Was notwendig ist, kann nicht unter der ärztlichen Würde sein, und es ist notwendig, einem Ehepaar, das an die Einschränkung der Kinderzeugung denkt, mit ärztlichem Rate beizustehen, wenn man nicht einen Teil der beiden der Neurose aussetzen will. Es läßt sich nicht bestreiten, daß Malthusianische, das heißt geburtenregelnde Vorkehrungen irgend einmal in einer Ehe zur Notwendigkeit werden..". Die erste Familienberatungsstelle wurde 1916 von Margaret Sanger in Brooklyn (New York) gegründet. Andere Pioniere der Familienplanungsbewegung folgten nach dem Ersten Weltkrieg ihrem Beispiel: Elise Ottesen-Jensen in Schweden, Marie Stopes, Margaret Pyke und Helena Wright in Großbritannien, Elisabeth Durand-Weber in Deutschland. Ihnen ging es in erster Linie um die Möglichkeit des freien Verkaufs von Kontrazeptiva und um die Aufklärung der Frauen. In Österreich waren es vor allem die sozialdemokratischen Frauen, die den Gedanken der Familienplanung vertraten; 1926 fand ein derartiges Konzept Eingang in das Programm der Sozialdemokratischen Partei. Staatlich organisierte Aufklärung, die ausreichende Versorgung der Frau mit Kontrazeptiva und die straffreie Durchführung des Schwangerschaftsabbruches wurden gefordert – das Linzer Parteiprogramm sah damals eine Finanzierung aus den Krankenkassenbeiträgen vor. Die regierende Konservative Partei hatte demgegenüber bereits 1919 in den programmatischen „Forderungen der Frauen" ihre Ziele formuliert: „Die künstliche Beschränkung der Geburten ist zu bekämpfen, die öffentliche Anpreisung empfängnisverhindernder Mittel strengstens zu bestrafen" (zitiert nach Berchtold, 1967). In den Jahren zwischen 1933 und 1945 war selbstverständlich jede Reproduktionskontrolle verpönt. 1947 wurde die Forderung, öffentliche Familienberatungsstellen einzurichten, im Aktionsprogramm der SPÖ neuerlich erhoben, allerdings ohne das alte Konzept der unentgeltlichen Versorgung der Bevölkerung mit Kontrazeptiva und der Abschaffung des Abtreibungsverbotes. Im Oktober 1956 wurde von der Gemeinde

Wien die erste öffentliche Familienberatungsstelle Österreichs eingerichtet. Für die Einrichtung dieser Beratungsstelle war damals, nach den Worten der Leiterin, Frau Kohn-Feuermann, vorwiegend die Überlegung maßgebend: „der erschreckend ansteigenden Scheidungsziffern wegen eine Beratungsstelle anbieten zu sollen" (Pelikan, 1978).

Die formulierten Ziele der angebotenen Beratung waren: „zu helfen, die Institution von Ehe und Familie, individuell gesehen, zu erhalten". In diesem Sinne deckten sich damals die Ziele der Familienberatungsstellen der Gemeinde Wien mit den Intentionen jener Beratungsstellen, die von kirchlichen Rechtsträgern, wie zum Beispiel der Caritas, ins Leben gerufen wurden.

Diese waren ursprünglich als Fortführung des kirchlichen Brautunterrichts gedacht. Die Österreichische Gesellschaft für Familienplanung, Mitglied der Dachorganisation IPPF, das heißt International Planned Parenthood Federation, auf Initiative des damaligen Vorstands der II. Wiener Frauenklinik, Prof. H. Husslein, 1968 gegründet, sieht ihre Ziele vor allem in der Aufklärung über Kontrazeption und der Verbreitung empfängnisverhütender Mittel. Seit 1971 war die Diskussion um die Straffreiheit des Schwangerschaftsabbruchs, zuerst im Sinn einer Indikationslösung, später dann im Sinn einer Fristenlösung auf politischer Ebene geführt worden. Über die Straflosigkeit des Schwangerschaftsabbruchs, unter welchen Bedingungen auch immer, konnte vorerst kein Konsens erzielt werden. Das Projekt einer finanziellen Unterstützung förderungswürdiger Familienberatungsstellen fand hingegen die Zustimmung aller im Parlament vertretenen Parteien. Das 1974 beschlossene und in Kraft getretene Familienberatungsförderungsgesetz lautet folgendermaßen:

„§ 1. Der Bund hat die von den Ländern, Gemeinden, sonstigen Rechtsträgern des öffentlichen Rechts und juristischen Personen des privaten Rechts durchgeführte Familienberatung nach diesem Bundesgesetz zu fördern.

§ 2. (1) Die in § 1 genannten Rechtsträger dürfen auf Ansuchen durch Geldzuwendungen gefördert werden, wenn sie Beratungsstellen einrichten und betreiben, die jedermann zugänglich sind und die folgende Voraussetzungen erfüllen:

1. Die Beratung muß zum Gegenstand haben:
   a) Angelegenheiten der Familienplanung, und
   b) wirtschaftliche und soziale Belange werdender Mütter.

2. Die Beratung soll weiters zum Gegenstand haben:
   a) Familienangelegenheiten, insbesondere solche rechtlicher und sozialer Natur, und
   b) sexuelle Belange und sonstige Partnerschaftsbeziehungen.

3. Zur Durchführung der Beratung müssen in jeder von einem Rechtsträger betriebenen Beratungsstelle mindestens zur Verfügung stehen:
   a) ein zur selbständigen Berufsausübung berechtigter Arzt, der in der Lage ist, über Angelegenheiten der Familienplanung zu informieren, sowie befugt ist, Empfängnisverhütungsmittel zu verschreiben, und
   b) ein Sozialarbeiter, der die Ausbildung an einer öffentlichen oder mit Öffentlichkeitsrecht ausgestatteten Lehranstalt für gehobene Sozialberufe abgeschlossen hat

oder der zufolge einer gleichwertigen Ausbildung und Berufserfahrung zu der von ihm zu verrichtenden Beratungstätigkeit befähigt ist.

4. Sofern eine rechtliche Beratung beabsichtigt ist, sind dazu Personen, die die rechts- und staatswissenschaftlichen Studien vollendet haben, heranzuziehen. Weiters sollen zur Erfüllung der entsprechenden Beratungsaufgaben auch Personen, die die philosophischen Studien mit dem Hauptfach Psychologie vollendet haben, herangezogen werden.

5. Die Beratungszeiten müssen – entsprechend den Bedürfnissen der Ratsuchenden – festgelegt sein, wobei auf die berufstätigen Ratsuchenden besonders Rücksicht zu nehmen ist. Das Ausmaß der Beratungstätigkeit muß mindestens 4 Stunden innerhalb von 2 Wochen betragen; sie muß durch Anschlag bekanntgegeben sein.

6. Die Beratung muß kostenlos, nach sachlichen Gesichtspunkten und unter Wahrung der Anonymität der Ratsuchenden durchgeführt werden.

7. Die in der Beratungsstelle tätigen Personen sind von dem die Beratungsstelle betreibenden Rechtsträger zur Verschwiegenheit über alle ihnen ausschließlich aus dieser Tätigkeit bekannt gewordenen Tatsachen zu verpflichten; die Bestimmungen des § 10 Abs. 1 lit. a und c des Ärztegesetzes sind sinngemäß anzuwenden. Der die Beratungsstelle betreibende Rechtsträger muß bereit und bestrebt sein, diese Verschwiegenheit zu gewährleisten . . .."

Mit 1. Jänner 1975 trat ein Gesetz in Kraft, welches die Straffreiheit des Schwangerschaftsabbruchs in den ersten drei Monaten vorsah, sofern die Abtreibung nach vorheriger Beratung von einem Arzt durchgeführt wird. Das gesetzlich festgelegte Procedere des Schwangerschaftsabbruchs fordert nun ein Beratungsgespräch. Das Beratungsgespräch hat dem Eingriff vorangestellt zu sein, was bedeutet, daß jeder Frau, die eine unerwünschte Schwangerschaft unterbrechen möchte, ein Beratungsgespräch angeboten werden muß. Da im Verständnis der Gesetzgeber aber der Schwangerschaftsabbruch nicht als Methode der Kontrazeption gesehen werden sollte, war es notwendig, flankierende Maßnahmen zu setzen. Die Aufgabe der Familienberatungsstellen war nun eine mehrfache:

1. Information über Kontrazeption anzubieten,
2. Informationen, welche die Entscheidung, eine Schwangerschaft aufrecht zu erhalten, wie zum Beispiel finanzielle Zuwendungen und andere Unterstützungen, beeinflussen können, zu geben,
3. Beratung in Fragen des Schwangerschaftsabbruchs.

1974 gab es in Österreich 53 Familienberatungsstellen, derzeit gibt es 140 Beratungsstellen, welche den im Familienberatungsförderungsgesetz festgelegten Bedingungen entsprechen und somit staatliche Subvention erhalten.

Der Beratungsschwerpunkt der einzelnen Beratungsstellen ist abhängig von der Unterbringung, der professionellen Zusammensetzung des Teams und davon, ob die Teammitglieder über die ganze Dauer der Beratungszeit anwesend sind oder auf Abruf zur Verfügung stehen.

Die Beratungsstelle kann in einem Spital untergebracht sein, in welchem auch Schwangerschaftsabbrüche durchgeführt werden, oder auch in einem Spital, wo

Schwangerschaftsabbrüche nicht durchgeführt werden (z. B. alle Universitätsfrauenkliniken in Österreich). Die Beratungsstellen in den Universitätsfrauenkliniken befassen sich vorwiegend mit Beratung in diffizilen Kontrazeptionsfragen. Weiters sind Beratungsstellen zum Teil in öffentlichen Gebäuden (z. B. Gemeindeamt) oder in Privathäusern untergebracht. Es ist anzunehmen, daß durch die Art der Unterbringung eine gewisse spezifische Selektion gegeben ist.

In einer Beratungsstelle in einem Spital arbeiten in der Regel nur Sozialarbeiter und Ärzte. Vor allem diejenigen Beratungsstellen, die schon längere Zeit vor Liberalisierung des Schwangerschaftsabbruchs bestanden haben, werden vorwiegend wegen juridischen Fragen, sozialen und Partnerproblemen konsultiert; Familienplanungsberatung spielt in diesen Beratungsstellen eine untergeordnete Rolle.

Laut Gesetzestext sollen also die Berater „sachlich" über Inhalte informieren, die zum Teil sehr emotionell und weltanschaulich besetzt sind, wie Sexualprobleme und Fragen der Schwangerschaftsverhütung und des Schwangerschaftsabbruchs. Die stark emotionale Ladung des Schwangerschaftsabbruchs wurde während der Kampagne um das Volksbegehren gegen die Straflosigkeit des Schwangerschaftsabbruchs deutlich: Plakate der „Aktion Leben" warben mit ängstlich dreinblickenden Föten in Pastellfarben. Der zur Revision des § 96–98 STGB 1976 im Parlament eingebrachte Volksbegehrenstext (Volksbegehren der Aktion Leben) wurde 1977 im Nationalrat von Abgeordneten der Sozialistischen und der Freiheitlichen Partei gegen die Stimmen von 75 der 80 Volkspartei-Mandatare verworfen. Ein nicht unerheblicher Teil der Bevölkerung, darunter viele Ärzte, insbesondere Gynäkologen, waren gegen die Fristenlösung und teils für eine Indikationslösung (eugenische, medizinische, psychosoziale Indikation), teils gegen jede Liberalisierung des Abbruchs. Die in den Beratungsstellen tätigen Ärzte spiegelten in ihren Einstellungen die Vielfalt der herrschenden Einstellungen in der Bevölkerung wider.

# Ausbildungssituation der verschiedenen Fachberater

Vor diesem soziopolitischen Hintergrund sollte nun in Fragen von Ehe, Familie, Reproduktion, Sexualität und Reproduktionskontrolle, Kindererziehung, usw. beraten werden. Es ist naheliegend, daß sich viele Berater, egal welcher Profession, emotional und auch sachlich überfordert fühlten und fühlen, und die Beratungsqualität darunter leiden muß. Die Ausbildung der Berater (Ärzte, Sozialarbeiter, Psychologen, Soziologen, Juristen) ist sehr unterschiedlich.

Im Studienfach Medizin gibt es noch keine Pflichtvorlesung oder Prüfung zum Gegenstand medizinischer Psychologie. Familienplanung soll erst in Zukunft in die neue Ausbildungsordnung zum Facharzt für Gynäkologie und Geburtshilfe hineingenommen werden. Über sexuelle Funktionsstörungen (von Abweichungen ganz zu schweigen) lernt man weder im Medizin- noch im Psychologiestudium. Das heißt, bestimmte Inhalte von Beratungsgesprächen sind nicht Gegenstand der Grundausbildung der Berater.

Sozialarbeiter haben in ihrem Lehrplan Case-work, das ist vertiefte Einzelfallhilfe, und außerdem wird in den Schulen der Gemeinde Wien nach drei Semestern eine Selbsterfahrungsgruppe als verpflichtend für alle Studenten angeboten.

Eine Zusatzausbildung in Gesprächsführung, klientenzentrierter Gesprächstherapie nach Rogers, eine Ausbildung in Verhaltenstherapie oder eine Ausbildung bei einer der tiefenpsychologischen Schulen war und ist private Ermessens- (und auch Finanzierungs-) sache des einzelnen Beraters, aber keine Bedingung. Mit Teamarbeit und Supervision werden ebenfalls in der Ausbildung nur Sozialarbeiter konfrontiert, Psychologen und Psychiater machen damit vorwiegend erst in ihren privaten Therapieausbildungen Erfahrungen.

Auch die Aus- und Vorbildung von Juristen, die in Familienberatungsstellen arbeiten, entspricht nicht den Notwendigkeiten einer solchen Bertungsstelle. Juristen haben in der Regel keine Ausbildung in Gesprächsführung und auch keine Informationen über Familieninteraktionen, die gerade für ihre juristische Tätigkeit von großer Bedeutung sein könnten.

Die Explosion der Beratungsstellen von 1974 bis 1976 brachte einen zusätzlichen Personalbedarf mit sich. Die subventionierende Stelle ist natürlich daran interessiert, daß der erforderliche Aufwand auch zum Nutzen der Klienten geschieht.

# Fortbildung

In dieser Situation trat das Bundeskanzleramt mit der Bitte an das Institut heran, ein Konzept zur Fortbildung der in den Beratungsstellen tätigen Berater zu entwerfen. Man wollte zuerst nur ein Konzept für eine einmalige Fortbildungstagung mit der Vorstellung weiterer Fortbildungspläne, die sich nach dem Echo, welches diese Tagung erhält, orientieren würden.

Wenn man nun die Zielvorstellungen dieser Fortbildung ansieht, so ergeben sich divergierende Gruppen von Vorstellungen:

**Die Zielvorstellungen der familienpolitischen Abteilung des Bundeskanzleramtes** (subventionierende Stelle):

– Die vorwiegend auf Beratung bei problematischen Ehe- und Familieninteraktionen ausgerichteten Berater hinsichtlich Beratung bei Kontrazeption und damit zusammenhängenden Fragen, einschließlich Schwangerschaftsabbruch, zu sensibilisieren;
– Während der Einführung von Familienberatungsstellen hat sich das Ehe- und Familienrecht in Österreich wesentlich verändert. Die Gesetzesreformen sollten so verständlich und so umfassend wie möglich an alle Berater herangebracht werden.
– Informationen darüber zu erhalten, ob und wie der Auftrag des Gesetzgebers in Wien und den Bundesländern gehandhabt wird, also ob die gegenwärtige Praxis der Familienberatung den Intentionen zuwiderläuft, um deretwillen viele Beratungsstellen nach dem Wunsch des Gesetzgebers aus öffentlichen Mitteln subventioniert werden.

**Die Situation der Betroffenen, die weitergebildet werden sollen**

Die Mitarbeiter in sämtlichen Beratungsstellen waren
a) auf die von ihnen verlangte interdisziplinäre Arbeit nur mangehaft vorbereitet,
b) durch die Vielfalt der an sie herangetragenenen Problembereiche (Eheberatung, Sexualberatung, Rechtsberatung, Erziehungsberatung, Kontrazeptionsberatung, etc.) überfordert.
c) verfügten in der Regel nicht über ausreichende Kenntnisse in der Beratungstechnik,
d) kam es in Einzelfällen zu Konflikten über die Beratungsziele zwischen den einzelnen Teammitgliedern, bzw. dem Träger der Beratungsstelle.

Die Mitarbeiter in den Beratungsstellen erwarten von diesen Weiterbildungstagen in der Regel Hilfestellung bei Problemen, etwa in der Form von Kochrezepten, ohne sich dabei vor Augen zu halten, daß es sich einerseits zum Teil um sehr komplizierte strukturelle Probleme handelt, und andererseits, etwa, wenn es um den Mangel an Beratungstechnik ging, um eine gründliche Ausbildung, die keineswegs an einem Wochenende gegeben werden konnte.

# Die Situation der Weiterbildner

Obwohl es sich bei unserer Arbeit letztlich um einen Regierungsauftrag handelte, verstanden wir uns nicht als politische Vollzugsbeamte: Daher legten wir von vornherein den Schwerpunkt unserer Arbeit auf das Sensibilisieren der Berater für die Bedürfnisse der Klienten im Bereich der Ehe- und Familienberatung, der Kontrazeption und des Schwangerschaftsabbruches. Allerdings waren wir uns bewußt, daß uns die Tagungsteilnehmer ein anderes Ziel unterschieben könnten, nämlich, als Kontrollorgane der subventionierenden Stelle zu fungieren.

Von Seiten des Instituts, welches die Weiterbildung über mehrere Jahre hinweg durchführte, bestand innerhalb der Weiterbildner ein Konsens darüber, daß die Beratungstechnik, die vermittelt werden sollte, eine nondirektive und auf die Bedürfnisse des Klienten zentrierte Beratung sein sollte. In dieser Richtung wurden auch immer wieder die Weiterbildungsveranstaltungen abgehalten.

Unsere Motivation, diese Fortbildung für die in Beratungsstellen Mitarbeitenden zu übernehmen, hängt mit unserem Selbstverständnis als Psychotherapeuten zusammen. Unserer Ansicht nach stehen die Beratungsstellen in vorderster Front der psychosozialen Betreuung der Bevölkerung und sind als psychotherapeutische Einrichtungen im weitesten Sinn zu verstehen.

Zusammenfassend läßt sich also sagen, daß unsere Ziele darin bestanden:
– konkrete Information über medizinische und juristische Probleme im Rahmen der Beratung anzubieten (z. B. Kontrazeptionstechniken),
– Aus- und Fortbildung in Beratungstechnik anzubieten,
– zur Selbstflexion anzuregen.

In bezug auf die mangelhafte Vorbereitung auf die interdisziplinäre Teamarbeit konnten wir nur auf die Zeit hoffen, die es mit sich bringen mußte, daß die einzelnen Teammitglieder lernten, miteinander zurechtzukommen. Auch im Hinblick auf die Überforderung durch die vielfältigen Problemkreise konnten wir nur auf das Fortbildungsbedürfnis des einzelnen Beraters hoffen und wünschen, daß die Berater auch andere Möglichkeiten wahrnehmen würden, um ihre Ausbildung zu vervollständigen. Konflikte innerhalb einzelner Beratungsstellen, bzw. mit den Trägern von Beratungsstellen bezüglich der Beratungsziele konnten eigentlich nicht bearbeitet werden.

*Beispiel:* Auf die direkte Frage, ob die Tagungsteilnehmer eine Trennung nach Professionen, etwa eine Tagung für Ärzte, eine für Psychologen und Sozialarbeiter und eine dritte für Juristen, wünschten, stimmte vor zwei Jahren die Mehrzahl der Teilnehmer für eine Trennung. Daraufhin wurden die Tagungen geteilt. Das Echo aber war: die nächste Tagung sollte wieder entsprechend den einzelnen Teams, gemeinsam für Ärzte, Psychologen, Sozialarbeiter und Juristen stattfinden.

Von den auftraggebenden Institutionen – dem familienpolitischen Referat des Bundeskanzleramtes – war die zeitliche Dauer vorgegeben, ebenso der finanzielle Rahmen, was einen Einfluß darauf hatte, zum Beispiel, ob ein ausländischer Referent eingeladen werden sollte und dgl..

Außerdem erhielten die Tagungen durch die Tatsache, daß die Staatssekretärin für Familienangelegenheiten ein Einleitungsreferat oder zumindest eine Begrüßungsansprache hielt, doch einen parteipolitischen Anstrich. Außerdem wurden Vorschläge hinsichtlich der Ausbildner gemacht und Einspruchsrecht bei der Programmgestaltung vorbehalten. Diese Funktion des Staatssekretariats war den meisten Teilnehmern bekannt. Wir versuchten daher, dem österreichischen Föderalismus Rechnung zu tragen und baten immer wieder entsprechend vorgebildete Berater aus den Bundesländern um ihre Mitarbeit bei der Tagung, sei es als Vortragende oder Gruppenleiter.

# Beispiele von Programmen für einzelne Tagungen

Die Weiterbildner versuchten in den ersten Jahren anläßlich der Fortbildungstagung, möglichst umfassend Beratungstechnik in nondirektiver Form mit Hilfe von Rollenspielen, Tonbandausschnitten und anderen Übungsprogrammen einzuüben. In späteren Jahren entschlossen wir uns, spezifischere Beratungssituationen, von denen wir gehört hatten, daß sie Probleme bereiteten, speziell vorzubereiten: etwa durch ein kurzes Referat, um in der Folge dann eben diese spezifische Situation mit den Teilnehmern zu bearbeiten, wie zum Beispiel das Erstgespräch in der Beratung; oder, wie im letzten Jahr, indem wir den Teilnehmern ermöglichten, zwischen einer Vielfalt von Problemkreisen zu wählen und dann in Kleingruppen das von ihnen gewählte Thema durchzudiskutieren.

## Programm der Tagung 1976

Abgesehen von einem kurzen Begrüßungsreferat und einer Schlußsitzung im Plenum, arbeiteten die Tagungsteilnehmer in kleinen Gruppen. Im Begrüßungsreferat wurden die Lernziele des Seminars angesprochen, das Programm – das für alle Gruppen gleich war, nur die Inhalte der Rollenspiele waren verschieden – nach Beratungsproblemen orientiert (Erziehungsproblem, Schwangerschaftsabbruch, etc.) vorgestellt.

Fortbildungsseminar für Familienplanung und -beratung (Bundeskanzleramt)

| | | |
|---|---|---|
| Plenum | Kurze Darstellung des Progr. | |
| | 1. Zeitplan | |
| | 2. Gruppeneinteilung | Listen |
| | 3. Lernziel: Beratungsgespräch, Zeit, Ort, Sprache, Mimik, Vertrauen schaffen, Empathie, Fachwissen (Information haben), etc. | |
| Gruppen | Übung – Mucchielli | Gesprächstexte und Auswertungstabelle |
| | Teilnehmer anregen, eigenes Beratungsgespräch für Nachmittag vorzubereiten | |
| Pause | | |
| Gruppen | Rollenspiel 15' kurze Information für alle, Berater organisiert Beratungsplatz (Körperhaltung, Nähe, Distanz . . .), Klient wird über Fall informiert Rollenspiel. . . Diskussion: 1. Zuschauer sollen Beobachtungen sagen (keine Interpretation) 2. Rollenspieler sollen ihre emotionale Situation reflektieren 3. gemeinsame Diskussion, Interpretation, einschätzen der Situation, Alternativen. . . | Rollenspielunterlagen |
| Gruppen | fraktioniertes Rollenspiel jeweils ca. 3 Minuten Rollenspielleiter unterbricht das Spiel, Berater kann Zuhörer um Rat fragen, diese können auch Alternativen anbieten. . . | Rollenspielunterlagen (Schwangerschaftsabbruch) |
| Gruppen | Tonbandanalyse 7–10 Minuten einmal einmal abspielen (einhören), zweites Mal abspielen und möglichst wortgetreu wiedergeben, Inhalt wiederholen (keine Interpretation), vielleicht nochmals einzelne Stellen wiederholen, anschließend Patienten- und Berateräußerungen analysieren, abschließend Alternativen diskutieren. . . | Tonbänder Geräte |
| Pause | | |
| Gruppen | mitgebrachtes Gespräch diskutieren, reflektieren auf Gesamtzusammenhang und back home – Situation | |

Plenum  Referat:
        Zusammenfassung des Ausbildungs-      Unterlagen aus gemeinsamer
        programmes und Beratungsgespräch    Diskussion der Gruppenleiter
        (allgemein)

**Programm der Tagung 1978**

Gleichzeitig mit der Anmeldung wurden die Teilnehmer gebeten, sich für eine der angebotenen themenzentrierten Gruppen zu entscheiden. Die Gruppenarbeit erstreckte sich über einen Nachmittag, der Vormittag davor und ein Nachmittag danach waren Vorträgen mit anschließender Diskussion im Plenum gewidmet.

Themen der Vorträge:
- Staatliche Hilfen im Zusammenhang mit der Geburt eines Kindes
- Neuregelung des Kindschafts- und Scheidungsrechts
- Ziele und Werte in der Familienberatung

Themen der Arbeitsgruppen:
- Erziehungsprobleme
- Familienplanung (medizinisch)
- Scheidungsproblematik
- Sexualprobleme
- Beratungstechnik
- Gesprächstherapeutische Möglichkeiten im Rahmen der Beratung

# Schlußfolgerungen

Die Familienberatungsstellen, die nach der vorher beschriebenen Gesetzesänderung letztlich in ganz Österreich eingerichtet wurden, mußten mit einem weitgehend für diese Tätigkeit unvorbereiteten Personal die Arbeit beginnen. Im Sinne der Entwicklung einer Organisation wurden vermutlich nicht ausreichend Vorarbeiten geleistet, bevor diese Beratungsstellen eingerichtet wurden. Außerdem beschränkte sich die Mitsprache des subventionierenden Gesetzgebers auf die Anzahl der Beratungsstunden und der zur Verfügung stehenden Berater. Es wurden vor Einrichtung der Beratungsstellen keine Gespräche geführt über den Ausbildungsstand und die Organisation innerhalb der Beratungsstellen. Diese Lücken machten sich in späterer Zeit deutlich bemerkbar. Die Informationstagung mit der von uns angebotenen Weiterbildung konnten diese Lücken nur teilweise füllen. Das meiste, was wir dabei tun konnten, war vermutlich, bei den Weiterzubildenden Frustration auszulösen, die bei manchen sicher dazugeführt hat, daß sie von sich aus eine verbesserte Ausbildung gesucht haben. Gleichzeitig hat in den letzten Jahren eine deutliche Veränderung stattgefunden im Hinblick auf die Einstellung zur Ausbildung in Gesprächsführung, wobei auch die Bedürfnisse der

Berater in den Bundesländern befriedigt werden konnten. Dem Problem, daß die Mitarbeiter in den Familienberatungsstellen völlig unvorbereitet nun in einem interdisziplinären Team zusammenarbeiten sollten, versuchten wir damit beizukommen, daß wir die Tagungen ebenfalls interdisziplinär für alle Mitarbeiter in solchen Beratungsstellen angeboten haben. Wir bemühten uns von Anfang an, nicht mehrere Mitglieder ein- und derselben Beratungsstelle in den Fortbildungsgruppen zu haben. Auf diese Art gelang es den Beratern, zu zeigen, daß Schwierigkeiten, die sie mit den einzelnen Mitgliedern anderer Professionen in ihrer Beratungsstelle hatten, oft an ganz persönlichen Konflikten lagen oder auch daran, daß sie eben eine vollkommen andere Berufssprache benützten, und so gelang es, den Beratern wenigstens teilweise klarzumachen, daß man voneinander lernen kann.

Dieser Lernvorgang war besonders wichtig für die akademischen Berater (Ärzte, Juristen), die es gewohnt waren, auf die Sozialarbeiter, als ihre Handlanger, herunterzuschauen.

Die Frustration, die durch diese Tagungen bei den Teilnehmern sicherlich über lange Zeit ausgelöst wurde, führte zu verschiedenen Wünschen, wie zum Beispiel die Tagungen nach Professionen zu trennen, also je eine Tagung für Ärzte, Sozialarbeiter und Psychologen sowie für Juristen zu halten.

Nach Beendigung dieser Tagung wurde wiedcrum die Forderung gestellt, doch sämtliche Professionen auf einer Tagung zusammenzurufen. In diesem Sinne ist sicher auch das gehobene Selbstverständnis der Sozialarbeiter zu sehen, die durch vielfältige Aufwertung, auch außerhalb der Tätigkeit in Beratungsstellen, nun das Gefühl haben, sich gegen die Akademiker besser durchsetzen zu können. Einem Aspekt haben wir über Jahre kaum Bedeutung beigemessen, da wir keine Möglichkeit sahen, mit diesem Problem umzugehen, nämlich, daß auf die Fortbildner oder Weiterbildner im Rahmen dieser Tagung sehr viele Aggressionen projiziert wurden, die vermutlich dem Gesetzgeber, bzw. den subventionierenden Stellen zugedacht waren. Wir wurden sicherlich als Handlanger des Bundeskanzleramtes gesehen und kamen gelegentlich dadurch in eine Verteidigungsstellung gegenüber den Weiterzubildenden. Da uns immer nur eine sehr kurze Zeit für die Fortbildung zur Verfügung stand, haben wir derartige Aggressionen nicht aufgerollt und zu bearbeiten versucht, wie weit sie uns selbst in unserer Tätigkeit als Weiterbildner galten und wie weit sie einfach Ausdruck der Unzufriedenheit mit verschiedenen anderen bestehenden Institutionen waren.

Im Lichte der jetzigen Erfahrungen wäre es vielleicht klüger gewesen, von vornherein längere Informationstagungen anzusetzen, wo man auch diesen Aspekten der Widerstandsbearbeitung mehr Raum hätte geben können. Eine weitere Konklusion wäre, daß man das Weiterbildungsbedürfnis einzelner Berater, vielleicht in Form von Stipendien oder anderen finanziellen Unterstützungen bei geeigneter Ausbildung, hätte verstärken können. Im Lichte der explosionsartigen Entwicklung der Beratungsstellen und den Problemen, die dabei aufgetaucht sind, unter anderem auch dem, daß man den Widerstand von einzelnen ideologisch gefärbten Gruppen nicht noch erhöhen und dem möglichst aus dem Weg gehen wollte, scheinen wir im großen und ganzen den einzig möglichen Weg gegangen zu sein, wenn es auch im Nachhinein selbstverständlich immer noch Verbesserungsmöglichkeiten gegeben hätte.

# Einführung eines Geburtsvorbereitungsprogramms in einer geburtshilflichen Abteilung

*Marianne Ringler*

Die Erfahrungen, über die ich hier berichten möchte, habe ich im Laufe von zwei Jahren gewonnen. In diesem Zeitraum arbeitete ich an der geburtshilflichen Abteilung eines großen Krankenhauses an einem Projekt über Geburtsvorbereitung unter Einbeziehung lerntheoretischer und verhaltenstherapeutischer Überlegungen (Pavelka u. a., im Druck). Die Arbeit hatte sich aus persönlichen Erfahrungen der Autorin ergeben, weil ich als ausgebildete Verhaltenstherapeutin die übliche Geburtsvorbereitungsmethode als unzulänglich empfand. So begann ich, Verbesserungsvorschläge zu entwikkeln. Daraus entstand dann ein Geburtsvorbereitungsprogramm, auf das ich hier nur ganz am Rande eingehen möchte. Der interessierte Leser kann es andernorts nachlesen (Ringler, im Druck).

Die Unterbrechung des Circulus vitiosus Angst–Spannung–Schmerz und seine Bedeutung für die Geburtsarbeit wurde zuerst von Read (1972) hervorgehoben. In der Folge wurden verschiedene Methoden entwickelt, um schwangere Frauen auf die Geburt vorzubereiten (Lamaze, 1954, Mitchell, 1971). Derzeit gibt es viele Tendenzen, die Gebärsituation, wie sie in der Mehrzahl der Entbindungskliniken institutionalisiert ist, zu verändern. Sie werden meist unter den Bezeichnungen „sanfte Geburt" oder „natürliche Geburt" propagiert. Hier vereinigen sich Bestrebungen, die ganz weg vom Krankenhaus die „Hausgeburt" favorisieren, mit solchen, die die Krankenhausentbindung von der technischen Medizin des Intensivkreißsaales befreien wollen.

Allen gemeinsam ist, daß sie die Krankenhausentbindung humanisieren wollen, worunter wiederum eine Vielfalt verschiedenster Ideen verstanden wird (z. B. Anwesenheit des Vaters des Kindes oder einer wichtigen Bezugsperson der Schwangeren bei der Geburt). Vielfach kann man sich des Eindrucks nicht erwehren, daß viel von dem berechtigten Unbehagen häufig an „Sachproblemen" festgemacht wird, am grellen Licht der Untersuchungslampe (die man schließlich abdrehen kann, wenn man sie nicht braucht), am unpersönlichen Aussehen der Kreißsaaleinrichtung, an der routinemäßigen Verwendung technischer Hilfsgeräte, usf. Sicherlich ist an den Kritiken vieles richtig, manches aber auch übertrieben. Fest steht, daß an der heutigen Praxis vieles verbesserungswürdig und verbesserungsfähig ist.

Meines Erachtens wird bei der Kritik zu oft vergessen, daß dieses System von Menschen gemacht wurde und getragen wird. Es erscheint wenig sinnvoll, auf „höhere Anordnung" dieses eingefahrene System verändern zu wollen. Wichtiger als die Veränderung der äußeren Bedingungen erscheint mir zuallererst die Veränderung der Einstellung der Menschen, die mit diesen Problemen konfrontiert sind. Dazu zählen im konkreten Fall außer dem Betreuungspersonal auch die Patienten. Wie eine Untersuchung von Jungermann (1978) zeigen konnte, verhalten sich die Patienten nämlich komplementär zum Pflegepersonal und sperren sich gegen die Bewußtmachung eigener Bedürfnisse. Jede von außen oktroyierte Veränderung oder Kritik muß von den Betroffenen als Bedrohung erlebt werden und daher auf Widerstand stoßen. Daher ist eines der Hauptprobleme, wie die Mehrzahl (nicht die derzeit noch kleine motivierte Minderheit) derer, die sich in einem bestimmten Berufsbild und einer bestimmten Berufspraxis festgefahren haben, zu Veränderungen motiviert werden können. Diese Frage erscheint mir dringlicher, als jene, ob der Kreißsaal und die Kittel der Ärzte weiß, blau oder grün sein sollten. Mit dieser Frage soll die Bedeutung äußerlicher Veränderungen nicht abgewertet werden. Jedem leuchtet ein, daß wir uns in einem mittelgroßen, behaglich eingerichteten Zimmer wohler fühlen als in einem Operationssaal. Dennoch glaube ich, daß ein modernes Krankenhaus und die positiven Errungenschaften der modernen Medizin immer da einbezogen werden sollten, wo dies notwendig ist (auch Leboyer arbeitet in einem modernen Krankenhaus). Ich bin überzeugt, daß ohne die entsprechende Haltung des Betreuungspersonals auch eine äußerlich ideale Umgebung negativ wirken wird, wohingegen äußerlich ungünstige Bedingungen durch warme und hilfreiche Hebammen und Geburtshelfer aufgewogen werden können. Im Fall meines Projektes begann ich erst einmal damit, an einer traditionell geführten geburtshilflichen Abteilung den betroffenen Frauen zu helfen, sich von negativen Aspekten des Systems distanzieren zu können, sie nicht so persönlich zu nehmen und unter den gegebenen Bedingungen ein positives Geburtserlebnis zu erfahren (und dadurch ihre Identität als Frau und Mutter zu stärken). Über die so erfolgenden positiven Rückmeldungen an die Klinik, können dann weitere Veränderungen initiiert werden. Die betreffende geburtshilfreiche Abteilung ist ziemlich groß und nicht leicht überschaubar.

Der Großteil der Frauen, die dort entbinden, wird in der Schwangerschaft von freipraktizierenden Gynäkologen betreut und von ihnen zur Entbindung an das Krankenhaus überwiesen. Dort werden sie im Laufe der Schwangerschaft dreimal gesehen (bei der ersten Anmeldung, dann etwa im 6.–7. Monat und eventuell noch einmal knapp vor dem Geburtstermin). Die Betreuung über den ganzen Verlauf der Schwangerschaft wird nur in Risikofällen übernommen. Dies entspricht dem österreichischen Ärztegesetz und der Vereinbarung der Krankenanstalten mit der Ärztekammer. Der Kontakt mit den Geburtshelfern ist somit gering, faktisch null, denn in Ambulanz und Kreißsaal arbeitet ein anderes Team. So ist es fast die Regel, daß die Schwangere, wenn sie in den Kreißsaal kommt, dort niemanden kennt.

Eine Möglichkeit, etwas mehr Kontakt zur Klinik herzustellen, besteht über das sogenannte „Schwangerenturnen". Dort arbeitet eine Heilgymnastin, die diese Geburtsvorbereitungskurse leitet, die die Frauen auch nach der Geburt betreut und, wann immer ihr Zeit bleibt, in den Kreißsaal geht und den Frauen hilft. Das „Schwangerenturnen" ist die an unseren Krankenhäusern übliche Form der Geburtsvorbereitung. Es wird leider nur von wenigen Frauen besucht. Da für die gesamte Gynäkologie aber nur eine einzige Heilgymnastin zur Verfügung steht, kann sie schon zeitmäßig nur den geringen Anteil derer versorgen, der freiwillig und von sich aus kommt. Beim Schwangerenturnen handelt es sich um ein Konglomerat von verschiedenen gymnastischen Übungen (Kreislauf- und Dehnungsübungen für die Beckenbodenmuskulatur sowie Übungen gegen Kreuzschmerzen), Atemübungen zur Kontrolle der Wehentätigkeit, Preßübungen für die Austreibungsperiode und eine Kurzentspannung, die sich an das Schultzsche autogene Training (einer autosuggestiven Entspannungsmethode) anlehnt. Ist die Gruppe nicht allzu groß, besteht auch die Möglichkeit für informelle Gespräche.

Diese hier sehr komprimiert dargestellte Information wird unter der irrigen Bezeichnung „Schwangerenturnen" angeboten. Dadurch wird die Aufmerksamkeit der betroffenen Frauen über die Konnotation auf den wohl bedeutungslosesten Teil der Vorbereitung gelenkt und als Gymnastik von vielen Frauen abgelehnt, weil nicht so recht nachvollziehbar ist, wozu man turnen solle. Dies gilt übrigens auch für viele Ärzte, denen die gymnastischen Übungen für Schwangere gefährlich erscheinen und fast ausnahmslos sogenannten „Risikopatientinnen" verbieten, das „Schwangerenturnen" zu besuchen (dabei könnten die Turnübungen ohne weiteres weggelassen werden). Daß dort viel Wichtigeres gelernt wird, nämlich Techniken, mit der Wehentätigkeit und der Geburtsarbeit besser zurechtzukommen, wird durch die Bezeichnung leider verschleiert. Daher verwundert es nicht, daß diese Vorbereitungsgruppen fast ausnahmslos von Frauen besucht werden, die entweder über die Information verfügen, daß dort mehr als nur Gymnastik angeboten wird, oder solchen, die Gymnastik für die Gesundheit wichtig erachten. So erklärt es sich leichter, daß die Mehrzahl der Frauen, die das „Schwangerenturnen" besuchen, aus der Mittel- und Oberschicht stammen. Ein weiterer Umstand dürfte dazu beitragen. Der gesamte Lehrstoff wird in eine einzige, eineinhalb Stunden dauernde „Turnstunde" verpackt (sie findet in einem Turnsaal statt, und die Frauen werden angehalten, in Turnkleidung zu erscheinen), die sich regelmäßig und monoton wiederholt. So bleiben viele Frauen aus, weil sie nach mehrmaligem Besuch den Eindruck haben, nichts dazulernen zu können. Besonders die verbal nicht so gewandten sind durch die komprimierte Darstellung überfordert. Das sind natürlich eher die Grundschichtpatientinnen. Dazu kommt, daß für Frauen, die Schwierigkeiten im Umgang mit dem eigenen Körper haben oder sehr verspannt sind, Kurzentspannung schon bei der Vorbereitung zur vollständigen Entspannung nicht ausreicht.

Die Arbeit wird so ziemlich an allen Kliniken hauptsächlich von Physiotherapeutinnen durchgeführt. Nur wenige (wie z. B. die Mitarbeiterin an meinem Projekt) machen diese Arbeit gerne, weil sie auf die Dauer eintönig ist, außer man bringt ein besonderes Interesse auf, mit schwangeren Frauen zu arbeiten. Hinzu kommen administrative Arbeiten, die gegenüber der therapeutischen Arbeit viel Zeit in Anspruch nehmen.

Ich hatte das Projekt dem Chef der Klinik vorgeschlagen und damit seine Zustimmung gefunden. Persönlich half er uns, unsere geplante Arbeit bei allen wichtigen Mitarbeitern einzuführen, wodurch das Projekt positiv bewertet wurde. Manchem Leser mag dies vielleicht wenig erscheinen; angesichts seiner sonstigen Arbeitsbelastung kann weder mehr verlangt werden noch ist es nötig. In seinem Arbeitsbereich hat er eine solche Autorität, daß niemand seinen Anweisungen zuwider handeln würde. Dennoch öffnete allein die Billigung des Abteilungsleiters die Gesprächsbasis auch mit Personen, die unserem Team nicht angehörten und vielleicht weniger gesprächsbereit gewesen wären.

Unser Team bestand aus der Heilgymnastin und einem jungen Gynäkologen, die beide voll in die Klinikroutine integriert sind und mir halfen, als ich als Verhaltenstherapeutin von außen her mitarbeitete.

Die Heilgymnastin ist in ihrem Feld eine sehr erfahrene und engagierte Frau und hatte der Kooperation bereitwillig zugestimmt.

Ich erklärte ihr, worum es mir ging:
– Inhaltlich würde ich vieles von ihr übernehmen wollen und mit ihr kooperieren.
– Ich würde gegenüber dem herkömmlichen Angebot den Lehrstoff in überschaubare Einheiten aufgliedern.
– Die Funktion jeder Übung im Kontext von Schwangerschaft und Geburt sollte genau erklärt werden (was sie auch schon immer tat), um der individuellen Lernfähigkeit jeder Frau mehr Spielraum zu bieten.
– Zusätzlich würde ich ein Angstbewältigungstraining (Florin und Tunner, 1975, Ringler, 1978) anbieten.
– Der Lehr- und Lernstoff würde dadurch in ein Kurssystem zusammengefaßt werden, so daß
– die Teilnehmerinnen bestimmte Kursstunden einhalten müßten (ansonsten können sie ziemlich frei wählen, wann sie kommen möchten, und auch von einer Woche zur nächsten die Gruppe wechseln).

Es zeigte sich, daß dafür zehn eineinhalbstündige Kursstunden ausreichten, mit denen etwa 10–12 Wochen vor dem errechneten Geburtstermin begonnen werden sollte. Dieser Ablauf bedeutete aber eine Zusammenfassung der Frauen in kontinuierliche Gruppen, die zum Zeitpunkt X beginnen und zum Zeitpunkt Y enden. Daraus folgt weiter, daß die Frauen, die in einer Gruppe zusammengefaßt sind, den Geburtstermin etwa zur gleichen Zeit haben müssen. Als maximal tolerabler Zeitraum erwies sich die Streuung des Geburtstermines innerhalb von 4 Wochen. In der bisherigen Praxis war eine solche Koordination bislang nicht notwendig gewesen, weil das Verständnis des Lehrstoffes einer Stunde nicht von der Teilnahme an einer vorherigen abhängig war. Natürlich ergaben sich daraus anfangs einige Probleme: Wir mußten den Frauen mitteilen, daß sie sich an bestimmte vorgegebene Zeiten halten müßten (ihre Wahlmöglichkeiten waren geringer geworden), daß sie eventuell einige Wochen auf den Beginn des Kurses zu warten hätten und es dann erforderlich sei, daß sie regelmäßig teilnehmen. Es zeigte sich, daß die Frauen bereitwillig auf das Arrangement einstiegen, wenn ihnen der Grund erklärt wurde, und daß diese Schwierigkeit mehr unsere eigene war, weil wir befürchteten, daß sich die Frauen zurückgewiesen fühlen würden. Auch in der weiteren Folge hatten wir nie Probleme mit der Teilnahme, im Gegenteil: Frauen, die einmal eine Stunde versäumten, entschuldigten sich dafür und fragten nach, ob es eine Möglichkeit gäbe, das Versäumte nachzuholen. Hier waren auch, im Gegensatz zu den anderen Vorbereitungsstunden, keine Unterschiede im Verhalten der Mittel- und Grundschichtangehörigen zu bemerken.

Das Problem der Koordination der Teilnehmerinnen in Gruppen verdeutlicht meines Erachtens recht gut, welche Schwierigkeiten auftreten können, wenn man im Rahmen einer traditionellen medizinischen Einrichtung versucht, Neuerungen aus dem psychotherapeutischen Bereich zu etablieren. Mir war es von Anfang an ein Anliegen, mein Geburtsvorbereitungsprogramm in die Atmosphäre der Abteilung zu integrieren, und mein spezielles Wissen, das ich mitbrachte, allen Interessierten zugänglich zu machen (was über informelle Gespräche in der Kaffeepause und der Teilnahme an den praktischen Problemen der Gesprächspartner, zum Beispiel der Hebammen, wesentlich besser gelingt als über einen theoretischen Vortrag).

Im konkreten Fall bedeutete dies eine enge Kooperation mit der Physiotherapeutin und den Mitarbeitern des Kreißsaales (und der Wochenbettstation, soweit die Frauen dort von der Physiotherapeutin betreut wurden), wobei wir unsere Tätigkeit nicht nebeneinander, sondern miteinander verstanden wissen wollten, so daß jeder aus dem Erfahrungsbereich des anderen lernen konnte.

Dazu ein Beispiel: Dem Angstbewältigungstraining (einer modifizierten Desensibilisierungstechnik, die darauf zielt, die körperlichen Begleiterscheinungen von emotional beunruhigenden Ereignissen kontrollieren zu lernen, so daß dadurch die Geburtsarbeit nicht behindert wird) stand die Physiotherapeutin skeptisch gegenüber. Sie, die erfahrene und erfolgreiche Heilgymnastin, die seit vielen Jahren Frauen auf die Geburt vorbereitet, meinte, es wäre besser, „doch nicht alles zu erzählen", die Frauen auf Schmerzen und phantasierte und/oder reale Unzulänglichkeiten hinzuweisen und diese zu bearbeiten. Es war für sie neu, daß ich den Frauen ihre irrationalen Phantasien nicht zu widerlegen versuchte, sondern sie akzeptierte und in das Angstbewältigungstraining integrierte. Sie akzeptierte mein Vorgehen, so wie ich ihre Kompetenz nie in Frage stellte (und von ihr sehr viel gelernt habe) und ihr Vorgehen voll unterstützte. Wir hatten eine klare Kompetenzteilung vereinbart. Wir würden das gesamte Programm gemeinsam durchführen. Sie begann jede Sitzung mit Kreislauf- und Dehnungsübungen, wobei sie aus den vorhandenen Möglichkeiten die wesentlichsten ausgewählt hatte. Daneben war es möglich, informelle Gespräche zu führen, die Frauen miteinander bekannt zu machen (viele schlossen dauernde Freundschaften), „warming up" für die folgenden Übungen und damit die Verbundenheit zur Gruppe und dem Gelernten zu stärken. Auch die Atem- und Preßübungen führte sie mit den Frauen durch. Daran schlossen sich die jeweils anstehenden Entspannungsübungen, das Angstbewältigungstraining und das Wehenkontrolltraining, die ich leitete.

So profitierten wir gegenseitig aus unseren Erfahrungsbereichen, woraus sich eine sehr fruchtbare Zusammenarbeit entwickelte.

Ebenfalls sehr aufgeschlossen war die stationsführende Hebamme des Kreißsaales. Sie begrüßte unsere Arbeit von Anbeginn und gab uns jede erdenkliche Hilfe. So führte sie alle Frauen der Versuchsgruppen durch den Kreißsaal und erklärte ihnen jede Einzelheit, angefangen von der Klingel beim Eingang. Sie zeigte ihnen Bad und Kreißzimmer in der Folge, wie es die Frauen dann bei der Entbindung erleben würden. Sie erklärte die Geräte, wie oft sie untersucht würden, wie das Baby versorgt würde usf. Ich halte diese Informationen für ganz besonders wichtig (die Initiative dazu war übrigens von der Hebamme ausgegangen), weil

– die Schwangere dadurch jene Räumlichkeiten kennenlernt, in denen sie später ihr Kind zur Welt bringen wird. So wird die Situation für sie selbst überschaubarer und vertrauter. Dies ist besonders wichtig, wenn man bedenkt, daß ein wesentlicher Auslöser für Unsicherheit und Angst das Unbekannte und Neue der Entbindungssituation ist (viele Frauen waren noch nie Spitalspatienten gewesen oder hatten als Kinder negative Spitalserfahrungen gemacht).

– Somit trägt diese Intervention dazu bei, das Gefühl zu vermitteln, die Situation doch überschauen und kontrollieren zu können. Wenn die Frau dann wegen der einsetzenden Wehentätigkeit in den Kreißsaal kommt, kann sie sich besser auf die Geburtsarbeit und die Erfahrungen ihres Körpers konzentrieren, da die Umgebung weniger ihre Aufmerksamkeit beansprucht.

– Diese „Besichtigungstournee" kann bis zu einem gewissen Grad als Verhaltenstest für offene und verdeckte Vermeidungsreaktionen betrachtet werden. Wie schüchtern oder selbstsicher benimmt sich die Frau, wagt sie es, Fragen zu stellen, schaut sie sich alles genau an, oder läuft sie „blind" durch die Räume. Die gewonnenen Beobachtungen können dann in die weitere Arbeit integriert werden.

Die Hebammen wurden durch das Verhalten der Frauen unserer Gruppe bestärkt. Schließlich waren die Frauen so vorbereitet, daß nicht nur sie selbst die Geburt signifikant positiver erlebten als die Frauen der Kontrollgruppen, sie bereiteten auch den Geburtshelfern insgesamt geringere Schwierigkeiten (und dies schätzte jeder in seiner Arbeit).

Hier ist es noch wichtig, hinzuzufügen, daß die Ergebnisse nicht an Hand einer Elite ausgewählter Frauen gewonnen wurden, die sich privat Privilegien organisieren können. Unsere Versuchsgruppe rekrutierte sich aus jenen Frauen, die sich zum „Schwangerenturnen" angemeldet hatten (wodurch sie also auch schon einer anderen Population angehören als Frauen, die keine Vorbereitung besuchen).

Die geleistete Arbeit führte bislang dazu, daß von Seiten der Ärzte und Hebammen häufig die Frage nach weiteren solchen Kursen auftaucht. Dies ist eine Entscheidung, die der Chef der Abteilung treffen muß, sowie er den Kostenträger motivieren muß, dafür Personalkosten zu übernehmen. Das Projekt ist abgeschlossen. Alle Beteiligten hatten das Projekt vorwiegend in ihrer Freizeit durchgeführt, was auf Dauer nicht möglich ist. Zudem arbeitet die Physiotherapeutin nicht mehr an dieser Abteilung. Sie hat sich selbständig gemacht.

Ich selbst glaube, daß ich als Psychologin mit der jetzigen Erfahrung geeignet bin, andere für diese Arbeit anzuleiten und Hilfen zu geben. Insgesamt glaube ich aber nicht, daß es sich hier um einen Tätigkeitsbereich von Psychologen handelt. Eine dauernde Durchführung solch einer Arbeit durch Psychologen würde bloß zu einer weiteren Aufsplitterung der Betreuung der Schwangeren durch verschiedene Berufsgruppen führen und birgt daher die Gefahr einer weiteren Entfremdung der Schwangeren von den Helfern und umgekehrt. Außerdem könnte dadurch leicht der Eindruck entstehen, daß es die Psychologen sind, die für die Gefühle der Betreuten zuständig sind und nicht alle im geburtshilflichen Bereich Arbeitenden. Dadurch würden viele Mißstände des Status quo nur weiter aufrechterhalten. Eine ausführlichere Diskussion dieser brisanten Problematik findet sich bei Richter (1978).

Meiner Meinung nach wäre die ideale Berufsgruppe zur Ausübung dieser Tätigkeit im Rahmen einer Institution, die der Hebammen (mit einer entsprechenden Zusatzausbildung), da sie über ein reiches Wissen und Erfahrung in der Arbeit mit Schwangeren und Kreißenden verfügt. Zudem können sie am ehesten eine kontinuierliche Betreuung der Schwangeren gewährleisten, so daß diese im Kreißsaal eine bekannte Person im Pflegepersonal hat (wie es sich sonst nur Privatpatienten leisten können, die durch die gesamte Schwangerschaft vom Geburtshelfer betreut werden). Wie bedeutend dieser Aspekt ist, mögen zwei Beispiele erhellen:

– Es fällt auf, daß jene Länder mit der niedrigsten Säuglingssterblichkeit über ein vorzügliches Betreuungssystem der Schwangeren verfügen, das insbesondere durch Hebammen getragen wird, die die Schwangere durch die gesamte Schwangerschaft, Geburt und Nachgeburtsperiode betreuen und damit zu einer wichtigen Bezugsperson werden.

– Frustrierende Erlebnisse der Geburtshelfer können vermieden werden, was folgende Begebenheit illustrieren mag:
Die Mitglieder des Kreißsaalteams, die die junge Mutter im Kreißsaal betreuen, erleben, daß sich die Frau nach der Entbindung nicht bei ihnen, sondern bei der zufällig anwesenden Heilgymnastin (sie ist gerade erst hereingekommen) bedankt.
Sie empfinden das als ungerecht, denn sie haben sich schließlich geplagt und ihr Möglichstes getan. Solche Vorfälle stören die Kooperation, sind aber vom Standpunkt der Frau völlig verständlich. Die Heilgymnastin ist der Frau viel besser bekannt, insbesondere auch aus einer streßfreien Situation, wo sie ihre Zuwendung und Hilfe voll annehmen konnte, während sie vielleicht manche Handlungen der Hebammen gegen sich gerichtet empfindet und entsprechend reagiert.

# Schlußbemerkung

Es wäre verfehlt, zu glauben, daß durch dieses Projekt an der Institution selbst oder ihrer Routine Wesentliches verändert wurde. Dies war auch nicht das Anliegen. Eine solche Veränderung kann immer nur von innen durch die Initiative des Chefs und der Mitarbeiter geschehen. Als Außenstehender würde man damit elend Schiffbruch erleiden. Dennoch glaube ich, daß manche Haltungen und Einstellungen neu überdacht wurden und sich daraus Veränderungen ergeben haben oder ergeben werden. Der primäre Fokus des Projekts lag bei den schwangeren Frauen, die ja bis zu einem gewissen Grad auf die Institution angewiesen sind. Es ging darum, den Frauen zu helfen, die gesamte Situation, wie sie mit der Geburt ihres Kindes zusammenhängt, besser kontrollieren zu können und damit ihre Interessen besser wahrzunehmen. Über das Aufzeigen, welche Hilfe die Frauen erfahren haben, sollte die Institution motiviert werden, mehr in dieser Richtung zu unternehmen, weil sich auch für sie selbst darin ein Gewinn findet. (Dabei ist es wichtig, bei jeder Intervention die Sprache des Adressaten zu sprechen.) Mir scheint, daß dies zumindest teilweise gelungen ist.

Für mich ist dies der erste Schritt[1]. Ich glaube, daß es notwendig ist, immer wieder (besonders über wissenschaftliche Untersuchungen, denn nur diese beeindrucken) aufzuzeigen, welches enorme präventive, medizinische und psychohygienische Potential in so einem Behandlungsprogramm enthalten ist (Ringler, in Vobereitung).

Vor allem Erstgebärende sind in der Schwangerschaft bereit, Hilfe, die ihnen angeboten wird, anzunehmen und zu verarbeiten. Letztlich geht es um noch mehr, als der Frau ein positives Geburtserlebnis zu ermöglichen: In den Vorbereitungskursen kann (wenn dort eine emotional hilfreiche Atmosphäre vorhanden ist) durch das Aufzeigen von Alternativen und das Besprechen von Problemen den Frauen geholfen werden, anstehende Schwierigkeiten zu erkennen, zu analysieren und dann einer Veränderung zugänglich zu machen sowie ihre Selbsthilferessourcen zu mobilisieren. Dabei kann der ganze Zeitraum Schwangerschaft, Geburt und Nachgeburtsperiode einbezogen werden.

Die Erfahrung der Frau, daß sie sich selbst helfen kann und die Geburt positiv erlebt, stärkt ihr Selbstbewußtsein und ihre Indentität als Frau. Dadurch kann sie die Beziehung zu ihrem Partner vertiefen und leichter eine positive Mutter-Kind-Beziehung mit allen sich daraus ergebenden Konsequenzen entwickeln.

---

[1] Während der Drucklegung dieses Buches wurde die Autorin vom Vorstand gebeten an der Klinik regelmäßig Geburtsvorbereitungskurse durchzuführen und diese einem breiteren Teilnehmerinnenkreis zugänglich zu machen.

# Literatur

*Florin, I., W. Tunner:* Therapie der Angst. Urban & Schwarzenberg, München 1975.

*Jungermann, H.:* Nothing goes oder Widerstand gegen Veränderung. Erfahrungen bei einer medizinisch-psychologischen Untersuchung. psychosozial 2, (1978) 96−113.

*Lamaze, F.:* Expérience pratiquée à la maternité du Centre Pierre Rouqués sur la méthode d'acconchement sans douleur par la psychoprophylaxie. Bull. Acad. nat. Méd. Paris 138 (1954) 52−58.

*Mitchell, I.:* Wir bekommen ein Baby. rororo Sachbuch, Hamburg 1971.

*Pavelka, R., M. Ringler, G. Loziczky:* Die Angst der Schwangeren: Verhaltenstherapeutische Ansätze zu ihrer Bewältigung. Wr. Klin. Wsch., im Druck.

*Read, G. D.:* Mutter werden ohne Schmerz. Hoffmann & Campe, Hamburg 1972.

*Richter, H.-E.:* Ist psychosomatische Medizin überhaupt zu verwirklichen? psychosozial 2 (1978) 22−44.

*Ringler, M.:* Verhaltenstherapie. In: *H. Strotzka* (Hrsg.): Psychotherapie, Grundlagen, Verfahren, Indikationen, 2. Aufl., S. 247−277. Urban & Schwarzenberg, München-Wien-Baltimore 1978.

*Ringler, M.:* Sexualmedizin, im Druck. Ein Geburtsvorbereitungsprogramm unter Einbeziehung lerntheoretischer und verhaltenstherapeutischer Überlegungen.

*Ringler, M.:* Psychohygienische Aspekte eines verhaltens therapeutischen Geburtsvorbereitungsprogramms. In Vorbereitung.

# Organisation eines therapeutischen Familienurlaubs für Familien mit psychosomatisch kranken Kindern

*Hildegard Katschnig*


## 1. Einleitung

Im Sommer 1976 wurde erstmals ein Eltern-Kind-Ferientherapielager für „psychosomatisch erkrankte Kinder" von Frau G. Czerwenka-Wenkstetten durchgeführt. 1977 war ich als Kinderärztin für die somatische Betreuung der Kinder des Ferienlagers verantwortlich. Angeregt durch diese sehr positive Erfahrung, wie ein Familienurlaub als therapeutische Möglichkeit genützt werden kann, entschloß ich mich 1978, gestützt durch die Ermutigung von H. Strotzka und Frau G. Czerwenka-Wenkstetten selbst die Organisation für einen familientherapeutischen Urlaub zu übernehmen. Das „Modell therapeutischer Familienurlaub", bei dem psychotherapeutische Aktivitäten, kreative Beschäftigung, Spiel und Sport gleichzeitig angeboten werden sollten, war eine günstige Gelegenheit, mehreren Familien, die für Familientherapie auf der Warteliste standen, rasch eine solche anbieten zu können. Es waren dies Familien, die ein intern krankes Kind als Patienten vorgestellt hatten. Nach dem familientherapeutischen Konzept konnten diese Kinder als Präsentiersymptom (Balint, 1970) oder Symptomträger eines dysfunktionalen Familiengefüges gesehen werden, so daß es nicht sinnvoll gewesen wäre, diese Kinder ohne ihre Familien psychotherapeutisch zu betreuen. Aus Kinderlagern ohne Eltern, zum Beispiel mit Asthmakindern, ist bekannt, daß diese in den Ferienlagern oft schlagartig ihre Beschwerden verlieren, aber bei der Rückkehr in die Familie, zum Beispiel beim Wiedersehen mit den Eltern am Bahnhof, wieder schwere Asthmaanfälle bekommen (Biermann, 1969). Das Ausweichen auf ein körperliches Symptom kann bei diesen Kindern und Familien als Konfliktlösungsstrategie bei sonst fehlenden Möglichkeiten zur Konfliktbewältigung verstanden werden (Reiter, 1978).

Die Urlaubssituation wurde deshalb gewählt, weil sie die optimale Chance bietet, eine ganze Familie in einem therapeutischen Setting, ähnlich dem einer Therapiestation, zu erfassen.

# 2. Therapeutische Zielsetzung des „Modells therapeutischer Familienurlaub"

Es sollte durch das Anbieten von therapeutischen Aktivitäten, wie Autogene Trainingsgruppen für verschiedene Altersstufen, tiefenpsychologisch orientierte Elterngruppen und Einzelgespräche sowie das Anbieten von gemeinsamen Freizeitaktivitäten, wie Anregung zu kreativen Arbeiten (Malen, Töpfern, Batiken, Silberdrahtarbeiten etc.), sportlichen Aktivitäten wie Wandern, Bergsteigen, Schwimmen und nicht zuletzt durch das Beisammensein der Familien mit dem Betreuerteam in Alltagssituationen (Essen, Spielen, Kinder zu Bett bringen etc.) den Familienmitgliedern die Möglichkeit gegeben werden, ihre Beziehungen zueinander neu zu sehen, zu erleben und gestörte dysfunktionale Familiengefüge verändern zu lernen.

# 3. Planung

Vier Punkte scheinen mir für die Planung wesentlich.
1. Klärung der Finanzierung,
2. Auswahl eines geeigneten Ortes,
3. Auswahl des Betreuerteams,
4. Auswahl der Patienten.

**ad 1) Finanzierung**

Die Eltern kamen selbst für ihre Aufenthaltskosten auf. Durch persönliche Rücksprache mit den Chefärzten (BVA und Gebietskrankenkasse) konnte ein Zuschuß von den Krankenkassen erreicht werden. Die vorgebrachte Begründung, daß wir die gesamte Familie in die Therapie einbeziehen müßten, da wir nicht nur das einzeln intern kranke Kind als Patienten sehen, sondern auch die ganze Familie (Richter, 1970), war insoweit erfolgreich, als die Krankenkassen einen Tagessatz sowohl für das Kind als auch zumindest für die „gesunde Mutter", wenn schon nicht für die ganze Familie, bezahlten. Interessant war die Reaktion von praktischen Ärzten, die die Antragsformulare für die Kassen ausfüllen mußten: sie fragten bei mir an, wieso sie auch für die „gesunde" Mutter Antragsformulare schreiben sollten, und ich konnte ihnen in längeren Gesprächen das familientherapeutische Konzept nahebringen, das ihnen bisher völlig fremd gewesen war.

Um die Familie nicht noch zusätzlich durch Therapeutenkosten zu belasten, wurde um Subvention bei verschiedensten Einrichtungen angesucht. Eine sehr frustrierende Aufgabe. Da wir von einer Einrichtung nur ein Drittel von der mündlich versprochenen Summe bekamen, mußte ich vier Wochen vor Beginn des Ferienlagers noch einer Heilgymnastin, die zum Betreuerteam gehört hätte, absagen. Sie hatte sogar inzwischen schon einen Sonderurlaub von ihrer Dienststelle (Gemeinde Wien) zur Teilnahme erhalten. Bis zur letzten Minute war die Bezahlung der Therapeuten und die Subventionierung zweier sozial schlecht gestellter Familien nicht gesichert. Nur durch die Zwischenfinanzierung durch das Institut war eine sofortige Bezahlung der Therapeuten möglich.

**ad 2) Auswahl des Ortes**

Als Ort wurde Zettersfeld in Osttirol gewählt, wo wir in einem Bergheim untergebracht waren. Die wunderschöne gebirgige Gegend des Zettersfeldes (auf 1800 m Seehöhe) war für zahlreiche Freizeitaktivitäten wie Wandern, Bergsteigen, Geländespiele ideal. Das Haus selbst verfügt neben einfachen Zimmern über genug große Gemeinschaftsräume und ein großes Hallenbad. Der Leiter des Bergheimes war hinsichtlich der Pensionskosten außerordentlich entgegenkommend.

**ad 3) Auswahl des Betreuerteams**

Um das Modell „therapeutischer Familienurlaub" verwirklichen zu können, brauchten wir ein interdisziplinäres Team. Es bestand aus einer Kindergärtnerin, die ich in langer Zusammenarbeit schätzen gelernt habe, einer Psychologiestudentin, die in Animation ausgebildet war, einer Psychologin mit besonderer Ausbildung in Kinderpsychotherapie, die ich aus mehrjähriger Zusammenarbeit an der Universitätskinderklinik bei Familien mit psychosomatisch kranken Kindern kannte, einem Psychiater, der eine langjährige Ausbildung und Erfahrung mit analytischer Familientherapie hatte[1]. Schon Yalom (1970) betont „die Wichtigkeit der Eintracht zwischen Leuten, die eine Gruppe leiten". Die einzelnen Mitglieder des Teams wurden von mir nach ihrer fachlichen Kompetenz, aber ebenso nach Sympathie und nach ihrer Fähigkeit zur Zusammenarbeit ausgesucht. Die Betreuer mußten auch fähig sein, die sicher zu erwartenden Spannungen und Konflikte offen miteinander zu besprechen. Es war nicht ganz leicht, ein solches Team zu finden. Zum Beispiel sagte mir ein Sozialarbeiter mit Ausbildung in Animation, der, wie sich später herausstellte, in früheren Kinderlagern erhebliche Autoritätskonflikte hatte, fünf Wochen vor Beginn ab, weil wir nicht bereit waren, seine Freundin mitzunehmen. Als schließlich alle Betreuer feststanden, trafen wir uns mehrmals vor Beginn des familientherapeutischen Urlaubs. Gemeinsam wurden die zentralen Probleme aller Familien, die wir zum Teil aus früheren Kontakten, zum Teil aus ausführlichen Erstgesprächen kannten, besprochen. Ein erstes therapeutisches Ziel wurde für die Teilnehmer anvisiert. Die Arbeitsbereiche der Betreuer wurden nach ihrer Kompetenz festgelegt, so daß jeder wußte, welche Aufgabe ihm im Zusammenspiel zugedacht war. Bei so verschiedener Grundausbildung der Teammitglieder war es not-

---

[1] Kindergärtnerin: Elisabeth Fichtl, Psychologiestudentin: Monika Lischke, Kinderpsychologin: Dr. Ester Wanschura, Psychiater: Dr. Wilfried Biebl.

wendig, zu einer übergeordneten Arbeitskonzeption zu kommen. Diese sollte bei allen unseren Tätigkeiten das familientherapeutische Konzept sein. Wir diskutierten gemeinsam die Strukturierung des Tagesablaufes in Zettersfeld und konnten so gemeinsam möglicherweise auftretende Schwierigkeiten schon vorwegnehmend besprechen.

Die klare Trennung der Kompetenzen und ein sehr gutes persönliches Verständnis füreinander dürften wohl zu der wirklich fruchtbaren und für jeden einzelnen bereichernden Teamarbeit beigetragen haben.

**ad 4) Auswahl der Patienten**

Frau Dr. Wanschura und mir waren von unserer gemeinsamen familientherapeutischen Tätigkeit an der Universitätskinderklinik mehrere Familien mit psychosomatisch kranken Kindern bekannt, für die das ,,Modell therapeutischer Familienurlaub" sehr erfolgversprechend schien. Es waren dies Familien, deren Indexpatienten wegen interner Erkrankungen, wie zum Beispiel Migräne, Asthma, orthostatischem Syndrom an der Kinderklinik vorgestellt und zum Teil auch stationär durchuntersucht waren.

Den Eltern war unser familientherapeutisches Konzept und unsere Arbeitsweise bekannt. Dies schien uns eine gute Voraussetzung für die Familie, das Wagnis eines therapeutischen Familienurlaubes auf sich nehmen zu können. Vier derartige Familien waren unserer Einladung gefolgt. Drei Familien wurden an das Institut für Tiefenpsychologie zur Psychotherapie zugewiesen. Nach einem oder mehreren ausführlichen diagnostischen Familiengesprächen schien uns der Familienurlaub auch für diese geeignet. Sechs Adoleszente, die sich bereits in einem Ablösungsprozeß von ihren Familien befanden, nahmen wir ohne Eltern mit. Dennoch scheint es mir sehr wichtig, zu erwähnen, daß Kontakte mit den Eltern vor und nach dem Aufenthalt in Zettersfeld von großer Wichtigkeit für diese Familien waren. Bei einem 7jährigen Kind, das wir seit einem halben Jahr betreuten und das uns von einer Lehrerin wegen Verhaltensschwierigkeiten in der Schule aufgrund einer sehr spät diagnostizierten Schwerhörigkeit und Enuresis zugewiesen wurde, ließen wir uns entgegen unseren theoretischen Vorstellungen des familientherapeutischen Konzeptes von den Eltern überreden, das Kind allein mitzunehmen. Um es schon vorwegzunehmen, es war sicher eine falsche Indikation. Es ist nach der Rückkehr von Zettersfeld in dieser Familie zu großen Schwierigkeiten gekommen.

Folgende Kriterien schienen uns für die Auswahl der Familien von Bedeutung:

1. Das Annehmenkönnen des familientherapeutischen Konzepts (was z.B. für eine Familie sehr lange nicht möglich war, die Eltern präsentierten uns immer wieder ihren Sohn als krank, ohne selbst in einen therapeutischen Prozeß involviert werden zu wollen).

2. Die Fähigkeit zur Kooperation mit dem Betreuerteam und den anderen Familien.

3. Die Überlegung: Wie passen die Familien zueinander?

4. Berücksichtigten wir das Alter der Kinder im Hinblick darauf, ob gleichaltrige Spielgefährten da sein werden.

5. Die Fähigkeit, psychische Konflikte gut verbalisieren zu können, die Richter zum Beispiel als Auswahlkriterium für die 2wöchigen Paartherapiegruppen nennt, galt nicht für unsere Familien, da gerade unser Modell viele andere Möglichkeiten bieten konnte, Konflikte auszudrücken.

6. Die körperliche und psychische Belastbarkeit der Familien. Zum Beispiel mußten wir die Teilnahme einer Familie, die uns wegen eines 10jährigen Mädchens, das seit mehreren Jahren an Mukoviszidose, einer chronischen Lungenerkrankung litt, nach genauer pädiatrischer Untersuchung und einem Familiengespräch ablehnen, da uns das Mädchen viel zu wenig belastungsfähig erschienen war. Zwei Wochen vor Zettersfeld starb das Kind.

So meinen wir, daß die sorgsame, zwar sehr zeitintensive Auswahl der Patienten eine unabdingbare Voraussetzung für ein solches Modell eines therapeutischen Familienurlaubes ist. Insgesamt hatten wir also 30 Teilnehmer zu betreuen, davon 11 Erwachsene, 19 Kinder.

Tabelle 1. Teilnehmer am familientherapeutischen Urlaub.

| Vollfamilien | geschiedene Mutter | Mutter allein | Kinder allein |
|---|---|---|---|
| 4 | 2 | 1 | 7 |
| Fam. A 2 Kinder | Fr. E 1 Kind | Fr. G 1 Kind | |
| Fam. B 2 Kinder | Fr. F 2 Kinder | | |
| Fam. C 2 Kinder | | | |
| Fam. D 2 Kinder | | | |

Tabelle 2 zeigt detailliert die Teilnehmer der Gruppe. Nach Diagnosegruppen der Indexpatienten zusammengefaßt, stellen sich die Teilnehmer so dar:

Tabelle 2. Diagnosegruppen der Indexpatienten.

| Asthma bronchiale | Migräne Kopfschmerzen | Enuresis | rez. Erbrechen rez. Bauchschmerzen | Schwerhörigkeit Verhaltens- störungen |
|---|---|---|---|---|
| 4 | 5 | 1 | 3 | 1 |

Vier Wochen vor Beginn des Therapieurlaubs luden wir alle Familien zu einer gemeinsamen Besprechung praktischer Fragen ein (Reise, Kleidung etc.). Alle Teilnehmer waren der Einladung gefolgt. Fragen der Hinreise, der Unterkunft, des Tagesablaufs etc. wurden sehr detailliert besprochen. Dieses erste Treffen diente zu einer Kontaktaufnahme der Teilnehmer, einem ersten Kennenlernen des Teams und der anderen Familien. Es dürfte viel zur Entängstigung der Familien beigetragen haben.

# 4. Durchführung des „Modells therapeutischer Familienurlaub"

Das Therapeutenteam traf sich einen Tag vor Beginn des familientherapeutischen Urlaubs in Zettersfeld, um die Strukturierung des Tagesablaufes, die Zimmereinteilung und die Besprechung der therapeutischen Aktivitäten nochmals zu diskutieren. Diese genaue Vorausplanung hat sich als ganz wichtig erwiesen, um einem Chaos beim Eintreffen aller Teilnehmer zu entgehen.

Die Familien waren in 4-Bett-Zimmern untergebracht, zusätzlich richteten wir zwei Schlafzimmer für Kinder ein, um den Kindern die Möglichkeit zu geben, sich ihrer Peer-group anzuschließen. Die Familien, die oft erschreckend wenig sozialen Kontakt hatten, isolierten damit auch ihre Kinder. Jackson spricht bei psychosomatisch kranken Familien von „restringierten Familien". Es war uns klar, daß bei diesen Kindern das Bedürfnis nach Kontakt, aber auch die Angst davor besonders groß war. Daher das vorsichtige Anbieten der Kinderzimmer. Wir waren überrascht, daß alle älteren Kinder (etwa ab dem 9. Lebensjahr) die Kinderzimmer geradezu stürmten, was natürlich bei den Eltern, für die die Fähigkeit zur Abgenzung von ihren Kindern ein zentrales Problem darstellte, außerordentlich schwierig war. Wir erfuhren, wie richtig Stierlins Behauptung ist, daß bei Familien mit psychosomatisch kranken Mitgliedern der vorherrschende Interaktionsmodus der der Bindung ist (Stierlin 1977). Anhand von solchen konkret schwierigen Situationen waren fruchtbare Familiengespräche möglich.

Betreuer und Teilnehmer trafen sich zu den gemeinsamen Mahlzeiten. In den ersten Tagen blieben die Familien zunächst beisammen beim Essen. Rasch fanden sich Kinder und Jugendliche zusammen, die Elternpaare trennten sich fast nie. Die gemeinsamen Mahlzeiten waren übrigens eine Fundgrube zur Beobachtung von Familieninteraktionen, wozu wir reichlich Gelegenheit hatten, da die Therapeuten die Mahlzeiten jeweils gemeinsam mit einer anderen Familie einnahmen.

Bei der Gestaltung des Tagesablaufes versuchten wir, ein Mittelmaß zu finden zwischen allzu starker Strukturierung und völlig freier Gestaltung. Es wurde täglich vom Betreuerteam unter Mithilfe von Teilnehmern ein Tagesplan erstellt, wir errichteten einen Informationstisch, auf dem zum Beispiel ein Beschwerdezettel lag, der sich bald füllte, ein Zettel zur Kinderinitiative und Elterninitiative. Darauf wird später noch zurückgekommen.

**Angebot an therapeutischen Aktivitäten**

Zu allen therapeutischen Aktivitäten waren die Teilnehmer eingeladen. Wir betonten immer wieder die Freiwilligkeit der Teilnahme. Es fanden täglich morgens drei Autogene Trainingsgruppen nach Alter gestaffelt statt. Die Elterngruppe leitete Dr. Biebl, die Jugendlichen wurden von Frau Dr. Wanschura, die Kindergruppe von mir geführt. Um den Eltern die Möglichkeit zu geben, an „ihrer Gruppe" teilzunehmen, beschäftigte unsere Kindergärtnerin parallel zu den Autogenen Trainingsgruppen die Kleinkinder. Das Autogene Training hatten wir deshalb gewählt, weil wir bisher in der Therapie psychosomatisch kranker Familien damit sehr gute Erfolge erzielen konnten. Es sollte Eltern wie Kindern ein Mittel in die Hand gegeben werden, um Spannungssituationen besser meistern zu können.

Es ist auch interessant, daß sich mit einer Ausnahme zu Beginn des Familienurlaubs in der Selbstbeschreibung alle Eltern als gesund bezeichneten. Im Laufe der Zeit wurden folgende Diagnosen gestellt: dreimal Herzneurose, zweimal Migräne, zweimal Spannungskopfschmerz, einmal Ulkus, zweimal chronischer Alkoholmißbrauch, einmal endomorphe Depression und dreimal Frigidität. So war es nicht zu verwundern, daß die meisten Eltern die Gelegenheit, zu den Autogenen Trainingsgruppen zu kommen, bereitwillig aufgriffen. Für Jugendliche gab es täglich eine problemzentrierte Aussprachegruppe. Die Eltern luden wir jeden zweiten Abend zu einer Gruppe ein.

Beratungsgespräche sollten anhand von aktuellen Situationen helfen, konkrete pädagogische Fragen zu klären. Neben den Gruppenaktivitäten wurden zahlreiche Einzelgespräche geführt, am häufigsten völlig informell, zum Beispiel beim Wandern, Bergsteigen und anderen Gelegenheiten. Neben diesen strukturierten therapeutischen Angeboten scheint mir aber das alltägliche Beisammensein des Betreuerteams mit den Familien und den daraus sich ergebenden Möglichkeiten zu Gespräch und Interaktion von eminenter Wichtigkeit.

Aus den Informationen der Erstgespräche, aus den zu Beginn durchgeführten Giessentests bei den Erwachsenen, aus einem Soziogramm, aus der Verhaltensbeobachtung leiteten wir „Handlungsanweisungen", die zentralen Probleme der Familie betreffend, ab, um eine gemeinsame Strategie beim Umgang mit den Familien zu haben. Bei täglichen Teambesprechungen konnten wir die Richtigkeit unserer Handlungsanweisungen überprüfen, Erreichtes besprechen und auch Modifikationen der Handlungsanweisungen vornehmen. Ich möchte die Wichtigkeit der täglichen Teambesprechung betonen, sie war eine notwendige Entlastung für die Betreuer. Wir erlebten einander als große Stütze. Die gemeinsamen Besprechungen halfen unsere Gegenübertragung zu erkennen und zu bearbeiten. Durch diese affektive Unterstützung im Team war eine kontrollierte Distanz zu den Patienten möglich. Für die Eltern war die gelegentliche zeitliche und örtliche Absonderung des Therapeutenteams, zum Beispiel nach gemeinsamen Spiel, ein gutes Modell ihrer Abgrenzungsmöglichkeiten ihren Kindern gegenüber.

### Angebot an Freizeitaktivitäten

Für das Modell „therapeutischer Familienurlaub" waren kreatives Schaffen, Spiel und Sport von wesentlicher Bedeutung.

Es war uns wichtig, Eltern und Kindern bei zahlreichen kreativen Tätigkeiten, bei Sport und gemeinsamen Spiel neue Formen des Beisammenseins zu vermitteln. Gerade bei den Freizeitaktivitäten, beim zwanglosen Beisammensein war es möglich, durch unser Verhalten für die Familien ein mögliches Modell abzugeben. Jeder von uns zeigte im Umgang mit Menschen, bei der Bewältigung von schwierigen Situationen oder wenn wir ausgelassen und fröhlich waren, seinen ganz persönlichen Stil. So konnten wir eine gewisse Vielfalt an Modellen liefern. Das „Lernen am Modell" spielte in Zettersfeld für den therapeutischen Prozeß sicher eine große Rolle. Es wurde täglich zum Töpfern, Malen, Batiken oder Silberdrahtarbeiten etc. eingeladen. Es war interessant, zu sehen, wie leicht es für die Kinder war, von Anfang an begeistert mitzutun. Die Erwachsenen fanden erst nach und nach den Mut, mitzuspielen und mitzuarbeiten. Ganz neue Formen der Kommunikation innerhalb der Familie konnten so erprobt werden. Ebenso wurde zu sportlichen Aktivitäten wie Waldlauf, Wandern, Bergsteigen, Schwimmen angeregt. Auch wenn täglich ein „Tagesplan" erstellt wurde, so wurde doch der Eigeninitiative der Gruppe viel Raum gelassen. Es kam bald zu regen Eltern- und Kinderinitiativen. Zum Beispiel baute ein Vater seine Funkanlage auf, um allen Teilnehmern die Einführung in das Funken zu ermöglichen. Für ihn war es eine wichtige Hilfe in der Kontaktaufnahme mit den anderen Teilnehmern. Es wurde natürlich von vielen mit Begeisterung aufgenommen. Ein anderer Vater initiierte einen Fußballklub, Mütter boten sich an, beim lästigen Aufräumen nach dem Basteln zu helfen, einige Kinder bildeten spontan eine Theatergruppe, die am Ende der ersten Woche großartige Sketches aufführte. Ein Vater organisierte ein Lagerfeuer, ein anderer ein Geländespiel bei Nacht etc. Es war faszinierend zu erleben, welche Ressourcen in oft so rigid und knöchern wirkenden Erwachsenen und Kindern steckten. Alle Therapeuten waren, sofern sie nicht mit Einzel- oder kleineren Gruppen beschäftigt waren, bei diesen Freizeitaktivitäten mit dabei. Erstaunlich war auch die rasch einsetzende gegenseitige Hilfe, sowohl bei Kindern, etwas später auch bei den Erwachsenen. Unsere Intention der Mobilisation von Selbsthilfe wurde voll und ganz erfüllt. Nach Zettersfeld erfuhren wir, daß sich Kinder, die vorher kaum sozialen Kontakt hatten, treffen, um zum Beispiel gemeinsam Fußballmatches anzuschauen, oder Mütter unterstützen einander beim Abholen der Kinder von der Schule.

## Begleitforschung

A. Zu Beginn des familientherapeutischen Urlaubs
 1. Gießen-Test (mit den Eltern)
 2. Soziogramm
 3. Erwartungen von dem therapeutischen Urlaub

B. Während des familientherapeutischen Urlaubs
 1. Intelligenztest (Kinder und Jugendliche)
 2. Rorschach-Test (Jugendliche)
 3. Erhebung der Sozialdaten

C. Am Ende des familientherapeutischen Urlaubs
 1. Gießen-Test (Eltern)
 2. Soziogramm
 3. Einschätzung der Bedeutung des therapeutischen Urlaubs

Dieses Schema gibt eine Übersicht über die Begleitforschung.

Durch die Gießen-Tests hatten die Eltern die Möglichkeit, von sich ein Selbstbild zu entwerfen, innerhalb dessen sie ihre innere Verfassung und ihre Umweltbeziehungen beschreiben konnten. Der Test ermöglichte ebenso die Fremdeinschätzung durch den Ehepartner. Gegenüberstellung von Selbstbild und Fremdbild konnte so die Beziehungsstrukturen der Ehepartner durchsichtiger machen. Die im Anschluß an die Testung durchgeführten Einzel- und Ehepaargespräche lieferten gute Anknüpfungspunkte für die auffallenden Kommunikationsstörungen der Ehepartner. Eine ausführliche Beschreibung der Ergebnisse der Gießen-Tests erfolgt an anderer Stelle. Wir baten die Familien, auch vor und nach dem Aufenthalt in Zettersfeld ein Soziogramm zu zeichnen, das ja nach Moreno „das Hin und Her der Beziehungen zwischen Personen einer Gruppe" darstellt (Moreno, 1973). In diesen Soziogrammen konnten Veränderungen im familiären Gefüge der Teilnehmer sehr eindrucksvoll abgelesen werden.

# 5. Ergebnisse

Von der internen Symptomatik der Kinder her zeigt Tabelle 3 das Ergebnis. Wenn auch für Familientherapeuten die Symptomfreiheit des Indexpatienten keinen Indikator für den Therapieerfolg darstellt, ist es doch unserer Meinung nach für das Kind keineswegs gleichgültig, ob es mehrmals im Jahr einige Wochen im Krankenhaus zubringen muß oder nicht.

Zusammenfassend können wir sagen, daß während des Aufenthaltes in Zettersfeld deutliche Veränderungen in den familiären Beziehungen stattgefunden hatten. Einige Überlegungen, wie es zu diesen Veränderungen in den familiären Beziehungen gekommen sein könnte: die Parentifizierung der meisten Indexpatienten wurde während des Aufenthaltes so deutlich, daß dies auch von den Eltern gesehen werden konnte und oft sehr schmerzlich erlebt wurde. Da sich die Kinder, offenbar gestützt durch die Kindergruppe und die Therapeuten, als Hilfs-Ich sehr rasch aus dieser Rolle zu lösen begannen, wurde den Eltern die Möglichkeit genommen, als Konfliktlösungsstrategie das „kranke Kind" zu verwenden. Sie waren quasi gezwungen über ihre eigenen Beziehungen zu reflektieren. Es ist bezeichnend für die Familien, daß keiner der Erwachsenen trotz zum Teil massiver Partner – und individueller Problematik bisher psychiatrische oder psychotherapeutische Hilfe aufgesucht hatte. Im bewußten Erleben war die „Lösung" bzw. Stabilisierung der eigenen Probleme entweder durch zu große Resignation bzw. Verleugnung oder durch Projektion auf die Kinder nicht mehr möglich. Obwohl mehrere Eltern in ihrer Darstellung der Erwartungen in den therapeutischen Familienurlaub auch eigene Bedürfnisse angemeldet hatten, war doch das gängige Stabilisierungsthema bei Angst, Aggression oder Depression in der Gruppe, aber auch bei Paar- und Einzelgesprächen das „kranke Kind". Wurde den Paaren das kranke Kind genommen, es zeigte ja keine Symptome mehr, konnte offenbar die Rolle dieses Kindes

Tabelle 3. Ergebnisse des familientherapeutischen Urlaubs.

| | |
|---|---|
| Keine Veränderung | 1 |
| Weitgehend gebessert | 3 |
| Symptomfrei | 10 |

für das Familiengefüge als Stabilisierungsmöglichkeit erkannt werden und es setzte eine Überprüfung von noch verfügbaren Strategien ein.

Es wurde den Elternpaaren wieder möglich, über ihre Probleme demaskiert zu sprechen, das heißt ein Paarproblem als solches bestehen lassen zu können, ja im günstigsten Fall sogar eine Lösung dafür zu finden. Dadurch kam es zu einer großen Entlastung der Kinder, und außerdem konnten die so wichtigen Generationsgrenzen wieder errichtet werden.

# 6. Nachbetreuung

Wir waren uns bewußt, daß wir in dieser kurzen Zeit oft nur einen Anstoß zur Änderung in den familiären Beziehungen geben konnten, und es war uns klar, daß dies in den seltensten Fällen genug war. Wir hatten in unserem Modell versucht, einen neuen Weg zu gehen. Wir konnten durch das intensive Zusammenleben mit den Familien durch das Bearbeiten ganz alltäglicher Situationen gemeinsam mit den Familien therapeutische Erfolge verzeichnen. Wir nahmen an, daß es, da wir ja immer ganz in der realen, wenn auch Urlaubssituation geblieben waren, die Übertragung dieser Erfolge ins Zuhause möglich sein müßten. Ein logischer Schritt in der Nachbetreuung, und eine Nachbetreuung sehen wir als selbstverständlich an, waren für uns die Hausbesuche, das heißt, die Familien nicht in der Klinik, sondern in ihrem Heim zu sehen.

Es erwies sich als sehr lohnend, die Zeit aufzubringen, und Hausbesuche sind äußerst zeitaufwendig, direkt in die Familie zu gehen und an Ort und Stelle zu sehen und auch besser zu verstehen, wo Probleme übrig geblieben oder neue entstanden waren. Die Nachbetreuung gestalten wir je nach Schweregrad der Störung verschieden intensiv. Sieben Kinder bzw. Familien haben wir einmal nach dem therapeutischen Familienurlaub gesehen, und es wurden keine regelmäßigen weiteren Kontakte vereinbart. Bei acht Kindern bzw. Familien bestehen verschiedene Formen der Nachbetreuung: bei einer Familie ist die Mutter in psychiatrisch-psychotherapeutischer Einzelbetreuung bei einem frei praktizierenden Nervenarzt, die Eltern haben eine Paartherapie ins Auge gefaßt. Das Kind ist symptomfrei, es geht ihm sehr gut. Zwei Familien sehen wir wöchentlich. Eine Familie sehen wir alle vier Wochen, der Indexpatient nimmt zusätzlich an einer Kindergruppe teil. Eine Mutter wird ab Ende Oktober an einer analytischen Gruppe hier am Institut teilnehmen, mit zwei Kindern und ihren Familien stehen wir in losem Kontakt. Nach einem Jahr ist eine Nachuntersuchung geplant, um zu sehen, inwieweit die Veränderungen stabil geblieben sind.

Richter meint, daß nur solche therapeutische Institutionen eine Chance haben, bestehen zu bleiben, mit deren therapeutischen Konzepten sich die Therapeuten identifizieren und in denen sie mit Freude arbeiten können (Richter, 1978). Nach Meinung des diesjährigen Betreuerteams gilt dies voll und ganz für den therapeutischen Familienurlaub. Für das Betreuerteam war es zwar ungeheuer anstrengend, nahezu ununterbrochen im Einsatz zu sein, es war jedoch lohnend und für jeden einzelnen eine große Bereicherung.

Wenn man die Planung und Durchführung des Modells „therapeutischer Familienurlaub" mit den anderen Beiträgen dieses Buches vergleicht, ist deutlich sichtbar, um wieviel leichter es ist, eine neue Institution für psychotherapeutische Aktivitäten zu schaffen, als solche in schon bestehende Institutionen nachträglich einzuführen.

# Literatur

*Balint, M.:* Der Arzt, sein Patient und die Krankheit. Fischer Taschenbuch Verlag, Frankfurt 1970.

*Biermann, G.:* Psychotherapeutische Probleme bei psychosomatischen Erkrankungen im Kindes- und Jugendalter, in: G. Biermann (Hrsg.): Handbuch der Kinderpsychotherapie, S. 865 – 886. Ernst Reinhardt, München-Basel 1969.

*Moreno, J. L.:* Gruppenpsychotherapie und Psychodrama. Thieme, Stuttgart 1973.

*Reiter, L.:* Was ist Familientherapie? tägliche prax. 19 (1978) 311 – 316.

*Richter, H. E.:* Patient Familie. Rowohlt, Reinbek 1970.

*Richter, H. E., H. J. Wirth:* Sieben Jahre Erfahrung mit der analytischen Zwei-Wochen-Paartherapie. Familiendynamik 3 (1978)

*Stierlin, H. u. Mitarb.:* Das erste Familiengespräch. Klett-Cotta, Stuttgart 1977.

*Yalom, I. D.:* The Theory and Practice of Group Psychotherapy. Basic Book, New York-London 1970.

# IV. Mitarbeit in Institutionen

# Supervision in einem Heim

*Marianne Ringler* und *Elisabeth Jandl-Jager*

> „Listen, pals, You want us to train people for your institutions. May be we better learn something about those institutions and what it feels to be part of your team before we even pretend to know just how to train?"
>
> FRITZ REDL

## Geschichte des Heimes

Vor einigen Jahren wurde Paedopolis errichtet. In Paedopolis sollten „Kinder, die aus irgendwelchen Gründen nicht innerhalb ihrer Familie aufwachsen können, zu wertvollen Mitgliedern der Gesellschaft herangezogen werden" (zitiert nach einer offiziellen Broschüre)[1]. Ziel dieses Heimes sollte es nicht sein, Kinder zu erziehen, die „Befehle ohne Widerrede ausführen, sondern Heranbildung junger Menschen, die kritisch urteilen können und in der Lage sind, in einer neuartigen Umwelt ihren Weg zu finden, die die neuen Beziehungen in einer sich rapid veränderten Umwelt entdecken." Das Heim wurde am Stadtrand auf riesigem Areal in verdichteter Bauweise errichtet. Für die Kinder, die aus städtischem Milieu kommen und in dieses zurückkehren, sollte das Heim eine städtische Atmosphäre vermitteln.

In seinem gesamten Konzept unterschied sich das neugegründete Heim positiv von bestehenden derartigen Einrichtungen. Es erhielt auch eine eigene, von der allgemeinen Stadtverwaltung unabhängige Leitung. Nach dem ursprünglichen Plan sollte das Heim in Familiengruppen geführt werden, wobei die „familiäre Autonomie" einen wesentlichen Teil des Erziehungskonzepts darstellte. Den Betreuern standen Geldbeträge zur Verfügung, über deren Verteilung jede „Familie" autonom entscheiden konnte. Von diesen Geldbeträgen mußten Ausgaben für Ausflüge, Unterhaltung, Freizeit, Sport, Urlaube und zum Teil auch die Kleidung der Kinder bestritten werden.

Diese Autonomie und Möglichkeit zur selbständigen Arbeit war für viele Erzieher Anreiz, in diesem Heim tätig zu sein. Allerdings waren dies zum Teil Erzieher, die in anderen Heimen, die stark hierarchisch geführt wurden, zuvor große Schwierigkeiten hatten. Außerdem nahmen eine Reihe Erzieher ohne jede Berufserfahrung die Arbeit

---

[1] Im folgenden bedeuten Worte oder Satzteile in Anführungszeichen immer, daß wörtliche Zitate einer offiziellen Broschüre entnommen sind.

im Heim auf. Aufgrund verschiedener Schwierigkeiten dieses Heimes mit der Umwelt, anderen Institutionen, Unzulänglichkeiten der Verwaltung und einer Ablehnung der großen Autonomie der Familiengruppen übernahm schließlich die Stadtverwaltung das Heim selbst. Im Rahmen von Expertengesprächen wurde ein neues Konzept erstellt, nachdem bereits ein neuer Direktor bestellt worden war und die finanzielle Gebarung wieder strenger von der Stadtverwaltung überwacht und kontrolliert wurde.

# Das neue Konzept aufgrund der Expertengespräche

Im Heim sollten maximal 200 Kinder beiderlei Geschlechts im Alter zwischen 3 und 15 Jahren aufgenommen werden. Die Kinder sollten in Familiengruppen mit höchstens 10 Kindern wohnen und Schulen und Kindergärten der Umgebung besuchen. Im Jugendlichenheim, das räumlich und verwaltungsmäßig angeschlossen ist, können 60 Jugendliche beiderlei Geschlechts zwischen 15 und 18 Jahren in Gruppen von 10 bis 15 Mitgliedern wohnen. Auch hier ist Lehre und Schulbesuch außerhalb des Heims vorgesehen.

## Zweck der Heimunterbringung

Die Heimunterbringung dient der:

a) Weitererziehung – wenn der Verbleib in der Familie durch Ausfall der Betreuungsperson wegen Krankheit, Tod oder mangelnder Eignung nicht mehr möglich ist. Bei Langzeitaufenthalt ist das Ziel der Heimunterbringung vor allem im Selbständig-Werden des Kindes zu sehen.

b) Nach- bzw. Umerziehung – bei aktuellen Erziehungsmängeln in der Familie. Ziel des Heimaufenthaltes ist die Rückführung in die Familie. Der Heimaufenthalt ist in diesem Fall im Sinn einer Krisenintervention zu verstehen.

c) Übergangserziehung – letzter Schritt vor der Entlassung im Rahmen einer langfristigen Erziehungsmaßnahme (z. B. vorheriger Aufenthalt in einem Heim mit interner Schule, nun Versuch mit externer Schule).
Ziel ist die Integration in die Familie (vgl. Konzept „Paedopolis").

Zur Erreichung dieser Ziele werden die Kinder in Kleingruppen betreut. Für den gesamten Heimbereich soll eine einheitliche pädagogische Linie erstellt werden und spezielle Betreuung in Form von Beratung und therapeutischer Hilfe geboten werden. In Kleingruppen wäre das pädagogische Prinzip des Eingehens auf individuelle Probleme leichter durchführbar als in Großgruppen. Durch regelmäßige institutionalisierte Teambesprechungen sollte „die Entwicklung eines Verständnisses von Erziehung erreicht werden, das bestimmten modernen Vorstellungen entspricht." Die „Erziehungsziele sollten sachlich, den betreuten Personen adäquat, den derzeit geltenden Sozialnormen entsprechen und den Möglichkeiten der Institution angemessen sein".

Als übergeordnete Erziehungsziele werden genannt: Selbständige Urteilsfähigkeit, selbständige und verantwortliche Bereitschaft zum Handeln, kritisches Bewußtsein, soziale Selbständigkeit, Eigenverantwortlichkeit, Bindungsfähigkeit, emotionale Ansprechbarkeit, emotionale Ausgeglichenheit, gemütsmäßige Zufriedenheit, optimale Leistungsfähigkeit und Leistungsbereitschaft. Diese übergeordneten Erziehungsziele sollten von den Erziehern in individuelle Erziehungspläne für jedes Kind integriert werden. Aus diesen individuellen Erziehungsplänen sollten dann Nahziele abgeleitet werden.

Nach Definieren der Erziehungsziele sind Richtlinien für Erzieherverhalten aufzustellen. Zusätzlich wäre für jedes Kind ein individueller Erziehungsplan zu erarbeiten. Dieser individuelle Plan sollte gewährleisten, daß „das Kind im Rahmen seiner Möglichkeiten entwickelt wird". Dieser Plan wünscht sich nichts anderes als „Nahziel" als die Beseitigung der Ursachen für die Heimeinweisung. Dazu sollen, wenn nötig, spezielle Erziehungsprogramme erarbeitet werden, die bei besonders gravierenden Verhaltens- und Leistungsproblemen eingesetzt werden.

Die Einweisung in das Heim erfolgt wie bei allen anderen Heimen über eine zentrale Verteilerstelle, über Vorschlag von Jugendämtern, anderen Heimen, speziellen kinderpsychologischen Stationen und anderen einschlägigen Institutionen. Die Aufnahme sollte nur nach Rücksprache mit dem Direktor unter Berücksichtigung der freien Plätze, der Gruppenstruktur und der therapeutischen Möglichkeit des Heimes erfolgen.

Der organisatorische Aufbau sieht zwei Erziehungsleiter für die allgemein pädagogische Arbeit vor. Die Erziehungsleiter sollten sowohl eine bestimmte Anzahl von Gruppen pädagogisch leiten, als auch spezielle organisatorische und administrative Aufgaben übernehmen. Als Ergänzung der internen Praxisanleitung wäre die Einbeziehung von Supervisoren zu sehen. Jeweils 10 Erziehern sollte ein Supervisor zur Konfliktregelung und Klärung persönlicher Schwierigkeiten in bezug auf berufliche Aufgaben zur Verfügung stehen. Die Supervision als externe Hilfe und besondere Form der Weiterbildung sollte sich auch auf andere Teams (z. B. Heimleiter – Erziehungsleiter, Psychologe – Sozialarbeiter, Verwalter, technischer Leiter) erstrecken.

Im Rahmen von speziellen Betreuungsprogrammen kann psychologische Betreuung durch den Psychologen des Heimes oder die in unmittelbarer Nähe befindliche childguidance-clinic oder durch andere Institutionen in Anspruch genommen werden. Schwerpunktprogramme der Erziehung sind Lernförderung und Lernbetreuung. Beide erscheinen im Hinblick auf die spätere „Konkurrenzfähigkeit" der betreuten Kinder notwendig, da diese sehr oft infolge ihrer sozialen Herkunft Lernrückstände, Leistungsdefizite und unzureichende Arbeitshaltungen aufweisen. Im Rahmen der Lernbetreuung sollte allgemeine Aufgabenhilfe durch die Erzieher geleistet werden. Eine spezielle Lernförderung in Form von Leistungstraining kann durch die Erzieher, Psychologen oder spezielle Institutionen erfolgen. Dazu sollte ein intensiver Kontakt zur Schule zur Koordinierung der Bemühungen gehalten werden.

Freizeitgruppen sollten möglichst so gestaltet werden, daß sie in Familiengruppen übergreifen, um sowohl den Interessen der Erzieher als auch jenen der Kinder einen größeren Freiraum zu gestatten.

Für die Fortbildung der Erzieher wäre neben der Arbeit mit den Erziehungsleitern und der Gruppensupervision auch die Teilnahme an geeigneten auswärtigen (d. h. nicht heiminternen) Fortbildungsveranstaltungen vorgesehen.

Zu den weiteren Aufgaben der Erzieher gehört, die Eltern mit dem derzeitigen Lebensraum ihres Kindes, Pädopolis, vertraut zu machen und sie über die Entwicklung ihres Kindes zu informieren. Davon erwartet man sich, daß die Vorurteile der Eltern gegenüber dem Heim abgebaut werden und die Entlassung des Kindes in seine „natürliche Umgebung" vorbereitet werden kann.

Freizeitveranstaltungen und spezielle Kurse (z. B. Legasthenikerkurse), die das Heim anbietet, sollen Kontakte zu den Bewohnern der näheren Umgebung fördern, wodurch die Kinder in die soziale Umwelt integriert und Vorurteile auf beiden Seiten abgebaut werden. Das Heim soll allen interessierten, verwandten Berufsgruppen als Praktikumsmöglichkeit, sowie für wissenschaftliche Arbeiten offenstehen.

Soweit eine geraffte Darstellung des Konzepts für „Paedopolis", das 14 Experten ausgearbeitet haben. Wie dem Leser aufgefallen sein wird, wurden Ansprüche formuliert, die beim besten Willen nicht erfüllbar sind. Außerdem bietet dieses Konzept zu wenig konkrete Hinweise, wie solche abstrakte Ansprüche unter den gegebenen Bedingungen realisiert werden können.

# Kritische Anmerkungen zum Arbeitskonzept für Paedopolis

Vorweg sei gesagt, daß wir zwar mit sehr vielem nicht übereinstimmen, daß die folgende Kritik aber nicht als totale Ablehnung von Paedopolis und seiner Proponenten verstanden werden soll. Paedopolis ist bei allen Mängeln ein erfreuliches Beispiel für eine Heimerziehung verwahrloster Kinder und Jugendlicher. Die wenigen Experimente in Form von „Therapieheimen oder Wohngemeinschaften", die sehr vielversprechend sind, sind doch nur die Spitze eines übermächtigen Eisbergs.

Wenn wir an Paedopolis, an seiner Konstruktion und Konzeption Kritik üben, dann deswegen, weil wir meinen, daß vieles, wie etwa die örtlichen und räumlichen Verhältnisse und ihre Auswirkungen auf die Funktion von Paedopolis, nicht anderweitig wiederholt werden sollten. Außerdem meinen wir, daß vieles vom Bestehenden verbesserungswürdig und -fähig ist, möglicherweise mit einem gar nicht so großen Aufwand, wenn die nötige Einsicht und guter Wille vorhanden sind (z. B. das Konzept der Supervision oder die Kooperation mit der Schule).

Wie schon oben erwähnt, wurden Idealforderungen formuliert. Konsequenz davon ist

1. eine ständige Unzufriedenheit derjenigen, die diese Idealforderungen mit der Wirklichkeit vergleichen und feststellen, daß wohl nur wenige Ziele halbwegs erreichbar sind.

2. Den Leitern von Paedopolis ist dieses Konzept dennoch Arbeitsgrundlage. Einerseits, um bestimmte Forderungen ihrer übergeordneten Dienststelle gegenüber durchsetzen zu können. Also als Druckmittel nach oben. Andererseits aber auch gegenüber den Mitarbeitern, die nun diese Ansprüche verwirklichen sollen. Will nun ein Erzieher das Konzept in die tagtägliche Praxis umsetzen, so findet er darin leider nur sehr wenige Hinweise, wie die Ansprüche und Forderungen unter den gegebenen Bedingungen realisiert werden können. Damit setzt das Konzept zudem ein schlechtes Modell für die Erzieher, was sich am Beispiel einer betreuten Gruppe zeigte. Die Erzieher versuchten dort, individuelle Erziehungspläne für jedes Kind zu erstellen, und bezeichnenderweise sahen diese Pläne so aus, daß sie ihre Ziele ebenfalls in abstrakten Wendungen, wie „Ich-Stärkung", ausdrückten. Darauf hingewiesen, wie sich das nun in ihrer täglichen Arbeit niederschlagen soll, durch welche Interventionen dies erreicht werden kann, wußten sie keine Antwort.

Daß sich vieles in der Praxis so schwierig erwies, lag doch großteils an der Struktur des Heimes und den praxisfernen Postulaten des Konzepts. Liest man dieses Konzept durch, könnte man fast meinen, hier würde ein Heim für ganz normale Kinder eingerichtet, die durch irgendwelche Schicksalsschläge nicht von den Eltern erzogen werden können. Diese Annahme ist unrichtig. Der Großteil der Kinder lebt nicht im Familienverband, weil das Jugendamt eine grobe Vernachlässigung, Mißhandlung und Verwahrlosung der Kinder befürchtete oder feststellte. Die meisten Kinder sind bereits schwer verwahrlost, wenn sie ins Heim kommen. Viele von ihnen haben auch schon eine Reihe anderer Heimerfahrungen hinter sich. Dagegen nimmt es sich dann sonderbar aus, so hohe Ansprüche zu lesen wie soziale Selbständigkeit, kritisches Bewußtsein, optimale Leistungsfähigkeit und Leistungsbereitschaft. Teilweise widersprechen sich die Erziehungsziele auch: So wird emotionale Ansprechbarkeit und Ausgeglichenheit gefordert, aber die „spätere Konkurrenzfähigkeit" der Kinder soll unter besonderer Berücksichtigung der Lernrückstände und Lernleistungsdefizite gefördert werden. Dagegen fehlen unserer Meinung nach wesentliche Punkte, wie Hilfe bei der Verarbeitung der Trennung von den Eltern oder einer anderen Bezugsgruppe (auch wenn jene „schlechte Eltern" waren oder die Kinder aus einem „schlechteren Heim" kommen), Integration in die Heimgruppe, Vermittlung von Konfliktlösungsstrategien in Kleingruppen, usw. Man kann sich daher des Eindrucks nicht ganz erwehren, daß in diesem Konzept einfach alles, was scheinbar gut klingt, angeführt wurde, um fortschrittlich zu wirken. Eine doch relativ neuartige Heimstruktur sollte nach außen legitimiert sowie die eigene Idealvorstellung der Experten von einem „guten Heim" auf dem Papier niedergelegt werden. Da nur wenige der „Experten" über konkrete Erfahrungen in der Heimarbeit verfügen, fiel ihnen die Aufstellung eines praxisfernen Forderungskatalogs wahrscheinlich nicht einmal auf.

Im Konzept werden auch sehr viele positive Richtlinien angegeben, wie Elternarbeit oder spezielle Betreuungen für besonders auffällige Kinder. Dennoch stellen gerade diese Punkte besondere Konfliktmöglichkeiten dar, und zwar durch die Art und Weise, wie sie zu verwirklichen versucht wurden. So sind die Erzieher für die Elternarbeit nicht ausgebildet. Es handelt sich dabei um einen extrem schwierigen Bereich. Die Erzieher identifizieren sich natürlich mit den Kindern, die sie betreuen sollen, und sehen in den Eltern die Außenfeinde, gegen die sie die Kinder glauben verteidigen zu müssen oder die sie auch tatsächlich fernhalten müssen. Denn es sind die Erzieher, die darüber zu wachen haben, daß die Anordnungen der Jugendamtes bezüglich des Ausmaßes des Kontakts jedes Kindes mit seinen Eltern befolgt werden. Sie selbst haben hier keinerlei Entscheidungsbefugnis. Wenn ihnen hier eine Anweisung unrichtig erscheint, so dürfen sie nicht ihren Überlegungen folgen, sondern müssen zuerst über die Heimleitung versuchen, auf das Jugendamt und die dort tätigen Sozialarbeiter Einfluß zu nehmen. Die Erzieher fühlen sich dadurch entmündigt und reagieren ihrerseits aggressiv oder resignierend, entsprechend dem Status eines unmündigen Kindes, dem keine Verantwortung zugestanden wird. Die so eingebauten Kommunikationshürden erschweren nicht nur die tägliche Arbeit, sondern öffnen viele Möglichkeiten für Mißverständnisse, falsche Informationen und die Austragung von Konkurrenzproblemen zwischen den verschiedenen Gruppen sozialer Berufe. Eine ähnliche Kommunikationsfalle stellt das System der speziellen Betreuungen dar. So können die Erzieher im Hause Erziehungshilfe durch Psychologen beantragen. Die Psychologen sind aber nicht direkt in die Heimstruktur integriert, denn sie sind von anderer Stelle nur „ausgeborgt" und erhalten von dieser Stelle aus auch ihre Anweisungen (vgl. Abb. 1). So konnten wir denn auch beobachten, daß die Psychologen versuchten, den Erziehern Therapieprogramme für ein-

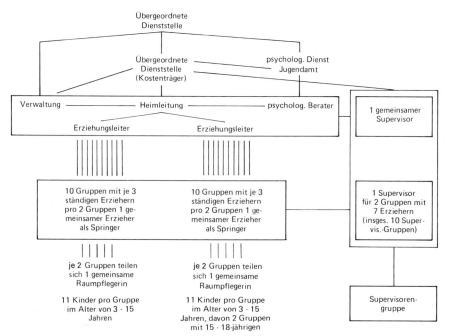

Abb. 1. Die Struktur des Heims.

zelne Kinder zu liefern, und deren Durchführung verlangten, ohne sich mit der Bedeutung dieser Programme für die Dynamik der jeweiligen Gruppe zu befassen. Die Erzieher fühlten sich vielfach als Handlungsausführende, denen auch hier nur geringer Entscheidungsspielraum zugestanden wurde. Anstatt die Erzieher als Mediatoren (Perrez und andere, 1974) heranzubilden und so ihre erzieherische Kompetenz zu erweitern, wurde ihre Ablehnung gegen professionelle therapeutische Hilfe verstärkt, und sie versagten in vielen Fällen die Kooperation. (Hier muß angefügt werden, daß viele dieser Schwierigkeiten der Heimleitung bekannt waren, sie sich aber aus personalpolitischen Gegebenheiten außerstande fühlte, hier eine Änderung zu bewirken.)

# Beschreibung des Heims zu Beginn der Supervision

### Die räumliche Situation

Wie schon oben erwähnt, liegt Paedopolis am Rande der Großstadt, allerdings von dieser durch große Ein- und Ausfallsstraßen getrennt. Um in die Stadt zu kommen, muß man zuerst einen Autobus nehmen, erst dann kann man in eine direkte Stadtverbindung umsteigen. Ein größeres Einkaufszentrum steht in der Nähe nicht zur Verfügung. Die Umgebung hat fast dörflichen Charakter. Paedopolis ist ein großzügig angelegter moderner Gebäudekomplex. Es besitzt ein frei zugängliches Parkareal mit vielfältigen Spielmöglichkeiten. Im Gebäudekomplex ist ein sehr großes öffentliches Hallenschwimmbad untergebracht, das auch von der Bevölkerung der Umgebung gerne benutzt wird und den Heimbewohnern jederzeit unentgeltlich zur Verfügung steht. Daneben gibt es einen Turnsaal, einen Kindergarten, diverse Theaterräume und Aufenthaltsräume. Jede Gruppe verfügt über eine ,,Wohnung''. Diese Wohnungen sind ähnlich wie beim Altwiener-Pawlatschenhaus über freie Treppen und Gänge von der Straße her zugänglich. Sie sind nur von der zunächst benachbarten Wohnung her über den gemeinsamen Wirtschaftsraum verbunden. Jede Wohnung hat eine modernst ausgestattete eigene Küche, in der das Frühstück, das Abendessen und die Wochenendmahlzeiten selbst zubereitet werden. Ihr benachbart ist ein großer Raum, der als Wohn-, Eß-, Aufenthalts- und Arbeitszimmer dient. Über weitläufige Treppen sind die Ein- und Mehrbettzimmer der Kinder erreichbar. Den Erziehern jeder Gruppe stehen gemeinsam zwei Räume zur Verfügung, wovon einer meist als Abstellraum verwendet wird. Das architektonische Konzept von Paedopolis ist gut durchdacht und großzügig. Dennoch ist der Aufenthalt durch die einförmige Strenge und Sachlichkeit erschreckend, mit wenig Raum für Kuschelecken und Nestchen. Mit Ausnahme der Nachbargruppe sind andere Gruppen und Erzieher sowie die Gemeinschaftseinrichtungen nur über den Umweg ins Freie erreichbar.

### Die Struktur von Paedopolis

Wie aus den vorangegangenen Ausführungen hervorgeht, wurde Paedopolis ein Jahr vor Beginn unserer Tätigkeit von der Gemeindeverwaltung übernommen. Die Heimleitung wurde einer Psychologin übertragen. Ein einmaliger Fall im Bereich der Heim-

323

erziehung der betreffenden Gemeinde, wo sonst solche Posten alten und verdienten Heimerziehern vorbehalten sind und eine der wenigen Karrieremöglichkeiten darstellen. Ihr beigegeben sind einige, vorwiegend weibliche Kräfte, die die administrativen Angelegenheiten besorgen. Sie sind einerseits der Heimleiterin verantwortlich, andererseits auch der gemeinsamen übergeordneten Dienststelle. Der psychologische Dienst stellt dem Heim psychologische Berater zur Verfügung, auf deren Auswahl die Heimleitung keinen Einfluß hat. Ihnen gemeinsam ist aber die nächst höhere übergeordnete Dienststelle (Vgl. Abb. 1, Struktur des Heimes).

Die Heimleiterin steht in direktem Kontakt mit den zwei Erziehungsleitern, die tüchtige und erfahrene Erzieher sind. Die Erziehungsleiter halten den direkten Kontakt zu den Erziehern aufrecht, und zwar durch eine 14tägige zweistündige Teambesprechung. Sie findet mit den sieben Erziehern jener zwei Gruppen statt, die auch räumlich aneinander gebunden sind (s. auch die räumliche Situation des Heimes). Außerdem machen sie gelegentlich Besuche in den anderen Gruppen oder nehmen Kontakt mit einzelnen Erziehern auf. Jede Gruppe wird täglich von 11 Uhr vormittags bis 8 Uhr morgens des nächsten Tages von mindestens einem Erzieher betreut. Die Erzieher arbeiten im sogenannten Dreierradl[1]. Im Idealfall sind zumindest nachmittags zwei Erzieher anwesend, da jeder Gruppe ein Erzieher mit der halben Dienstzeit als Springer zur Verfügung steht. Dieser Idealfall tritt leider selten ein, weil häufig ein Erzieher krank, ein Posten nicht besetzt oder jemand auf Urlaub ist. Somit versorgt also meist ein Erzieher 11 Kinder im Alter von 3 bis 14 Jahren. Die Kontinuität der geleisteten Arbeit wird hauptsächlich durch ein sogenanntes Dienstbuch, in das alle wesentlichen Ereignisse eingetragen werden und durch telefonische Kontakte der Erzieher untereinander aufrechterhalten. Bei diesem System ist es schwierig, eine begonnene Arbeit und Beziehung weiterzuführen. Dies ist fast nur durch Anwesenheit im Heim über die eigentliche Dienstzeit hinaus möglich. Diese Art von Diensteinteilung ist übrigens kein Spezifikum dieses Heimes, auch die anderen Erziehungsheime der Stadt haben diese Diensteinteilung. Die Raumpflegerin, die die räumlich und personell benachbarten Gruppen versorgt, ist jeweils am Vormittag anwesend; mit Ausnahme des Wochenendes. Sie stellt somit die einzig kontinuierliche Bezugsperson für die Kinder dar. Sie ist es auch, die die Kinder im Krankheitsfall vormittags versorgt. Meist entstammt sie, im Gegensatz zu den Erziehern, der gleichen sozialen Schicht wie die Kinder, und ihr Erziehungsstil entspricht eher jenem, den die Kinder von zu Hause her gewöhnt sind.

## Die Kinder

Die Kinder werden ab dem 3. Lebensjahr ins Heim aufgenommen. Die Kleinen besuchen den nächstgelegenen öffentlichen Kindergarten, die Größeren die entsprechen-

---

[1] „Dreierradl": 3 Erzieher arbeiten je 45 Stunden pro Woche. Der Dienst beginnt um 11 Uhr vormittags und dauert bis 8 Uhr morgens des nächsten Tages (dies gilt nur an Schultagen, an Wochenenden ist die ganze Zeit ein Erzieher anwesend). Die Zeit von 22 Uhr – 6 Uhr wird als Schlafzeit betrachtet und daher nur 4 Stunden auf die Dienstzeit angerechnet.

den öffentlichen Schulen. Alle Kinder sind in irgendeiner Weise Sozialfälle. Den Eltern, sofern sie leben, wurde in den allermeisten Fällen gegen ihren Willen die Erziehungsberechtigung entzogen. Nur wenige suchten freiwillig um Erziehungsbeistand an. Viele Kinder waren vorher schon in vielen anderen Heimen, oft unter wesentlich ungünstigeren Bedingungen. Somit haben fast alle Kinder irgendwelche Verhaltensstörungen und sind mehr oder weniger verwahrlost. In vier Gruppen befinden sich nur 14- bis 18jährige, die meist irgendeinen Beruf erlernen. Nur ganz wenige besuchen ausschließlich eine über die allgemeine Schulpflicht weiterführende Schule.

## Die Erzieher

Die Erzieher haben geringes berufliches Prestige in der Öffentlichkeit. Gegenüber anderen sozialen Berufen ist die Ausbildung des Erziehers in Österreich wesentlich kürzer. Bewerber müssen entweder die Matura (Abitur) absolviert haben, oder eine Lehre in einem Beruf abgeschlossen haben. Unter diesen Vorbedingungen können Maturanten die einjährige Erzieherschule besuchen, Nichtmaturanten müssen eine zweijährige Ausbildung absolvieren. Während der Ausbildung ist auch ein vierzehntägiges Praktikum vorgeschrieben. Eine andere Möglichkeit, diesen Beruf zu erlernen, besteht darin, sofort mit der Arbeit als Erzieher in einem Heim zu beginnen und daneben zwei Jahre das Institut für Heimerziehung zu besuchen. Die Abschlußprüfung muß in den ersten fünf Jahren erfolgen. Diese Ausbildungsordnung hat zur Folge, daß man bereits mit 19 oder 20 Jahren als vollwertiger Erzieher in einem Heim arbeiten kann.

Die Erzieher haben sich um die verschiedensten Belange der Kinder zu kümmern. Als Modell dient die funktionierende Kleinfamilie. Um die Arbeit der Erzieher zu verdeutlichen, möchten wir ihre Tätigkeitsbereiche darstellen. Sie können in übergreifende erzieherische Aufgaben und Betreuungsaufgaben eingeteilt werden.

## Übergreifende erzieherische Aufgaben

Alle Betreuungsaufgaben sollten natürlich immer im Hinblick auf die optimale psychische und physische Entwicklung des Kindes geschehen. Der Erzieher sollte dazu beitragen, vorhandene Verhaltensstörungen zu eliminieren oder zumindest zu reduzieren. Emotionale Defizite der Kinder sollten nach Möglichkeit ausgeglichen werden. Traumziel ist es, aus diesen Kindern nichtverhaltensauffällige Erwachsene zu machen, sowohl in individueller wie auch in sozialer Hinsicht. Neurotisch manifeste Störungen und asoziale, kriminelle Delikte sollen verschwinden oder reduziert werden. Dazu ist es notwendig, die Bindungsfähigkeit der Kinder zu erhöhen. Diese Ziele können und sollen in die Betreuungsaufgaben integriert werden. Dies erfordert aber von Seiten des Erziehers eine große fachliche Kompetenz
a) hinsichtlich der inhaltlichen und formalen Erledigung der Aufgaben (oder eine größere Toleranz von Seiten der Institution, wenn sie mangelhaft erledigt werden),
b) in Hinsicht auf soziale Fähigkeiten.

Nur unter diesen Gesichtspunkten scheint es uns möglich, therapeutische Anliegen, um die es sich handelt, in der alltäglichen Praxis verwirklichen zu können. Wir fanden, daß die jungen Erzieher gerade im therapeutischen Bereich sehr motiviert sind, aber wie in anderen Bereichen auch, durch die eigene mangelhafte Ausbildung behindert werden.

## Die Betreuungsaufgaben

Die Betreuungsaufgaben prägen den Alltag der Gruppe. Der Modus ihrer Durchführung und wie dies dem einzelnen Erzieher gelingt und er dabei auftauchende Probleme bewältigt, bestimmt, ob und welche übergreifenden Erziehungsziele den Kindern implizit vermittelt und in der Folge von den Kindern angenommen werden können. Das heißt, Organisation und Handhabung der Betreuungsaufgaben stehen in direktem Zusammenhang zur Wahrnehmung, Auswahl und Durchsetzung der Erziehungsziele.

Erleben die Kinder, daß die Heimleitung und andere Institutionen das Verhalten der Erzieher deutlich beeinflussen, so müssen die Kinder in ihrem Verhalten den Erziehern gegenüber entsprechend reagieren. (So sehen die Kinder beispielsweise, daß die Erzieher bezüglich der Erledigung von Betreuungsaufgaben häufig von der Heimleitung oder vom Erziehungsleiter kontrolliert und getadelt werden, oder sie erkennen das Ausmaß des Entscheidungsspielraums, der den Erziehern zugebilligt wird, weil diese vielfach Anordnungen durchführen müssen, die sie als falsch betrachten, wie etwa ein Verbot des Jugendamtes bezüglich des Besuchs der Eltern.) In diesem Kontext bekommen dann übergeordnete Erziehungsziele wie „Förderung von Kritikfähigkeit", „kooperatives Verhalten in der Gruppe", etc. eine andere Bedeutung, das heißt, sie werden schlicht unglaubwürdig, selbst wenn sich die Erzieher noch so sehr bemühen.

Die Erzieher haben die verschiedensten Betreuungsaufgaben zu erfüllen. Wir wollen im weiteren kurz darauf eingehen.

## Die Ernährung der Kinder

Wochentags werden die Gruppen aus einer Zentralküche versorgt. Dabei sind für das Mittag- und meist auch Abendessen nur geringfügige Dinge zu erledigen, wie das Essen wärmen, warmhalten, den Tisch decken, abräumen usw. Am Wochenende versorgen sich die Gruppen selbst. Die Erzieher und Kinder kaufen aus einem Budget, das von den Erziehern zu verwalten ist, selbst ein und bereiten die Mahlzeiten selbst zu. Hier liegen also eine Menge Möglichkeiten für gemeinsames Handeln, aber auch für Konflikte. Die Raumpflegerin versorgt je zwei benachbarte Gruppen. Sie putzt die Räume und wäscht die Wäsche. Oberflächlicher Schmutz und Unordnung müssen von den Kindern und Erziehern beseitigt werden, ebenso wie sie Wäsche- und Kleidungsreparaturen selbst durchführen müssen. Hier kommt es häufig zu Auseinandersetzungen, weil nur schwer definierbar ist, welches Ausmaß an Unordnung oder Schmutz der Raumpflegerin noch zumutbar ist. Über den „Dreck" können so die verschiedensten Konflikte ausgetragen werden; und zwar nicht nur mit der Raumpflegerin, sondern auch Konflikte der Erzieher untereinander, Konflikte zwischen Erziehern und Kindern und solche mit der Leitung.

## Bekleidung

Die Erzieher haben zu sorgen, daß die Kinder den Witterungsbedingungen entsprechend angezogen sind. Sind die Kleider eines Kindes zu kaputt oder zu klein geworden, so steht der Gruppe ein Budget zur Verfügung, aus dem Kleidung gekauft werden kann. Welche Art von Kleidungsstücken angeschafft werden, bestimmen Erzieher und Kind. Sie fahren dann gemeinsam in die Stadt einkaufen. Hier gilt es auch, Unterschiede auszugleichen, nicht nur nach außen hin gegenüber der übrigen sozialen Umwelt, sondern auch innerhalb der Gruppe. Nicht alle Kinder können zur selben Zeit das gleiche bekommen. Manche Kinder werden auch von der Familie oder Verwandten eingekleidet. Das Heim ist über diese Entlastung natürlich froh. Dennoch bleibt hier ein großes Problemfeld, das man in Fragen abstrahieren kann, wie: Wieviel bekommt jedes Kind von zu Hause? Wieviel bekommt es vom Heim, von dem oder den Erziehern? Welche Bedeutung in der Beziehung zwischen Erzieher und Kind haben diese Geschenke? Der gesamte Komplex des Gebens und Nehmens wird hier sehr deutlich, weil er materiell problematisiert und nur allzu leicht von ökonomischen Interessen und Rationalisierungen verdeckt wird.

## Schulangelegenheiten

Die Erzieher betreuen die gesamten Schulangelegenheiten der Kinder. Sie kontrollieren die Leistungen, helfen bei den Aufgaben und sollten regelmäßig Kontakt mit den Lehrern halten. Während der Schulzeit erfordert die Betreuung der Hausaufgaben einen Großteil der Zeit der Erzieher. Gegenüber der Heimleitung sind sie für die Schulleistungen der Kinder verantwortlich. Die Schule hingegen nimmt bei Schwierigkeiten immer wieder Kontakt mit der Heimleitung auf, nicht mit der verantwortlichen Erziehergruppe, obwohl auch diese telefonisch leicht erreichbar ist.

Der Umstand, daß die Schule der Heimleitung mehr Autorität in Sachen Schulleistung und -verhalten zubilligt, entmündigt die Erzieher noch mehr. Er wird allerdings von der Leitung dadurch gefördert, daß zum Beispiel die Heimleiterin im Elternverein der Schule vertreten ist, nicht aber einzelne Erzieher. Benachrichtigt die Schule nun einmal die Heimleitung, dann muß die Heimleitung mit den entsprechenden Erziehern Kontakt aufnehmen. Ein bitterer Nachgeschmack von Tadel und Kontrolle bleibt immer zurück, der dadurch verstärkt wird, daß es ein erklärtes Ziel im Heim ist, daß die Kinder möglichst gute Schulleistungen erbringen. Dadurch sind die Erzieher über lange Strecken des Jahres beschäftigt, Hausaufgaben zu kontrollieren, die Kinder abzuprüfen, aber auch Nachhilfe zu geben, und das für alle Altersstufen und Gegenstände. Die Effizienz ihrer Erziehungstätigkeit wird nämlich zu einem nicht unbeträchtlichen Ausmaß an den Schulleistungen der Kinder gemessen.

**Spielen, Fördern**

Die Kinder sollten sowohl in ihrer Individualität wie auch in der Gemeinschaftsarbeit und bei kooperativen Fertigkeiten gefördert werden. Dies ist über Gespräche, Spiele und gemeinsame Aktivitäten möglich. Bei all den genannten Bereichen ist zu bedenken, daß es sich nicht wie in der Familie um ein, zwei oder drei Kinder handelt, sondern um elf Kinder unterschiedlichsten Alters, die außerhalb der Heimgruppe in verschiedene soziale Gruppen eingebunden sind. Therapeutische Maßnahmen werden vor allem durch Psychologen des Heimes bzw. durch die Child-Guidance-Clinic gesetzt. Häufig werden diese Maßnahmen dadurch erschwert, daß die Erzieher ihren Sinn nicht erkennen können, daher die Durchführung ablehnen. Auch kommt es vor, daß die Therapeuten sich nicht auf die besondere therapeutische Situation des Heimes einstellen können (s. auch „Kritische Anmerkungen zum Arbeitskonzept für Paedopolis").

**Beaufsichtigen**

Der Erzieher entscheidet vielfach über den Freiheitsraum des Kindes. Er kann es allein oder mit anderen in einen Park, ins Schwimmbad, auf den Sportplatz oder auch ins Kino gehen lassen. Gegenüber der Öffentlichkeit wird er darin von der Heimleitung unterstützt, innerhalb der Heimstruktur ist er aber der Heimleitung gegenüber voll verantwortlich. Da der Erzieher häufig die Nachmittage mit der Aufgabenüberwachung verbringt, ist er bei der Gestaltung der Freizeit auf die Kooperationsbereitschaft von Kollegen angewiesen, die „seine Kinder" etwa zum Spielen auf den Sportplatz mitnehmen.

**Ferienplanung**

Jede Erziehergruppe entscheidet für die verschiedenen Ferien, wie sie diese verbringen will. Wiederum stehen ihr Geldmittel zur Verfügung, die sie frei budgetieren kann. Sie entscheiden, ob sie mit ihrer Gruppe allein wegfahren wollen oder auch mit anderen Gruppen aus dem Heim und wohin, was dort geboten werden soll, usw. Während der Ferien hat ein Teil der Kinder die Möglichkeit, diese Tage bei den Eltern oder anderen Verwandten zu verbringen. Die Zustimmung zu diesen Aufenthalten gibt das jeweilige Jugendamt. Die anderen Kinder müssen mit den Erziehern verreisen bzw. nehmen Erzieher einzelne Kinder zu ihrem privaten Urlaub mit.

**Kontakte nach außen**

Die Erzieher sollen und müssen mit den Eltern oder außenstehenden Bezugspersonen der Kinder Kontakt halten; in einigen Fällen müssen sie diesen auch verhindern, wenn die Kinder dadurch gefährdet sind (z.B. im Falle eines Onkels, der sich dem Kind in homosexueller Absicht nähert). Dies erfordert von ihnen sehr viel taktisches Geschick und Einfühlungsvermögen, wollen sie dem Kind nicht schaden. So gibt es also Kinder, die ihre Verwandten sehen und besuchen dürfen, wobei häufig vom Jugendamt das Ausmaß des Kontaktes festgelegt wird, woran sich die Erzieher zu halten haben; weiters gibt es Kinder, die nicht besucht werden dürfen und nicht besuchen dürfen und solche bei denen dieses Problem gar nicht erst auftritt, weil sich draußen niemand um sie kümmert. Können Konflikte zwischen Erziehern und Eltern nicht miteinander ausgetragen werden, so wird von beiden Parteien häufig die Heimleitung zwischengeschaltet. In der Regel sollte auch der Kontakt zum Jugendamt über die Heimleitung erfolgen, weshalb auch die Kommunikation sehr selten gut funktioniert. Die Erzieher haben den Eindruck, daß ihre Meinung über Besuchsrechte von Verwandten nicht gehört wird und daß das Jugendamt die Heimeinweisung ohnehin nur als Übel ansieht und ihre Arbeit nicht würdigt, bzw., daß das Jugendamt ihnen die Kinder wegnehmen will, um sie zu einem möglichst frühen Zeitpunkt in die Familien zurückzuführen. In diesem Bereich sind die Erzieher häufig den Sozialarbeitern unterlegen, da es ihnen auch an der nötigen Vorbildung im Umgang mit diesen Behörden mangelt und sie ihr mangelndes Selbstbewußtsein oft ungeschickt verdecken wollen. Außerdem sind Sozialarbeiter besser ausgebildet und haben im Bereich der Jugendwohlfahrt einen höheren Status als Erzieher, weshalb sie sich häufig besser durchsetzen können.

Die Problematik der Zusammenarbeit mit außenstehenden Institutionen, beispielsweise einer therapeutischen Institution, haben wir schon angeschnitten.

Zusammenfassend ist zu den Aufgaben der Erzieher zu sagen, wie selbst aus diesem kurzen Überblick deutlich hervorgeht, daß die Erzieher, wenn sie jung und in ihrer Tätigkeit noch unerfahren sind, von den an sie gestellten Aufgaben, – bei der derzeitigen Ausbildungssituation – überfordert sind. Dies wußten selbstverständlich auch jene Experten, die das Konzept für Paedopolis entworfen haben, weshalb sie eine Supervision für die Erzieher vorschlugen, an deren Verwirklichung wir mitgearbeitet haben und über die wir im folgenden berichten wollen.

# Die Supervision

Die beiden Autoren wurden zugleich mit anderen Psychotherapeuten eingeladen, zur Supervision der Mitarbeiter von Paedopolis beizutragen. Heimleitung, Verwaltung, psychologische Berater und Erziehungsleiter wurden in einer gemeinsamen Supervisionsgruppe zusammengefaßt. Die Supervisoren betreuten jeweils 7 Erzieher aus den benachbarten Gruppen in einer Supervisionsgruppe. Alle Supervisionen fanden in 14tägigem Rhythmus statt und dauerten jeweils 2 $^{1}/_{4}$ Stunden. Im gleichem Rhythmus trafen sich die Supervisoren untereinander.

Zu Beginn der Supervision im Heim war es nicht möglich, für alle Erziehergruppen einen Supervisor zu finden. Die Gruppe der Supervisoren wuchs langsam. Von Beginn an waren 6 Erziehergruppen und die Leitergruppe mit einem Supervisor versorgt. Bis zum Ende des ersten Jahres gelang es nicht, allen Erziehergruppen einen Supervisor zuzuteilen. Die Zuteilung eines Supervisors zu einer Erziehergruppe erfolgte durch die Heimleitung ohne Angaben von Kriterien der Zuteilung.

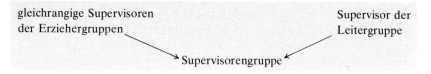

gleichrangige Supervisoren
der Erziehergruppen

Supervisor der
Leitergruppe

Supervisorengruppe

Abb. 2. Darstellung der Zusammensetzung der Supervisorengruppe.

Als man uns bat, die Supervision zu übernehmen, wurde uns unsere Aufgabe folgendermaßen definiert: Die Institution wünscht sich unabhängige Experten, die den Erziehern bei Problemen, die sich aus ihrer Tätigkeit ergeben, helfen sollten. Dies entspricht einem modernen Supervisionskonzept, wie es Ekstein (1973) dargestellt hat. Einen Hauptaspekt sahen die Auftraggeber auch in der Förderung kooperativer Verhaltensweisen der Erzieher untereinander.

Die Supervision mußte vormittags in der Zeit von 8,00 – 11,00 Uhr stattfinden, denn nur dann waren keine Kinder zu Hause, und ungestörtes Arbeiten blieb gewährleistet. Die Erzieher bekamen die Supervision zwar als Dienststunden zu ihrer Arbeitszeit angerechnet, aber keinen bindenden Dienstauftrag für die Teilnahme. Diese Situation stellte ein eigenes Problem dar, weil Arbeitszeit ja zur Teilnahme verpflichtet, andererseits aber der Schein der Freiwilligkeit aufrechterhalten wird, indem kein bindender Dienstauftrag erteilt wurde. Dies ist also eine doppelbödige Situation. Zudem stellte die Teilnahme für jene Erzieher, die an dem Tag keinen Dienst hatten, eine erhebliche Belastung dar, weil sie für die wenigen Stunden der Supervision oft einen langen Anfahrtsweg in Kauf nehmen mußten. Viele fühlten sich dadurch in ihrer Freizeit eingeschränkt, und der fehlende Dienstauftrag erleichterte so das Nichtteilnehmen.

**Die Arbeit mit den Erziehern**

Die Erzieher hatten von Anfang an große Angst, daß Äußerungen aus der Supervision an die Heimleitung weitergemeldet würden. Dies war angeblich in einer früheren Phase des Heimes geschehen. Die Konstruktion der Supervision, daß alle Supervisoren sich trafen, und dabei auch der Supervisor der Heimleitung anwesend war, verstärkte diese Vorstellungen. Es war daher nicht möglich, diese Ängste als Projektionen der Erzieher ohne reale Grundlage zu behandeln. Wir konnten also nicht wie bei freiwilligen Gruppengesprächen vorgehen. Die Bearbeitung des Widerstands nahm vom Anfang an viel Zeit in Anspruch.

Der Widerstand trat in verschiedensten Formen auf, entweder dadurch, daß nur ganz wenige Gruppenteilnehmer zur Gruppensitzung erschienen, oder daß über zwei Stunden hinweg möglichst nur geschwiegen oder gewitzelt wurde. Dabei erwies sich die 14tägige Supervision als besonders problematisch, weil der Widerstand dadurch immer wieder aufgebaut wurde, ohne jemals gut bearbeitbar zu sein. Außerdem stellte sich aus verschiedenen Bemerkungen sehr bald heraus, daß die Erzieher nicht so sehr Supervision im Sinne der Reflexion der eigenen Tätigkeit und Gefühle benötigten, als vielmehr

Praxisanleitung bei der täglichen Arbeit. Da ältere Erzieher zum Teil nicht vorhanden, zum anderen gleichgestellt waren, gab es niemanden, der diese Funktion im täglichen Betrieb hätte übernehmen können. Da wir auf diese Aufgaben nicht vorbereitet, sondern eben auf die Reflexion der eigenen Situation der Erziehergruppe eingestellt waren, mußte die Supervision Schiffbruch erleiden. Zur Praxisanleitung waren wir nicht qualifiziert und hatten auch zu wenig Ahnung von Heimen, um sinnvolle Hilfestellungen zu geben.

Die unzureichende Ausbildung der Erzieher mag mit ein Grund dafür gewesen sein, daß die Erzieher die Supervision als Kontrolle ihrer täglichen Praxis betrachteten. Denn auch ihnen war klar, daß gerade ihre tägliche Arbeit von der Theorie der Schule und allen Konzepten weit entfernt war. Außerdem waren manche Erzieher in ihrer Entscheidung zur Berufswahl von ideologischen Motiven geleitet, etwa von der Vorstellung der Verwirklichung einer repressionsfreien Heimerziehung und sie mußten dann erleben, daß die Heimleitung ihrer Ideologie kein oder wenig Wohlwollen entgegenbrachte. In diesem Fall wurde die Supervision auch als Versuch der ideologischen Kontrolle empfunden.

Die Erzieher phantasierten, daß die Supervisoren nur zu ihrer Kontrolle dienen sollten, nicht, daß sie von ihnen auch Hilfe erwarten konnten. Es gab auch gewisse Versuche über die Konstruktion der Supervision, eine solche Kontrolle auszuüben. Andererseits konnte es passieren, daß der Supervisor zur Sitzung kam und erfahren mußte, daß Erzieher gekündigt worden waren bzw. eine dienstliche Ermahnung wegen mangelnder Leistung erhalten hatten. Da dies in einigen Fällen jene Erzieher waren, von denen der Supervisor einen günstigen Eindruck hatte, schien es uns besonders unangemessen, daß der Supervisor der Gruppe nicht davon informiert oder vielleicht um seine Meinung befragt worden war. Wir (die Autoren) hätten eine derartige Verantwortung akzeptiert, wenn uns auch ein Mitspracherecht bei Kündigungen und Aufnahmen von neuen Erziehern von Seiten der Leitung zugestanden worden wäre. Da die Supervision auch ausbildet, scheint uns ein Mitspracherecht, das einem Ausbildner zugestanden werden kann, durchaus sinnvoll. Die tatsächliche Arbeit in der Erziehergruppe erfolgte dann in der Weise, daß der Supervisor vor allem die Möglichkeit einer freien Kommunikation zwischen den Erziehern zu schaffen trachtete. Dadurch ersparte er den Erziehern Telefongespräche und ermöglichte zum Teil etwas ausführlichere Gespräche über einzelne Kinder. Ein Supervisionsgespräch im Sinne eines Reflektierens des eigenen Handelns und der Einstellungen der Erzieher war auch bei diesen Gelegenheiten kaum möglich. Die Widerstandsbearbeitung dauerte nahezu ein Jahr. Erst am Ende dieses ersten Jahres war eine gewisse Lockerung des Widerstands gegen die Supervision spürbar.

**Die Arbeit in der Supervisiorengruppe**

Die Arbeit in der Supervisorengruppe war von Anfang an dadurch gekennzeichnet, daß die formalen Vereinbarungen des Treffens nie eingehalten wurden. Zum Teil kamen die Teilnehmer später, zum Teil gingen sie vorzeitig. Außerdem war es nie möglich, die vereinbarte Zeit von 2 $\frac{1}{4}$ Stunden für die Sitzung einzuhalten, sondern die Sitzungen dauerten immer wesentlich länger. Inhaltlich dienten sie vorrangig der emotionellen Entlastung der Supervisoren. Der massive Widerstand gegen die Supervision fand sich in allen Erziehergruppen und war für die Supervisoren nur schwer zu ertragen.

Die Vorbildung der Supervisoren zu ihrer Tätigkeit bestand darin, daß sie (zu einem geringen Anteil) Erzieher waren oder psychotherapeutisch ausgebildete Psychologen mit Supervisionserfahrungen. Über eine Ausbildung zum Gruppentrainer verfügten zwei Supervisoren, über eine Ausbildung zum Supervisor ebenfalls zwei Supervisoren.

Der Leser kann diesen Erklärungen entnehmen, daß die Supervisoren ihrerseits auf die praktische Tätigkeit genauso schlecht vorbereitet waren wie die Erzieher, die sie anleiten sollten. Alle Supervisoren hatten eine eher naive Einstellung zur Supervision, die sich etwa in der Hilfe zur Selbstreflexion oder Unterstützung bei der Gruppenkommunikation erschöpfte. Daß wir praktische Anleitungen über den Umgang mit Kindern, Eltern, Heimleitung, Jugendamt und anderen Institutionen geben sollten oder müßten, war uns fremd. Die Einstellung zu unserer Arbeit als Supervisor drückte sich auch darin aus, daß wir uns zwar regelmäßig zusammenfanden, um zu klagen, nie aber, um ein Supervisionskonzept für die speziellen Bedürfnisse zu erarbeiten.

Innerhalb der Supervisorengruppe bestanden, wie wir heute im Rückblick feststellen konnten, sehr unterschiedliche Vorstellungen über das, was Supervision ist. Während wir eher die Konzepte von Ekstein vertraten, hatten die meisten Supervisoren das klassische Supervisionskonzept aus der privaten, selbstfinanzierten Einzelsupervision und den sich daraus ergebenden Diskretionsüberlegungen und Abstinenzüberlegungen vor Augen. Allerdings ist es innerhalb der Supervisorengruppe niemals zu einer Diskussion der verschiedenen Konzepte und schon gar nicht zu einer Erarbeitung eines eigenen gemeinsamen Konzeptes gekommen. Die Aufgaben eines Supervisors, das Ausmaß der Diskretion, seine Stellung gegenüber der Heimleitung, den vorgesetzten Dienststellen usf. wurden ansatzweise diskutiert, blieben aber ungeklärt.

Deutlich erschwert war die Arbeit in der Supervisorengruppe durch die Teilnahme des Supervisors der Leitergruppe, der sich mit den Interessen der Heimleitung voll identifizierte und auch innerhalb der Supervisorengruppe nicht gleichrangig war, sondern eher primus inter pares. Dieser Supervisor wurde von den anderen Supervisoren als Mittler zur Heimleitung betrachtet. Beim Problem etwa, wie weit ein Dienstauftrag zur Teilnahme an der Supervision bestand, wurde versucht, diese Mittlerfunktion zur Leitergruppe zu beanspruchen; allerdings kam die Mitteilung nicht zustande. Heute glauben wir, daß gerade die Teilnahme dieses Supervisors eine effektive Auseinandersetzung der anderen Supervisoren mit ihrer Rolle gegenüber der Heimleitung, bzw. den Formen der Auseinandersetzung mit der Heimleitung verhindert hat. Die Auseinandersetzung mit der Heimleitung war notwendig, da die Aufgaben der Supervisoren von Seiten der Heimleitung ungenügend definiert waren und auch keine Kommunikation zwischen Supervisoren und Heimleitung über die Aufgaben und Verpflichtungen einerseits der Supervisoren, andererseits der Heimleitung gegeben waren. Ein Problem der Supervisorengruppe war sicherlich, daß sich der Supervisor der Leitergruppe mit dieser identifizierte, während die anderen Supervisoren eher dazu neigten, sich mit den Erziehern zu identifizieren, womit die Spannungen innerhalb des Heimes sich auch in der Supervisorengruppe wiederholten, ohne daß wir es damals erkannt hätten.

# Abschließende Bemerkungen

Da wir nach einem Jahr den Eindruck gewonnen hatten, als Supervisoren der Erziehergruppe keine den Bedürfnissen der Erzieher angemessene Arbeit leisten zu können, beschlossen wir, mit dieser Tätigkeit aufzuhören.

Ausschlaggebend für unsere Entscheidung war einerseits, daß wir meinten, daß erfahrene Erzieher am besten zur Praxisanleitung geeignet wären und unsere Kompetenz durch die Notwendigkeit der Praxisanleitung weit überschritten war. Andererseits waren wir auch unzufrieden mit der Situation in der Supervisorengruppe, wo wir keine Möglichkeit sahen, eine Diskussion über unsere Vorstellungen herbeizuführen, bzw. darüber, daß Konzepte der Supervisionsarbeit entwickelt werden müßten. Da diese Tätigkeit mit unserer Haupttätigkeit an unserem Institut nur sehr am Rande zu tun hatte, entschlossen wir uns umso leichter, diese Tätigkeit aufzugeben.

Bei der Analyse unserer Erfahrungen glaubten wir folgende Punkte zu erkennen, wo wir Fehler begangen haben oder die wir vor Beginn der Arbeit nicht ausreichend überlegt hatten:

a) Wir hatten eine Menge Einzelinformationen über das Heim, wir haben diese Informationen aber vor Beginn der Supervisionstätigkeit nicht geordnet und in einen strukturellen Zusammenhang gebracht. Dadurch entging uns eine Menge Information über die tatsächlichen Machtverhältnisse und Funktionsweisen der Institution.

b) Die Supervisoren begannen mit ihrer Arbeit im Heim, ohne zuvor ein gemeinsames Konzept von Supervision entwickelt zu haben und bevor alle Erziehergruppen mit einem Supervisor versorgt werden konnten. Dadurch wurden die Erzieher zusätzlich verängstigt. Die scheinbar willkürliche Auswahl jener Erziehergruppen, die zuerst mit Supervisoren versorgt wurden, mußte von den betroffenen Erziehern als Beginn der Kontrolle unangepaßten Verhaltens gedeutet werden.

c) Den Supervisoren war nicht bekannt, welche Bedürfnisse nach Hilfe den Erziehern vordringlich waren. Daher konnten sie ihre eigene Kompetenz vor Beginn der Supervision nicht ausreichend abschätzen.

d) Mit Ausnahme der Autoren standen alle Supervisoren bezüglich ihrer Haupttätigkeit in einem Dienstverhältnis zum Kostenträger des Heimes. Dieser Umstand war allen Erziehern bekannt. Durch die Zusammensetzung der Supervisorengruppe wurden Ängste bezüglich „Kontrolle" und „Tratsch" nur verstärkt. Daß diese Tatsache auch für die Arbeit der Supervisoren sehr ungünstig war, war uns klar, aber wir meinten, damit arbeiten zu können.

e) Von Seiten der Institution wurde die Supervision sehr ambivalent behandelt. Einerseits war die Supervision Dienstzeit, und daher bestand eine Verpflichtung zur Anwesenheit, andererseits gab es keinen bindenden Dienstauftrag, der zur Teilnahme verpflichtete, wodurch vermutlich der Schein der Freiwilligkeit der Supervisionsteilnahme gewahrt werden sollte. Es ist den Supervisoren im ersten Jahr nicht gelungen, diese ambivalente Einstellung zur Supervision durch eine eindeutige Erklärung des Dienstgebers an die Erzieher aufzulösen.

f) Auf die Problematik eines durch den Dienstgeber zur Verfügung gestellten und von diesem bezahlten Supervisors wird schon an anderer Stelle (Montag, S. 118) hingewiesen. Wenn der Dienstgeber die Supervision in der Dienstzeit durchführen läßt und diese auch noch direkt hohoriert, scheint der dienstliche Auftrag an die Dienstnehmer zur Teilnahme an der Supervision verpflichtend zu sein. Gerade an unserem Beispiel konnten wir zeigen, daß dem keineswegs so sein muß. Die Supervision wurde zwar der Dienstzeit angerechnet, aber einige Supervisanden mußten doch für die kurze Zeit der Supervisionssitzung außerhalb ihrer Dienstzeit einen unter Umständen langen Anfahrtsweg zur Supervision in Kauf nehmen. Ob sie während der Supervisionszeit von der Möglichkeit Gebrauch machen, indem sie die Supervision sinnvoll nützen, ist vom Auftraggeber ja in keinem Fall beeinflußbar. Es scheint uns so zu sein, daß klare Arbeitsverträge bezüglich der Supervision für alle Beteiligten, Supervisanden, Supervisoren, Auftraggeber der Supervision und unmittelbare Dienstvorgesetzte der Supervisanden für eine erfolgreiche Arbeit unbedingt notwendig sind.

g) Da die beiden Autoren die einzigen von der Institution unabhängigen Supervisoren waren, stellt sich auch die Frage nach der Bedeutung der Weisungsgebundenheit von Supervisoren. Im Beitrag von Montag (S. 111) wird auf die Bedeutung eines gewissen Freiraums von Weisungsgebundenheit des Supervisors hingewiesen. Für die meisten Supervisoren von Paedopolis war dieser Freiraum nicht unbedingt gegeben, da sie größtenteils dem gleichen obersten Dienstgeber verpflichtet waren, wie die Erziehergruppe. Es war daher fraglich, ob sie es sich leisten konnten, in ausreichendem Ausmaß eine Auseinandersetzung mit der Heimleitung, beziehungsweise auch mit deren Vorgesetzten, herbeizuführen, wie es unabhängigen Supervisoren möglich ist.

Nach unseren Erfahrungen in diesem Heim würden wir heute ein anderes Konzept der Supervision vorschlagen. Dies bestünde im wesentlichen darin, jeder Erziehergruppe (also 7 Erziehern) eine Praxisanleitung durch einen erfahrenen Erzieher für etwa 2 – 3 Jahre zu bieten. Diese Praxisanleitung sollte zum einen darin bestehen, daß dieser erfahrene Erzieher in der Gruppe mitarbeitet, zum anderen darin, daß er wöchentliche Gruppengespräche mit den Erziehern zur Bearbeitung der anfallenden Probleme durchführt. Für ein Heim von der Größe von Paedopolis könnte man unserer Meinung nach mit 10 Praxisanleitern auskommen. Praxisanleiter sollten außerdem am besten vor Beginn ihrer Arbeit zusätzliche Schulungen in Gruppenarbeit, Gesprächsführung usw. erhalten und während ihrer Tätigkeit als Praxisanleiter in einer Supervisorengruppe zusammengefaßt werden. Diese Supervisorengruppe sollte zur Selbstreflexion und zum Erkennen von Werten, Normen, Einstellungen, Bedürfnissen, Vorurteilen, Emotionen und Fähigkeiten führen. Außerdem sollten nach Möglichkeit bestehende Fähigkeiten erweitert sowie fachliche Kenntnisse vergrößert werden. Eventuell könnten auch neue Inhalte der beruflichen Tätigkeit vermittelt werden. Wir könnten uns vorstellen, daß unter dieser Voraussetzung die Fluktuation der Erzieher in Paedopolis deutlich zurückgeht, nach 2 – 3 Jahren einige dieser Praxisanleiter von diesem Heim abgezogen werden könnten und den gleichen Prozeß in einem anderen Heim von neuem durchspielen könnten. Auf diese Weise würden nach einiger Zeit in allen Heimen der Stadt moderne und verhältnismäßig einheitliche Richtlinien der Erziehung eingeführt werden. Außerdem trägt dieses Konzept der Tatsache Rechnung, daß es derzeit zu wenig erfahrene Erzieher gibt, daß aber Supervisoren von außen nicht ausreichend über die eigentliche Arbeit von Erziehern und über das berufliche Umfeld orientiert sind (vgl. auch Artikel Graupe). Außerdem würde ein derartiges Konzept berufliche Aufstiegsmöglichkeiten für Erzieher schaffen und somit eventuell die Motivation, auch in höherem Alter diesen Beruf auszuüben, steigern.

# Literatur

*Eckstein, R., R.S. Wallerstein:* The teaching and Learning of Psychotherapy. Int. Univ. Press, New York 1973.

*Perrez, M., B. Minsel, H. Wimmer:* Elternverhaltenstraining. Müller, Salzburg 1974.

# Organisationsproblematik in einer Gruppensupervision für Erzieher

*Sepp-Rainer Graupe*

Das Projekt, innerhalb dessen ich als Supervisor tätig war, steht inmitten einer Reihe von Veränderungen, die von der Gemeinde X als Träger des Jugendfürsorgewesens während der letzten zehn Jahre in ihren Jugendheimen vorgenommen wurden. Die Zustände in den Heimen waren Gegenstände öffentlicher Kritik geworden. Ähnlich wie heute die psychiatrischen Anstalten, stellten die Heime in der Zeit der auslaufenden Studentenbewegung ein politisches Problem von übergreifender Bedeutung dar. Dies ging soweit, daß eine Gemeinderatssitzung von einer Manifestation entlaufener Heimzöglinge unterbrochen wurde, die unter der Obhut und Führung einer radikalen außerparlamentarischen Gruppe (Spartacus) standen. Insbesondere auch unter den jüngeren Erziehern war eine deutliche Unzufriedenheit mit dem herrschenden straforientierten Erziehungsstil und mit der autoritären Verwaltungs- und Betreuungshierarchie erkennbar.

Die Gemeindeadministration reagierte auf diesen Druck von innen und außen, indem sie ein Heim für Schwererziehbare aufließ, verschiedene Stellenumbesetzungen vornahm, liberale Erziehungstendenzen zuließ, neue, kleine Einrichtungen schuf, denen Modellcharakter zugeschrieben wurde. Doch bilden auch heute einige große Heime wohl mit einer gewissen Liberalisierung des Erziehungsklimas immer noch den Standard der Heimerziehung. Ein großes, modernst eingerichtetes, neues Heim wurde geschaffen, es gab Versuche besonders unter den jüngeren Erziehern, Methoden der Mitbestimmung und neue Formen der Erziehungspraxis, inklusive Gruppensupervision, einzuführen. Dem Vernehmen nach hat sich jedoch der alte Führungsstil, geschmückt mit banalisierten Formen der Verhaltenstherapie, wiederhergestellt.

Das Projekt, von dem ich berichten will, stand am Ende dieser Epoche von relativer ökonomischer Prosperität, in welcher für soziale Leistungen viel Geld zur Verfügung stand. (Gegen den Abschluß hin merkte man schon deutlich, wie Sparmaßnahmen, gekoppelt mit verschärfter administrativer Kontrolle, eine Verschlechterung der politischen und wirtschaftlichen Situation anzeigten.) Es entstand auf Initiative einer Gruppe von zwölf fortschrittlichen Erziehern, die eben ihre Fachausbildungen gemeinsam beendet hatten. Sie waren den herkömmlichen Heimen gegenüber kritisch eingestellt und versuchten, gemeinsam eine Arbeitsmöglichkeit zu finden, die sie ihren Vorstellungen entsprechend gestalten könnten. Ihr Konzept war sehr anspruchsvoll und umfassend, es bezog sich auf alle Bereiche des individuellen Gruppenlebens der Kinder und sollte ebenso pädagogische wie therapeutische Tätigkeiten umfassen. Aber auch an eine kontinuierliche Beratung und Betreuung der Eltern und Familienangehörigen der Kinder war gedacht.

Die Arbeitsweise sollte ausschließlich teamorientiert sein, insbesondere sollten alle wichtigeren Entscheidungen durch das Team getroffen werden, alle Funktionen sollten von allen Mitgliedern gleichmäßig übernommen werden können, die Delegierung der Vertreter der Gruppe nach außen an einen dauernden Sprecher oder Gruppenleiter wurden ebenso abgelehnt, wie die Teilung der Verantwortung für die Arbeit der Gruppe.

Die Erziehungsgruppe fand Sympathie für ihr Vorhaben beim Jugendamt der Stadt X., doch war es fast undenkbar, ein solches Team in einem traditionellen Heim anzusiedeln. In einem Kinderheim war jedoch der Leiter mit der Arbeit einer Gruppe von Kinderkrankenschwestern ganz und gar unzufrieden, die die ihnen anvertrauten Kleinkinder spitalmäßig betreuten. Da hier ein Wechsel ohnedies geplant war, wurden die Krankenschwestern versetzt, und die Arbeit der Erziehergruppe konnte in dieser kleinen Abteilung beginnen, die Platz für etwa 20 Kinder zwischen 2 und 6 Jahren bot.

Es handelte sich dabei aber um ein Übergangsheim, das die Aufgabe hatte, vor der Überstellung an einen anderen Heimplatz oder zu anderen vorübergehenden Zwecken Kindern Unterkunft und Betreuung zu gewähren. Deshalb war eine angestrebte kontinuierliche Erziehungsarbeit nur beschränkt möglich. Die Erziehergruppe hatte keinen Einfluß darauf, welche Kinder ihnen zugewiesen wurden und insbesondere, wann eine Überstellung in ein anderes Heim erfolgen sollte. In Zeiten guten Einvernehmens mit der Administration war dies kein Problem, da auch ein Daueraufenthalt eines Kindes in der Gruppe nicht notwendigerweise Stein des Anstoßes sein mußte. In Zeiten zunehmenden Drucks oder gar des Konflikts führte die unbestimmbare Dauer des Aufenthaltes der Kinder zur Perspektivelosigkeit des pädagogischen Tuns und zu Phantasien über Willkür und Allmacht der Administration.

Ich glaube, daß sich niemand zu Beginn dieses Experimentes (Modelles oder Projektes, diese Wörter werden in diesem Beitrag synonym verwendet) Vorstellungen machte, was es bedeutet, eine sich egalitär verstehende Gruppe in einer hierarchischen Struktur einer Heim- und Gemeindeadministration anzusiedeln. In diesem Zusammenhang lohnt es sich, auf die organisatorische Einbettung der Gruppe einzugehen. Der *oberste Chef aller Heime* war nicht nur der Förderer dieser Modelle, er wurde von der Erziehergruppe auch als schlichtende Instanz bei Konflikten mit der Heimleitung herangezogen. Der *Heimleiter* selbst war zu Beginn ein gewährender, wohlwollender Chef, der sich vor allem um die administrativen Angelegenheiten kümmerte, später, als er sah, daß der Erziehungsstil der Gruppe sich mit traditionellen Ordnungsvorstellungen nicht immer deckte, reagierte er ängstlich und gab den Druck, den er von „oben" und „außen" verspürte, unmittelbar an die Gruppe weiter. In jedem Fall jedoch war er an pädagogischen Fragen desinteressiert, und auch die innovatorischen Aspekte des Experiments waren ihm fremd. Die *Heimmutter* war zwar formal für pädagogische Fragen zuständig, doch weder an der Erstellung des Konzeptes noch an der laufenden Arbeit wirklich beteiligt. Ihre Teilnahme an den Teamsitzungen wurde von der Gruppe wohl zeitweilig erwogen, aber von der Gruppe nicht nachdrücklich gefordert und auch von der Heimmutter wegen zu großer Arbeitsbelastung zurückgewiesen. Sie fungierte zwischen Gruppe und Heimleiter als Informationsträger, aber auch als Puffer zur Abschwächung auftretender Unstimmigkeiten. Die *Beziehung zu den übrigen Erziehern* im Heim war durch eine relative Isolation unserer Gruppe gekennzeichnet. Anfänglich versuchte die Gruppe, den übrigen Erziehern ihre Zielsetzungen zu erklären. Einige, besonders die jüngeren unter ihnen, zeigten sich interessiert, doch wäre eine breitere Zusammenarbeit im Rahmen des bestehenden Heimes eine zusätzliche Neuerung gewesen, die auf Ängste und Ablehnung gestoßen wäre.

Durch die abgehobene Situation unserer Erzieher und ihren unterschiedlichen Umgang mit dem Heimleiter vergrößerte sich die bestehende Kluft zu den anderen Erziehern allmählich, so daß gegen Ende Verständnislosigkeit gegenüber den Problemen der Gruppe herrschte.

Unter diesen Voraussetzungen arbeitete die Gruppe etwa ein halbes Jahr weitgehend ohne fachliche Unterstützung. Es gelang ihr, die fachliche Unerfahrenheit durch Enthusiasmus, persönlichen Einsatz und gute persönliche Beziehungen der Mitglieder untereinander zu kompensieren. Die Frage der fachlichen Anleitung blieb offen bis zu dem Zeitpunkt, da der oberste Chef der Heimbehörde zusagte, eine wöchentliche Supervision zu finanzieren. Der Gruppe wurde gestattet, sich ihren Supervisor selbst zu suchen. Nach einer Vorbesprechung war sowohl die Gruppe als auch ich zu einer Zusammenarbeit bereit. Meine persönlichen Voraussetzungen für diese Tätigkeit waren eine vierjährige Praxis in psychoanalytischer Einzel- und Gruppentherapie, ein mäßiges Ausmaß an Erfahrung mit gruppendynamischen Selbsterfahrungsgruppen, eine sehr beschränkte Erfahrung in Einzelsupervision von Erziehern und eine ca. einjährige nebenberufliche intensiv supervidierte Tätigkeit in einer kinderpsychoanalytischen Beratungsstelle.

Die hier beschriebene Tätigkeit fällt in eine Zeit, da Supervision gerade begonnen hatte, in das Denken einer größeren Zahl von Vertretern helfender Berufe einzudringen. Natürlich hat es Supervision seit beinahe drei Jahrzehnten gegeben, doch war sie ein Bestandteil der Tätigkeit von Menschen verschiedenster Berufsgruppen, die ihre Arbeit vor allem psychoanalytisch verstanden. Diese Art der Supervision gründete sich zumeist auf die Eigeninitiative der Supervisanden, wurde von ihnen selbst bezahlt, und die Verantwortung des Supervisors bestand ausschließlich gegenüber dem Supervisanden. Der Supervisor war demnach zumeist ein psychoanalytischer Psychotherapeut, und die Form der Supervision ähnelte im Charakter der Privatheit der Beziehung und in bezug auf die Zurückhaltung des Supervisors sehr stark einer psychoanalytischen Therapie. Diese Art der „passiven" Supervision wurde zuerst in den angloamerikanischen Ländern ergänzt und erweitert durch eine Form der Supervision, die Bestandteil eines formalisierten Aus- und Weiterbildungssystems für Sozialarbeiter, Erzieher, Therapeuten, etc. bildet. Sie beinhaltet eine routinemäßige Anleitung und Hilfe, aber auch Kontrolle über auszuführende Tätigkeiten (damit auch Verantwortung des Supervisors gegenüber der Leitung) insbesondere bei schwierigen und neuartigen Arbeitsabläufen.

In Wien ist es insbesondere Rudolf Ekstein zu verdanken, daß die aus einem solchen Verständnis von Supervision sich sehr komplex entwickelnden Problemstellungen für uns nunmehr leichter zu handhaben sind.

Durch die besonderen Bedingungen meiner Supervisionstätigkeit – ich wurde von der Gruppe vorgeschlagen und von der Heimbehörde beauftragt und bezahlt – war wohl das „klassische" Konzept des Supervisors schon zurückgelassen, doch waren wir uns über die Implikationen eines institutionalisierten Supervisionsvorganges keineswegs im klaren. Es ist deshalb nicht verwunderlich, daß zwischen mir und dem obersten Chef keine besonderen Vereinbarungen getroffen wurden, auch die Aufgabenbereiche der Supervision wurden nicht gesondert umschrieben. Ich verstand sie jedoch in einer Verbesserung der pädagogischen Arbeit und der Kommunikationsfähigkeit der Gruppenmitglieder. Seitens der Administration wurde der Wunsch geäußert, daß ich darauf achten möge, daß die Gruppe ein besseres Verhältnis zum Heimleiter fände. Als Anteil der Administration an meiner Arbeitsvereinbarung erschien mir als selbstverständliche Voraussetzung, daß das Konzept und die Arbeitsweise des Teams ein von der Administration anerkanntes, gewünschtes und gefördertes Vorhaben seien, innerhalb dessen die Supervision einen gewissen Stellenwert habe.

In einem ersten Gespräch zwischen Heimleiter, Heimmutter und mir herrschte eine gewisse Ratlosigkeit über meine administrativen Rechte und Pflichten. Ich sah es nicht als meine Aufgabe an, über einzelne Mitglieder der Gruppe Bericht zu erstatten, es wurde jedoch vereinbart, daß Gespräche zwischen Supervisor und Heimleiter stattfinden sollten, wenn dies nötig sei, jedoch am besten im Beisein der Gruppe. Diese reservierte Haltung dem Heimleiter gegenüber war sicherlich ein Fehler, der die bereits bestehende Spannung zwischen Heimleiter und den Erziehern widerspiegelte, da ich mich stärker der Gruppe verbunden fühlte.

So begann ich relativ unbekümmert um die Komplikationen der administrativen Zusammenhänge mit den wöchentlichen Gruppengesprächen. Meine Tätigkeit erstreckte sich insgesamt über knapp ein Jahr, entsprechend der Entwicklung der Gruppe kann man eine erste Phase der Erarbeitung und eine zweite Phase des Konfliktes und eine Auflösungsphase unterscheiden. In der Phase der Erarbeitung ging es um die Fragen der Verwirklichung des Konzeptes, wobei die Aufgabe vor allem in der Verarbeitung der Diskrepanz zwischen dem hohen Anspruch und den Kapazitäten der Gruppe und im Umgang mit den unterschiedlichen Fähigkeiten und Motivationen der einzelnen Gruppenmitglieder bestand. Die Gruppe hatte große Schwierigkeiten anzuerkennen, daß es reale Unterschiede in verschiedenen Kompetenzbereichen gab, wie auch Unterschiede in der Fähigkeit, aus neuen Erfahrungen zu lernen. Unterschiede in der persönlichen Disposition und Bereitschaft der einzelnen, mit großem persönlichem Einsatz und auch unter Aufopferung von Freizeit dem anspruchsvollen Konzept zu genügen, wurden schmerzlich zur Kenntnis genommen, doch kaum bearbeitet. Hier setzte meine Aufgabe als Gruppendynamiker ein, konfrontierende und klärende Prozesse zu fördern.

Zwei wichtige Ideologien, die sich innerhalb des Selbstverständnisses der Gruppe entwickelt hatten, haben die Arbeit sehr erschwert und wurden Gegenstand der Aufarbeitung. Die erste Ideologie richtete sich gegen die traditionellen Rollenbilder und das herkömmliche Prinzip der Arbeitsteilung. Sie lautete: es gibt keinen Unterschied der Mitglieder hinsichtlich ihrer Fähigkeit und Funktionen sowohl in der pädagogischen Arbeit als auch in den Beziehungen der Mitglieder untereinander und gegenüber der

Außenwelt. Die zweite Ideologie richtete sich gegen das Leistungsprinzip und hätte etwa so lauten können: die Grundlage des gemeinsamen Tuns besteht in den freundschaftlichen Gefühlen der Erzieher untereinander und in der Freude, die aus der gemeinsamen Arbeit mit den Kindern erwächst. So sympathisch und gleichzeitig auch verständlich gegenüber der üblichen Heimpraxis ein solches Denken ist, so kommt es doch sehr leicht mit den Realitätsanforderungen in Konflikt, und hindert durch seinen quasi dogmatischen Anspruch die Aufarbeitung von Ambivalenz und schafft Gruppenstrukturen, die, obwohl wirksam, doch nicht benannt und nutzbar gemacht werden können. Ein abgewandeltes Ich-Es-Überich-Modell war sehr hilfreich, diese Situation deutlich zu machen. Der Gruppe fiel es schwer, die differenzierenden und intergrativen Funktionen des „Ich" zu entwickeln, da der Lustanteil des „Es" so stark war auch mit der Unterstützung des eine solche Lust fordernden Konzeptes („Überich"), welches die Aggression nicht gestattet und zum Vergnügen verpflichtete. Enttäuschung, die aus dem freiwilligen Ausscheiden zweier Mitglieder entstanden war, und eine über einen längeren Zeitraum greifbare Niedergeschlagenheit in den Teamkonferenzen, die sich eindeutig auf ein teilweises Mißlingen der Erfüllung des Konzeptes zurückführen ließ, trugen dazu bei, die Lage deutlich zu machen. Die tägliche Arbeit und die Fallbesprechungen halfen überdies, daß sich „Ich-Funktionen" in der Gruppe entwickelten. Dieser Teil des Prozesses soll deswegen hier nicht näher beschrieben werden, weil er sich nicht charakteristisch von anderen Fallbesprechungen unterscheidet.

Die zweite Phase, die von einer krisenhaften Zuspitzung des Konfliktes zwischen der Gruppe und der Administration und schließlich vom Abbruch des Projektes gekennzeichnet war, stellte mich in meiner Funktion als Supervisor vor neue Aufgaben und Probleme, gab mir aber auch den Anreiz, meine Vorstellungen von Supervision neu zu bedenken und den Stellenwert des Projektes in der Gesamtstrategie der Heimreform kritisch einzuschätzen.

Das Verhältnis zwischen Gruppe und Heimleiter war – von geringen Schwankungen abgesehen – immer schlechter geworden. In der Hitze der Auseinandersetzungen hat natürlich jede Partei an die Fehler der anderen gedacht. So warf der Direktor den Erziehern vor, daß sie ihren Aufgaben nachlässig nachgingen, daß sie arrogant und faul seien, daß sie ihn nicht grüßten und nicht genug auf Ordnung schauten u.v.a.m. Die Gruppe legte dem Heimleiter insbesondere Pedanterie und Verständnislosigkeit für die besonderen Gegebenheiten ihrer Arbeit zur Last. Bei allen Fehlern und Ungeschicklichkeiten muß man im Rückblick aber sagen, daß der Hauptteil des Konfliktes durch die konkrete organisatorische Einbettung des Projektes bereits vorgeformt war. Meine unklar definierte Rolle als Supervisor war davon nur ein kleiner Teil.

Im Rahmen der Sparpolitik der Gemeinde in den öffentlichen Einrichtungen wurden die Stellen von ausgeschiedenen Erziehern nicht mehr neu besetzt. In den Auseinandersetzungen mit dem Heimleiter verlangte die Gruppe, die neu zu bestellenden Erzieher selbst zu bestimmen, wie es ihr zu Beginn ihrer Arbeit zugesagt worden wäre. Darüber gab es aber kein Protokoll und keine andere Form der bindenden Vereinbarung, so daß die Auseinandersetzung zu einem Machtkampf zu werden drohte. Daß die Erzieher im Laufe der Zeit eine ungeheure Zahl von Plusstunden ansammelten, bedingt auch durch Krankenstände, die teilweise auf die belastende Arbeitssituation zurückzuführen sind, verschlechterte die Stimmung noch mehr. Von einem Zeitpunkt an weigerte sich die Administration, neben den Supervisionsstunden wie bislang die Teamsitzungen in die Dienstzeit einzurechnen. Wiederum argumentierte die Gruppe von der prinzipiellen Seite her, da die Teamsitzungen ja einen wesentlichen Bestandteil ihrer Arbeit darstellten. Um die Supervision nicht ganz von organisatorischen Besprechungen blockieren zu lassen, mußte ich vorschlagen, die Supervisionssitzungen etwas auszudehnen und einen kleineren Teil davon für organisatorische Besprechungen zu nutzen.

Durch diese Entwicklung wandelte sich die Arbeit, die ich als Supervisor zu leisten hatte, drastisch: das Besprechen von pädagogischen Problemen trat trotz meines Intervenierens in den Hintergrund, und die Gruppe hatte dafür auch die stärkeren Argumente, indem sie ihr Gesamtkonzept bedroht sah und bei jedem einzelnen Kind annehmen konnte, daß sein Verbleiben bei schlechterer Kooperation mit der Leitung durchaus nicht gesichert war. Tatsächlich gab es Fälle, wo Kinder ohne einsichtige Gründe in ein anderes Heim versetzt wurden, was besonders dann zu Erzürnen führte, wenn intensive Erziehungsarbeit die ersten positiven Resultate sichtbar werden ließ.

Ich mußte den Schwerpunkt meiner Arbeit neu definieren und tat dies in der Weise, daß ich der Gruppe erklärte, ich wolle ihr helfen, ihre innere Struktur den Erfordernissen der Außenwelt entsprechend zu gestalten. Dazu gehörte vorerst die Analyse der organisatorischen Gegebenheiten und die Überprüfung der Gruppenstruktur und des Konzeptes auf die Zielverwirklichung hin. (In Parenthese sei gesagt, daß sich diese Vorgangsweise nicht geradlinig und immer wohlüberlegt entwickelte, sondern sich aus den Irrungen und Wirrungen langsam herausschälte. Im Rückblick und nach der Aufarbeitung mag manches künstlich geglättet erscheinen.)

Spätestens in diesem Stadium erwies sich die Vorstellung der undifferenzierten Aufgabenverteilung gegenüber den organisatorischen Anforderungen, welche die Auseinandersetzung mit der Institution mit sich brachte, als unzweckmäßig. Jedes Wort, das zwischen dem Heimleiter und einem Mitglied der Gruppe gewechselt wurde, konnte für die ganze Gruppe verbindlich sein, da es ja keinen Gruppensprecher gab. Der gleichmäßige Kommunikationsfluß war aber auch schon wegen der tatsächlich gegebenen unterschiedlichen inneren Beteiligung und unterschiedlichen Position der einzelnen Mitglieder nicht gegeben. Zudem war der organisatorisch aktivste Erzieher, wir wollen ihn N. nennen, dem Heimleiter ein Dorn im Auge, wobei die Antipathie durchaus auf Gegenseitigkeit beruhte. Da er keine spezielle Funktion bekleidete, konnte der Heimleiter es ohne Mühe umgehen, mit ihm in einen verbindlichen Gesprächskontakt zu treten.

Mit ihrem sehr weiten Anspruch bei gleichzeitigem Verzicht auf formelle Strukturen wies die Gruppe das eigene Verhandlungs- und Machtpotential großteils zurück und lieferte sich ganz und gar dem Wohlwollen einzelner Förderer an den Spitzen der Administration aus, deren Unterstützung nur zu einem Teil durch die Übereinstimmung mit den Intentionen der Gruppe begründet war. Meine Vorschläge gingen dahin, daß die Gruppe durch Herstellung von Aktennotizen und schriftlichen Vereinbarungen die Kommunikation untereinander und zur Administration stärker formalisiere, vor allem aber, daß sie einen offiziellen Sprecher, Repräsentanten oder Gruppenleiter etabliere.

Mir war klar, daß ich diese Vorstellungen nur in beratender Funktion, nicht aber mit persönlichem Gewicht einbringen konnte, wollte ich nicht Gefahr laufen, selbst in die Leiterfunktion gedrängt zu werden. Teils durch diese meine Zurückhaltung, teils durch das Anhangen am egalitären Konzept, das, wie schon erwähnt, sicherlich auch ein Mittel der Verleugnung von bestehenden Unterschieden war, teils aber auch durch die ambivalente Wertschätzung von N., der am ehesten für die Funktion des Gruppensprechers in Betracht kam, war es schwierig, die Frage der Leiterfunktion einer Lösung näher zu bringen.

Ein banaler Vorfall half mir, eine besondere Funktion des Erziehers innerhalb des Heimsystems und, analog dazu, die Funktion eines Leiters einer Erziehungsgruppe besser zu verstehen. Zwei Kinder hatten vom dritten Stock brennendes Papier auf die Straße geworfen, was einigermaßen gefährlich, aber in einem vollzementierten Substandardwohnviertel sicherlich keine Katastrophe ist. Passanten oder Nachbarn verständigten den Direktor, der seinerseits die Gruppe zur Rede stellte und ihr Vorhaltungen wegen ihres lockeren und ineffizienten Erziehungsstiles machte. In der Supervisionsbesprechung wurde über Erziehungsmaßnahmen beraten, wobei Restriktionen diskutiert wurden, die mit dem beschriebenen Vorfall in keinem vernünftigen Verhältnis standen. Anhand dessen konnte ich diskutieren, daß die Gruppe daran war, den Druck, den der Direktor von außen empfangen und an die Gruppe weitergegeben hatte, unmittelbar auf die Kinder zu übertragen. In der Weise, wie ein guter Erzieher nicht als Transmissionsriemen des Druckes der Außenwelt auf die Kinder fungiert, wodurch diese die Möglichkeit haben, sich zu entfalten, konnte ich mir vorstellen, daß der tüchtige Leiter einer Gruppe den Druck der Administration auffängt und verarbeitet, um so den Erziehern Raum für sinnvolle pädagogische Tätigkeit zu geben. Über das Stadium der Diskussion der Funktionsteilung kam die Gruppe allerdings nicht hinaus.

Planungen und Entscheidungen an der Spitze des Jugendamtes, von denen weder die Gruppe noch ich zu einem vernünftigen Zeitpunkt in Kenntnis gesetzt wurden, haben in der Abschlußphase die Arbeit zusätzlich erschwert und zu unnötiger Verwirrung und schließlich zum Abbruch des Projektes geführt. Drei Erzieher waren vom Heimleiter gefragt worden, ob sie Lust hätten, eine Wohngemeinschaft von schwer erziehbaren Kindern einzurichten und zu führen. Das Angebot traf die Gruppe in einer Situation der Anspannung und teilweisen Resignation und war deshalb verlockend, da dann eine gewisse Selbständigkeit garantiert war und eine relative Unabhängigkeit von der Heimleitung. Den dreien wurde jedoch aufgetragen, dies der Gruppe gegenüber nicht zu erwähnen, um keinen Neid und keine Unstimmigkeit zu schaffen. Selbstverständlich wurde dieses Thema in der nächsten Sitzung ausführlich besprochen.

Spätestens in dieser Situation war ich mit meinen Vorstellungen von „passiver" Supervision am Ende, da ich die Voraussetzungen für die den ursprünglichen Vereinbarungen entsprechende pädagogische Arbeit nicht mehr gesichert sah. Ich ersuchte den Chef aller Heime um einen Termin, indem ich ihm am Telefon erklärte, ich hätte den Eindruck, es würde etwas mit der Gruppe geplant, und ich würde gerne darüber informiert werden. Ich erhielt einen Termin, der jedoch verschoben wurde. Knapp vor der vereinbarten Besprechung teilte mir die Gruppe mit, daß N. in ein anderes Heim versetzt worden war, nachdem man ihm zur Last gelegt hatte, vor längerer Zeit einer Aufsichtspflicht nicht nachgekommen zu sein, noch dazu an Hand eines Vorfalls, in dem Behauptung gegen Behauptung stand und der zu diesem Zeitpunkt nicht mehr zu überprüfen war. Die Empörung der Gruppe war begreiflicherweise groß, auch ich sah durch diesen Schritt das letzte Stück Teamkonzept über den Haufen geworfen.

Die Gruppe reagierte sehr scharf, in einem offenen Brief forderte sie den Direktor auf, die Versetzung zurückzunehmen, andernfalls würde die Gruppe ihre Arbeit einstellen. Diese Forderungen wurden sinngemäß verbunden mit Forderungen nach Bezahlung der Teamsitzungen und Aufstockung der Erzieher auf die ursprüngliche Anzahl. Meine Sympathie für diesen Standpunkt und die Aufforderung der Erzieher an mich, die Resolution zu unterschreiben, verstärkte meinen Rollenkonflikt nur noch mehr. Hat mich die versuchte Abwerbung der drei Erzieher daran zweifeln lassen, daß die Administration an der Weiterführung der Gruppe überhaupt noch interessiert war, und mich dazu veranlaßt, Aufklärung über die Hintergründe zu verlangen, so sah ich mich durch die Versetzung von N. um diese Aufklärung betrogen und vertrat nunmehr meine Interessen um die Wiederherstellung der ursprünglich gegebenen Arbeitsbedingungen der Supervision. Das heißt: Garantie der Mindestbedingungen einer Teamarbeit. Ich unterzeichnete die Resolution nicht, vertrat aber meine in die gleiche Richtung gehenden Interessen. Dies brachte mir dennoch den Vorwurf des Heimleiters ein, daß ich mich wie ein Betriebsrat verhielte. Der wirkliche Betriebsrat selbst war in dieser Frage nur zu der Stellungnahme zu bewegen: „Da kann ich nichts machen!"

Ich möchte dem Leser die Beurteilung meiner Loyalität sowohl gegenüber der Gruppe als auch gegenüber dem Dienstgeber überlassen. Ich selbst spürte sehr stark und schmerzlich den Konflikt, dem ich durch meine Engagiertheit für die Zielsetzungen der Gruppe einerseits und durch meine Gebundenheit an den Dienstgeber mangels klarer Vereinbarungen über Rechte und Pflichten andererseits ausgesetzt war.

Es verbleibt, das Ende des Projektes zu beschreiben. Die Gruppe suchte Unterstützung, wo sie sie nur bekommen konnte, bei den Erziehern der übrigen Gruppen, doch wurde bereits erwähnt, daß hier alte Versäumnisse vorlagen, die sich nicht wieder gutmachen ließen, beim Chef aller Heime, der die Entscheidung der Versetzung nur unter Brüskierung des Heimleiters hätte rückgängig machen können, bei den Betriebsräten, wie schon erwähnt, beim Erzieherverband. Dort konnten sie wohl Sympathie, aber keine Unterstützung erhalten, da die leitenden Kräfte auch dort mit den Spitzen der Administration identisch oder sehr verknüpft sind. Das Projekt endete im Konflikt, wurde aufgelöst, um einer vielleicht schon länger geplanten therapeutischen Gruppe von Schulkindern Platz zu machen. Einige der Erzieher wurden in diese Gruppe übernommen, andere übersiedelten in andere Heime, einige gaben resigniert den Erzieherberuf auf.

Für mich war damit mein Auftrag beendet. Ich nahm im Anschluß daran zahlreiche Gelegenheiten wahr, um mit meinen Kollegen, mit interessierten Erziehern und auch mit dem Chef aller Heime die Vorgänge rund um dieses Projekt zu diskutieren. Für viele brachte dieses Beispiel Anregungen in der Diskussion um die Weiterentwicklung der Supervision in Institutionen, die bei weitem noch nicht abgeschlossen ist. Ich bin diesen Menschen dankbar für ihre Beiträge, an Hand derer es mir leichter fällt, die Schlußfolgerungen aus meinen Erfahrungen zu ziehen:

Ein Heimprojekt, das innovatorische Aspekte im bestehenden System der Fürsorgeadministration verwirklichen will, bedarf besonderer Voraussetzungen und Sicherstellungen, wenn es nicht zu resignativer Ernüchterung unter den engagierten Mitarbeitern und zu Mißerfolgen führen soll, die der Hierarchie bisweilen gar nicht so ungelegen kommen. Häufig werden aus politischen Opportunitätsgründen Experimente zugelassen, deren letzte Konsequenz die gänzliche Infragestellung bestehender administrativer Systeme wäre, deren Mißlingen jedoch zur Disqualifizierung kritischer Ansätze eingesetzt wird.

Erzieher, die ein solches Projekt betreiben, sollen in der Mehrzahl in traditioneller Heimerziehung erfahren sein und somit über ausreichende Kenntnisse der bestehenden Strukturen verfügen. Einer von ihnen, der das Vertrauen der Kollegen genießt und gute Kontakte zur Administration hat, die nicht von Dankbarkeit oder Karrierestreben gekennzeichnet sind, soll als Leiter und Repräsentant fungieren. Eine kollektive Leitung mag zwar wünschenswert erscheinen, doch sind alternative Formen in Rahmen bestehender Systeme nur partiell zu verwirklichen.

Je mehr „alternative Praxis" in einem Projekt verfolgt wird, umso größer muß die organisatorische Selbständigkeit sein. Diese kann nur durch gesonderte Verträge zwischen Erziehergruppe und Administration gesichert werden, welche die Aufrechterhaltung vereinbarter Arbeitsbedingungen über eine festgelegte Dauer sichern. Vertrauen ist gut, Verträge sind besser.

Vom Supervisor wird zu verlangen sein, daß er neben fachlichen und persönlichen Qualifiaktionen über gute Kenntnisse des organisatorischen Umfeldes verfügt. Hier würde ein erfahrener Erzieher mit zusätzlicher Psychotherapie- und Supervisionserfahrung wahrscheinlich die beste Voraussetzung mitbringen. Die Einbindung der Supervision in organisatorische Zusammenhänge des Projekts wird jeweils gründlich zu klären sein. Insbesondere müßten die Kompetenzen, Rechte und Pflichten des Supervisors festgelegt und allen Beteiligten bekannt sein. Entsprechend der Aufgabenstellung der Supervision wird es sich dabei um Rechte auf Information und Mitentscheidung und Pflichten der Berichtlegung handeln, deren Implikationen in der Arbeit mit den Supervisanden notwendigerweise aufgearbeitet werden müssen.

# Literatur

*Ekstein, R., R.S. Wallerstein:* The Teaching and Learning of Psychotherapy. International University Press; New York, 1973.

# Ein Beitrag zur Ausbildung von Kinderkrankenschwesternschülerinnen

## Die psychischen Bedürfnisse der Kinder im Spital

*Catherine Schmidt-Löw-Beer*

> „Ein bißchen Nachdenken wird jede vernünf-
> tige Person überzeugen, daß so ein Plan völlig
> undurchführbar ist: nimmt man ein krankes
> Kind von seiner Mutter oder Amme weg, so
> wird es sofort an gebrochenem Herz sterben."
>
> Dr. Georg Amstrong, ein englischer Arzt,
> 1777, als erstmals geplant war, kranke Kinder
> in Spitäler aufzunehmen

Die heutige Ausbildung der Kinderkrankenschwesternschülerinnen bewährt sich besser in der somatischen Pflege als im Umgang mit psychischen Schwierigkeiten der Kinder im Krankenhaus. Die Leitung einer Schwesternschule hat dies erkannt und hat vorgeschlagen die Schülerinnen des letzten Jahrgangs, in dem sie schon praktisch tätig sind,
mit der Problematik der Psyche des Kindes vertraut zu machen.

Ich wurde aufgefordert, darüber einen Kurs abzuhalten. Die Kursteilnehmerinnen
waren 14 Schülerinnen; die Zeit des Kurses war auf fünf Doppelstunden beschränkt;
zum Abschluß wurde eine zusätzliche Doppelstunde bewilligt.

Im letzten Schuljahr arbeiteten die Schülerinnen bereits auf der Station, sie kennen
daher den Spitalsdienst, die hierarchische Organisation der Schwestern und Ärzte, das
Verhalten der Kinder und der Eltern aus eigener Erfahrung. Mit Arbeit und Schule und
Prüfungsvorbereitungen sind sie außerordentlich belastet.

Meine Aufgabe sah ich darin, die Schülerinnen für psychische Probleme zu sensibilisieren, die von der Spitalshierarchie kaum beachtet werden, ohne sie aber dabei ihrer
Hauptaufgabe zu entfremden, nämlich im Spital als integrierte Kräfte mit vollem persönlichen Einsatz zu funktionieren. Regieren doch, wie zahlreiche Studien der letzten
Jahrzehnte beweisen, Kleinkinder auf die Trennung von der Mutter traumatisch; insbesondere Spitalsaufenthalte können Quellen ernster und dauernder psychischer Schäden sein (Robertson, 1974).

Doch sind die Manifestationen der Traumen für den Unerfahrenen meist als solche
schwer erkennbar. Zum Beispiel weist die Apathie und „Bravheit" von Kindern, die
von Eltern nicht besucht werden, oft auf ernstere Schäden hin als heftige Gefühlsaus-
brüche. Fehlinterpretationen dieser Art sind übrigens mit ein Grund für den manchmal

heftigen Widerstand gegen die Einführung häufigerer und längerer Elternbesuche, denn fälschlich wird das so wichtige, natürliche Weinen am Anfang und Ende der Besuchszeit als unnötige zusätzliche Traumatisierung der Kinder empfunden, denen man das doch ersparen könnte.

## Die Vorbereitung des Kurses

Drei Monate vor Kursbeginn verteilte ich an die Schwesternschülerinnen die folgende Anleitung, mit der ich nur erreichen wollte, daß sie Einzelfälle beobachten und sich mit ihnen befassen. Keineswegs durfte irgend etwas im Text die angehenden Schwestern dabei beeinflussen. So entstand eine kurze und recht unsystematische Anleitung:

> Als Vorbereitung für den Kurs „Das kranke Kind im Spital" ersuche ich Sie, aus den von Ihnen betreuten Patienten ein Kind auszuwählen. Mit diesem sollen Sie seit seiner Aufnahme im Spital in regelmäßigem Kontakt gewesen sein. Beobachten Sie die Reaktionen des Kindes und beschreiben Sie seinen Spitalsaufenthalt unter besonderer Berücksichtigung der unten angeführten Punkte. Bei Ihren Beobachtungen versuchen Sie, sich am besten folgendes vorzustellen:
> „Ich möchte diesen kleinen Menschen ein bißchen kennenlernen, seine Welt, seine Ängste verstehen und eine Beziehung mit ihm aufbauen."

Medizinische Diagnose:

Therapie: Kurze Beschreibung ärztlicher und pflegerischer Maßnahmen.
Voraussichtliche Dauer des Spitalsaufenthalts:

*Beschreibung des Kindes*

Seine altersgemäße Entwicklung. Seine erste Reaktion auf das Spital – sein Verhalten im Spital. Wurde das Kind auf den Spitalsaufenthalt vorbereitet? Reaktion auf Besuch der Eltern. Womit spielt das Kind? Wer beschäftigt sich mit ihm und auf welche Weise?

*Schwester*

Reaktion auf das Kind. Verhältnis der Schwester zum Kind. Gefühle der Schwester, die durch das Kind bzw. Eltern ausgelöst werden. Wie reagiert die Schwester auf die Eltern? Reaktion auf „Schlimmsein" des Kindes.

*Eltern*

Die Reaktion der Eltern auf die Krankheit des Kindes; auf den Spitalsaufenthalt. Wurden die Eltern über den Zustand des Kindes aufgeklärt? Häufigkeit des Besuches. Wie verhalten sich die Eltern beim Besuch?

*Literatur*

Thesi Bergmann, Anna Freud: Kranke Kinder. Fischer 1972.

Zusätzlich forderte ich die Schülerinnen auf, sich untereinander abzusprechen, so daß uns ein Spektrum von Fällen für alle Altersstufen zwischen 0 und 14 Jahren zur Verfügung stünden.

Wie aus den Fragen ersichtlich ist, sollten die angehenden Schwestern das Verhalten eines Kindes, seiner Eltern und der Schwestern, vor allem ihrer selbst bei der Aufnahme ins Spital und danach beobachten und beschreiben. Sie mußten nun auf Erscheinungen achten, die sie vorher kaum beachtet hatten; auch die Hinlenkung auf je einen „einzelnen Fall" war für die Schwester neu, denn üblicherweise verrichten sie diverse „Arbeitsvorgänge" an einer großen Anzahl von Patienten – arbeiten aber nicht „fallorientiert".

Zu Beginn des Kurses erhielt ich von jeder Schülerin diesen Bericht: Ich bemerkte allgemein ein großes Interesse bei den Schülerinnen. Sie hatten sich bemüht, das Kind und den Spitalsaufenthalt ausführlich zu beschreiben. Die Schwerpunkte der Arbeiten waren sehr unterschiedlich, aber im ganzen gesehen überraschte mich das Ausmaß des psychologischen Unverständnisses. Ich hatte erwartet, daß bei so ausgeprägt psychologischen Fragestellungen „gezwungenerweise" auf psychologische Aspekte eingegangen wird. Die fehlende Sensibilisierung für psychische Probleme wurde trotz des ernsten Bemühens der Schülerinnen offenbar. Was ihnen in der Schwesternschule an Psychologie und Pädagogik geboten worden war, gab ihnen keine Handhabe für ihre Praxis.

**Einige wesentliche Aspekte der Fallbeschreibungen**

Eigene Gefühle der Schwestern wurden so gut wie nicht beschrieben. Die Kinder waren auf den Spitalsaufenthalt ausnahmslos nicht vorbereitet worden. Es herrschte Übereinstimmung, daß schlimme Kinder bestraft werden sollten.

Die negative Einstellung der Schülerinnen den Eltern gegenüber war auffallend: Teilweise wurde den Eltern die Schuld an der Erkrankung zugesprochen. Das Verhalten der Eltern bei Besuchen wurde häufig kritisiert.

Die Reaktion der Kinder auf das Spital wurden in den meisten Studien nicht beschrieben.

Die altersgemäße Entwicklung kam nur in einem Fall zum Ausdruck.

**Der Kurs**

So vorbereitet auf die Teilnehmerinnen des Kurses und ihre Haltung, saß ich mit ihnen gemeinsam um einen großen Tisch in einem kleinen Raum, den ich ausgewählt hatte, um eine lebhafte und informelle Diskussion zu fördern.

Die Fallberichte hatte ich, nach Altersstufen von der niedrigsten beginnend, geordnet, um jeweils während der Lehrveranstaltung an Hand der Fälle die Theorie darzulegen.

Sobald ich die Schülerinnen über die normalen Entwicklungsstadien von Kindern unterrichtet haben würde, beabsichtigte ich, sie ihre eigenen Fälle neu überdenken zu lassen, wobei immer vom Kind und seiner Entwicklung ausgegangen, aber die Umgebung, die Eltern, die Geschwister und andere im Einzelfall wesentliche Umstände nicht außer acht gelassen werden sollten.

## 1. Lehrveranstaltung

Einleitend gab ich einen kurzen historischen Überblick darüber, wie in alten Zeiten kranke Kinder ausschließlich zu Hause gepflegt und erst im 18. Jahrhundert in Spitäler eingeliefert wurden. Die Hospitalisierung bedeutete natürlich für die somatische Behandlung einen großen Fortschritt, doch gab es schon damals kritische Stellungnahmen, die sich auf die psychischen Auswirkungen der Trennung des Kindes von seiner Mutter bezogen (s. das Zitat von Dr. Amstrong am Beginn dieses Kapitels). Seit damals setzte ich fort, würden Kinder in Krankenhäusern vorwiegend physisch betreut, und erst heute erkenne man im vollen Umfang die Bedeutung der psychischen Betreuung für die Heilung und Verhinderung psychischer Schäden. Nun folgte der Überblick über die Entwicklungsstufen des gesunden Säuglings, der es den Schwestern ermöglichen sollte, Vorgänge bei den kranken Kindern zu beurteilen. Ich erzählte den Schülerinnen von dem autistischen Stadium (Altersstufe: 0–4 Wochen) und dem in allmählichem Übergang folgenden symbiotischen (Altersstufe: 1.–4. Monat) (s. M. Mahler, 1972). An dieser Stelle unterbrach ich meinen Vortrag und fragte, ob ein neugeborenes Kind nach Zeit oder nach Bedarf gefüttert werden sollte.

Die Diskussion wurde nach einem Augenblick eisigen Schweigens lebendig. Alle Schülerinnen lehnten Füttern nach Bedarf mit den verschiedensten Argumenten ab: „Nicht verwöhnen!"; „Baby wird zu dick"; „Baby bleibt zu dünn"; „Es gewöhnt sich daran, immer zu schreien". „Es muß von Anbeginn seines Lebens Ordnung und Disziplin lernen". „Warum soll sich die Mutter vom Kind tyrannisieren lassen?"...

In der anschließenden Diskussion gingen wir auf alle Einwände gegen das Füttern nach Bedarf genau ein. Es stellte sich bald deutlich heraus, daß diesen Meinungen Ängste und große Unsicherheiten zugrunde lagen. Langsam überzeugte ich die Schülerinnen, daß auch Babies individuelle physiologische Bedürfnisse haben.

Die Atmosphäre im Kurs wurde allmählich lockerer, was sich in dem Bedürfnis der Schwestern äußerte, „Konflikte" auf der Station zu besprechen. Sie konfrontierten mich mit ihrer täglichen Berufssituation, aus der wir einige Probleme herausgriffen, ohne aber zunächst Lösungen zu finden.

Die Gefahr der Frustration als Ergebnis des Kurses wurde in solchen Augenblicken nur allzu deutlich, und ich mußte immer wieder versuchen, die Schülerinnen zu stützen und ihren persönlichen Optimismus zu stärken.

Dabei half mir die Behandlung der Fallberichte, denen ich mich nun zuwandte. Als ersten Fall griff ich den eines 6 Monate alten Mädchens heraus, das an einer unheilbaren Erkrankung litt und fünf Monate später starb. Anfänglich war die Mutter täglich zu Besuch gekommen, aber allmählich hörte sie auf, „sich zu kümmern". Die Schülerinnen meinten zunächst, es handle sich hier um einen tragischen Fall, zu dem es nichts mehr zu sagen gäbe. Im Laufe des darauffolgenden Gesprächs ergab sich, daß zahlreiche Schwestern einzelne, voneinander unabhängige Informationen über die Familie dieses Kindes und deren Situation hatten, die sich langsam zu einem Mosaik zusammenfügten:

Die Eltern hatten schon ein Kind im Alter von zweieinhalb Jahren, als das kranke Kind zur Welt kam. Die Reaktion der Eltern bei der Geburt war unbekannt, obwohl zwei Schülerinnen damals auf der Geburtshilfestation tätig waren. In den ersten zwei Monaten der Krankheit kümmerte sich die Mutter sehr um ihr Kind. Einige Male besuchte sie den Säugling mit ihrem älteren Kind, das draußen warten mußte.

Die ausführliche Diskussion des Falls behandelte folgende Themen:
– Wie kann man den Rückzug der Mutter erklären?
– Wie können Eltern auf ein geschädigtes Kind reagieren?
– Welche Vorstellungen und Phantasien haben Mütter bzw. Väter über die Ursache der Schädigung?
– Welche Rolle spielen Geschwister, und wie sollte man sich zu ihnen verhalten?

In der lebhaften Auseinandersetzung befaßten sich die Schülerinnen wohl zum ersten Mal mit der individuellen Lebensgeschichte und Lebenssituation eines von ihnen gepflegten Kindes und erfuhren, daß dazu die ganze häusliche Situation, die Eltern, die Geschwister und vielfältige andere Aspekte gehören. Mit Absicht holte ich noch weiter aus und beschäftigte mich mit der nach dem Tod des Kindes zurückgebliebenen Familie.

Eine Schwester erinnerte sich daran, daß die Mutter glaubte, ein früher Abtreibungsversuch hätte zur Schädigung des Kindes geführt. Wir besprachen an diesem neuen Umstand die Schuldgefühle dieser Mutter, des Vaters und die Frage, wie man die Schuldgefühle verringern könnte.

Die Bedeutung der Trauerreaktion selbst wurde in dieser ersten Stunde nur kurz angeschnitten und erst in einer späteren ausführlicher besprochen.

Genauer wurde aber die Lage des $2^1/_2$jährigen Geschwisters während und nach der Krankheit erörtert.

Seine Situation ist sehr schwierig, denn die Eltern sind ganz mit dem kranken Kind beschäftigt und können dem gesunden nicht die nötige Liebe und Wärme entgegenbringen. Oft reagieren Kinder in dieser Lage mit Trotz und Wut. Die mit magischer Allmacht verbundenen Gefühle, die für dieses Alter typisch sind, – vor allem die Todeswünsche für das jüngere Geschwister – lösen schreckliche Schuldgefühle aus. Ernste Schäden können eintreten, wenn das betreffende Kind wirklich stirbt. Diese Probleme interessierten die Schülerinnen; sie machten vernünftige Vorschläge, wie man mit den Eltern in einer solchen Situation sprechen könne.

## 2. Lehrveranstaltung

Ich begann die Stunde mit einer Ergänzung zum Thema „Füttern nach Bedarf", die sich aus einer Diskussion ergab, die ich darüber mit Kollegen im tiefenpsychologischen Institut führte.

Diese wendeten sich gegen jede starre Anwendung einer Fütterungsmethode. Ich akzeptierte diese Kritik und führte aus:

Was für eine Mutter durchführbar und richtig ist, kann für eine andere falsch sein und würde bei ihr nur zu einer Verunsicherung führen.

Die Schülerinnen waren unruhig und wenig gewillt, Detailprobleme zu diskutieren. Die 1. Stunde hatte offenbar zur Folge, daß ihnen die reale Situation auf der Station unerträglich und unlösbar schien. Sie äußerten den Wunsch nach einem völlig neuen Spital, das mit jungen Menschen besetzt wäre und in dem sich ideale Verhältnisse verwirklichen ließen. Am jetzigen Zustand blieb nichts unkritisiert. Die junge Generation der Schülerinnen verdammte die „Elterngeneration" global.

Ich gab zu bedenken, ob sich den gegebenen Zuständen nicht positive Aspekte abgewinnen ließen, da der Wunsch, alles Bestehende zu zerstören und ganz neu anzufangen, ja offensichtlich utopisch sei. Die Schülerinnen erwiderten mit der Beschreibung ihrer Konflikte auf den Stationen und nutzten die Gelegenheit, ihren aufgestauten Gefühlen freien Lauf zu lassen. Ich meinte nun, daß wir erst nach einer gründlicheren Erörterung der Fälle und daran anknüpfend der Theorie, in der Lage sein würden, diese grundlegenden Probleme in ihren richtigen Proportionen zu sehen.

Anhand von Fallbeispielen besprachen wir die 3 Stufen der Trennungsangst von Kleinkindern im Alter von 7 Monaten bis zu etwa $3^{1}/_{2}$ Jahren und folgten dabei der Darstellung von Bowlby (1976) und Robertson (1974), die fanden, daß auf den anfänglichen Protest als nächste Stufen Verzweiflung und schließlich Verleugnung folgen. In den Fallberichten der Schwestern gab es eine Reihe von Kindern, die sich im gefährlichen 3. Stadium der „Verleugnung" befanden, also schwer gestört waren, aber als „glückliche Lieblingskinder" der Station beschrieben wurden. Ich erläuterte, daß den Kindern der Zeitbegriff fehlt und sie das Ende des mütterlichen Besuchs als endgültigen Abschied erleben.

Die Schülerinnen verglichen meine Erklärungen mit ihren Erfahrungen. Bisher hatte sie das Weinen der Kinder auf der Station gestört, während ihnen die „Bravheit" der schon apathischen Kinder im „Verzweiflungsstadium" gefiel. Das gab Anlaß, die Bedeutung des Weinens darzulegen.

Die theoretische Grundhaltung von Erikson (1971) zum Wachstum und den Krisen der gesunden Persönlichkeit war für die Schülerinnen einleuchtend. Die Begriffe des „Urvertrauens" im Gegensatz zum „Urmißtrauen" in jeder Situation des Kindes wurden aus dem Spitalserlebnis klar.

### 3. Lehrveranstaltung

In der 3. Doppelstunde besprachen wir das Verhältnis der Schwestern zu den Müttern ausführlich und versuchten zum ersten Mal ein Rollenspiel, mit dessen Hilfe die Schülerinnen ihre anfänglichen Aggressionen („Die Eltern beschimpfen uns und beklagen sich bei der Stationsschwester, die uns wiederum beschimpft; wir sind immer die Dummen . . .") allmählich durch die Erkenntnis verloren, wonach das Verhalten der Mütter Ausdruck ihrer Angst und Unsicherheit sei.

Dem Rollenspiel lag der Bericht über eine sehr „lästige" Mutter zugrunde, die immer der Meinung war, man tue nicht das Richtige für ihr Kind, die dann selbst müßig dasitzt, sich sogar bedienen läßt und nicht einmal bemerkt, daß es dem Kind in ihrer Gegenwart schlechter geht. Das Gefühl, solche Mütter gehörten „hinausgeschmissen", wurde geäußert. Im Spiel von zwei Schülerinnen sollten nun Wege herausgearbeitet werden, wie man mit solchen Müttern umgehen könne:

*Mutter:* Wie hoch ist denn das Fieber bei meiner „Topsi"?
Ich hab' Ihnen doch gesagt, Sie sollen es jede Stunde messen.
*Schwester:* Sie sorgen sich, daß wir nicht alles für Ihre Tochter tun?
*Mutter:* Was heißt „sorgen"! Das seh' ich ja.
*Schwester:* Wissen Sie, was Ihrer Tochter fehlt?
*Mutter:* Nein, das weiß ich nicht. Hat mir ja keiner was gesagt.
*Schwester:* Vielleicht wollen Sie, daß ich es Ihnen ein bißchen erkläre?
*Mutter:* Das wäre gut.

Nun erklärt die Schwester der Mutter die Krankheit.

*Mutter:* Ach so, dann wäre das Fieber nicht so wichtig. Wissen Sie, ich weiß nicht, ich merke jetzt erst, wie ich mich gefürchtet habe. Habe mich gar nicht getraut zu fragen. Wissen Sie, meine jüngere Schwester ist nämlich als Kind im Spital gestorben.
*Schwester:* Ich verstehe. Sie hatten Angst, Ihre Topsi würde sterben.
Das wird sie bestimmt nicht. Aber hätten Sie Lust, ein bißchen bei der Pflege zu helfen? Sie müssen es ja für zu Hause lernen.

Das Spiel bewies, daß die Schülerinnen die Problematik verstanden hatten. Die Schwestern zeigten auch Verständnis dafür, daß die Mütter den Wunsch haben, als Mütter anerkannt zu werden, und daß diesem Bedürfnis oft ein Schuldgefühl zugrundeliegt, irgendwie versagt zu haben. Wir betonten, wie wichtig es ist, daß die Schwestern als kompetente Personen sowohl der Mutter wie auch dem Kind gegenüber auftreten, so daß ein gutes Vertrauensverhältnis und ein Gefühl der Sicherheit entsteht.

#### 4. Lehrveranstaltung

In der 4. Vorlesung behandelten wir die Themen der Vorbereitung der Kinder auf einen Krankenhausaufenthalt, auf medizinische Eingriffe und auf Operationen. Wir überlegten, wie man mit Kindern – auch im Sinne dieser Vorbereitungen – spielen könnte und was ihre typischen, altersgemäßen Reaktionen sind.
Die Methode des Rollenspiels wurde wieder aufgegriffen.
Zwei Schülerinnen gelang es gut zu zeigen, wie ein 5jähriges Kind auf eine Nierenoperation vorbereitet werden sollte.

## 5. Lehrveranstaltung

Die 5. Doppelstunde war dem Thema des Todes auf der Station gewidmet. Wir sprachen sowohl über das Verhalten des Kindes, der Eltern und Geschwister als auch über die Hilflosigkeit und Verzweiflung der Schwestern. Wie können Sie helfen, ohne dabei selbst zugrunde zu gehen? Mit wem können Sie ihre Gefühle, ihren Kummer teilen? Das Bedürfnis nach Unterstützung durch die Arbeitsgruppe wurde hier sehr deutlich, und wir mußten leider feststellen, daß die Möglichkeiten zur gegenseitigen Aussprache oft fehlen.

## 6. Lehrveranstaltung

Die letzte Doppelstunde, die ja erst spät bewilligt worden war, wurde dann benützt, die theoretischen Erkenntnisse des Kurses zu wiederholen und die Schwestern über den Kurs selbst diskutieren zu lassen. Sie äußerten den Wunsch, daß dieser Veranstaltung mehr Zeit eingeräumt werden sollte. Sie hätten auch gerne konkrete Anweisungen über richtiges Verhalten in konkreten Situationen, zum Beispiel wollten sie erfahren, wie man mit Kindern verschiedener Altersstufen spielen kann.

Ich hatte den Eindruck, daß die „negative" Phase überwunden war und daß die Schülerinnen mit mehr Aufgeschlossenheit ihrem Beruf entgegengingen.

## Einiges zur Methode

Die Schülerinnen konnten anfangs Unsicherheit und Ängste weder bei den Kindern noch bei den Eltern erkennen, hatten auch nicht gelernt, damit umzugehen. Immer wieder fühlten sie sich durch „sekkante" Kinder und „aggressive" Eltern provoziert.

Meine Methode war es nun, diese Fälle jeweils in zwei Probleme aufzuspalten, nämlich

1. in die Untersuchung, was in dem Kind bzw. den Eltern vorgeht, warum sie sich auf eine bestimmte Art und Weise benehmen und

2. wie eine Schwester unter gegebenen Umständen darauf reagieren könnte.

Aus dem Verständnis für das erste Problem ging dann leicht ein brauchbares „Handlungsrezept" hervor. Am Ende der Diskussionen hatte sich die Aggression der Schülerinnen gegen das „anspruchsvolle" Kind und die „unerträglichen" Eltern oft in wirkliches Verständnis gewandelt.

Bei der Besprechung von Fällen bestand immer wieder die Tendenz, mit Selbstverständlichkeit anzunehmen, es gäbe nur „eine" richtige Art, mit einem Kind umzugehen. An solche „Selbstverständlichkeiten" ließen sich kritische Diskussionen anschließen, aus denen sich ergab, daß vorgefaßte Meinungen in die Irre führen und jeder Fall anders liegt.

Es wurde besonders darauf Wert gelegt zu vermitteln, daß jede Schwester aus ihrer individuellen Persönlichkeit heraus verschieden reagiert; je besser sie sich selbst kenne, desto eher könne sie ihre individuelle Arbeitsweise entwickeln. Das gilt, wie sich ergab, im besonderen Sinn im Umgang mit den Eltern. Die Eltern fragen die Schwestern häufig um Rat, besonders dann, wenn sich ein gewisses Vertrauensverhältnis eingestellt hat. Es wurde einsichtig, daß jede Mutter, jeder Vater einen ihrem persönlichen Bedürfnis und Erwartungen angepaßten Rat braucht. Dabei hatte ich nie angenommen, daß die Schülerinnen all das, was wir im Kurs besprachen, auch durchführen könnten. Die meisten von ihnen wären mit der Aufgabe überfordert, auf die Eltern und Kinder individuell und mit „spezifischem" Verständnis einzugehen. Denn sie hätten dazu weder die erforderliche Zeit noch die nötige Ausbildung. Einige Schülerinnen jedoch bewiesen eine erstaunlich gute Einfühlungsfähigkeit und Intuition und zeigten großes Interesse und Verständnis für ein solches Vorgehen.

**Beurteilung des Kurses**

Das ernste Interesse der Schülerinnen für die Problematik des Umgangs mit kranken Kindern wurde durch die lebhafte Beteiligung an den Stunden und auch durch hitzige Diskussionen nach den Stunden manifest. Auch die Rollenspiele waren voller Leben und halfen den Spielenden und Zuhörern, ihre eigene Einstellung zu den Problemen und Konflikten kennenzulernen.

Der Lehrkurs führte auf dem Umweg über zunächst globale Kritik an den Spitalzuständen schließlich keineswegs zu einer Frustration, die nur Passivität zur Folge gehabt hätte. Er erschwerte es auch den Schülerinnen nicht, sich in die bestehende Hierarchie zu integrieren. Im Gegenteil, es verbessert sich die Fähigkeit zur Zusammenarbeit mit Kolleginnen.

Gleichzeitig wurde aber der erste Anstoß zu einer Änderung des Betreuungsstils gegeben, und eine Umschichtung der Werte von rein körperlicher Betreuung zur Erkenntnis, daß die psychische Betreuung des kranken Kindes mit entscheidend für die Genesung ist, wurde vollzogen. Bei fast allen Schülerinnen änderte sich die Einstellung den Kindern und Eltern gegenüber. Aggressionen und Beschuldigungen verminderten sich, und an deren Stelle traten Verständnis und Respekt. Alle Schwestern wurden in ihrem Wunsch, ein bißchen helfen zu können, bestärkt, indem sie eine konkrete Vorstellung davon bekamen, auf welche Art sie „helfen könnten". Sie fühlten sich in Konfliktsituationen nun nicht mehr so hilflos wie zuvor. Zum Beispiel wurde der so häufige Zusammenhang von Aggression und Angst erkannt und schon zur Kurszeit öfters eindrucksvolle Erfolge durch kurze Interventionen erzielt (z.B. „Du glaubst vielleicht, Du bekommst heute eine Spritze und fürchtest Dich?", diese Frage allein verwandelt die Stimmung des Kindes).

Es erschien mir wichtig und interessant, den Einfluß des Kurses auf die Schülerinnen zu erfassen, auch um Anhaltspunkte für eine eventuelle Modifikation der Kursmethode für die Zukunft zu gewinnen.

Zu diesem Zweck verteilte ich zwei Monate nach Beendigung des Kurses ausführliche Fragebögen. Von 14 Schülerinnen beantworteten 8 meine Fragen.

Es ergab sich, daß diese Schwestern nunmehr größeres Verständnis für Kinder und Eltern zu haben meinten, daß sie die Arbeit mehr freut, daß sie allerdings die Gesamtsituation auf den Stationen nicht verändern können.

Nun lud ich die Kursteilnehmerinnen zu Nachbetreuungsdiskussionen ein, die an zwei Abenden stattfanden, an denen wiederum 8 der 14 Schülerinnen teilnahmen. Diese acht waren auf den Stationen gut integriert, und ihre Tätigkeit macht ihnen Freude; es war zu keiner Frustration gekommen. Das Verhältnis zu den Kindern schien gut zu sein und das Verständnis für die Eltern gewachsen.

Die Gespräche waren lebendig und zeigten viel Überlegung und weitaus weniger Aggressionen als zu Beginn des Kurses. Die Schülerinnen waren inzwischen fertige Schwestern geworden. Einige von ihnen erzählten, daß sie von ihren Kolleginnen immer bei den psychisch schwierigsten Kindern herangezogen werden. ,,Bitte, betreu' Du dieses Kind, wir kennen uns nicht aus, mit geht es auf die Nerven." Die Schwestern überlegen sich dann mit viel Geschick und Begeisterung, wie sie sich diesen Kindern gegenüber verhalten sollen. Solche Probleme wurden auch in unserer Nachbetreuungsgruppe besprochen.

Es wurde bedauert, daß es technisch nicht möglich war, die Nachbetreuungsgruppe weiterzuführen. Doch es hatte sich schon gezeigt, daß dies über die Aufgabe des Kurses hinausgeführt hätte, nämlich zur Heranziehung nicht der Schülerinnen, sondern der ausgebildeten Schwestern.

**Reflexion nach Kursende**

Idealerweise sollten die Schülerinnen im Laufe ihrer Ausbildung die psychische Reife erlangen, sich selbst und die eigenen Reaktionen kennenzulernen und die Fähigkeit erlangen, diese kritisch zu verarbeiten. Dabei müßte sich jede Schwester in individuell verschiedenen Bereichen ihrer Persönlichkeitsstruktur entsprechend weiterentwickeln.

Die zu Beginn des Kurses herrschenden Einstellungen sind weniger wichtig, als die individuelle Fähigkeit der Schülerinnen, sich zu ändern und Einstellungen aufgrund von größerem Verständnis und neuen Erkenntnissen zu revidieren. Das eigene Verlangen, einen anderen Menschen zu verstehen, in diesem Fall einen kindlichen Patienten, die Eltern und die Mitarbeiter, müßte gefördert werden und sollte idealerweise den späteren Aktivitäten zugrundeliegen. Ein immer besseres, toleranteres Verständnis für die Situation des Patienten sollte erreicht werden.

Dabei müßte das Selbstvertrauen der Schwestern so gestärkt werden, daß sie sich imstande fühlen, Verantwortung zu tragen und die oft große Abhängigkeit ihrer Betreuten auszuhalten und ihnen zugleich dennoch die eigene Autonomie soweit wie möglich zu überlassen. Es ließen sich noch viele Kriterien für eine psychologisch adäquate Ausbildung von Krankenschwestern anführen. Weiterführende Überlegungen wären jedoch nur dann sinnvoll, wenn sie im Rahmen der Gesamtkonzeption des Lehrplans der

Schwesternschule angestellt würden, der sich ja die Aufgabe der psychologischen und pädagogischen Schulung der Schwestern stellt und entsprechende Kurse vorsieht.

Dabei ist sicher unbestritten, daß von den bestehenden Verhältnissen in den Spitälern ausgegangen werden muß:

In der Institution, in der die Schwestern beruflich tätig sind, gibt es bestimmte Vorstellungen und eine bestehende organisatorische Struktur. Die Schwester muß innerhalb dieser Organisation arbeiten und kann nicht selbständig ihre eigenen Ziele, Bedürfnisse und Vorstellungen verwirklichen. Das soll jedoch nicht heißen, daß ein blindes Vertrauen und Befolgen von Anordnungen indiziert wäre: im Gegenteil, ein kritisches Bewußtsein, die Fähigkeit, im Rahmen der Institution konstruktive Vorschläge zur Erneuerung und Verbesserung zu machen und durchzusetzen, wären von größtem Vorteil und sollten durch die Schule entwickelt werden.

Die im Kurs gewonnenen Erfahrungen lassen die folgenden Anregungen für die Lehrplangestaltung als erwägenswert erscheinen:

Ein Lehrziel für Kinderkrankenschwestern sollte es sein, daß sie sich auf Fälle hin orientieren, daß ihre Tätigkeit „fallorientiert und fallzentriert" wird.

Da psychologische Erkenntnisse erst an Fallbeispielen und im Zusammenhang mit Erlebnissen und Erfahrungen von den Schwesternschülerinnen auch emotionell verarbeitet werden können, sollte der Schwerpunkt der psychologischen Schulung in die höheren Jahrgänge gelegt werden.

Die psychischen Probleme des Kindes im Spital sind so spezifisch, daß gemeinsame psychologische Schulung von Kinder- und Erwachsenenkrankenschwestern als wenig sinnvoll erscheint.

Die seminaristische Form der Schulung in kleinen Gruppen, in denen jede Schülerin aktiv wird, ist wesentlich wirksamer als die Methode des Vortrags des Lehrstoffes.

Die Ergebnisse des Kurses fanden bereits bei den Gestaltern des Lehrplans Beachtung, und die Kursleiterin wurde aufgefordert, an einer Diskussion über die gewonnenen Erfahrungen und die sich ergebenden Anregungen teilzunehmen.

# Literatur

*Bowlby, J.:* Trennung. Kindler, München 1976.

*Erikson, E.:* Identität und Lebenszyklus. Suhrkamp, Frankfurt/Main 1971.

*Mahler, M.:* Symbiose und Individuation. Band I. Klett, Stuttgart 1972.

*Robertson, J.:* Kinder im Krankenhaus. Reinhardt, München 1974.

# Stadtplanung

*Hans Strotzka*

## 1. Einleitung

Planer und Architekten sprechen schon fast als automatisches Klischee aus, daß die Mitarbeit von Psychologen und Soziologen zur Selbstverständlichkeit ihrer Arbeit gehört. Tatsächlich ist davon keine Rede, entweder ist es schlicht eine Lüge, oder die beiden Richtungen arbeiten nebeneinander und aneinander vorbei. Eine wirklich integrierte Zusammenarbeit ist nämlich viel schwieriger, als es fürs erste erscheint.

Planer treten übrigens auch in sehr verschiedener Form auf, als ästhetisch interessierte Architekten, als Technokraten, Ingenieure und Opportunisten, die den Politikern und Wirtschaftshyänen das Alibi der Sachlichkeit für ihre jeweiligen Interessen bieten. Macht und Ohnmacht der Planer wird wohl nirgends vollendeter geschildert als bei György Konrad (1975) (dem wir übrigens auch den besten Roman über soziale Dienste verdanken, der jemals geschrieben wurde, den „Besucher"). Wir wenden uns aber jetzt seinem „Stadtgründer" zu:

„Ich möchte den Stadtbewohner genauer kennen, doch wenn ich mehr über ihn weiß, wird er meiner väterlichen Vormundschaft noch ausgelieferter sein. Selbst unsere Kritiker sind unsere Helfershelfer, sie können uns nur eine biegsamere Methode empfehlen, die inneren Kämpfe der Intellektuellen sind Wettkämpfe der Planstrategien. Unsere Macht wächst, je klüger wir werden, vom nationalen Schauplatz steigen wir unaufhaltsam zur Bühne des Welttheaters. Jeder Ideologiewechsel nützt uns, wir können Liberale oder Kommunisten sein, Technokraten oder Ökologen, überall, wo sich das System kompliziert und das Einsatzrisiko wächst, arbeitet der Mangel an Phantasie für uns. Wir haben die Rolle des Träumers abgeworfen, die Computer arbeiten für uns, unser ist das Vorrecht der Zukunftsprophetie. Nach und nach schieben wir die Politiker beiseite, ohne uns können sie nichts beginnen, wir aber brauchen sie nicht mehr.

Die Produktion, die wir bisher mit gutem Gewissen vorangetrieben haben, ist ebenfalls gefährlich; unsere Lage ist labil, wenn wir unsere Kultur sowohl mit den Mitteln des Friedens als auch des Krieges vernichten können. Mit jeder unserer Taten stoßen wir gegen die Grenzen unserer planetenumfassenden Umgebung, der gemeinsame Besitz der Natur grenzt uns nicht voneinander ab, sobald wir uns rühren, geraten wir nicht miteinander, sondern mit der Natur in Konflikte, und was sich früher selbst regulierte, ist jetzt Aufgabe der Planung. Wir haben unsere Macht auf immer mehr Vorgänge ausgedehnt und dadurch die Aufgaben des Ordnungsschaffens vervielfacht, und, ob wir an das Wachstum oder an das Gleichgewicht der Kräfte glauben, ist jetzt der Planer wichtiger denn je. Für unsere Freiheit bezahlen wir mit Sorgen, für unsere Sicherheit mit der Unsicherheit unserer Umgebung. Die Machtfülle besteht in der völligen Machtlosigkeit, indem wir jeden Zufall dem Gesetz unterwarfen, haben wir die Eventualität zum König erhoben. Die Gefahr lebt bereits in uns, in unseren unbekümmerten und monströsen Schöpfungen, schließlich ist im Interesse des Überlebens die Selbstkritik wichtiger geworden als die Kritik. Unsere Herausforderungen häufen sich, in letzter Minute verhindern wir die Katastrophe, wir produzieren unsere Konflikte in komplizierterer Form neu, die Zeit der ironischen Betrachtung paradoxen Wachstums ist angebrochen, doch selbst auf deren Herrscherthron haben wir Platz genommen. Das Bewußtsein des Menschen wird zur Ideologie des Planes. Die Pfaffen konnte man ignorieren, uns nicht, wir vertreten nicht die göttliche Macht, wir schreiten von der Erde zum Himmel empor. Strategische Planer, Planer der Biologie, der Industrie, Stadtplaner: Gegen Ende dieses Jahrhunderts sind wir die Tyrannen der Welt."

# 2. Die Schwierigkeit der Kooperation

Wenn wir versuchen, eine ideale Situation zu konstruieren, so besteht ein Planungsbüro aus allen oben beschriebenen Fachkräften, Hoch- und Tiefbauingenieuren, Architekten, Ökonomen, Menschen, die widersprechende Interessen ausgleichen können, mit Politikern, Bauunternehmern und Grundbesitzern umzugehen verstehen und die Interessen auch jener vertreten, die sich nicht artikulieren können und keine Macht repräsentieren. Diese idealen Planer sollten Sozialwissenschaftler zur Verfügung haben, die den Trend der Zeit erkennen, die Bedürfnisse der Bewohner erfassen, auch für eine Zukunft, solange die Planungen wirksam sind; die Bedingungen untersuchen, unter denen ein optimaler Wechsel der Generationen vor sich gehen kann und konkrete Vorschläge für das Bauen und Gestalten der Umwelt so rasch formulieren können, daß es sich in den jeweiligen Planungen auswirken kann.

Es wird klar, daß es sich hier um eine Utopie handelt.

Weder gibt es ein solches Planungsbüro, noch finden wir Sozialwissenschaftler, die imstande wären, diesen hohen Forderungen gerecht zu werden.

Meistens sind die Zielpopulationen, für die gearbeitet wird, nicht bekannt, es kann also keine echte Bedarfserhebung durchgeführt werden. Auch dort, wo dies der Fall wäre, können die Wünsche selten artikuliert werden, weil die Voraussetzungen dafür in der Bevölkerung selten gegeben sind. Die meisten Menschen haben nicht die Phantasie, sich verschiedene Umgebungen und die dadurch bestimmten Verhaltensweisen vorzustellen.

Man ist so gewöhnt, seine Umgebung vorbestimmt und -fabriziert angeboten zu bekommen, daß selbständige Gestaltung und ein Abwägen der Möglichkeiten völlig ungewohnt sind.

Wie ungeheuer schwierig es ist, eine Population zu aktivieren, zeigt ein kürzlich erschienenes Buch „Planquadrat", wo drei Fernsehredakteure, ohne eigentlich zu wissen, wie ihnen geschieht, zu Initiatoren einer Sanierung eines Altwohnbaugebietes wurden.

357

Trotz fast unvorstellbarer Unterstützung des Fernsehens als des mächtigsten Mediums, das wir besitzen, war es eine ungeheure Mühe, in den Bewohnern ein Problembewußtsein zu entwickeln, allerdings eine noch größere, im Dschungel der Behörden eine Kooperation und ein Verständnis zu erarbeiten (Voitl, Guggenberger und Pirker, 1977). Es bedurfte Jahre, um ein an sich ganz einfaches Problem der Umweltsanierung wenigstens annähernd der Verwirklichung nahe zu bringen. Das Ausmaß der Resignation, Apathie und Passivierung ist enorm. Offenbar spielte das Bewußtsein, in einem zum Abbruch bestimmten Viertel zu leben, eine große Rolle. Daß es aber dazu Alternativen geben könnte, war offenbar niemandem bewußt. In diesem Zusammenhang sind besonders die Bürgerinitiativen anzuführen.

Fürs erste ist diese Bewegung eine große Ermutigung; kleine Gruppen kämpfen für ihr Recht gegen eine Verwaltung, die gewohnt ist, nicht allzu sehr auf die Stimme der Parteien (jetzt nicht im Sinne politischer Parteien gemeint, sondern der Betroffenen) zu hören. Wir müssen aber wohl darauf achten, daß Bürgerinitiativen leicht mißbraucht werden können im Interesse von Gruppen, die ganz andere Absichten haben, etwa dem politischen Gegner geheim zu schaden. Die ganze Frage ist sozialwissenschaftlich noch nicht annähernd befriedigend untersucht. Planer jedenfalls können durch diese Entwicklung ganz erheblich verunsichert werden, das ist teils gut, teils schlecht, weil dadurch auch dort jede Initiative gelähmt werden kann. Übergeordnete Interessen können von Kleingruppen aus Gruppenegoismus sabotiert werden. Interessante Fragen der Legitimität erheben sich dabei.

Weiters ist auf die leidige Zeitfrage hinzuweisen. Im allgemeinen dauern sozialwissenschaftliche Untersuchungen, wenn sie über oberflächliche Fragebogenuntersuchungen hinausgehen, zu lang, um sinnvoll verwendet zu werden, weil Sachzwänge meist zu raschen Planungsentscheidungen drängen.

Letztlich handelt es sich auch um eine Frage der verschiedenen Sprachen, die gesprochen werden. Techniker und Ökonome müssen sich einer sehr konkreten, sachlichen, in Fakten direkt übersetzbaren Sprache bedienen, die die Sozialwissenschaftler erst lernen müssen, was ihnen allerdings recht guttun würde.

# 3. Die eigene Erfahrung

Ich habe erst kürzlich meine eigenen Erfahrungen in einer Monographie über ,,Wohnen und psychische Gesundheit" zusammengefaßt (Gehmacher, Kaufmann und Strotzka, 1978) und will mich daher nicht wiederholen. Es sei nur darüber hinaus gesagt, daß wir eine Chance zu einer optimalen Zusammenarbeit mit Planern gehabt hätten. Aus einer engen persönlichen Freundschaft mit dem früheren Stadtplaner von Wien, Anton Schimka, entstanden die Untersuchungen über Wohnwünsche und Verhältnisse in Wien (zusammen mit L. Rosenmayr, 1954), eine landesplanerische Untersuchung im Nordburgenland (1958) und eine Befragung der Verkehrspolizei in Wien (1958). Durch den tragischen frühen Tod Schimkas konnten diese vielversprechenden Anfänge nicht fortgesetzt werden. Seither gelang es nie wieder, eine enge Zusammenarbeit zwischen Planern und Sozialpsychiatern zu etablieren. Aus den eigenen und den mir bekannten Untersuchungen lassen sich etwa folgende Ergebnisse ableiten:

1. Die stärkste Korrelation zwischen psychischer Gesundheit und Wohnbedingungen besteht mit der Wohnbelagdichte (Personen pro Wohnraum, resp. qm pro Person). Sehr deutlich ist dieser Bezug bei schwereren Störungen allerdings nur für die Kindheitswohnungen.

2. Alle anderen Faktoren, wie Bauzustand und Alter, Ausstattung, Infrastruktur und Nachbarschaftsbeziehungen, wirken sich mehr für das Wohlbefinden im normalpsychologischen Bereich aus.

3. Hochhäuser sind kinderfeindlich.

4. Lärmdämmung ist eine vordringliche Sicherung des Intimbereiches und Voraussetzung für die Möglichkeit, die Kinder spielen zu lassen.

5. Ästhetische Momente sind von großer Bedeutung. Menschen haben das Bedürfnis, in identifizierbaren Häusern und Wohnungen zu leben, zu denen sie emotionelle Beziehungen ausbauen können. Monotonie ist inhuman.

6. Allzu große Ballungen wirken deprimierend oder aggressionsfördernd.

7. Alterswohnungen sollen in die übrigen Wohnungen gestreut werden (Intimität auf Distanz, Rosenmayr 1976)

8. Mittel- und Kleingewerbe sollen in Wohngebieten gemischt werden.

9. Kinderspielplätze sollen ausreichend und phantasiefördernd sein. Grasplätze sollen vorhanden und betretbar sein.

10. Die Wohngrundrisse sollen sowohl Kontakt als auch Intimität gestatten. (Mitscherlich 1971).

11. Öffentliche Verkehrsmittel und eventuell Gemeinschaftstaxis sind auf Kosten des Privatverkehrs zu fördern (obwohl das unpopulär ist).

12. Nachbarschaftskooperationen sind durch Bereitstellung entsprechender Räume zu fördern (Bäder, Sauna gehören dazu).

13. Im wilden Siedeln kommt unter Umständen eine sehr gesunde Bereitschaft zur Initiative zum Ausdruck.

14. Neue Siedlungen sollten erst bezogen werden, wenn auch die Infrastruktur und Verkehrsversorgung fertig ist.

15. Umsiedlungen aus schlechten Quartieren sollen durch eine begleitende Fürsorge betreut werden.

16. Der Eigeninitiative sollte mehr Raum geboten werden. (Eigene Gestaltung von Grundrissen und Ausstattung.)

17. Kinderreiche junge Familien brauchen mehr Raum; die Mobilität sollte erleichtert werden.

18. Sozialwissenschaftliche Wohnforschung, die zu den schwierigsten interdisziplinären Unternehmungen gehört, soll instutionalisiert werden, um mehr Erfahrung auf diesem Gebiet zu sammeln. An den Planungsfakultäten der technischen Universitäten wäre der beste Platz dafür.

19. Sozialpsychiatrisch gesehen, ist vor allem die Segregation, also die Bildung von Ghettos jeder Art, zu bekämpfen. Sie schafft vor allem den Boden für Aggressionen.

20. In unserem Raum ist die Sanierung abgewohnter Quartiere vordringlicher als Neusiedlungen.

# 4. Zusammenfassung

Die wichtigsten Punkte sind bereits im Abschnitt 3 angeführt worden. Eine Intensivierung des Gespräches zwischen Technikern und Planern und Sozialwissenschaftlern im weitesten Sinne ist die einzige Möglichkeit, das Forschungsdefizit zwischen diesen beiden aufeinander angewiesenen Gebieten abzubauen.

Oft funktionieren Kooperationen offenbar nur dann, wenn zwischen den Teamleitern eine persönliche Feundschaft besteht, die intensive Vor- und Begleitgespräche bei einschlägigen Arbeiten über lange Zeit ermöglichen.

# Literatur

*Gehmacher, E., A. Kaufmann, H. Strotzka:* Wohnen und psychische Gesundheit. Forschungsgesellschaft für Wohnen, Bauen und Planen. Monographie 26, Im Selbstverlag, Wien 1977.

*König, R., L. Rosenmayr (Hrsg.):* Handbuch der empirischen Sozialforschung Familie – Alter, Bd. 7, 2. Aufl. Enke, Stuttgart 1976.

*Konrad, G.:* Der Stadtgründer. List, München 1975.

*Mitscherlich, A.:* Die Unwirtlichkeit unserer Städte. Suhrkamp, Frankfurt/M. 1971.

*Strotzka, H.:* Spannungen und Lösungsversuche in städtischer Umgebung. In: *G. Krall,*

*A. Schimka, L. Rosenmayr, H. Strotzka* (Hrsg.): Wohnen in Wien, S. 94–109. Jugend und Volk, Wien 1956.

*Strotzka, H.:* Die Ergebnisse einer Befragung der Wiener Verkehrspolizei. Österreichische Gemeindezeitung 24, 15. 3. 1958.

*Strotzka, H.:* Sozialpsychiatrie in der Landesplanung. In: *H. Strotzka:* Sozialpsychiatrische Untersuchungen, S. 56–64. Springer, Wien 1958.

*Voitl, H., E. Guggenberger, P. Pirker:* Planquadrat. Zsolnay, Wien–Hamburg 1977.

# Jericho und die Posaunen

## oder die Karawane und die bellenden Hunde
## oder der Umgang mit den Medien

*Hans Strotzka*

Die Mauern von Jericho waren die erste Bastion, die unter dem Einfluß eincs Massenmediums zusammenstürzte, das Schicksal Nixons ist eines der letzten Beispiele von der außerordentlichen Macht solcher Instrumente.

Wenn man – vor allem in Demokratien westlichen Typs – etwas durchsetzen will, kann man auf die Hilfe der Medien nicht verzichten. Sie müssen die eigenen Absichten der Öffentlichkeit verständlich machen und von der Dringlichkeit eines Anliegens überzeugen, damit Politiker etwa den Einsatz von Budgetmitteln rechtfertigen können. Die Psychiatriereform in den Vereinigten Staaten nach dem Zweiten Weltkrieg ist zum Beispiel vorwiegend durch die Bildberichte von „Life" aus den staatlichen Anstalten und den Film „Die Schlangengrube" möglich geworden. Auch autoritäre Staaten verzichten nicht auf intensive Propaganda zur Vorbereitung auch von sozial- und gesundheitspolitischen Maßnahmen.

Dem gegenüber steht eine zynische Mißachtung der Medien und ihrer Vertreter bei vielen Persönlichkeiten und Institutionen. Man stützt sich dabei auf zahlreiche Beobachtungen und Erfahrungen. Mancher Skandal ist nach einigen Tagen wieder vergessen. Viele Sensationsmeldungen sind erfunden, aufgebauscht, einseitig, nur für den Tagesverkauf um einer Schlagzeile willen aufgemacht. Man kennt das Prinzip, daß nur schlechte Nachrichten „gute" sind, das heißt sich verkaufen lassen.

Die Konsequenz, die dann gezogen wird, ist ein Nichtreagieren auf Meldungen, ein sich Verweigern. Dieser Versuch scheitert allerdings manchmal, wenn die Journalisten und Reporter sehr hartnäckig sind. Dann stehen aber meist starke Interessen dahinter, die oft gar nicht bekannt werden.

Meine erste Medienerfahrung war für mich eine sehr dramatische und auch traumatische. Während des Mindszenty-Prozesses war ich Assistent an einem offenen neuropsychiatrischen Spital. Nach einem Nachtdienst wurde ich frühmorgens von einem Freund angerufen, ich solle mir die eben erschienene Nummer eines renommierten katholisch-konservativen Wochenblattes besorgen, ich würde mich wundern. Tatsächlich war eine ganze Seite über den Prozeß mit spaltenlangen Zitaten aus einer ebenfalls eben erschienenen eigenen Arbeit über Narkoseexploration ausgeschmückt. Der Autor versuchte damit zu belegen, daß Mindszenty von den Ungarn in dieser oder ähnlicher Weise beeinflußt worden sei. Die Zitate waren an sich korrekt, aber in einem falschen Zusammenhang gebracht und für mich offenkundig tendenziös manipuliert. Dem Kenner mußte klar sein, daß hier kein tatsächlicher Zusammenhang bestehen könne, aber es gab zu jener Zeit natürlich nur sehr wenige Kenner auf diesem Gebiet. Es darf noch erinnert werden, daß Österreich damals unter alliierter (damit auch sowjetischer) Besatzung stand.

Ich wandte mich an meinen damaligen Chef, Professor Stransky, der sofort den Chefredakteur dieses Blattes anrief und mir einen augenblicklichen Sprechtermin verschaffte. Dieser, eine bedeutende Persönlichkeit unseres Kulturlebens, hörte sich freundlich meine Sorgen an und teilte mir mit, daß er selbstverständlich eine Berichtigung bringen würde, wenn ich mich mißverstanden fühlte, aber er hielt ein vorheriges klärendes Gespräch mit dem Autor des besagten Artikels für sinnvoll und vermittelte mich an einen bekannten Rechtsanwalt, der anonym diesen Artikel publiziert gehabt hatte. Dieser war etwas weniger freundlich. Ich gäbe ja selbst zu, daß die Zitate korrekt seien, die Interpretation sei seine Sache, und es bestünde ein dringendes politisches Interesse, die Geständnisse des Kardinals so zu erklären. Sollte ich berichtigen, würde ich mich dem Verdacht aussetzen, die Kommunisten bei düsteren Praktiken unterstützen zu wollen. Ich kehrte zu Stransky zurück, und wir einigten uns – unter den gegebenen Umständen darauf, keine weiteren Kommentare abzugeben und das Abklingen der ganzen Angelegenheit abzuwarten. Leider täuschten wir uns über die Brisanz dieser Meldung, die um die ganze Welt ging, und es war ungemein schwierig, den Reportern zu entgehen, die mich tagelang verfolgten. Erst nach etwa zwei Wochen klang die ganze Angelegenheit ab.

Man wird uns sicher Feigheit vorwerfen, aber ich glaube auch heute noch, daß unsere Entscheidung unter den damaligen Bedingungen richtig war. Ein Dementi hätte sicher zu Gegengutachten der Gesinnungsfreunde des Autors geführt, und die ganze Story wäre noch höher hinaufgespielt worden, hätte länger gedauert, und der Ausgang wäre recht unsicher gewesen. Man kann sich aber wohl meinen hilflosen Zorn und ein gewisses Ressentiment, das zurückblieb, vorstellen. Die Tatsache der Besetzung des Landes und die sich daraus ergebende Unfreiheit und Unsicherheit hat natürlich unser Verhalten stark bestimmt, unter gegenwärtigen Verhältnissen hätten wir sicher anders entschieden.

Ich darf daran aus einer viel späteren Zeit ein ähnliches Erlebnis anschließen, wo ich mich zur gleichen Technik des Totstellreflexes entschloß und diesmal erfolgreicher war.

Bei einer Richtertagung über den Entwurf eines neuen Familienrechtes war mir das psychohygienische Referat anvertraut worden. Ich diskutierte die möglichen verschiedenen psychologischen Konsequenzen der neuen Konzepte und meinte in einem Nebensatz, daß es sinnvoll wäre, wenn das neue Gesetz so formuliert würde, daß es Alternativen zur Kleinfamilie, wie Familienkooperationen, nicht verhindere. Die Begründung lag in den bekannten Schwierigkeiten bei Berufstätigkeit beider Eltern in der Kleinkindererziehung, im Krankheitsfall, in der Kommunikation und der Betreuung alter Angehöriger. Keiner der anwesenden Richter mißverstand diese Anregung.

Am nächsten Tag jedoch erschien ein weitverbreitetes gehobenes Boulevardblatt mit der Schlagzeile „Strotzka fordert Gesetze für Kommunen". Der Inhalt des Artikels war dann korrekt. Das Reizwort „Kommune" löste allerdings eine völlig unerwartete Lawine aus. Eine Flut von Briefen erstaunlich aggressiven Inhalts erreichte mich – ich gehörte aus der Fakultät eliminiert etc . . Auch damals entschloß ich mich zum Nicht-einmal-Ignorieren, diesmal erfolgreicher; die Aufregung klang sehr rasch ab. Eine Nachfrage bei der Zeitung hatte ergeben, daß keine böse Absicht hinter dem Titel gestanden war, für den einrichtenden Redakteur hatte sich aus Platzgründen eben diese Formulierung ergeben.

Berichtigungen hätten wohl nur die Aufmerksamkeit verstärkt. Außerdem brachte das Konkurrenzblatt eine sehr vernünftige Glosse, wo darauf hingewiesen wurde, daß offenbar alle Kritiker den Text des Artikels gar nicht gelesen hätten, sonst wäre die öffentliche Reaktion wohl unterblieben.

Wie problematisch das Reagieren auf Falschmeldungen sein kann, zeigt das Schicksal eines Leserbriefes auf die Meldung eines deutschen Nachrichtenmagazins zur österreichischen Flüchtlingsbetreuung nach der ungarischen Revolution 1956, das im entsprechenden Kapitel dieses Buches erwähnt wird (s. S. 196).

Der Zurückhaltung gegenüber Medien stehen jedoch zwei legitime Bedürfnisse gegenüber. Einerseits hat die Öffentlichkeit ein Recht, sachlich über gesellschaftsrelevante Themen informiert zu werden. Wollen wir doch auch aus diesen Medien über andere Gebiete, in denen wir nicht selbst Expertenkompetenz haben, ebenfalls ein vollständiges und objektives Bild erhalten, und man kann sich solchen Anforderungen nicht ganz entziehen.

Ideal wäre es, wenn diesem Bedürfnis der Öffentlichkeit auf Seite des Experten eine empirisch unterbaute Kenntnis und Erfahrung entspräche, die er selbst gerne mitteilen möchte. Meist spielt sich die Sache aber so ab, daß ein Reporter jemanden mit ,,Namen" anruft und ganz schnell, ganz kurz ein Statement haben will, das dann oft noch weiter verkürzt und dadurch unter Umständen verzerrt, wiedergegeben wird. Insbesondere besteht eine Neigung zu allen möglichen Fragen, einen Psychoanalytiker zu befragen. Das hat dazu geführt, daß ein Fernsehkritiker die Psychiater als die Hofnarren der Nation bezeichnet hat. Man wird einen Mittelweg finden müssen, daß diese Tendenz nicht allzu überzogen wird, daß die Zahl der Befragten über die wenigen bekannten Namen hinaus verbreitert wird und daß man sich nur zu jenen Belangen äußert, wo wirklich eine echte Kompetenz besteht.

Daß selbst korrekte Sendungen zu manchmal grotesken Mißverständnissen führen, dafür gibt es zahllose Beweise. Ich darf eine weitere Vignette dazufügen. Eine Patientin kommt und berichtet:

,,Heute hat mir eine Freundin erzählt, daß sie Sie im Fernsehen gesehen hat. Ich habe sie gefragt: Worüber hat er denn gesprochen? Sie antwortete mir darauf: Das weiß ich nicht! Ich habe ihr gesagt: Du mußt doch wissen worüber! Da sagt sie: Ich glaube über Sexualität! Na was hat er denn darüber gesagt? Ich weiß nicht, ich glaub er war dafür!"

In der mit Recht viel besprochenen Frage, inwieweit Medien durch ihre Berichterstattung Aggression schaffen oder verstärken, respektive Werte in der Gesellschaft gefährden, die einer Majorität wesentlich erscheinen (etwa durch Pronographie), soll hier nicht näher eingegangen werden, da darüber eine große, übrigens kontroversielle, Literatur existiert. Ich darf nur eine kleine Anekdote erzählen. Bei einem Besuch in Moskau warf der damalige österreichische Botschafter die Frage auf, ob man nicht untersuchen sollte, inwieweit die fast totale Unterdrückung von Meldungen über Delinquenz in der UDSSR einen prohibitiven und die Sensationsberichterstattung im Westen einen fördernden Einfluß auf die Kriminalität habe. Ich vermittelte diesen Wunsch einer meiner russischen Kontaktpersonen. Sie lächelte mich traurig an und sagte: „Jetzt ist ihr Botschafter schon so lange bei uns und weiß noch immer nicht, daß das nicht geht. Wir publizieren ja auch keine Kriminalitätsstatistik!".

Die ganze Medienproblematik ist für die Medizin und die Psychiatrie und damit bis zu einem gewissen Grade auch für die Psychotherapie wichtig geworden, weil die Welle der Kritik an diesen Instituten natürlich über die Medien läuft. Es ist meines Erachtens ein schwerer Fehler, die ungemein harte und konsequente Kritik an der Medizin für ein Kunstprodukt der Medien zu halten. Eine solche weltweite Bewegung kann nur entstehen, wenn eine reale Basis dafür vorhanden ist, und das kann wohl kaum bestritten werden ebenso wie die mangelnde Neigung der Mediziner, selbstkritisch entsprechende Reformen durchzuführen.

Natürlich schießen Hackethal, Szasz und Illich weit über eine vernünftige Kritik hinaus. Aber es scheint ein Gesetz zu sein, daß der, der sich Gehör verschaffen will, übertreiben muß. Eine sachliche Mittellinie ist offenbar dazu verurteilt, ohne Echo zu bleiben. Es spricht also nur für eine Kenntnis der Mediengesetzlichkeit, wenn jemand nur extreme Meinungen in möglichst provozierender Form von sich gibt.

Ein hoher Beamter einer internationalen Gesundheitsbehörde sagte mir einmal über Illich: „Wissen Sie, die technisierte Medizin ist jeder vernünftigen Entwicklung davongelaufen und wir werden sie nur dann bremsen können, wenn Leute wie Illich mit ihrer maßlosen Kritik ein gewisses Klima dafür schaffen."

Daß bei solchen Kampagnen meist die Falschen zu Sündenböcken hochstilisiert werden, ist bedauerlich, aber anscheinend schwer zu vermeiden.

Einzige Abhilfe scheint zu sein, daß man auf der Basis gegenseitigen Respekts mit einigen Schlüsselpersonen im Medienbereich ein Vertrauensverhältnis aufbauen kann, die korrigierend eingreifen können, wenn die Maßlosigkeit überhandnimmt. Dazu gehört allerdings eine gewisse Überwindung der Medienscheu.

Dieses Kapitel darf mit einem positiven Hinweis abgeschlossen werden, welcher Segen zustande kommt, wenn ein geeigneter Autor mit einem dazu passenden Verlag zusammenkommt. Der enorme Erfolg der Bücher von Horst Eberhard Richter, die sicher nicht ganz leicht zu lesen sind, hat ganz wesentlich zur Verbesserung des Klimas im deutschen Sprachgebiet geführt. Aber auch Mitscherlich und Fromm sind hier zu nennen. Ohne Medienhilfe wäre das weite Echo solcher wertvoller Autoren unmöglich. Wir alle müssen wohl versuchen, in ähnlicher Weise zu arbeiten. Mit verächtlicher Abstinenz allein werden wir unsere Aufgabe nicht erfüllen können.

Wie schwierig es allerdings ist, auch mit massiver Medienunterstützung ein Aktivierungsprogramm durchzuführen, zeigt die Aktion Planquadrat (1977) in Wien. Drei engagierte Fernsehleute versuchten eine vom Abbruch bedrohte kleine Region zuerst über die Schaffung eines Spielhofes zu vitalisieren. Einerseits mußte die Lethargie der Bevölkerung überwunden, andererseits eine zähe und komplizierte Bürokratie motiviert werden. Selbst mit sehr großem Einsatz und Mobilisierung der ganzen österreichischen Öffentlichkeit konnte nur ein sehr langsamer Fortschritt erzielt werden.

# Zusammenfassung

Dieses Kapitel über den Umgang mit Medien ist sehr anekdotisch ausgefallen. Dies liegt daran, daß der Autor sich noch nicht kompetent fühlte, einen systematischen Überblick über den Medieneinsatz in Fragen der psychiatrischen Gesundheitserziehung zu geben. Vielleicht wird die Mitarbeit in einem Institut für Publikumsforschung der Österreichischen Akademie der Wissenschaften in Zukunft zu einem weiteren Verfolgen dieser wichtigen Frage führen. Vorläufig jedenfalls schien es sinnvoll, auf Grund einiger Erlebnisse auf Gefahren und Chancen der Zusammenarbeit mit Medien hinzuweisen.

# Literatur

*Guggenberger, E., Pirker, P. Voitl, H.:* Planquadrat, Ruhe, Grün und Sicherheit – Wohnen in der Stadt. Zsolnay, Wien–Hamburg
1977.

# Wenn die Macht mächtig macht…

## Eine unsystematische Darstellung einiger Aspekte der psychiatrisch-therapeutischen Tätigkeit in einer Sonderanstalt für geistig abnorme Rechtsbrecher

*Stephan Rudas*

## Teil I

1. Am 1. 1. 1975 trat das neue österreichische Strafgesetzbuch in Kraft. Das neue Strafrecht ist das Ergebnis jahrzehntelanger Reformbestrebungen und wurde – bis auf die Bestimmungen, die den Schwangerschaftsabbruch betreffen („Fristenlösung") – mit den Stimmen aller im Nationalrat vertretenen Parteien beschlossen.

Mit dem neuen Strafgesetz wurden in Österreich erstmals die „vorbeugenden Maßnahmen" eingeführt. „Vorbeugende Maßnahmen" sind zwar mit Freiheitsentzug verbunden, sollen aber durch „Behandlungsorientierung" die Gefahr einer Wiederholung von Straftaten durch bestimmte Täter besser verringern, als dies von einer „gewöhnlichen" Haftstrafe erwartet werden kann.

Für den *Strafvollzug* bedeutet das neue Gesetz daher unter anderem die Schaffung von Sonderanstalten zum Vollzug der „mit Freiheitsentzug verbundenen vorbeugenden Maßnahmen" („Behandlungsvollzug").

2. Um die Situation der Sonderanstalten für Maßnahmevollzug und damit die Situation aller Betroffenen und Beteiligten zu verstehen, ist es notwendig, etwas ausführlicher auf die gesetzlichen Grundlagen des Maßnahmenvollzuges einzugehen.

Das Strafgesetzbuch 1975 (StGB) definiert und regelt die Anwendung vorbeugender Maßnahmen in mehreren Paragraphen. Eine der darin vorgesehenen Maßnahmen ist die „Unterbringung in einer Anstalt für geistig abnorme Rechtsbrecher"/§ 21 StGB sowie die „Unterbringung in einer Anstalt für entwöhnungsbedürftige Rechtsbrecher"/§ 22 StGB sowie die „Unterbringung in einer Anstalt für gefährliche Rückfalltäter"/§ 23 StGB (Foregger-Serini, 1974).

Für die Unterbringung in einer Anstalt für geistig abnorme Rechtsbrecher sieht der § 21 StGB zwei unterschiedliche Möglichkeiten vor: Für *zurechnungsunfähige* Täter und für Täter, die zwar zurechnungsfähig sind, ihre Tat aber „unter dem Einfluß . . ." einer . . . „geistigen oder seelischen Abartigkeit von höherem Grad" begangen haben.

366

Gegenwärtig werden zurechnungs-*un*fähige Täter (nach Absatz 1, § 21 StGB), wenn gegen sie eine vorbeugende Maßnahme verhängt wurde, in besonderen Abteilungen von psychiatrischen Großkrankenhäusern untergebracht. In Wien erfolgt diese Unterbringung im Pavillon 23 des Psychiatrischen Krankenhauses der Stadt Wien (Baumgartner Höhe). Die Bewachung für diese Abteilung stellt die Justiz, die Behandlung und innere Führung ist Sache des Krankenhauses bzw. des abteilungsleitenden Primararztes.

*Zurechnungsfähige* Täter, die (nach Absatz 2, § 21 StGB) in Maßnahmenvollzug kommen, werden in eigenen Sonder(strafvollzugs)anstalten, bzw. so diese voll belegt sind, in mehreren „besonderen Abteilungen" von allgemeinen Strafvollzugsanstalten untergebracht.

Gegenwärtig gibt es nur eine einzige Sonderanstalt für Untergebrachte nach § 21, Abs. 2 (also für *zurechnungsfähige* Täter) (Foregger-Serini, 1974; Russeger-Wetzer, 1975); über die psychiatrisch-therapeutische Tätigkeit in dieser Sonderanstalt soll hier berichtet werden.

3. Die für die Ausgangssituation wichtigen Gesetze sollen nochmals zusammenfassend zitiert werden:

... „Begeht jemand eine Tat, die mit einer ein Jahr überstehenden Freiheitsstrafe bedroht ist, und kann er nur deshalb nicht bestraft werden, weil er sie unter dem Einfluß eines die Zurechnungsfähigkeit ausschließenden Zustandes (§ 11) begangen hat, der auf einer geistigen oder seelischen Abartigkeit von höherem Grad beruht, so hat ihn das Gericht in eine Anstalt für geistig abnorme Rechtsbrecher einzuweisen, wenn nach seiner Person, nach seinem Zustand und nach der Art der Tat zu befürchten ist, daß er sonst unter dem Einfluß seiner geistigen oder seelischen Abartigkeit eine mit Strafe bedrohte Handlung mit schweren Folgen begehen werde." (§ 21, Abs. 1)

Diese Regelung betrifft die zurechnungs*un*fähigen Straftäter.

In eine Anstalt für geistig abnorme Rechtsbrecher kann aber jemand auch dann eingewiesen werden, wenn er *nicht* zurechnungsunfähig ist. Dieser Personenkreis wird im Absatz 2 des § 21 umschrieben: ... „Liegt eine solche Befürchtung vor, so ist in eine Anstalt für geistig abnorme Rechtsbrecher auch einzuweisen, wer, ohne zurechnungsunfähig zu sein, unter dem Einfluß seiner geistigen oder seelischen Abartigkeit von höherem Grad, eine Tat begeht, die mit einer ein Jahr übersteigenden Freiheitsstrafe bedroht ist.

In einem solchen Fall ist die Unterbringung zugleich mit dem Ausspruch über die Strafe anzuordnen" (§ 21, Abs. 2 Stgb). Die Reihenfolge des Vollzuges von Freiheitsstrafen und mit Freiheitsentziehung verbundenen vorbeugenden Maßnehmen regelt der § 24 StGB und bestimmt, daß die Zeit der Anhaltung auf die Strafe anzurechnen ist. Wird die Unterbringung vor dem Ablauf der Strafzeit aufgehoben, „... so ist der Rechtsbrecher in den Strafvollzug zu überstellen, es sei denn, daß ihm der Rest der Strafe bedingt oder unbedingt erlassen wird".

Die Dauer der mit Freiheitsentziehung verbundenen vorbeugenden Maßnahmen ist auf *unbestimmte* Zeit anzuordnen. „Sie sind so lange zu vollziehen, wie es ihr Zweck erfordert". „Über die Aufhebung der vorbeugenden Maßnahmen entscheidet das Gericht." (Abs. 2)

„Ob die Unterbringung in einer Anstalt für geistig abnorme Rechtsbrecher . . . noch notwendig ist, hat das Gericht von Amts wegen mindestens alljährlich zu prüfen." (Abs. 3)

Die Zwecke der Unterbringung in einer Anstalt für geistig abnorme Rechtsbrecher werden im Strafvollzugsgesetz von 1975 genauer geregelt:

„Die Unterbringung in einer Anstalt für geistig abnorme Rechtsbrecher soll die Untergebrachten davon abhalten, unter dem Einfluß ihrer geistigen oder seelischen Abartigkeit mit Strafe bedrohte Handlungen zu begehen. Die Unterbringung soll den Zustand der Untergebrachten so weit bessern, daß von ihnen die Begehung von mit Strafe bedrohten Handlungen nicht mehr zu erwarten ist, um den Untergebrachten zu einer rechtschaffenen und den Erfordernissen des Gemeinschaftslebens angepaßten Lebenseinstellung zu verhelfen (1 164/1 Strafvollzugsgesetz)".

Im § 166 des Strafvollzugsgesetzes (StVG) heißt es weiter: . . . „Die Untergebrachten sind zur Erreichung der Vollzugszwecke (§ 164), entsprechend ihrem Zustand, ärztlich, insbesondere psychotherapeutisch, psychohygienisch und erzieherisch, zu betreuen . . .".

Die Entlassung aus einer mit Freiheitsentziehung verbundenen vorbeugenden Maßnahme regelt der § 47 des Strafgesetzbuches: „Aus einer Anstalt für geistig abnorme Rechtsbrecher sind die Eingewiesenen *stets nur unter Bestimmung einer Probezeit bedingt* zu entlassen.

Die bedingte Entlassung aus einer mit Freiheitsentziehung verbundenen vorbeugenden Maßnahme ist zu verfügen, wenn nach der Aufführung und der Entwicklung des Angehaltenen in der Anstalt, nach seiner Person, seinem Gesundheitszustand, seinem Vorleben und nach seinen Aussichten auf ein redliches Fortkommen anzunehmen ist, daß die Gefährlichkeit, gegen die sich die vorbeugende Maßnahme richtet, nicht mehr besteht."

4. Die Einführung des Maßnahmenvollzuges hat – in gewissem Gegensatz zur allgemeinen Zustimmung zu den meisten anderen Bestimmungen des neuen Strafgesetzbuches – eher geteilte Aufnahme gefunden.

Begrüßt wurde vor allem, daß der Gesetzgeber dem Behandlungsgedanken vor dem Strafgedanken, zumindest in einem Teilbereich, Vorzug gegeben habe. Hier sei das Strafbedürfnis der Gesellschaft zugunsten des Sozialisationsbedürfnisses zurückgedrängt worden. Wenn Strafe nicht (nur) Vergeltungs-, sondern (auch) Besserungsfunktionen habe, so sei die Verankerung des Behandlungsgedankens besonders zu begrüßen.

Begrüßt wurde auch die im Gesetz deutlich verankerte Tendenz, an die Veränderbarkeit von Menschen und an die „Machbarkeit" solcher Veränderungen zu glauben. Weitgehende Einigkeit herrschte auch darin, daß der Strafvollzug bislang nicht vermocht hatte, irgendwelche Defizite (welche auch immer als Ursachen der Unfähigkeit von Personen, kriminogenen Reizen zu widerstehen, angenommen werden) bei Straftätern abzubauen – im Gegenteil.

Eine zuletzt breite Kritik richtet sich andererseits gegen eine Reihe von Aspekten und soll hier auszugsweise zusammengefaßt referiert werden:

Zunächst wird bemerkt, daß durch das Maßnahmenrecht die Strafe für eine Tat nicht mehr lediglich nach der Schuld des Täters, sondern auch nach der – seiner Person zugeschriebenen – Gefährlichkeit bemessen wird.

Besonders kritisch wird der Umstand gewertet, daß die Beendigung der (zunächst auf unbestimmte Dauer erfolgten) Unterbringung nicht mehr durch Rechtsregeln, sondern durch Gefährlichkeitseinschätzungen bestimmt wird. Die – in der Psychiatrie recht bekannte – Konstellation, daß der Untergebrachte „gebessert", das heißt „ungefährlicher", erscheinen muß, will er die Strafvollzugsanstalt verlassen, wirkt sehr ungünstig auf ein „therapeutisches Klima"; darüber soll später noch berichtet werden (Einem, 1978).

Weiters wird im Rahmen der Kritik hervorgehoben, daß mit der Einführung des Maßnahmenvollzuges eine Form staatlicher Machtausübung entstanden sei, in der die bisherige „Legitimation durch Verfahren" von einer „Legitimation durch Expertise" ersetzt werde (Editorial, 1978). Die dabei eingegangene „Koexistenz von Strafjustiz und Psychiatrie" sei bedenklich. Darüber hinaus hat die bei der Handhabung des Maßnahmevollzuges sehr bedeutende Funktion der Gutachterärzte die gesamte Kritik an der „Kriminalpsychiatrie" aktualisiert, wie sie vor allem auch T. Moser (1971) formuliert hatte.

Weiters wird auch die Anwendung sehr unterschiedlicher, oft sehr mangelhaft definierter Krankheitsbegriffe in der Psychiatrie und die Anwendung von Krankheitsbegriffen für abweichende Verhalten an sich kritisiert.

In diesem Zusammenhang wird warnend auf die Schwierigkeiten hingewiesen, die in der Bundesrepublik Deutschland nach der Einführung vergleichbarer Bestimmungen über den Maßregelvollzug entstanden sind.

# Teil II

Die beschriebene Sonderanstalt wurde im Oktober 1963 in einem inneren Wohnbezirk Wiens, in einem Gerichtsgebäude eingerichtet. Sie war zunächst zur Aufnahme jener Strafgefangenen bestimmt, die aufgrund ihres besonderen Verhaltens (Auffälligkeit) im „Normalvollzug" nicht, oder nur unter erheblichen Schwierigkeiten „zu führen" waren. Diese Strafgefangenen haben bis zur Errichtung dieser Anstalt meist ständig zwischen den Strafvollzugsanstalten und den psychiatrischen Krankenhäusern „gewechselt" (Sluga, 1977).

Die Sonderanstalt sollte den kontinuierlichen Strafvollzug an diesen Strafgefangenen ermöglichen. Dieser Aufgabe konnte die Anstalt nur gerecht werden, indem sie eine besondere, ihr eigene Struktur bildete.

Zunehmend wurden verschiedene Berufsgruppen (vor allem Psychiater und Psychologen, später auch Sozialarbeiter) in die Verläufe innerhalb der Anstalt integriert. „Anhaltseigene" Krisenbewältigungsstrategien wurden entwickelt, der Behandlungsgedanke insgesamt wurde gefördert. Das Zusammenwirken verschiedener Berufsgruppen im Strafvollzug wurde erprobt.

Zunehmend konnten zusätzliche spezifische Aufgaben von der Anstalt übernommen werden, etwa die therapeutische Betreuung von Verurteilten, die wegen ihres Sexualverhaltens mit dem Gesetz in Konflikt gekommen sind („Sittlichkeitstäter"). Bei diesen Strafgefangenen sollte die (vorher festgelegte) Strafdauer (auch) für eine spezielle Betreuung (Behandlung) genützt werden. Dies kann als Vorgriff auf den heutigen Behandlungsvollzug betrachtet werden.

Mit Inkrafttreten des neuen Strafgesetzbuches am 1. 1. 1975 trat dennoch eine grundlegende Änderung in der Aufgabe der Anstalt ein.

Die beschriebene Sonderanstalt war ab diesem Zeitpunkt zur Gänze zum Vollzug der mit Freiheitsentzug verbundenen, vorbeugenden Maßnahmen nach § 21, Abs. 2 StGB, also zur Behandlung „zurechnungs*fähiger"*, aber „geistig abnormer" Rechtsbrecher bestimmt.

Die Vertreter der verschiedenen in der Anstalt tätigen Berufsgruppen haben naturgemäß unterschiedlich auf diese neue Definition der Aufgaben reagiert. Ausgesehen von der neuen Aufgabenstellung, mußte in der Anstalt beinahe alles, „gut" und „böse", „erwünscht" und „unerwünscht" (Normen), „Handlungskriterien" (und damit auch Beförderungskriterien) und vor allem die „Kompetenzen", neu ausgehandelt werden.

(Für die in der Anstalt tätigen Psychiater waren die Ähnlichkeiten zu den Problemen der interdisziplinären Zusammenarbeit in psychiatrischen Krankenhäusern und Kliniken nicht zu übersehen. Eine Verbesserung der Behandlungsorientierung bei gleichzeitiger Beibehaltung administrativer und die Sicherheit betreffender Probleme ist in psychiatrischen Anstalten, verbalisiert oder nicht, ein häufiges Thema in der Kommunikation der verschiedenen Berufsgruppen.)

# Teil III

1. Seit der Einführung des Maßnahmenvollzuges in Österreich (1. Jänner 1975) bis zum 30. September 1978 wurden 124 männliche Personen rechtskräftig nach § 21, Abs. 2 StGB, noch in der Maßnahme untergebracht. 36 Untergebrachte befanden sich in der beschriebenen Sonderanstalt, vier in anderen Sonderanstalten, zwei in psychiatrischen Krankenanstalten und 32 in den „besonderen Abteilungen" der allgemeinen Strafvollzugsanstalten (Rudas, 1978).

Der Maßnahmenvollzug findet also – und das gehört mit zu den Belastungen, mit denen die Anstalt leben muß – in sehr starkem Ausmaß auch außerhalb der Sonderanstalt in den erwähnten „besonderen Abteilungen von allgemeinen Strafvollzugsanstalten" statt. Da diese „besonderen Abteilungen" gegenwärtig in ihren Möglichkeiten (im Vergleich zur Sonderanstalt) ganz erheblich eingeschränkt sind, ist die Frage, wer nun in der Sonderanstalt behandelt wird und wer nicht, sehr entscheidend. Nachdem jeder nach § 21, Abs. 2, rechtskräftig Verurteilte männliche Untergebrachte zunächst in die Sonderanstalt gebracht wird, liegt die Entscheidung über „Behalten" oder „Weiterschicken" bei der Sonderanstalt.

2. Sehr viel von dem, was die Anstalt prägt, wird schon außerhalb der Anstalt determiniert.

Am deutlichsten erfolgt diese Determinierung durch die „Rekrutierung" der Klientel. Für die Unterbringung in einer Anstalt für geistig abnorme Rechtsbrecher nach Absatz 2 des § 21 StGB müssen, wie erwähnt, eine Reihe von Voraussetzungen vorliegen:

a) Eine Anlaßtat, die mit einer ein Jahr übersteigenden Freiheitsstrafe bedroht ist („Auffälligkeit").
b) Eine geistige oder seelische Abartigkeit des Täters von höherem Grad („Abnormität").
c) die geistige oder seelische Abartigkeit muß in verursachendem Zusammenhang mit der Tat stehen („Kausalität").
d) Die Befürchtung, daß unter dem Einfluß der Abartigkeit weitere Taten mit schweren Folgen begangen werden könnten („Prognose").
e) Zurechnungsfähigkeit, da bei *Zurechnungsunfähigkeit* der Absatz 1 des § 21 StGB anzuwenden ist.

Das Gericht hat nun das Vorliegen all dieser Voraussetzungen zu prüfen und wird dabei vom Sachverständigen unterstützt. Der Sachverständige muß daher Stellung nehmen zu folgenden Fragen:

a) der Zurechnungsfähigkeit,
b) des Vorliegens einer geistigen oder seelischen Abartigkeit sowie deren Grad („Diagnose"),
c) Zur Befürchtung weiterer Straftaten unter Einfluß der Abartigkeit („Prognose") und
d) der „Kausalität" zwischen der Abartigkeit und der Anlaßtat.

Es würde den hier gegebenen Rahmen sprengen, die Sachverständigenpraxis im Maßnahmenvollzug zu beschreiben. Zusammenfassend und vereinfachend kann berichtet werden, daß kaum eines der Gutachten die Wichtigkeit der einzelnen aufgezählten Fragen entsprechend berücksichtigt. Immer wieder taucht die Diagnose „Psychopathie" auf, meist in Begleitung negativer umgangssprachlicher Beschreibungen, wie dies bei der „Pseudodiagnose" „Psychopathie" üblich ist (Reiter, 1973; Rudas, 1978).

Insgesamt scheinen sich die Gutachten der Sachverständigen nach dem (aus den Aktenlage ersichtlichen) bisherigen Lebenslauf der Untersuchten zu orientieren. Insbesondere erfolgt keine nachvollziehbare Unterscheidung zwischen „geistig abnormen Rechtsbrechern" und „gefährlichen Rückfalltätern". Die zugegebenermaßen sehr schwere Frage – „Wie beschaffen, woraus ersichtlich und wie gefährlich ist eine allfällige Abnormität?" – wird selten beantwortet.

(Die Klientel der Sonderanstalt ist entsprechend inhomogen. Die größte untereinander zur methodischen Zusammenfassung einladende Gruppe ist die der „Sexualstraftäter", das heißt jene Menschen, die infolge ihres Sexualverhaltens wiederholt auffällig werden.)

Die Sachverständigen spielen in der „Karriere" der geistig abnormen Rechtsbrecher nochmals eine sehr entscheidende Rolle, nämlich bei der Entlassung aus dem Maßnahmenvollzug. Die Entlassung erfolgt erst, wenn „die Gefährlichkeit, gegen die sich die Maßnahme richtet", nicht mehr vorliegt. Die Festlegung der nicht mehr gegebenen Gefährlichkeit liegt beim Gericht (Vollzugsgericht), das sich meist erneut sachverständiger Gutachten bedient.

Ein – vereinbarungsgemäß anstaltsfremder – psychiatrischer Sachverständiger untersucht den Klienten in der Anstalt und stellt fest, ob „die Gefährlichkeit, gegen die sich die Maßnahme gerichtet hat", noch besteht bzw. behoben werden konnte. Gleichzeitig muß der Gutachter zu der Frage Stellung nehmen, ob „weitere Straftaten mit schweren Folgen" vom Klienten zu erwarten sind. Die Notwendigkeit solcher Prognosen im Rahmen einer „Behandlung" belastet naturgemäß alle Beteiligten.

3. Die beschriebene Sonderanstalt ist in einem abgesonderten Teil eines Gerichtsgebäudes untergebracht. Sie erstreckt sich über drei Stockwerke, wozu noch Keller und Hof kommen. Die Zahl der Hafträume beträgt 31, die leicht wechselnde Belegungszahl liegt bei etwa 36.

Die Anstalt wird vom administrativen Anstaltsleiter geleitet. Die psychiatrische Leitung der Anstalt hat die Kompetenz für sämtliche therapeutische Aktivitäten. Mehrere Justizwachebeamte sind nur im Verwaltungsdienst tätig. Die im unmittelbaren Wachdienst beschäftigten Justizbeamten sind stockweise zugeteilt und stehen unter der Leitung eines jeweiligen „Stockchefs". An der Anstalt sind neben dem psychiatrischen Leiter, der nicht zur speziellen therapeutischen Tätigkeit zur Verfügung steht, zwei teilzeitbeschäftigte Psychiater und zwei teilzeitbeschäftigte Psychologen tätig. Zwei Sozialarbeiterinnen sind ganz der Anstalt zugeteilt. Weiters besteht ein Verbindungsdienst zur Bewährungshilfe sowie die Mitarbeit verschiedener stundenweise beschäftigter Therapeuten (z. B. Musiktherapie).

# Teil IV

1. Es kann zu Recht behauptet werden, daß die vorbeugende Maßnahme gegenwärtig die Form des Strafvollzuges ist, an die die bei weitem höchsten Erwartungen herangetragen werden. Die Entstehung dieser Erwartungen kann unter sehr verschiedenen Gesichtspunkten gesehen werden (u. a. gesellschaftspolitisch, soziologisch, psychologisch, juristisch, empirisch oder philosophisch). Sicher ist, daß sich die Erwartungen von außen wie von innen auf die Abläufe der Anstalt sehr stark auswirken. Maßnahmenvollzug geschieht ja nicht im „luftleeren" Raum, sondern ist ein Bestandteil des Strafvollzuges und damit der Rechtspflege (also besonderer gesellschaftlicher Mechanismen). Die Einführung der vorbeugenden Maßnahme konnte naturgemäß die offenen Fragen bezüglich „abweichenden Verhaltens" nicht klären. Sie ist lediglich eine zusätzliche Reaktionsvariante der Gesellschaft auf registriertes „abweichendes Verhalten".

Eine der Auswirkungen des Maßnahmenvollzuges war die noch stärkere Heranziehung der Psychiatrie im Strafvollzug. Dies geschah zu einem Zeitpunkt, in dem innerhalb der Fachrichtung „Psychiatrie" die Erklärungsmodelle „abweichenden Verhaltens" keineswegs ausdiskutiert waren und sind. Manche meinen, daß dieser Mangel dazu führt, daß „die Praxis durch die vorhandenen Theorien nicht mehr ausreichend legitimierbar sei. Diese Praxis schaffe sich Pseudotheorien und werde schließlich zum theorielosen Pragmatismus" (Keupp, 1972).

In bezug auf den allgemeinen Strafvollzug hat sich die Ansicht durchgesetzt, daß der Strafvollzug Schädigungen durchaus auch vertiefen kann, unter anderem durch zusätzliche Stigmatisierung.

Diese (negative) Stigmatisierung ist für einen im Maßnahmenvollzug Untergebrachten eine doppelte. Er ist zugleich „geistig abnorm" und „Rechtsbrecher". (Die verstärkte Heranziehung der Psychiatrie bedeutet für den Untergebrachten also zunächst doppelte Stigmatisierung. Diese doppelte negative Definition wird von allen Beteiligten und besonders auch vom Betroffenen selbst übernommen. Auch die Beziehungen der Untergebrachten untereinander werden davon geprägt. Sie sehen sich gegenseitig nicht nur als „schlechte Menschen", sondern auch als „Abnorme". Immer wieder äußern neue Untergebrachte Ängste, ihre Zelle zu verlassen, weil draußen die „Narren" seien.)

Für die „Wirkungslosigkeit" herkömmlicher Gefängnisse im Hinblick auf eine positive Kriminalitätsprognose liegen bereits hinlänglich Beweise vor. Natürlich ist die Literatur über einen behandlungsorientierten Vollzug noch nicht so umfangreich. Letzten Endes müssen „Erfolge" und „Mißerfolge" des Maßnahmenvollzuges erst untersucht werden. Es muß daher abgewartet werden, ob man die Einführung des Maßnahmenvollzuges „als einen ersten Schritt zu einer modernen Auffassung vom Strafvollzug und von der Kriminalität schlechthin werten kann" (Mauch, 1971).

2. Vom Maßnahmenvollzug wird erwartet, daß er gleichermaßen human, sicher und besonders wirksam ist. Die Wirksamkeit ist deshalb wichtig, weil, wie erwähnt und im absoluten Gegensatz zum allgemeinen Vollzug, die Unterbringung erst dann beendet ist, wenn sie „gewirkt" hat. Die Sicherheit wiederum ist deshalb besonders wichtig, weil geistig abnorme Rechtsbrecher als „besonders gefährlich" gelten.

An *wen* werden nun die Erwartungen *in welcher Form* gerichtet? *Wie* beeinflussen die Erwartungen die Arbeitsweisen der einzelnen Berufsgruppen?

Die Gewährleistung des Freiheitsentzuges (Festhaltung) und die Gewährleistung eines geordneten Anstaltsbetriebes ist in allen Vollzugsanstalten Aufgabe der Justizwache. Das sind Aufgaben von hohem Stellenwert.

Das therapeutische Personal ist zuständig für die Veränderungen, die am Klienten bewerkstelligt werden sollen, das heißt die Therapeuten legitimieren die Sonderanstalt, ebenfalls eine Aufgabe von hohem Stellenwert. Von der jeweils anderen Berufsgruppe wird Verständnis für die spezifischen Arbeitsregeln erwartet. „Behandlungspersonal" soll die Fragen der Sicherheit, der Ordnung und der Administration akzeptieren, berücksichtigen und fördern.

Die Justizwache wiederum soll zumindest „therapieneutral", noch besser „therapieorientiert", vorgehen.

(Die oft recht bizarren Verhaltensformen der „geistig abnormen Rechtsbrecher" sollen als „nicht intentional" verstanden werden, und die Beamten sollen ihre an sich ordnungsorientierten Verhaltensvorschriften nach diesem Gesichtspunkt individuell selektiert und selektierend anwenden.) Dies ist die Ausgangssituation – auf dem Papier ..

# Teil V

1. Unter den zahlreichen Problemen, die eine psychiatrisch-therapeutische Tätigkeit im Maßnahmenvollzug mit sich bringt, soll hier eine etwas ausführlicher behandelt werden:

Die Frage, wieviel von der jeweils „offerierten" Kompetenz (Macht) soll akzeptiert werden, und wie soll man dann das, was man an Kompetenz akzeptiert hat, handhaben?

Sehr vereinfachend gibt es zwei Möglichkeiten der therapeutischen Tätigkeit in einer geschlossenen Institution:

a) eine isolierte („insuläre") Tätigkeit:

Man kommt als Psychotherapeut in die Anstalt, „macht" Einzel- oder Gruppentherapie nach den therapieeigenen Regeln und geht . . . oder

b) es ist die gesamte Anstalt, (alle in der Anstalt tätigen Berufsgruppen und alle Angehörigen dieser Berufsgruppen) für die Therapie sozusagen „zur ungeteilten Hand" zuständig und für diese verantwortlich. Dann allerdings ist eine solche „kollektive Verantwortlichkeit" auch für die anderen Gesichtspunkte einer geschlossenen Institution (wie etwa Ruhe, Ordnung, Disziplin, Sicherheit) gegeben.

Versuche von außen kommend, möglichst unabhängig von der jeweiligen Anstalt, möglichst klassische Psychotherapie in Anstalten anzubieten, hat es in Österreich vor langer Zeit gegeben. Diese Versuche sind sehr bald und sehr deutlich gescheitert.

Das heißt natürlich nicht, daß damit die Entscheidung zugunsten der anderen Version, nämlich der Zuständigkeit aller für alles, das heißt den Therapieauftrag an alle zur „ungeteilten Hand" gefallen ist. Was gegenwärtig geschieht, könnte man als ein „Naschen" an den Kompetenzen der jeweils anderen Berufsgruppe bezeichnen. Natürlich übernehmen die primär behandlungsorientierten Berufsgruppen keine „primäre" Verantwortung für die Fragen der Sicherheit, Ordnung und Administration, aber sie „naschen" von der Verantwortung für diese Frage mit. Die Justizwachebeamten sind zwar nicht therapeutisch ausgerichtet in ihrer Tätigkeit, aber sie „naschen" an der Therapieorientierung mit.

2. Verhaltenstheoretisch orientierte Therapeuten bejahen die Frage, ob in einer totalen Institution Therapie möglich ist. Ihre Kritik richtet sich eher auf die Unzulänglichkeit der jeweiligen therapeutischen Arrangements in den Anstalten. Nicht *was* man macht, sei falsch, sondern *wie* man es macht. Analytisch orientierte Therapeuten wollen lieber mit getrennten Rollen arbeiten (lassen): Einer setzt die Realitäten, ein anderer hilft bei der Aufarbeitung. Ist das im Maßnahmenvollzug möglich? Wie schaut die Praxis aus?

Die Gewährung von Vergünstigungen fällt an sich eindeutig in die Kompetenz der Justizwache, wo auch die Anwendung von Sanktionen liegt – nur, die Therapeuten definieren dies oft als eine „passagere" Kompetenz.

Über die Entlassung aus der Maßnahme entscheidet nach dem Gesetz das zuständige Vollzugsgericht nach Anhörung des Anstaltsleiters und meist eines Sachverständigen, der von außerhalb der Anstalt kommt. Die anstaltseigenen Therapeuten enthalten sich der Stellungnahme – sie besprechen nur mit dem Anstaltsleiter dessen Stellungnahme und unterhalten sich ausführlich mit dem Sachverständigen.

Es wird betont, daß, wenn der Proband in seinem Einzeltherapeuten jemanden sieht, der über die Dauer seines Freiheitsentzuges mitbestimmt, das Verhalten des Probanden in der Therapie hiervon allzusehr geprägt wird. (Es wird etwa kaum jemand über seine Phantasien reden wollen, wenn er in der Mitteilung eine unmittelbare Verzögerung seiner Freilassung vermutet.) Nur die Therapeuten geben Auskünfte über die Therapieverläufe. (Natürlich erst nach formeller Verneinung einer „Auskunftspflicht".)

Die vielleicht ironisierende Darstellung soll die Unmöglichkeit darstellen, in der jeweils gegebenen Situation der angetragenen Kompetenz gegenüber Enthaltsamkeit zu üben.

3. Die größte Macht und die größte Ohnmacht der Therapeuten liegt in der Tatsache, daß sie ihre eigene Kompetenz jeweils selbst definieren dürfen (müssen). Sie können (weitgehend unwidersprochen) bestimmte Fragen zu „therapierelevant" oder zu „nichttherapierelevant" erklären und damit ihre Kompetenz gewissermaßen ein- und ausschalten. Mit dieser „fakultativen" Kompetenz verunsichern die Therapeuten mühelos alle Vertreter der anderen Berufsgruppen und vor allem auch die Klienten (und wohl auch sich selbst).

Die Unregelmäßigkeit, mit der sie Kompetenz (Macht) ergreifen, läßt in den Phantasien aller ihrer Partner ihre Macht zur Allmacht werden.

Als nach der Einführung des Maßnahmenrechtes die Sonderanstalt eine völlig neue Aufgabe bekam, wurden regelmäßige Gruppenbesprechungen zwischen Therapeuten und Beamten, die damals gerade sistiert haben, wiederaufgenommen.

Gruppenleiter war (wie anders?) einer der Therapeuten. Die Gruppensitzungen verliefen (wie anders) meist kontroversiell. Der Therapeut (und Gruppenleiter) vertrat engagiert „seine" Therapieorientiertheit, „sein" neues Strafgesetz, „seine" Hypothesen von der Wirksamkeit der „richtigen" und von der Unwirksamkeit der „falschen" Reaktionen (auf Verhaltensweisen von Untergebrachten). Die Gruppengespräche haben darüber hinaus in einem besonders hohem Ausmaß zur Sichtbarmachung jener Probleme beigetragen, die in der besonderen Situation der Sonderanstalt und in der Zusammenarbeit der verschiedenen Berufsgruppen gelegen sind (Rudas, 1975/76; Adler, 1976).

# Teil VI

Für die Beamten des Aufsichtsdienstes ergab sich im Zuge der Zusammenarbeit mit den Therapeuten eine Reihe von Konflikten:
1. Beamte des Aufsichtsdienstes sind vorrangig an den Zielen Sicherheit, Ordnung, Administration, orientiert. Dies geschieht, weil:
a) Berufsrolle, Auslese und berufliche Sozialisierung der Beamten es gegenwärtig fördern,

b) Regulierungen im Bereich Sicherheit und Administration wesentlicher eindeutig zu gestalten sind im Vergleich mit therapiebezogenen Regeln (denen oft von vornherein eine Gefährdung der Sicherheit zugeschrieben wird),

c) administrative Fragen eine einfachere Kommunikation mit Insassen, Kollegen und vorgesetzten Dienstbehörden ermöglichen als therapiebezogene Fragen,

d) angenommen wird – möglicherweise zu Recht – daß Betrieb und Betriebsstruktur der Anstalt ohne diese Orientierung gar nicht aufrecht erhalten werden könnten und

e) vorgesetzte Dienstbehörden es so und nicht anders verlangen und vor allem anerkennen (können).

2. Therapie ist immer an Theorien gebunden. Widerstände gegen Theorien sind aber verständlicherweise sehr bald entwickelt.

3. Therapeuten und Beamte des Aufsichtsdienstes sprechen sehr unterschiedliche „Sprachen".

4. Es entwickelt sich auch Widerstand gegen die Haltung der Therapeuten, in dem Insassen nicht grundsätzlich einen „anderen" Menschen zu sehen. Dieser Widerstand wird durch oberflächlich „deutende" Bemerkungen eher verstärkt. (Die Mitteilung, man glaube daran, daß alle Menschen, Gesetzesbrecher ebenso wie Therapeuten aber auch Justizwachbeamte, grundsätzlich die gleichen Ängste, Tendenzen und Phantasien haben, wirkt gerade in jener Situation, wo es sich am deutlichsten zeigt, am fehlplaziertesten. Ich habe mich im Laufe meiner Tätigkeit in der Sonderanstalt nur ein einziges Mal körperlich bedroht gefühlt: das war, als ein Justizwachebeamter während der Gruppenbesprechung mir und an mir erklären wollte, was man mit „bestimmten Sorten" von Verbrechern am besten tun sollte . . .

5. Änderungsprozesse innerhalb der Anstalt müssen bisher ehrlich Geleistetes in Frage stellen.

6. Innerhalb der Berufsgruppen herrscht eine gewisse Statuskonkurrenz gegenüber der „Subkultur" der Untergebrachten.

Was ist nun der „Beitrag" der Therapeuten zu diesen Konflikten:

1. Mystifizieren des eigenen Wissens und Überspielen der Wissenslücken, also die sogenannte „Elfenbeinturmstrategie".

2. Bevorzugung von reinen (also utopischen) Lehrmeinungen.

3. Die Angst des Therapeuten vor Systemarbeit und daher Bevorzugung der „Einzelfall-Ideologie".

4. „Vorbewußte" Solidarisierung mit der Zielgruppe (Klientel) auf Kosten anderer Gruppen in der Anstalt.

5. Keine sichtbare Kontrolle der therapeutischen Arbeit. Wachebeamte werden ständig kontrolliert, Therapeuten so gut wie nie.

6. Unverständnis und Ungeduld der Therapeuten gegenüber anderen Mitarbeitergruppen, deren Ausgangssituation, Hierarchien und Sozialisationswege anders sind.

7. Ständige Vernachlässigung der Begründung und Erklärung der eigenen Arbeitsweisen und Entscheidungen. Diese Haltung versucht, Therapie schon dadurch zu legitimieren, daß sie geschieht. Alles weitere wiederum wird durch die laufende Therapie legitimiert . . .

# Teil VII

Bei den Vorarbeiten und bei der Durchführung der Strafreform wurde aus vielen Gründen die Ansicht vertreten, daß die „Verankerung" von größeren Teilen des therapeutischen Personals auf einer Universitätsklinik (also der unmittelbaren, ständigen Justizkompetenz) von Vorteil wäre. Für die beschriebene Sonderanstalt ergab das die Situation, daß beide Psychiater und beide Psychologen nur teilzeitbeschäftigt, das heißt teilzeitanwesend waren. (Natürlich waren sie an der Universitätsklinik ebenfalls nur teilzeitanwesend). Daraus ergaben sich in beiden Bezugssystemen Probleme. Welche „Verankerung" von Therapeuten bzw. von Therapie ist nun für den Maßnahmenvollzug, das heißt also für sozialtherapeutische Anstalten, eine günstige?

Zu dieser Frage soll hier mit dem Vorschlag eines „gemischten Systemes" Stellung genommen werden:

So verschieden die einzelnen Anstalten (in vielen Ländern) auch sein mögen, die die Bezeichnung „sozialtherapeutische Anstalt" tragen, sind ihnen doch auch viele Probleme gemeinsam. Dazu gehört besonders auch die Frage, wie weit das therapeutische Personal auch in die sogenannten administrativen Verläufe einbezogen werden soll. Wie weit also sollen Therapeuten, die in einer sozialtherapeutischen Anstalt arbeiten, Verantwortung auch für Fragen der Ordnung und der Sicherheit, für Fragen des Freiheitsentzuges und für pädagogische Fragen übernehmen. Wie weit sollen sie etwa Sanktionen nicht nur „bewältigen helfen", sondern auch verhängen, begründen und vertreten (müssen)?

Es ist offensichtlich, daß ohne integrierte Teilnahme des therapeutischen Personals am *gesamten* Anstaltsleben, also auch am Sanktions- und Privilegiensystem und auch an der Administration, die Anstalt nie „therapeutisch" werden wird. Es scheint unumgänglich zu sein, Therapeuten voll in die Anstalt zu integrieren und die Rollentrennung zunehmend verwischen zu lassen. Auch die Leitung von therapeutischen Vollzugsanstalten durch therapeutisches Personal ist gut vorstellbar (OPP, 1972; LEKY, 1978).

Es ist andererseits hoffnungslos, zu erwarten, daß alle wesentlichen Bedingungen für eine aufdeckend arbeitende Einzelpsychotherapie je innerhalb der Anstalt verankert werden können. Es sollten daher in sozialtherapeutisch orientierten Vollzugsanstalten neben den anstaltseigenen, voll integrierten und vollzeitbeschäftigten (und administrativ der Justizverwaltung angehörenden) Therapeuten analytisch-orientierte Einzeltherapeuten „in die Anstalt kommen", die bei gegebener Indikation und nach den eigenen Regeln einer solchen Therapie dieses Angebot gewährleisten. Diese Therapeuten – und nur diese Therapeuten – sollten ebensowenig am täglichen Leben ihrer Klienten teilnehmen, wie Einzeltherapeuten dies außerhalb von Anstalten tun. Von einer an sich schon therapieorientierten Anstalt muß dann durchaus zu erwarten sein, daß sie die Rahmenbedingungen einer Einzeltherapie durch „besuchende Therapeuten" gewährleisten kann.

# Teil VIII

Es wurden hier nur einige Aspekte der psychiatrisch-therapeutischen Arbeit in einer Strafvollzugsanstalt erwähnt. Der Berichterstatter hat inzwischen seine Tätigkeit in der beschriebenen Sonderanstalt beendet. Manches von dem, was oben für eine Sonderanstalt für geistig abnorme Rechtsbrecher beschrieben wurde, begegnet ihm weiterhin im Zuge seiner Arbeit als Psychiater.

# Literatur

*Adler, B.:* Erfahrungen aus der Gruppenarbeit mit Strafvollzugsbeamten. Psyche 30, 7 (1976).

Editorial in Kriminalsoziologische Bibliographie 5, 18, (1978).

*Einem, C.:* Anmerkungen zur Archiologie der Maßnahmenkomponente im österreichischen Strafrecht. Kriminalsoziologische Bibliographie 5, 18 (1978).

*Foregger, E., E. Sereni:* Strafgesetzbuch. Manzsche Verlags- und Universitätsbuchhandlung, Wien 1974.

*Keupp, H.:* Psychische Störungen als abweichendes Verhalten. Urban & Schwarzenberg, München–Berlin–Wien 1972.

*Leky, L.G., H. Mohr:* Die Rolle des Psychotherapeuten in Sozialtherapeutischen Anstalten. Monatsschrift für Kriminologie und Strafrechtsreform: 61, 1 (1978).

*Mauch, G., R. Mauch:* Sozialtherapie und die Sozialtherapeutische Anstalt. Enke, Stuttgart 1971.

*Moser, T.:* Repressive Kriminalpsychiatrie.

Vom Elend einer Wissenschaft – Eine Streitschrift. Suhrkamp, Frankfurt 1971.

*Opp, K.D.:* Verhaltenstheoretische Soziologie. rororo-studium, Rowohlt Hamburg 1972.

*Reiter, L.:* Diagnose „Psychopathie" und diagnostischer Prozeß bei Jugendlichen. In: H. Strotzka (Hrsg.): Neurose, Charakter, soziale Umwelt, Kindler, München 1973.

*Rudas, S.:* robleme der Zusammenarbeit verschiedener Berufsgruppen im Rahmen des Massenvollzuges. Forensia, Nr. 4, Bd. 1975/76. Facultas, Wien 1975/76.

*Rudas, S.:* Therapeutische Strategien bei der Bewältigung der Diagnose „Psychopathie". Vortrag, gehalten am „4. Steinhofer-Symposium 1978".

*Russegger, G., E. Wetzer:* Strafvollzugsgesetz und Strafvollzugsanpassungsgesetz. Prugg, Eisenstadt 1975.

*Sluga, W.:* Geisteskranke Rechtsbrecher. Manzsche Verlags- und Universitätsbuchhandlung, Wien–München 1977.

# Die „Legitimation" des „Common Sense"…

## Konsulenten- und Therapeutentätigkeiten in Heimen der Bewährungshilfe

*Stephan Rudas*

1975 wurden in Österreich durch das Jugendgerichts-Anpassungsgesetz die Bundesanstalten für Erziehungsbedürftige abgeschafft. Dieser Schritt erfolgte nicht von ungefähr. Die Kritik an den Arbeitsweisen und vor allem an den „Ergebnissen" der Tätigkeit der Bundeserziehungsanstalten wurde allmählich unüberhörbar.

Einige Zeit vor der Abschaffung der Bundesanstalten, im Jänner 1973, hatte der Verein für Bewährungshilfe und soziale Jugendarbeit die pädagogische Verantwortung für die „Bundesanstalt für Erziehungsbedürftige Mädchen" in Wiener Neudorf übernommen. Eines der erklärten Ziele der Übernahme war die Entwicklung alternativer Vorgangsweisen.

Diese Einrichtung war auch nach der Übernahme durch die Bewährungshilfe ein geschlossenes Heim, der Aufenthalt dort unfreiwillig.

Die Mädchen in der Bundesanstalt waren zwischen 14 und 19 Jahren alt. Die Anstalt, südlich von Wien gelegen, bestand aus einem weiten Areal mit mehreren Gebäuden, von einer hohen Mauer umgeben. Sie war sehr gefängnisähnlich.

Ständige Entweichungen und auto- bzw. fremdaggressive Handlungen gehörten zur Tagesordnung. Wegen der rapiden Zunahme der Alkohol- und zuletzt der Drogenprobleme wurde ich (damals an der Drogenstation in Kalksburg tätig) zu einer Konsulenten- und Therapeutentätigkeit in der Anstalt eingeladen.

Es zeigte sich recht bald, daß diejenigen (sehr wenigen) Mädchen, bei denen eine echte Drogenabhängigkeit bestand, innerhalb der Anstalt nicht zu betreuen waren. Diese Mädchen wurden in andere „totale Institutionen" verlegt. Meine Tätigkeit war nun nicht mehr so genau umschrieben, sie bestand in der psychiatrisch-therapeutischen „Begleitung" des Heimes bis zu ihrer (von uns allen begrüßten) Schließung und der Übersiedlung mit einem Teil der Mädchen und einem Teil ihrer Betreuer in ein Kleinheim mitten in der Großstadt.

Becker hat in seiner Schilderung der Tätigkeit des beratenden Psychiaters im Rahmen der Bewährungshilfe beschrieben, daß „der klinisch-psychiatrische Betreuungssektor trotz aller prinzipieller Wichtigkeit zahlenmäßig nur ein sehr kleiner Anteil einer solchen Tätigkeit" ist (Becker, 1974).

Es haben sich recht bald drei Ebenen der Tätigkeit entwickelt:
a) Regelmäßige Einzel- und unregelmäßige Gruppengespräche mit den Mädchen.
b) Wöchentliche Gruppengespräche mit den Erziehern.
c) Regelmäßige ausführliche Aussprachen mit der Leitung des Vereines für Bewährungshilfe (Trägerorganisation).

Zu Beginn meiner Tätigkeit waren zwischen 15 und 20 Mädchen im Heim. Die meisten Mädchen waren ehelich geboren (15 von den ersten 19 Mädchen, die ich gesprochen habe), die meisten wuchsen in den ersten Lebensjahren bei den Eltern bzw. bei der Mutter auf (15 von 19), die meisten von ihnen wurden nach eigenen Angaben sehr streng erzogen und sehr früh sehr häufig geschlagen (13 von 19).

Schwarzmann (1971) schreibt in ihrer Monographie über die Verwahrlosung der weiblichen Jugendlichen, „daß sie im allgemeinen nicht so auffallend ist, wie die der männlichen Jugendlichen". Sie äußert sich „nicht so sehr in aggressiven Handlungen, wie oft im Intimbereich der Sexualität, in Diebstählen und oft auch in der Drogensucht". Die Mädchen von Wiener Neudorf erfüllten (bis auf die Einschränkung in bezug auf aggressive Handlungen, die sie sehr wohl innerhalb des Heimes massiv setzten) diese Kriterien. Auch die oft beschriebene Einstellung verwahrloster Jugendlicher, „Die Welt schuldet mir etwas . . .", war bei allen anzutreffen. Diese Einstellung war durch die Übernahme der pädagogischen Führung des Heimes durch die Bewährungshilfe zusätzlich verstärkt worden, ist die Bewährungshilfe doch nicht nur mit dem festen Willen, es besser zu machen, an die neue Aufgabe herangetreten, sondern auch mit einem tiefen Bedauern darüber, was „bislang mit den Mädchen geschah".

Die Ausgangssituation war für die neue pädagogische Führung des Heimes keine einfache. Nach wie vor mußten Mädchen im Heim festgehalten werden, ja die Aufmerksamkeit der Beobachter war gegenüber den neu zugekommenen „Bessermachern" sogar eine erhöhte. (Mit den hohen Ansprüchen, die sich die Bewährungshilfe selber am Anfang dieser Arbeit gestellt hatte, konnte sie nicht mit Nachsicht der anderen für den Fall von Zwischenfällen rechnen.)

Daraus ergab sich die Forderung der Leitung der Bewährungshilfe an die Heimbetreuer, gleichermaßen „modern" wie „zwischenfallsfrei" zu arbeiten. Die Erzieher waren für diese Aufgabe in ihrer Mehrzahl kaum bis gar nicht vorbereitet bzw. ausgebildet. Was sie jedoch allesamt auszeichnete, war die vorhandene Bereitschaft, mit den Mädchen intensive Kontakte anzuknüpfen. Die Handhabung dieser Kontakte (und der durch sie verursachten „Komplikationen") war eine der größten Schwierigkeiten im Heim.

Die Mädchen haben das Auftauchen eines Psychiaters zunächst dazu benützt, durch ihn Vergünstigungen zu erlangen. Die meisten von Ihnen hatten bereits Kontakt mit Psychiatern bzw. Psychologen und waren im manipulativen Gebrauch der „therapeutischen" Gespräche sehr einfallsreich.

Die Situation des Psychiaters gegenüber den Erziehern wiederum war von der Tatsache geprägt, daß er primär von der Vereinsleitung zur Mitarbeit herangezogen worden ist und – für alle Erzieher sichtbar – einen intensiven Kontakt mit der Leitung hatte.

Die Stellung zur Vereinleitung schließlich war durch deren Erwartungen geprägt:

Einerseits sollte der Psychiater durch Einbringen spezieller Kenntnisse und Techniken Zwischenfallsarmut, am besten „Zwischenfallslosigkeit", herstellen, anderseits die angestrebte Liberalisierung in der pädagogischen Führung vor allem legitimatorisch absichern.

Es muß nicht besonders betont werden, daß die Mehrzahl dieser Aufgaben in ihrer Komplexität eher passiv (durch Vorhandensein) als aktiv (durch bestimmte Handlungen) zu erfüllen war.

Der große Druck lehrte bald die penible Einhaltung einiger Regeln:

a) Ablehnung möglichst aller „Briefträgerfunktionen".

b) Keine konkreten Eingriffe in die einzelnen pädagogischen Handlungen und Anordnungen.

c) Zumindest vorläufige Akzeptierung jener Heimregeln, die von „außen" bestimmt und daher kurzfristig nicht änderbar waren.

d) Keine „Einzelauskünfte" an die Leitung des Vereins, aber gegenüber den Erziehern keine Verleugnung des gegebenen intensiven Kontaktes zur Vereinsleitung.

e) Absolute (und demonstrative) Einhaltung einer „Verschwiegenheitspflicht" gegenüber den Mädchen.

Ebenso wie die einzelnen Gruppen im Heim allmählich lernten, miteinander zu leben, bildete sich auch eine bestimmte Art der „Handhabung" des „Heimpsychiaters" durch die verschiedenen Gruppen im Heim aus:

Die Mädchen nahmen das Angebot eines weiteren männlichen Gesprächspartners wahr (es gab eine Reihe männlicher Erzieher). Gespräche mit dem Psychiater hatten eine insofern erhöhte Anziehungskraft, als er nicht in einem direkten „Lohn-Strafe-System" eingebunden war, auf einzelne Vorkommnisse nicht reagieren mußte und den Mädchen gegenüber oft nur die Funktion eines Zuhörers hatte. Die Mädchen waren ferner durch den Umwandlungsprozeß im Heim und durch die veränderte pädagogische Führung stark beunruhigt. Die Anwesenheit eines Psychiaters bot eine scheinbar vernünftige Erklärungsmöglichkeit für diese Veränderung. (Lange Schilderungen von „Unzulänglichkeiten" der Erzieher wurden mit der Forderung abgeschlossen, der Psychiater solle „mehr Sitzungen mit den Erziehern abhalten, da die Wandlung zu einem modernen Heim zu langsam ginge".)

Die „Handhabung" des Psychiaters durch die Erzieher war von jenen Problemfeldern geprägt, mit denen diese konfrontiert waren:

a) Die Notwendigkeit, mit der „Politik" der Vereinsleitung konform zu gehen und Vorgesetzte zufriedenzustellen.

b) Das Bedürfnis, von den Mitarbeitern akzeptiert zu werden.

c) Das Bedürfnis, ein für das Heim geeignetes „Konzept" zu haben.

d) Das Bedürfnis, „das Steuer in der Hand zu haben".

e) Das Bedürfnis, ein Mindestmaß an Erfolg zu haben.

f) Das Bedürfnis, bei den Mädchen „anzukommen" (L. K. Brendtro, 1975).

Daraus resultierten auch die Ansprüche an den Psychiater. Ziemlich deutlich wurde die Forderung aufgestellt, der Vereinsleitung als „Fachmann" zu bestätigen, daß die von den Erziehern geleistete Arbeit gut sei. Die Bekräftigung durch den (die Gruppenbesprechungen leitenden) Psychiater sollte die Bestätigung durch Mitarbeiter erleichtern. Konzepte („Kochrezepte") wurden sehr frequent und besonders vom Psychiater gefordert. Aus dem Bedürfnis, das Steuer in der Hand zu behalten, entsprang die Forderung nach der aktiven Teilnahme des Psychiaters am aktuellen Krisenmanagement. An der Befriedigung des Bedürfnisses, Erfolg zu haben, konnte der Psychiater in zweifacher Weise mitwirken. Einerseits sollte er mithelfen, einen Erfolg herbeizuführen, andererseits konnte er einen solchen als „Fachmann" bestätigen, und schließlich konnte der Psyhiater aus seinen vertraulichen Gesprächen mit den Mädchen „am besten beurteilen", welche Erzieher bei den Mädchen „ankamen" und welche nicht.

Neben dieser widersprüchlichen Fülle von Ansprüchen gab es verständlicherweise auch eine Reihe von Ängsten und Befürchtungen. Vor allen anderen konnte man in der Gegenwart eines „Beraters", der meist sofort danach sich zu intensiven Besprechungen mit den „Vorgesetzten" zurückzog, naturgemäß nicht offen sprechen.

Die Tatsache, daß es einen Psychiater im Haus gab, sowie die Art und Weise seiner Tätigkeit blieb insgesamt keineswegs unumstritten.

Welches war nun derjenige Teil meiner Tätigkeit in der Anstalt, die diese am meisten beeinflußt hat? Meines Erachtens war es die enge Kommunikation mit der Leitung der Bewährungshilfe. Hier wurde „die Psychiatrie" sehr offen verwendet. Die Vereinsleitung hatte weitgehend klare Vorstellungen über ihre Strategie im Heim. Die Zustimmung des Psychiaters zu dieser Strategie, die von jahrelangen Erfahrungen mit Klienten, von großem innovativem Engagement und sehr viel nüchternem Menschenverstand getragen war, ermöglichte es, gegenüber Dritten eine relativ große Handlungsfreiheit zu behalten.

So legitimierte etwa die Anwesenheit des eilig „eingeflogenen" Psychiaters bei dramatischen nächtlichen Zwischenfällen die stundenlange „administrative" Untätigkeit, solange, bis die Krise durch Krisen *nicht* intervention abklang.

E. Künzel (1976) hat aus seiner Arbeit mit konfliktgestörten Jugendlichen mehrere Erfahrungen zusammenfassend formuliert. Eine dieser Erfahrungen war, daß, wenn eine therapeutisch-pädagogische Einrichtung arbeitsfähig sein . . . soll, „sich ganz bestimmte Erfordernisse hinsichtlich ihrer Größe, Organisationsform, der Qualifikation der Mitarbeiter und deren Kommunikation untereinander" stellen.

In der Bundesanstalt für Erziehungsbedürftige Mädchen waren die meisten Voraussetzungen schon vorgegeben.

Es läßt sich nicht beurteilen, wie sich die Anstalt entwickelt hätte, wäre sie nicht abgeschafft und aufgelöst worden.

Bei Schließung des Heimes mußten jene Mädchen, die bis zum Schluß verblieben sind, anderswo untergebracht werden. Hierbei gab es mehrere Möglichkeiten:

a) Unterbringung (Transfer) in andere Heime.
b) Entlassung nach Hause (und Betreuungsangebot durch Bewährungshelfer).
c) Jene Mädchen, die weder in einem anderen Heim, noch privat untergebracht werden konnten, zogen gemeinsam in ein Stadtheim in einem inneren Wohnbezirk Wiens. Einige Erzieher (Betreuer) und der psychiatrische Konsulent „zogen" mit und konnten die weitere Entwicklung verfolgen.

Die Verhaltensweisen der Mädchen änderten sich sofort und sehr deutlich: kollektive aggressive Handlungen, suizidale Handlungen, Drogen- und Alkoholprobleme haben abrupt abgenommen. Dies, obwohl die meisten der übersiedelten Mädchen dem sogenannten „harten Kern" angehörten.

Der Aufenthalt im Stadtheim ist ausschließlich freiwillig, es gab keine „Entweichungen", aber auch keine längeren Abgängigkeiten. Einige Mädchen gingen bald arbeiten, mehrere gingen tragfähige Bindungen mit Partnern ein.

Die Zahl der Zwischenfälle und auch der Konflikte mit der Nachbarschaft war im offenen Heim – mitten in einem Wohnhaus – wesentlich geringer als im isolierten Heim außerhalb der Stadt.

Das hier beschriebene Heim ist nicht das erste Stadtheim der Bewährungshilfe, auch nicht das erste Mädchenheim. Einige der Heime konnten überleben, andere wieder scheiterten. Besonders die Burschenheime sind durch die Gefahr von Gemeinschaftsdelikten der Heimbewohner bedroht. Die Erzieher eines der bereits aufgelassenen Burschenheime stellten fest: „. . . wo die Sozialisierung nicht gelingt, ist die Kommunikation mißlungen".

Und: „Die Kommunikation zwischen Sozialarbeiter und Betreuten hat ihre Grenzen in den Rollenerwartungen der Gesellschaft".

Offensichtlich liegt die Überlebenschance der Stadtheime unter anderem auch darin, diese Rollenerwartungen der Gesellschaft nicht direkt und vor allem nicht in vollem Ausmaß auf die Erzieher einwirken zu lassen.

Dies ist vor allem Aufgabe der Leitung des Trägervereines, wobei auch der psychiatrische Konsulent oft „benützt" wird. (Er hat darüber hinaus eine Reihe anderer Aufgaben, etwa die Gruppensupervision, auf die hier nicht näher eingegangen wurde.)

Während der Zeit in Wiener Neudorf habe ich in der Supervision den Herausgeber dieses Buches verzweifelt gefragt:
„Was mach' ich dort eigentlich?"
„Sie legitimieren . . ." – sagte er – „Sie legitimieren den „Common Sense".

Ich habe seitdem oft nachgedacht, warum gerade ein Psychiater diese Funktion übernimmt.

Eine der sehr vielen Antworten auf diese Frage ist der – auch innerhalb der Bewährungshilfe sehr verbreitete – Glaube an eine „Machbarkeit" („anything goes"). Und Psychiater und Psychologen „können gut mit jenen", die an die Machbarkeit glauben . . .

Sicherlich ist dieser Gesichtspunkt nur ein Teilaspekt der Konsulenten- und Therapeutentätigkeit im Heim, aber ein Teilaspekt, der auf die anderen Anteile in der „Palette" der Tätigkeiten stark abzufärben vermag.

# Literatur

*Aichhorn, A.:* Psychoanalyse und Erziehungsberatung. Reinhardt, München 1970.

*Becker, A. M.:* Die Bewährungshilfe in medizinisch-sozialpsychologischer Sicht. In: Zehn Jahre Bewährungshilfe, Festschrift des Vereines für Bewährungshilfe und soziale Jugendarbeit, Wien 1974.

*Biermann, G.:* Die psychosoziale Entwicklung des Kindes in unserer Zeit. Reinhardt, München 1975.

*Bresser, I. et al.:* Ausbruch im Gefängnis. Jugend und Volk, Wien-München 1975.

*Dworschak, R.:* Einige Bemerkungen zu einem Heim der Bewährungshilfe für jugendliche Mädchen. In: Zehn Jahre Bewährungshilfe. Festschrift des Vereines für Bewährungshilfe und soziale Jugendarbeit, Wien 1974.

*Hau, T. T.:* Klinische Psychotherapie in ihren Grundzügen. Hippokrates, Stuttgart 1975.

*Künzel, E.:* Jugendkriminalität und Verwahrlosung. Vandenhoeck & Ruprecht, Göttingen 1976.

*Künzel, E.:* Tiefenpsychologische Analyse des Gruppenprozesses. In: T. Moser: Gespräche mit Eingeschlossenen. Suhrkamp, Frankfurt a. M. 1969.

*Rudas, St.:* Von der Großanstalt zum Kleinstheim – Modell Bewährungshilfe. In: ,,Betrifft: Bewährungshilfe", Wien 1980.

*Schwarzmann, J.:* Die Verwahrlosung der weiblichen Jugendlichen. Reinhardt, München 1971.

*Trieschman, A. E., J. K. Whittaker, L. K. Brendtro:* Erziehung im therapeutischen Milieu. Lambertus, Freiburg i. Br. 1975.

*Zulliger, H.:* Umgang mit dem kindlichen Gewissen, Taschenbuch Fischer, Frankfurt a. M. 1971.

# Tiefenpsychologie und Schule

*Marta Kos-Robes*

Anstatt einer Einleitung möchte ich meine Ausführungen mit der Schilderung einer Begebenheit, die sich kürzlich zugetragen hat, beginnen.

Ein Schüler der siebenten Klasse der Allgemeinbildenden höheren Schule (AHS) wurde seit einiger Zeit wegen Prüfungsangst in der Kinderpsychiatrischen Ambulanz behandelt. Die gefürchtete Abschlußprüfung in Mathematik stand bevor. Um unserem Patienten zu helfen, schickten wir seinem Klassenlehrer einen kurzen Brief mit der Bitte um Nachsicht. Der Brief hatte den Lehrer verärgert. Er las ihn der Klasse vor, verhöhnte den Schüler öffentlich und machte ihn vor der Klasse lächerlich. Obwohl der Schüler gut vorbereitet war, bestand er die Prüfung wieder nicht und mußte die Schule verlassen.

Natürlich behandeln nicht alle AHS-Lehrer einen neurotischen Schüler so hart und wenig verständnisvoll.

Woher sollte aber unser Lehrer, ein Mann mittleren Alters, wissen, daß er den Schüler mit seinem Verhöhnen schicksalhaft verletzt haben könnte?

Während seiner Gymnasialjahre und an der Universität hörte er über tiefenpsychologische Zusammenhänge und deren psychohygienische Konsequenzen gar nichts, genau wie jener Lehrer des traurig renommierten „Schülers Gerber" in den dreißiger Jahren. So steht er vor seinen Schülern, deren kompliziertes Innenleben ihn unbehaglich und als Folge davon aggressiv macht, und weiß nicht genau, was zu tun wäre.

Daß der Schüler Eigeninitiative entwickelt hatte und daß er sich seine Intelligenz anderswo bestätigen ließ und nicht von seinem Klassenlehrer, was seinen Berufsnarzißmus offenbar beleidigte und ihn noch unsicherer und daher noch zorniger machte. So kam es zu der geschilderten Begebenheit. Der Schüler mußte gehen. Man möchte fast sagen, damit der Lehrer sein Selbstwertgefühl wahren konnte.

Erst im letzten Jahrzehnt hat man den Psychologieunterricht in der AHS zu reformieren begonnen, um die Schüler mit tiefenpsychologischen Begriffen, wenigstens oberflächlich, bekannt zu machen. An den Universitäten haben die Pädagogikinstitute Vorlesungen und Seminare mit tiefenpsychologischer Thematik – vorerst noch nicht als Pflicht – eingeführt. Aber auch die Privatinitiative der tiefenpsychologischen Vereine macht sich neuerdings bemerkbar. Die praxisorientierte Sigmund-Freud-Gesellschaft hat begonnen, Seminare, Vortragsreihen und Konversatorien für zukünftige und bereits unterrichtende AHS-Lehrer unter Mitwirkung von Psychoanalytikern und der Psychoanalyse nahestehenden Pädagogen zu veranstalten. Ähnliche Initiativen kann man auch bei den anderen tiefenpsychologischen Gesellschaften beobachten.

Das Interesse junger AHS-Pädagogen und Studenten ist groß. So wollen wir hoffen, daß bereits die nächste AHS-Lehrergeneration eine umfassendere tiefenpsychologische Ausbildung haben wird.

Wäre unser angstneurotischer Patient ein Volks- oder Hauptschüler, hätte unser Brief keine solchen katastrophalen Folgen gehabt, wie es in der AHS-Schule der Fall war.

Seit vielen Jahren sind nämlich die Grundschullehrer gewöhnt, mit der Kinderpsychiatrischen Klinik zusammenzuarbeiten. Außerdem hat ihnen ihre Ausbildung in den pädagogischen Akademien eine psychohygienische und tiefenpsychologische Grundlage gegeben. Diese positive Einstellung der Grundschullehrer zur Kinderpsychiatrie hängt sicher auch mit dem Einfluß des Schulpsychologischen Dienstes des Stadtschulrates zusammen. Diese Einrichtung, die seit dreißig Jahren den Pflichtschülern und ihren Eltern in psychohygienischen Fragen hilft, hat schon immer auf die Schule einen positiven Einfluß ausgeübt. Ihre Empfehlungen werden von den Lehrern, Schuldirektoren und Eltern gleichermaßen respektiert und gehört.

Die Begebenheit, mit der wir unsere Ausführungen eingeleitet haben, daß nämlich ein neurotischer Schüler am Lernen, an der Institution Schule scheitert, kommt heutzutage unter dem vermehrten Leistungsdruck relativ häufig vor. Umso notwendiger ist es, daß das tiefenpsychologische Verständnis das Leben in der Schule erleichtert.

Das Kind kommt in die Schule keineswegs als unbeschriebenes Blatt. Die Zeit der prägenitalen Entwicklung mit ihren komplizierten Objektbeziehungen und sonstigen zu bewältigenden Schwierigkeiten hat es nicht weniger geprägt als verschiedene andere Schicksalsbelastungen in seiner Lebensgeschichte. Aber auch aktuelle Umwelteinflüsse können das Kind so stigmatisieren, daß seine Schullaufbahn dadurch beeinträchtigt wird.

Die Schulzeit ist eine wichtige Epoche im menschlichen Leben. Keine mit der Schule vergleichbare Institution übt später eine solche tiefe Wirkung auf das Individuum aus.

In der heutigen Zeit hat das Kind in der Schule mehr als eine Aufgabe zu bewältigen: es soll Wissen und Fertigkeiten erwerben, und es soll – und das ist nicht minder wichtig – ein soziales Wesen werden. Diese Erkenntnis hat sich erst am Beginn unseres Jahrhunderts durchzusetzen begonnen. So formulierte 1912 G. Kerschensteiner: ,,Die Schule soll aus einer Stätte des rechten Erwerbes von Kenntnissen, eine Stätte des reellen Gebrauches derselben, eine Stätte des individuellen Ehrgeizes, eine Stätte der sozialen Hingabe werden.''

Daraus hat Oskar Spiel – auf der Lehre Alfred Adlers aufbauend – ,,die Aufgabe der Schule nach Heranbildung sittlicher Persönlichkeiten und was damit gleichbedeutend ist – die Erziehung zur Gemeinschaft'' – abgeleitet. Denn: ,,die ethische Sollforderung ist nichts anderes als die Forderung nach einer Form menschlicher Gemeinschaft''. Und wie Adler sagt, ist Gemeinschaft ,,ein richtendes Ziel, ideale Gegebenheit, ewig unerreichbar, aber ewig anrufend und wegweisend''. (im ,,Sinn des Lebens'')

Die Erziehung zur Gemeinschaft ist demnach die wahrhafte Menschenbildung und die wichtigste Aufgabe der Schule.

Für den Individualpsychologen Oskar Spiel erwuchs aus dieser sittlichen Forderung ein vollständiges pädagogisches Programm, das er nach dem Ersten Weltkrieg in einer

Wiener Schule (Wien XX, Staudingergasse) gemeinsam mit F. Birnbaum und F. Scharmer verwirklichen konnte.

Ihr wichtigstes Anliegen war, den Schulbetrieb zu individualisieren und zu humanisieren. Nach dem Zweiten Weltkrieg hat dann Oskar Spiel bis zu seiner Pensionierung im Jahre 1957 eine zweite individualpsychologische Schule in Wien XV., Schweglerstraße, führen können.

Wie fortschrittlich diese Schulen waren, erfahren wir aus der Tatsache, daß man dort auf den Frontalunterricht verzichten konnte, daß die Schüler den zu erarbeitenden Lernstoff mitbestimmen konnten, daß dort eine echte gruppentherapeutische Auseinandersetzung der Klasse unter der Führung des Klassenlehrers stattfand, daß das Elternhaus in das Schulgeschehen nach Tunlichkeit einbezogen wurde.

Man hat in dieser Schule nicht gestraft, der Unterricht verlief repressionsfrei. So wurde der Lebensstil der Schüler unauffällig von selbst korrigiert und sie von der „ichhaften Unnützlichkeitsseite des Lebens", wie es Oskar Spiel zu sagen pflegte, zu der „realen Nützlichkeitsseite" – Seite der Gemeinschaft – geführt. Dabei haben die Lehrer dieser Schule ihre Aufgabe als Regisseur „am Schaltbrett der Erziehung" also durchaus pädagogisch und keineswegs psychotherapeutisch empfunden. Ihr pädagogisches Selbstverständnis sollte der heutigen Generation der Schulberater beispielgebend sein.

In der gleichen historischen Epoche zwischen den beiden Weltkriegen haben tiefenpsychologische Gedanken aller Richtungen ihre erste Blüte erlebt und die Erziehungsarbeit der damaligen Zeit befruchtet.

So wurde etwa die Glöckelsche Schulreform im Nachkriegsösterreich vom individualpsychologischen Gedankengut geprägt.

Der namhafte Psychoanalytiker A. Aichhorn beeinflußte bleibend die Erziehung Verwahrloster. Seine Oberhollabrunner Arbeit mit kriminellen Jugendlichen ist in die Geschichte als ein stets nachahmungswürdiges Modell eingegangen. Da er ein gut ausgebildetes Personal benötigte, reformierte er unter anderem die Ausbildung der Heimerzieher. So finden wir im Verzeichnis der Lehrgegenstände dieser Institution das Lehrfach „Psychoanalyse". Dieser Gegenstand ist auf dem Lehrplan der Heimerzieherschulen bis heute nicht wieder erschienen.

Anna Freud, selbst ursprünglich Lehrerin, hielt ihre berühmt gewordenen Vorlesungen für die Hortlerinnen der Gemeinde Wien.

Alfred Adler und seine Mitarbeiter widmeten der Lehrerausbildung und -fortbildung viel Aufmerksamkeit und Mühe. Zahlreiche Kurse, Seminare und, wie wir es heute nennen würden, Supervisionsstunden wurden veranstaltet.

In Berlin betrieb Nelly Wolfsheim (in Verbindung mit Melanie Klein) einen psychoanalytischen Kindergarten.

Zahlreiche individualpsychologisch geführte Schülerheime und Internate waren in Deutschland, der Schweiz und Österreich verbreitet.

In der Schweiz wurde die Zeitschrift „Psychoanalytische Pädagogik" gegründet, die alle tiefenanalytisch-pädagogisch Interessierten zehn Jahre lang um sich geschart hat.

Einer ihrer Begründer, der Lehrer Hans Zulliger, interessiert uns im Rahmen dieser Ausführungen besonders. In seinem und Oskar Spiels Werk finden wir die bisher gelungenste Befruchtung der Schule mit tiefenpsychologischen Ideen. Wir können außerdem auf eine Konvergenz des psychophilosophischen Lehrgebäudes der beiden Männer hinweisen. Natürlich respektieren wir gleichwohl bei dieser Zusammenschau das Unterschiedliche ihrer Zugehörigkeit zu verschiedenen tiefenpsychologischen Schulen.

So wie Oskar Spiel über die Bildung des Gemeinschaftsgefühls als die grundlegende Aufgabe der Erziehung spricht, spricht Hans Zulliger über die Bildung des Gewissens als Basis der Menschwerdung schlechthin. Hans Zulliger betrachtet das Gewissen als ein „Kräftegefüge, das sich am Anfang der Kultivierung aufbaute, als Anlage, die von den Vätern auf die Kinder vererbt wird." „Die Natur, das überall im All waltende Normgesetz . . . gibt dem Kinde die Möglichkeit, ein Gewissen zu entwickeln", denn, „um in der Gemeinschaft existieren zu können, bedarf der Mensch eines Gewissens, das eine sozialpsychologische Erscheinung oder Funktion ist" und den Menschen partnerschaftlich bindet.

Wir merken: das *Gemeinschaftsgefühl* und dessen Entwicklung, das der Selbstverwirklichung des einzelnen in seinem sozialen Rahmen dient, wird vom Individualpsychologen Oskar Spiel postuliert. Und die *Gewissensbildung,* welche gleichermaßen sozial notwendig ist, wird vom Psychoanalytiker Hans Zulliger postuliert.

Es scheint uns, daß die beiden Tiefenpsychologen mit verschiedenen Worten sehr Ähnliches ausgedrückt und sicher auch gemeint haben.

Ihnen ist etwas gelungen, was vor ihnen und bisher auch nach ihnen kein anderer erreicht hat, nämlich die Schule zu entängstigen, zu entneurotisieren, zu demokratisieren und in diesem demokratischen Rahmen eine wirksame tiefenpsychologische Beeinflussung der Schüler zu betreiben.

Hans Zulliger hatte zwar viele Schüler ausgebildet, aber keiner von ihnen ist Lehrer geblieben. Auch Oskar Spiel hatte eine begeisterte Gefolgschaft, aber die ganze Bewegung scheiterte beide Male an politischen Umständen. So bleiben beide für uns nur in ihrem literarischen Nachlaß ein Vorbild, das – so hoffen wir – Nachfolger finden wird.

Was geschieht nun heute für die Psychohygiene der Schule und der Schüler mittels tiefenpsychologischer Erkenntnisse?

Der seit dreißig Jahren bestehende und viele Jahre bloß diagnostisch und beratend tätige Schulpsychologische Dienst ist in den letzten Jahren sehr aktiv geworden. Sein akademisches Personal wurde (in Wien) außer einigen Ärzten auf zwanzig Fachpsychologen aufgestockt. Seit 1970 wurde er in vier Beratungsstellen, von denen jede eine spezifische Aufgabe hat und eine andere Schülergruppe betreut, eingeteilt.

Die Schulpsychologen sind nicht mehr reine Diagnostiker, sondern haben durch Zusatzausbildung ihr berufliches Feld erweitert.

So werden in letzter Zeit in der Schulpsychologischen Beratungsstelle gesprächstherapeutische (Rogers), familientherapeutische (H. E. Richter) und verhaltenstherapeutische Interventionen durchgeführt.

Am pädagogischen Institut veranstalten die Schulpsychologen zahlreiche Fortbildungsseminare für Lehrer. Sie besorgen außerdem zwei Förderungsklassen für verhaltensauffällige Schüler; diese Klassen sind ebenfalls eine Neueinrichtung.

Seit 1975 laufen im Rahmen der Kinderpsychiatrischen Klinik Balintgruppen für Lehrer, woraus zwei Projekte entstanden sind:

1. Betreuer, die sich als *Psychagogen* bezeichnen:
Es handelt sich dabei um Lehrer, welche durch die Absolvierung einer zweijährigen Lehrer-Balint-Gruppe ausgebildet wurden. Sie betreuen an einigen Volksschulen unter Supervision der Klinik schwierige Kinder und deren Eltern. Die Gruppe wurde seit dem heurigen Schuljahr 1978/1979 durch die monatlichen Fallkonferenzen in den Rahmen des Schulpsychologischen Dienstes integriert.

2. *Lehrer-Balint-Gruppen* durch Lehrer:
Im Pädagogischen Institut der Gemeinde Wien werden Lehrer-Balint-Gruppen von Lehrern, die an der Kinderpsychiatrischen Klinik ausgebildet wurden, abgehalten. Auch diese Gruppen werden von der Kinderpsychiatrischen Klinik supervidiert.

Das Berufspädagogische Institut des Bundes in Wien ist in der letzten Zeit ebenfalls bezüglich Fortbildung sehr aktiv geworden. Es lädt die Lehrer aller Gattungen zu zahlreichen Veranstaltungen ein. Man versucht, nicht nur das Fachwissen der einzelnen Lehrergruppen zu vervollkommnen, sondern man möchte ebenfalls den unterrichtenden Lehrern helfen, mittels Tiefenpsychologie ihr pädagogisches Agieren und ihr Schülerverständnis zu verbessern.

Blättert man das angekündigte Programm des Schuljahrs 1979/1980 durch, ist man allerdings etwas besorgt bezüglich der Qualität dieser Ausbildung, denn die gleichen Personen, welche die Balint-Gruppen führen und über die Tiefenpsychologie vortragen, leiten auch philosophische Fachseminare und führen in die Verhaltenstherapie wie auch in die Methodik der Lehrerschikurse ein. Auch die proponierte Dauer der einzelnen Veranstaltungen scheint so kurz, daß man kaum über eine summarische Einleitung wird hinauskommen können.

Das Berufspädagogische Institut des Bundes hat eine weitere Neuerung zum Wohle der Schüler eingeführt, nämlich die Institution der Beratungslehrer oder Bildungsberater, deren Aufgabe es sein soll, die sogenannten frühzeitigen Schulabgänge in eine neue Berufslaufbahn zu integrieren und gleichzeitig verhaltensschwierige Kinder zu betreuen. Auch ihre Ausbildung erscheint mir bedenklich oberflächlich: in vier fünftägigen Seminaren sollen diese Lehrer jenes Wissen erwerben, wofür ein klinischer Psychologe Jahre benötigt.

Da wir uns der Tatsache bewußt sind, wie bitter notwendig die Schule eine tiefenpsychologische Formation braucht, erfüllen uns diese soeben geschilderten Aktivitäten mit Sorge. Man hat den Eindruck, daß die Institution diese Neuerungen bloß mit halbem Herzen und daher schnell und recht billig veranstaltet.

Die Verantwortlichen dürften sich offensichtlich der tatsächlichen Kompliziertheit der tiefenpsychologischen Materie nicht bewußt sein, denn beim oberflächlichen Zugang erscheint diese leicht erlernbar. Sie haben möglicherweise auch nicht bedacht, daß man mit mißverstandenem bzw. nicht verstandenem tiefenpsychologischem Wissen mehr schaden als nützen kann.

Dazu kommt noch, daß die Verantwortlichen offensichtlich auch nicht bedacht haben, daß die Tiefenpsychologie viele potentielle Patienten anzieht, die im stillen hoffen, durch dieses Wissen selbst zu gesunden. Man hätte demnach bei der Auswahl der Beratungslehrer besonders sorgsam sein müssen.

Man muß sich fragen, ob es in der gegebenen Situation eigentlich nicht günstig ist, daß viele Schuldirektoren diesen Neuerungen mißtrauen und sie ihren Lehrern nicht empfehlen.

Ich zweifle nämlich sehr, daß ein Beratungslehrer meinem angstneurotischen „Schulabgang", dessen Fall ich anfangs erörtert habe, wegen Mangel seines fachlichen Rüstzeuges hätte helfen können.

Was könnte, was sollte wirklich geschehen, damit weder Kinder noch Lehrer schulkrank werden?

Natürlich kann nicht jeder Lehrer psychoanalysiert werden. Er müßte aber bereits während des Studiums ausreichend Gelegenheit bekommen, durch eine kompetente und von Experten geleitete Selbsterfahrungsgruppe sich selbst, seine Motivationen und Einstellungen besser verstehen zu lernen. Wahrscheinlich würden dann einige noch vor ihrem Fertigwerden den Beruf wechseln, oder sie würden sich in eine psychotherapeutische Behandlung begeben.

Man darf natürlich die Schule nicht zerpsychologisieren, aus einer Unterrichtsstunde keine psychotherapeutische bzw. gruppentherapeutische Sitzung machen.

Mit Heitger meinen wir, daß die pädagogische Vermittlung als Prozeß gegenseitiger Auseinandersetzung vom Lehrer gesehen werden muß, damit der Schüler „in diesem Prozeß seine eigene definierte Subjektivität bekommen kann: nicht als Ausdruck irrationaler Bedürfnisse, sondern als Ausdruck jenes kritischen Bewußtseins, das seinen Selbststand ausmacht".

Wie W. Spiel sagt, darf man keineswegs die Gegensätzlichkeit der Richtungen vergessen, in die Pädagogik und tiefenpsychologische Psychotherapie tendieren: die Pädagogik in die Zukunft aufbauend, die tiefenpsychologische Psychotherapie in die Vergangenheit, durch Konfliktlösungen das Feld der Pädagogik bereitend.

Was kann und soll nun die Schule von der Tiefenpsychologie erwarten? Welches tiefenpsychologische Wissen muß sich der Lehrer erwerben, um weder die Kinder noch sich selbst zu schädigen?

Hans Zulliger hat bereits vor vielen Jahren aufgezeigt, was der Lehrer von der Tiefenpsychologie profitieren kann.

Er muß vor allem die psychoanalytische Entwicklungsgeschichte mit ihren Phasen und komplizierten Objektbeziehungen beherrschen. Er muß die Reifung der Triebe, des Ichs mit seinen Abwehrmechanismen und das Über-Ich kennen.

Er soll um das Wesen der Übertragung und Gegenübertragung wissen, um ein positives Schulklima schaffen zu können. Dieses Klima, wie Hans Zulliger sagt, „wirkt prophylaktisch im Sinne der psychischen Hygiene. Außerdem erleichtert es in den Schulen infolge der besseren Kommunikation zwischen Lehrern und Schüler das Lehren und Lernen". Schließlich soll der Lehrer wissen, daß „die Neurose eines Erziehers regelmäßig reaktiv auf die Kinder wirkt" und – unbehandelt – große Schwierigkeiten in der ihm anvertrauten Kindergruppe verursachen kann. Diese Kenntnisse sollten die Lehrer bereits durch ihre Ausbildung vermittelt bekommen.

Sollten dann sie selbst oder eines der ihnen anvertrauten Kinder neurotisch erkranken, werden sie wissen, daß sie nur bei *wirklichen* Fachleuten Hilfe suchen und bekommen werden.

# Literatur

*Adler, A.:* Sinn des Lebens, S. 182. Passer, Wien 1933.

*Biermann, G.* (Hrsg.): Kinder im Schulstreß. Reinhardt, München 1977.

*Freud, A.:* Psychoanalyse für Pädagogen, 5. Aufl. Huber, Bern 1971.

*Heitger, M.:* Der Lehrer als Bildner und Ausbildner. In: Die österreichische Schule 1945 – 1975. Jugend und Volk, Wien 1976.

*Kerschensteiner, G.:* Der Lehrer als Erzieher. In: Die neuzeitliche deutsche Volksschule, S. 29. Comenius, Berlin 1924.

*Orgler, H.:* Alfred Adler, Reihe ,,Geist und Psyche", Taschenbuch 2131 Kindler, München 1974.

*Osztovits, O.:* Erzieherausbildung in Österreich. Unveröffentl. Diss., Wien 1975.

*Spiel, O.:* Am Schaltbrett der Erziehung, 2. Aufl. Huber, Basel 1979.

*Spiel, W.:* Therapie in der Kinder- und Jugendpsychiatrie, 2. Aufl. Thieme, Stuttgart 1976.

*Torberg, F.:* Schüler Gerber hat absolviert. Zsolnay, Wien 1930.

*Wolfheim, N.:* Psychoanalyse und Kindergarten. Reinhardt, München 1966.

*Zulliger, H.:* Psychoanalyse und die Entwicklung des Gewissens, Psychoanalyse und Pädagogik. In: J. Cremerius (Hrsg.): Psychoanalyse und Erziehungspraxis. Taschenbuch 6076, Fischer, Frankfurt 1975.

# Sachverzeichnis

# Psychotherapie

Gross/Dörner/Plog (Hrsg.)

## Erfahrungen vom Menschen in der Psychiatrie

13. Hamburger psychiatrisch-medizinische Gespräche im Gedenken an Hans Bürger-Prinz

Herausgegeben von Prof. Dr. Jan Gross, Direktor der Psychiatrischen Universitätsklinik Hamburg-Eppendorf, Prof. Dr. Dr. Klaus Dörner, Ärztlicher Leiter des Psychiatrischen Krankenhauses Gütersloh und Diplompsychologin Dr. Ursula Plog, Leiterin der psychosozialen Kontaktstelle „Der Treffpunkt", Berlin-Tiergarten.
Mit Beiträgen von mehreren Fachleuten.

158 Seiten, 2 Abbildungen, 1 Tabelle. DM 28,–
ISBN 3-541-09341-2
(erscheint März 1980)

**Fortschritte der Sozialpsychiatrie, Band 6**

Dieses Buch will der neuen Tendenz Ausdruck verleihen, die Psychiatrie wieder stärker auf eine anthropologische Grundlage zu stellen, d.h. das psychiatrische Handeln in vermehrtem Maß vom Nachdenken über das Wesen des Menschen bestimmen zu lassen. Dabei kommen die verschiedenen theoretischen Schulen, die verschiedenen Arbeitsfelder und die verschiedenen Berufsgruppen zu Wort.

**Ausführliches Prospektmaterial erhalten Sie in Ihrer Buchhandlung.**

Strotzka (Hrsg.)

## Fallstudien zur Psychotherapie

Herausgegeben von Prof. Dr. Hans Strotzka, Vorstand des Instituts für Tiefenpsychologie und Psychotherapie der Universität Wien.

320 Seiten. Kartoniert DM 36,–

Theoretische Ansätze, Techniken und Erfolgsrechnungen dominieren heute in der klinisch-psychologisch orientierten Literatur. In diesen Fallstudien hat man jedoch Gelegenheit, dem Therapeuten sozusagen über die Schulter zu schauen und zu erfahren warum er so oder so vorgeht.

Strotzka

## Psychotherapie: Grundlagen, Verfahren, Indikationen

Herausgegeben von Prof. Dr. Hans Strotzka, Wien.

1978. 2., überarb. und erw. Auflage., 592 Seiten. Kartoniert DM 45,–

Die Zusammenstellung und Beschreibung psychotherapeutischer Verfahren durch entsprechend fachkundige Autoren unter der Redaktion von Strotzka entspricht zweifellos einem allgemeinen Bedürfnis. In dieser wesentlich erweiterten und verbesserten 2. Auflage wurden besonders neuere Verfahren wie z.B. die Ehe- und Familientherapie und die psychotherapeutische Krisenintervention hervorgehoben und wurden vor allem die Kapitel über Verhaltens- und Gesprächstherapie sowie Psychosenbehandlung revidiert.

# Urban&Schwarzenberg